/ 马克思主义研究丛书 /

张一兵 主编

本书为国家社会科学基金重点项目"黑格尔与法兰克福学派的现代性批判理论研究"(项目编号：13AZX001）结项成果

MAKESIZHUYI YANJIUCONGSHU
ZOUCHU XIANDAIXING DE KUNJING

走出现代性的困境

王晓升 著

法兰克福学派现代性批判理论研究

江苏人民出版社

图书在版编目(CIP)数据

走出现代性的困境:法兰克福学派现代性批判理论研究/王晓升著.—南京:江苏人民出版社,2021.1
 ISBN 978-7-214-12797-6

Ⅰ.①走… Ⅱ.①王… Ⅲ.①法兰克福学派-理论研究 Ⅳ.①B089.1

中国版本图书馆 CIP 数据核字(2019)第 300043 号

书　　　名	走出现代性的困境——法兰克福学派现代性批判理论研究
著　　　者	王晓升
责 任 编 辑	戴亦梁
装 帧 设 计	许文菲
责 任 监 制	王列丹
出 版 发 行	江苏人民出版社
出版社地址	南京市湖南路1号A楼,邮编:210009
出版社网址	http://www.jspph.com
照　　　排	江苏凤凰制版有限公司
印　　　刷	江苏凤凰扬州鑫华印刷有限公司
开　　　本	625 毫米×960 毫米　1/16
印　　　张	35.75　插页 3
字　　　数	481 千字
版　　　次	2021年1月第1版　2021年1月第1次印刷
标 准 书 号	ISBN 978-7-214-12797-6
定　　　价	88.00 元

(江苏人民出版社图书凡印装错误可向承印厂调换)

目 录

序言 *1*

第一节 法兰克福学派对黑格尔现代性批判理论的继承 *2*
一、黑格尔对于现代性问题的判断和解决的思路 *2*
二、马克思对现代性问题的分析与解答 *5*
三、法兰克福学派对现代性问题的解决方案 *10*
四、解决现代性问题的期望 *14*

第二节 马克思的现代性批判理论及其启示 *16*
一、马克思对现代性问题的分析 *17*
二、从制度层面解决问题 *20*
三、从精神层面解决问题 *23*
四、启示 *28*

第一章 现代性与现代性的问题 *32*

第一节 现代性、现代主义与后现代主义 *32*
一、现代性概念的理解 *33*
二、现代主义的主要特征 *39*
三、后现代性与后现代主义 *44*
四、超现实主义与超级现实主义 *48*

第二节 现代性的困境 *51*
一、现代性导致的不确定性 *51*

二、理性原则的非理性后果　54

三、主体性的自我瓦解　56

四、两种现代性的这种关系说明了什么　60

第三节　从时尚的角度看现代性及其问题　63

一、时尚在现代社会中的出现　63

二、现代性与时尚的同构性　67

三、时尚的颠覆性与现代性的问题　71

四、解答现代性问题的可能性　74

第二章　黑格尔哲学及其对现代性问题的意识　82

第一节　现代性的自我确证及其难题　82

一、黑格尔哲学的时代意识和现代性的自我确证　82

二、现实性与现代性　86

三、现代性自我确证的困境　89

四、主体性原则与现代性的自我确证　92

五、现代性的自我确证与现实性的批判　98

第二节　黑格尔《精神现象学》中的启蒙辩证法　100

一、纯粹识见和信仰的内在联系　100

二、启蒙对信仰的批判及其难题　103

三、有用是启蒙的基本概念　110

四、绝对自由与恐怖　113

第三节　不确定性与现代社会的疾病　117

一、两种片面的自由概念　117

二、两种片面自由观念的局限性　121

三、消除不确定性的具体自由　125

四、黑格尔思路的局限性　128

五、如何看待绝对制度论　131

第四节　现代性问题的审美解答　135

一、艺术的本质　135

二、浪漫艺术的缺陷　139

三、古典型艺术的优越性　144

四、理念的自由与审美目的的实现　148

第三章 阿多诺:否定辩证法与现代性批判 154

第一节 启蒙的分析与现代性批判 154
- 一、另一种启蒙辩证法 155
- 二、同一性逻辑与艺术思维的辩证法 159
- 三、自我持存与自我毁灭的辩证法 165
- 四、启蒙辩证法的思想方法分析 169

第二节 工具理性与现代人的冷漠无情 172
- 一、如何理解现代人所特有的冷漠 173
- 二、现代人的冷漠的特点 175
- 三、对现代人精神特性的历史哲学的思考 178
- 四、无情感的大众 181

第三节 海德格尔存在论与否定辩证法 187
- 一、"存在"概念辨析 187
- 二、不可表达东西的直接表达 191
- 三、存在者状态的存在论化 197
- 四、海德格尔的存在论与阿多诺对现代性问题的思考 201

第四节 文化工业——现代性问题的另一维度 203
- 一、艺术与文化工业 204
- 二、娱乐工业与满足 208
- 三、文化工业对大众的欺骗 215

第五节 走出现代性困境的审美道路 219
- 一、艺术与时代 219
- 二、人工制品与现象的二律背反 223
- 三、艺术中的瞬间性与永恒性 226
- 四、艺术必须超越艺术本身 229

第四章 本雅明:现代性问题的审美救赎 235

第一节 在历史概念中反思现代性 235
- 一、时间是可认识的现在 236
- 二、现代性视角中的历史概念 241
- 三、历史主义的批判 244
- 四、充满救赎意味的"历史唯物主义" 249

第二节 巴黎——现代性的迷宫 254
　　一、超现实主义方法所把握的现代性 255
　　二、拜物教的迷宫 260
　　三、时尚:具有现代性特征的拜物教 264
　　四、走出拜物教:现代性的辩证意象 268
第三节 什么样的人才能走出现代性的困境 274
　　一、波西米亚人:拜物教的抗议者 274
　　二、游荡者:社会大潮中的边缘人 279
　　三、大众:时尚化趋势中的弄潮儿 284
第四节 经验的贫乏与家园的失落 289
　　一、"真实的"经验与理智的经验 290
　　二、现代社会中的经验碎片 293
　　三、经验的贫乏与文明的危机 299

第五章 马尔库塞:生存斗争永恒化的现代性模式批判 306
第一节 历史性的观念与现代性的本体论化 306
　　一、历史性概念的现代性意义 306
　　二、马尔库塞对黑格尔本体论的分析 311
　　三、马尔库塞与海德格尔、狄尔泰的差别和联系 318
　　四、历史性概念与马克思主义历史观 323
第二节 黑格尔理性概念与现代性问题的解答 325
　　一、黑格尔哲学中的理性概念 326
　　二、理性的批判特征与工具理性的批判 330
　　三、否定性思维与肯定性的对立 337
　　四、理性的实现:现代性的自我确证 340
第三节 发达工业社会中的现代性问题 343
　　一、发达工业社会中的经济问题:生存斗争永恒化 343
　　二、发达工业社会的政治特点 350
　　三、发达工业社会中的文化问题 353
　　四、解放不过是压抑的新形式 358
第四节 超越现实原则——现代性问题的解决方案 360
　　一、现实原则的历史性 361

二、幻想与自由　363
　　三、艺术与自由　367
　　四、性欲向爱欲的转变　372

第六章　哈贝马斯：合法化危机及其解决路径　378
　第一节　合法化危机及其产生根源的分析　379
　　一、发达资本主义国家的合法化危机　379
　　二、从合法化危机到动机危机　382
　　三、合法化危机的文化根源　386
　　四、合法性与合理性、合法律性的关系　388
　　五、解决合法化危机的现代性事业　392
　第二节　实践问题的认知主义解决方案　396
　　一、解决现代性问题的两个方案　396
　　二、道德普遍主义是否可能　401
　　三、普遍道德何以可能　404
　　四、商谈原则与道德规范的普遍性　408
　第三节　商议民主与合法化危机的解决　412
　　一、商谈原则、民主原则和法律原则　412
　　二、经验性民主模式批判　417
　　三、交往权力制衡政治权力和社会权力　423
　　四、公共领域中立的可能性　429
　　五、政治权力、公民社会与公共领域之间的互动　437
　第四节　现代传媒的发展对于商议民主制度的挑战　441
　　一、现代哲学框架在认识上的不足　442
　　二、媒介即信息：意义传播的中断　446
　　三、社会的大众化　450
　　四、恐怖主义的勒索　453
　　五、"普选是第一大传媒"　457
　第五节　宗教多元主义条件下的社会团结如何可能　459
　　一、世俗主义和宗教多元主义的对立　459
　　二、民主社会中的宗教自由　462
　　三、理性的公共运用的界限　464
　　四、宗教如何进入公共领域　466

五、相互学习和它的认识论前提　469
　　六、哈贝马斯宗教观的启示　472

第七章　霍耐特：解决现代性问题的承认模式　476
第一节　为承认而斗争：现代社会的规范基础的重建　476
　　一、从权力斗争到承认斗争　477
　　二、黑格尔的思想资源　480
　　三、承认模型与现代社会的整合　487
　　四、为承认而斗争还是为利益而斗争　493
第二节　解决现代性问题，实现社会自由　496
　　一、法定自由的局限性　497
　　二、道德自由的局限性　503
　　三、社会自由的构想　507
　　四、现代市场经济体系如何实现社会自由　510
第三节　物化与承认的遗忘　514
　　一、"承认的遗忘"的存在论基础　515
　　二、霍耐特对于遗忘承认的社会根源的理解　517
　　三、重思"承认的遗忘"的社会根源　521
　　四、霍克海默和阿多诺思想中的承认意识　527
　　五、同一性（物化意识）与错误承认　532

结束语　法兰克福学派与解答现代性问题的三种思路　539
　　一、文化保守主义的思路及其问题　539
　　二、后现代主义与现代性问题的审美解答　543
　　三、理性重构的方案　548
　　四、法兰克福学派的启示　552

主要参考文献　557

后　记　563

序　言

对于现代性这个概念,人们有许多不同的理解。我们在这里吸收了波德莱尔对现代性的说明,把现代性理解为在现代社会中的人们所产生的那种急迫的时间意识,即害怕过时的意识①。在社会生活层面上,这就是指对于社会生活的急速变迁和变革的意识。对于法兰克福学派来说,现代性问题就是指,当社会不断过渡、变革,旧的社会秩序不断被打破的时候,究竟如何建立新的秩序呢?

在哲学史上,第一个深刻地揭示了现代性问题的哲学家是黑格尔。对法兰克福学派来说,黑格尔对于现代性与现代性问题的分析,具有核心的意义②。法兰克福学派对于现代性问题的理解以及他们所提出的解

---

① 关于现代性概念的含义,请参见本书第一章第一节。
② 笛卡尔所提出的"我思故我在"的观念奠定了现代社会的两大基本原则,即主体性原则和理性原则。按照他的主体性原则和理性原则,一个人可以怀疑一切,而只相信自己的理性所确认的自明的东西。这两个原则的确立实际上就意味着,人们不能再回到传统中去寻求社会整合的媒介,而只能借助于理性原则。而在传统社会中,神圣的东西是绝对的、不能被怀疑的。在现代社会中没有什么绝对的不能被怀疑的东西。既然如此,那么社会生活中的一切规则、原则等都是可以变化的。主体性原则和理性原则为现代社会的不断变革奠定了基础。从这个角度来说,现代性即社会不断变革的特征,是建立在主体性原则和理性原则的基础之上的。从这个意义上来说,笛卡尔是第一个具有现代性意义的哲学家,而第一个发现现代性问题的却是黑格尔。

决方案在很大程度上来自黑格尔哲学①。在这里,笔者首先概括性地说明法兰克福学派是如何继承黑格尔和马克思的现代性批判理论的。由于本书是国家社会科学基金课题项目"黑格尔与法兰克福学派的现代性批判理论研究"的结项成果,所以在本书中没有详细论述马克思的现代性批判理论。马克思的现代性批判理论非常丰富,在此以一节的内容略加说明。

第一节 法兰克福学派对黑格尔现代性批判理论的继承

尽管法兰克福学派的现代性批判理论受到了许多不同思想家的影响,但是从理论线索上来说,法兰克福学派在很大程度上继承了黑格尔的现代性批判理论。在这里,我们从宏观上勾勒出法兰克福学派究竟是如何继承黑格尔哲学的。

一、黑格尔对于现代性问题的判断和解决的思路

按照比黑格尔稍晚一点的法国诗人波德莱尔对于现代性的说明:现代性就是过渡、短暂。从社会的角度来说,它表明,与传统社会相比,现代社会的发展加速,社会不断面临新的变革、改革或者革命。青年时代的黑格尔无疑深刻地体会并意识到社会的急剧变革,他自觉地把社会变革的基本精神纳入自己的哲学体系。

黑格尔在他的哲学中自觉地把握这个时代的变革。在《精神现象学》中,他把自己的时代看作一个全新的时代。他把这个新时代的出现比喻为一次壮丽的日出。他说:"升起的太阳就如闪电般一下子树立起

---

① 法兰克福学派在思想上受到许多不同流派的影响,并且其中的每一个代表人物都受到许多不同思想家的影响。但是,从解答我们所说的现代性问题的角度来说,黑格尔对他们的影响最突出。我们的研究主要集中在黑格尔对现代性问题的解答对他们所产生的影响。当然这并不意味着其他人对于现代性问题的思考就没有对他们产生影响。比如海德格尔对于现代性问题的解答对阿多诺产生了极其巨大的影响。对于其他思想家在其中所产生的影响,笔者会根据不同的情况在叙述过程中具体处理。

了新世界的形相。"①对于黑格尔来说,现代就是新东西不断涌现的时代。他用来表达历史的那个词语"Geschichte",就是用来表示新的事件不断发生的意思的。在他看来,尽管这个新的时代还有这样或者那样的问题,它还像婴儿那样稚嫩,但是它却为后来的文明发展奠定了基础。当然,新东西刚出现的时候还是"粗率和无聊"的,但是这将被社会的不断发展所改变,被人类的理性的进步所克服。于是,现代社会发展体现出这样一种状况:旧的东西不断被克服,新的东西不断产生。这样一个历史过程,可以被概括在哲学公式"否定之否定"之中。而这个"否定之否定"恰恰是波德莱尔对于过渡和永恒的关系的一种哲学表达。对于黑格尔来说,旧的东西在新的形态下只是被扬弃了,其中包含了某种永恒的东西。

实际上,从黑格尔对于哲学和时代的关系的论述中,我们可以发现这种过渡性和永恒性的关系。黑格尔在《法哲学原理》中讨论哲学与时代的关系时指出:"就个人来说,每个人都是他那时代的产儿。哲学也是这样,它是**被把握在思想中的它的时代**。"②任何人想跳出自己所生活的那个时代是不可能的,哲学也是如此。黑格尔的哲学就是不断变革的时代的产物。对于黑格尔来说,这种变革不是一种任性的表现,而是人类理性精神的实现。黑格尔指出:"凡是合乎理性的东西都是现实的;凡是现实的东西都是合乎理性的。"③在变化万千的现实中包含了某种永恒的东西,这种永恒的东西就是理性。现代社会的不断变革,实际上也是人类精神的不断的自我变革和自我完善。人类精神的这种变革不会仅仅被束缚在精神世界中,而必然要在现实中实现。黑格尔在青年时代就怀抱着一个伟大的哲学理想,就是要让理性在世界中得到实现。从解决现

---

① [德]黑格尔:《精神现象学》,邓晓芒译,人民出版社 2017 年版(以下引用该版本不再一一注明出处),第 7 页。
② [德]黑格尔:《法哲学原理》,范扬、张企泰译,序言,商务印书馆 1961 年版(以下引用该版本不再一一注明出处),第 12 页。
③ [德]黑格尔:《法哲学原理》,序言,第 11 页。

代性问题的角度来说,理性的实现就是现代性问题的解决。

然而,对于黑格尔来说,这种理性的实现并不是一帆风顺的,这里充满了矛盾和曲折。这就是说,虽然黑格尔对于现代文明发展充满了信心,但是他还是自觉地意识到其中所面临的问题。他在《精神现象学》中对启蒙的分析,充分显示了启蒙以来的资本主义文明所面临的问题,即启蒙所倡导的理性实际上是知性(纯粹识见,工具理性),而知性思维中的一个核心概念是"有用"。在讨论信仰和纯粹的识见之间的斗争时,黑格尔发现这种纯粹识见否定了信仰。对于纯粹识见来说,如果要保留信仰,那么信仰也必须是有用的。它强调,一切超越的东西都必须在理性(实际上是知性)的思维框架中被重新思考。当一切超越的东西被否定,一切价值都必须在知性思维的框架中被重新思考的时候,一切神圣的、绝对的东西就都被否定了,人的精神会陷入空虚的状态。在法国大革命中,革命者砍下一个人头如同砍下一棵大白菜。应该说,黑格尔在《精神现象学》中对于启蒙辩证法的分析,已经预示了现代文明在其后的发展中将出现的问题,这就是知性的思维(工具理性)的副作用。马克斯·韦伯认为,工具理性导致了"意义的丧失"。这实际上就是黑格尔在这里所说的知性的思维对于信仰的否定以及由此而产生的精神的空虚。

这里就出现了一个问题:在传统社会,人们是靠信仰来维持社会秩序的,现在信仰被否定了,那么现代社会究竟应该靠什么东西来维持社会秩序呢?我们前面说过启蒙的一个特点就是不断地变革。在不断的变革中,刚刚建立起来的秩序又会被打破。于是,不仅传统的观念不能再被用来确证制度或者规范的正当性,而且刚刚建立起来的秩序也会随着社会的发展而被破坏,还需要不断建立新制度。在这样的情况下,我们究竟应该如何确证新的制度或者规范的正当性呢?这就好比说,在当代中国,我们总是在不断地改革,这就意味着已经确立起来的制度或者规范将被修改,那么我们究竟应该如何确证新的制度或者规范的正当性呢?

对于黑格尔来说,这当然要靠理性。当然,这个理性不是启蒙时代的知性,它是要不断发展的。按照黑格尔在《精神现象学》中对意识的发展过程的分析,最初的意识会发展到自我意识、理性,并最终发展到精神。而在精神中,人有主观精神、客观精神和绝对精神。黑格尔所说的客观精神是指人与他人结成一定的社会关系时所应该具有的那种精神,其中包含了抽象法、道德和伦理。对于黑格尔来说,这种客观精神就是要人们在享受个人自由的同时也能够得到他人的承认。这种客观精神在社会整合中发挥着重要的作用。黑格尔的这个思想也受到了法兰克福学派学者的高度重视。但是,对于黑格尔来说,仅仅停留在客观精神的阶段还不够。人的这种精神还要进一步扩展,还需要有审美的精神和信仰的精神。而审美的精神是人的精神自由的进一步表达。对于法兰克福学派的学者来说,这种审美的精神有助于克服工具理性所产生的缺陷,从而能够从一个新的角度来建构新的社会秩序。

当然在这里还需要特别说明的是,黑格尔早期和晚期关于解决现代性问题的思路还是有差别的。在早期的《实证哲学》和《伦理体系》中,黑格尔关注人和人之间的交往关系;而在后期的哲学中,黑格尔从意识的自我发展,从认识能力的提高以及人的理性能力提高的角度来解决现代性问题。哈贝马斯和霍耐特强调黑格尔哲学的前期和后期的这种差别,他们更重视黑格尔前期思想对于解决现代性问题的意义;而早期法兰克福学派的代表人物则更重视黑格尔后期思想在解决现代性问题中的意义。

二、马克思对现代性问题的分析与解答

我们知道,马克思在《共产党宣言》中明确地指出了资本主义社会所具有的现代性的特点。这个特点就是,资本主义社会的飞速发展导致"一切固定的僵化的关系以及与之相适应的素被尊崇的观念和见解都被消除了,一切新形成的关系等不到固定下来就陈旧了"[①]。在这样的情况

[①]《马克思恩格斯选集》第1卷,人民出版社2012年版,第403页。

下社会关系变动太快了,以至于人和人之间需要不断地调整他们之间的相互关系。马克思本人也支持现代社会的这种发展。在《共产党宣言》中马克思就强调,人们应该同一切传统的观念实行最彻底的决裂,同一切传统的社会关系实行最彻底的决裂。这"两个决裂"特别明确地表达了马克思思想中的现代性观念。人类社会的观念必须不断地创新,人和人之间的社会关系也需要不断地变革。而资本主义制度就是在这种不断变革中被摧毁的。

然而问题在于,为什么资本主义社会会使人类文明的发展如此之快?在变革如此迅速的社会中,人们究竟应该如何建立新的社会关系?马克思在1845年之后坚持这样一个基本思想:生产力的发展导致生产关系的变革,以及随之而产生的上层建筑的变革。马克思1859年在《〈政治经济学批判〉序言》中概括地说明了这种变革的基本规律。[①] 按照马克思的思想,由于生产力的发展,人们必须对社会关系以及上层建筑进行重构。这是一种区别于康德建构主义思路的重构主义思路。这个重构主义的思路实际上继承了黑格尔哲学传统。马克思的思想表明,资本主义社会之所以如此飞速地发展,是因为它的生产力得到了飞速发展,而新技术的使用更加速了这种发展过程。如果我们从黑格尔哲学的角度来理解的话,这就意味着,在现代资本主义社会,知性的思维方式在社会经济领域被广泛使用。这种知性的思维就是工具理性,它的一个核心概念是"有用"。应该说,正是这种有用性的观念、工具理性的观念,在资本主义社会中得到了极大的运用。按照生产力的发展必然会导致生产关系和上层建筑的变革这个基本思想,资本主义社会也会不断地调整自己的生产关系,调整国家的管理制度。那么资本主义究竟是用什么方式来调整社会关系和社会制度的呢?按照历史唯物主义的基本思想,资本主义社会所建立的社会关系是与资本主义生产力相适应的经济关系。

---

① 参见《马克思恩格斯选集》第2卷,人民出版社2012年版,第2—3页。

这就是保护资产阶级的私人权利和私人交换的生产关系。如果我们在这里借用卢卡奇的观念，那么这种生产关系实际上也是一种以工具理性为核心的社会关系。在保护私人权利和私人利益的过程中所有的人都必须认真地核算：怎样的策略行为对于自己来说是有利的？而资本主义国家制度也是要保护人们之间的这种关系的。比如，法律也要保护人的私人权利和私人交换，法律制度的建立保证了经济按照规则来运行。于是，人的经济或者其他社会行为在法律规则的框架中是可以被预期的。由此这种法律框架方便了人们在经济交往中的"计算"和预测。同样，国家的行政管理制度从根本上来说也是为了保证私人权利和私人交换的。它也一样要保证经济系统按照规则来运行，使人们的经济活动成为可以预期和计算的。如果从思维方式上来说明这种关系的话，这就意味着，历史唯物主义的基本理论（即生产力决定生产关系，经济基础决定上层建筑）实际上表明，资本主义把在经济领域被广泛使用的那种可计算和可预测的思维方式，贯彻到了上层建筑领域中。只有这样，生产关系才会适应生产力，上层建筑才会适应经济基础。于是，在当代资本主义社会中，工具理性的思维方式从生产的领域被一直贯彻到经济关系的领域和上层建筑的领域。如果我们对历史唯物主义中的"适应"的这种理解是正确的，那么资本主义社会中的这种"适应"，就是工具理性在社会生活的一切领域中的推广。

而这种推广恰恰显示了现代资本主义社会中的一个基本问题，这就是"物化"的问题。马克思的《资本论》为人们从物化的角度来理解这个问题提供了可能性。按照马克思在《资本论》中对拜物教的理解，在资本主义社会中，人和人之间的关系采取了一种物的形式，即商品交换的形式，而商品交换的形式就是一种在工具理性意义上进行核算的形式。卢卡奇吸收了马克斯·韦伯的观念，并改造了马克思的拜物教批判的理论。他认为，当代资本主义社会所出现的问题在于，合理化原则被贯彻到社会生活中的一切领域。这种合理化甚至渗透到人的心灵中。① 而这种渗透到人的心灵中的合理化的思维，实际上就是在当代资本主义社会中流行的实证主义思潮。

如果我们还是把这个分析纳入现代性问题的考察框架，我们就可以看到，资本主义社会的现代性表明，生产力的飞速发展导致了生产关系和上层建筑的变革。这种变革中出现了一个问题，就是社会的物化现象。这种物化的结果表现为人的自由的丧失，表现为实证主义思维方式的统治地位（否定了信仰和审美的意义，因此表现为意义的丧失）。无论生产关系和上层建筑怎么变，有一个东西是不变的，就是工具理性的思维方式是不变的。这种工具理性思维方式是贯彻于资本主义社会的一切领域的。如果从社会整合的角度来说的话，这就是整个社会系统表现为一种功能性的系统。前面我们指出，法兰克福学派对于工具理性的批判是历史唯物主义思想的延伸，是黑格尔左派对于现代性问题的思考的表现。对于法兰克福学派来说，现代性问题的核心就是工具理性在社会生活的一切领域中的贯彻。哈贝马斯把这种情况理解为系统入侵了生活世界。这就是说，在经济系统和行政系统中，人们运用一种工具理性的方式进行社会管理，但是这种管理方式不能被用来解决人和人之间的关系。而资本主义社会中的问题就是用这种管理方式来解决人和人之间的关系问题（物化）。

那么如何才能解决现代性的问题呢？早期马克思和成熟的马克思的思路并不完全相同，但是也不是完全对立的。我们知道，1845年之后，马克思确立了历史唯物主义的基本思想。按照历史唯物主义的基本思想，生产力的发展要求生产关系的变革以及与此相应的上层建筑的变革。按照《资本论》的分析，资本主义社会经济的发展必然会导致如下矛盾的出现：劳动的社会化和资本主义的私人占有之间的矛盾。为了解决这个矛盾，我们必须推翻资本主义制度。马克思认为，要改变人和人之

---

① 参见[匈]卢卡奇《历史与阶级意识》，杜章智、任立、燕宏远译，商务印书馆1992年版（以下引用该版本不再一一注明出处），第164页。

间的社会关系需要改变制度,只有资本主义制度改变了,社会关系才会改变。但是法兰克福学派的学者提出了质疑:改变社会制度就能够彻底改变人和人之间的关系吗?虽然资本主义制度维护着人和人之间的物化关系,但是这种物化关系不仅仅被资本主义制度维护着,而且被人们的一种工具理性思维方式维护着。如果仅仅改变了制度,而没有改变这种工具理性的思维方式,物化的人和人之间的关系还会出现。比如,虽然苏联的国家制度变了,但是人和人之间的物化关系在官僚主义的管理体系中仍然没有变。在他们看来,这种官僚体制就是工具理性的原则在管理领域中的运用。这是因为生产力的发展需要这样一种管理方式。

当然他们也强调要改变人和人之间的社会关系,甚至要建立一种新的社会制度,比如马尔库塞的非压抑性的文明。但是,对他们来说,比改变社会制度更根本的是改变人的思维方式。那么如何才能改变人们的思维方式呢?法兰克福学派的一些学者从早期马克思的思想中找到了思想的资源。比如,马尔库塞就从马克思早期手稿有关异化劳动的批判之中找到了解决这种思维方式的新途径。我们知道,马克思在《1844年经济学哲学手稿》中强调,现代工业是"一本打开了的关于人的本质的书,是感性地摆在我们面前的人的心理学"①。这就是说,现代工业所呈现的人的本质力量不仅仅是工具理性的结果。对于马克思来说,只有从私有制的束缚中解放出来,一个人的感性能力才能从被束缚状态中解放出来。法兰克福学派的学者从一种相反的意义上来理解马克思。对于他们来说,只有把感性能力从被束缚状态中解放出来,人才能摆脱私有的观念。从审美的意义上来说,当一个人具有审美的能力的时候,一种东西即使没有被我们拥有,我们也能够感受到它的美。

法兰克福学派在吸收马克思的思想继而用以解决现代性问题的时候,显然更多地强调了这个充分条件,而忽视了其中的必要条件。对于

---

① [德]马克思:《1844年经济学哲学手稿》,人民出版社2000年版(以下引用该版本不再一一注明出处),第88页。

马克思来说，这两个方面是联系在一起的。当法兰克福学派的学者们吸收马克思的这个思想来解决现代性问题的时候，他们实际上重新回到了黑格尔哲学的基本思路上，这就是人的意识、理性和精神的自我发展与完善对于解决现代性问题具有重要作用。对于法兰克福学派的早期代表人物来说，解决这个问题最核心的工作是消除工具理性（知性思维）的局限性。

三、法兰克福学派对现代性问题的解决方案

由于对于知性思维在资本主义社会中普遍出现的原因的认识不同，法兰克福学派内部在解决现代性问题的时候，也出现了不同的思路。在这里，首先分析他们的共同点，然后再进一步思考他们不同的思路以及他们之间的内在联系。

他们的共同点主要表现在他们对现代性问题的诊断上。他们都受到马克思、卢卡奇和韦伯的影响，因此都认为当代资本主义社会中的现代性问题是类似于物化的问题。对于霍克海默和阿多诺来说，现代资本主义社会的经济发展采用了工具理性。工具理性导致资本主义经济的飞速发展，于是这种工具理性的方法被进一步延伸到思想领域。内在于工具理性的那种同一性思维方法被人们普遍接受。人们不仅用这种同一性思维方法处理自己与外部世界的关系，而且用同样的方法来对待自己的内在自然。这种否定自身内在自然的人对于其他人也不会具有同情心。这就意味着他们不仅会用这种物化的态度对待自己，而且会用这种物化的态度对待其他人。人们用对待自然的方式对待其他人，这种思维方式实际上也就是一种实证主义的思维方式。工具理性是用来维持人的生存的，是用来发展生产力的。这种用来发展生产力的思维方法，现在也被用于处理人和人之间的关系。这就是说，生产力决定了生产关系，并进一步决定了上层建筑。从这个角度来看，资本主义社会的问题是把社会仅仅看作一种功能系统。而人与人之间的关系不仅仅是一种功能关系（系统整合），而且是一种社会性联系（社会整合）。

对于哈贝马斯来说,法兰克福学派的早期代表人物过于受制于历史唯物主义,他要对历史唯物主义进行修改。社会历史发展中有两种东西在同时发生作用:一是生产力,一是人们之间的交往关系。这就是说,在社会历史发展中,人们所依靠的是两种学习能力:一种是自主学习能力。就是人在自己的生活中不断尝试着用各种方法来提高改造自然的能力。另一种是人们在生产过程中的相互学习。而这种相互学习是通过人际交流发生的。① 如果说在发展生产力时人们需要运用工具理性的话,那么,在相互交流之中人们需要借助于交往理性。因此,在人的历史活动中,人同时运用这两种理性能力。这两种理性能力在资本主义社会发展中表现为两种功能:工具理性被用来进行系统整合,而交往理性被用来进行社会整合。所谓系统整合,就是人们按照一种功能主义的方法把社会区分为各种功能领域,比如经济领域、行政管理领域和社会文化领域等。人们按照功能性的要求来组织这些领域中的关系。比如,在经济和行政管理领域,人们就要使用一种合理化的方法来组织管理。这种组织管理方法当然就是一种工具理性的方法。人们甚至还把这种工具理性的方法运用到文化领域,用金钱或者权力来干预人们的日常生活领域,特别是文化生产的领域。比如,像中国对于学者发表的论文按照刊物的等级进行打分,这就是一种工具理性的方法。如果人们还根据这种打分给学者予以经济上的奖励,那么这就是按照市场规律来管理文化领域。这样的组织管理很高效,这是系统整合的基本目标。但是哈贝马斯强调,人们除了这种功能关系之外还存在着交往关系。用一个不太好的比喻来说,男女之间结合为家庭,不仅仅是为了性需要这样的功能方面的满足,他们之所以结合在一起还因为情感上的关系。如果说家庭是因人和人之间的交往关系而建立起来的,那么整个社会和国家也是如此。通过这种交往关系而把所有的人组织起来,就是社会整合。当然,在传统

---

① 参见[德]哈贝马斯《重建历史唯物主义》,郭官义译,社会科学文献出版社2000年版,第159页。

社会中，系统整合和社会整合是无法被有效区分开来的。这就好比说，在家庭中，功能关系和情感关系是无法区分开来的。而资本主义社会的发展过程表现为各个不同的功能领域的分化。经济系统负责物质生产，行政系统负责国家管理，社会文化系统就负责人们之间的相互交流，通过这种交流社会被整合起来。在哈贝马斯看来，这种功能分化是资本主义社会进步的表现。从这个角度来说，我们不能简单地否定工具理性。但是这种工具理性所出现的问题是，它被扩展到社会文化系统的领域了。哈贝马斯在《交往行动理论》中把这种现象称为系统入侵生活世界。这里的系统就是指经济系统和行政管理系统，而生活世界就是我们所说的社会文化系统。在哈贝马斯看来，当代资本主义社会中的问题是经济系统和行政系统干预了人们日常生活的交往领域。实际上，系统入侵生活世界这个说法，以一种改头换面的形式表达了经济基础决定上层建筑的基本理论。对于哈贝马斯来说，基础不仅仅包括经济领域，行政领域也具有基础的特点。这与他对当代资本主义社会现状的认识有关，因为在发达资本主义社会中，国家干预了经济领域，经济基础和上层建筑的区分已经被打破。虽然经济基础和上层建筑已经无法区分了，但是这并不意味着马克思关于经济基础决定上层建筑的观点就完全错了。哈贝马斯是要重建历史唯物主义的。他改造了韦伯的思想，并用它来拓展历史唯物主义。他认为，工具理性是用来改造世界的，而交往理性是用来调节人们之间的关系的。凡是使用工具理性的领域都是基础的领域，而调节人们之间关系的领域就类似于"上层建筑"。资本主义社会中的问题，就是基础的领域控制了"上层建筑"（文化交流的领域）。而霍耐特则继续了哈贝马斯的交往理性的思路，提出了承认理论。按照如上分析，法兰克福学派的第一代代表人物和第二代代表人物，在对于现代性问题的理解上是一致的，即它是由工具理性（或者工具理性控制的领域）的极度扩展造成的。

不过第一代与第二代、第三代代表人物之间还是存在着巨大的理论差别。对于哈贝马斯和霍耐特来说，第一代代表人物过于受历史唯物主义观念的束缚了。对于第一代代表人物来说，工具理性的方法不仅仅是改造自然的方法，而且这种改造自然的方法直接决定了人的思维方法，而这种思维方法也决定了人和人之间的关系。哈贝马斯明显不同意这种看法。他认为，当代资本主义社会中的问题不是思维方法的问题，而是这种思维方法构成的社会系统对人的交往领域的控制。用工具理性的方法组织一定的社会系统，并使这个系统良好运行，这是现代文明的标志。但现代文明的问题正在于经济系统和行政系统对公共交流领域的控制。因此，现代社会中的物化问题，比如人的思维方式的物化，是社会系统化过程中产生的一个附带的问题。对于哈贝马斯来说，现代性的问题是，社会完全变成了一个功能系统，系统整合取代了社会整合。因此，如何进行社会整合的问题就成为现代社会中的核心问题。

实际上，在对现代性问题的理解上，法兰克福学派的代表人物是一致的。他们都认为，资本主义社会就是一种通过功能整合起来的系统，人和人之间的关系只有功能性关系。要解决的问题也是一样的，就是如何重建人和人之间的关系。然而，在如何解决人和人之间关系的问题上，第一代代表人物与哈贝马斯、霍耐特有所不同。对于第一代代表人物来说，这个问题是人的思维方式的问题，因此需要改变这种思维方式。正如黑格尔要借助于辩证法来改造知性思维一样，阿多诺也要用否定辩证法来对付同一性逻辑，认为只有借助于这种否定性的辩证法，才能批判资本主义、批判实证主义。这种否定辩证法，非常类似于黑格尔通过概念的自身否定来达到对事物本质的把握的基本方法。黑格尔认为，人们还需要借助于审美的方法来克服逻辑思维的局限性。阿多诺也继承了黑格尔的审美理论，用这种审美的思维方法来克服同一性思维所存在的缺陷。本雅明关于辩证意象的分析从黑格尔思想中吸收了解决现代性问题的方案，尽管这个方案受到了阿多诺的批评。与其他人一样，本雅明也认为现代性问题的核心是拜物教，他也试图探讨走出拜物教的特殊途径。他对于机械复制文化的分析，对于经验贫乏的分析，实际上都是要从丰富人的感性经验的角度来解决现代性问题。对于马尔库塞来说，现代资本主义社会中的问题是生存斗争原则的永恒化。而人们究竟是如何进行生存斗争的呢？这就是运用工具理性。他自觉地吸收了黑格尔哲学中的辩证法思想，并直接从黑格尔的理性概念中寻找解决现代性问题的方法。当然，马尔库塞还把生存斗争与人的本能的压抑联系起来，希望通过爱欲来克服本能的压抑所导致的问题。对于马尔库塞来说，当代资本主义的核心问题就是生存斗争永恒化的结果。在永恒的生存斗争中，人只会策略性地对待其他人，人们之间是不可能有爱和同情的。

如果说第一代的思想家们在解决现代性问题上致力于改变人的思维方式，要拯救被压抑了的感性经验，那么，哈贝马斯则要恢复人和人之间的对话的领域。在他看来，当代西方世界中的问题是国家权力领域干预经济系统。这种干预产生了一种合法化危机，于是国家产生了对它自身合法化的需求。为了满足这种需求，它又进一步干预文化领域。而文化领域本来是一个相互交流的领域。人们只有在相互交流的过程中，才能找到 种正当的法律规范和道德规范。对于哈贝马斯来说，国家干预经济系统究竟是否正当，这是文化系统中的人们相互讨论的结果。现代社会就是要建立一种秩序让各个层次的交流成为可能。在哈贝马斯看来，他对于现代性问题的解决方案与早期法兰克福学派的思想家们有很大的不同。早期法兰克福学派的思想家接受了《精神现象学》之后的黑格尔哲学。按照黑格尔成熟时期的思路，思维方式的问题只能通过人的自我反思来解决，只能通过人的精神的不断提升来解决。而早期黑格尔曾经非常重视人和人之间的相互交往。哈贝马斯将早期黑格尔哲学中的人际交往因素用来解决现代性中的问题。霍耐特更是深入发掘早期黑格尔哲学中有关承认的理论，并形成了一种体系化的承认理论。这一理论为解决现代社会中的整合问题提供了新的解决方案。

四、解决现代性问题的期望

那么，我们究竟该如何看待法兰克福学派关于现代性问题所提出的两种不同思路呢？我认为，这两个方案是互补的。法兰克福学派第一代代表人物强调工具理性思维方式所造成的后果。正是由于这种思维方式，人对他人采取了一种物化的态度。法西斯主义对人采取的那种无情态度，实际上就是这种工具理性的一种表现。应该说，这种分析是有一定的道理的。正因为如此，马尔库塞认为，如果人把生存斗争的原则永恒化，那么人就始终要用一种策略性的方法（工具理性的方法）来对待其他人，那么人类原来所具有的那种爱欲就无法被释放出来。如何才能终止这种生存斗争的永恒化呢？在马克思看来，只有消灭资本主义制度。无论是阿多诺还是马尔库塞都没有达到这样一种观念。因此，他们虽然在很大程度上接受了马克思的思想，但是更多的是用早期马克思的思想，从人道主义和异化批判的角度来促进人的自我发展和自我解放。或者是强调文化上的变革，批判了资本主义文化工业体系等。

　　而哈贝马斯则不同，他在分析资本主义社会危机的时候虽然也揭示了人的内在精神上的危机，但是这种内在精神上的危机只不过是系统入侵生活世界这种社会整合危机中的一个要素。因此，对于他来说，解决现代性问题的根本方法虽然也是要解决文化问题，但是这不是文化工业的问题，他甚至承认文化工业所具有的启蒙作用。对于他来说，最重要的问题是人们的交流领域为金钱和权力的媒介所控制。因此，当代资本主义社会必须把交流的领域法治化，建立一种新的民主法治国家。应该说，只有通过这种交流，建立一种正当的社会规范，人们才能被社会地整合起来。而在这种整合中，人们甚至还需要为承认而斗争。这种承认斗争就是既要承认人们之间的相对独立性，又要承认人们之间的相互依赖。霍耐特所提出的社会自由，实际上就是要把人们之间的相互依赖关系看作人们实现自身自由的条件。但是，人们之间要进行有效的交流，要建立社会自由，是不是还需要人自身的完善和发展呢？笔者认为，如果没有人在精神上的自我完善，那么人们之间的交流就难于达到哈贝马斯所预期的那种目标。实际上哈贝马斯在强调人们之间的相互交流的时候，也提出了交往理性的观念。而这种交往理性是从哪里来的呢？哈贝马斯本人并没有回答这个问题,而这个问题已经由他的前辈们在对同一性逻辑的批判中加以回答了。有了否定辩证法思维的人才可能和而不同,才可能达到人们之间的相互承认。

法兰克福学派提出的问题在现代社会仍然没有完全解决:只要把生存斗争永恒化,人就会永远被束缚在工具理性的框架中,永远都会用策略性的方式来处理人和人之间的关系。而生存斗争永恒化是资本主义社会无法避免的一种社会管理策略。如果没有生活上的差别,哪怕是时尚中的形式差别,谁还愿意努力奋斗呢?所以,资本主义社会一定要建立各种形式的差异体系,从而使人们努力工作,保证资本主义经济系统的运行。无论是为承认而斗争还是交往行动理论,都是要改良或者完善资本主义的制度。而对同一性逻辑的批判,不过是在现行的社会制度中改变人的思维方式的消极态度的表达。

其实,这里的核心是如何限制资本主义制度的问题,因为资本主义制度的核心就是生产资料的私人占有。这种私人占有制度必然导致人和人之间的经济上的斗争。不消灭私有制,社会整合的问题就无法从根本上得到解决。也正是在这种私有制的基础上,合理化的管理方式才会导致物化。从这个角度来说,马克思在《资本论》中对于资本主义私有制度的批判以及对拜物教的批判,仍然是我们解决现代性问题的最根本的思想资源。然而,在当前的情况下,私有制和合理化的管理方式仍然是发展生产力的重要途径。于是我们所面临的问题是如何在这个前提下来重构人和人之间的社会关系。从这个角度来说,法兰克福学派的三代学者所提出的那些思路对我们具有极其重要的意义。

第二节 马克思的现代性批判理论及其启示

在前面的分析中,已经非常简略地讨论了马克思对于现代性问题的分析,以及他解决现代性问题的基本思路。不过,在前面的论述中,马克思的理论是作为黑格尔哲学与法兰克福学派的现代性批判的中间环节出现的,笔者重点论述了马克思是如何继承黑格尔的现代性批判理论,而这个理论又是如何影响法兰克福学派的。在这里,笔者主要论述马克思的现代性批判理论本身。

一、马克思对现代性问题的分析

马克思在《共产党宣言》中对于资本主义社会特征的描述,说明了资本主义社会现代性的基本特征。按照马克思的分析,在现代资本主义社会,一种社会关系在还没有完全建立起来的时候就被一种新的社会关系取代了。这就是说,在现代社会,人们之间的社会关系会发生急速的变革。那么,为什么现代社会的社会关系的变革如此急速?新的社会关系取代旧的社会关系的正当性何在?当然马克思本人在自己的论著中从来没有直接提出过这两个问题,也没有直接回答过这两个问题。但是这并不意味着这两个问题及其解答没有被涵盖在马克思的理论之中。

我们知道,1845年的时候,马克思已经确立了自己的历史唯物主义理论。马克思在历史唯物主义的理论框架中回答了这两个问题。关于第一个问题,马克思是这样回答的:历史进步是通过生产力的发展来实现的。生产力的发展导致了生产关系的变革。按照这个思路,资本主义社会的社会关系的迅速变革是由生产力的发展所引起的。在资本主义社会中生产力发展之所以如此迅速,是由于科学技术在生产领域中的广泛运用。而科学技术的发展所依赖的就是工具理性。这就是说,启蒙运动所倡导的理性,特别是工具理性,是导致资本主义社会迅速发展的最重要的原因。生产力的发展,要求经济关系发生相应的变革。按照历史唯物主义的原理,一种生产关系是不是具有"正当性"(有效性,历史唯物主义的基本原理主要考察了生产关系的有效性,而没有着力考察其正当性),这是由它是不是适合生产力的发展来说明的。按照我们对正当性和有效性的区分,如果生产关系能够促进生产力的发展,那么这就意味着生产关系是有效的。生产力的发展也会要求生产关系以及上层建筑发生相应的变革。在这里,我们必须要问,生产力要求生产关系以及上层建筑发生变化,要求这种变化来适应生产力的发展,那么生产关系和上层建筑的变化趋势究竟是怎样的呢?在这里,如果我们吸收卢卡奇的思路来进行分析的话,那么我们可以说,生产关系和上层建筑的发展也是按照合理化的要求来进行的。只有这种合理化的生产关系和上层建筑,才有可能适应生产力的发展。

从这个角度我们就可以理解,虽然资本主义社会关系不断变革,社会秩序不断变化,但是它却不是无序的,而是按照一种功能系统的方法来有序地运行。正是在这样的社会背景下,马克思把社会理解为一种有机体。这个有机体在与自然的物质交换中不断发展和壮大,这就如同一个生物在与环境的物质交换中不断成长一样。生产力的发展并不破坏这个有机体,而是维持这个有机体,并保持有机体的良好运行。哈贝马斯把资本主义社会所实现的这种功能系统的整合称为系统整合。这就是说,虽然传统的基督教神学系统失去了社会整合(通过文化系统以及其中所包括的道德伦理的要素把人们结合在一起)的功能,虽然资本主义社会中人都成为原子化的个人,但是资本主义社会通过功能系统的方法把人整合了起来。社会就像一个生物有机体那样良好运行。但是,问题也在这里产生了:资本主义社会用系统整合取代了社会整合。这就是说,一个社会虽然可以功能良好,但是人们之间却可能相互冷漠,缺乏必要的**社会性**联系。我们说,家庭是社会的缩影,而家庭中的关系不仅仅是男女之间通过契约而形成的一种功能性关系,而且还是一个命运共同体。家庭成员之间存在着深刻的情感联系和伦理联系,这种联系是超出功能性联系之外的。同样,社会也应该如此,它应该是一个命运的共同体,而不仅仅是一种功能性结合体。在传统社会中,人们通过宗教信仰等共同结合在一起。但是,那个时候社会太落后了,虽然社会性联系很好,但是功能性关系却很差。而现代资本主义社会出现的问题是,虽然功能性关系很好,但是社会性联系却消失了。马克思在《共产党宣言》中深刻地揭示了资本主义社会中所存在的这个问题。在马克思看来,虽然资本主义社会的经济飞速发展了,但是人和人之间的关系变成赤裸裸的金钱关系。马克思的一段常常被引用的话说明了资本主义社会的这个特点:"资产阶级在它已经取得了统治的地方把一切封建的、宗法的和田园诗般的关系都破坏了。它无情地斩断了把人们束缚于天然尊长的形形色色的封建羁绊,它使人和人之间除了赤裸裸的利害关系,除了冷酷无情的'现金交易',就再也没有别的联系了。"[①]在《共产党宣言》中,马克思也指出了物化现象的出现。他认为,资本主义社会所进行的那种教育是"把人训练成机器"[②]。当马克思说人们之间只有现金交易的时候,马克思所强调的就是资本主义社会中所存在的物质交换关系。而这种交换关系模式渗透到了社会生活的一切领域中。这就是说,虽然在其他领域中,人们也会发生各种各样的关系,但是这种关系具有类似于现金交易的特点。在现金交易中,人们把不能量化的东西(比如使用价值)加以量化。当人变成可以量化的机器的时候,那么人和人之间的关系必然是冷漠无情的。马克思后来在《资本论》中把这种情况称为"拜物教"。这就是社会上的一切东西、一切关系都可能按照市场交易的模式来加以理解。在交易过程中,使用价值是不能量化的,也是无法交换的,但是资本主义社会却把它变成一种交换价值。人们之间按照交换价值关系的这种模式建立了各种关系。比如,大学教授分成几级,论文发表在哪个等级的刊物、发表多少篇都可以打分,这样使用价值就变成了交换价值。如果教授之间要联系、合作,那么这只能是一种功能性关系,不能讲友谊、情感。又如,一个人和另一个人交朋友会产生多大的经济效益,如此等等。

在《共产党宣言》中,马克思和恩格斯所要实现的共产主义,就是要使人和人之间有一种真正的社会性联系。所谓真正的社会性联系,就是人和人之间的关系不是冷酷无情的金钱关系,也不是前资本主义时代的那种田园诗般的宗法关系。虽然传统的宗法关系让人和人之间结成一

[①]《马克思恩格斯选集》第1卷,人民出版社1995年版(以下引用该版本不再——注明出处),第274—275页。
[②]《马克思恩格斯选集》第1卷,第289页。

种亲密的伦理关系,但是却包含了封建的等级制度。马克思所祈求的是平等而自由的个人建立一种类似于传统社会的联合体。这个联合体就具有共产主义的特点。

二、从制度层面解决问题

在重建人和人之间的社会性联系方面,马克思实际上在一定程度上受到黑格尔的影响。黑格尔在法哲学中看到,抽象法和道德虽然也把人和人结合起来,但是这种结合却存在着诸多不确定性[1]。为此,黑格尔强调,要在伦理关系的意义上把人和人结合起来。按照黑格尔的想法,现代国家能够实现这种结合:它吸收了家庭中人和人之间的天然关系,又结合了现代市场经济中的个人独立性的要素。现代国家就是在克服家庭的局限性和市民社会的局限性的基础上产生的。这种现代国家既能把人结合在像家庭那样的共同体之中,又能按照市场经济的规则保证每个人的自由。马克思批判了黑格尔法哲学。他认为,黑格尔没有看到,现代国家并不是真正的人的结合体,现代国家是受到资本主义市场经济制约的国家,市民社会决定国家。虽然马克思批判黑格尔颠倒了国家和市民社会的关系,但是马克思并没有批判黑格尔对于国家这个共同体的一般理解。这就是,他吸收了家庭中的伦理关系,但是这种伦理关系还是一种自然的伦理关系,缺乏契约的要素。他要把这种自然的伦理关系和一种契约的要素结合起来,把一般和特殊结合起来。黑格尔"受到了亚里士多德的启发,认为人性中根深蒂固地具有一种与共同体相联系的根基"[2]。

马克思要建立新的国家,要建立真正的共同体。这个真正的共同体的建立需要消灭私有制。在这里,我们必须进一步深入分析马克思所提出的共同体概念。在马克思那里,共同体实际上就是要实现人和人之间

---

[1] 参见[德]霍耐特《不确定性之痛》,王晓升译,华东师范大学出版社2016年版,第48页。
[2] [德]霍耐特:《为承认而斗争》,胡继华译,上海人民出版社2005年版,第20页。

的一种社会性联系,而区别于前述的那种功能性联系。前文说过,在家庭、市民社会和国家层面上都会发生人和人之间的一种功能关系。但是,除了这种功能性关系之外,人和人之间还存在着各种社会性的联系。比如,人和人之间的爱的关系。这种爱的关系就可以用"在他者中的自我存在"①来表达。在对其他人的时候,我们把其他人当作自己来看待,用对待自己的方式来对待其他人。这就是爱。而友谊和爱就有所不同。这种友谊可以用"在他者中的自我确信"来表达。对于一个朋友,人们相信他就像相信自己一样确定。这都是不同形式的社会联系。中国传统文化中的仁义礼智信实际上就表达了人和人之间的这种社会性联系,而区别于功能性的关系和契约性的关系。

马克思在《德意志意识形态》中对共同体也进行了不同程度上的区分。第一种共同体是阶级共同体:"只是由于他们还处在本阶级的生存条件下才隶属于这种共同体;他们不是作为个人而是作为阶级的成员处于这种共同关系中的"②。这就是说,这些人由于利益上的一致性而结合在一起。在这个共同体中,共同体的利益与个人的利益是一致的。抽象地说,在这里普遍性与个体性是完全一致的。从这个角度来说,普遍性实际上吞噬了个体性。因此,马克思说,在阶级共同体中,阶级的个人取代了单个的人。在这个共同体中,所有的个人都是作为阶级的个人而存在的。与这种阶级共同体完全不同的是另一种共同体,这就是虚假(虚幻的、冒充的)共同体,就是指一种完全脱离个人而作为抽象的共同利益存在的组织,比如过去一切时代所存在的国家。"从前各个人联合而成的虚假的共同体,总是相对于各个人而独立的"③。它是虚幻的普遍的东西④。这种共同体脱离个人而被少数人利用,只代表少数个人的利益。而马克思所倡导的真正的共同体,既承认个人的独立性和自由,同时又

---

① [德]霍耐特:《为承认而斗争》,胡继华译,上海人民出版社2005年版,第103页。
② 《马克思恩格斯选集》第1卷,第121页。
③ 《马克思恩格斯选集》第1卷,第119页。
④ 参见《马克思恩格斯选集》第1卷,第84页。

能体现这些个人之间普遍的东西。马克思说:"在真正的共同体的条件下,各个人在自己的联合中并通过这种联合而获得自己的自由。"①在这种共同体中,普遍性与个体性统一了起来。这与黑格尔法哲学中对国家的理解是一致的。

如何才能形成这种自由个人的联合体呢?马克思在这里提出了两个条件:一个是外在的制度性的条件,一个是个人的条件。马克思说:真正的共同体是这样一种联合,"这种联合把个人的自由发展和运动的条件置于他们的控制之下。而这些条件从前是受偶然性支配的,并且是作为某种独立的东西同单个人对立的"②。这里所说的个人自由发展和运动的条件、受偶然性支配的条件主要是指物质生产条件。这些物质生产条件在直到目前的历史上都是受偶然性支配的。比如在资本主义社会,哪一个人支配了生产资料,这是偶然的。而当它被共同体控制的时候,支配者的偶然性就不存在了。那么为什么要消除这种偶然性呢?马克思认为,由于这种偶然性的存在,物质的生产条件变成了一种与单个人对立的东西。这造成了人和人之间的对立。它把有生产资料和无生产资料的人对立了起来。如果让所有的人共同拥有这些生产资料,那么生产资料就从造成人和人之间对立的条件变成了人和人之间联结的条件。他说:"建立共产主义实质上具有经济的性质,这就是为这种联合创造各种物质条件,把现存的条件变成联合的条件。"③当然,人和人结合成为一个共同体,需要一定的物质条件。这就如同一个家庭有共同的财产,这种共同的财产把家庭成员结合在一起。但是,正如我们谈到家庭的时候所指出的那样,家庭不是一个功能结合体,比如家庭为个人提供了物质生活条件,但是家庭之所以形成还有一定的个人条件,那就是人们之间的一种爱的关系。马克思本人也充分意识到,仅仅有这种经济条件并不足以把个人结合起来。正如国家仅仅靠契约并不能真正把人们结合在

---

① 《马克思恩格斯选集》第1卷,第119页。
② 《马克思恩格斯选集》第1卷,第121页。
③ 《马克思恩格斯选集》第1卷,第122页。

一起一样。比如在一个国家,虽然一个人与这个国家形成了一定的法律关系,具有一定的权利和义务,但是如果这个人对于这个国家没有一定的情感,比如爱国主义的情感,这个国家也会分崩离析。在《德意志意识形态》中,马克思主要是从个人生存视野的角度来说明这个问题的。马克思认为,联合起来的个人共同占有财产,是与人类历史发展到一定的程度有关的。按照马克思的说法,这就是历史转变成为世界历史。这里所谓的世界历史,就是个人的生产与整个世界的生产联系在一起。马克思说:"至于个人的真正的精神财富完全取决于他的现实关系的财富,根据上面的叙述,这已经很清楚了。只有这样,单个人才能摆脱种种民族局限和地域局限而同整个世界的生产(也同精神的生产)发生联系,才能获得利用全球的这种全面的生产(人们的创造)的能力。"[①]一个人只有摆脱了这种局限性,才有可能在最广泛的范围内与其他人结成联合体。

然而即使一个人有广阔的视野,知道自己的生产与全球生产都是联系在一起的,一个人也并不因此就一定会与其他人形成真正的共同体。这还需要人们对自己的社会特性的深刻理解,需要人们对其他人的关爱、信任等方面的伦理关系。而这种伦理关系在传统社会中一直存在。当然,这种伦理关系在古代社会是与一定的传统世界观,比如基督教的观念联系在一起的。而在现代社会,我们不能依靠这种传统的伦理观念来结成联合体。那么,在一个后传统社会中,人们如何能够建立一种新的联合体呢?马克思早期曾经进行过这样的尝试。

三、从精神层面解决问题

在对《1844年经济学哲学手稿》的研究中,人们曾经指出马克思的思想中存在着一种人道主义的倾向。这种倾向受到了许多学者的批评。他们认为,这是马克思思想不成熟的表现。这种人道主义当然有其缺陷,但是如果我们从人和人之间的社会性联系的角度来看,这种人道主

[①]《马克思恩格斯选集》第1卷,第89页。

义无疑是有积极意义的。在这里,我们就从解决现代性问题的视角来重新思考马克思的这种人道主义。

从前面的分析中我们知道,传统社会是依靠在传统世界观基础上形成的伦理、习俗等作为社会联系的纽带的,而启蒙批判了这种传统思想。它把人从传统的伦理关系的束缚中解放出来,而把人理解为一种具有抽象人格的人。而作为抽象人格的人是完全平等的。在这种平等的基础上,人们提出了人的平等权利的思想。对人的这种抽象化理解,实际上也就使人从一切具体的社会关系中摆脱出来。正如黑格尔所说的,启蒙把人从一切实体关系中解放出来;一切实体性的关系,对他来说,都是一种束缚。① 然而当人打破了一切实体性关系之后,人们之间也就失去了稳定他们之间关系的秩序。这就导致出现了法国大革命时期那样的极端无序的状况。显然,马克思对于抽象人道主义的批判,实际上也就是要否定那种使人脱离一切社会关系的做法,而要重构人和人之间的社会关系。如果我们从这样一个视角来理解马克思那个时期所提出的共产主义理论,那么我们就可以看到,马克思那个时候所提出的共产主义理论与那种抽象的人道主义是有巨大不同的。这种差别就在于,马克思虽然也强调人是类存在物,强调人的抽象本质,但是马克思还特别强调了人的社会性。所谓社会性,就是指人和他人之间所存在的那种社会性联系。这也就是马克思在《关于费尔巴哈的提纲》中所说的人的本质。在这里,马克思对人的本质的理解,不是人道主义所说的那种抽象的人格,而是一切社会关系的总和。②

在《1844年经济学哲学手稿》中,虽然马克思也把自己的思想称为人道主义,但他强调他所说的共产主义是"完成了的人道主义",这种完成了的人道主义是"人和人之间的矛盾的真正解决"③。如果说资产阶级的抽象人道主义是把人当作孤立的抽象物,当作抽象的人格,那么在马

---

① 参见黑格尔《精神现象学》,第358页。
② 参见《马克思恩格斯选集》第1卷,第60页。
③ [德]马克思:《1844年经济学哲学手稿》,第81页。

克思看来,这种人道主义是仍然没有完成的人道主义,即把人当作孤立的人。而孤立个人的设想,恰恰是人和人之间像狼一样地战斗的思想基础。如果马克思的思想被局限在这种狼一样的斗争的意义上,那么马克思的思想就只能是阶级斗争,只能是通过阶级斗争实现财产共有。可是在马克思对人的理解中,人不是这样的抽象的人,不是抽象人道主义中的孤立个人,而是社会性的人。这种具有社会性的人不会把自己局限在狼一样的斗争中,而是会相互团结。这种相互团结的人,就是人和人之间的矛盾的真正解决。这样的人道主义就是完成了的人道主义。而资产阶级的抽象人道主义是还没有完成的人道主义。

在这种完成了的人道主义之中,人是社会性的存在物。对于社会性,传统上人们都是从外在的社会关系的角度来理解,认为人是处于一定的社会关系之中的。而马克思强调,即使一个人孤立地存在,一个人也是社会的存在物。① 这就意味着,即使一个人不处于一定的社会关系中,人也具有社会性,那么这个意义上的社会性就是一种内在意义上的社会性。对这种内在意义上的社会性,马克思是从人的精神发展的角度来理解的。从精神的层面上来说,马克思强调人具有一种普遍意识。他说:"我的普遍意识活动——作为一种活动也是我作为社会存在物的理论存在。"②这种普遍的意识活动区别于非普遍的意识活动,即那种限定在孤立的个人之中的意识活动。孤立个人的意识活动是受到私有财产制约的意识活动。马克思认为,私有制制约了人的意识活动,它使人缺少一种普遍的意识。对于马克思来说,一个人只有有了这种普遍的意识,才有可能和其他人自觉自愿地结合在一起。

马克思在《1844年经济学哲学手稿》中用了大量的篇幅来说明私有制对人的意识的制约作用。马克思说,私有制使人变得如此愚蠢,以至于人一定要占有对象;对于人来说,只有占有了这个对象,这个对象才是

---

① 参见[德]马克思《1844年经济学哲学手稿》,第83页。
② [德]马克思:《1844年经济学哲学手稿》,第84页。

他的。① 如果能摆脱这种私有制的束缚,人的思想和意识就会得到极大的解放。比如在审美意识中,当我们看到美丽的山川的时候,我们得到了一种愉悦和享受,这种享受不是因为我们占有了对象(比如吃了一块肉),而是因为我们从形式上感知了对象,我们把自己从私有制的束缚中解放了出来。马克思指出,那些饥肠辘辘的人对美丽的景色是没有什么审美的感觉的,那些矿物商人感受不到矿物的美。② 这是因为他们的感觉被私有的感觉、占有的感觉所束缚。一旦人把自己从这种束缚中解放出来,那么这个人就能够摆脱自己的狭隘意识,就能够与其他人结成共同体,人和人之间的矛盾就可以被解决。

如果我们进一步深挖马克思思想中的这个方面的因素,我们就可以发现马克思对于社会性的一种新理解,这就是人**本来**有一种社会性的意识,有普遍的意识,但是这种普遍的意识、这种审美的感觉等受到了私有制度的束缚。如果人从这种束缚中解放出来,人的普遍意识就会恢复,内在的社会性就会得到重构。于是,在这里,人们必然要问,马克思认为人的审美的感觉受到了私有制的束缚,那么这是不是意味着,人有一种潜在的审美意识,只是私有制束缚了这种审美意识。同样的道理,人有一种潜在的社会意识,只是私有制束缚了这种社会意识。那么人们必然又要问,这种社会意识是从何而来的呢?是不是人天生就具有一种社会性的意识,或者说,这种内在的社会性是不是人所固有的呢?

我们认为,从马克思的思想中得不出这样的结论来。马克思强调人的活动的社会性特征。对于马克思来说,人都是在一定程度上与他人一起从事活动的。人所利用的工具等都是社会性地共同生产出来的。社会性的实践活动把社会性内化,使人产生一种内在的社会性。这种内在的社会性反过来又使人的活动具有社会的特性,甚至一个人孤立地进行活动的时候,这种活动也具有社会性。马克思说:"甚至当我从事科学之

---

① 参见[德]马克思《1844年经济学哲学手稿》,第85页。
② 参见[德]马克思《1844年经济学哲学手稿》,第87页。

类的活动,即从事一种我只是在很少情况下才能同别人直接联系的活动的时候,我也是社会的,因为我是作为人活动的,不仅我的活动所需要的材料,甚至思想家用来进行活动的语言本身,都是作为社会的产品给予我的,而且我本身的存在就是社会的活动,因此我从自身所做出的东西,是我从自身为社会做出的,并且意识到我自己是社会存在物。"①马克思对人的这种内在社会意识的理解,或者说,从一开始就把人作为一种社会存在物的理解,与黑格尔在《精神现象学》中所说的"我就是我们,而我们就是我"②是相一致的。当然,马克思与黑格尔不同的是,在黑格尔那里,这种社会性的意识是人自我反思的结果,而在马克思那里,这种社会性的意识是人的活动的产物。

一旦我们承认人具有一种内在的社会意识,那么这就意味着,人会自愿地与其他人进行社会交往,与他人成为朋友,希望得到他人和社会的承认。正是因为这种内在的社会性,人才有可能和其他人形成一种共同体。如果人没有这种社会性倾向,而只是一种孤立的个人,都是为了自我的利益而奋斗,那么人和人之间必然会为财富而进行斗争,人会成为霍布斯模式中的人。这样的人是无法自愿地结合在一起的,他们只能靠契约,靠外在的强制而结合在一起。而马克思对人的本质是社会性的存在物的理解,从一开始就否定了霍布斯的思路。这就是说,尽管启蒙运动以来的资本主义运动把人从一开始就确立为一种为自我利益而奋斗的自我,但是人并没有因此而成为孤立的原子,恰恰相反,人都有社会性的趋向,都存在着一种亲和力,而这种亲和力会使人发生各种形式的社会性结合。当然,马克思在这里也发现,私有制破坏了人的这种亲和力,破坏了人与人之间所应该具有的各种社会性联系。正因为如此,对马克思来说,消灭了私有制,人就可以借助于这种内在的社会性而构建一种真正的共同体。

---

① [德]马克思:《1844年经济学哲学手稿》,第83—84页。
② [德]黑格尔:《精神现象学》,第115页。

在这里特别值得我们注意的是,马克思并没有强调通过恢复传统的伦理关系,或者把这种社会关系现代化,来解决启蒙所产生的问题。马克思在《共产党宣言》中已经非常明确地指出,共产主义运动要实现两个彻底决裂,即同传统的所有制关系实行最彻底的决裂,同传统的观念实行最彻底的决裂。① 同传统的所有制关系实行最彻底的决裂,就是要彻底告别私有制。只有否定了私有制,人才能真正结合成为共同体。而同传统的观念实行最彻底的决裂就意味着,我们不能依赖于恢复传统的观念来实现社会整合,我们不能期待恢复过去的宗教精神来把现代社会中分裂的个人结合在一起。我们也不能期待恢复传统的伦理关系来解决现代社会中的社会性的分裂和矛盾。相反,这种矛盾要通过现代化自身的发展来解决,通过理性自身的力量来解决。在马克思那里,就是靠实践中的对象化,通过精神的自我提升来解决。所以,马克思在这个问题上的思路与黑格尔是一致的,这就是现代性的自我确证。

四、启示

从马克思对于现代性问题的理解和分析中,我们至少可以发现如下的基本思路:当启蒙运动高扬理性的旗帜的时候,这个理性在资本主义的发展中变成了一种工具理性,人运用这种理性的力量来改造自然、改造自我、改造社会。这样的社会就是一种把人按照功能主义的原则结合起来的合理化社会。这种合理化的倾向是社会发展不可避免的现象。应该说,这种合理化的管理方法与社会的经济制度无关。无论是社会主义还是资本主义,一个社会要能够生存和发展,就必须采取一种功能主义的理性化方法来管理社会,来推动社会的发展。但是,正如我们前面所指出的那样,功能合理化的社会,并不因此就会产生一种社会团结。那么如何才能产生一种社会团结呢?

马克思则认为,只有改变了资本主义制度本身,真正的社会团结才

---

① 《马克思恩格斯选集》第 1 卷,第 293 页。

能实现。按照马克思的分析,消灭了私有制,人们不再就财产进行竞争,人就能够进行社会性结合,人们的社会性意识也会发展起来。应该承认,这确实能够从根本上解决人们之间的社会性结合的问题。然而,从过去的社会实践中人们清晰地意识到,在资本主义社会,如果没有财产的私人占有,如果没有社会财富在等级上的区分,人们之间就失去了竞争的动力,而社会就失去了经济发展的动力。同样,如果没有合理化的管理,企业就不可能高效率地运行,政府也不可能为大众提供高质量的社会服务。从这个角度来说,私有制度、合理化的管理方式在现阶段仍然是保证社会系统的功能、提高经济效益的有效途径。

于是,这里必然提出这样一个问题:在私有制度的基础上,在现代合理化管理的基础上,人们之间的社会结合如何可能?从上面的分析中我们看到,无限扩展的私有制度、极度推广的合理化管理方法必然会导致社会整合的危机。因此,限制私有制度的范围、限制合理化的管理方式,是现代社会整合的必要条件。哈贝马斯从商议民主制度的角度,提出了在私有制度的基础上、在承认企业和政府部门的合理化的管理的基础上实现社会整合的可能性。他所提出的方法主要是用来限制合理化的管理方法的有效性范围。他区分了系统和生活世界。在他看来,如果人们能够就他们之间的行为规范达成一致意见,那么这个社会就能够得到很好的整合。霍耐特提出了为承认而斗争。这种承认斗争实际上也就是人们之间为了实现社会整合而进行的斗争。虽然我们的社会不可能就规范的问题达成一致意见,但是人们之间会在社会生活的各个层面上形成一定的伦理关系,这些伦理关系都表明,人在社会中的**特殊性**也会在伦理系统中得到承认。这种承认必然有助于社会整合。哈贝马斯强调普遍性在社会整合中的作用;霍耐特则强调,社会中的人都是特殊的个人,人的这种个体性在社会整合中应该得到承认。

实际上,即使承认合理化的管理方式是现代社会运行的必要方式,这种管理方式也是可以进行适当优化的。法国学者吕克·博尔坦斯基和夏娃·希亚佩洛在《资本主义的新精神》中指出了在现代企业中管理方式所发生的变革。原来,企业是按照韦伯的合理化方法进行管理的,这种管理形成了层层叠叠的官僚体系。而现代大型企业改变了这种方法,它们将企业中的研发、生产、销售等都作为项目分包给自由结合起来的团组。这样,企业一方面能够直接面对消费者来进行管理,而另一方面把那些需要严格管理的部门转移给那些自愿组成的机构来进行项目式的管理。按照他们的分析,这种管理方法已经在现代企业中大规模地运用,并取得了良好的效果。实际上,这就是现代管理制度中的一种变革,这种变革就表现为从传统的管理转变成为现代治理。这种治理更能体现人的社会性,体现人和人之间自觉自愿的社会结合。

　　按照马克思的分析,只有破除了私有制,人才能从根本上形成一种普遍性观念,才能使自己的感觉、经验等得到解放。这无疑是正确的。那么,在不破除私有制的条件下,人的感觉经验是不是也能够得到解放呢?正如马克思所指出的,私有的观念会削弱人的审美的经验。比如,有些富人购买了名贵的艺术品,但是,对于他们来说,这些艺术品只是财富,而没有艺术价值,他们无法欣赏其中的艺术价值。从这个角度来说,私有制度限制了艺术价值的实现。但是这也并不意味着在私有制条件下,人们的艺术欣赏能力就不能得到发展。比如说,我们在日常生活中,去欣赏美好的河山,去发现自然的美景。虽然这些自然的美景不能被我们私人占有,但是我们仍然能够欣赏它的美。这种对美的欣赏也能够把我们从狭隘的占有意识中解放出来。因为在审美的欣赏中,我们只需要得到形式上的满足,而不需要得到实质上的满足。

　　当然,正如阿多诺在批判现代文化工业的时候所指出的那样,真正的艺术作品是与市场经济相矛盾的。艺术作品的创作应该不受市场经济规则的约束。但是在现实生活中,艺术作品又不可能不受到市场规则的约束,因此在现代艺术中作品总是充满了矛盾和痛苦。真正的艺术就是这种矛盾和痛苦的表达。当艺术家痛苦地表明他成为机器的时候,当他把艺术作品像机器的复制品那样展示出来的时候(沃霍尔),他所表达的恰恰就是这种痛苦。从这个角度来说,在现代社会中,发展审美意识,提升自己的审美能力,把自己的感觉从私有制度的束缚中解放出来,必定是包含了痛苦的。在市场经济占统治地位的社会中,一个人要发展审美意识,要把自己的感觉从占有的感觉中解放出来,就是要违背社会的主流意识和主流价值。这必然意味着一种精神上的痛苦,而这种痛苦又必然会有一种解放的作用。相反,那些表面上在精神上满足人的艺术,恰恰是按照市场经济规律所生产出来的艺术,它们如同其他商品一样,是为了满足人的需要而被生产出来的。这种艺术作品,这种给人带来快感和满足的艺术作品,一定缺乏思想解放的作用。从这个角度来说,在不消除私有制的前提下,在不消除市场经济的条件下,感觉的解放必然是痛苦的,精神的解放必然是痛苦的。只有勇敢地接受这种精神上的痛苦和感觉上的痛苦,人才能真正从现代市场体系的束缚中,从现代管理体系的束缚中解放出来。

从上面的分析中我们可以得出结论,只有从根本上消灭私有制,人类才能真正地实现社会整合,这就是马克思所期待的共产主义。而在不消灭私有制的情况下,在必须进行合理化管理的前提下,人们之间必然会出现社会整合的难题;在这样的情况下要实现社会整合,就必须从制度和人的内在世界两个层面上进行变革。现代商议民主制度、人们之间相互承认的政治伦理规则,都是从制度层面上来实现社会整合;而感觉和精神上的解放,则是从人的内在精神的层面上来实现社会整合。

第一章 现代性与现代性的问题

启蒙以来,人类社会进入了一个全新的时代,它被称为现代社会。主体性和理性是这个社会的精神品质。而主体性和理性的相互作用导致了社会的急速变迁。如何理解这个社会的特性,就成为理解现代性的关键。尽管现代性是一个被广泛使用的基本学术概念,但是在如何理解现代性这个概念的问题上,人们却存在着较大的争议。与此相关的是,导致这种现代性的现象出现的社会和文化上的根源是什么?现代社会中所出现的这种现代性的现象产生了怎样的现代性问题?解决这些问题的可能的途径有哪些呢?

第一节 现代性、现代主义与后现代主义

现代性这个概念首先是在文学领域中出现的,而在我们的研究中现代性又首先是被作为一个社会现象来进行分析的。那么,这种文学现象与社会现象究竟有什么关系呢?特别值得一提的是,这种现代主义和后现代主义文学对于解决现代性问题有什么意义吗?

一、现代性概念的理解

"现代性"这个概念是学术界的一个时髦概念。一个概念一旦成为时髦概念,这个概念就容易失去确定性的内容。根据某些学者的说法,关于它的定义不下几十种。① 这是因为一旦某个东西成为时尚,人们就会在纯形式的意义上玩弄它,使它失去确定的意义。这就好比说,当"革命"成为时髦的话语的时候,阿Q也要"革命",尽管他不知道"革命"的意思究竟是什么。笔者认为,即使人们赋予"现代性"概念以不同的含义,但是我们还是能够确定它的基本意思。同样,尽管"革命"在不同的人那里有不同的意思,但是它还是有基本的意思的。我们要撇开它时髦的"外形",探讨它的实质性的内容。

从当下流行的各种关于"现代性"的讨论中我们可以看到,现代性的概念主要是在两种不同的意义上被理解的:一个是社会意义上的现代性,一个是精神或文化意义上的现代性;一个是"作为西方文明史一个阶段的现代性",一个是"作为美学概念的现代性"。卡林内斯库认为,这两种现代性存在着对立。② 在我看来,哈贝马斯在《现代性的哲学话语》中也是从这两个角度来理解现代性的③。

从社会的意义上来说,现代性表示现代社会发展所表现出来的一些特性。最初,人们是把这个基本特性与韦伯所论述的那种西方理性主义联系在一起的④。这就是说,现代社会的发展过程是一种合理化的过程,或者说是一种"祛魅"的过程。按照韦伯的分析,现代资本主义从文化上来说导源于一种新教伦理。而这种新教伦理中包含了西方文化所特有的理性主义。这种理性主义在经济领域中表现为,人们通过簿记、核算

---

① 参见张汝伦《现代性与哲学的任务》,载《学术月刊》2016年第7期。
② 参见[美]马泰・卡林内斯库《现代性的五副面孔》,顾爱彬、李瑞华译,商务印书馆2002年版(以下引用该版本不再一一注明出处),第48页。
③ 参见[德]哈贝马斯《现代性的哲学话语》,译林出版社2004年版(以下引用该版本不再一一注明出处),第1—13页。第一部分第一、二节分别叙述了这两个意义上的现代性。
④ 参见[德]哈贝马斯《现代性的哲学话语》,第1页。

等合理化的方法来控制经济过程,从而提高管理的效率。在行政领域,这种理性主义表现为一种科层制度的管理方法,这就是通过严格的角色定位来强化管理责任和提高管理效率。这种理性主义的精神后来不断地扩展到资本主义社会的其他各个领域。在生活领域,人们强调每个人都是自己行动的责任主体,强调一种精神上的个体主义。在科学领域,人们强调用实证的和逻辑的方法来进行研究,从而找到科学的真理。这种合理化甚至被扩展到法律的层面上,似乎人们只要把案件的有关情况输入一个机器系统,这个机器系统就能够进行合理计算而做出合适的法律判决①。在精神层面上,许多哲学家强调理性的原则和主体性原则。而坚持这样的思想原则的哲学家都是现代哲学家。既然理性主义原则体现在一切领域中,那么人们当然可以在各自的领域从不同的角度去理解现代性。比如,在政治领域,人们会认为,如果一个国家在政治制度上建立了相互监督的类似于三权分立的体系,那么这个国家就属于现代国家,具有现代性。从这里我们可以看出,现代性的概念首先是在西方文化的背景下来理解的。人们从不同的角度把西方现代社会中出现的各种主要特性看作现代性的主要标志。

然而,在这里,人们自然会提出一个问题,在非西方文化的基础上,人们能不能形成一个具有现代特征的社会呢?现实中,一些没有西方理性主义文化基础的国家也开始朝向现代文明发展了。这个过程实际上就是"现代化"的过程。如果现代性被理解为西方理性主义文化所产生的各种结果的话,那么非西方国家的现代化的过程就可以被理解为获得现代性的过程。从这个意义上来说,现代性与现代化是联系在一起的。现代化就是一个社会或者一种文明获得现代性的过程。现代性就是现代化的结果。不过在这里我们要特别注意,当我们把现代性理解为现代化的结果的时候,这里的现代性是脱离了西方理性主义文化基础而出现

---

① 参见[匈]卢卡奇《历史与阶级意识》,第159页。

的现代性。这个现代性和原本在西方资本主义社会中的现代性就不同了,现代性的含义扩展了。比如,在一些东方国家,人们吸收了西方社会发展的经验,在经济上迅速发展,从而达到了现代文明的发展水平。这些国家是一些现代化的国家,比如新加坡。这表明,在没有启蒙的前提的基础上,非西方国家也可以获得启蒙的结果。① 然而,在新加坡,我们看到,虽然它也有类似于西方国家的选举制度,但是却没有政党的轮替。既然新加坡是一个现代化国家,而且这个国家也拥有诸如清廉、高效等这样的西方国家的特征,我们不能说它没有现代国家的特征,不具有现代性。这样的情况会发生在社会生活的各个领域。于是现代性就获得了不同于西方理性主义文化的新含义。

精神或文化意义上的现代性与现代社会的另一个特征相联系。1500年前后,西方国家从传统社会进入了现代社会。哈贝马斯说:"1500年前后所发生的三件大事,即新大陆的发现、文艺复兴和宗教改革,则构成了现代与中世纪的时代分水岭。"②而进入现代社会后,社会变迁加速,各种新的事物层出不穷。我们完全可以用日新月异、气象万千来形容这个飞速发展的社会。马克思在《共产党宣言》中的一段话清晰地说明了这种社会变化:"生产的不断变革,一切社会状况不停的动荡,永远的不安定和变动,这就是资产阶级时代不同于过去一切时代的地方。一切固定的僵化的关系以及与之相适应的素被尊崇的观念和见解都被消除了,一切新形成的关系等不到固定下来就陈旧了。"③社会的这种动荡和变化使人们在生活中对于时间的体验发生了变化。如果社会没有什么动荡和变化,那么人们就会更多地关注过去,他们从过去的经验中就能够预知未来。然而当一切陈旧的东西都被否定了,而新的东西还等不到固定下来就陈旧了,那么人们既不能依靠过去来确定未来,也不能从当下预知未来。于是人们就更关注当下、现时。这是一种全新的时间体验。而

---

① 参见[德]哈贝马斯《现代性的哲学话语》,第3页。
② [德]哈贝马斯:《现代性的哲学话语》,第6页。
③ 《马克思恩格斯全集》第4卷,人民出版社1958年版,第469页。

"现代"(modern)这个词不仅具有编年史的意义,不仅意味着1500年以来的现代历史,而且意味着时代之"新"①。人们需要在精神上、理论上、艺术上关注时代之"新"。而现代性就是对这些不断涌现的新东西的时间上的体会。博纳德(Malcolm Barnard)说,现代性是"在现代世界中生活的一种体验"②。

当人们从思想上、文化上把这种体验表达出来的时候,那么这种思想和文化就具有了现代性。关于现代性的经典说法来自波德莱尔。他说:"现代性就是过渡、短暂、偶然,就是艺术的一半,另一半是永恒和不变。"③如果笔者的理解是正确的,那么这就意味着,在艺术作品中,艺术家要同时展现两个方面:短暂的、偶然的、过渡的方面以及永恒的、不变的方面。短暂的、偶然的、过渡的方面就是现代性。艺术作品要抓住时代,表现时代;而时代是不断变迁的,因此艺术作品要抓住那些瞬间的、偶然的东西。如果艺术家不能抓住这些东西,那么他的艺术作品就不合时代。当然,仅仅抓住偶然的、瞬间的东西还不够,艺术家还要从瞬间的东西中把握永恒。这样的艺术作品才是真正的艺术作品。通俗地说,艺术作品必须把握自己的时代,与自己时代的社会生活密切联系在一起。它要展示自己的时代。所谓现代性就是文化艺术作品的时代性、当代性。当然,如果艺术作品只有时代性而没有永恒性,那么这个作品也就没有恒久的价值。

实际上,黑格尔就是这样来理解现代社会以及他自己的哲学的。在黑格尔看来,哲学也要把握它自己所处的那个时代。黑格尔有一句名言:哲学"是被把握在思想中的它的时代"④。哲学就是要从思想上把握自己的时代。显然,如果社会没有发生变化,每天都一样,那么哲学就没

---

① 参见[德]哈贝马斯《现代性的哲学话语》,第6页。
② Malcolm Barnard, *Graphic Design as Communication*, New York: Routledge, 2005, p.112.
③ [法]波德莱尔:《现代生活的画家》,载《波德莱尔美学论文选》,郭宏安译,人民文学出版社1987年版,第485页。
④ [德]黑格尔:《法哲学原理》,第12页。

有把握自己的时代的必要性了。哲学要在思想上把握它那个时代,恰恰体现了黑格尔哲学的时代意识和时间意识,是他对社会不断变迁的精神理解。黑格尔哲学中的"现代"概念、"时代精神"的概念就是现代性的另一种表达。从这个意义上来说,马克思所说的任何真正的哲学都是时代精神的精华,可以换一个说法:任何真正的哲学都必须具有现代性,都必须从精神上把握它那个时代。这与波德莱尔对于艺术作品的理解是一样的。当然,哲学与艺术作品一样,不能只是简单地跟着时代跑,而且要有永恒的东西。我们从黑格尔的另一句名言可以得到理解:"凡是现实的东西都是合乎理性的"①。现实的东西必须是当下的东西,于是现实性当然可以与现存性联系在一起。但是现存的东西就是瞬间的、过渡的,而不是永恒的。哲学不能局限在现存的东西上,而要把握现实性。因此,在现实性的东西中必须包含永恒的东西。只有合乎理性的东西才是永恒的东西。所以,在黑格尔那里,现实性的概念同时包含了瞬间的、过渡的性质和永恒的性质。从这个意义上来说,黑格尔强调哲学要从精神上把握自己的那个时代,就不仅要关注时代中那些瞬息万变的东西,而且要关注永恒性。所以,当我们说哲学要关注现实,实际上也就是说,哲学要有现代性。这种意义上的现代性包含当下性,而这个当下性也不能脱离永恒性。

当我们从精神、文化的意义上讲现代性的时候,我们不能仅仅从瞬间性、过渡性上理解现代性,因为现代性总是与永恒性联系在一起的。如果没有永恒性,瞬间性和过渡性就无法表现出来。所以鲍德里亚认为,现代性同时包含了"线性时间"和"循环时间"两个维度。他强调:"现代性永远都既是新生的,也是追溯的,既是现代的,又是过时的。"②从表面上看,鲍德里亚对于现代性的理解与波德莱尔不同,而实际上是一致的。这就是说,在现代文化中,瞬间的东西和永恒的东西是联系在一起

---

① [德]黑格尔:《法哲学原理》,第 11 页。
② [法]鲍德里亚:《象征交换与死亡》,车槿山译,译林出版社 2012 年版(以下引用该版本不再——注明出处),第 119 页。

的。按照鲍德里亚的理解,模仿、回溯的要素就是现代性中永恒的东西。比如,文艺复兴就是模仿古典的文明。当然,这种回溯不是简单地回到过去。在现代性中,传统不是本来意义上的传统,都是"仿真"的传统。因此,在对过去的模仿中,革新、决裂与模仿、延续之间不是完全对立的,它们是相互渗透和相互融合的。为此,鲍德里亚认为,现代性是"决裂的辩证法",是"大杂烩"。①

当然,在这里,人们必然会提出一个问题,社会意义上的现代性与审美意义上的现代性究竟有什么关系呢?从表面上看,暂时、过渡与社会的合理化之间似乎毫无关系。而实际上这两者是联系在一起的。一方面,社会合理化过程打破传统的观念,从而导致原来社会秩序的破坏。这就导致了社会的急速转变。同时,合理化所导致的社会功能系统的分化和社会生产力的飞速发展,也不断地要求人们根据生产力的发展来变革社会关系。这又进一步促进了现代社会的急速变革。另一方面,面对社会的急速变革,社会越来越趋向于用一种合理化的方法来组织社会过程,从而保证社会维持一种动态的功能性秩序。这就是说,合理化过程本身也是一种动态性和稳定性的矛盾结合体。合理化过程本身既导致了社会的暂时和过渡的特性,同时,又试图让社会稳定在一定的秩序之中。一种社会秩序原来是合理的,但是由于科学技术的发展、生产力的发展,原来合理的秩序变得不合理了。合理化的功能系统希望社会秩序基本稳定;没有社会秩序的基本稳定,社会系统的功能也无法发挥出来。然而,求新、求变的现代性动力却不断地要打破旧的秩序,防止这种秩序过时,而不断的社会变动也要求社会保持一定的稳定性,社会的合理化反过来又满足了这种稳定性的要求。合理化之中包含着动态性与稳定性的内在矛盾,同样,艺术中也包含了过渡、暂时与永恒的内在矛盾。现代性就处于动态性和稳定性的张力之中。如果一定要区分社会的合理化和艺术中的现代性之间的差别,那么社会的合理化更多地趋向于稳定

---

① 参见[法]鲍德里亚《象征交换与死亡》,第119页。

社会秩序,而艺术中的现代性就是要打破这种秩序。现代主义思潮和后现代主义思潮是要把艺术从社会生活的控制中摆脱出来,打破这种秩序。从这个意义上来说,现代主义和后现代主义是艺术中的现代性的表现。

二、现代主义的主要特征

现代主义和现代性一样在多种意义上被理解。现代主义①是 19 世纪末到 20 世纪中叶在西方国家流行开来的文艺思潮,它在文学、绘画、音乐、建筑等领域都有所表现。在艺术风格上,它区别于自然主义和现实主义。比如,现实主义的艺术作品都是在一定程度上反映现实,在一定形式上展现现实,而现代主义却不展现现实,而更注重个人的心理体验以及这种体验的自我表达。现代主义作为一种文学艺术领域中的艺术风格,它的内容非常庞杂,我们很难用一个简单的规定来定义现代主义。卡林内斯库对现代主义给出了一个泛泛的说明:现代主义是指"艺术中各种革新和反传统的新趋势"②。而艺术上的革新和反传统实际上就是要让艺术跟得上不断变化的时代,使艺术获得现代性。从这个意义来说,现代主义艺术是现代性的文化标志,现代主义集中体现了现代性。这是文学艺术意义上的现代性,审美意义上的现代性。这种现代性既包括对现代的肯定,又包括对现代的怀疑和反思;这种现代性既是现代的,又是反现代的③。可以说,这就是现代性的内在张力的一种表现。丹尼尔·贝尔从三个方面概括了现代性的特点④。

第一,"现代主义是一种对秩序,尤其是对资产阶级酷爱秩序心理的

---

① 关于现代主义概念的演变过程以及现代主义艺术流派的发展过程,参见[美]马泰·卡林内斯库《现代性的五副面孔》,第 77—95 页。
② 汪民安等主编:《现代性基本读本》,河南大学出版社 2005 年版,第 256 页。
③ 参见[美]马泰·卡林内斯库《现代性的五副面孔》,第 284 页。
④ 参见[美]丹尼尔·贝尔《资本主义文化矛盾》,赵一凡、蒲隆、任晓晋译,三联书店 1989 年版(以下引用该版本不再一一注明出处),第 31—32 页。

激烈反抗。"①按照韦伯的分析,资本主义在刚刚产生的时候,新教伦理在其中发挥了重要作用,人们存在着对神圣和绝对的东西的信仰,而在现代资本主义社会,神圣的东西被消解了。对于现代主义者来说,世界上"没有任何神圣"②。从现代主义文学最初的代表人物波德莱尔那里,我们可以看到类似的特点。他的诗集被命名为"恶之花",这个书名就体现了波德莱尔挑战秩序的特点。在他那个时代,人们认为,真、善、美是联系在一起的。只有善的东西才作为美而得到颂扬。然而对于波德莱尔来说,恶却具有审美的意义。他说:"那个真善美不可分离的著名理论不过是现代哲学胡说的臆造罢了。"他还进一步挖苦说:"真是一种奇怪的传染病,大家都用莫名其妙的语言说明那些荒唐的念头!"③如果恶具有审美的意义,那么现代社会中被推崇的价值就需要被重估。显然,波德莱尔的这种审美理论包含了对于现代社会中被推崇的价值秩序的否定。而他否定秩序的那种精神也受到了本雅明的重视。本雅明在《发达资本主义时代的抒情诗人》中认为,波德莱尔具有马克思所说的那种"波西米亚人"的特点,或者说具有被社会排斥在外的人的那种特点。他积极参加革命,而且具有"职业密谋家"的品格。本雅明说,马克思对于职业密谋家的特点的描述,可以"原封不动地用在波德莱尔的形象上"④。而波德莱尔的诗歌是"煽动家的形而上学"⑤。为此,哈贝马斯认为,在现代主义那里,艺术变为一种具有颠覆力量的反文化。⑥

第二,"距离的消蚀"。在传统的审美理论中有一种习惯的说法:"距离产生美"。可是现代主义消除了这个审美的距离。本来我们阅读文学

---

① [美]丹尼尔·贝尔:《资本主义文化矛盾》,第31页。
② [美]丹尼尔·贝尔:《资本主义文化矛盾》,第31页。
③ 《波德莱尔美学论文选》,郭宏安译,人民文学出版社1987年版,第73页。
④ [德]本雅明:《发达资本主义时代的抒情诗人》,张旭东、魏文生译,张旭东校订,三联书店2007年版(以下引用该版本不再一一注明出处),第37页。
⑤ [德]本雅明:《发达资本主义时代的抒情诗人》,第34页。
⑥ 参见[德]哈贝马斯《现代性——一项未完成的事业》,载汪民安、陈永国、张云鹏主编《现代性基本读本》上册,河南大学出版社2005年版,第109页。

艺术作品,就是要通过对于艺术作品的意义的理解来欣赏作品中美的东西。然而审美距离的消失就是要造成一种"即刻反应、冲撞效果、同步感和煽动性"①。这就是说,艺术作品所追求的是强烈的当下刺激效果。那么现代主义的艺术形式为什么追求这样的东西呢?按照本雅明的分析,现代主义艺术所出现的这种变化与人的经验所发生的变化有关。在传统上,经验往往是无意识体验的结果。我们习惯了妈妈所做的饭菜,这是浸入心田的经验体会。除了这样的经验之外,我们还有一种经验,那就是有意识的记忆中的经验。比如,我们通过主动的记忆获得达到某个位置的经验,我们通过回忆可以再现这种经验。然而,前一种无意识的经验是无法通过回忆再现的,而只有在偶然的机遇中才得以再现。这两种不同的经验分别在无意识层面和意识层面出现。这两种经验之间的差别可以用弗洛伊德的理论来加以解释。按照弗洛伊德的理论,当人面临着一种极端强烈的刺激的时候,人在心理上会产生一种自发的保护机制,以抵抗这种强烈刺激。于是,这种强烈的刺激不会进入人的心灵的深处,而处于意识层面上。人们会记得这种经验。而诸如妈妈的味道这样的刺激则潜移默化地浸入了人的心灵深处,而处于无意识的层面上。在现代社会,"人们越来越多地面临着的是这种强烈的刺激"。他们会对这种强烈刺激形成一种习惯性的反应。被本雅明说成是现代主义者的另一位文学大师爱伦·坡曾经描述一些高贵的人,比如商人、业务代理人、股票经纪人等,这些人在穿梭忙碌的大街上"如果被人撞了,他们便大度地向撞了他们的人鞠躬"②。看到这种情况,我们常常会说,这些高贵的人很有风度。而对于爱伦·坡来说,这不是什么风度,而是一种对于刺激的机械反应。这就如同我们乡下人到了繁华都市,看到汽车在人群中穿梭,觉得太可怕了,而城市里的人们早已习以为常。现代人早已习惯了这种强烈的刺激。换一个角度来说,现代人对于所有这一切刺激

---

① [美]丹尼尔·贝尔:《资本主义文化矛盾》,第31页。
② [德]本雅明:《发达资本主义时代的抒情诗人》,第147页。

都有了防备的心理。更重要的是,人们不是感到这种刺激是可怕的,而是感到这种刺激给自己带来了一种特殊的快感。他们会认为,我们的社会处于一片繁忙景象之中。本雅明说:"堕落到这种放任中甚至让人感到某种快感。"①这就是现代主义审美艺术产生的心理基础。

第三,对传播媒介的重视。我们知道,传统上,我们的艺术作品是用符号表达意义的,我们从作品的意义中得到审美的享受。但是现代主义的艺术作品更重视的是传播的媒介,而不是传播的内容。这就是说,现代主义所关注的不是被传播东西的意义而是形式,它用形式盖过了内容。这就如同我们现代社会中的那些"标题党"那样,他们的文章没有什么特殊的内容,但是为了吸引人注意,就用标题来吸引人。现代主义的艺术更注重作品的这种形式上的刺激效果。当然,现代主义虽然强调形式上的刺激效果,但是它还是有一定的内容的,而后现代主义(现代主义的极端形式)则把它推向极端,从而使艺术作品变成了纯粹的形式上的刺激,比如沃霍尔的作品《坎贝尔浓汤罐头》。这就如同我们看军演中的正步走,大规模人群聚集所显示出的同样的动作也能产生震撼效果。在现代社会,它获得了审美的意义。换句话说,如果我们生活中进行数量庞大的商品的有序堆积,也同样会产生一种审美的意义。而当我们的社会进行大规模和批量生产的时候,这种审美特性就深入到日常生活中了。这就是说,我们的生活本身具有了审美的效果。这实际上也是距离消失的一种表现。

从现代主义艺术的这几个基本特点中我们可以看到,这些艺术作品展示了它们对现代文化秩序的冲击,展示了人们对于现代性的体验以及他们对于现代社会所产生问题的焦虑和担忧。当然,由于人们对于现代社会的精神体验不同,他们对现代社会的态度和理解也不同,因此现代主义潮流内部非常复杂。有些人对于现代社会的发展表现出了忧虑,他们批判现代社会;而有些人则拥抱这个社会,他们对社会的不断变迁表

---

① [德]本雅明:《发达资本主义时代的抒情诗人》,第172页。

现得欣喜若狂,趋向于荡涤一切旧秩序。有些现代主义艺术作品虽然荒谬,但是其中包含了对某种美好的东西的期待,比如《等待戈多》。所以有学者说,现代主义总是伴随着一种"对于进步的信念,这种乐观主义采取了许多形式。它可能相信科学地理解世界的可能性,可能相信人类行为的合理性质,可能相信人性的进步,相信社会生活的改善以及确信,现在所做过的事情在未来会做得更好"[1]。实际上,早期的现代主义是如此,而现代主义在后来的发展中开始走向了自己的反面。从这个角度来说,现代主义既是现代的,又是反现代的。也因为如此,有些人认为现代主义文化应该对当代社会中秩序的破坏负责。丹尼尔·贝尔在《资本主义文化矛盾》中认为,现代主义和魔鬼打交道,它强调自我,而冲击资本主义的秩序。现代主义"对现代社会具有颠覆性"[2]。

那么我们究竟该如何看待现代主义艺术与现代社会的这种冲突和矛盾呢?从对于现代社会特点的描述中我们可以看到,现代社会就是一个不断创新和不断改革的社会。现代主义艺术恰恰适应了社会发展的要求。如果说它对现代社会具有颠覆性,那么这是它对资本主义社会中的合理化秩序的颠覆,而这个合理化秩序恰恰是束缚人的一种秩序。从这个角度来说,现代主义艺术,尤其是先锋艺术就是要解决现代社会中的问题。[3] 但是这也会产生一些消极后果,这就是价值的危机、社会规范的危机。

既然现代主义与现代性密切联系在一起,那么现代主义艺术作品在一定程度上还是对现代社会中不断变迁状况的一种体验和精神上的表达。不同的艺术家对于现代社会的体验是不同的,但是,无论他们是现代的还是反现代的,他们的艺术作品都是表达一种意义的。而后现代主义则完全不同了。

---

[1] Malcolm Barnard, *Graphic Design as Communication*, New York: Routledge, 2005, p. 113.
[2] [美]丹尼尔·贝尔:《资本主义文化矛盾》,第66页。
[3] 关于现代主义艺术与现代社会关系的分析,参见拙作《两种现代性冲突之本质——对资本主义文化矛盾的另类观察》,载《南国学术》2017年第3期。

三、后现代性与后现代主义

与现代性这个概念不同,"后现代性"并不常用。如果说现代性产生的经济基础是现代工业的规模化大生产的话,那么后现代性出现的经济基础是后工业社会,是生产过剩条件下的社会。我们知道,在机械化和自动化的机器大生产中,社会经济迅速发展,这种发展也对生活领域产生了巨大的冲击。这是因为,随着现代工业的发展,生产过剩的状况出现了,于是借助于传媒的力量来刺激需求的必要性日益突出。显然,当人们不需要某种东西,而社会通过刺激需求来驱使人们购买某种东西的时候,这种东西的"真正的"使用价值就消失了。产品作为符号的价值不再通过其使用价值来表现,而是通过符号之间的差异来表现。这就好比说,一个人有了很多衣服,但是她还购买衣服;她之所以要购买衣服是因为她喜欢衣服的形式。这就意味着,在后现代社会人们更注重的是事物的形式而不是它的功能意义。西方一些学者根据后现代社会中所出现的这种状况来描述后现代性。后现代性是随着"媒介、传播和信息系统的全球化而出现的一种后工业世界。它是在市场导向的消费世界的基础上构建起来的,而不是在劳作和生产的基础上建立起来的。……它是这样一个文化世界,在这个世界中,传统、一致价值……普遍信念和标准受到了挑战、被动摇和被否定,取而代之的是多样性、区隔和差异"[①]。这是从社会的意义上来描述后现代性。如果我们把社会意义上的现代性和后现代性加以比较,就能更好地理解后现代性。笔者曾经从政治、经济和文化的角度较为详细地说明了后现代社会的特点。[②]

与现代主义一样,后现代主义是一种文化上的思潮或者审美文化上的运动。那么这个运动有什么特点呢?有西方学者把它概述为"表征的

[①] 转引自 Malcolm Barnard, *Graphic Design as Communication*,第 138 页。
[②] 参见王晓升《略论后现代社会的几个主要特征》,载《教学与研究》2014 年第 6 期。

危机"(crisis of representation)①。与此类似,笔者从符号学的角度把它概述为符号的结构意义取代符号的功能意义。

从现代主义的几个特点中我们可以看到,现代主义艺术作品试图通过艺术符号来指称符号之外的某种意义。即使在像《等待戈多》这样的荒谬戏剧中,戏剧的主要角色还是有所等待的。从符号学的角度来说,符号的意义可以从两个方面来理解:从一个方面来说,符号作为能指指称某种意义、代表某种东西;从另外一个方面来说,符号不指称某种东西,而是通过符号之间的结构差异来表达某种意义。符号的前一个方面的意义被称为符号的功能意义。在这里,能指符号通过所指表达意义。符号的后一个方面的意义被称为符号的结构意义②,这就是通过差异符号的编排而出现的意义。比如,我们说,某个人家里好像有一座"金山"。"金山"这个词表达(代表)了这个人家里所拥有的财富。"金山"这个词是有意义的,因为这个词作为能指符号代表了某种东西。我们也可以说"圆的三角形",这个词当然也有意义,但是它的意义不是因为它代表了某种东西、指称某种东西,而是通过符号自身之间的差异和编排所产生的意义。这就是符号的结构意义。后现代主义艺术形式表达了一种"表征的危机",而这种危机就是符号的功能性意义让位于符号的结构意义。这就如同我们购买衣服一样,当我们关注衣服的形式而不是衣服的功能的时候,衣服就失去了功能性的意义而获得一种形式的意义。衣服在不同的差异形式中显示了意义。于是,我们可以说,后现代主义艺术就是通过差异符号的编排来构造意义,而没有任何真实的意义。

最显著地体现后现代主义特征的当属沃霍尔的作品,诸如《玛丽莲·梦露》《坎贝尔浓汤罐头》等艺术作品。在《玛丽莲·梦露》中,作者把这幅画分为两半,一半是 25 个玛丽莲·梦露的印刷头像,另一半则似乎是这个印刷头像的复制,而且复制的质量比较差。按照笔者的理解,

---

① Malcolm Barnard, *Graphic Design as Communication*, p. 139.
② 参见[法]鲍德里亚《象征交换与死亡》,第 3 页。

这幅画表达了这样一种意思:玛丽莲·梦露成为人们喜欢的时尚明星,于是她的头像就像各种商品广告一样到处被张贴。而这些广告的特点就是复制,要么是完全一样的复制,要么是质量较差的复制。而广告的宣传就是引导一种时尚。崇拜这样的明星实际上也是当时的一种时尚。而时尚的东西的特点就是让无意义的东西获得意义。① 我们知道,当一个人为自己的温饱而努力的时候,他是不会赶时髦的;赶时髦的人所关注的不是物品的使用价值而是它的形式意义。这就是通过差异的形式而编织起来的意义,而没有实际意义。当时髦的东西传播到了极点的时候,也就是当时髦的东西成为完全大众化的东西的时候,它就不再时髦,它会完全失去意义。而时尚的东西的一个特点就是模仿,如果没有模仿,一种东西就不会流行开来而成为时尚;模仿也不是完全一样的模仿,而是有所改变的模仿。这就如同梦露画像的复制一样,另一半的质量比较差。当玛丽莲·梦露的画像重复到极点的时候,它也消除了一切意义,甚至会让人厌烦。沃霍尔的这类绘画作品被称为"波普艺术"即大众艺术。而这种所谓大众艺术就是流行文化,是时尚生活的一种表现。时尚的生活,实际上就是消除艺术和生活的距离的生活(从这个角度来说,后现代主义是现代主义的极端形式)。

后现代主义艺术的特点恰恰就是要消解艺术和生活之间的距离。沃霍尔的作品《坎贝尔浓汤罐头》就是把坎贝尔的罐头标签排列在一起。这些被排列在一起的罐头标签好像是一个货架,而吃这类罐头食品是当时流行的生活方式。如果把这些罐头标签排列起来,那么它就成了艺术。如果是这样,那么每个人在自己家里都可以摆放这些东西,都可以让它成为艺术品。当生活时尚化的时候,生活中的所有东西都可以成为艺术。这是因为在时尚的生活中,人们更注重各种物品的形式,而不仅仅是它的使用价值。在这样的情况下,时尚的衣服是艺术,时尚的皮包是艺术,时尚的房子是艺术。当生活中到处都是艺术的时候,艺术和生

---

① 参见[法]鲍德里亚《象征交换与死亡》,第125页。

活的距离就消失了。流行艺术或者说"波普艺术"在一定程度上就是在消解艺术与生活的距离。当艺术与生活的距离消失了的时候,艺术反映生活、揭示生活意义的特点就消失了。1917 年,法国艺术家杜尚(Marcel Duchamp)以"喷泉"为题,把男厕所的白瓷尿盆送去纽约的"独立展览会"。当时,这种做法引起了艺术界的骚动。他实际上就提出了这样的问题:艺术作品与日常用品有何差异?后现代社会消解了艺术和生活之间的差别,通过生活本身的艺术化来消解艺术。当艺术被消解了的时候,艺术的意义也就终结了。这就是所谓的"表征的危机"。

现代主义中那种追求意义的企图,在后现代主义中完全被消解了。后现代主义艺术作品实际上就是致力于消解意义。这也是现代主义与后现代主义的根本差别。当然,也有人,比如丹尼尔·贝尔,把艺术与生活的距离的消失归入现代主义[1],从而把后现代主义看作现代主义的一个变种。

除了文学艺术领域存在着后现代主义思潮之外,在哲学领域,这种后现代主义思潮也很突出。其最根本的特点是消解一切意义。比如,德里达在他的《丧钟》(Glas)这本书中就表现了这种解构意义的特点。在这本书中,他把同一个页面分成两个部分:一个部分讨论黑格尔的唯心主义哲学,而另一部分则讨论小偷和同性卖淫者让·勒内(Jean Genet)。这完全是风马牛不相及的两个东西,但是德里达却把它们放在同一个页面上讨论,而且相互穿插。他的这种做法实际上就是形成差异符号的对比。在这种差异符号对比中显示不出任何确定的意义。这就是一种意义的解构。与意义解构联系在一起的是价值的颠覆。当生活变成表演的时候,我们就无法区分真假;当道德行为成为表演的时候,我们也无法区分善恶。尼采在提出重估一切价值的时候,他实际上就开启了后现代主义的哲学的大门。许多人继承了尼采的思想而对启蒙以来的现代文明进行了批判。我们不能说批判启蒙以来的现代

---

[1] 参见[美]丹尼尔·贝尔:《资本主义文化矛盾》,第 32 页。

文明的人都是后现代主义者,但是如果他们全面否定现代文明所追求的真善美的基本价值,那么这就是后现代主义的。像丹尼尔·贝尔这样的新保守主义者虽然也批判现代文明,但是他还是有对真善美的追求的,因此他不是后现代主义者。而鲍德里亚就是后现代主义的,虽然他自己没有把自己归入后现代主义。这是因为,鲍德里亚否认后现代社会区分真假善恶的可能性。

四、超现实主义与超级现实主义

当艺术与生活的距离消失的时候,一种超级真实的状况出现了。而超级现实主义恰恰就是这种超级真实在艺术中的表达。我们可以说,超级真实的生活是超级现实主义的。

我们先讨论超现实主义(Surrealism)。当我们说一个东西是真实的,那么这就是说,这个东西能够被同样地再现出来。如果一种科学原理,在条件相同的情况下都能得到相同的结果,那么这个科学原理就是真实的,或者说,这个科学原理再现了真实存在的东西。真实总是与符号的再现联系在一起的。从文学艺术的领域来说,现实主义就是在一定程度上再现真实。而超现实主义就是把想象加入现实之中。比如,达利的绘画作品《永恒的记忆》中的时钟就是把想象加入了关于时钟的绘画作品中。在这里,时钟可以坍塌。这个坍塌的时钟表明,永恒的记忆都会发生变形,都会加入想象。

而超级现实主义(Hyperrealism)与超级真实密切相关。真实是以相同的形式而被再现出来的。而超级真实是"那个永远已经再现的东西"[①]。这就是说,当人们把再现(复制)推向极端的时候,人们就会达到一种超级真实的状况。要理解这一点,我们还是得从后现代主义的复制艺术说起。我们知道,在工业化大生产中,物品都是被大规模地、批量生产(复制、再现)出来的。这种批量生产最初是为了满足人们的需要。但

---

① [法]鲍德里亚:《象征交换与死亡》,第98页。

是当批量生产达到极端、超出人们的需要的时候,人们就开始关注所使用东西的形式,通过其形式来满足人。这就是时尚化,就是生活的审美化。在生活的审美化过程中,人们不知道自己是演员还是生活。比如,年轻人在生活中学习电影里的方式来表达自己的爱。这种模仿(复制)究竟是表演还是生活呢?我们已经无法区分了。如果一个人真心关爱另一个人,是不需要表演的;而电影中表演出来的爱是假的。可是当人们学着用表演的方式来生活的时候,那么由此而表达出来的爱是真的还是假的呢?我们已经无法判断。它超越了真假判断的范围。本来,艺术和生活是可以区分开来的。比如,沃霍尔绘画作品中的那些罐头看上去跟真的一模一样,但是,这是绘画作品,这里有一个画框。我们一看便知道,这是假的。假如没有画框,那么我们就无法把绘画艺术与真实的罐头区分开来了。在生活中我们就处于一种没有"画框"的境地。当一个人学习艺术中的表演来表达自己的爱的时候,它是没有"舞台"的表演。既然这种表演没有舞台(如同绘画没有边框),那么我们就不可能明确区分说,"这是表演","那个不是表演"。当我们不能再明确区分表演和非表演的时候,那么,辨别虚假的可能性就不存在了。这就是说,这里的"真实"就是排除了识别虚假可能性的"真实"。这种"真实"我们称之为"超级真实"。它太"真实"了,以至于我们无法指出一种虚假的情况。当艺术与生活的距离消失了的时候,当生活成为艺术,成为没有"舞台"的表演或没有"边框"的画作的时候,我们无法区分真假。在这样的情况下,我们既可以说,生活中的一切都是表演,也可以说,生活中的一切都不是表演。这种"真实"不是原来的现实主义中的真实,而是艺术和生活结合在一起的"真实"。

超级现实主义的艺术作品也是如此。鲍德里亚在《象征交换与死亡》中借助于新小说来说明超级现实主义的特点。比如,格里耶的新小说《窥视者》就是如此。其故事情节是这样的:

> 一个旅行推销员马弟雅思回到他度过童年时代的小岛上兜售

手表,在挨户访问顾客中,他知道一个十三岁的牧羊女雅克莲行为不端,而这个雅克莲的外表同他的女友维奥莱极为相似。这天牧羊女正在海边僻静处放羊,马弟雅思骑自行车经过,下车用拾来的绳子将雅克莲捆绑,强奸后杀死,将尸首推入海中。尸首被发现后,马弟雅思心虚,回到出事地点毁灭物证,却发现他的犯罪经过已被雅克莲的十八岁男友于连窥见。于连当面揭发马弟雅思说谎,证实他目睹犯罪经过,但是却没有告发马弟雅思。马弟雅思安然在小岛上住了两天,然后乘船回到大陆,逍遥法外。①

这部新小说试图纯粹客观地描述景物和在其中活动的人。它排除了一切关于人的心理活动或者主观性的描述。这里所展示的是纯粹"真实"的状况,而看到这些客观状况的目光却被排除在外。这就是说,它设想"在真实的周围创造空无"②。在马弟雅思的"真实"世界的外部也是没有其他人的目光,他确信自己没有被别人看见。这就等于说,他创造了一个"真实"的世界,而这个"真实"世界是没有边界的。于连也以为自己没有被其他人看见。这就如同我们在生活中表演,不过这种表演没有舞台的限制。如果有了舞台的限制,那么人们就可以把表演和生活区分开来了。格里耶所构造的"真实"世界也是如此,这两个"真实"的世界之外都是空无;而且,这也是两个"真实"世界的纯粹重复。而这种纯粹重复的"真实"就达到了一种"超级真实"。格里耶通过艺术作品显示了这种"超级真实"。他的作品就是超级现实主义的作品。这就如同在工业化大生产中进行纯粹的重复生产。当这种"真实"的生产达到极端即超出生活需要的时候,社会就达到这种"超级真实"状况。现代社会表达(表现)了"超级真实",从这个意义上来说,它也是超级现实主义的。"超级真实"用"真实"表达自身的虚假,用无意义来展示"意义"。

最后,我们必须指出的是,超级现实主义是后现代主义思潮中的一

---

① [法]阿兰·罗伯-格里耶:《窥视者》,郑永慧译,译林出版社 2007 年版,译者序言,第 3 页。
② [法]鲍德里亚:《象征交换与死亡》,第 96 页。

种重要的艺术形式。有时候,现代主义艺术和后现代主义艺术存在着相互交叉的情况,很难完全区分开来。我们只是勾勒出其主要趋势、主要特点。

现代主义和后现代主义是现代性在当代社会的极端表现,它表明现代性的极度发展导致了一种无意义状况的出现。这对于解决现代性问题提出了许多新的挑战。而法兰克福学派的代表人物哈贝马斯在关于推进现代性事业的思考中回答了这个问题(参见本书第六章第一节第五目)。

第二节 现代性的困境

从前面的分析中我们可以看到,审美现代性与社会现代性是密切联系在一起的。现代主义文化凸显了现代社会中的那种暂时性、过渡性,然而艺术中的暂时性和过渡性又是与永恒性联系在一起的。没有永恒性,过渡性和暂时性就无法表现出来。同样,在现代社会中,现代性也是和过渡性与永恒性联系在一起的。这里始终充满了矛盾和冲突。

一、现代性导致的不确定性

从现代主义艺术中我们看到,艺术中的现代性更突出地表现在其过渡性、暂时性方面。现代社会的发展包含了这样一种"艺术"的冲动,特别是在发达工业社会中。而合理化的过程则通过功能系统来维持社会的动态秩序。可以说,现代主义艺术更强调艺术中的暂时性和过渡性;而韦伯的合理化理论则更强调社会的稳定性,特别是从功能结构的意义上强调结构的稳定性。艺术中的现代性可以说是一种历时态意义上的现代性,是强调社会的不断变迁、变革的现代性。只有不断变迁、变革,一个社会才能跟得上时代的步伐,才不会变得陈旧、过时。尤其值得注意的是,随着社会经济的不断发展,各种新的现象不断出现,这就要求社会中的每一个人都能够跟得上社会发展的步伐,否则,就有被淘汰的危险。因此,这个社会中的人都有一种强烈的时间体验和危机意识。追求动态秩序的、合理化意义上的现代性,可以被理解为共时态意义上的现代性。这种现代性最终导致的结果是具有相对稳定的社会功能系统,这个功能系统所要求的是规则的稳定性和功能上的相互协调。从这个意义上来说,贯彻了合理化原则的社会(现代化的社会)实际上是通过功能上的协调而达到稳定性的社会。当然,这不是说,这种社会没有变化,而是说这种变化是通过合理化过程来实现的,是功能上的优化过程。而历时态意义上的现代性是动态的,是颠覆或者破坏现行秩序的现代性。从这个意义上来说,这两种现代性是相互对立的。而在现代社会中这两个对立的方面是结合在一起的。这就是说,现代社会既需要秩序,又会不断破坏这个秩序(这是两种现代性都具有的含义,当然其中的侧重点不一样)。人们需要不断地面临维持秩序和破坏秩序(改革或者革命)的选择难题。正因为如此,齐格蒙特·鲍曼说:"只要存在分为秩序和混乱,它便具有了现代性。只要存在包含了秩序和混乱之抉择,它便具有了现代性。"①

从历时态的现代性的角度来说,现代社会的根本特征就是它的过渡性和暂时性,它的变动不居的特性。那么现代社会究竟为什么会出现这样一种变动不居的特性呢?马克思在《共产党宣言》中虽然指出了现代社会的这种特性,但是他却没有指出这种不断变动的特性所赖以产生的经济根源。后来在《资本论》中马克思实际上揭示了这种变动和不安特性的经济根源。这就是资本家所追求的技术创新。这种技术上的不断创新导致资本主义积累的不断增加和资本有机构成的不断提高。② 对于每个资本家来说,技术、管理和营销上的不断创新是资本家保持竞争优势的基础。而经济上的不断变迁又导致了社会结构和文化结构的变迁。这种变迁从一个角度来说会促进社会经济的发展和文化的发展,促进社

---

① [英]齐格蒙特·鲍曼:《现代性与矛盾性》,邵迎生译,商务印书馆 2003 年版,第 11 页。
② 参见《马克思恩格斯全集》第 23 卷,人民出版社 1972 年版,第 685 页。

会经济生活水平的不断提高,而从另一个角度来说,这会导致一种不断的社会动荡和社会不确定性,比如经济危机。

当然,现代社会中的不确定性还与这个社会中所存在的两种抽象自由观念有关,即法律上的自由权利和道德上的自律。霍耐特通过对黑格尔《法哲学原理》的分析认为,黑格尔在《法哲学原理》中揭示了这两种自由所产生的消极社会后果,霍耐特把这种消极的社会后果概括为"不确定性之痛"[1]。这个"不确定性之痛"概括了当代社会中所出现的"孤独"、"空虚"和"困境"。按照霍耐特的分析,资本主义社会制度内部所主张的道德自律和政治自由,赋予人们不断挑战既定制度和秩序的权利,而这种权利的运用也会导致社会的不确定性。

政治和经济上的个人主义与自由主义、道德上的个人自律,都体现了一种现代主义的精神:个人自由。伴随着这种个人自由而产生的现代主义文化也张扬个人自由。丹尼尔·贝尔指出,现代主义"吸引人的地方在于,它认为生活本身就应当是艺术品,而艺术只能在同社会,尤其是资本主义习俗作对的过程中表现自己。现代主义有时会同政治有关,像历史上曾经发生过的那样,这时它对现代社会具有颠覆性"[2]。按照贝尔的分析,文化本来应该是用来确证社会及其结构的正当性的,而如今现代文化却不断地颠覆社会。它再也无法为现代社会的发展提供正当性的证明了。[3] 实际上,现代文化对于现代社会的这种颠覆性,不是因为文化同社会脱离了开来,而是因为这个文化在一定程度上符合社会不断变迁的要求。从一定意义上来说,现代主义文化的不断创新恰恰是经济、社会的不断变迁在文化上的一种延续。经济上的变迁、经济危机的频繁出现,使现代人处于一种无法预测的经济不确定性和危机意识中。而个人主义的涌现使个人成为判断政治问题和社会道德问题的中心。在这样的情况下,文化相对主义、道德相对主义乃至虚无主义在现代社会出

---

[1] [德]霍耐特:《不确定性之痛》,王晓升译,华东师范大学出版社2016年版,第39页。
[2] [美]丹尼尔·贝尔:《资本主义文化矛盾》,第65—66页。
[3] 参见[美]丹尼尔·贝尔《资本主义文化矛盾》,第62—67页。

现了,并对社会秩序的正当性提出了挑战。

二、理性原则的非理性后果

前面我们说过,现代性也是社会合理化过程。但是这种合理化过程会产生不合理的结果。比如时尚就是合理化过程所产生的不合理的结果的典型表现形式。作为一种现代性的现象,时尚表明:按照理性(合理性)的原则,一个人必然根据自己客观的物质需要来购买物品,然而在时尚中一个人却可能不是根据客观的物质需要而是按照时尚的趋势购买物品的。他关注的是物品的符号意义,而不是它的使用价值,这显然是非理性的(不符合合理性原则的)。在时尚消费中,理性和非理性已经变得无法区分了。或者说,在这里,理性本身变得不确定了(关于时尚,我们在后文中将进一步说明)。

阿多诺在《启蒙辩证法》中,通过康德和萨德的关系说明了这种理性的不确定性。按照康德的实践理性,一个人必须按照理性的原则自我立法;而一个人的自我立法之所以具有普遍性,是因为他所确立的道德原则不会自相矛盾。按照黑格尔的分析,康德的这种无矛盾的道德原则实际上都是一些抽象的、纯形式的规则①。这种纯形式的道德规则独立于个人的利益,其中所贯彻的理性原则与知识论中的价值中立的理性原则是一致的。而知识论中的这种理性原则实际上就是一种工具理性的原则。于是,这种理性就潜在地有可能变成合理的筹划和计算。而"萨德单凭经验就已发现,康德从超验角度所论证的知识和筹划之间的亲和性"②。既然实践理性和工具理性(筹划)具有这种亲和性,那么实践理性就包含了非理性的可能性。比如,在现代体育运动中,运动员之间的相互配合是严格按照规定好的角色系统来进行的。这是经过严格的计算

---

① 参见[德]黑格尔《精神现象学》,第259页。
② [德]霍克海默、阿道尔诺(亦译阿多诺):《启蒙辩证法》,渠敬东、曹卫东译,上海人民出版社2003年版(以下引用该版本不再一一注明出处),第96页。

和合理筹划的,是符合工具理性原则的。而萨德所描述的朱莉埃特的性组织也像运动员的队伍一样。在这个"运动员的队伍"中的每个人,"每一时刻都在进行活动,不放过任何'人类之孔',力争把一切官能都发挥出来"①。在这里,他们放荡的性行为也是按照理性原则来组织的。从这个意义上来说,康德的实践理性在朱莉埃特的性组织中发挥了出来。由此也可以说,康德就是萨德(正因为如此,拉康、齐泽克等人也说明了康德与萨德的内在联系)。康德的理性原则实际上也是非理性的。对于阿多诺来说,这种脱离了人的情感的所谓理性原则实际上就是非理性的。

从实践上来说,"由于理性没有实质目标"②,理性也是非理性的。在社会中,人既可以被组织起来提高经济效益,也可以被严格组织起来去杀人。如果理性脱离了人的自然情感,那么这些被合理地组织起来的人们就一定可能去勇敢地杀人。现代社会中所倡导的工具理性原则也脱离了人的自然情感。当这种脱离人的自然情感的理性原则被用来有组织地杀人的时候,这个理性原则恰恰是非理性的。在市场经济中,每个人都是自由的,都有自我持存的自然冲动。他们都在经济活动中进行自我计算,从而维持自我的独立和生存。然而,"事实上,自我持存在自由市场经济中已经遭到了彻底破坏"③。这是因为,在自由竞争中,越来越多的人被纳入私人集团,纳入企业组织,他们受到了企业的操控,失去了自由。这些人为了能够在企业中生存下去,甚至不惜任何代价来适应社会的不公。在这里,自我持存的原则已经开始伤害人自身,"纯粹理性变成了非理性"④。在现代资本主义社会中,所有人的经济活动都是经过合理计算的,但是这种合理计算却与整个社会的无计划的自由竞争发生了冲突。每个人的行动是理性的,但是最终的结果是非理性的。这就是马

---

① [德]霍克海默、阿道尔诺:《启蒙辩证法》,第97页。
② [德]霍克海默、阿道尔诺:《启蒙辩证法》,第98页。
③ [德]霍克海默、阿道尔诺:《启蒙辩证法》,第99页。
④ [德]霍克海默、阿道尔诺:《启蒙辩证法》,第99页。

克思所说的资本主义经济的根本矛盾,而这种矛盾恰恰就是现代性的矛盾。

三、主体性的自我瓦解

现代性是稳定性与动态性的矛盾结合体,而这种矛盾通过主体的活动表现出来。我们知道,启蒙以来的现代社会的一个重要特征是主体性得到了张扬,主体性的原则是现代文明的基本原则。

在黑格尔哲学中,主体性包含了诸多不同的含义。哈贝马斯分析了这些不同的含义,他认为,在黑格尔那里,主体性包括四种内涵:第一,个体主义(或个人主义)。它强调个人的自我抉择、自我满足和自我实现。第二,批判的权利。每个人作为主体,对于社会要求自己承认或者遵循的原则都可以提出质疑,要求这种原则证明自己的正当性。这是现代世界赋予每个人的权利。第三,每个人都可以自由行动,并对自己的行动承担责任。第四,哲学的任务是思想对于自身的反思,把握自我意识的演进过程。对于黑格尔来说,宗教改革、启蒙运动以及法国大革命都贯彻了主体性原则。① 但是,在这些不同的历史事件中,主体性的含义是不同的。在宗教改革中,路德派强调"因信称义",于是一个人凭借自己的信仰就可以得救,而不必求助于神父。人在这种信仰中确立起地位独立的主体。这就是说,"新教反对信仰福音和传统的权威,坚持认知主体的宰制"②。对于法国大革命来说,主体性主要意味着个人自由。而在现代科学中,人们强调的是认知主体依照合理化原则进行理性推理的能力等。由此可见,虽然主体性原则是现代社会的主要特征,但是其含义不同;而在两种不同的现代性中,主体性的内涵也是不同的。

在历时态的现代性观念中,主体是推动社会不断变迁的根本力量。但是,它所强调的是作为行动者个人的主体。在这里,主体性主要是个

---

① 参见[德]哈贝马斯《现代性的哲学话语》,第20—21页。
② [德]哈贝马斯:《现代性的哲学话语》,第21页。

人主义意义上的主体,就是个人自由、自我实现和自我满足。按照贝尔的分析,现代文化(具有现代性特征的文化)的代表形式是现代主义文化,而现代主义文化是资本主义文明的产物,它是伴随着个人主义原则产生的。他指出:"现代主义精神像一根主线,从十六世纪开始贯穿了整个西方文明。它的根本含义在于:社会的基本单位不再是群体、行会、部落或城邦,它们都逐渐让位给个人。"[①]在这种审美现代性中,主体性就是个人的自我决定、自我塑造、自我满足。个人主义是这种意义上的主体性的核心。这种意义上的主体性在社会经济和文化领域发挥了不同的作用。在经济领域,人们强调的是经济上的自我满足和自我张扬。这恰恰是与以往经济活动中的节俭、自我约束的精神相互冲突的。在现代主义文化中,这种主体性又表现为无拘无束的自我表达。在社会规范领域中,个人成为判断社会规范正当性的主体,一个人甚至可以根据自己的理解来否定既定的社会规范。这又会不断地动摇社会规范的稳定性。从主体性在现代文明中的地位来看,主体性应该是现代性的应有之义。然而从前面的分析中我们可以看到,现代性是复杂的。人们追求个体自由,这无疑是主体性的表达;但是,追求个人自由恰恰又可能导致主体的自我丧失。比如,衣着的自由导致了时尚的出现。在传统社会中,衣着作为符号都是有意义的,都是被规定了的。但是,在现代社会中,人们可以自由地选择衣着。这种自我选择,无疑表达了主体性。但是在现代社会衣着又是一种时尚化的东西,人们都必须赶时髦[②]。赶时髦实际上也就是随大流,这恰恰又表现了主体的丧失。在时尚化的大潮中,人们既自由选择,又是被迫进行选择。在时尚中,主体性和非主体性是结合在一起的。同样的道理,在现代主义文化中,人们张扬自我,而这种自我张扬中恰恰包含了对于自我丧失的恐惧。贝尔在分析资本主义文化矛盾的时候指出了现代主义文化中的这种矛盾。他说:"现代人最深刻的本

[①] [美]丹尼尔·贝尔:《资本主义文化矛盾》,第61页。
[②] 时尚是无法摆脱的。参见[法]鲍德里亚《象征交换与死亡》,第133页。

质,它那为现代思辨所揭示的灵魂深处的奥秘,是那种超越自身,无限发展的精神。""在现代人的千年盛世说的背后,隐藏着自我无限精神的狂妄自大。"①黑格尔哲学强调,人的自我扬弃和走向绝对精神的努力,实际上是一种自我无限精神的狂妄自大。这种狂妄自大是黑格尔哲学中的主体的狂妄自大。而这种狂妄自大的背后实际上却隐藏着一种恐惧。人的自我不断扬弃固然表明人跟得上时代;然而,这种不断的自我否定实际上也包含了"深刻的危机,即对空虚的恐惧"②。如果自我可以不断被扬弃,那么还有什么东西是确定的呢?如果一切都可以被否定,那么最终走向的是空虚。或许,黑格尔害怕这种空虚,因此,他必须要借助于绝对精神来防止这种空虚。在黑格尔哲学中,自我张扬和自我否定是那么密切地结合在一起,以至于它为走向空虚的后现代主义留下了可能。贝尔也因此把后现代主义理解为"消极的黑格尔主义"③。如果说在黑格尔哲学中自我实现和自我否定是结合在一起的,那么在现代主义文化中,对于自我的强调与大众化结合在了一起。贝尔说,"现代主义文化是一种典型'唯我独尊'的文化。其中心就是'我'"。贝尔在这里还特别强调,不要把这种"唯我独尊"理解为"顾影自恋"④。在贝尔看来,这种表面上的"唯我独尊",恰恰是"大众化"⑤。这些"我"不过是"大众"中的一员。这些张扬自我的个人如同时尚中的个人一样,"乖乖地顺从眼前的潮流"⑥。这再次表明,主体性和主体性的丧失不可分割地结合在一起。

同样的事情也发生在共时态的现代性概念之中。在现代社会,人们强调个人自由,但是个人自由与自律是联系在一起的。康德在实践理性中强调的理性自律当然是从道德的角度来说的。可是,如果这个说法不是局限在道德领域,而是在整个社会生活领域,那么这种理性自律就可

---

① [美]丹尼尔·贝尔:《资本主义文化矛盾》,第96页。
② [美]丹尼尔·贝尔:《资本主义文化矛盾》,第96页。
③ [美]丹尼尔·贝尔:《资本主义文化矛盾》,第99页。
④ [美]丹尼尔·贝尔:《资本主义文化矛盾》,第182页。
⑤ [美]丹尼尔·贝尔:《资本主义文化矛盾》,第185页。
⑥ [美]丹尼尔·贝尔:《资本主义文化矛盾》,第185页。

以有其他理解。从前面的分析中我们知道,实践理性包含了走向工具理性的可能性。如果实践理性变成了工具理性,那么理性自律就是按照合理性的原则来自律。而按照合理性原则来自律就意味着,一个人在社会生活中,按照合理性的要求来规范自己的行动。经济领域中的合理性就是按照角色的要求承担自己的责任、完成自己的任务。只有这样的行动在这个社会中才是正当的。如果在这个领域也按照自由和自律的规则来理解主体性,那么这种主体性实际上就是一种矛盾的主体性。在这个领域中所有的人都是自由的,主体都具有自我选择的权利,但是主体的自我选择又都必须按照市场的基本原则即合理性的原则来进行。而一个按照合理性原则来行动的人,我们也可以称他是失去主体性的人。按照前面的分析我们知道,在现代社会中,理性的原则常常被理解为功能理性(即合理性)。按照功能理性的原则,企业和行政系统必须严格地按照技术官僚系统组织起来,只有按照这样的组织原则系统才能达到效益最大化。而这个系统的最终形式就是"只见角色,不见人"①。在社会系统中,那些承担一定角色的人是没有主体性的。一个人只有按照合理性原则行动,他才是这个社会中的合格主体。他越是成为一个合格的主体,他就越是变成一个按照机械系统的模式活动的人,他就越是成为没有主体性的人。这实际上也就意味着,在这个社会中,主体性原则本身就包含了对主体性的否定。

  实际上,资本主义社会系统本身就是这样一个矛盾系统。马克思在《1844年经济学哲学手稿》中,从四个角度分析了资本主义社会的劳动异化现象。这个分析实际上也说明了现代社会中的主体性的自我矛盾。个人劳动得越多,个人越发挥他的主体性,个人就失去得越多,他就越是失去主体性,越是受到别人的控制。或者说,工人劳动得越多,控制他的社会力量就越是强大。② 这个世界中的工人,一方面渴望劳动,只有通过

---

① [美]丹尼尔·贝尔:《资本主义文化矛盾》,第57页。
② 参见《马克思恩格斯选集》,人民出版社1995年版,第42页。

劳动,才能生存,才能确证自己作为人的主体性力量;而另一方面,在这个劳动中,劳动是为他人的,这个劳动的过程和劳动的结果都不属于工人自己,于是工人又憎恨这样的劳动。阿多诺在《启蒙辩证法》中以奥德修斯为例来说明资本主义社会中的人的自我分裂,即主体性的自我矛盾。在《奥德修斯》第二十章有这样一段,奥德修斯看到女人们在夜深人静的时候溜到求婚者那里,"每当奥德修斯看到这厚颜无耻的行径,就不禁会怒火中烧。他捶胸顿足,责问自己道:'我的心,你忍耐吧!……'"就此,阿多诺分析道:"这说明,即使个体成为了主体,还依然没有与其自身统一起来,还依然是不平静的。"①人有自己的主体性,但是却又不能发挥自己的主体性。在这里,人不是自我统一的。或许在劳动过程中,我们也会这样责问自己:"我的心,你忍耐吧!"

四、两种现代性的这种关系说明了什么

现代性——无论是历时态意义上的现代性还是共时态意义上的现代性——都必须通过人的主体性的活动来实现。正是由于人的主体性活动,社会的急速发展才是可能的;正是通过人的活动,社会结构的稳定才是可能的。而从现代社会出现的那一刻开始,活动着的人都被规定为理性的人。或者说,只有理性的人才是现代社会的合格主体。从这个意义上来说,现代性必然把主体性和理性作为它的两个主要标志。然而,当我们进一步深入思考主体性和理性这两个主要标志的时候,现代性的概念变得进一步模糊了。这是因为,主体性和理性概念自身又包含了诸多矛盾和相互冲突的地方。

如何理解现代性中的这种矛盾现象呢?在《现代性与矛盾性》一书中,鲍曼在一定程度上给出了答案。现代性起源于归类和秩序化的努力。从古代社会起,人们实际上就有了这种归类和秩序化的努力,这就是用一定的名称把自然和社会中的各种东西加以归类,并按照这种归类

---

① [德]霍克海默、阿道尔诺:《启蒙辩证法》,第81页。

的方法对于不同的东西加以控制或者管理。而近代文明进一步发展了这种归类和秩序化的方法并将其推向极端。实际上这也是《启蒙辩证法》在批判同一性逻辑时所表达的意思。霍克海默和阿多诺说，"对启蒙运动而言，不能被还原为数字的，或最终不能被还原为一的东西，都是幻象"①。然而世界上总有些东西是模棱两可的，是无法被纳入这个归类和秩序化的框架中的。从一定意义上来说，现代文明就是要消灭这些无法被归类和秩序化的东西。但是，诡异的是，人越是努力进行归类，把一切东西都纳入秩序的框架，那些无法被纳入这个秩序框架中的东西就越是凸显。从这个意义上说，现代性又凸显模棱两可性、凸显差异性。归类和差异性的凸显是同源共生的，其中的一个必然会导致另一个。这就是现代性不可避免的状况。我们知道，在古代社会，归类和秩序化不是占据主导地位的东西；自然和社会中的差异化现象是社会中的主导现象，而简单的归类和秩序化是次要的。那时，模棱两可并不是一个值得注意的现象。人们不把模棱两可看作一种怪异或者不正常的现象；或者说，模棱两可现象从来没有得到人们的关注。当现代文明努力按照同一性的逻辑进行归类和秩序化的时候，这种模棱两可现象便凸显出来，并被当作一种不正常现象来处理。在现代文明中，人们越是要进行归类和秩序化，反归类、反秩序化的东西就越是凸显出来。当然，在现代文明中，归类一直处于主导地位，而反归类、反秩序化的东西处于被动地位。如果我们把归类和反归类、秩序化和反秩序化看作一对矛盾的话，那么，其中归类和秩序化是矛盾的主要方面，而反归类、反秩序化是矛盾的次要方面。这两者的共生现象是不可避免的。在传统上理解现代性的时候，人们只是把合理性看作现代性的标志。按照这样的思路，归类和秩序化是现代性的标志，而反归类和反秩序化的东西就不是现代性的现象，而是传统社会中的现象。从一定的意义上说，传统社会不存在反归类和反秩序化"问题"，而只是在现代文明中这种现象才作为一个问题凸显出

---

① [德]霍克海默、阿道尔诺：《启蒙辩证法》，第5页。译文略改。

来。这个"问题"或者这个现象恰恰是现代文明的标志。许多人把反归类、反秩序化的东西看作反文明、反现代或者后现代,实际上就是因为他们只是把同一性逻辑当作现代性的根本特征。如果说启蒙和神话是不可避免地结合在一起的,那么现代性就同时包含了启蒙和神话。从这个意义上说,两种现代性的矛盾正是现代文明发展不可避免的现象,或者说现代性必然是矛盾着的。

从现代性的两个不同的定义中,我们看到了现代性的冲突和矛盾。韦伯的合理性意义上的现代性就是要秩序化,对于这种意义上的现代性来说,秩序化、系统化、效率化是现代性的必然要求。一切不规则的东西、一切模棱两可的东西,都可以被纳入概念和范畴的体系。它不承认概念和范畴之外的他者。而过渡、暂时意义上的现代性就是反秩序的。对于这种意义上的现代性来说,一切规定和秩序都是暂时的,具有过渡的性质。承认他者、承认一切范畴和概念的有限性,才是真正意义上的现代文明。

如果我们把黑格尔哲学理解为现代性的哲学,那么黑格尔哲学恰恰是现代性的一种精神体验。正是黑格尔哲学体验到了现代性的内在矛盾并不断扬弃这个矛盾。因此,黑格尔哲学是真正具有现代性意义的哲学。黑格尔的哲学就是把他自己生活的时代把握在哲学中了,这个时代就是一种冲突和矛盾的时代。只有黑格尔才真正意识到任何一个概念和范畴都是有局限性的,都需要被扬弃。当人们用概念和范畴进行归类,把世界秩序化的时候,这种归类和秩序化的努力一定要被扬弃。这是必然的。这种必然性就表现在现代文明中。爱森斯塔特说:"与视现代性为进步的乐观观点相反,现代性的发展和扩展并不是和平的。""最初现代性的成形和后来形态的现代性的发展,与内部的冲突和对抗不断地交织在一起,这根源于伴随资本主义体系的发展而来的矛盾和紧张"[①]。资本主义的内在矛盾就表现了现代性。

[①] [以色列]爱森斯塔特:《反思现代性》,旷新年、王爱松译,三联书店 2006 年版,第 14 页。

现代性就是一种矛盾现象,现代性就是在这种矛盾中运动的。而体验到这种矛盾的思想,就是具有现代性的思想。从这个意义上来说,在解决现代性问题上,无论系统整合还是社会整合都会面临不同的问题。

第三节 从时尚的角度看现代性及其问题

现代性所包含的矛盾必然会在生活世界中表现出来,必然会引起现代性的问题。在这里,我们通过对时尚的分析来说明现代性的问题。时尚以典型的形式表现了现代性。因此,时尚中所表现出来的问题实际上也就是现代性的问题。分析时尚对于我们更深刻地理解现代性,理解现代性所出现的问题,具有极其重要的意义。

一、时尚在现代社会中的出现

在中国的文化氛围中,我们常说一件衣服很时尚(fashion),我们有时也说穿这件衣服的人很"摩登"(modern)。时尚的女性被称为"摩登女郎"。这实际上就是把时尚和"现代"联系在一起。这种做法不是没有根据的。这是因为,时尚是现代社会的产物。从西方社会的发展史中我们可以看到,时尚是从意大利文艺复兴时开始的。当时,新兴资产阶级通过海外贸易获得了巨大的财富。他们在物质上过着豪华和炫耀的生活。在但丁时代就已经出现那种疯狂挥霍的暴发户,他们大手大脚、放荡不羁。但丁在《神曲:地狱篇》中描述了当时资产阶级的奢侈生活:"暴发户和突来的财富,佛罗伦萨哟,在你里面产生了,你已经为之流泪的骄傲和奢侈"[1]。从《世界文明史》对于文艺复兴时代威尼斯人的生活的描述中我们可以看出,那些富有的商人有"自豪个性",对于自己的豪宅、装饰感到自豪。他们会炫耀自己的衣着和装饰。[2] 这种炫耀和奢侈的生活方式

---

[1] [意]但丁:《神曲:地狱篇》,朱维基译,上海译文出版社1984年版,第115页。
[2] 参见[德]杜兰《世界文明史·卷五 文艺复兴》,幼狮文化公司译,东方出版社1998年版,第359页。

在社会富裕阶层中流行起来,成为一种较为普遍的生活方式。享受着这种生活方式的人们相互模仿、相互炫耀。时尚就是在这样的社会条件下发生的。

时尚的生活是建立在一定的经济基础之上的。只有当财富主要不是用来满足物质的需要,而是用来满足审美的需要的时候,时尚才会发生。或者说,当财富被用来满足"无目的的目的性"的时候,时尚就出现了。在时尚中,财富主要不是用来满足物质需要的,它似乎失去了原来的使用价值,而获得了一种审美的价值。或者说,物质财富以它的**感性形式**满足人。在这里,我们可以用结构主义语言学的方式来分析时尚中人们所使用东西的特性。当物质财富作为符号具有使用价值的时候,我们就把使用价值看作物质财富的"所指",而财富本身作为符号则是"能指"。然而,当财富作为一种具有审美意义的东西出现的时候,物质财富作为符号几乎失去了使用价值,或者说几乎失去了所指而成为一种纯粹的能指符号。这种能指符号通过它的形式而获得意义。这就如同语言符号通过字词之间的结构关系而获得意义一样。鲍德里亚把这种意义称为符号的结构意义。由此,我们可以说,时尚是具有结构意义的符号。巴尔特在《时装系统》中指出:"时尚没有内容,于是它成为人们给予自己的表演,他们所具有的使无意义产生意义这种能力的表演。"[①]这就是说,时尚的东西是能指符号意义上的东西、形式意义上的东西。它没有内容,没有意义,但是它会扩展它的意义,会使无意义的东西产生意义。比如一个人购买时尚的皮包,就是让"无意义"(几乎无使用价值)的东西产生意义,他会说自己的皮包更高级(高级成为皮包所具有的新的意义)。

在这里,人们或许会提出质疑:难道文艺复兴之前的人们没有审美的追求吗?当然,在古代社会,人们也有审美的追求,但是大多是与古代社会中的礼仪、习俗联系在一起的。传统社会中的节日和礼仪中所进行

[①] 转引自[法]鲍德里亚《象征交换与死亡》,第125页。

的消费,虽然也与物质的使用价值无关,但是,那个时候,这些东西是在传统文化的意义上被消费的,而不是纯粹在审美的意义上被消费的。在时尚中被消费的东西,纯粹因其审美意义而受到关注。因此,传统社会中的节日和礼仪中的消费不具有时尚的意义。鲍德里亚也指出,我们可以在审美的视野中比较时尚和礼仪。① 在仪式上使用的东西往往被赋予了神圣的意义,而不是纯形式的审美意义。因此,严格说来,古代社会没有**时尚**。

时尚是伴随着新兴资产阶级的诞生而出现的,是资本主义文明中的一种特有现象。时尚的出现不仅需要物质的基础,也需要制度性的前提。鲍德里亚指出,时尚是"和文艺复兴一起出现的,是和封建秩序解构一起出现的,这种解构是由资产阶级秩序和差异符号层面上的公开竞争完成的"②。在封建秩序中,形式性的符号是按照等级秩序被使用的。比如,在中国古代社会,普通人是不能使用带有龙纹的任何东西的,因为这是帝王的象征。而今天,普通人可以随意使用它。这意味着,形式性的符号已经被从等级的束缚中解放了出来。当符号从等级秩序的束缚中被解放出来的时候,当人们可以随意地玩弄符号、随意地复制符号的时候,产生时尚的条件就具备了。正因为如此,时尚的现象可以被理解为"**强制符号的终结**"③。

符号解放了,人们可以随意地利用符号了。但一个人随意使用符号并不意味着时尚就必然出现。这是因为时尚的出现还与符号的竞争有关。时尚是无内容的,是能指符号。从表面上看,一个人花更大的价钱购买一个东西,不是因为它的使用价值而是因为它的形式意义,这违背了资本主义的市场价值规律。那么人们为什么这么做呢?这是因为,人们在这里进行着竞争性的表演。由于时尚的皮包是被用来显示人们的身份和地位的,于是不同品牌的时尚皮包就展开一种差异符

---

① 参见[法]鲍德里亚《象征交换与死亡》,第120页。
② [法]鲍德里亚:《象征交换与死亡》,第63页。
③ [法]鲍德里亚:《象征交换与死亡》,第63页。

号的竞争。这就是无意义符号出现的意义,是无目的性中产生的目的性。这种符号的竞争以审美的形式表现出来。鲍德里亚说:"时尚与政治经济学是同时代的。"①人们在购买时尚品的时候,这种行动超出了人们的物质需要的层面,从表面上看,这似乎违背了政治经济学的基本规则,但是,这并不意味着,人们完全脱离了政治经济学规律,价值规律仍在其中发挥作用。不过,这里存在着一种特殊的"价值规律"——符号之间的"结构价值规律"。这就是通过符号的结构差异来显示等级差异。

马尔库塞在批判资本主义社会的时候,指出了资本主义社会中所出现的两种压抑:一种是基本压抑,一种是额外压抑。而为符号竞争而进行的压抑就属于额外压抑。这种额外压抑的特点就是把生存竞争原则永恒化②。我们知道,当人为了满足自己的物质需要而进行竞争的时候,人需要压抑自己,需要通过这种压抑来获得自己所需要的物质财富。然而资本主义社会在满足了人的物质需要的基础上,让人产生新的欲望,即奢侈和炫耀的欲望。人们为了满足这种欲望而进行"生存竞争"。时尚符号的竞争,实际上是人们就无意义符号而展开的没有生存竞争的"生存竞争"。这就是生存竞争原则的永恒化。在这个意义上来说,在时尚的生产和消费领域是资本主义社会中的竞争规律在起作用。不过,在时尚中,原来真正物质意义上的竞争已让位于符号意义上的竞争。

在这里,特别值得一提的是齐美尔对于时尚的分析。在他看来,赶时髦、模仿是人类的一种普遍特性。在服装等方面低等人会模仿上等人;而上等人为了和下等人区分开来,就会在时尚方面进行创新。因此,时尚同时具有区隔和等同的双重效果。应该说,齐美尔主要是立足于现代社会来分析时尚的。在现代社会,传统的等级制度被打破了,人们需

---

① [法]鲍德里亚:《象征交换与死亡》,第 122 页。
② 参见[美]马尔库塞《爱欲与文明——对弗洛伊德思想的哲学探讨》,黄勇、薛明译,上海译文出版社 1987 年版,第 100 页。

要用新的方式来表现这种等级关系,而时尚就成为人们显示社会等级的一种**基本**方法。而在传统社会,由于等级关系是在制度上被规定的,服饰虽然也是区分等级的一种方法,但却不是根本性的。为此,齐美尔承认,时尚在原始种族中种类更少。① 在鲍德里亚看来,虽然传统社会也通过服饰来显示差别,但是这不是在时尚意义上,而是在礼仪意义上的。因为在礼仪中,服饰没有新旧代替的关系。② 或者说,在古代社会,上层阶级不是通过新旧形式的不断更替而把自己和低等阶层区分开来的。从这个意义上来说,时尚只有在现代社会中才会出现。

二、现代性与时尚的同构性

如果说在文艺复兴时期时尚还只是少数富人的游戏,那么,在今天,时尚已经成为社会生活中的普遍现象。那么,时尚现象与现代性有什么关系呢? 在这里,我们首先讨论现代性的基本含义。

鲍德里亚在他对于现代性的理解中强调了现代性的两个维度。现代性表明,现代社会的典型现象是决裂、进步和革新。但是,现代社会中的这种决裂从来都不是彻底的。在这种决裂、进步中存在着"模仿",存在着多种形式的"仿像"。按照他的分析,虽然文艺复兴标志着现代文明的开始,但是这种现代文明却是以古代文明复兴的名义进行的。从这个意义上来说,现代性不仅意味着进步、决裂和革新,而且也意味着回复和倒退。现代文明的急速发展既有进步,也有倒退。现代性同时包含了"线性时间"和"循环时间"两个维度。为此,他强调:"现代性永远都既是新生的,也是追溯的,既是现代的,又是过时的。"③这种模仿、回溯的要素表明,现代社会中的某些变迁和变革常常是形式的变迁而不是实质的变迁。在现代性中,传统不是本来意义上的传统,都是"仿真"的传统。因

---

① 参见[德]奇奥尔特·西美尔(亦译齐美尔)《时尚的哲学》,费勇、吴菁译,文化艺术出版社 2001年版(以下引用该版本不再一一注明出处),第76页。
② 参见[法]鲍德里亚《象征交换与死亡》,第120页。
③ [法]鲍德里亚:《象征交换与死亡》,第119页。

此,在对过去的模仿中,革新、决裂与模仿、延续之间不是完全对立的,它们是相互渗透和相互融合的。为此,鲍德里亚认为,现代性是"决裂的辩证法",是"大杂烩"。① 决裂之中包含了回溯,包含了模仿和复制。正是复制和模仿,规定了线性时间维度中所出现的各种回溯。在表征现代性的不断革新中,总是有模仿和复制在规范和调节着这种革新。现代性的这种特点在时尚中典型地表现出来。贝尔也强调:"现代性显而易见是同作为过去的过去决裂,同时又把过去弹射进现在。"② 现代性就是文化大杂烩。③

时尚最典型地表现了波德莱尔的现代性概念所表达的意思。时尚的东西具有波德莱尔所说的那种审美的特性。人们追求时尚不是因为时尚东西的有用性,而恰恰是因为它的"无目的的目的性"。波德莱尔说,如果艺术家要寻找现代性,那么"对于他来说,问题在于从**流行的东西**中提取出它可能包含着的在历史中富有诗意的东西,从过渡中抽出永恒"④。时尚就是流行的东西。它不追求永恒性,而追求不断的创新和革新。而这种更新就是用新的形式来取代旧的形式,通过这种形式的更新来使人们获得一种感性的愉悦。从这个意义上来说,时尚是现代性最典型的形式。在波德莱尔那里,时尚不仅是现代性的一个特征,是他的审美理论的出发点,而且是"现代性的刺激"⑤。那么,在这些流行的东西中,在不断更新、令人目眩的东西中还隐藏着哪些永恒的东西呢?

这就是形式上的模仿。在前面的分析中我们已经指出,当符号得到"解放"的时候,时尚就会出现。当衣服被束缚在实用的范围内的时候,时尚的衣服是不会出现的;而当衣服从实用的范围内解放出来的时候,

---

① 参见[法]鲍德里亚《象征交换与死亡》,第119页。
② [美]丹尼尔·贝尔:《资本主义文化矛盾》,第148页。
③ 参见[美]丹尼尔·贝尔《资本主义文化矛盾》,第149页。
④ 《波德莱尔美学论文选》,郭宏安译,人民文学出版社1987年版,第484页。着重号为引者所加。
⑤ [英]戴维·弗里斯比:《现代性的碎片》,卢晖临、周怡、李林艳译,商务印书馆2003年版,第26页。

衣服作为符号就得到了"解放",衣服的时尚化就成为可能。这个时候衣服就成为一种纯粹的能指符号。它在与另一件时尚衣服的差异中显示出它的意义,体现出它的风格、品位和档次。在社会生活中,不仅衣服会生产过多(过多的衣服之间的竞争加速了时尚化趋势)从而被时尚化,社会中的其他许多东西也会因为"生产力"的提升而出现过度生产,从而出现时尚化的趋势。现代互联网技术的发展,电脑文字处理技术的发展,也使学术"生产力"得到极大的提升。正如过多的衣服生产会导致时尚化一样,过多的研究也会导致学术研究的时尚化。事实表明,现在的许多学术研究不是为了解决问题(因为别人已经解决了问题),而是为了发表文章而发表文章,为了表现学术上的"在场"。于是,这个时候人们需要赶时髦,需要用新术语来装扮自己的"论文"。这些论文虽然很时髦,但就是不解决问题。这就是时尚化的学术。政治领域也同样会时尚化。当革命成为时尚的时候,阿Q也要"革命"。在这里,"革命"被纯粹形式化地"再生产"(复制、模仿)出来了。在当代中国,人们不仅要在各个领域中创新,而且"创新"本身也成为一个时髦的讨论话题,到处出现关于"创新"的研究。这是为了"创新"的"创新"(大概如此多的关于创新的研究也需要创新)。但是创新的目的是什么呢？如果为了创新而创新,那么这种"创新"不过是时尚而已。而这种为了创新而创新恰恰体现了现代性,体现了人们对于现代社会的急速变迁的一种时代意识、一种对于落伍的焦虑。

这种为了"创新"的"创新",就是复制"创新",就是一种回归。时尚创新的一个特点就是复制。这种复制不是简单的重复,而是有所变化的重复。这就如同沃霍尔的绘画作品《玛丽莲·梦露》一样。这是对梦露画像的复制,不过都是有所变化的复制。这就如同我们的学术研究中的"抄袭",这种"抄袭"不是简单的复制,而是有所"创新"的复制。学术时尚就是按照这种有所创新的复制而展开的。为此,鲍德里亚说:"时尚总是复古的,但它建立在取消过去的基础上：这是形式的死亡和形式幽灵般的复活。这是它特有的**现实性**,不是现时的参照,而是即时的完全再循环。"①时尚总是不断创新,没有创新就没有时尚,但是这种创新不是真正的创新,而是形式的创新,是在复制过去基础上的创新。

时尚最典型地表现了现代性,或者反过来说,现代社会生活的一切领域都渗透了时尚的特性。鲍德里亚说:"现代性是代码,而时尚则是它的象征标志。""时尚处于全部现代性的中心"。② 时尚和现代性几乎无法被完全区分开来。时尚一方面具有短暂性和过渡性,一方面又具有永恒性。那么时尚为什么具有短暂性和过渡性的特点呢?为什么这种短暂性中也包含了永恒性呢?齐美尔通过时尚产生的社会意义来说明这种特性。当社会上层阶级出现某种时尚的时候,这种时尚就会被下层人士模仿;如果不能模仿,那么这种东西也不可能时尚化。而当一种时尚被所有人模仿了的时候,这个东西就不再是时尚。于是上层阶级就要进行创新,他们要确立新的时代潮流,以便把自己和下层人士区分开来。在这种情况下,新的时尚就出现了。在时尚中,创新和模仿总是联系在一起的。凡是创新的东西,都必须有模仿的可能性;只有具备模仿的可能性,一种东西才能流行起来,才能成为时尚。因此,在时尚的领域总会有新的东西不断涌现,而新东西的普及就意味着,它变得过时了。齐美尔说:"如果我们觉得一种现象消失得像它出现时那样迅速,那么,我们就把它叫做时尚。"③而在时尚的过渡性中,包含了一种永恒的东西,这就是模仿。而模仿就是回归,回到过去。从这个意义上来说,时尚与现代性一样包含了两个时间维度:一个是线性的时间维度,另一个是循环的时间维度。齐美尔在他的时尚哲学中也强调:"时尚不断地回到旧的形式……以至于时尚的发展过程被比作循环往复的周期性过程。"④

时尚就是要不断地推陈出新,不断地模仿。创新和模仿是相互纠缠

---

① [法]鲍德里亚:《象征交换与死亡》,第116页。
② 参见[法]鲍德里亚《象征交换与死亡》,第119—120页。
③ [德]西美尔:《时尚的哲学》,第77页。
④ [德]西美尔:《时尚的哲学》,第90页。

在一起的。没有创新就没有时尚。一切陈旧的东西都被当作非时尚的东西而被抛弃,而一种创新的东西只有通过模仿才会被推广而成为时尚。当时尚被推广到极致的时候,时尚就会终结。齐美尔说:"时尚的发展壮大导致的是它自己的死亡,因为它的发展壮大即它的广泛流行抵消了它的独特性。"①从这个意义上来说,时尚之中似乎包含了一种"死亡的冲动",时尚的创新同时就意味着自己的死亡。我们甚至可以说,一种时尚出现的时候就已经期待着自己的死亡。参与时尚表演的人总是充满了一种矛盾的心理:时尚"是一种绝望:任何东西都不可能永远延续;与此相反,它也是一种快乐:它知道任何形式在死亡之后,都总有可能再次存在"②。这是时尚表演中人们的一种精神体验,也是人们在现代社会发展中的一种精神体验。在这种精神体验中,人们充满快乐和绝望。现代文明给人们带来了巨大的物质福利,又给人们带来了无限的痛苦和危机:被淘汰的精神危机,对于过时的敏感意识。如果说时尚的产生和消失的内在机制反映了现代社会的典型现象的话,那么人们在时尚中的精神体验恰恰反映了伴随着现代性而出现的精神危机。

三、时尚的颠覆性与现代性的问题

现代性表现了人们在不断翻新的社会现象中所产生的那种精神体验。这种精神体验中包含了一种精神危机和忧虑:经济的不断发展、科学技术的突飞猛进、社会制度的不断变迁、人们社会心理的不断变化,让整个社会秩序处在不断的动荡和变化之中。齐美尔在对时尚的分析中已经发现了这个问题。他认为,"时尚已经超越了它原先只局限于穿着外观的界域,而以变幻多样的形式不断增强对品位、理论信念、乃至生活中的道德基础的影响"③。在传统社会,根本性的道德规

---

① [德]西美尔:《时尚的哲学》,第77页。
② [法]鲍德里亚:《象征交换与死亡》,第127页。
③ [德]西美尔:《时尚的哲学》,第78页。

范是不容怀疑的。然而现代社会的飞速发展动摇了任何一种东西的确定性。甚至出现了马克思所说的那种情况,新的东西等不到固定下来,就已经过时了。正如时尚不会局限于衣着的领域,而会扩展到社会生活中的一切领域,社会生活的动态发展会侵入一切领域,动摇一切确定的规则和规范。当服装时尚逐步深入的时候,人的身体变成了时装的一部分(比如一些女性通过丰胸而使自己的身体成为时装的一部分),甚至身体本身成为"时装"。这无疑突破了人们传统上对于身体的意义的理解。当性解放成为时尚的时候,"无拘无束的性行为"[①]在社会生活中蔓延开来。当学术成为时尚的时候,当时尚化的学术解构了学术的时候,抄袭/创新(在时尚中,这是一个意思)的学术论文比比皆是,学术研究的规矩被打破了。当政治成为时尚表演的时候,政治的原则消失了,人们玩弄政治。当道德成为时尚的时候,人们就会热衷于道德表演。于是,在时尚中,我们看到一种不可低估的现象:一切价值都会被动摇。鲍德里亚说,"时尚是不道德的"[②]。道德的时尚表演消解了善和恶的对立,学术的时尚表演消解了真和假的对立,日常生活的审美化(时尚的出现)消解了美和丑的对立。当一个人宁愿出卖自己的肾去购买某个名牌手机的时候,当一个人宁愿花数万元购买时尚皮包而不愿意花50欧分去洗手间的时候,我们究竟应该说他是理性的还是非理性的呢?理性和非理性的对立在时尚中消失了。那么时尚为什么会具有如此巨大的颠覆性力量呢?

这是因为,时尚让一切具有内容的东西形式化。当皮包不是作为使用价值被购买的时候,它只是作为时尚的形式而存在的。当政治不是为了权力斗争的时候,政治就是时尚的形式[③]。在前面的分析中,我们已经

---

① [法]鲍德里亚:《象征交换与死亡》,第116页。
② [法]鲍德里亚:《象征交换与死亡》,第133页。
③ 20世纪60年代法国左派运动中就出现过这样的情况。参见 Jean Baudrillard, *In the Shadow of the Silent Majority or, the End of the Social and Other Essays*, New York: Semiotext(e) and Paul Virilio, 1983, pp. 12 – 13。

指出,时尚就是形式的更新和形式的死亡,它没有实质性的意义。这就是说,时尚消解了一切真实的意义,或者说,它消解了真实。本来,如果我们购买皮包是为了使用的,那么这是切实具有使用价值的皮包。然而,当它被作为时尚购买的时候,在形式上它仍然是"真实"的皮包,而实际上它只有形式的意义。同样的道理,时尚意义上的政治活动是没有政治意义的,不是真实的政治活动。当一种东西成为时尚的时候,它的真实内容就被解构了。任何东西都是形式和内容的统一,时尚的皮包、时尚的政治也是形式和内容的统一。但是,在时尚中,形式占据了统治地位,而内容让位于形式,甚至内容被形式所解构。对于一个人的行为,我们只能根据它的实际内容来判断这种行为是善的还是恶的。如果它是形式的表演,我们如何判断它的善恶呢?正因为如此,鲍德里亚说:"现在,时装仍然近似这种不道德:它对价值系统和判断标准一无所知;善或恶、美与丑、理性/非理性,它在此处或彼处起作用,因此它所起的作用就是颠覆一切秩序,包括革命合理性。"①在实际生活中,我们也常常看到这样的现象。在面对上级规定或者政策的时候,下级就搞形式主义(阳奉阴违),而这种形式主义的东西所发挥的作用就是解构权力。当这种形式主义的东西普及开来,成为社会生活中的普遍现象的时候,社会秩序当然会被解构。当然,在社会生活中,形式主义是人们策略性地对付上级权力的方法,而不是时尚。用形式主义的方法对付上级常常是一种无奈的选择,而时尚是人们趋之若鹜的自愿行为。策略性的形式主义不会被普遍化,而时尚意义上的形式主义却很容易被普遍化。一旦时尚的形式被普遍化,那么,被共同遵循的价值观就会被颠倒,社会秩序就会受到挑战。

人们不仅会自愿选择时尚,而且对之有强烈冲动。鲍德里亚指出,对于时尚的东西,人们有一种无法抵抗的冲动。这种冲动有时与人们对爱情和权力的冲动不相上下。这里的差别仅仅在于,对于爱情和权力的

---

① [法]鲍德里亚:《象征交换与死亡》,第133页。

冲动是对有实质意义的东西产生的冲动,而对于时尚的冲动却是对没有实质意义的东西产生的冲动。① 人们对于没有实质意义的东西产生了如此巨大的冲动,这是生活中最为奇怪的现象。那么人们为什么会这样呢?齐美尔的解释是,时尚具有一种区隔和等同作用,一方面时尚把不同的人群区隔开来,另一方面追求时尚又使人们等同起来。追求同样时尚的人构成了一类人,这就是说,时尚具有一种群聚效应。追求同样的时尚的人聚合在一起,成为"大众"。而这种群聚效应又会进一步刺激人们对于社会秩序的解构。齐美尔指出:"时尚根除了羞耻感,因为时尚代表着大众行为,同样地,在参与大众犯罪行为时责任感就消失了,而当个人单独这样做的时候他会感到畏惧。"②当大众聚集在一起共同冲击社会秩序的时候,没有人会感到羞耻;相反,不参与这个大众行为的人会受到嘲弄和羞辱。人们的价值观在这里完全被颠倒了过来。由此我们可以看到,现代社会中的人们有一种强热的时尚冲动,这种冲动导致大众行为,而大众行为却根除了人们的羞耻感。

在社会加速变迁、社会秩序不断受到挑战的时候,人们究竟用什么样的规则来引领这种变化呢?这种规则又从何而来呢?

四、解答现代性问题的可能性

思想家们早已意识到这个问题。当阿多诺批判工具理性的时候,当霍克海默发现理性被人们用于主观的目的而主观化的时候,他们就是要探讨我们究竟应该用怎样的价值目标来引领这个在工具理性推动下飞速发展的社会,究竟用什么样的规范来调节这个社会冲突不断加剧、社会分裂日益明显的社会?黑格尔是第一个明确意识到现代性问题的人。哈贝马斯认为,直到18世纪末,现代性确证自己的要求才十分突出,而

---

① 参见[法]鲍德里亚《象征交换与死亡》,第124页。
② [德]西美尔:《时尚的哲学》,第85页。

黑格尔把它作为哲学问题来加以研究。①

黑格尔认为,现代社会的核心原则是主体性原则。正是这个原则促进了现代文明的发展,同时也带来了危机。② 按照哈贝马斯的分析,这个危机就在于它导致了社会生活不同领域之间的相互冲突。在现代社会发展中,虽然科学、道德和艺术都体现了主体性原则,但是这三个不同领域中的主体是不同的。在科学领域中的主体是认知主体,在道德领域中的主体是自我立法的主体,而在审美领域中的主体是自我确证和自我表现的主体。这些不同的主体具有不同的旨趣:认知主体讨论的是真实性问题,道德主体讨论的是正义问题,审美主体讨论的是旨趣问题。康德的三大批判恰恰体现了主体自身的这种分裂。对于黑格尔来说,虽然康德并没有自觉地意识到这是现代性的问题,但这恰恰是现代性问题的一种理论表达。而黑格尔对康德哲学的批判,实际上就说明康德哲学中已经包含了对现代性的自我理解③。而黑格尔自觉意识到了现代社会中所出现的各种分裂:知识与信仰、自然与精神、理论理性与实践理性的分裂等。他的哲学试图克服这种分裂。这种分裂表明,理性原则所确立的最终根基被动摇了。时代的飞速发展,把一切确定性的东西都动摇了,价值多元论、道德相对主义等广泛出现了。

在哈贝马斯看来,黑格尔试图在主体哲学范围内来解决主体性自身发展所带来的问题④,因此黑格尔无法真正地解决现代性的问题。黑格尔相信,在现代社会,人们是可以靠理性的力量来克服现代性的分裂的。对于黑格尔来说,如果理性发展成为绝对理性,那么现代性中所发生的那些分裂就可以得到解决。黑格尔是从主体的自我关系的角度来理解理性的。⑤ 这就是说,人作为理性的主体具有自我反思的能力。人通过

---

① 参见[德]哈贝马斯《现代性的哲学话语》,第19页。
② 参见[德]哈贝马斯《现代性的哲学话语》,第19页。
③ 参见[德]哈贝马斯《现代性的哲学话语》,第24页。
④ 参见[德]哈贝马斯《现代性的哲学话语》,第26页。
⑤ 参见[德]哈贝马斯《现代性的哲学话语》,第38页。

这种自我反思就可以克服每个主体自身的局限性,从而达到绝对理性(从主观理性走向绝对理性)。一旦达到了绝对理性,现代性中所发生的分裂就可以得到解决。然而,黑格尔哲学所能实现的只是在表面上取得成功。① 比如晚年的黑格尔在《法哲学原理》中认为,在市民社会中,人和人之间必然会发生冲突,要解决这种冲突就需要一种伦理的实体。这种伦理实体就是国家。那么伦理国家为什么能够解决这种冲突呢? 黑格尔是从认知主体的自我关系的模式来加以理解的。对于黑格尔来说,认知主体通过自我反思而达到个别和一般的统一。按照这个思路,认知主体同时面对两个主体:一个是代表普遍性的主体,一个是代表个别性的主体。认知主体通过自我反思而克服自己的片面性,达到这两者的统一。或者说,一般和个别的分裂在独白式的认知框架中得到了解决。② 在黑格尔看来,在国家中,普遍的人和个别的人达到了这种统一③。黑格尔虽然从认知意义上来解决分裂,而实际生活中的这种分裂依旧存在。

既然黑格尔在主体哲学的框架中无法解决现代性的问题,那么我们就要突破主体哲学的框架,突破认知主体的独白式的自我反思。哈贝马斯所提出的解决方案就是对话。现代社会的加速发展打破了固定的秩序和规则,那么现代社会的人们如何通过对现代社会的自我理解来为社会的发展制定方向,如何重构人和人的社会关系,如何把人整合起来呢? 这就是要通过人和人之间的对话。然而,问题在于,如果现代社会把人和人分裂了开来,造成了社会价值观的多元化,造成了利益的多元化,那么,即使人们愿意对话,人们之间也不可能就他们之间的共同规则、就社会应该追求的价值目标达成一致意见。对话不仅不能解决冲突,反而把冲突更明确地表达了出来。为此哈贝马斯强调人们之间的对话所需要的各种前提条件:参与对话的人必须有一种交

---

① 参见[德]哈贝马斯《现代性的哲学话语》,第42—43页。
② 参见[德]哈贝马斯《现代性的哲学话语》,第47页。
③ 参见[德]黑格尔《法哲学原理》,第260页。

往理性,要能够包容他者,要能够从他者的立场上考虑问题。如果人们都能够从他者的立场上考虑问题,那么人们就能够达成一致意见。在对话中,人们都要提出各种理由为自己的利益和立场辩护,人们只能服从于理由,而不能用理由之外的强制。人们还必须在对话中遵循一定的程序。可是在这里,人们仍然会提出质疑,哈贝马斯所提出的交往理性实际上就是要人们放弃自己的利益或者立场,而服从某种普遍的利益或者立场,而这种普遍的利益或者立场实际上是西方人所确立的标准。只要一个人参加讨论,那么这个人就必须遵循这种标准,并按照这种标准提出理由来为自己的利益或者立场辩护。而达成一致意见的要求,就体现了西方文化的霸权。

如果主体性原则不能解决现代性的问题,而互主体性原则也不能解决现代性的问题,那么,这是不是意味着主体性原则这条道路走不通呢?我认为,从时尚的角度来看,依靠主体性的原则已经越来越困难,但是可能性仍然存在。时尚最典型地表现了现代性,是现代性的核心。追求时尚实际上表现了社会的现代性。时代的飞速发展促使人们变革生活方式和思维方式。生活在现代社会的人都害怕自己跟不上时代,害怕自己被时代淘汰。人们常常用形式的变化来紧随时代的步伐。于是赶时髦成为人们在社会生活中无法避免的生存倾向。从前面的分析中我们可以看到,时尚的一个最主要的特点是复制和模仿。而复制和模仿恰恰表现了主体性的丧失。按照鲍德里亚的说法,这些人是"自动木偶""机器人"[1]。对此人们会提出质疑:在时尚中,人们必须不断创新,这些不断创新的人难道没有主体性吗?然而,时尚的创新实际上只是形式上的创新,而不是实质性的创新。这种创新只是从形式上表现了一个人的主体性,而没有实质意义上的主体性。用鲍德里亚的话来说,无论人们如何显示自己的差异,"这种价值模式都是一样的"[2]。如果用阿多诺对同一

---

[1] [法]鲍德里亚:《象征交换与死亡》,第67页。
[2] [法]鲍德里亚:《消费社会》,刘成富、全志钢译,南京大学出版社2000年版,第81页。

性逻辑的批判的思想来分析,这种差异所体现的是虚假的个性,是按照同一性逻辑制造出来的个性。阿多诺也看到了流行趋势中所出现的虚假个性。他说:"虚假的个性就是流行。"① 由此,我们可以说,赶时髦的人所具有的主体性实际上是虚假的主体性。

按照齐美尔的分析,在生活中人们赶时髦,就是为了和其他人融合在一起,要模仿其他人,和其他人等同起来。鲍德里亚说,时尚一开始就针对社会性。② 但是时尚所要追求的社会性不是真正的社会性,而是"戏剧社会性"③。当"革命"的时尚出现的时候,许多像阿Q一样赶时髦的人参加了"革命"。这种革命是戏拟的革命,是玩弄革命,是革命的游戏。参与革命游戏的人不过是一群没有共同理想和目标的大众④。在这样一群大众中,主体性也是戏拟的主体性。鲍德里亚把时尚的社会性与语言的社会性相比较。从表面上看,时尚的参与者也交流,但是他们的交流与语言的交流不同。语言的交流是为了传达意义;而时尚的交流不是为了传达意义,而是为了展示自己的形象,是为了表现自己。在时尚中,人们也要交流,但是人们不是真正地交流,而是"玩弄交流,把交流变为一种无信息的意指"⑤。这就如同今天的学术会议,虽然学术会议是要探讨真理的(它是语言的意指),但是在如今时尚化的学术会议中,人们**主要**是用来表现自己的,他们在"玩弄"交流。在今天,信息过多,交流泛滥。信息交流内部的相互竞争异常激烈。因此,在相互交流中,为了能够吸引眼球,引起人们的注意,人们更注重形式的变化(学术研究中不解决问题而玩弄词汇就是如此)。或者说,人们注重话语的"表情",而不是话语的意义。⑥ 当人们注意话语的"表情"的时候,有意义的对话就不可能了。在"玩弄"交流的时尚中,话语交流也会成为时尚。它消解了话语交流的

---

① [德]霍克海默、阿道尔诺:《启蒙辩证法》,第172页。
② 参见[法]鲍德里亚:《象征交换与死亡》,第125页。
③ [法]鲍德里亚:《象征交换与死亡》,第126页。
④ 参见拙作《大众的崛起与民主的衰弱》,载《哲学动态》2015年第11期。
⑤ [法]鲍德里亚:《象征交换与死亡》,第126页。
⑥ 参见[法]鲍德里亚《象征交换与死亡》,第121页。

意义,话语交流很容易演变为话语的游戏和交流的表演。从这个意义上来说,哈贝马斯期望通过话语的交流来达成一致意见的解决方案,也会在戏拟的交流中失去作用。①

这表明,在时尚的大潮中,主体性正在被消解,意义的交流逐步失去了意义,因而,在主体性的框架中通过主体的交流来解决现代性的问题变得极其困难。但是,这并不意味着在主体性的框架中现代性问题不可解决。如果时尚中的现代性问题不可解决,那么鲍德里亚等人为什么要参加到现代性问题的思考之中呢?他们为什么要参加这种讨论呢?他们所进行的讨论就是在玩弄话语交流吗?既然他们批判这种话语的游戏和交流的表演,就意味着他们在进行严肃的讨论。既然他们参与了严肃的讨论,就意味着人们之间可以进行有意义的交流。那么人们为什么要参加有意义的交流呢?这就是要寻求共识,探讨解决现代性问题的途径。如果达成共识根本不可能,那么鲍德里亚等人为什么要与别人进行学术讨论呢?与别人进行学术讨论的语用学前提是,人们可以通过话语交流而就某个问题达成共识。既然鲍德里亚等人与别人进行学术讨论,那么他们就潜在地接受了这个前提。由此,笔者认为,在主体哲学的框架中探讨解答现代性问题的途径,仍然是一个值得期待的方案。鲍德里亚、齐美尔等人批判时尚,揭示作为现代性中心的时尚所带来的问题,恰恰是一种启蒙,是在呼唤主体性。

或许人们会说,主体性或者主体性的讨论本身也会成为时尚,人们可以形式性地"玩弄"主体性,甚至进行主体性的游戏。从时尚的角度揭示这种形式化的主体性,恰恰为我们探索真正的主体性提供了反面的实例,从而为我们探索主体性、寻求真正的主体性扫清了道路。当然,从鲍德里亚的角度来说,反时尚的东西也会成为时尚,比如牛仔裤。他认为,时尚是不可颠覆的②。牛仔裤作为反时尚的东西虽然也是时尚,但是它

---

① 参见拙作《意义的"内爆"——哈贝马斯公共领域理论面临的一个难题》,载《求是学刊》2015年第5期。
② 参见[法]鲍德里亚《象征交换与死亡》,第133—134页。

却回归到实用的功能,回归到真实性。时尚的东西虽然会趋向于形式化,但是并不是完全形式化的。从这个意义上来说,我们完全可以在反时尚化的背景下回归到真正的主体。因而在主体性的范围内解决现代性问题虽然极其困难,但却是可能的。

启蒙运动开辟了走向现代文明的大道,它弘扬主体性和理性。而这两者之间的相互激荡,促进了物质和精神的不断发展。因此现代文明表现为社会各个层面的不断变革。面对这种不断变革,人们产生了一种强烈的时间意识,这其中包含在物质和精神层面上对过时的恐惧。一种求新、求变的意识在这个社会中广泛流行起来,时尚化成为这个社会的一种不可避免的趋势。针对现代社会中的这种情况,人们从不同的层面去理解现代性,或者把现代性理解为主体性和理性,或者理解为社会的合理化,或者理解为不断的过渡和变迁,理解为对于这种不断的过渡和变迁的时间意识。在这里,我们把现代性理解为过渡和变迁,理解为对于这种过渡和变迁的时间意识。实际上,这种过渡和变迁以及对于这种过渡和变迁的时间意识,是与理性化和主体性原则的张扬密切联系在一起的。现代性的问题当然有许多,法兰克福学派所要考察的问题是,启蒙以来的工具理性取代了传统社会中的规范而对社会进行一种功能性的整合(系统整合)。他们从不同角度批判了这种系统整合所产生的问题,并从不同的角度来探讨了摆脱这种困境的可能途径。而黑格尔在他的启蒙辩证法的思考中实际上也指明,启蒙对于信仰的批判导致了精神的空虚和社会实体的崩溃。

实际上,在笛卡尔提出的"我思故我在"中,主体性和理性的原则就已经潜藏着现代性问题:如果我们可以怀疑一切,而只相信自己的理性,那么在这样一种主体性原则和理性原则的面前,我们最终还能够确立一种可以被大家共同接受的规范吗?这种主体性原则和理性原则最终甚至会导致相对主义和虚无主义。这种相对主义和虚伪主义是启蒙的主体性原则和理性原则的必然后果。这实际上就意味着,当现代性被推向极端的时候,就会走向后现代性。现代主义或者后现代主义不过是确证了现代性或者走向极端的现代性。如果我们要沿着理性的道路来推进现代性,我们就必须重新思考理性原则,而法兰克福学派对于客观性的思考,对于交往理性的证明,对于社会自由的思考,实际上都是要沿着理性的原则来推进现代文明。

第二章 黑格尔哲学及其对现代性问题的意识

黑格尔在哲学史上虽然不是第一个具有现代性意识的哲学家,却是第一个意识到现代性问题的哲学家。黑格尔对现代性的分析以及对现代性问题的思考,为法兰克福学派的现代性批判理论提供了最直接的思想资源。从这个意义上说,不深入分析黑格尔的哲学就不能深入地把握法兰克福学派的现代性批判理论。

第一节 现代性的自我确证及其难题

现代社会的发展表现出一种前所未有的特征。这个新的特征可以用"现代性"来加以概括。而黑格尔哲学可以说是"现代性"的哲学。这种现代性的哲学是对社会现代性的一种自觉意识和体验,并且从意识上证明了这种新的社会特性的正当性。在这里,我们就是要说明黑格尔是如何理解现代社会的特性,又是如何来确证这种新的社会形态的正当性的。

一、黑格尔哲学的时代意识和现代性的自我确证

黑格尔在《精神现象学》中对于他自己所生活的时代进行了这样的

描述:"我们的时代是一个新时期的降生和过渡的时代。"①这是一个过渡的时代,尽管它与此前的时代存在着这样或者那样的联系,但是这种过渡不是量上的渐变而是一种"质变"。黑格尔把它比喻为小孩的出生。虽然新生的儿童还是那样稚嫩,还有许多不成熟的地方,但是它已经为全新的文明奠定了基础。在他看来,尽管他所说的时代还"充满"了"粗率和无聊",但是这种东西正在预示着新的东西的到来。他说:"这种逐渐的、并不曾改变整个面貌的崩裂溃散,突然为日出所中断,升起的太阳就如闪电般一下子树立起了新世界的形相。"②黑格尔的这段话实际上在一定程度上描述了现代社会的特点:他所说的时代是"过渡"的时代,整个时代会不断有新的东西出现。这个新的时代(die neue zeit)也被称为"现代"(Die Neuzeit)。虽然这个时代会出现一些崩裂、溃散的东西,但是这些东西会被否定,会被新的东西取代。而这种新的东西会犹如日出一样,突然地在这个世界中出现。这种"过渡""变迁"的特点被波德莱尔概括在"现代性"这个概念中。伴随着这个新的时代,还出现了"新世界"和"新精神"。而这个"新精神"是"各种各样教养形式的一个广泛变革的产物"③。黑格尔所说的"现代"是一个全新的时代,是新事物不断涌现的时代。而德语中的历史概念"Geschichte"就是在新事物不断涌现的意义上被使用的。黑格尔本人明确指出,"历史"一词在德语中联合了主观和客观的两个方面,而且指"发生的事情"。它并不包括历史的叙述④。从这个意义上来说,历史就不仅仅是要回忆过去,而是要面向未来,向未来敞开。哈贝马斯在解释黑格尔关于"新世界"的有关论述的时候指出,"新世界即现代世界与旧世界的区别在于它是向未来开放的"⑤,在于它不断地推陈出新。

---

① [德]黑格尔:《精神现象学》,第7页。
② [德]黑格尔:《精神现象学》,第7页。
③ [德]黑格尔:《精神现象学》,第8页。
④ 参见[德]黑格尔《历史哲学》,王造时译,上海书店出版社2006年版(以下引用该版本不再一一注明出处),第56页。
⑤ [德]哈贝马斯:《现代性的哲学话语》,第7页。

那么黑格尔所说的现代主要是指哪个时代呢？从黑格尔的《历史哲学》中我们可以看到，他所说的"现代"是宗教改革以来的资本主义时代，即"日耳曼帝国的第三时期"。① 而黑格尔当时所生活的时代是一个新事件不断出现的时代，即"十八世纪末十九世纪初这样一个转折时期"，也就是启蒙运动和法国大革命的时期。这就是黑格尔所说的像闪电一样升起的太阳。随着这个太阳的升起，我们来到了"**历史的最后阶段，就是我们的世界、我们的时代**"②。这个时代也是一个革命、变革和危机的时代。法国大革命是黑格尔哲学赖以产生的时代背景。而法国大革命中，各个政治派别先后快速的轮替，正表现了现代性所表达的那种过渡性和暂时性的特征。在《精神现象学》中黑格尔描述了这些政治派别不断轮替的过程。他说："意识并不能达成任何肯定性的事业，不论是语言上的普遍事业，还是现实上的普遍事业，不论是**有意识的**自由的法律和普遍制度，还是**有意志的**自由的业绩和事业。"③在这些政治运动中，没有任何肯定的东西被保存下来。一切都是暂时的、过渡的。在这里，黑格尔用"现代"这个概念把古希腊罗马世界与日耳曼世界区分开来。这里的现代概念具有编年史的意义。但是，黑格尔使用现代概念的时候，不仅仅是从编年史的角度来说明"现代"。按照哈贝马斯的分析，只有当"现代"失去编年史的意义，而突出其时代之"新"（neue）的时候，这种划分才成立。④ 这就是说，"现代"不仅是编年史意义上的时代概念，而且是关于时代特性的概念，这个时代的特性就是"新"。这个新也不是时间意义上的"新"，比如新的一年来临之"新"，而是社会现象上的"新"、个人生活体验意义上的"新"。由于新的现象不断出现，时间中的"当下"和"现在"就有了特别的意义。也正是因为这个原因，黑格尔把"当代"（die neueste

---

① 参见［德］黑格尔《历史哲学》，第386页。
② ［德］黑格尔：《历史哲学》，第413页。
③ ［德］黑格尔：《精神现象学》，第357页。
④ 参见［德］哈贝马斯《现代性的哲学话语》，第6页。

Zeit)与"现代"区分开来。① 而把"现在"、"当代"与"现代"区分开来,恰恰体现了黑格尔对于社会世界的不断变化而产生的一种时间上的体验,体现了黑格尔哲学所注重的历史观念。

显然,这里的现代性不仅是指时间上的过渡、短暂,而且更重要的是,它是一种时间的体验。黑格尔对于时代的理解,实际上也是对于时间的一种精神体验。这种精神体验在他对"现在"的解释中表现出来。在《精神现象学》第一章关于感性确定性的论述中,黑格尔对"现在"("Jetzt",中文本翻译为"这时")进行了这样的理解:如果有人问,"什么是这时",那么我们就可以这样回答,"这时是夜晚"。如果真理是用一个命题来表达的,那么这个命题表达了真理。一条真理不会因为我们保持它就失去其真理性。然而,如果我们隔一段时间,比如中午时这样说,那么这句话就没有真理性。这就是说,"这时"应该是动态的,然而,"这时"这个说法却不会变。"这时"既不是夜晚也不是白天,同样它也是白天和夜晚。② 这就是永恒性背景下的动态性。黑格尔对于"现在"的这种理解,表达了他的一种时间意识。

黑格尔本人对于时代的转折有自己的亲身体验,而他把自己的这种心理体验自觉地上升到哲学的高度,从哲学上来说明现代社会中所出现的危机、变革和革命。他把这种哲学的概括称为"时代精神"③。黑格尔自觉地把自己的哲学和时代联系在一起。他有一句广为人知的名言:"就个人来说,每个人都是他那时代的产儿。哲学也是这样,它是**被把握在思想中的它的时代**。"④这个名言就表达了他自己的哲学与时代的关系。马克思在《〈黑格尔法哲学批判〉导言》中说,"德国只是用抽象的思维活动伴随现代各国的发展"⑤。德国古典哲学是法国革命的德国理论。

---

① 参见[德]哈贝马斯《现代性的哲学话语》,第8页。
② 参见[德]黑格尔《精神现象学》,第63页。
③ [德]黑格尔:《哲学史讲演录》第四卷,贺麟、王太庆译,商务印书馆1978年版(以下引用该版本不再一一注明出处),第379页。
④ [德]黑格尔:《法哲学原理》,序言,第12页。
⑤ 《马克思恩格斯选集》第1卷,北京:人民出版社1995年版,第11页。

这些理论以抽象的思维形式表达了现代各国的发展。

由于现代世界的不断变迁,既定的规则不断被破坏,于是这个现代世界会出现一种颠倒的现象。在《精神现象学》中黑格尔指出,在资本主义制度产生的前夜,在权力和财富面前人们大多花言巧语,在这个世界中一切都发生了颠倒。在这个世界中传统秩序和价值体系都会被颠覆。黑格尔说,在这个世界中"所有自身固定的东西都瓦解了,经历过这些东西的定在的所有环节而精疲力竭了,所有的骨头都散了架"①。于是,这个时代必然面临着如何确证变迁和过渡的正当性,如何确立规范从而重建社会秩序的重要任务。这就是我们所说的现代性自我确证的问题。

二、现实性与现代性

黑格尔在他的哲学体系中从来没有使用过"现代性"的概念,用现代性的概念来概述黑格尔的哲学思想是否适当呢？实际上黑格尔所经常使用的"现实性"这个概念表达了现代性的含义。赵敦华教授在《黑格尔"现实性"范畴的多种意义与中心意义》②一文中具体分析了黑格尔"现实性"概念的不同意义,并认为《法哲学原理》中有关现实性的讨论是现实性概念的中心意义。而这个中心意义就是现代性。在这个讨论中,黑格尔主要是从社会的意义上来理解现代性。黑格尔在这个意义上所讨论的现代性我们在后面专门论述。在这里,我们从审美意义上来讨论现代性和现实性的关系。按照波德莱尔对于现代艺术的描述,艺术的一半是短暂、偶然与过渡(即现代性),而另一半是永恒。在时间上倏忽即逝的东西是具有现代性特征的东西。当黑格尔把现在、当下从时间上区分开来的时候,他就充分意识到这种现代性。但是现代性不是现实性,"现实性(Aktualität)只能表现为时代性(Zeit)和永恒性(Ewigkeit)的交会"③。

---

① [德]黑格尔:《精神现象学》,第 327 页。
② 赵敦华:《黑格尔"现实性"范畴的多种意义与中心意义》,载《中国高校社会科学》2015 年第 5 期。
③ [德]哈贝马斯:《现代性的哲学话语》,第 10 页。

而黑格尔在逻辑学中、在法哲学理论中都是这样来理解现实性的。

黑格尔在《法哲学原理》中关于现实性的格言恰恰就体现了这样一个基本点。他说:"凡是合乎理性的东西都是现实的;凡是现实的东西都是合乎理性的。"①这句格言被很多人指责为黑格尔为普鲁士君主制的辩护状。而黑格尔本人对于这句话是这样解释的:现实不是当下现存的东西,不是所有现存的东西都具有现实性。他说:"当我提到'现实'时,我希望读者能够注意我用这个名词的意义,因为我曾经在一部系统的《逻辑学》里,详细讨论过现实的性质,我不仅把现实与偶然的事物加以区别,而且进而对于'现实'与'定在','实存'以及其他范畴,也加以准确的区分。"②恩格斯在《路德维希·费尔巴哈与德国古典哲学的终结》一文中指出,"在黑格尔看来,决不是一切现存的都无条件地也是现实的。在他看来,现实性这种属性仅仅属于那同时是必然的东西"③。虽然黑格尔把现实和现存区分开来,但是这并不意味着,他不重视现存。在黑格尔看来,如果反思、情感或者主观意识不注重"现在",把现在看作空虚的东西,并努力超越现在,"那末,这种主观意识是存在于真空中的,又因为它只有在现在中才是现实的,所以它本身是完全空虚的"。④ 对于黑格尔来说,现存的东西作为现象是"外部实存",理念通过外部实存而显示出它的诸多形象和形式。所以,哲学的工作就是要从这些现存的东西中认识必然性,从假象中认识其中的本质。他说:"所以最关紧要的是,在有时间性的瞬即消逝的假象中,去认识内在的实体和现在事物中永久的东西。"⑤如果我们把黑格尔对于现实的这个解释与波德莱尔对于现代艺术的解释加以对比,那么我们就可以发现,现代艺术就是一种现实的存在,它把短暂性和永恒性结合起来了。从这个意义上来说,黑格尔的现实性

---

① [德]黑格尔:《法哲学原理》,序言,第11页。
② [德]黑格尔:《小逻辑》,贺麟译,商务印书馆1980年版(以下引用该版本不再一一注明出处),第44页。
③ 《马克思恩格斯选集》第4卷,人民出版社2012年版,第221页。
④ 参见[德]黑格尔《法哲学原理》,序言,第11页。
⑤ [德]黑格尔:《法哲学原理》,序言,第11页。

的概念中包含了现代性的意思。

黑格尔在《历史哲学》中解释现代社会现象时,说明了历史现象的偶然性和必然性、偶然的历史事件和理性的狡黠之间的关系,这些说明恰恰表达了短暂的社会现象与**理性**的联系,说明了现代性与永恒性之间的关系。

如果我们扩展一下视野,就可以更深刻地理解黑格尔哲学的现代性意义。黑格尔说,"简言之,哲学的内容就是现实(Wirklichkeit)"①。如果按照这种简略的说法,我们也可以说,黑格尔哲学的主要内容就是研究现实的,而现实,在本质上就包含了现代性。如果没有现代性,我们就无法理解现实。当然,这种说法并不是要否定现实性的更加广泛的意义。比如,它的本体论意义,它在逻辑学中的意义等。比如,他说,"现实性是本质与实存的统一"②。但是,黑格尔在逻辑学、在存在论上理解的现实性,正是建立在对于现代社会的理解的基础之上的。他的存在论思想、他的逻辑学理论是时代精神在哲学上的体现。

然而,我们在这里必然要提出一个问题:如果现代性是黑格尔哲学的核心,而现实性概念又在更加广泛的逻辑范畴和存在论范畴的意义上被理解——显然逻辑学和存在论意义上的现实性的概念超出了《法哲学原理》中的现实性的概念,我们不能把本质和实存统一意义上的现实性与短暂性和永恒性统一意义上的现实性简单地等同起来,其中,一个是逻辑学上的现实性,一个是现代性意义上的现实性——我们根据什么说这种逻辑学和存在论意义上的现实性概念也具有现代性的意义呢?或者我们也可以问,为什么黑格尔会把具有现代性意义的现实性作为存在论上的概念和逻辑学上的概念呢?这需要我们进一步从黑格尔在现代性自我确证中所面临的问题入手来加以说明。

---

① [德]黑格尔:《小逻辑》,第43页。
② [德]黑格尔:《逻辑学》下卷,杨一之译,商务印书馆1981年版(以下引用该版本不再一一注明出处),第177页,译文略改。

三、现代性自我确证的困境

哈贝马斯在分析黑格尔的"当下""现代"等概念的时候指出:"这些概念后来也成为黑格尔哲学的关键术语,并从概念史的角度来把握随着西方文化的现代历史意识而出现的问题,即现代不能或不愿再从其他时代的样本那里借用其发展趋向的准则,而必须自力更生,自己替自己制定规范。"①这就是说,"现代性"概念不仅仅表明社会现象的短暂性、过渡性,而且还提出了这样一个理论问题:在社会现象不断更新、社会秩序不断被打破以及既定规则不断被否定的情况下,不断出现的新的社会现象如何来证明自己的正当性?短暂的现象中是不是包含了必然性,是不是具有现实性?在传统社会,新社会现象出现的正当性是由传统的信仰体系来证明的。比如,中国历史上的农民运动都是打着替天行道的名义来进行的。然而,随着不断的革命,随着人们同一切传统的观念"彻底决裂",人们究竟用什么来证明这种新的现象的正当性呢?

在黑格尔之前,还没有哪个哲学家自觉地提出这个问题。哈贝马斯说:"黑格尔是使现代脱离外在于它的历史的规范影响这个过程并升格为哲学问题的第一人。"不仅如此,黑格尔甚至把这个问题"作为其哲学的基本问题加以探讨"。哈贝马斯还指出:"黑格尔深信,不依赖现代的哲学概念,就根本无法得到哲学自身的概念。"②这就是说,如果没有现代性的自我确证,那么就不可能有哲学概念。黑格尔的哲学就是关于现代性的自我确证的哲学。这是因为,现代社会是一个前无古人的社会,而这个社会是一个不断变迁的社会,这个不断的变迁导致了一系列内部分裂和矛盾,这个内部分裂的社会如何来确证自身呢?正是这种自我确证的要求需要哲学。

那么黑格尔在他的哲学中是如何进行现代性的自我确证的呢?按

---

① [德]哈贝马斯:《现代性的哲学话语》,第8页。
② [德]哈贝马斯:《现代性的哲学话语》,第19页。

照哈贝马斯的分析,在黑格尔哲学中存在着两种不同的思路:一个是早期的思路,一个是成熟时期的思路。早期的思路是从共同体的既有规范入手来说明现代性自我确证的可能性。而成熟时期的思路是从认知主体的自我反思的思路来进行现代性的自我确证。

在早期文献特别是在耶拿时期的文献中,黑格尔分析了启蒙和信仰的对立。他说:"启蒙理性把自己与那个按照它的狭隘的宗教范畴而称之为信仰的东西对立起来,它对这种信仰所取得的辉煌胜利,从这个角度来看恰恰是这样的:它与之斗争的实证因素不是宗教,而取得胜利者也不再理性了。"①这就是说,虽然启蒙取得了胜利,但是这种胜利如同野蛮人征服了文明人一样,野蛮人在精神上却被文明人征服了;表面上启蒙取得了胜利,而实际上信仰在精神上取得了根本性胜利。实际上,黑格尔的这个思路在《精神现象学》中也有所体现。启蒙虽然否定了信仰,但是启蒙由于失去了精神的世界,仍然会像信仰那样对精神怀抱眷望之情。当然,与信仰不同,信仰明确地表达了这种眷望之情,而启蒙将这种眷望之情潜伏在背后。启蒙只是用知性来否定信仰,而忽视了信仰之中的道德要素。早期的黑格尔认为,要克服启蒙所带来的这种危机,就需要有一种超出知性的理性。如果能把宗教变成公众的力量,并赋予这种理性以实践的力量,那么一种民众的宗教就能够发挥一种社会整合的作用。黑格尔说,"但是启蒙却没有本领给予人以道德。在价值上它无限低于内心的善良与纯洁"②。而民众的宗教是基于普遍理性的,是与人的心灵和感性联系在一起的,而且是被贯彻在社会生活之中的。

那么,这种民众的宗教观念为什么会产生一种社会整合的力量呢?这是因为这种民众的宗教承认一种"和解命运"。这就是说,在一定的社会共同体中,人都有一种信仰。这种信仰认为,犯罪行为是会受到命运

---

① *Georg Wilhelm Friedrich Hegel Werke 2*,Frankfurt am Main:Suhrkamp Verlag,1970,S. 288.
② 《黑格尔早期神学著作》,贺麟译,上海人民出版社 2012 年版(以下引用该版本不再一一注明出处),第 22 页。

的处罚的。黑格尔特别强调共同体中的人们对于命运的恐惧。这就如同我们在日常生活中所说的,一个人做坏事是会遭报应的。黑格尔认为,对于遭报应(命运的必然)的恐惧和对于法律上惩罚的恐惧是不同的。他说:"对于惩罚的畏惧就是对于这个异己的主宰的畏惧。与此相反,在命运里,这个敌对的力量乃是敌对化了的生命的力量,因此对命运的畏惧不是对于一个异己力量的畏惧。"①对于命运的畏惧迫使罪犯认识到他自己否定了自己的生命。这是无法回避的。哈贝马斯说,这是因为"否认他人生命,即是自身的异化"②。对此哈贝马斯进行了进一步的扩展的解释。这种对于命运的恐惧就包含对于伦理共同体中共同的伦理规范的承认。只有承认共同体中的规范,一个人或许才会知道如果自己违反了共同体的规范,那么他会遭到报应,会受到命运的处罚。于是哈贝马斯说:"命运的动力来自对主体间生活语境对称性和相互承认关系的破坏,在这种生活语境中,某个部分如果自己孤立起来,就会造成所有其他部分的自我孤立和从共同生活中疏离出去。"③这就是说,如果一个人违反了社会规范,这就把自己从共同体中排除出去了。这也就是他的自我异化。社会的分裂实际上就是人的自我异化的结果。而社会整合的力量就来自共同体中人们对于命运的恐惧,以及随之而来的对于共同体的社会规范的承认。如果按照哈贝马斯的话语来说,在这里,人们所表现出来的理性是一种"交往理性",而不是纯粹知性意义上的理性。而知性意义上的理性不过是一种目的理性。

然而,如果借助于共同体中的对于规范的共同承认而获得一种和解的力量,那么这并不能够完成现代性的自我确证的任务。这是因为现代性的自我确证的任务,是要借助于现代社会自身的力量来确证自己的正当性。如果现代性要借助于共同体的力量,特别是借助于民众宗教的力量来显示自己的和解力量,确证自己解决社会冲突和分裂的力量,那么

---

① 《黑格尔早期神学著作》,第316页。
② [德]哈贝马斯:《现代性的哲学话语》,第34页。
③ [德]哈贝马斯:《现代性的哲学话语》,第35页。

这实际上就是借助于现代社会之外的东西来确证现代性。哈贝马斯指出："为了调和四分五裂的现代，黑格尔预设了一种伦理总体性，它不是从现代性土壤中生长出来的，而是源于原始基督教的宗教团契和希腊城邦对过去的理想化。"①这就是说，虽然人们也有对社会冲突的意识，也需要通过和解的力量来确证现代性，但是，要实现这种和解就需要借助于现代性之外的东西来确证现代性。这不是现代性的自我确证。

四、主体性原则与现代性的自我确证

那么留给黑格尔用来进行现代性自我确证的就只有一条路了。这就是通过认知主体的自我意识和自我反思来确证现代性：人们通过自己的意识上的自我反思来证明现代社会的正当性，来证明现代社会制度的正当性，从而实现社会整合。从前面对于现代性的分析中我们知道，现代社会是从传统社会分裂而来的，革命、改革、过渡是这个时代的基本特征。那么我们怎么才能证明这种革命、改革、过渡是正当的呢？在这里，人们不能借助于传统社会的思想前提，而必须在一个全新的前提下来证明它的正当性。如果说笛卡尔哲学是在思想上证明人可以通过自己的自我反思来为思想确立一个牢固的基础的话，那么，按照这样一个思路，人也可以通过思想上的自我反思来为新的社会形态找到规范性的基础。笛卡尔哲学从思想上体现了现代性的原则。为此黑格尔在《法哲学原理》中指出："一般说来，现代世界是以主观性的自由为其原则的，这就是说，存在于精神整体中的一切本质方面，都在发展过程中达到它们的权利。"②现代社会的基本原则就是主观性的自由，就是思想的自由。在《哲学史讲演录》中黑格尔指出："我们的时代的伟大在于承认了自由，精神的财富、精神本身是自由的，并且承认精神本身便具有这种自由的意

---

① [德]哈贝马斯：《现代性的哲学话语》，第35页。
② [德]黑格尔：《法哲学原理》，第291页。

识。"①从这个角度来说,现代性和主体性发生了相互作用。正是由于主体的觉醒,人们才有可能不断地改革创新,才能同传统的社会决裂。而宗教改革、启蒙运动以及法国大革命等都是在主体觉醒的思想背景下发生的。主体性推动了现代性,而现代性又反过来需要主体性为其提供正当性的基础。黑格尔说:"把这个理念理解为精神,理解为自己知道自己的理念,乃是近代的工作。"②而为了能进行时代的自我确证,人们就需要进行主体的自我反思。按照哈贝马斯的分析,反思乃是新的时代原则最纯粹的表达③。这是因为反思体现了现代社会中的思想自由这个基本原则。按照黑格尔的说法:"反思既能揭示出事物的真实本性,而这种思维同样也是**我的**活动,如是则事物的真实本性也同样是**我的**精神的**产物**,就我作为能思的主体,就我作为我的简单的普遍性而言的产物,也可以说是完全**自己存在着的我**或我的**自由**的产物。"④这就是说,在黑格尔那里,思想能够自觉地进行反思。而这种反思不仅体现了思想自由这个现代原则,而且它还是一种认知原则。这就是人通过自己思想上的反思获得可靠知识。或者说,现代社会的不断变革的正当性,是通过自我反思确立起来的。而这种思维反思实际上就是一种理性的原则。

在这里,我们看到,黑格尔的主体性原则的核心就是认知主体的自我关联。从主体的自我关联的原则出发来进行社会的自我确证,于是现代社会自我确证的问题就变成了一个认知上的问题。而主体只是作为认知的主体而被理解。无论在知识领域还是在社会领域,主体的自我关联成为解决问题的主要思路。甚至在涉及社会关系的问题的时候,黑格尔也是从自我关联的角度来加以解决的。比如,在《法哲学原理》中讨论人们之间就财产转移签订契约的时候,这种契约在黑格尔看来也是解决自我矛盾的问题。他说:"契约是一个过程,在这个过程中表现出并解决

---

① [德]黑格尔:《哲学史讲演录》第四卷,第 254 页。
② [德]黑格尔:《哲学史讲演录》第四卷,第 375 页。
③ 参见[德]哈贝马斯《现代性的哲学话语》,第 26 页。
④ [德]黑格尔:《小逻辑》,第 78 页。

了一个矛盾,即直到我在与他人合意的条件下终止为所有人时,我是而且始终是排除他人意志的独立的所有人。"①当然黑格尔的这种说法是有一定的意义的,他否定了人们把契约只是看作孤立的契约文件,而且把履行契约的过程都包含在契约中。如果契约没有得到履行,那么它只是一纸空文。从这个角度来说,黑格尔强调契约是一个过程无疑是有意义的。但是这个过程被理解为一个人在解决自我矛盾,即我是财产的所有者,而又不是财产的所有者的矛盾。这个矛盾是通过契约来解决的。我是财产的所有者,所以在财产转移的时候,我应该得到回报;我不是财产的所有者,是因为我要把自己的财产转移出去,我要放弃对于实物的所有权。在这里,虽然也涉及其他人,要让其他人"合意",但是他忽视了人和人之间相互交流、理解和配合的过程。如果没有他人的配合,契约的过程也是无法完成的。但是黑格尔是在自我反思的框架中来解决这个问题的,因此,对于他来说,契约的过程更主要的是一个自我认知的过程。我这个财产值多少钱,所以我该得到多少钱;只要我对于自己的财产的自我认知得到承认了,那么契约就完成了。显然在这里,黑格尔没有涉及在契约过程中一个人的利益与另一个人的利益之间的冲突如何得到和解的问题。从这个意义上说:"黑格尔不可能从认知主体的自我意识或与自身的反思性关系中获得和解的内容,也就是说重建破裂的总体性。"②当然,黑格尔承认在主体的自我反思中也会出现对立和矛盾,但是在他那里解决矛盾的方式是主体在认知上的进步。哈贝马斯在《现代性的哲学话语》中,以黑格尔《法哲学原理》中认知的那个部分来说明这一点。我们知道,在现代资本主义社会中出现了一个现实的问题:随着市场的发展,财富越来越集中到少数人手里。黑格尔说:"市民社会在这些对立中以及它们错综复杂的关系中,既提供了荒淫和贫困的景象,也提供了为两者所共同的生理上和伦理上的蜕化的景象。"③那么现代市民

---

① [德]黑格尔:《法哲学原理》,第81页。
② [德]哈贝马斯:《现代性的哲学话语》,第35页。
③ [德]黑格尔:《法哲学原理》,第199页。

社会中的这些矛盾如何才能得到解决呢?黑格尔提供的答案是在更高一级的伦理实体中也就是国家中得到解决。那么为什么这个更高一级的伦理实体能够解决这里的矛盾呢?哈贝马斯认为,黑格尔是从主体的自我关联的角度来解决这个问题的:"一个通过认知而与自身建立关联的主体,会同时面对两个自我:一个是作为普遍的主体,它是作为一切可以认识的对象的总体性世界的(对立面);另一个是个别的自我,它在世界中是众多实体当中的一员。"①如果把这种说法翻译为现代心理学的语言,那就是,现代社会中的人的心理包含了两个自我:一个是作为本我的自我,是具有心理冲动和能量的自我;另一个是经由现代社会规范而在人的内心之中建立起来的普遍自我。人就是要让自己内心中的这两个自我之间的矛盾得到和解。而这种和解在现代国家中就是人同时获得两个身份:一个身份是市民社会中的个人,一个身份是国家的公民。国家把人的这两个身份统一起来了。黑格尔说:"国家是具体自由的现实;但**具体自由**在于,个人的单一性及其特殊利益不但获得它们的完全**发展**,以及**它们的权利**获得明白承认(如在家庭和市民社会的领域中那样),而且一方面通过自身**过渡**到普遍物的利益,他方面它们认识和希求普遍物,甚至承认普遍物作为它们自己**实体性的精神**,并把普遍物作为它们的**最终目的**而进行**活动**。"②人在内心中实现的本我和超我的统一,在国家制度层面上就是人的两个身份的统一。实现这种统一的思想基础是人的自我关联。

黑格尔在谈到现代世界所出现的颠倒的价值的时候指出,在这个世界中善的就是恶的。"被称为高贵的和善良的东西从本质上说正是这种东西自己的反面或颠倒物,反之亦然,恶的坏的东西正是善良的优秀的东西。"③我们如何来对待这种价值颠覆的现象呢?一些思想简单的人看不到这里所存在的价值颠覆的现象。他们会认为,一些典型的事例(作

---

① [德]哈贝马斯:《现代性的哲学话语》,第 47 页。
② [德]黑格尔:《法哲学原理》,第 260 页。
③ [德]黑格尔:《精神现象学》下卷,贺麟、王玖兴译,商务印书馆 1979 年版,第 68 页。

为样板的个人)表明,优秀的东西在现代世界中仍然是一种现实,而不是虚假的、徒有其名的。黑格尔对这种做法提出了批评。他认为,这样做实际上就把作为样板的个人与整个世界对立了起来。在这样的情况下,无论这种典型是虚构的还是真实的,这样的做法对于善良的东西来说是最痛苦的。面对这样的痛苦,人们便选择这样的方法即认为,既然用典型事件也不能说明善良的真实性,也不能改变这个世界,那么,人们可以像犬儒主义那样,完全回到自我。这就是要求个人摆脱这个颠倒的世界。黑格尔认为,要求单个的人去逃避这个颠倒的世界,这实际上是让他去做一件坏事。因为,"这等于要求他关心作为**个别人的自己本身**"①。如果不是要求个别的人这样做,而是要求所有的人都这样做,那么是不是就能克服这个颠倒的世界呢?黑格尔说:"如果把这要求指向普遍的**个体性**提出,要求普遍的个体性摆脱颠倒的世界,那么这个要求就不能意味着要求理性重新放弃它自己所已经达到的那种精神的、有教养的意识,使它的诸环节的已展开的财富重新沉入于自然心灵的简单性,退回于也可以称之为天真的那种动物性意识的野蛮状态;相反,这种瓦解,只能要求于有教化修养的精神本身,要求精神摆脱它的混乱而重新返回于它作为精神的自身,要求它这样地获得一种更高的意识。"②这就是说,要让所有的人都摆脱这个颠倒的世界,只能靠精神的自我发展和自我完善。这是精神作为主体与它自身关系的问题。

而这种认知主体的自我关联模式是成熟的黑格尔的哲学基本理论范式。从这个意义来说,黑格尔的认知主体的自我关联的哲学是按照现代世界的原则(主体性原则和理性原则)建立起来的。他的哲学当然是现代性的哲学。他的哲学就是试图进行现代性的自我确证的。但是他按照这个模式所进行的自我确证却出现了一个问题。这就是,现代社会的合理性是由认知主体的自我认识、自我扬弃和自我发展来证明的。他

---

① [德]黑格尔:《精神现象学》下卷,贺麟、王玖兴译,商务印书馆1979年版,第68页。
② [德]黑格尔:《精神现象学》下卷,贺麟、王玖兴译,商务印书馆1979年版,第68—69页。

对现代性的这种证明是如此之好,以至于按照自我意识发展的必然性,这个社会的出现是必然合理的,尽管它存在着这样或者那样的缺陷。为此哈贝马斯指出:"但是,作为绝对知识,这种理性最终采取的形式是如此的势不可挡,以致现代性的自我理解的问题不仅得到了解决,而且得到了太好的解决:现代性的自我理解问题在理性的嘲笑声中迷失了方向。因为理性取代了命运,并且知道每一事件的本质意义早被预定。"① 按照自我意识的发展的逻辑,现代社会的正当性已经由意识发展的必然性确证了,它的意义早已被预定了。

这种自我意识的发展逻辑在黑格尔哲学中表现为否定之否定的辩证法,这种否定之否定表达了任何一种社会现象的暂时性、过渡性。他的作为推动原则和否定原则的辩证法恰恰就是以一个公式的形式表达了现代社会的特征,表达了"现代性"。可以说,否定辩证法就是"现代性"观念的思辨的表达。而否定作为自我发展的一个环节又是必然的。这是包含了必然性的社会现实。"现实性"的概念作为逻辑概念,既表现了现代性,又确证了现代性。黑格尔在《精神现象学》中讨论"实体即主体"的有关思想时指出:"有生命的实体,只有当它是自我建立的运动时……它才是那个在真理中现实的存在,或换一种说法,它才是在真理中现实的。"② 黑格尔在这里所说的实体,不是绝对不变的实体(如上帝),而是一个运动的主体。现实性不是绝对不变的实体(如上帝)的属性,而是主体自身的运动过程,其中的每一个过程都是主体实现自身的过程,都具有现实性。但是这些现实性的东西都不具有完全的现实性。这里的现实性表达了现代性,但是它却脱离了现实,脱离了当时的社会现实运动,而成为逻辑发展的一个环节。这是因为,现实性获得了存在论和逻辑学的意义。在这个逻辑的运动中,理性取代了命运。每一个事件的本质意义已经逻辑地被规定了。这表明,当黑格尔用否定性的辩证法、

---

① [德]哈贝马斯:《现代性的哲学话语》,第49页。
② [德]黑格尔:《精神现象学》,第11页。

用逻辑学表达现代性的自我确证的时候,他实际上放弃了现代社会的内涵。他强调哲学的时代意义,但是却又使哲学成为一个思辨的体系,而脱离了现实社会。在这里黑格尔哲学显然满足了现代性的自我确证的要求,但是却付出了沉重的代价,即贬低了哲学的现实意义。① 黑格尔哲学是具有现代性的哲学,但是却以超脱出现代社会的逻辑体系的形式表现出来。

虽然黑格尔用他的哲学体系完成了现代社会的自我确证的工作,但他是在主体性原则范围内完成这个工作的。在主体性哲学范围内,主体主要是作为认知主体而被理解的。这种认知主体的主要特点是认识客体并克服客体。在黑格尔哲学中,主体的自我运动表现为主体外化出一个对象,并克服这个对象,从而回归于自身。因此,当黑格尔以主体性原则来进行现代性的自我确证的时候,这个主体性缺乏一种社会整合的功能。或者说,它没有哈贝马斯所说的交往主体的那种社会整合的功能。而挖掘交往主体的社会整合功能,从而在一个新的理论基础上来进行现代性的自我确证,就成为现代性的讨论的重要课题。这个课题是由哈贝马斯和霍耐特进一步完成的。

五、现代性的自我确证与现实性的批判

现代世界是进步与异化同在的世界。黑格尔在他的哲学中描述了社会的异化现象,他对于异化现象的描述实际上也是对现代社会问题的一种自觉意识。黑格尔在对现代社会进行自我确证的过程中,同时也对这个社会进行了批判。从这个意义上来说,对现代性的自我确证同时也是对现代性的批判。正如哈贝马斯所指出的那样,黑格尔不是第一个现代性的哲学家,但是他却是第一个意识到现代性问题的哲学家。② 但是,黑格尔对现代性的批判只是从精神的自我反思的维度进行的。于是,现

---

① [德]哈贝马斯:《现代性的哲学话语》,第49页。
② 参见[德]哈贝马斯《现代性的哲学话语》,第51页。

实中的一切问题都是人的精神发展中的片面性的问题。这是精神发展的一个必然过程。从这个意义上来说，他既批判了现实社会中存在的问题，又从一定的角度承认现实问题产生的合理性。从这个角度来说，这种自我确证最终堵塞了批判的道路。黑格尔本人也指出："哲学的**最后目的**和**兴趣**就在于使思想、概念与现实得到和解。"①思想和概念不再批判现实，而只是承认现实的合理性。这就是黑格尔的现代性自我确证中所包含的保守要素。

哈贝马斯和霍耐特等人试图在交往行动理论的基础上来进行现代性的自我确证的工作。在哈贝马斯看来，这种自我确证不能依靠认知主体的自我发展（工具理性的另一种说法），而是要靠人们之间的相互交流。通过这种交流，人们可以就不断变化的社会形成新的社会规范。而在交流基础上所形成的社会规范能够为现代社会的发展提供规范的基础，这个规范的基础就能够把分裂的社会整合起来，从而确证新的制度、新的社会现象的正当性。在哈贝马斯看来，他的交往行动理论可以不依靠传统规范，而通过人们之间的相互交流来形成社会共识，而他的理论能够完成现代社会的自我确证的任务。

哈贝马斯从交往行动的角度批判了当代社会现实。他认为，当代资本主义社会的问题是系统入侵了生活世界，这种入侵使人们之间的相互交流受到限制。然而这种批判是在承认资本主义现存制度合理性的前提下所进行的自我反思和批判。比如，按照哈贝马斯的设想，在相互交流的过程中，人们只能用理由来说服别人，而不能用其他任何力量。然而怎样的理由才算是合理的理由呢？在以工具理性文化为基础的现代社会，符合工具理性的知识才被认为是合理的知识。在这样的情况下，对于工具理性的自我反思就变得不再可能。

从这个意义上来说，虽然哈贝马斯改进了黑格尔的现代性的自我确证的道路，但是却放弃了黑格尔哲学中关于精神的自我反思的基本思

---

① ［德］黑格尔：《哲学史讲演录》第四卷，第372页。

路。而精神的自我反思也是精神上的自我批判。这种精神上的自我反思是哈贝马斯的前辈们即阿多诺等人所进行的工作。哈贝马斯的交往行动理论却堵塞了这种自我反思的道路,堵塞了从精神上进行自我批判的可能性。从这个意义上来说,黑格尔的早期思路和晚期思路对于我们解决现代性问题来说,都同样重要。

第二节 黑格尔《精神现象学》中的启蒙辩证法

霍克海默和阿多诺在他们的《启蒙辩证法》一书中,特别是《启蒙的概念》一文中,深入分析了启蒙和神话的关系,对启蒙以来现代文明所出现的问题进行了深入反思。而霍克海默和阿多诺的分析是具有重要的思想背景的。如果我们深入领会黑格尔在《精神现象学》中对启蒙的分析和批判,那么我们就可以更好地理解霍克海默和阿多诺的《启蒙辩证法》。

一、纯粹识见和信仰的内在联系

黑格尔在《精神现象学》中通过对自我异化的精神基础的分析来说明启蒙精神的发生过程。黑格尔认为,在封建君主统治的时代,一种自我异化的精神出现了。在这个时代,高贵的意识表面上愿意为国家做出牺牲,愿意为荣誉而战,但是实际上这种高贵意识最终和卑贱意识一样,要夺取君主的位置。贵族们表面一套,背后一套;言不由衷,阳奉阴违。在这个自我异化的精神世界中一切都是颠倒的。在这样的情况下,人们就产生了一种超脱这个世界的要求。启蒙思想以及宗教改革就是在这样一种社会意识的基础上产生的。黑格尔在这里所讨论的"纯粹识见"和"信仰",不仅仅是一般意义上的认识活动或者宗教信仰,而是以启蒙运动和启蒙对实证宗教的批判为背景来说明纯粹识见和信仰的关系的。

如何理解纯粹识见呢?洛克莫尔指出:"纯粹识见类似于确定性,但是这种确定性还不是真理。"①黑格尔在这里用纯粹的识见来表达启蒙思想。纯粹识见对信仰的批判,实际上就是启蒙对于信仰的批判。这就是说,在黑格尔看来,启蒙时代的思想家们虽然已经转向了认识论的研究,他们强调理性,强调追求真理,但是他们的那种理性的研究还没有达到真理的层次,而是一种纯粹识见。而在谈到人们所信仰的宗教的时候,黑格尔指出这种宗教还不是自在自为的宗教,即这种宗教"**还不是自在自为的**那样出场"②。而自在自为的宗教应该是指黑格尔意义上的理性的宗教。按照洛克莫尔的分析,这种宗教应该是更接近于罗马天主教,或者是黑格尔在讨论"苦恼意识"那个部分时所讨论的那种宗教,③而不是宗教改革之后的新教。这里所说的宗教应该是指实证的宗教。

启蒙所批判的信仰,与人们力图逃离这个颠倒的世界有关。当人们逃避那个颠倒的世界的时候,"这个整体本身已被自我异化,在教化世界之彼岸就树立起了**纯粹意识**或**思维**的非现实世界"④。在这个异化世界中,人们承认彼岸世界的存在,但是这个彼岸世界是一个纯粹意识或者思维的世界。这个被信仰的非现实世界的内容是"纯粹的被思维物"。当然,黑格尔认为,这是像他这样从事精神现象学研究的人的看法,而对于教徒来说,这种被思维物还是具有"表象的形式",这些教徒们还没有自觉地思维它们,"还不知道自己就是些思想"⑤。他们只是把它们作为肯定的东西来信仰。这就是说,这种信仰已经把基督当作一种精神性的东西来信仰,它包含了精神性的本质。在这里,上帝具有"真理的精神"⑥。但是,对于这种精神性的东西人们并没有真正地思考它们,没有

---

① Tom Rockmore, *An Introduction to Hegel's Phenomenology of Spirit*, The Regents of the University of California, 1997, p.130.
② [德]黑格尔:《精神现象学》,第321页。
③ 参见 Tom Rockmore, *An Introduction to Hegel's Phenomenology of Spirit*, The Regents of the University of California, 1997, p.132.
④ [德]黑格尔:《精神现象学》,第320页。
⑤ [德]黑格尔:《精神现象学》,第320页。
⑥ [德]黑格尔:《历史哲学》,第391页。

自觉地思维它们，而只是简单地肯定它们。① 所以，对教徒来说，被思维物（绝对）只有表象的形式。

按照黑格尔的分析，当人们逃避现实世界的时候，人们回到了自己的纯粹意识之中。而纯粹意识中包含了两个要素：一个是信仰，一个是纯粹识见。但是，信仰和纯粹识见在纯粹意识中的指向是不同的。信仰就是确信现实世界之外的精神本质。在信仰中，人们虽然逃离这个异化的世界，但这并不意味着异化世界在纯粹意识中没有任何作用。现实在这里是作为思维的元素而存在于纯粹意识中的。而对于这些现实的意识，教徒把它们都看作表象，看作稍纵即逝的非本质的东西，而其中的本质的东西就是他们所信仰的上帝，就是精神性的本质。教徒信仰这个精神性的本质。在信仰中，纯粹意识与纯粹的被思维物处于直接的肯定的关系中。黑格尔说，信仰的内容"是对**本质**的一种纯粹意识"，"本质的信仰中所带有的那**直接性**，就在于信仰的对象即是**本质**，也就是**纯粹的思想**"②。信仰是对于纯粹被思维物或本质的一种简单确信。当然，信仰只是纯粹意识中的一个因素。对于黑格尔来说，在人的纯粹意识中，还存在着另一个因素，这就是纯粹识见。在这里，人们对思维中的现实要素以及它的固定的本质采取一种否定的态度。人们虽然也同信仰一样怀疑、否定现实，逃避现实，但是人们不是确信精神性的本质，而是确信自我。而这个自我就是在否定现实以及它们的精神性本质的过程中确立起来的。

按照黑格尔的看法，信仰和纯粹识见是人的纯粹意识中的两个环节。这两个环节虽然是相互异化和分离的，但又是密切联系的。他说，纯粹识见是"统摄于**自我**意识中的精神**过程**，这种过程在自己的对面拥有肯定东西的意识、拥有对象性或表象活动的形式，并且指向着它们；但

---

① 关于这种宗教与信仰之间的差别，参见邓晓芒《黑格尔〈精神现象学〉句读》第七卷，人民出版社2016年版，第23页。
② ［德］黑格尔：《精神现象学》，第323页。

是它自己所特有的对象却只是**纯粹的我**。"①在纯粹识见中,对象是自我确立起来的表象,意识通过否定这个表象而肯定自我。或者说纯粹识见以它自身为对象。这就意味着纯粹识见只是简单的自我肯定,而没有其他内容。而信仰是对于精神性的本质的简单意识。因此,在黑格尔看来,信仰是有自己的内容的,这个内容就是精神性的本质;而纯粹识见是没有内容的(例如笛卡尔的怀疑一切),它否定了这些内容,而只是纯粹的自我反思。黑格尔说:"纯粹明见最初在它自己本身中并没有任何内容,因为它是否定性的自为存在;相反属于信仰的则有内容,而无明见。"②这就是说,信仰虽然直接肯定了纯粹被思维物(被设想的本质或上帝),但是,它没有对于这个纯粹被思维物进行自我反思,没有在"概念"的层次上对它进行思考。信仰只有思维,没有概念。从这个意义上来说,这里存在着一个层次上的差别:信仰属于意识的层面,是在纯粹意识的范围内进行的思维过程;而纯粹识见属于自我意识的层面。纯粹识见把思维进一步纳入意识中进行思考。当纯粹识见把思维或者纯粹意识作为对象来思考的时候,作为意识的对象的直接性的存在即纯粹被思维物,就成为一种对于自我之意识的彼岸的对象。

二、启蒙对信仰的批判及其难题

启蒙对于信仰的批判,也就是纯粹识见对于信仰的批判,主要是针对信仰的基本思想的。纯粹识见认为,信仰是谬误、迷信和偏见的大杂烩。信仰之所以出现有两方面的原因:一是因为大多数群众思想简单、朴素,缺乏反思,他们简单地接受了宗教迷信。另一方面,一些教士虽然有反思,对于迷信和偏见中的问题有所认识,但是,他们为了自己的利益而愚弄群众,并且和专制政体狼狈为奸、相互勾结从而保证自己的利

---

① [德]黑格尔:《精神现象学》,第 322 页。
② [德]黑格尔:《精神现象学》,第 322 页。此处依邓晓芒译本,"纯粹明见"即"纯粹识见"。

益。① 从思想上来说，既然教士和专制政体对于迷信等有清楚的意识，而只是广大群众受蒙蔽，因此，启蒙的主要任务就是要把群众从教士和专制政体的迷惑中解救出来，就是要让广大群众接受纯粹识见。然而实际情况并非如此简单。

在黑格尔看来，纯粹识见和信仰之间存在着两个方面的关系：一方面，纯粹识见和信仰自在地是同一个东西；另一方面，信仰简单地接受上帝或者绝对本质，把它当作独立于人们的信仰而存在的东西，当作与人们的信仰活动无关的东西。黑格尔从这两个角度分析了纯粹识见和信仰之间的关系。首先，纯粹识见和信仰为什么是同一个东西呢？在对纯粹识见和信仰的特征的分析中，黑格尔就指出，纯粹识见和信仰是纯粹意识中的两个环节。前者是在对于颠倒世界的有关现实的否定中确立自我，后者是在对于颠倒世界的有关现实的否定中信仰绝对本质。因此，它们的心理结构或者认知结构是一致的，它们都否定了颠倒世界提供给人们的直接的观念，而确信其他更本质性的东西（自我或者绝对本质）。既然这两者是一致的，那么信仰接受纯粹识见就应该是非常容易的事情。按照黑格尔本人的比喻，纯粹识见在信仰中的传播，就应该如同香气在空气中的悄悄扩散（从纯粹识见的角度来看，这是香气），或者像病毒那样在社会中悄悄地发生感染（从教士的角度来看，这是病毒）。如果是这样的话，那么启蒙对于信仰的批判就没有必要了，只要简单地等待纯粹识见悄悄地发生作用就可以了。显然，对于黑格尔来说，仅仅依赖这种自发的传播是不够的。为此黑格尔强调，纯粹识见畅行无阻地传播只是纯粹识见发挥作用的一个方面；而纯粹识见要发挥作用还需借助于另一个方面，这就是纯粹识见和信仰之间的兵戎相见的暴力斗争。② 这种兵戎相见的暴力斗争就不能仅仅靠认识上的智力的作用，而且还要靠实践上的目的和意志。为此，在纯粹识见和信仰的斗争中，人

---

① 参见［德］黑格尔《精神现象学》，第 328 页。
② 参见［德］黑格尔《精神现象学》，第 331 页。

们不仅需要有纯粹识见,而且需要有"纯粹意图"(这是因为信仰是有意图的,是为了蒙蔽群众而获得自己的利益)。① 不过当纯粹识见和纯粹意图对信仰进行暴力斗争的时候,却出现了这样的问题:既然纯粹识见和信仰在认知结构上是一致的,那么纯粹识见对信仰的斗争实际上就是纯粹识见对自己的斗争,就是纯粹识见自己反对自己。当纯粹识见反对信仰所确认的绝对本质的时候,它自己也确立了绝对本质,而这个绝对本质就是它自己。所以当纯粹识见批判信仰的时候,它实际上是自己否定自己。黑格尔在这里所分析和批判的,在一定程度上就是康德的思想。被康德当作绝对本质确立起来的,是自在之物,而这个自在之物却变成信仰的对象。致力于确立自我的启蒙最后变成了信仰。因此,启蒙批判信仰,最后就要批判自己。黑格尔对于启蒙和信仰的关系的分析,在一定程度上也是针对康德的。② 那么为什么纯粹识见在批判信仰的时候实际上是在否定自己呢?这是因为,纯粹识见误认了自己。

那么纯粹识见是如何误认自己的呢?启蒙在把握自己对象的时候认为,当纯粹识见认识对象的时候,对象就被意识渗透。如果用康德的思想来说明的话,就是人为自然立法。纯粹识见所认识的对象,就是它自己所确立的对象。因此,它在把握对象的时候,实际上所把握的是它自己的自我意识。在这里,对象意识和自我意识是统一的。可是启蒙在批判信仰的时候,是这样来描述信仰的:"那对信仰而言是绝对本质的东西,乃是信仰自己的意识的一种存在,乃是信仰自己的思想。乃是一个由意识创造出来的东西。"③黑格尔认为,启蒙对于信仰的这种描述是正确的。启蒙按照这种描述认为,信仰所崇拜的这种东西是它自己所创造出来的,而这种创造是"胡编乱造"④。既然纯粹识见所认识的对象是意

---

① 参见[德]黑格尔《精神现象学》,第331页。
② 参见 Tom Rockmore, *An Introduction to Hegel's Phenomenology of Spirit*, The Regents of the University of California, 1997, p. 132. 邓晓芒:《黑格尔〈精神现象学〉句读》第七卷,第153页。
③ [德]黑格尔:《精神现象学》,第332页。
④ 邓晓芒:《黑格尔〈精神现象学〉句读》第七卷,第154页。

识创造出来的,而信仰所崇拜的对象也是信仰创造出来的,这两者在意识结构上是完全一致的,为什么启蒙所进行的创造就不是胡编乱造,而信仰就是胡编乱造呢? 在黑格尔看来,启蒙在这里误认了自己,它把自己的认识看作是把握了本质,而信仰却是胡编乱造。这就意味着,信仰对于绝对本质的期待在一定的程度上还是值得肯定的。按照黑格尔的分析,虽然教徒们所信仰的那个绝对本质不是信仰这种行动本身直接创造出来的,但是,如果没有信仰和服从,那么绝对本质也不能得以实现。为此,黑格尔指出:"信仰的这一行为,虽然看起来不是让绝对本质本身由之而产生出来的行为。但是,信仰的绝对本质,从本质上说,却并不是在信仰意识之彼岸的那种**抽象的**本质,相反,它是团契的精神,它是抽象本质与自我意识的统一。"①这就是说,虽然绝对本质不是信仰创造出来的,但也不是与信仰行动无关的。意识对于对象的信仰与自我意识也是同一的。从这个意义上来说,信仰的绝对本质不是自在的,而是自为的。

当然,从另一个方面来看,纯粹识见虽然创造了自己的对象,但是这个对象还是跟自己不同的东西。纯粹识见中的对象是包含了感性的内容。纯粹识见也按照自己与对象的关系来思考信仰。在纯粹识见看来,信仰也有一个不同于它自己的"陌生的东西","这陌生的东西不是**自我意识的**本质,而好像是偷偷塞进自我意识的怪胎"②。这就好像纯粹识见中的经验意识。这就意味着,人们所信仰的绝对本质不是意识创造的,而是自在的东西,是被人偷偷地塞进意识中的东西。启蒙就按照自己的意识结构来理解信仰,并由此认为,一方面信仰像启蒙一样能够直观到自己的本质,或者说信仰也和纯粹识见一样。或许从这个意义上说,信仰能够接受启蒙。然而,另一方面,启蒙认为,信仰又接受了外来的东西,接受了陌生的东西,并信任这些陌生的东西,把它当作意识特有的本质。在黑格尔看来,启蒙明显地存在着相互矛盾的地方:它一方面

---

① 邓晓芒:《黑格尔〈精神现象学〉句读》第七卷,第163页。
② 邓晓芒:《黑格尔〈精神现象学〉句读》第七卷,第168页。

认为,意识中有陌生的东西,另一方面又认为这种陌生的东西是意识特有的本质,是意识所接受的本质的东西。它一方面认为,上帝是被教士偷偷塞进人的意识中的,另一方面又认为,它是意识自己创造出来的,是意识自身特有的本质。启蒙的这种相互矛盾的说法恰恰表明它自己在说谎。① 按照这样一个分析,启蒙从自己的意识结构出发来批判信仰,而它的这种批判实际上就是批判它自己。当然,在黑格尔看来,启蒙对于信仰的批判还是有积极意义的。纯粹识见从自己的角度批判了信仰的三个环节:圣父、圣子和神灵。通过这种批判,启蒙也传达了自己的基本思想。这就是,它强调知识的经验基础,强调具体存在着的物质世界。黑格尔认为,启蒙对于信仰的批判是正当的;或者说,启蒙有权利这样做。这是因为,启蒙所做的工作无非就是把信仰自身在不同领域中的不同观点集合在一起,让信仰看到它自身的矛盾。② 比如,一方面信仰说上帝是绝对的本质,另一方面又用经验的东西来证明这种绝对的本质。然而,在黑格尔看来,启蒙这样做的时候也有自己的缺陷。这就是,启蒙没有看到启蒙和信仰之间的共同点,即它们具有共同的心理结构。启蒙没有看到它对信仰的否定,实际上也是对自己的否定。黑格尔说:"它(启蒙——引者注)既没有在这种否定中,在信仰的内容之中认出自己本身来,也没有以此为根据把这两种思想、即它所带来的思想和它用这带来的思想所反对的那种思想聚拢到一起。"③它没有从概念上理解它自身的矛盾。

比如说,启蒙在批判信仰的时候认为,教徒所信仰的对象实际上是教徒自己构造起来的,关于这一点,信仰实际上也是承认的;否则的话,就会出现这样的问题,即信仰的对象是自在存在的东西,但是这个东西不知是从什么地方来的,是被人塞进自己的头脑里的。启蒙在这里不过是提醒了信仰。但是启蒙又提出了相反的意见:教徒所信仰的是一种与

---

① 参见邓晓芒《黑格尔〈精神现象学〉句读》第七卷,第173页。
② 参见邓晓芒《黑格尔〈精神现象学〉句读》第七卷,第274页。
③ [德]黑格尔:《精神现象学》,第343页。

意识无关的、在意识彼岸的本质。启蒙在这里陷入了自身矛盾。而信仰也是如此：一方面信仰信任它的本质，因为信仰就是对于这种本质的确信。另一方面，它又认为，本质是不可探索的，我们没有探索本质的道路。① 如果本质不可探索，那么我们又怎么能够确信它呢？于是在这里，信仰变成了迷信。再比如，启蒙批判信仰所信奉的不过是石头、木头之类的东西（用石头和木头雕刻起来的神像）。信仰也承认，它所崇拜的对象是石头和木头之类的东西，但是它把这些具体的东西和绝对本质分裂开来，强调对于这些东西的崇拜是要过渡到绝对的本质的。可是它的实际做法却是信仰的一些具体行动，而这些具体的行动恰恰是感性的行动。它把感性的行动作为有效标准。信仰在这里陷入了自我矛盾之中。然而启蒙也有自己的问题。虽然它把感性的东西当作有效标准，但是它却忽视了这些具体的感性的东西不过是过渡到绝对本质的一个环节。它没有看到，这些感性的东西"不是一个自在自为**存在着**的某物，而是一种**消逝着**的东西"②。最后，信仰认为，在信仰的行为中，如果人们放弃自己的财产，抑制自己的享受，那么人们可以由此而达到彼岸世界的自由。然而，信仰在这样做的时候，实际上是承认现实世界中人们占有财产是公正的，但是为了要达到彼岸世界的自由，人却必须放弃财产。这就是说，现实世界的公正原则和彼岸世界的自由是对立的，即放弃财产在彼岸世界中是公正的。信仰的这种做法实际上包含了这样的意思：在现实世界中做不公正之事（放弃财产）可以达到彼岸的公正。这两者之间缺乏必然联系，或者说这种做法事实上没有任何真理性③。再说，人在放弃财产的时候，必然保存财产。"保存与牺牲是伴随而行的。"④只有有了财产，一个人才能牺牲财产。所以，牺牲只具有象征意义。（在这里，我们注意到，霍克海默和阿多诺也是用牺牲和自我持存之间的内在联系说明

---

① ［德］黑格尔：《精神现象学》，第 345 页。
② ［德］黑格尔：《精神现象学》，第 345 页。
③ 参见邓晓芒《黑格尔〈精神现象学〉句读》第七卷，第 314 页。
④ ［德］黑格尔：《精神现象学》，第 346 页。

了这里的矛盾。)从启蒙的角度来看,人们的信仰所追求的是内在的本质性的东西。这种东西是思想上、意图中的东西,而放弃财产的行动都是一些外在的行动。通过外在的行动,无法达到内在的本质。于是从启蒙的角度来说,一个人只要内心关注绝对的本质就可以达到目标。而黑格尔认为,启蒙的这种做法实际上也有局限性,它把自然的冲动和内在的本质对立起来。然而在黑格尔看来,自然的冲动也是内在的东西,它与内在的本质是密切联系的。内在的本质是形式,它要在自然的冲动中得到实现。①

在黑格尔看来,启蒙对信仰的批判,就是让信仰认识到它有两个尺度:一个是彼岸世界的尺度,一个是此岸世界的尺度。启蒙对信仰的批判,让信仰意识到了它的这两个尺度之间的矛盾。② 在这样的情况下,信仰只能在两个世界中选择一个。或者是现实世界。如果这样,那么它就与启蒙完全一致了。或者是彼岸世界。当它选择彼岸世界的时候,它失去了现实世界的内容,而只能停留在彼岸世界的空洞的思想形式中。然而信仰又不能停留在空洞的思想形式中,于是,它就把这种空洞的思想形式,把绝对的本质,当作渴望的对象。绝对的本质虽然无法达到,但却可以是渴望的对象。于是黑格尔指出,在这里,"信仰事实上就变成了与启蒙同样的东西"③。这就是说,信仰和启蒙一样,把现实世界和彼岸世界分离开来,把彼岸世界作为自己向往和渴望的对象。在这里,启蒙达到了自己的目标,它把彼岸世界架空了,成为纯粹向往的对象。它对于回到现实世界的生活非常满足。而信仰虽然也把这两者分离开来,但是它是被迫回到现实世界的,它不满足于现实世界的生活。④ 然而当启蒙满足于现实世界的生活的时候,却陷入了一种精神上的迷茫,因为它"失

---

① 参见[德]黑格尔《精神现象学》,第346—347页。
② 参见[德]黑格尔《精神现象学》,第347页。
③ 黑格尔:《精神现象学》,第348页。
④ 参见邓晓芒《黑格尔〈精神现象学〉句读》第七卷,第332—333页。

掉了自己的精神世界"①。

在霍克海默和阿多诺的理论中,我们似乎也可以看到黑格尔对于启蒙和信仰的关系的分析模式。启蒙与神话的联系,实际上是启蒙与信仰的联系的变种。从他们关于启蒙就是神话的分析中,我们似乎可以听到黑格尔关于启蒙就是信仰的回声。

三、有用是启蒙的基本概念

在黑格尔看来,"有用"是启蒙的基本概念。黑格尔的这个说法表现了启蒙思想家在思想倾向上的一个基本特点。按照启蒙思想家的思想,知识并不满足于向人们展示真理,只有操作,"去行之有效地解决问题",才是它的"真正目标"。②而这个基本特点也使启蒙思想家所倡导的理性概念更具有工具理性的特点。当然黑格尔不是从这个层面上来分析启蒙思想家的。

黑格尔是从信仰的批判的角度来分析有用这个概念的。在信仰的体系中,神是目的,人是神实现自己的目的的手段。当启蒙思想家们提出有用概念的时候,人被作为目的确立起来了。按照黑格尔的说法,人的地位,就是从人和他的对象之间存在的目的和手段之间的关系中确立起来的。他说:"对于人这个意识到了这一联系之物来说,从这里就产生出了他的本质和他的地位。"③黑格尔从有用的角度分析了人的地位。这个地位就是,人是世界的中心,世界上的一切都是为人服务的。所有的一切事物都是为了人的欢愉而产生的。人在这里仿佛是上帝制造出来的天之骄子,逍遥于专门为他培植起来的花园之中。黑格尔的这个思想表达了启蒙思想家的人类中心主义基本思想。

在这里,特别值得我们重视的是黑格尔对人的普遍性的分析。在黑

---

① [德]黑格尔:《精神现象学》,第348页。
② 参见[德]霍克海默、阿道尔诺《启蒙辩证法》,第2页。
③ [德]黑格尔:《精神现象学》,第340页。

格尔看来，人和其他动物区分开的一个基本特点就是人的普遍性。这种普遍性可以从两个方面来加以说明。一方面，人能够把一切事物作为手段，利用它们来为自己服务。从所使用的对象的范围上来看，动物只是利用那些对自己直接有用的东西，而人能够通过自己的自主活动使一切东西都为自己服务。用黑格尔的话来说就是："对于人，一切都是有用的。"①值得注意的是，黑格尔从人的普遍性中得出了一个非常有意思的思想，就是人在利用各种东西为自己服务的时候，必须有所节制。这就是说，人要用自己的理性限制自己。按照黑格尔的思想，人过度消费和过度欢愉会损坏自己。而理性是一种限制自己的有效手段。人之所以要限制自己是因为，人需要保持自己的普遍性。他说，"有意识的、自在的**普遍**本质的享受，在多样性或持续性上，本身必须不是一种规定了的东西，必须是普遍的"②。这就是说，人如果在享受的多样性和持续性上被限制了，那么这种享受就不是普遍的，而要保证享受的普遍性，人就必须利用自己的理性，必须进行自我限制。另一方面，从人和人之间的关系来说，人之所以是普遍的，是因为人对一切人都是有用的。当然，人被其他人利用，人也利用其他人。从这个意义上说，人的普遍性表现在人和人之间的相互合作。黑格尔用洗手来比喻这种合作，"一只手在洗另一只手"③。

当启蒙思想从有用的角度来考虑一切的时候，一个问题也随之产生了：如何看待宗教？对某些启蒙思想家来说，宗教或许是可以被保留的，因为宗教也是有用的东西。甚至有人会认为，宗教是一切有用的东西中最有用的东西，它是有用本身。只是由于这个最高的有用性，其他东西才会有用。当然对于信仰来说，这种观点平庸而可恶。为什么是平庸的呢？因为，"启蒙在于它对绝对本质什么也不知道，或者说，它对绝对本质只知道它就是它，只知道这样一种完全平凡的真理，即绝对本质就只

---

① ［德］黑格尔：《精神现象学》，第341页。
② 邓晓芒：《黑格尔〈精神现象学〉句读》第七卷，第255页。
③ ［德］黑格尔：《精神现象学》，第341页。

是**绝对的本质**而已。"①这就是说,对启蒙来说,绝对本质是完全空洞的东西,是"**最高的存在**或至大的**空虚**"②。而对于信仰来说,我们必须追求绝对本质,追求真理。这就涉及有用性和真理的关系了。启蒙追求的是有用性,而忽视了真理,把对于绝对本质的追求当作是空洞的、无实际意义的。从理性的角度来说,启蒙的这种做法,实际上是用主观理性代替了客观理性,用工具理性代替了价值理性。

当然,在人们的行动中,我们始终可以把对象(自在的存在)、手段(为它的存在)和目的(自为的存在)区分开来③。在黑格尔看来,有用性的这三个环节是相互独立的,而没有统一起来。手段和对象不是被看作目的中的一个要素。如果按照黑格尔的术语来说就是,自为的存在并不渗透到自在的存在和为他的存在这两个环节。手段、对象被看作实现目的的外在环节。如果从这样的角度来看待这里的关系,那么人们似乎可以不计手段地追求目的。如果说目的是为了我自己的,是属于我的一部分,那么手段和对象就不是属于我的。从这个意义上来说,有用的事物具有"**无自我性**"④。如果一个人把别人只是当作手段,那么这个人就没有把他人包含在自己本身中,仅仅把他人作为手段,而不是同时作为目的。而一个人为了成为对别人有用的手段,就必须失去自我。虽然这不是黑格尔本人的思想,但是可以从黑格尔的思想中推论出来。

这里还涉及有用性和真理性的关系。当人把知识用于目的性活动的时候,知识在有用的东西中表达出来、表现出来。但是有用性却并不是知识本身,不是纯粹识见本身。黑格尔说,"即使有用的东西很好地表述了纯粹明见的概念,它却并非作为纯粹明见而存在"⑤。尽管如此,有用性还是在一定的程度上表现了真理性,是真理性的一种表现。但是,

---

① [德]黑格尔:《精神现象学》,第342页。
② [德]黑格尔:《精神现象学》,第342页。
③ 参见邓晓芒《黑格尔〈精神现象学〉句读》第七卷,第378—379页。
④ [德]黑格尔:《精神现象学》,第348页。
⑤ [德]黑格尔:《精神现象学》,第353页。

我们却不能认为有用性就是真理性。黑格尔认为,纯粹识见在有用性这里是把自己的概念当作了对象,把这些概念在对象中实现出来,而不是用概念去把握对象,或者说,它不是把对象提升为概念①。因此"它还没有达到**存在**与**概念**的**统一性**"②。而概念和存在的统一性就是真理。

如果我们把纯粹的识见与它的有用性联系起来,那么我们就可以发现,虽然纯粹的识见是要认识真理,但是它并不真正地追求真理,而是要达到一种有用性。这就是阿多诺和霍克海默在《启蒙的概念》的开头部分讨论培根的思想时所指出的。启蒙虽然要追求真理,但是它的目标却是控制自然。因此,它并不是真正地追求真理。而信仰把精神的本质作为它的对象来追求,这无疑有它的积极意义。阿多诺对于同一性逻辑的批判,在一定意义上也是对有用性的批判。因为同一性逻辑所追求的是控制自然,而不是达到真理。

四、绝对自由与恐怖

在启蒙运动中出现了一个有用的世界。这个有用的世界是信仰的空洞世界和现实世界的和解。在这种和解中,"天国降临到了人间"③。这就是说,在启蒙的批判中,人们不再满足于空洞的天国世界,人们要求在现实世界中实现人间的天国。而在这个人间的天国中,人们所尊奉的是有用性原则。

然而,这种有用性却导致了绝对自由。有用性为什么会导致绝对自由呢? 这里有两个原因。第一个原因是,"自为存在还没有证明自己就是其余各环节的实体"④。实际上这句话就是重复前面所说的有用东西的"无自我性"。这就是说,在这种有用性中,对象、手段(即其余两个环节)都不是我的(自为存在)。我只是根据自己的目的而随意地使用它

---

① 参见邓晓芒《黑格尔〈精神现象学〉句读》第七卷,第 394—395 页。
② [德]黑格尔:《精神现象学》,第 353 页。
③ [德]黑格尔:《精神现象学》,第 354 页。
④ [德]黑格尔:《精神现象学》,第 354 页。

们。一种东西究竟在什么样的形式中被我使用,是由我的意志所任意决定的。在这里,"有用东西的对象性形式",或者说有用东西的具体形式已经被收回、被取消了。在我的随意使用中有用东西的具体形式不重要了。我回到了自己的意识之中,仅仅根据我自己的意志进行判断。按照黑格尔的看法,有用的东西是自在存在的东西,同时这种东西也是为它而存在的东西。黑格尔说:"这自在存在,作为无自我的东西,在真理中是被动的东西,或者是为另一个自我而存在的东西。"①其他东西、其他人都是手段,为了实现我的目的,这些手段都是可以被牺牲的。而究竟如何使用这些东西,这全凭我的意志的决定。于是,有用的东西直接即是意识的自我。② 这些东西的有用性是由我随意决定的。第二个原因是,从自我意识与对象的关系来说,对象对于自我意识来说只有占有物"对象性的空洞假象"③。本来人使用某种东西,这种东西都有客观的特性,但是,当人们从一种实用主义的角度来看待它的时候,它就变成了一种抽象的有用的东西。而这种抽象的有用性是人主观地赋予对象的。因此,自我意识与对象的关系实际上就变成了意识与它自身的关系。意识认为对象有什么作用就有什么作用,这是意识对它自身的确定性。对黑格尔来说,这种意识是自知自明的自我意识。这种自知自明的自我意识就享有了绝对自由。绝对自由实际上就是个人在自我意识中的自由决断(这种自由决断不是对于某个具体有用东西的决断,而是对于意志本身的决断)。对于这种自我意识来说:"这个世界完全是它的意志,而它的意志就是普遍的意志。"④黑格尔在历史哲学中也曾经指出:"只有在这种时候,就是当意志并不欲望任何另外的、外在的、陌生的东西……而只欲望它自己的时候,'意志'才是自由的。"⑤显然如果意志欲望某种具体

---

① [德]黑格尔:《精神现象学》,第355页。
② 参见[德]黑格尔《精神现象学》,第354页。
③ [德]黑格尔:《精神现象学》,第355页。
④ [德]黑格尔:《精神现象学》,第355页。
⑤ [德]黑格尔:《历史哲学》,第413页。

的东西,而具体的东西的出现都是有条件的,那么欲望具体东西的意志就不是自由的;而只有当意志欲望意志本身的时候,意志才是自由的。实际上,由于意识否定了信仰,否定了绝对,于是人在意识中进行自我决断的时候就缺乏可靠的标准了。

意志对于意志的欲望实际上是纯粹抽象的意志,是没有任何内在差别和规定的意志。用黑格尔自己的话来说:"一旦个别意识这样来把握对象,认为这对象拥有的本质无非是自我意识本身,或者说对象绝对就是概念,则精神力量当初通过划分各种聚合体而组织起来并保持下来的整个体系就倒塌了。"①意识认识到它的精神本质就是绝对自由,那么它就冲击和破坏了传统上已经形成的社会组织体系。而当既定的社会规范、组织体系在绝对自由的冲击下受到破坏的时候,社会的基本秩序就无法维持了。对于自由意志来说,所有的组织秩序都是对于自由的限制。

在这样的情况下,人们就需要重新组织社会。如果要重新组织社会,那么这个新的组织就需要体现全体人民的普遍意志。黑格尔指出:"在区别开来的诸精神聚合体被扬弃了之后,在诸个体的局限的生活被扬弃了之后,以及在这生活的两个世界都扬弃了之后,那现成在手的就只有普遍的自我意识在其自己本身中的运动了。"②在精神聚合体被扬弃之后,即在宗教信仰等精神被扬弃之后,在个人的有组织的(局限)生活被扬弃之后,留下来的只有普遍的自我意识即普遍意志。人们只能以普遍意志的名义来进行社会活动。这就是黑格尔所说的"**普遍性**形式的自我意识与**人格性**意识之间的一种交互作用"③。但是,以普遍形式出现的意识并没有建立一种肯定的东西,因为"意识的运动只是它对自己的交互作用"。在这样的情况下,一个人可以说自己代表了普遍意志,另一个人会说自己也代表了普遍意志。一种形式的普遍意志代替了另一种形

---

① [德]黑格尔:《精神现象学》,第356页。
② [德]黑格尔:《精神现象学》,第357页。
③ [德]黑格尔:《精神现象学》,第357页。

式的普遍意志。在这种相互取代中,任何肯定的东西都无法建立起来。在这里,意志只是一种空洞的形式,而没有实现内部的分化,没有建立起各种具体的社会机制。比如,像卢梭等人要建立一个体现公意(区别于众意)的政治制度。但是这种体现普遍意志的政治制度如何具体落实呢?这就需要建立各种社会机制。由于没有具体的制度来落实普遍的意志,这种普遍的意志并不能变成一种现实的有效的制度。所以当一些人声称自己代表其他人的意志的时候,实际上他并不能代表。用黑格尔的话来说:"凡是在自我只是被**代表**和被**表象**出来的地方,它就不是现实的,它在哪里被**代表**,它就不在哪里。"①由于普遍的意志无法变成现实,而只有个别的意志才有现实性,于是个人独裁就出现了。由于意志只是在意志概念自身中运动,而且只是一种自我否定的运动,而不能建立任何肯定的东西,于是独裁者以普遍意志的名义所采取的行动都是否定的行动,是"毁灭性**复仇**"②。当独裁者自称代表普遍的意志时,分散开来的个人意志就与它相对立。而普遍的意志与分散的个人意志的对立没有任何中介环节来加以调节,而只是简单的两极对立。于是这两者之间的关系就是直接的相互否定。这就出现了法国大革命期间一些人对另一些人的直接否定和屠杀。在这样的情况下:"普遍自由的唯一事业和行为业绩就是**死亡**,而且是一种没有任何内涵和没有内在充实性的**死亡**,因为被否定的东西都是绝对自由的自我的不充实的点;它因而是最冷酷、最平淡的死亡,比劈开一颗菜头或吞下一口凉水并没有任何更多意义。"③从启蒙对于信仰的批判,最终导致独裁和恐怖这个思想进程的分析中,我们能够理解启蒙与极权主义的关系。启蒙否定了信仰,否定了对于绝对的东西、对于真理的信仰,于是它所确立的就是一个没有信仰的有用世界。在这个有用世界中,所有的东西都是工具,都是实现目的的工具。而放弃真理,只关注有用性,实际上已经包含一种个人意志的

---

① [德]黑格尔:《精神现象学》,第 358 页。
② [德]黑格尔:《精神现象学》,第 358 页。
③ [德]黑格尔:《精神现象学》,第 359 页。

绝对性的观念。个人意志的绝对性是独裁主义的意识根基。从黑格尔的这个分析中我们实际上发现,启蒙思想家所信仰的理性实际上就是工具理性。在黑格尔的分析中,这种工具理性实际上就包含了个人意志的绝对性的维度。当一个社会放弃了真理、放弃了信仰、放弃了对于绝对的和最高精神的追求的时候,这个社会必然会导致极权主义。当一些人为了自身的利益而放弃真理,为了利益而甚至不惜放弃自我(无自我性)的时候,当他乐于成为工具的时候,极权主义还会遥远吗?我认为,这是黑格尔对启蒙的分析给我们提供的最重要的启示。这也表明,工具理性无法实现社会的整合。

第三节 不确定性与现代社会的疾病

如果说黑格尔在《精神现象学》中所分析的启蒙辩证法揭示了工具理性(知性)的局限性,说明了启蒙所倡导的自由所存在的局限性的话,那么黑格尔在《法哲学原理》中又进一步深入说明了抽象法意义上的自由和道德自由的局限性,以及解决这个问题的出路。黑格尔在法哲学中对具体自由的分析,实际上就是要给我们指出一条走出现代文明中的困境的路径。而这种路径被霍耐特所重视。

一、两种片面的自由概念

在《法哲学原理》中,黑格尔从一开始就抓住了《精神现象学》所分析过的绝对自由和恐怖的问题。这就是,他在《法哲学原理》第四节、第五节对于意志的规定中说明了绝对自由(否定的自由)所出现的问题。在第四节中他指出,自由是意志的规定,而且是根本性的规定。这就如同物体具有重量一样。那么意志为什么是自由的呢?这与意志的特性有关。在意志中,人们欲望自己所想象的东西,而这个东西就是意志的对象。而想象出来的对象就是意志(现象)自身的产物。所以在这里,意志是自己规定自己。或者用《历史哲学》中的话语来说,在意志中,意志不欲望其他东西,而是欲望它自己。从这个意义上来说,意志是纯粹内在的自我规定。因此,黑格尔在《法哲学原理》第五节中说:"意志包含**纯无规定性**或自我在自身中纯反思的要素。"这个意义上的意志当然是"**绝对抽象**或**普遍性**的那无界限的无限性,对它自身的纯思维"。① 这种纯粹的自我反思,实际上就摆脱了一切具体的东西。非常有趣的是,黑格尔举例来说明意志的这种特性。他说,人能够摆脱一切东西,放弃一切目的,从一切东西中抽象出来。唯有人能抛弃一切,甚至生命。只有人能自杀。② 从意志的这个特点中,我们自然可以引申出自由来,这个自由就是在自己思维中的自我反思。这是不涉及其他人的自由,这是人自己活动范围内的自由。不仅如此,人也能够摆脱一切东西来追求自己的目的。意识就是在摆脱一切的过程中实现了自由。不过黑格尔把这种抽象的自我反思中所产生的自由称为"否定的自由",或者理智所了解的自由。③ 这种否定的自由在政治哲学中也被我们通常称为"消极自由",即免于强制的自由。用黑格尔的话来说,这种消极自由就是自我从一切内容、一切限制中逃遁出来。④

或许人们会说,实际上消极自由就是否定的自由,在西文中这是同一个单词。不过,我们中文的这两种翻译还是有讲究的。我们可以从黑格尔对否定的自由的两种倾向的分析中看出其中的差别来。从概念上来说,这种消极自由就是意志欲望自身。如果把这个自由概念现实化,那么就会出现两种不同的倾向。一种倾向停留在纯粹的理论上,这种倾向在印度教的"纯沉思的狂热"中存在。这就是纯粹消极意义上的自由。外在的限制仍然存在,人们却陶醉在自我的沉思中。另一种倾向就是它转向现实的运用。当它转向现实的运用的时候,它就否定一切,冲击一切秩序。在这个意义上,这种自由被理解为否定的自由,当然是有道理

---

① 参见[德]黑格尔《法哲学原理》,第13—14页。
② 参见[德]黑格尔《法哲学原理》,第15页。
③ 参见[德]黑格尔《法哲学原理》,第14页。
④ 参见[德]黑格尔《法哲学原理》,第14页。

的。而法国大革命中的情况就是如此。黑格尔说:"法国革命的恐怖时期就属于此。当时一切才能方面和权威方面的区别,看来都被废除了。"①法国大革命时期的那些激进派只是拘泥于抽象意志的自我规定,而一切区别、一切组织都被当作一种限制。这纯粹是否定的自由。黑格尔认为,虽然这种否定的自由是片面的自由,但是却始终包含着一个本质的规定,即人能够自我决定。

　　黑格尔所说的第二种自由是积极的自由。这就是个人不满足于空洞的自我反思上的自由,而是要规定自身。用黑格尔自己的话来说,这就是从无差别的无规定性过渡到区分规定。用通俗的话来说就是,人不是一个抽象的类存在物,不是一个具有抽象意志的存在物,而是一个具体的人。而人作为具体的人就要有具体的规定性。从这个意义上来说,就是人把"自身设定为一个**特定**的东西,**自我**进入了一般的**定在**"②。在消极的自由中,人能够欲望自己的欲望,但是人却没有欲望具体的东西;而在积极的意志自由中,人要欲望具体的东西。当人的意志希求某个具体的东西的时候,人就限定了自己,人就进行了自我规定。不过在这里我们必须注意,虽然黑格尔强调人通过欲望具体的东西而成为一个具体的人,但是这里的人不是一般的经验意义上的人,这里的欲望也不是一般的心理学意义上的欲望。正因为如此,有《法哲学原理》的解释者在这里强调,这里的自我不是经验意义上的欲望的主体③。

　　从黑格尔《法哲学原理》的叙述顺序来看,从第八节开始,黑格尔专门就第二种意义上的意志自由进行解释。这就是人会对自己的欲望进行限制。这就是人的自我决定或者自我规定。而自由就是自我规定(决定)。人的自我决定表明,人有各种存在的可能性,人是向这些可能性开放的。从这个意义上来说,这种自由也是选择的自由。但是,黑格尔也

---

① [德]黑格尔:《法哲学原理》,第 15 页。
② [德]黑格尔:《法哲学原理》,第 16 页。
③ 参见 Dudley Knowles, *The Introduction to the Philosophy of Right*, London: Routledge, 2002, p. 30。

强调,自由选择不是任性,不是为所欲为。人在这里是能够自我反思的。霍耐特认为,这里的主体是自我反思的主体。他用自我决定的选择模式来理解这里的自由意志,并用哈里·法兰克福的第一序列的意志和第二序列的意志之间的关系来说明这里的选择。① 人的第二序列的意志会对第一序列的意志进行评估。在这里,人对于自己的意志进行内部评估。

黑格尔所分析的这两种自由实际上就是抽象法意义上的自由和道德意义上的自由。那么为什么第一种意义上的自由是抽象法意义上的自由呢?在"抽象法"的开头部分,黑格尔解释了否定的自由与抽象法之间的关系。在前面的论述中我们已经指出,否定的自由是一种抽象的意志自由。这种抽象的意志概念没有任何具体的内容,是纯粹否定性的。按照黑格尔的看法,这种否定性就是规定。黑格尔说:"从这里所欲达到的本质的观点看来,这一最初的无规定性本身是一个规定性。"②这种规定性就是最初的规定,是直接的规定。而自在自为的意志的丰富的规定是后来才发展起来的。他说:"自在自为的自由意志,当他在抽象概念中的时候,具有直接性的这一规定性。"③而这种直接的规定就是对抽象人格性的确认。黑格尔是这样来解释这里的抽象人格性的。他说:"人格性(persönlichkeit)是只有在主体不仅仅是对自己作为具体的、以某种方式被规定下来的东西而具有一般的自我意识,而且对自己作为完全抽象的自我、使自己的一切具体的局限性和有效性都完全消除并失效了的自我,而拥有某种自我意识的时候,才开始的。"④或者说,人格性表现为"我在有效性中知道自己是某种**无限的**、**普遍的**、**自由的东西**"⑤。人格性就是人抛开自己的特殊性,从一种抽象的人格意义上理解他自己。这里所

---

① 参见[德]霍耐特《不确定性之痛》,王晓升译,华东师范大学出版社2016年版(以下引用该版本不再一一注明出处),第21—22页。
② [德]黑格尔《法哲学原理》,第44页。
③ [德]黑格尔:《法哲学原理》,第44页。
④ [德]黑格尔:《法哲学原理》,第45页,译文参见邓晓芒《黑格尔〈精神现象学〉句读》第七卷,第425页。
⑤ [德]黑格尔:《法哲学原理》,第45页。

说的自由意志,实际上就是抽象人格性意义上的自由。这种自由就是自我的免于被强制的消极自由。从抽象的人格性上来说,一个人只要具有这种人格性,那么,这个人就如同所有其他人一样享有平等的自由。黑格尔所说的这种自由实际上就是以密尔为代表的近代资产阶级的自由观念。而抽象法实际上就是说明抽象的人格所具有的抽象权利。财产权是这种自由权利的表现。如果没有财产权,我们怎么知道一个人有自由的意志呢?

道德意义上的自由即选择的自由,实际上是对康德的自由观的一种批判改造。按照康德对于自由的理解,自由就是自律。黑格尔也是沿着康德的思路来理解道德的。不过黑格尔与康德不同,康德的自律是否定了一切内在的欲望和冲动,来探索人的意志行动的必然规律。而黑格尔则强调自我决定(不同于自律),这就是人对于自己的内部行为进行评估并据此而进行选择。这种评估并不是要完全否定个人的欲望和冲动等。黑格尔说:"人的价值应按他的内部行为予以评估。所以道德的观点就是自为地存在的自由。"①在黑格尔看来,否定意义上的自由和选择意义上的自由都是片面的自由。他说:"没有规定性的意志,像仅仅停留在规定性中的东西一样,都是片面的。"②否定意义上的意志自由,没有任何内容,只是简单强调抽象的平等权利;而自我选择的意志,只是在主体内部进行自我规定。

二、两种片面自由观念的局限性

从前面对于两种自由的分析中我们已经看到,黑格尔所说的那两种自由实际上就是抽象法和道德所论证的两种自由。那么这两种自由为什么是片面的?它们存在着哪些问题呢?

我们首先从否定的自由的角度来说这种自由的片面性。这种意志

---

① [德]黑格尔:《法哲学原理》,第111页。
② [德]黑格尔:《法哲学原理》,第17页。

自由是"无内容的**单纯**自我相关",这就是每个人在自己的意识中确认自己是一个抽象的平等的人。用黑格尔自己的话来说,就是每个特殊的、有限的、被规定的个人都知道,自己是"某种**无限的**、**普遍的**和**自由的**东西"。每个人都是有人格的人,都是被当作"完全抽象的自我"①,在所有的个人都没有任何具体内容的意义上确认自己具有这样一种抽象的人格性。而抽象法就是建立在这种抽象的人格性的基础之上的,也就是说,人格性是法的抽象基础。这种法的命令是:"**成为一个人,并尊敬他人为人。**"②

如果我们从自由的角度来理解的话,那么这个法的命令的意思是,人的意志只是作为抽象的人格性才是自由的。或许反过来说它的意思更容易理解,作为抽象的人格性,这种意志在任何情况下都不能受到限制。与这种抽象人格联系在一起的也是一种抽象的权利,而这种权利一般来说是不需要行使的。一个人不因为有了抽象的人格性而要求行使这个权利(一般来说,人不要求别人承认自己是人,具有人格性)。只有当这种权利受到侵害的时候,人才会主张自己的抽象人格权利。因此,保障这种抽象人格性的法也只是否定意义上的,"**不得侵害**人格或从人格中所产生的东西"③。显然这种抽象的人格权利的缺陷就在于,"人们不考虑到特殊利益、我的好处、我的幸福,同时也不考虑到我的意志的特殊动机、见解和意图"④。然而在实际生活中,我们知道,人都是具体的个人,都有自己的特殊利益,需要特定的幸福。但是抽象的权利却不考虑这些东西。在这里,黑格尔用一个具体例子来说明这种抽象权利的局限。他认为,如果一个人在生活中只坚持要求自己的抽象人格权利,而不顾其他具体的东西,那么这个人就是偏执的心胸狭隘之人。因为只有粗野小人才最坚持自己的权利,而高尚的人要考虑其他东西。这就好比

---

① [德]黑格尔:《法哲学原理》,第45页。
② [德]黑格尔:《法哲学原理》,第46页。
③ [德]黑格尔:《法哲学原理》,第47页。
④ [德]黑格尔:《法哲学原理》,第46—47页。

说,有人仅仅因为自己跟别人一样都是人,所以他要求得到跟别人同样的享受。马克思把那种从抽象的人格性上讲平等利益的思想称为粗陋的共产主义。① 与抽象人格权利联系在一起的是一种消极的权利,人们不会主动行使这种权利。这种权利只有免于强制的消极意义。实际上,抽象的人格性由于缺乏任何规定性,而使这种人格性具有极大的不确定性。同样,与这种人格性的权利联系在一起的自由也没有任何确定性。

当然,与这种抽象自由联系在一起的还有恐怖。在《法哲学原理》中,黑格尔再次提及了法国大革命期间绝对自由(抽象的否定性的自由)所带来的恐怖。而在《精神现象学》中,黑格尔详细地分析了这种抽象自由所存在的问题。按照黑格尔在《精神现象学》中的分析,这种抽象的自由否定了一切区别、一切具体的规定性。对于抽象的自由来说,任何区别、任何规定性都是一种限制,都否定了绝对自由。在他看来,在法国大革命中,"每个个别的意识,都从自己当初被分配指派于其中去的那个领域里将自己超脱出来,不再把这些特殊的集团当成它的本质和它的作品或事业。"②一个人不再被束缚于具体的行业和阶层,不再被束缚于具体之中了,而成为一个抽象的人。社会的各种集团、社会组织等都是实现这个抽象的自由意志的阻碍。人不再在自己的具体行业中实现自己,而要在实现抽象自由的一般劳动中实现自己。于是既定的社会秩序被破坏了。当社会秩序被破坏的时候,一切都处于不确定性之中。霍耐特曾经指出:"《精神现象学》当然应该被理解为一种由时代问题的诊断所引发的批评,它批判了那样一种现代意识形态,即批判了那些有局限性的自由模式以及这些自由模式所引发的病态后果。"③这种自由就是抽象法意义上的自由模式。

而另一种片面的自由模式就是选择的自由模式。这种自由模式在康德的道德理论中被最典型地表达出来。这就是个人的道德自律,而这

---

① 参见马克思《1844年经济学哲学手稿》,人民出版社1985年版,第75页。
② [德]黑格尔:《精神现象学》下卷,第116页。
③ [德]霍耐特:《不确定性之痛》,第49页注。

种自律就是一种自由。黑格尔把这种道德自律理解为"主观意志的法"①。这就是从个人的内部进行反思,从而对个人的偏好、欲望和冲动等进行抉择。黑格尔说:"意志为了成为自在自为地存在的意志,必须把自己从纯粹主观性这另一片面性中解放出来。"②抽象法中的自由是片面的,而道德中的自由也是片面的,因为它停留在主观的内在审视中。因此,黑格尔说:"主观意志是抽象的、局限的、形式的。"③比如,像康德那样,在纯粹的内在自我反思中确立一个普遍的原则。而在内在反思中所确立的原则仍然是主观的。这种主观性表现在,它只是一种应然要求。对于这种应然的要求,黑格尔是这样来说明的:"在道德中自我规定应设想为未能达到任何**实在事物**的、纯不安和纯活动。"④道德的这种应然仍然是纯粹主观的内在规定,缺乏客观性。这种纯粹主观的道德观念可以被理解为良心,而与良心相对立的是普遍的道德原则,即善的原则。在人的道德行动中这两个方面完全是对立的。普遍的善的原则是抽象的、缺乏内容的。比如,在康德哲学中,他要求把人当作人来对待。可是具体如何做才叫作把人当作人来对待呢?因此,黑格尔说,这种抽象的善的原则可以被人们加入任何内容。同样,良心(精神的主观性)缺乏客观的意义,也同样缺乏内容。这就是说,在道德领域中,人们只是讲抽象的善这样的普遍原则,或者讲个人的良心。而良心和普遍的抽象的善都是抽象的、主观的,缺乏实在性。于是出现了这样的情况,一些新教徒"为了摆脱空虚性和否定性的痛苦,就产生了对客观性的渴望,人们宁愿在这种客观性中降为奴仆,完全依从"⑤。本来新教是倡导个人自主的,但是这种个人自主导致了人们无所适从。在这样的情况下,人们宁愿放弃自主性,而在道德的领域降为奴仆。这就是说,人们宁愿不加反思地接

---

① [德]黑格尔:《法哲学原理》,第111页。
② [德]黑格尔:《法哲学原理》,第112页。
③ [德]黑格尔:《法哲学原理》,第112页。
④ [德]黑格尔:《法哲学原理》,第112页。
⑤ [德]黑格尔:《法哲学原理》,第162页。

受既定的道德规范。实际上,弗洛姆在《逃避自由》之中也是按照这样的思路来解释人们为什么会"降为奴仆"的。

从这里可以看出,无论是抽象法还是道德自主都导致了一个问题,这就是法律和道德规范的抽象性与否定性。在面对这些抽象的法律和道德规范的时候,人们无所适从。霍耐特把现代人所面临的这样的问题称为"不确定性之痛"。这就是说,现代的法律制度和道德规范强调了个人的自由,但是这种自由所导致的结果就是不确定性。

三、消除不确定性的具体自由

那么如何才能解决这种不确定性的问题呢?黑格尔认为,"具体自由"超出了上述两种片面的自由,这种自由是真正现实的自由。黑格尔所说的具体自由,能够把这两种片面的自由结合起来、统一起来。在第一种片面的自由中,"自我本身是纯活动,是守在自己身边的普遍物"。虽然这种意志是普遍的,是关于抽象人格的普遍自由,却缺乏积极的意义。而在道德意义上的自由中,人虽然自我规定了,但是它"丧失其为普遍物"①。在道德领域中,人可以限制自己,但是人却没有找到限制自己的普遍规则。良心和普遍的善对立起来了。而在具体的自由中,这两个方面统一起来了。黑格尔说:"自我在它的限制中,即在它物中,守在自己本身那里,自我在规定自己的同时仍然守在自己身边,而且并不停止坚持其为普遍物。"②黑格尔用经验的例子来说明这种具体的自由。在友谊和爱中,人就实现了自己的自由。在友谊中,人要限制自己,但是在这种限制中,人仍然守在自己本身中。这是人自愿地限制自己的;而在对他人的友谊或者爱之中,人与人之间的普遍性也得到了承认。对于黑格尔来说,在人与人的关系中,人获得了具体的自由。黑格尔在这里所说的就是伦理。在人和人之间的伦理关系中,人自己限制了自己,但是,人

---

① [德]黑格尔:《法哲学原理》,第19页。
② [德]黑格尔:《法哲学原理》,第19页。

在这种自我限制中实际上所遵循的是他们之间的共同的规范。如果按照霍耐特的方式来解释的话,这就是人和人之间的相互承认。在这里,人限制自己,并按照被普遍接受的规则来限制自己。

从日常生活的意义上来说,伦理就是社会中所形成的、被普遍接受的习俗。这种习俗既不同于依靠外在强制力的法律,又不同于依靠纯粹自我约束的道德;它既具有外在的强制作用,又是被人们普遍接受的。在这里,人进行自我约束,但又是按照普遍性的规则来自我约束的。从这个意义上来说,伦理(伦理包括了友谊和爱等广泛的社会性联系,而家庭、市民社会和国家是体现了这些伦理关系的实体)把抽象法和道德这两个环节结合在了一起。黑格尔本人也是这样来解释的。他说:"伦理性的实体,它的法律和权力,一方面作为对象,对主体说来都是**存在的**,而且是独立地……存在着,它们是绝对的权威和力量,要比自然界的存在无限巩固。""另一方面,伦理性的实体,它的法律和权力,对主体来说不是一种陌生的东西,相反地,主体的**精神证明**它们是它所特有的本质。"[①]按照黑格尔的解释,由于人们自愿地接受伦理实体的法律和权力,于是,遵循这种法律、接受它的权力就成为个人的义务。或者说,遵循伦理规范具有道德意义上的义务的那种特征。当然,这两者也有不同。道德的义务是人根据良心而进行自主决定;而伦理的义务却不同,它给人们提供了赖以进行判断的准则。按照霍耐特的解释,这种伦理上的义务具有"解放"的特点。霍耐特说:"一旦我们发现我们处于社会关系中,社会关系自身中那些规范性东西已经包含了义务和法,简言之,已经包含了道德的规则,那么我们就从痛苦的空虚,即道德观点的孤立性把我们所引入的那种空虚中,摆脱出来。"[②]这就是说,伦理中的义务具有一种社会治疗的功能,它能够把人从不确定性之痛中解放出来。在这里,人的选择行动有了可靠的准则。霍耐特从现代社会病理学角度所进行的分

---

① [德]黑格尔:《法哲学原理》,第165—166页。
② [德]霍耐特:《不确定性之痛》,第70页。

析,使我们有可能重新理解伦理的功能。黑格尔本人也确实谈到了这种伦理上的义务的"解放"作用。他说:"在义务中个人毋宁说是获得了**解放**。一方面,他既摆脱了对赤裸裸的自然冲动的依附状态,在关于应做什么、可做什么这种道德反思中,又摆脱了他作为主观特殊性所陷入的困境;另一方面,他摆脱了没有规定性的主观性,这种主观性没有达到定在,也没有达到行为的客观规定性,而仍然停留**在自己内部**,并缺乏现实性。"① 显然,对于黑格尔来说,在伦理中,人们可以解决由道德上的自由和抽象法上的自由所产生的问题。

黑格尔认为,在伦理的义务中,"个人得到解放而达到了实体性的自由"②。在这里,他所说的实体性自由实际上就是指伦理实体中的自由。如果按照他在前面解释具体的自由时所说的友谊和爱的模式来理解这种实体性自由的话,那么,这就是说,人在家庭、市民社会和国家这些实体中也会像友谊和爱的模式那样获得自由。或者反过来说,在家庭、市民社会和国家中已经包含了某些类似于友谊和爱的东西在其中。正由于如此,个人才会在这些社会实体中感到自由。如果按照黑格尔的抽象话语来说就是,在这些伦理实体中,个人的特殊意志和普遍意志得到了统一。③ 这其中就包含了类似于爱和友谊的东西。在爱和友谊中,个人自己的特殊意志得到了实现,同时人和人之间的普遍意志也得到了实现。这两种意志得到了统一。这里不存在任何强制,人们在其中自愿地限制自己。人正是在这种自愿的限制中得到了自由。比如,在家庭中,人们通过爱而形成一个社会的实体。而"所谓爱,一般说来,就是意识到我和别一个人的统一,使我不专为自己而孤立起来"④。在这种爱中,人通过自己限制自己而获得自由。在市民社会中,存在着两个原则:一个原则是,具体的人作为特殊的人本身就是目的;另一个原则是,每一个特

---

① [德]黑格尔:《法哲学原理》,第 167—168 页。
② [德]黑格尔:《法哲学原理》,第 168 页。
③ [德]黑格尔:《法哲学原理》,第 172 页。
④ [德]黑格尔:《法哲学原理》,第 175 页。

殊的人都通过他人的中介,或者说,"无条件地通过普遍性形式的中介,而肯定自己并得到满足"①。这里所谓的普遍性形式是指人们之间从事商品交易的市场。在这种市场交换中,人们实现自己的目的,同时也满足其他人的目的。在这里,特殊的东西和普遍的东西是相互制约的。黑格尔说:"在市民社会中,特殊性和普遍性虽然是分离的,但它们仍然是相互束缚和相互制约的。"②而在国家之中,个人不再像市民社会中的个人,而成为一个公民。作为一个公民,他的自我意识被提升到普遍性。他自觉地认识到自己是这个国家的公民并通过这个国家来实现自己的自由。黑格尔说,"国家是绝对的自在自为的**理性**东西"③。显然在黑格尔看来,能够实现自由的不是现实的国家,而是理想的国家。当然,这也不是说,这种国家是在遥远的未来,或者在彼岸才能实现。黑格尔认为,虽然现实的国家都是有缺陷的,但是,在西方发达国家中,总是包含了国家的本质的东西。如果把国家的本质的东西发扬光大,那么,在这样的国家中,自由就会变成现实。这样的国家就是"自在自为的国家",是理性得到实现的国家,也是"自由的现实化"。④

从这里可以看出,对于黑格尔来说,只有在家庭、市民社会和国家这些伦理实体中,自由才能真正地得到实现,而那两种片面的自由只会让个人遭受不确定性之痛。当然,那两种抽象的自由不是被否定、被放弃了,而是作为伦理的要素在现实中得到实现。

四、黑格尔思路的局限性

实际上,从黑格尔对于启蒙与恐怖关系的分析中我们就可以看到,在黑格尔看来,由于用于区别的伦理实体在启蒙运动中受到了破坏,这样绝对自由就走向了恐怖。如果要保障自由,并避免恐怖,那么伦理的

---

① [德]黑格尔:《法哲学原理》,第197页。
② [德]黑格尔:《法哲学原理》,第198页。
③ [德]黑格尔:《法哲学原理》,第253页。
④ 参见[德]黑格尔《法哲学原理》,第258页。

实体必须得到重构。于是重构伦理实体就成为实现自由的重要途径。而黑格尔的法哲学中当然包含了这种重构的要素。比如,他强调国家是伦理的实现,而现实的国家还是有缺陷的,还不是真正意义上的伦理实现。这就是要不断地实现特殊意志与普遍意志的统一。这种统一当然需要具体的社会制度来保证。

然而,问题在于,黑格尔在法哲学中过分地强调了制度的作用。迪特·亨利希把黑格尔的法哲学称为"绝对制度论"。他说:"被黑格尔称为主观意志的个体意志,完全依附于不同制度的秩序,而这些制度是论证它的唯一法则。"[1]霍耐特在评价黑格尔的法哲学时也提出了类似的批评。[2] 对于家庭、市民社会和国家中所存在的那些过度制度化的问题,霍耐特进行了详细的分析。他认为,黑格尔把国家的法律引入家庭之中,把家庭关系制度化了,而不是从友谊和爱的关系的伦理模式来理解家庭。伦理就是一种习俗,而不是法律制度。虽然家庭需要法律,但是,人们还应该注意像爱和友谊这样的非法律制度化的人际关系模式,或承认关系的模式。在市民社会部分,黑格尔讨论了其中所包含的三个环节:需求的体系,司法、警察和同业公会。在这里,人们自然会非常奇怪,为什么黑格尔把司法和警察包含在市场经济体系中。如果市场经济体系是一个独立于国家的东西,那么它就不应该包含警察和司法,后者是国家的体系中的组成部分。然而,黑格尔把司法和警察包含在市民社会系统中,实际上就是要借助于司法和警察来保证市民社会的稳定和秩序。在国家部分,黑格尔主要论证了国家制度和国际法等。这也是从制度的角度来保证国家权力系统的运行。他却没有讨论非法制化的人际关系。只有那种习俗意义上的承认关系,才能使个人自由得到保障。从这个角度来说,黑格尔的有关论述确实存在着绝对制度论的缺陷。霍耐特对此已经有了详细论述,我们不再详细论证。

---

[1] 转引自[德]哈贝马斯《现代性的哲学话语》,第47页。
[2] [德]霍耐特:《不确定性之痛》,第103页之后。

然而黑格尔的这种制度论,是与他对现代社会疾病的治疗方案密切相关的。在黑格尔看来,现代社会的问题是不确定性的问题。当然这也是现代性的典型的问题。而要解决这个问题只能依靠制度化的社会秩序。正是由于这个原因,我们可以看到,法哲学的伦理部分在一定程度上勾勒出一个社会系统论的初步轮廓。这就是说,家庭、市民社会和国家是社会的三个不同层次的系统,它们按照一定的法律规则来运行。从这个角度来说,黑格尔在家庭、市民社会和国家部分都把法律作为这几个系统运行的基本要素。为此,在家庭部分,黑格尔除了论述家庭成员之间的爱的关系、家庭的教育等伦理问题之外,讨论了许多关于家庭关系中的法律问题。正因为如此,黑格尔强调婚姻不能建立在激情的偶然基础之上,而必须通过契约的形式加以巩固。他更强调社会通过婚姻立法来保证社会的秩序,特别是要防止离异。他甚至说:"立法必须尽量使这一离异可能性难以实现,以维护伦理的法来反对任性。"①如果把家庭作为一个法律上的人格,那么这需要由男性来代表。这是为什么呢?因为男性是家庭财产的所有者,这种法律上的权利是为了"免于分歧和偶然性之弊"②。在谈到市民社会的时候,黑格尔直言不讳地从社会系统的功能的角度来讨论它的作用。他认为社会系统中等级的区分是必要的。他所区分的三个等级——"实体性的等级"、"反思的或形式的等级"和"普遍的等级",分别指社会中从事农业、工业和社会文化管理这三个行业的人员。这三个方面的人员在功能上是相互配合的。他认为,这三个领域之间的相互配合需要用法来加以规定。他说:"正是这种关联性的领域,即教养的领域,才给予法以定在。"③对于黑格尔来说,无论是调整家庭关系还是市民社会的关系,都要靠制度。而这种制度是"理性东西"④。国家的维系也要靠制度。黑格尔还把婚姻制度和国家制度加以

---

① [德]黑格尔:《法哲学原理》,第180页。
② [德]黑格尔:《法哲学原理》,第185页。
③ [德]黑格尔:《法哲学原理》,第217页。
④ [德]黑格尔:《法哲学原理》,第265页。

比较。在他看来,婚姻是建立在偶然的感觉的基础之上的,因此,人们可以离婚,但是国家却不能分离。这是因为国家是建立在制度的基础之上的,国家所赖以存在的是法律,所以国家不容分裂。① 当然他也承认维系国家稳定的还有情绪,比如爱国主义情绪。但是黑格尔强调:"政治情绪,即爱国心本身……只是国家中的各种现存制度的结果。"②国家秩序不能靠爱国之心这样的伦理精神来维持,而要靠制度。而对于国家内部制度,他分析了立法权、行政权和王权之间的关系。黑格尔都是从社会系统的角度说明它们之间的相互关系,而法律只是把这三者之间的相互关系稳定了下来。显然,在伦理部分,伦理的要素被弱化了,而制度性的要素以及法律的要素被强化了。如果用哈贝马斯关于系统整合和社会整合的关系来说明的话,那么,在伦理那个部分,黑格尔的问题在于他用系统整合代替了社会整合。

五、如何看待绝对制度论

如果不确定性是现代社会的病,那么治疗这种疾病的方法就只能是通过稳定的秩序,即通过法律来维持的稳定秩序。黑格尔提出的通过法律规范来建构社会实体:家庭、市民社会和国家,就是要让社会成为一个稳定的系统。笔者认为,这个思路完全是正确的。它之所以被哈贝马斯以及霍耐特等人指责为"绝对的制度论",是因为黑格尔没有像他早期所做的那样,给人和人之间的相互交往(社会性联系,而不是功能性联系)提供适当的位置。于是,这里就涉及一个问题:日常生活中,人们所说的伦理意义上的交往,在黑格尔的伦理系统中是不是有一个适当的位置?霍耐特通过对黑格尔关于家庭关系的分析认为,黑格尔是"绝对制度论"。所谓绝对制度论就是说,在黑格尔看来,在建构家庭、市民社会、国家等伦理实体方面,一个社会只需要法律制度,而不需要人和人之间的

---

① 参见[德]黑格尔《法哲学原理》,第 190 页。
② [德]黑格尔:《法哲学原理》,第 263 页。

交流。或者说,社会生活中的其他交往关系被黑格尔排除在社会制度系统之外。霍耐特说:"黑格尔没有清楚地把下述两种情况区分开来,一种情况是,伦理领域需要确立适当的法律前提,另一种情况是,制度作为一种事实仅仅由于国家的强制性契约而得以存在。"①在他看来,如果黑格尔把这两个情况区分开来,那么黑格尔就可以避免绝对制度论的缺陷了。霍耐特认为,如果黑格尔把法律仅仅理解为建立家庭等伦理实体的前提,那么黑格尔在讨论家庭关系的时候,就会不仅限于具有法律形式的家庭,而且会讨论其中的爱的关系。相反,如果家庭只是作为国家的强制性契约而存在,那么,家庭之中就谈不上爱的关系了,而家庭中的伦理关系也就丧失了。在讨论国家和市民社会的时候,也同样如此。在这些伦理实体中,法律关系和其他社会关系混淆起来了。在伦理实体这个部分,黑格尔更多地凸显了法律在形成伦理实体方面的重要作用,而忽视了其他关系。应该承认,现代社会中,除了通过法律维系的家庭、市民社会和国家关系之外,还存在着其他交往关系。比如家庭中的爱的关系、市民社会中的诚信关系、国家之中的义务关系。黑格尔在伦理部分没有讨论这些关系。霍耐特说:"如果黑格尔果真把现代社会设想为承认领域的复合体,那么这个复合体应该为社会中不同形式的制度化提供空间。"②霍耐特的思想中涉及两个问题:第一问题是,黑格尔在讨论伦理领域的时候,是不是为不同形式的制度化留下了空间?第二个问题是,黑格尔是不是把法律当作这些伦理实体的前提,并为法律之外的其他制度的发展留下了空间?

就第一问题来说,我们看到,在讨论市民社会的时候,黑格尔除了讨论需求体系、讨论司法之外,还讨论了同业公会。霍耐特也注意到这个问题。但是霍耐特对于黑格尔处理同业公会的方式并不满意,这主要体现在两方面:第一个方面,同业公会在黑格尔的体系中保留了中世纪的

---

① [德]霍耐特:《不确定性之痛》,第117页。
② [德]霍耐特:《不确定性之痛》,第118页。

行会模式①。黑格尔对同业公会的这种理解，还没有达到现代公民社会组织的高度。第二个方面，黑格尔是在市民社会中论述同业公会的。而市民社会是一个市场交易的体系。在市场交易行为中，人的行动是一种策略性的互动；而在同业公会中的行动具有伦理特点，是人和人之间对于会员身份的承认。这两者是完全不同的交往领域，但是黑格尔却把两个不同的交往领域结合在一起。在霍耐特看来，如果把同业公会的相关论述放在国家那个部分，把同业公会理解为一种公民自治组织，那么这就与整个国家领域一致起来了。霍耐特的这两个反对意见值得人们进一步思考。

应该承认，在黑格尔的体系中，同业公会还具有中世纪的行会的痕迹。但是它还是有一些与古代行会不同的特点的。比如说，它要照顾行业领域，关心所属成员，培养教育行业人才，共同应对企业中的突发事件等。应该说，这类似于今天的行业协会。这种行业协会已经具备了公民社会组织的某些特点。如果说黑格尔在对于同业公会的理解上存在着某些缺陷，那么这不是黑格尔本人的错误，而是一个时代的错误。而这个行业协会不是一种通过法律而组织起来的伦理实体。这种伦理实体包含了一种新的互动关系。这就是说，黑格尔在伦理实体的分析中还是给其他不同的交往模式提供了一定空间的。至于说这种同业公会还没有达到现代社会的公民自治组织的水准，那么，这仍然要归咎于黑格尔所生活的时代。我们不能苛求黑格尔。而把策略性互动领域和相互承认的交往领域结合在一起放在市民社会领域中讨论，恰恰反映了黑格尔哲学关于伦理体系的构想中的一个特点。这就是要把特殊的东西与普遍的东西结合在一起。而需求体系中的市场交易和行业协会的结合，实际上就是普遍和特殊结合起来的一个重要方式。当然，在这里我们必须承认，黑格尔虽然为其他制度形式的社会交往模式（比如法律制度规定之外的相互协作）留下了一定的空间，但是这还是与现代的哈贝马斯

---

① 参见［德］霍耐特《不确定性之痛》，第122页。

的交往理论以及霍耐特的承认理论存在一定的差距。我们必须承认,虽然黑格尔为其他制度形式的发展留下来空间,但是这仍然还不够。比如,他没有讨论市场体系中的诚信问题,没有讨论个人对于国家的忠诚的问题,以及国家对个人的贡献的承认的问题等。

关于第二个问题,黑格尔强调通过法律体系来建构制度体系,从而保证社会的稳定性。这是他特别强调法律规范化调节的伦理实体的根本原因。但是,这里所面临的问题是,如果过分强调这种制度的稳定性,那么社会制度的变迁和社会制度的合理化就无法得到解释。现代社会是不断变迁的社会,僵化的社会实体无法适应不断变迁的社会条件。法律系统的功能就是要使复杂的社会过程能够被简化,使人们能够预期他人的社会行为。但是,这并不意味着其中的法律系统是不会变化的。而强调它们的变化,强调它们不断的合理化,恰恰是黑格尔哲学的基本特点。

伦理的东西是人们之间形成的一种稳定的关系,是在一定的习俗的基础上形成的。黑格尔所提出的这些伦理实体不是我们通常意义上所说的伦理,而是一定的具有伦理特征的组织体系。因此,如果我们按照通常的伦理概念来理解黑格尔所提出的伦理实体,那么黑格尔确实过分强调了法律在伦理实体中的作用。既然黑格尔所说的伦理实体不是通常意义上的伦理,因此他在讨论这些伦理实体的时候当然要强调法律制度在其中的作用。这是无可厚非的。当霍耐特从一般伦理关系的角度来理解这些伦理实体的时候,这些伦理实体当然就具有过分制度化的缺陷。而霍耐特就是要用他的承认理论来改造黑格尔,于是黑格尔哲学中那些具有制度化特征的东西都被他不适当地夸大了。

即使我们承认黑格尔有过分制度化的缺陷,我们也要把这种缺陷放在黑格尔哲学体系的一个环节中来认识。对于黑格尔来说,法律是达到真正自由的一个环节,而更高的环节是审美的、宗教的和哲学的自由。在《美学》中黑格尔指出,"在一个真正按照理性来划分生活各部门的国家里,一切法律和措施都只是按照自由的本质的定性来实现自由"①。黑格尔认为，即使在国家中自由得到实现，这仍然是不够的。它只是在具体的领域中得到满足，它还需要在审美、信仰的意义上的满足，在审美中实现自由。显然，对于黑格尔来说，在法哲学中所存在的那种制度性缺陷，要在审美和信仰的领域得到克服。因此，这就需要我们从审美等更高的层次上，来理解黑格尔关于现代性问题的解决方式。

第四节　现代性问题的审美解答

尽管黑格尔的《美学》不是专门用来解答现代性的问题的，而是一部系统性的审美理论著作，但是我们不能脱离他的哲学的时代背景来看待他的审美理论，不能忽视他对现代性问题的思考。从黑格尔对于时代和哲学的关系的论述中我们可以看出，黑格尔真正地产生了一种时代意识。而这种时代意识中自然包含了对于时代问题的意识。而黑格尔对于审美活动的本质的理解也可以被看作对于现代性问题的解答。

一、艺术的本质

波德莱尔在对于艺术的现代性和永恒性做出规定的时候，就已经把永恒性作为艺术的一个重要方面。对于波德莱尔来说，一种暂时性、过渡性的东西之所以是美的，之所以被人们赞赏，是因为其中包含了永恒的东西。审美的判断就是要从这种暂时性中获得对于永恒性东西的把握。现代社会是一个不断变迁的社会，如果这个社会也是一件人造的艺术品，那么这个艺术品就必须包含永恒的东西。这也是现代社会变得优美而被人们喜爱的理由。黑格尔的艺术理论也是从这样一个思路来解答现代性的问题的。

那么我们如何理解暂时性的东西中所包含的永恒性呢？黑格尔在

---

① [德]黑格尔：《美学》第一卷，朱光潜译，商务印书馆 1979 年版（以下引用该版本不再一一注明出处），第 126 页。

他的《美学》中力图给"美"下一个定义。而在他对美做出规定的时候,他把美与真联系在一起。在他看来,"美与真是一回事"①。而黑格尔所说的"真"就是理念,是绝对。黑格尔说:"说理念是真的,就是说它作为理念,是符合它的自在本质和普遍性的,而且是作为符合自在本质和普遍性的东西来思考的。"②真是人们的认识中所要把握的东西,人们所直接思考的对象就具有这种自在本质和普遍性。但是这种自在本质不能局限于自己本身,而要外在化,要表现出来。如果把理念用形式的东西表现出来,那么美的东西就出现了。黑格尔说:"当真在它的这种外在存在中是直接呈现于意识,而且它的概念是直接和它的外在现象处于统一体时,理念就不仅是真的,而且是美的了。"于是,"美就是理念的感性显现"。③

在这里,人们会说,自然界的马本身就是美的,因为在马的身上马的理念也以感性的形式表现出来了。当然黑格尔并不否认这一点。一匹膘肥体壮的马当然要比那奄奄一息的马更美,因为它能更好地体现马的本质特征,特别是它的生命本质,而且这是用一种直接的感性的形式体现了马的理念。因此,这匹马当然是美的。但是,黑格尔认为,这并不是马本身的美。他说:"自然美只是为其他对象而美,这就是说,为我们,为审美的意识而美。"④他的言外之意是,如果没有我们人的欣赏,自然界的东西也不会是美的;它之所以是美的,是因为它符合我们的审美意识。从上述引文中我们可以看到,黑格尔关于美的概念与外在现象处于统一体中的说法,也是从审美判断的角度来说真与美的关系的。

黑格尔认为,虽然自然界的马是美的,但是艺术作品中的马更美。无论是自然界的马还是徐悲鸿的马,它们都是理念的感性呈现,为什么徐悲鸿所画的马比自然界的马更美?在这里,黑格尔批判了艺术作品是

---

① [德]黑格尔:《美学》第一卷,第142页。
② [德]黑格尔:《美学》第一卷,第142页。
③ 参见[德]黑格尔《美学》第一卷,第142页。
④ [德]黑格尔:《美学》第一卷,第160页。

对自然界的模仿的说法。① 按照黑格尔的解释,在自然的事物中,理念还是受到了事物的局限性和偶然性的限制,还不能自由地呈现出来,而这只有在艺术中才是可能的。他说:"心灵就不能在客观存在的有限性及其附带的局限性和外在的必然性之中直接观照和欣赏它的真正的自由,而这种自由的需要就必然要在另一个较高的领域才能实现。这个领域就是艺术,艺术的现实就是理想。"②美的东西需要完美的形式,只有这种完美的形式才能体现自由。黑格尔说:"艺术的必要性是由于直接现实有缺陷,艺术美的职责就在于它须把生命现象,特别是把心灵的生气灌注现象按照它们的自由性,表现于外在事物,同时使这外在的事物符合它的概念。"③这就是说,艺术要把事物的本质、理念从具体的事物中剥离出来,而用一种新的感性形式把理念、本质呈现出来。或者反过来说,艺术就是在一种无生气的感性形式中灌注生气、灌注灵魂、灌注理念。用这样的方式,事物的理念或者本质就能够摆脱自然界的局限性,从而更完善地表现出来。徐悲鸿所画出来的马之所以比自然界的马更美,就是因为它以更完善的形式把理念呈现出来了。如果用黑格尔本人的话来表达的话就是,艺术要扬弃自然界或者直接的个别存在的局限性,而以更加自由的形式表达理念。此外,美是与心灵有关的。黑格尔认为,有生命的东西比无生命的东西更美。有生命的东西之所以更美就是因为它有灵魂。人是最美的,这是因为,人的心灵可以达到一种自由,它摆脱了外在的束缚。这就如马克思在《1844年经济学哲学手稿》中所说的那样,唯利是图的商人是感受不到矿物的美的。他所看到的只是矿物的经济价值④。如果我们从审美理论来分析的话,这是因为他所关注的只是矿物的质料,而不是它的形式。当人摆脱了这种物质的束缚,摆脱了对

---

① 参见[德]黑格尔《美学》第一卷,第55页。
② [德]黑格尔:《美学》第一卷,第195页。理想是理念的具体化。参见《美学》第一卷,第92页,朱光潜先生的注。
③ [德]黑格尔:《美学》第一卷,第195页。
④ 参见马克思《1844年经济学哲学手稿》,人民出版社2000年版,第87页。

于质料的关注,当心灵达到一种自由状态的时候,美才会出现。

艺术作品更加完善地呈现了理念。这表现在艺术作品的如下几个特点上:第一,艺术作品似乎有"灵魂",这种灵魂被灌注在作品中。当然人们会说,自然界的许多物质的东西是没有生命的,但是在艺术中,人们似乎把某种"灵魂"灌注在艺术作品中,这是艺术家"从外面带进来的"①。而艺术作品的水准就体现在艺术家有没有给作品灌注这种灵性(本雅明称为"aura")。在日常生活中,我们看到某个艺术家的作品的时候,通常会说这个作品所呈现的对象"栩栩如生",实际上就是说这个作品中包含了灵性。第二,现实中的东西总是要受到偶然因素限制,出现种种缺陷。因此"艺术要把被偶然性和外在形状玷污的事物还原到它与它的真正概念的和谐,它要把现象中凡是不符合这个概念的东西一齐抛开"②。黑格尔把这种工作说成是"清洗"。艺术创作工作要进行一种清洗,把符合事物本质的东西展示出来,或者说,使它与事物的概念一致起来。如果画家画一个人物,那么这幅画就要把体现这个人物本质特征的东西表达出来。当艺术家这样做的时候,艺术家似乎是在"献媚"。黑格尔认为这种"献媚"在艺术中是必需的。黑格尔以拉斐尔所画的圣母像为例说明艺术的这种特征。这些圣母像的面孔、腮颊、眼、鼻、口等形式与幸福、快乐、虔诚、谦卑的母爱相契合。凡是妇女都会有这样的情感,但并不是每一个妇女都能完全表现出这样深刻的灵魂③。第三,艺术作品要把外在的因素与内在的因素和谐地结合起来。艺术作品要表达母爱,要展示女性的母爱的本质,但是它不是用概念来表达的,它要表达人的灵魂,而这需要用一种感性的形式,要用艺术的感性的形式来表现灵魂。这就要求"纯然外在的因素与纯然内在的因素能相互调和"④。美也是一种普遍的东西,但是在艺术作品中这种普遍的东西不是以概念的形

---

① [德]黑格尔:《美学》第一卷,第199页。
② [德]黑格尔:《美学》第一卷,第200页。
③ 参见[德]黑格尔《美学》第一卷,第201页。
④ [德]黑格尔:《美学》第一卷,第201页。

式出现的,而是以感性的形式出现的,它不是认知的,而是要愉悦人。从这个角度说,黑格尔对于美的这种理解与康德是一致的。对于康德来说,美是一种普遍地带来愉悦的客体。①

在黑格尔看来,艺术作品之中包含了绝对的东西,它也是艺术中最本质的东西。黑格尔在《精神哲学》中已经告诉我们,艺术属于绝对精神的范畴,它"是对作为**理想**的**自在**的绝对精神的具体**直观**和表象"②。在《美学》中他又说,"艺术从事于真实的事物,即意识的绝对对象,所以它也属于心灵的绝对领域"③。从这个意义上来说,艺术与宗教、哲学所研究的对象是一样的,都是"心灵的绝对领域"。不过它们之间还是有差别的,其差别在于,艺术是一种感性的认识,而宗教是一种想象的认识,哲学是对绝对心灵的自由思考。④ 黑格尔说:"美的艺术的领域就是绝对心灵的领域。"⑤如果从解决现代性的问题的角度来说,那么,呈现绝对就是呈现艺术中的永恒性。在波德莱尔看来,真实的艺术都是现代性与永恒性的同一,没有永恒性,艺术就没有任何真实性。

二、浪漫艺术的缺陷

阿多诺在对文化工业的批判中认为,由于艺术已经工业化,艺术已经按照工业生产的逻辑来进行,工业生产的经济特征必定会渗透到艺术中。甚至像贝多芬这样的艺术家也很难避免。⑥ 实际上,黑格尔在他的美学中也发现了这一点。当然他所提出的理由与阿多诺有很大的不同。黑格尔说,"我们现时代的一般情况是不利于艺术的"⑦。为什么我们的现代状况不利于艺术的发展呢?在《美学》前言部分,黑格尔较为笼统地

---

① 参见[德]康德《判断力批判》,第六节,人民出版社2002年第二版,第46页。
② [德]黑格尔:《精神哲学》,杨祖陶译,人民出版社2006年版,第372页。
③ [德]黑格尔:《美学》第一卷,第129页。
④ 参见[德]黑格尔《美学》第一卷,第129页。
⑤ [德]黑格尔:《美学》第一卷,第120页。
⑥ 参见[德]霍克海默、阿道尔诺《启蒙辩证法》,第176页。
⑦ [德]黑格尔:《美学》第一卷,第14页。

说明了产生这种状况的原因。按照黑格尔的看法,古希腊的艺术(古典型)就是典型地运用了感性的形式来把握绝对理念。虽然在这种古典艺术中,绝对理念找到了适合于表达它自身的适当形式,但是,用艺术的方式来把握绝对理念仍然是不够的,因为绝对仍然被局限在具体的形式中,在社会生活中还存着其他一些把握理念的形式,这就是宗教和哲学。他说,"我们现代世界的精神,或则说得更恰当一点,我们的宗教和理性文化,就已经达到了一个更高的阶段,艺术已不复是认识绝对理念的最高方式"①。这就是说,从总体上的精神状况来看,现代社会已经不再把艺术当作掌握绝对精神的最高形式了。这种最高形式还有哲学与宗教。

按照黑格尔的看法,我们的现代社会生活陷于一种普遍的理智生活,我们注重规范、规则和原则(类似于阿多诺所说的工具理性)。而艺术不是这样,艺术要把普遍的东西用具体的形式表现出来,让这些形式的东西充满生机。在艺术中,普遍的东西不是作为规则、概念而存在的,而是通过生机勃勃的具体形象来表达。在艺术中,"普遍的和理性的东西也须和一种具体的感性形象融成一体才行"②。但是在现代社会中,人们却偏爱普遍的规则和原则,而不是这种感性的形式。按照黑格尔的话来说:"一些普泛的形式,规律,职责,权利和规箴,就成为生活的决定因素和重要准则。"③在这样的情况下,艺术家们感染上了思考的风气,也喜欢把一些抽象的思想的东西纳入艺术。在黑格尔看来,艺术家在这里被引导到歧途上去了。如果我们用法兰克福学派的有关思想来说明这种艺术的堕落的话,那么这就是工具理性思维已经充斥到艺术家的思想中,它无法从这种抽象思想中摆脱出来。这也就是阿多诺所说的奥斯维辛之后写诗已经不再可能的原因。④ 除了上述的最核心的原因之外,还

---

① [德]黑格尔:《美学》第一卷,第13页。
② [德]黑格尔:《美学》第一卷,第14页。
③ [德]黑格尔:《美学》第一卷,第14页。
④ 参见[德][德]阿多尔诺(亦译阿多诺)《否定的辩证法》,张峰译,重庆出版社1993年版(以下引用该版本不再一一注明出处),第363页。

有其他两个方面的原因。在《美学》全书序论部分，黑格尔只是一带而过地说明了这两个原因。一个原因就是情欲和自私的动机，它们使艺术失去了原有的严肃与和悦。另一个原因是社会政治生活纷繁复杂，人们拘泥于斤斤计较的个人利益，而无法把自己从这种狭隘的个人利益中解放出来，无法达到精神和物质的冲突的和解。①而艺术恰恰就是要表达这种和解。在《美学》第一卷第三章中，黑格尔对这两个原因进行了较为详细的分析。马尔库塞也是从这种物质与精神的和解的角度，来构想解决现代文明的问题的出路的。

为了说明"现代社会"（黑格尔所说的现代社会，我们把它称为近代社会）不适合于艺术的表达，黑格尔曾经把近代社会与古代社会（黑格尔称为"英雄时代"）加以对比。通过这种对比他认为，在古代社会中君主的意志和行动是完全自由的，君主的地位比较好地表现了"理想的世界情况"。②而艺术就是要把这种本质性的东西表达出来。因此，古代社会中的君主比较适合于艺术的表达。而在近代社会，"理想形象的范围是很狭窄的"③。在这个社会中人只是作为个别主体（私人）才有一定的自主性，而不是像古代的帝王那样，在公共事务、社会生活中具有那种自主性。或者说，现代人有私人自由，却没有社会自由，因此这些人不适合于被作为艺术的形象来表达自由。黑格尔是这样说的："在现代世界情况中，主体取此舍彼，固然可以自作选择，但是作为一个个人，不管他向哪一方转动，他都隶属于一种固定的社会秩序，显得不是这个社会本身的一种独立自足的既完整而又是个别的生命的形象，而只是这个社会中的一个受局限的成员。"④由于人的自由所受到的限制，个人只能局限在自己的小圈子里，而无法达到自我与社会之间的矛盾的和解，不能在更高的程度上实现灵魂与肉体之间的冲突的和解。而艺术是从社会中产生

---

① 参见[德]黑格尔《美学》第一卷，第14页。
② 参见[德]黑格尔《美学》第一卷，第244页。
③ [德]黑格尔：《美学》第一卷，第246页。
④ [德]黑格尔：《美学》第一卷，第247页。

的,如果没有这种和解,那么艺术就找不到适合于表达这种和解的形象。因此,现代社会是不利于艺术的发展的。

由于现代社会的这种特征,人被限制在个人的狭隘的小圈子里,只有狭隘的个人自由,因此,在艺术中,"主体方面的心情才成为真正重要的因素"。而艺术的内容的主要兴趣"只在于它(这内容)显现于个人生活和它的内在主体性"。① 这种专注于个人的精神上的内在反思和表达的艺术,就是黑格尔所说的浪漫型艺术。在这种新的艺术形式中,人们也致力于表达人的自由,但是这与古典型艺术是完全不同的。比如,在古典型艺术中,具有贵族特征的骑士具有个人的人格魅力,他们要作为英雄来维护社会正义。但是,骑士制度是与中世纪的封建关系联系在一起的。在这种关系中,人的自主精神可以表达出来。如果在现代社会中人们还是用这种骑士的精神来表达个人自由,这就显得非常可笑了。塞万提斯笔下的唐·吉诃德就是这样的一个滑稽人物。② 而浪漫型文学所关注的重点就是人的内心的反思和思考,个人的理性和情感之间的冲突等。比如,黑格尔以高乃依的《熙德》为例来说明浪漫型艺术中的人物性格特点。在该剧本中,高乃依对主人翁的内心冲突即爱情和荣誉的冲突写得特别辉煌。在这种内心的分裂中,主人翁时而由抽象的爱情转向荣誉,时而又从抽象的荣誉转向爱情。主人翁的性格特征就通过这种矛盾表达了出来。

这种浪漫型艺术实际上所体现的,就是基督教社会关注人的内在的自我忏悔、自我反思的特性以及近代社会中出现的主体性精神。如果说笛卡尔的"我思故我在"从哲学上表达了这种主体性精神,那么浪漫型艺术则是这种精神的艺术表达。然而浪漫型文学对于内在心理过程的反思却忽视了本质。黑格尔指出:"这种永远只把眼睛朝自己看的主体性所引起的兴趣只是一种空洞的兴趣,尽管这种人自以为是高人一等的真

---

① 参见[德]黑格尔《美学》第一卷,第246页。
② 参见[德]黑格尔《美学》第一卷,第250页。

纯的人物,自以为有些神圣的东西藏在他的心灵深处,而其实所谓神圣的东西一经揭露出来,只是穿便衣戴便帽,最平凡不过的东西。"①如果我们联系黑格尔在精神哲学中对于艺术的定位,我们就能够理解为什么黑格尔对于这种浪漫型艺术评价不高的原因了。对于黑格尔来说,艺术是达到绝对精神的一个阶段,而浪漫型艺术只是专注自身,缺乏对客观的、本质性的东西的关注。因此他认为,那些描述个人情致的艺术"只是一种本身不关本质的空虚的情致"②。在这里,心灵是用"非本质的容易消逝的东西"来表现的。③ 这就是说,在浪漫型艺术中,人们完全主观地根据自己的需要来使用外在客观的东西。艺术家们既可以客观地反映现实世界,也可以完全歪曲现实世界。对于他来说,"客观存在方面被看成偶然的"④。他们不顾外在现实世界而返回到心灵自身。

按照波德莱尔对于现代性艺术的理解,个人自我反思的那种情致只是表现了艺术中的过渡的和暂时的东西,而艺术应该超越这种暂时和过渡,要包含某种永恒的东西。而这种永恒的东西就是对于绝对的关注。如果我们再联系黑格尔对于启蒙和信仰的关系的分析,我们就可以看到他对现代性问题的解答。按照黑格尔在《精神现象学》中对于启蒙和信仰的关系的分析,启蒙批判信仰,最后导致了一种精神的空虚⑤。这种空虚就表现在启蒙只是关注有用性,而忽视真理。当人们忽视真理的时候,忽视永恒和绝对的东西的时候,人们就会只是根据自己的自我决定来判断一种东西的有用性。个人的自由意志在这里是核心的东西。而个人自由意志会否定一切"伦理实体",最终导致恐怖。浪漫型艺术的缺陷就表现了现代性自身的这种缺陷。而黑格尔期望借助于古典型艺术来解决这个问题。

---

① [德]黑格尔:《美学》第一卷,第 309 页。
② [德]黑格尔:《美学》第一卷,第 311 页。
③ 参见[德]黑格尔《美学》第一卷,第 102 页。
④ [德]黑格尔:《美学》第一卷,第 102 页。
⑤ 参见[德]黑格尔《精神现象学》,第 348 页。

三、古典型艺术的优越性

黑格尔认为，艺术主要有三种类型，大体上有一个历史的顺序，这就是象征型艺术、古典型艺术和浪漫型艺术。这些不同的艺术类型，是人们用艺术来掌握理念的不同方式。

象征型艺术是艺术仍然不够成熟阶段的类型，东方社会的早期艺术具有这种特点。在这个阶段，理念本身还不够成熟，所以把握和表达理念的方式也有缺陷。这种艺术形式实际上是用一种物质性的东西来象征某种理念。比如，人们用狮子来表示或者把握勇猛。按照黑格尔的说法，在象征型艺术中，一方面，自然对象保持它原来的样子，没有改变，另一方面，实体性的理念是勉强附着到对象上去的。① 理念和表达理念的感性形式不相符合②。

而古典型艺术就克服了这两个方面的缺陷。黑格尔说，古典型艺术"自由地妥当地体现于在本质上就特别适合这种理念的形象，因此理念就可以和形象形成自由而完满的协调"③。理念和表现这种理念的形象的完满协调使古典型艺术成为艺术的典范，成为艺术的最完满的形式。而艺术中要表现的理念就是人的心灵，而适合于表达这种心灵的就是身体。于是黑格尔特别重视古希腊和罗马时代的人像雕刻艺术。在他看来，古典型艺术中的那些雕塑完美地表达了人的心灵。黑格尔指出："人的形象才是唯一的符合心灵的感性现象。"④只有人的形象才能完满地表达理念。所以，古希腊、罗马时代的雕刻、史诗等都是用人的形象来表达理念的。

在黑格尔看来，如果艺术本身非常完善，那么艺术就表达了理念。对于黑格尔来说，理念就是体现本质和真理的。他说："只要艺术达到了

---

① 参见[德]黑格尔《美学》第一卷，第95页。
② 参见[德]黑格尔《美学》第一卷，第95页。
③ [德]黑格尔:《美学》第一卷，第97页。
④ [德]黑格尔:《美学》第一卷，第98页。

最高度的完善，它所创造的形象对真理内容就是适合的，见出本质的。"①而对于人来说，最能体现他的本质的东西就是自由。只有人才能摆脱一切外在的限制而自由地做出判断，特别是做出道德的判断。黑格尔以古希腊时代的英雄为例来说明，古典艺术是如何完善地把握本质并表达本质的。

在黑格尔看来，古希腊和罗马时代有许多神话，而这些神话故事、史诗是最理想的艺术表现形式。他说，理想的艺术"在较早的过去时代，才找到它的最好的现实土壤"②。为什么会是这样呢？黑格尔认为，如果艺术作品塑造了现代人物，那么由于现实就在眼前，艺术为了塑造典型形象就要对人物进行加工，而这种加工就给人一个感觉，好像艺术家的那种艺术创造不过是故意的矫揉造作。如果人们要加工过去时代的东西，那么人们就要回忆古代的历史；在回忆中，人们就可以把那些偶然的、个别的东西掩盖起来，而抓住人物的典型特征，用一种理想化的方法来表达过去时代的人物。而这些被剔除了偶然性的东西就能更好地表达人的本质性的东西。正因为如此，在现代社会历史剧往往受到欢迎，甚至像莎士比亚的那些悲剧也取材于古代的神话故事。

可是为什么古代故事中没有多少小人物，而都是些帝王将相呢？在神话中，人们所讲述的为什么都是那些大英雄的故事呢？黑格尔把古希腊罗马时代称为"英雄时代"。他说："远古英雄时代比起较晚的较文明的情况有这样一个优点：就是在英雄时代里，个别的性格还感觉不到有实体性的、道德的、正义的东西是一种必然规律，跟他自己对立，因而直接现在诗人面前的就正是艺术理想所要求的。"③这就是说，现代社会里，所有的人都受到各种规则、法律等东西的约束，人的自由无法充分显示出来。在这个社会里，人们越来越需要相互依赖，艺术家从中很难找到主人翁的独立自足性。他们达不到艺术家的那种理想要求。而在古代

---

① ［德］黑格尔：《美学》第一卷，第 130 页。
② ［德］黑格尔：《美学》第一卷，第 242 页。
③ ［德］黑格尔：《美学》第一卷，第 242—243 页。

社会,尤其是那些神话中的英雄,各种道德规范和法律的正当性依赖于这些英雄的自主决定。黑格尔说:"古代英雄却不然,他们都是些个人,根据自己性格的独立自足性,服从自己的专断意志,承担和完成自己的一切事务,如果他们实现了正义和道德,那也显得只是由于他们个人的意向。"① 按照黑格尔的分析,之所以出现这样的情况是因为,在那个时代,法律还没有完全制定,而这些英雄就是国家的创造者,他们是制定规则、建立秩序的人。他们维护正义,他们自由而独立。这种性格特征是艺术所要求的那种理想形象。既然他们的行动是完全自我抉择的,那么他们就承担全部责任。而这又是与现代社会完全不同的。比如,在现代社会,如果一个人由于自己的无知而犯了错误,那么这个人就可以不承担责任。而在古代神话中却不是这样。俄狄浦斯虽然犯下了弑父娶母的重罪,但这是在他不知情的情况下发生的。按照现代社会的规则,他是不需要承担责任的。但是,他却承担了全部责任,弄瞎自己的眼睛,放弃王位,流浪四方。因此,黑格尔指出:"独立自足的坚强而完整的英雄性格就不肯卸脱自己的责任,也不认识到主观意图与客观行动及其后果之间的矛盾。"②

在黑格尔看来,英雄时代没有像现代社会那样的个人独立,个人总是与社会结合在一起的。或者说,古代社会的人们结成了一个休戚与共的共同体。黑格尔说:"英雄时代的个人也很少和他所属的那个伦理的社会整体分割开来,他意识到自己与那个整体处于实体性的统一。"③ 这实际上也是黑格尔的政治理想。这种政治理想就是个人的特殊性与普遍性的统一,这种统一就是个体性。在黑格尔看来,英雄时代的人们就是这样的一个统一体。黑格尔说,在英雄时代"祖先的罪过连累到子孙,整族的人都要为第一个犯罪的祖先遭殃:罪孽和过错所引起的厄运是遗传的。在我们近代人看,这种为祖先罪过而遭惩罚的情形,是没有理性

---

① [德]黑格尔:《美学》第一卷,第237页。
② [德]黑格尔:《美学》第一卷,第240页。
③ [德]黑格尔:《美学》第一卷,第241页。

的,受盲目命运支配的"①。这种英雄时代的观念,在我们的社会还在不同程度上存在着。这就是所谓的"报应"。这种报应的观念(希腊神话故事中的不可避免的命运的观念),从现代人的观念来看是一种迷信,而在英雄时代,恰恰表明了一种共同体的观念。按照这样的共同体观念,个人不是孤立的,而是家族中的一个成员;个人不仅要承担自己的全部责任,而且要承担家族中的祖先所犯罪过的责任,他们必须忍受这种责任。如果把这个观念拓展到整个社会,我们就可以看到,一个社会中所出现的问题,在一定意义上说,不是个人的罪责,而是整个社会作为一个共同体要共同承担的责任。古代社会中的英雄就是把个人的命运与整个社会的命运联系在一起。当他犯了罪过的时候,他承担全部责任,与有意无意无关。他是承担无限责任的,甚至要为子女等后人承担责任。而他的子女或者家族成员虽然没有犯罪,也同样要承担责任。当然,这只能在传统的命运概念中来理解,只能在命运共同体的意义上来理解。只有把个人的特殊性与社会的普遍性结合在一起的人,才是真正自由、独立的人,只有这样的人才能满足艺术理想的要求。

　　为此黑格尔说,古代人的自由,不是内心中的精神自由。这种内心中的精神自由只是一种形式的自由,是近代社会中人们所理解的自由。而古代社会中的自由是在社会实体中实现的自由,是个人与社会融合在一起的自由。黑格尔说:"英雄时代的个性却是比较理想的,因为它不满足于形式的自由和无限,而是要和心灵关系中全部有实体性的东西经常结成直接的统一体,就是这些有实体性的东西才使它成为有生命的现实。"②黑格尔认为,在近代社会,人们陷入了一种知性的思维。这种知性的思维方式把人割裂开来,认为存在着灵魂与肉体上的对立。当然,在历史上,许多不同的思想流派就曾经把这两个方面对立起来。不过近代哲学由于它的这种知性思维方式而把这两个方面尖锐地对立起来。按

---

① [德]黑格尔:《美学》第一卷,第241页。
② [德]黑格尔:《美学》第一卷,第242页。

照这种知性思维的理解,人生活在两个世界:一方面,人生活在感性的世界中,人受到肉体欲望的束缚;另一方面,人又生活在一个自由的世界中,人让自己摆脱了这些物质的束缚。而在黑格尔看来,这种矛盾应该得到解决。而哲学就是用来解决这种矛盾的。按照哲学的观点,把人的这两个方面对立起来其实并不是真实的,而是抽象的、片面的。现实的人都是在这两个方面得到了和解。这就是说,现实的人既要得到物质的满足,但是同时又能够超越这种物质的需要,而实现自由。黑格尔指出:"只有在双方面的和解与调停里才有真实,这种调停并不是一种假定或要求,而是一种既已自在自为地实现,并且永远在实现的过程中。"①在这个问题上,人们通常认为,艺术能够引导人们实现较高的目的,比如道德的目的;通过艺术,人们的道德水准能够提高,人们能够摆脱物质上的享受,而对于形式上的美感到满足。这是康德等人的想法。一些学者在解释黑格尔的审美理论时也是这样来理解的。不过黑格尔反对这样的看法。黑格尔说,"其所以为谬见,是由于它把艺术作品看成追求另一件事物,这另一件事物是作为本质的理应有的东西而呈现于意识的"②。在黑格尔看来,艺术不是要达到艺术之外的目的,比如道德的目的。他说:"艺术的使命在于用感性的艺术形象的形式去显现真实,去表现上文所说的那种和解了的矛盾,因此艺术有它自己的目的,这目的就是这里所说的显现和表现。"③艺术展现了这种矛盾的和解。阿多诺关于艺术是不可和解的矛盾的和解的说法,就继承了黑格尔关于矛盾和解的艺术观。艺术就是用来解决现代社会的知性思维所造成的分裂的,就是要体现人和社会和解的可能性的。

四、理念的自由与审美目的的实现

当然古典型艺术也有缺陷,但是这个缺陷不是古典型艺术特有的,

---

① [德]黑格尔:《美学》第一卷,第 67 页。
② [德]黑格尔:《美学》第一卷,第 68 页。
③ [德]黑格尔:《美学》第一卷,第 68—69 页。

而是艺术本身所具有的。这是因为,艺术还只能以感性的形式来呈现绝对。黑格尔说,"如果它还有什么缺陷,那也只在艺术本身,即艺术范围本来是有局限性的。这个局限性就在于一般艺术用感性的具体的形象,去表现在本质上就是无限的具体的普遍性,即心灵"①。在他看来,心灵还是需要按照它自身的真正概念来表现。而这个真正的自身概念就是哲学,只有哲学才能真正地表达人的心灵。由于艺术在表现人的心灵方面仍然是不足的,因此它还需要否定自身。当古典型艺术走向浪漫型艺术的时候,艺术实际上就是在否定自身。它越来越摆脱感性的形式而诉诸内在的情感的表达。艺术从此走向了衰弱。黑格尔认为,这是艺术超越艺术本身。② 在黑格尔看来,只有古典型艺术才是艺术的完善形式。古典型艺术能够更好地把心灵的自由表现出来。而这种自由不是情感的奔放,不是意志的任意决断,不是局限于感性确定性的有限知识,而是一种和解,是经由肉体和心灵的和解而达到的一种自由,是经由外在必然性与内在的决断的和解而达到的自由。按照黑格尔的看法,美的艺术是以绝对心灵为对象的,而这种绝对心灵是达到自由的心灵。黑格尔说:"自由是心灵的最高的定性,按照它的纯粹形式的方面来说,自由首先就在于主体对和它自己对立的东西不是外来的,不觉得它是一种界限和局限,而就是在那对立的东西里发现它自己。"③黑格尔所说的这种自由显然不是康德意义上的那种意志的自我决断的自由,而是在与对立的东西的和解中实现的自由。他把对立的东西看作自己的东西。

在《美学》第一卷的序论中,黑格尔从人和自然以及人和社会两个维度说明了这种自由。从人和自然的关系来说,这里包含了两个方面:一个是人和外在自然的关系,一个是人和内在自然的关系。在人与自身自然的关系中,人要获得无限的满足,即使一种东西满足了自己,人还是需要其他更多的东西来满足自己,这种要求是无止境的。于是,"人就努力

---

① [德]黑格尔:《美学》第一卷,第 99 页。
② 参见[德]黑格尔《美学》第一卷,第 101 页。
③ [德]黑格尔:《美学》第一卷,第 124 页。

从知识和意志,从学问和品行里去找一种满足和自由。"①从知识和学问方面寻找的自由,是要解决人和外在自然的关系的。从人和外在自然的关系方面来看,黑格尔认为:"无知者是不自由的。"②这是因为人还要受到外在自然的控制,当人认识了自然并能够加以改造利用的时候,自然就成为他自己改造过的东西。从这个意义上说,自然虽然是跟人对立的东西,但是,人能够从这种东西中看到他自己。在这个意义上自然并不限制他,因为这个自然的东西就是他自己的东西。而意志和品行方面的自由是道德实践领域中的自由。在这个领域中,人把法律看作自己的法律,是自己对于自己行为的规定,而法律是按照自由的本质来制定的,因此,遵循法律不是接受一个外在的东西的束缚,而是实现自由。

黑格尔在这里所说的自由仍然是知识和道德领域中的自由,而不是艺术意义上的自由。那么如何理解艺术中的自由呢?黑格尔认为,艺术中的自由可以克服认识和实践中的自由的局限性。那么认识和实践中的自由的局限性表现在何处呢?黑格尔说,认识和实践中,"在主体与对象两方面都是有限的,片面的,而它们的自由也只是假想的"③。那么,在认识和实践中,主体与对象的有限性和片面性表现在何处呢?黑格尔从主体与对象两个方面来说明它们在认识和实践中的有限性。

就主体来说,在认识活动中主体都设定了外在事物的独立性,既然外在事物是独立的,那么外在事物就不可能是自我的,而是限制自我的。在实践活动中,主体也是不自由的,他要受到欲望的控制,受到需要的对象(外在事物)的限制。主体在认识和实践中所受到的两种限制表明,在这两种活动中,主体都设定了主体和对象的对立,这两者之间的对立使主体成为受到限制的。

就对象来说,对象在认识和实践中也只有表面的自由。从认识的对象来看,虽然认识的对象被看作独立的,但是却不是自由的,因为对象只

---

① [德]黑格尔:《美学》第一卷,第125页。
② [德]黑格尔:《美学》第一卷,第125页。
③ [德]黑格尔:《美学》第一卷,第145页。

是一种存在物,缺乏概念。而所谓概念就是对象完全被主体所把握,像主体所把握的概念那样表达普遍的本质的东西。这种在观念中体现本质的东西才是自由的。而认识中的对象是具体的存在物,是与自然界的许多东西处于联系之中的,因此,这种对象仍然不是自由的。在实践中,对象也具有类似的联系,因此对象也不是自由的。

主体与对象在认识和实践中都是有局限的,只有在艺术中主体与对象的局限性才能够被消除,从而达到自由。黑格尔说:"如果把对象作为美的对象来看待,就要把上述两种观点统一起来,就要把主体和对象两方面的片面性取消掉,因而也就把它们的有限性和不自由性取消掉。"①为什么会是这样呢?黑格尔仍然从认识和实践活动中的对象与主体方面来分别考察美的对象如何具有自由的特性。

事物作为客观存在的东西,是与各种外在事物联系着的。而在认识活动中,美的对象就不是这样一种东西了,美的对象是把概念体现在外在事物中。这就是说,当我们从审美的角度来看待对象的时候,这个认识的对象是作为体现某种本质的对象的。特别是,当这个对象是作为一种艺术品来被认识的时候,艺术品当然就不是自然联系中的对象了,而是人把自己的观念灌注到了对象中。从这个意义上来说,美的对象摆脱了与外在世界中的各种关系"而转回到它本身"。于是这样的对象就获得了自由和无限性。在这种审美活动中,主体也不是像在认识活动中那样,通过感性活动而获得对于对象的抽象规律的把握,而是把自我融入审美对象,或者说,人通过自己的审美活动使审美对象具有了概念与实在的统一。审美的对象本身无所谓概念与实在的统一,这种统一是主体本身造成的,自我就在这种概念与实在的统一中体现出来。因此,从审美的角度来看,主体和对象都是自由的和无限的。

而在实践活动中,本来人对于对象是有欲望的,对象满足主体的一种目的。然而在审美活动中,主体不是要满足自己的质料性的目的。正

---

① [德]黑格尔:《美学》第一卷,第145页。

如我们在前面所指出的,审美的对象只有一种形式的合目的性,而不是实质的合目的性。而审美的主体本身也从这种手段和目的的关系中摆脱出来,或者说不再受到物质欲望的控制了。他通过形式的合目的性达到自己的目标。因此,这种实践对于主体来说,不再像在道德领域中那样仅仅是"应该"的。因此黑格尔说:"审美带有令人解放的性质,它让对象保持它的自由和无限,不把它作为有利于有限需要和意图的工具而起占有欲和加以利用。"①显然,黑格尔对于艺术的对象的自由和无限的理解,直接受到了康德关于审美判断的无目的的合目的性的观念的影响。当然,他对于审美的自由的理解还是区别于康德的。在康德那里,审美的自由是从认识的自由过渡到实践自由的过渡环节;而在黑格尔这里,审美的自由同时克服了道德和认识中的自由的局限性。

黑格尔对于审美自由的理解,实际上也是要从审美的领域中解答现代性的问题。现代性就是过渡、暂时,这种过渡和暂时性表明了审美对象的外在的感性特征,而这种外在的感性的特征之中却包含了永恒和绝对。黑格尔说:"无论就美的客观存在还是就主体欣赏来说,美的概念都带有这种自由和无限;正是由于这种自由和无限,美的领域才解脱了有限事物的相对性,上升到理念和真实的绝对境界。"②在艺术中人达到了心灵的自由。在这种自由中,肉体和灵魂的冲突和解了,人超越了肉体的需要而获得一种感性的满足。在这种自由中,人把自己的个人意志与社会的习俗统一了起来。现代性的问题在这里得到了审美的解答。

黑格尔是第一个思考现代性问题的哲学家。他发现了启蒙以来的知性所产生的许多问题。他所发现的一个重要问题是,启蒙所开创的理性原则和主体自由导致了社会的分裂。在《精神现象学》中,他通过启蒙对于信仰的批判,揭示了这种社会分裂和社会冲突。在黑格尔看来,现

---

① [德]黑格尔:《美学》第一卷,第147页。
② [德]黑格尔:《美学》第一卷,第148页。

代性的这种发展对于现代社会所提出的挑战只能按照现代社会的原则来解决，或者说只能通过现代性的自我确证。它只能通过自己证明自己的正当性。按照哈贝马斯的分析，早期黑格尔和晚期黑格尔采取了两种不同的思路，他早期所采取的思路是交往理性的思路，而晚期所采取的思路是理性的自我反思的思路。在哈贝马斯看来，自我反思的思路最终导致了这样的结果，即现代社会的这种发展是必然的，它所出现的矛盾也必然会被克服。所以哈贝马斯更倾向于借助前一种思路来解决现代性问题。而法兰克福学派的早期代表人物，特别是阿多诺和马尔库塞则借助于黑格尔晚期的思想，按照启蒙辩证法的思路来否定现代资本主义，并吸收黑格尔的美学上的和解思想来解决现代性的问题。

第三章 阿多诺：否定辩证法与现代性批判

法兰克福学派第一代代表人物大多吸收了黑格尔的辩证法思想，批判了实证主义。而黑格尔在《小逻辑》关于思想对于客观性的三种态度的研究中实际上也批判了近代哲学中的实证主义倾向，在《精神现象学》中批判了启蒙所导致的社会问题。法兰克福学派的代表人物在吸收黑格尔哲学的基础上，不仅在理论层面上批判了实证主义，而且批判这种实证主义所产生的社会影响。对于他们来说，知性的思维、工具理性的方法在推动资本主义社会飞速发展的同时，也产生了巨大的副作用。这种副作用就是他们所面对的现代性问题。他们大多吸收了黑格尔的思想来解决这些现代性问题。阿多诺①就是其中最典型的代表人物。

第一节 启蒙的分析与现代性批判

通过前面对现代性概念和黑格尔的现代性观念的分析我们知道，现代性就是社会的不断变迁，而这种不断变迁导致了社会的分裂和矛盾。本来社会是靠传统宗教观念来维系的。新的理性的观念和主体性观念

---

① 在本书中，笔者按照学界的习惯把 Theodor Adorno 翻译为"阿多诺"。

摧毁了这种宗教观念,并在现代社会中越来越占据主导地位。这种主体性观念和理性的观念又会进一步导致社会的不断变革。阿多诺对现代性的批判,就是抓住了主体性观念和理性的观念在现代社会发展中所产生的问题,并吸收黑格尔的辩证法对这些问题进行批判性的分析。

一、另一种启蒙辩证法

从前面的分析中我们知道,黑格尔在《精神现象学》中通过对启蒙与信仰之间关系的分析,说明了启蒙所产生的消极后果。而阿多诺和霍克海默在《启蒙辩证法》中,把这种分析加以扩展。他们把整个人类文明史理解为"启蒙"与"神话"斗争的历史。对于他们来说,整个文明史中都包含了一种启蒙辩证法。在这里,我们首先分析他们所提出的这种启蒙辩证法。

阿多诺和霍克海默在《启蒙辩证法》中所说的启蒙,不是我们在启蒙运动意义上所理解的启蒙。他们所说的那种启蒙是"唤醒世界,祛除神话,用知识代替幻想"①。从表面上看,这与近代启蒙运动对于宗教的批判是一致的,因为宗教的观念就是要用神的观念来解释世界,宣扬世界是神创造的,因此,"唤醒世界,祛除神话"就是要否定神创造世界的说法。而当阿多诺和霍克海默对唤醒世界进行解释的时候,唤醒世界的含义是"根除泛灵论"。这种启蒙的观念表面上看起来与近代启蒙是一致的,实际上,他们所说的"根除泛灵论"是要揭示古希腊哲学中所蕴藏的"启蒙"精神。在他们看来,这种根除泛灵论的观念实际上早在古希腊时代的色诺芬尼那里就已经开始了。在那个时代,色诺芬尼就嘲笑诸神,认为这些神不过是人造出来的,而且和人一样充满了偶然性和坏品性。色诺芬尼的这种做法实际上与现代实证主义是一致的。现代实证主义反对人们发明新的词汇,反对人们赋予词汇以复杂的意义,而希望以中性的词汇来描述现实。如果说泛灵论也把世界看作符号,那么在这个符

---

① [德]霍克海默、阿道尔诺:《启蒙辩证法》,第1页。

号的背后存在着神圣的东西、灵性的东西。色诺芬尼对泛灵论进行批判,也是要否定这些符号背后的各种复杂意思,而按照符号的字面意义来理解符号。从这个角度来说,色诺芬尼和实证主义是一致的。从阿多诺和霍克海默的这个类比中我们可以看到,他们力图把启蒙的观念追溯到人类文明的初期。这就是说,在人类文明的一开始就存在着信仰和"理性"的对立。当然,古代社会的那种所谓的"理性"只是表示有理性特征的某种观念。按照霍克海默和阿多诺的看法,占卜的观念和绝对理念没有什么差别。从表面上看,占卜完全是一种非理性的东西,与黑格尔哲学所追求的那种绝对理念当然不是一回事。但是,占卜是要预测世界的发展趋势,而绝对理念也是要把握世界。从控制世界的角度来看,这两者之间没有什么本质的差别。

古代社会不仅存在着"理性"的观念,而且也存在着主体性的观念。在这里,霍克海默和阿多诺对神话与启蒙的关系的分析,类似于黑格尔对信仰和启蒙的关系的分析。按照黑格尔对信仰和启蒙的关系的分析,信仰和启蒙在心理结构上是一致的。同样的道理,神话和启蒙对于主体的理解也是一致的。按照阿多诺和霍克海默的分析,古代"启蒙"在批判神话的时候,认为神话的观念是奠定在神人同形说的基础之上的。而神人同形说实际上就是用主体折射自然界。这是因为古希腊神话中的神都是自然神,都具有人的特征。而神人同形说无非就是要表明,人按照自己的形象来设想自然界。或者反过来说,超自然的神实际上就是自然的反映。而这种观念实际上就是启蒙的观念。按照启蒙观念,人的各种思想和概念都是自然界的反映,人建立了一个包罗万象的知识体系,从而把世界纳入这个知识体系中。而传统的神话故事也建立了一种神的体系,包罗万象的世界也同样被纳入这个体系中。从这个角度来说,神话体系和知识体系在本质上是一样的,它们都是为世界立法。

神话体系和知识体系都是一样的,或者说,神话的系统是按照启蒙的精神确立起来的。从这个角度来说,当启蒙反对神话的时候,启蒙所反对的是它自己的产物:"被启蒙摧毁的神话,是启蒙自身的产物"①。这类似于黑格尔在反思启蒙与信仰的关系时的基本观点:启蒙在反对信仰的时候,实际上是在否定它自己,只是它自己不知道。它误解了它自己。神话故事塑造了各种神话人物,而这些神话人物就是主宰世界的;而启蒙发明了各种知识,其目的与神话人物的目的是一样的。

既然启蒙与神话是一样的,那么启蒙在反对神话的时候,实际上是在反对它自己。这实际上就意味着,启蒙走向了自己的反面。那么启蒙走向了自己的反面表现在什么地方呢?

从前面的分析中我们知道,本来巫术也有一定的启蒙精神在其中,它也要控制自然,但是巫术跟启蒙不同。阿多诺和霍克海默概述了巫术的如下一些特点。第一,"巫术招魂乞灵的前提不是自然统一性,也不是主体的同一性。"②比如,他们以萨满教为例来说明巫术的这个特点。就萨满仪式所处理的对象来说,萨满仪式是直接诉诸具体对象的,比如外部世界中的风、水、蛇,病人躯体中的魔鬼等。它们不设定对象的统一性。按照他们的分析,在巫术中也有替代的现象存在。比如,在巫术的仪式中,人们用敌人的名字来代替敌人。而这种代替虽然已经在一定程度上接近于推理逻辑,但是这里还没有达到对于对象的同一性的把握。就主体方面来说,萨满仪式中萨满教的巫师会经常更换面具,这表明,他的精神并不受到同一个精灵的控制,他并没有达到现代意义上的主体同一性。第二,巫师也不认为自己掌握了真理,他只是在表演。或者说,这是一种戏剧,而不是表达或者展示世界中的本质或真实形象。第三,巫师们从来没有认为自己具有无形的权力,好像是一切力量的代表者。可是,启蒙在批判神话的过程中,它否定了神话和巫术中的这些东西。而当启蒙否定这些东西的时候,启蒙把自己变成了神话。这是为什么呢?

我们把启蒙与上面所说的巫术加以对比就可以发现,巫术肯定每个

---

① [德]霍克海默、阿道尔诺:《启蒙辩证法》,第5页。
② [德]霍克海默、阿道尔诺:《启蒙辩证法》,第7页。

事物都有自己的特殊习惯,而启蒙开启的科学就否定了特殊性,它把所有的事物都纳入同一性的框架中,对它们加以分类。这恰恰违背了科学对象的实际情况。尽管科学违背了科学对象的实际情况,科学却认为它把握了真理。霍克海默和阿多诺认为,在科学研究中,"科学的对象变得僵化了"①。在他们看来,科学研究所进行的这样的工作是为了控制对象的需要而进行的随意划分。他们说,"这种区分很是随意"②。现代科学家把自己看作理性统一性的主体,而巫师则不同,他们经常更换面具。这表现了巫师的精神世界和现代科学家的精神世界的不同。巫术不是要用逻辑的方式把握世界,它们只是模仿世界,其中包含了各种各样的梦和意象。而现代科学则不同,它认为自己掌握了真理,掌握了世界的本质。它关于世界的理论中不包含梦和意象。实际上,我们知道,如果没有梦和意象,那么科学也是不可能的。巫术承认自己不是真理,但是科学却不一样,它自己冒充为真理,而且认为自己具有无穷的力量。为此,阿多诺和霍克海默颇有几分挖苦地说道,巫术中没有"观念万能论"。巫师不会认为,他们自己的梦想和意象具有万能的力量。而只有"原始人"才有这种"观念万能论"。从这个意义上来说,启蒙还不如巫术,巫师都知道观念不是万能的,但是启蒙的思想在这个方面降低到"原始人"的那种智力水平了。③ 于是,在霍克海默和阿多诺看来,由于神话之中包含了某些启蒙的因素,所以神话为启蒙的形成和发展铺平了道路。但是当启蒙发展起来的时候,启蒙却否定了神话,并使自己取代了神话。本来神话中还包含了某些积极的东西,现在这些东西被启蒙彻底否定了。他们说,"启蒙概念自身都变成了唯灵论的巫术"④。那么启蒙在怎样的意义上变成神话了呢?

比如,神话认为,世界中存在着一种命运和轮回。启蒙就把这种命

---

① [德]霍克海默、阿道尔诺:《启蒙辩证法》,第8页。
② [德]霍克海默、阿道尔诺:《启蒙辩证法》,第8页。
③ 参见[德]霍克海默、阿道尔诺《启蒙辩证法》,第8页。
④ [德]霍克海默、阿道尔诺:《启蒙辩证法》,第9页。

运和轮回的观念转变成为科学规律。这个所谓的科学规律,实际上具有束缚人的作用。启蒙用同一性的逻辑把所有的对象都纳入同一的模式中,这不仅否定了人所控制的对象的特殊性,使对象不能与自身同一,而且成为控制人本身的手段。阿多诺和霍克海默说:"受操控的集体统一性就在于对每个个体的否定,因为个性正是对那种把所有个体统归于单一集体的社会的嘲讽。"①当个人被纳入集体中时,启蒙所倡导的个人自由没有实现,神话中的那种命运和轮回倒成为他们生活的现实。

从阿多诺和霍克海默的分析中我们可以看到,启蒙之所以变成神话是因为,启蒙否定了神话中的某些思维方式,而采用了启蒙时代的那种理性的思维方式。而这种理性的思维方式实际上就是工具理性的思维方式。

二、同一性逻辑与艺术思维的辩证法

启蒙辩证法的一个核心要素是,神话和启蒙中都包含了那种对于外部自然进行操控的思想方法。但是,启蒙把神话中的这种所谓的"理性"要素和"主体性"要素工具化;或者说,神话中的启蒙最终过渡到了近代资本主义社会中的启蒙。在近代社会的启蒙中占主导地位的思维方式,就是黑格尔所说的那种知性的思维方式。这种知性思维方式的特点是:否定信仰,强调概念的同一性,强调逻辑的推论,强调经验事实和知识的有用性等。霍克海默曾经把这种知性思维方式称为工具理性或者主观理性。从认识方法上来说,这种主观理性或者工具理性中最核心的原则就是同一性。在这里,我们从艺术与这种工具理性的关系的角度来分析同一性思维的特点。

在阿多诺和霍克海默看来,在人类文明的早期,艺术思维方式与工具理性的思维方式是结合在一起的。那个时候的字词也是多义的,它既是一种符号系统,又是一种图像。这两者不可分离地结合在一起。这样

---

① [德]霍克海默、阿道尔诺:《启蒙辩证法》,第10页。

的符号系统既能从概念上把握世界,也能从图像方面感性地展示世界。然而,随着启蒙的发展,语言作为符号系统和作为图像之间发生了分裂。这种分裂表现为,"作为一种符号系统,语言若要认识自然,就需要听任计算的摆布,需要抛弃适应自然的要求。作为一种图像,语言若要全面反映自然,就需要听任镜像的安排,需要抛弃认识自然的要求"①。这就是说,当语言作为符号时是要认识自然的,而认识自然就必须按照自然本身的规律,但是符号在认识自然时不是按照自然本身的规律来认识自然的,而是让自然符合数字化的秩序。而当语言作为图像时,语言是能够通过镜像的形式来反映自然的,但却不是对自然的本质的认识。这就是说,在语言作为符号和作为图像而发生分离的时候,语言实际上失去了认识的功能。而这两者之间的分离实际上也表现了科学和艺术之间的分离。科学语言按照计算原则操弄语言;而艺术语言则类似于图像,它用图像来展示世界。实证主义认为,通过数学语言的计算就可以把握客观世界。而在阿多诺看来,这只是把握了世界中的某些方面,而不是真正地把握了世界。因此,阿多诺说,科学正在成为"唯美主义的",甚至成为数学游戏;而艺术本来应该独立于世界,但是艺术也仿效科学,力图把握世界。而实际上,科学根本做不到这一点,艺术的这种做法也只不过是在进行一种意识形态的操作。因此,对于阿多诺来说,把艺术与科学分离开来,彼此独立起来,那么这两者就会成为"真理的破坏因素"②。

只有把艺术语言与科学语言结合起来,我们才能真正地把握世界。只有理解了这两者之间的密切联系,我们才能理解阿多诺的否定辩证法的思想。按照这样的思路,当我们用概念来把握世界的时候,我们是不可能准确地把握世界的。因此我们必须像黑格尔所说的那样,对概念进行否定(只有把图像和符号的双重要素包含在其中,这种辩证的否定才是可能的)。然而,阿多诺认为,早在古希腊时代,人们就开始把艺术和

---

① [德]霍克海默、阿道尔诺:《启蒙辩证法》,第15页。
② [德]霍克海默、阿道尔诺:《启蒙辩证法》,第15页。

科学对立起来,并对艺术持怀疑和否定的态度。在古希腊时代,柏拉图就不能正确地对待诗歌。尽管荷马的艺术作品名垂千古,但是由于没有多少实际的作用,也早已被人们忘却了。① 在现代社会,艺术作品必须证明自己的有用性才有存在的资格。然而,在这个世俗的世界中,艺术作品无法证明自己的功效,它脱离了世界,它不能把自己真正地纳入世界之中。其实,按照本雅明的看法,人类最初的艺术都具有膜拜价值,是与人的信仰有关的。从这个意义上来说,艺术是用来展示绝对的,艺术与科学的结合实际上就是要把对自然的认识与对于绝对的信仰联系起来。而现代实证主义却否定了信仰,也否定了艺术。当信仰与科学对立起来的时候,实际上信仰也失去了基础。

人们用来认识世界的语言符号是用来表达概念的,那么,我们如何理解概念呢?阿多诺和霍克海默从符号的起源来说明符号所指称的概念的内涵。我们知道符号包含两个方面的内容:一是能指,一是所指。而在话语中,声音是能指,话语所表达的意思是所指。按照霍克海默和阿多诺的看法,人类的语言是从劳动中产生的。在劳动中,有皮鞭的声音,有锣鼓的声音,而这些声音就成为最初的话语中的能指,而锣鼓和皮鞭的节奏所体现的东西就是最初的话语的所指,它们实际上就体现了自然的规律。话语中的所指后来就变成了概念。于是,阿多诺和霍克海默对概念就有了这样的理解:"符号所指称的是自然的周期性,而这种周期性总是表现出一种由符号所呈现出来的持久不断的社会强制作用。"② 这就是说,概念所表达的是自然的周期性,而这种周期性与人对于自然的控制有关,是一种社会强制的表现。既然概念从一开始就包含了某种强制性,那么这就已经在一定程度上预示了概念后来的发展所表达的这种强制性。在阿多诺看来,现代概念中所表达的逻辑秩序实际上是社会分工秩序的表现。而这种分工秩序实际上就是一种社会强制。按照社会

---

① 参见[德]霍克海默、阿道尔诺《启蒙辩证法》,第15页。
② [德]霍克海默、阿道尔诺:《启蒙辩证法》,第18页。

分工,一些人被称为"工人"。而"工人"这个概念本身就包含了一种社会强制的因素。把某些人纳入"工人"这个概念,实际上就具有同一性逻辑的作用。阿多诺说:"最初的范畴表现了有组织的部落及其支配个体的权力。同样,整个概念的逻辑秩序,概念的相互依赖、相互联系、相互发展、相互统一都表现为社会现实的相互关系,即分工。"①应该承认,范畴或者概念确实与人们进行控制和管理有关。比如,人们对于自然界的各种东西进行分门别类,掌握自然界某种东西的共同特点,从而有助于对这些东西的控制。同样,对于各种社会现象,我们也可以进行分门别类,从而进行社会控制和社会管理。这实际上就是一种合理化的管理方法。当概念和范畴成为社会管理和社会强制的方法的时候,概念就变成了一种知性的概念。为此,阿多诺和霍克海默指出:"这种思想范畴的社会特征还不能成为一种社会团结的表达,它只能证明社会和统治之间令人难解的统一。"②这种知性概念只能把人纳入一种社会系统,而无法让人真正地团结起来。这实际上就涉及哈贝马斯所说的社会整合和系统整合的关系。按照霍克海默和阿多诺的说法,人们之间借助于思想范畴而被结合在一起,这是一种系统整合;人是按照管理的需要而被结合在一起,而不是由于情感上的认同而被结合在一起。社会运用范畴和概念就是借助于同一性逻辑的方法来进行社会管理,实现系统整合。

在阿多诺看来,概念和事实之间是充满矛盾的。正是由于这种矛盾,概念包含了自我否定的要素。概念由此也是可以被用来批判事实的。比如,当我们说"公正"这个抽象概念的时候,我们同时就指出了这个社会离"公正"这个社会理想还很远。但是,在工具理性的发展过程中,人们对于概念的理解却出现了一种变化。在人类社会的早期,人们运用抽象的概念来对事物进行归纳,从而进行控制。因此理性的概念成为社会控制的手段。但是,随着社会的发展,工具理性的思维方式也在

---

① [德]霍克海默、阿道尔诺:《启蒙辩证法》,第18页。
② [德]霍克海默、阿道尔诺:《启蒙辩证法》,第18—19页。

发生变化。对于发展了的现代社会来说,原来的那些抽象概念现在变得不够具体了,需要用操作的原则进行变革了。于是,现代工具理性的思维方式就强调,语言要有科学性,要把语言变成一种"中性的符号"。于是,霍克海默和阿多诺认为,在启蒙的面前,概念变得非常尴尬。一方面,人们需要概念,因为概念有助于社会管理和社会控制;另一方面,由于概念还具有社会批判的成分,于是人们又害怕概念,要把概念变成可操作的中性符号。由此霍克海默和阿多诺挖苦说:"概念在启蒙运动面前的尴尬处境就像领养老金者面对工业托拉斯一样,没有一丝安全感。"①

按照霍克海默和阿多诺的分析,这种同一性的思维方式最终发展到极端,就是用数学化的方法来研究自然和社会中的一切现象。用他们自己的话来说,启蒙"把数学世界与真理等同起来"②。应该承认,数量化的研究方法确实在很大程度上提高了人类对于自然和社会的认识能力,提高了准确性,但是数学的世界绝不能与真理等同起来。用马克思主义哲学原理中的话来说,世界是普遍联系的,即使人们用某种数学方法准确地把握了世界,但是这也不意味着就是对真理的把握。更重要的是,用数学的方法实际上就是一种实证的方法,它顺从现实,而不批判现实。霍克海默和阿多诺说:"从思想到数学公式的还原过程,同时也是世界对其自身标准的认定过程:所谓主体理性的胜利都归属于逻辑形式主义的实在,都以理性对既定事物的直接顺从为代价。"③这就是说,当人们还把图画和文字结合在一起的时候,当人们还有思想的时候,人对世界是持一种批判态度的;而当实证主义盛行的时候,人们用数学化的方法来研究对象,实际上就是用数学的方法描述世界,而不对世界进行批判。从认识世界的角度来说,其实数学方法再精确都是不够的,都要被否定。只有通过这种理性的自我否定,我们才能真正地把握世界。因此,霍克

---

① [德]霍克海默、阿道尔诺:《启蒙辩证法》,第20页。
② [德]霍克海默、阿道尔诺:《启蒙辩证法》,第21页。
③ [德]霍克海默、阿道尔诺:《启蒙辩证法》,第23页。

海默和阿多诺提出了一个非常特殊的观点:"认识的任务不在于单纯的理解、分类和计算,而在于对每一种当下之物加以明确否定。"①在这里,人们会费解,为什么认识还有"否定当下之物"这项任务呢？理解、分类、计算,是对当下事物的经验的把握和理性的计算,但是无论怎么认识,这都只是把握了其中的某些方面,而不是全面的把握,因此,正确的认识都必须包含否定的因素。只有借助于否定的因素,我们才能真正把握事物。

如果人们把自己的认识局限在这些既定的存在物上,而不是去进一步思考存在物如此存在的原因,那么这种认识总是有局限的。如果人们局限于这样的认识,人们就陷入了神话之中。这又是为什么呢？如果人们把认识局限在理解、分类、计算上,人们确实会在一定程度上掌握自然或者世界的规律。而人们这样做,本质上就确认了这些规律,承认这些规则的正当性和合理性。而神话也确认了命运的轮回,确认了统治的必然性。如此一来,这种同一性思维方式就与神话是一致的。于是,霍克海默和阿多诺说:"世界作为一种宏伟的分析判断,作为科学梦想的仅存结果,就像宇宙神话把春秋的更替同劫持帕耳塞福涅的故事联系起来一样,是在一个模子里造出来的。"②实际上,在这里,阿多诺和霍克海默表达了这样一个基本的观念:同一性的思维是知性的思维,这种知性的思维是在人们征服自然的过程中形成的。而这种思维方式就是强调用某种技术来控制自然。要控制自然就必须顺从自然。③ 实际上,在社会生活中我们也常常说,在实践中,人要尊重自然规律,要尊重社会发展规律。尊重自然规律、尊重社会规律,实际上就是要控制自然、控制社会。这种知性思维方式要顺从自然、顺从社会,它缺乏一种批判的或者否定的要素。后来,马尔库塞在分析发达资本主义社会的意识形态的时候,实际上也同样批判了这种实证主义的思维方式。

---

① [德]霍克海默、阿道尔诺:《启蒙辩证法》,第23页。
② [德]霍克海默、阿多诺:《启蒙辩证法》,第24页。
③ 参见[德]霍克海默、阿道尔诺《启蒙辩证法》,第2页。

三、自我持存与自我毁灭的辩证法

按照阿多诺和霍克海默的分析,西方文明的基本原则是自我持存。当然,这个自我持存是有不同的含义的。自我持存,一个是指人在肉体上的自我持存,一个是指人的精神上的自我持存。如果是指肉体上的自我持存,那么应该说,整个人类文明都要以自我持存为核心。如果没有这种自我持存,那么人类连起码的生存条件都无法保证。按照阿多诺和霍克海默的分析,在原始的神话中,人还是被理解为自然之我。这就是说,人是有血有肉的自然存在物。这个时候的自我持存是人的肉体和精神上的自我持存。但是在启蒙批判神话的过程中,自然自我被否定了,自我持存变成了一种精神上的自我持存。这就是说,人要保持自己的自我品格。而这个自我实际上指的是先验的主体和逻辑的主体;或者说,这是摆脱了一切具体的规定性的我。阿多诺和霍克海默指出:"从方法论上把一切神话学意义上的自然的足迹消灭之后,自我也就不会再是肉体、血液、灵魂,甚至原始自我,但是自我一旦被提升为先验主体和逻辑主体,它就会构成理性的参照点和行动的决定因素。"①这就是说,启蒙在对神话的批判中揭示了一个自我,这个自我不是有血有肉的人,而是先验主体和逻辑主体。如果我们按照笛卡尔的模式来理解近代主体哲学,那么我们就可以设想,这个主体就是那个自我怀疑,而又自我确认的主体,是进行理性决策的主体。按照阿多诺和霍克海默的理解,人作为主体本来是一个自我矛盾的存在物,他既有肉体的要求,又有精神的要求。正是在对于自然要求的搏斗中,人才成为了主体。可是当近代哲学把人作为一个理性的主体设立起来的时候,人的自然冲动被否定了。对于霍克海默和阿多诺来说,本来自然是人自身的不可否定的一个部分,但是现代文明的发展却否定了人的自然。如果文明的发展导致对人的自然的否定,那么人就会成为冷酷无情的机器,无论对自己还是对他人。

---

① [德]霍克海默、阿道尔诺:《启蒙辩证法》,第26页。

阿多诺和霍克海默就是从这个角度来分析自我持存的。从表面上看自我持存是要满足人的需要的，但是实际上自我持存的发展却不是要满足人，而是要否定人的自然性。在资本主义经济发展中，资本家的经济活动是为了满足人的自然需要吗？显然不是，他是为了获得剩余价值。个人的劳动虽然是要满足人的需要的，但是在经济系统中他的劳动也是为了进一步把劳动能力再生产出来，从而进行剩余劳动的投入。特别是在发达资本主义时代，劳动是为了满足人的需要吗？按照鲍德里亚的观念，这种劳动能力的再生产实际上就是把自己作为机器再生产出来。①霍克海默和阿多诺说："自我持存的过程越是受到资产阶级分工的影响，它越是迫使按照技术装置来塑造自己肉体和灵魂的个体产生自我异化。"②这就是说，启蒙本来确立了一个先验的主体，但是在资本主义社会经济的发展中，人这个主体按照机械化的装置被驯服了，人成为像机器一样的被异化的存在。为此，霍克海默和阿多诺说："认识的超验（应该改为先验——引者注）主体……最终似乎也被抛弃，并被自动控制的秩序机器那种更加平稳的运转所代替。"③后来主体又进一步用逻辑规则要求自己，而这种逻辑规则"没有给思想自身留有任何余地"④。当人被按照这种逻辑规则规训的时候，人只能按照逻辑规则来思维，而这种思维与阿多诺所理解的那种具有创造性能力的思想是完全不同的。因为在阿多诺看来，启蒙以来的工业文明所形成的理性是工具理性，即黑格尔所说的知性。阿多诺强调，在这里"理性成了用于制造一切其他工具的工具一般"⑤。他认为，理性的这种工具化会产生严重的后果。这个后果有两个方面：一个方面是，当人们认为思想只能产生于逻辑规则，这种思想就会确认机关和工厂里的物化。这是因为工厂和机关里的物化是

---

① 参见[法]鲍德里亚《象征交换与死亡》，第34—35页。
② [德]霍克海默、阿道尔诺：《启蒙辩证法》，第26页。
③ [德]霍克海默、阿道尔诺：《启蒙辩证法》，第27页。
④ [德]霍克海默、阿道尔诺：《启蒙辩证法》，第27页。
⑤ [德]霍克海默、阿道尔诺：《启蒙辩证法》，第27页。

知性思维方式的结果,而思想只能从逻辑中来,也是一种知性思维(工具理性)。这两者在本质上是一致的。另一个方面是,"自我"成为一种非人的因素。自我本来应该是有思想的,但是在自我生存的逻辑中,人为了生存按照机械化的要求来劳作,结果,人物化了。这种物化的人是没有自我的。按照现代社会的人的标准,即机械化的标准,有思想的人反而不是人,只有按照机械化的方式运转的人才是人。本来自我应该是有自己的思想的人,但是在这里,自我就成为一种"非人性因素"①。

这样,一种启蒙辩证法的特性就显示出来了:本来,人们要达到自我持存,但是结果,自我反而被扼杀和否定了。启蒙要达到自我持存,结果反而导致了自我丧失。

当自我变成抽象的自我,变成物化的自我的时候,人也开始躲避自然的自我。由此,文明把人的自然性看作敌人。对于人类来说,回到自然就是倒退,是对文明的极端威胁。人类通过千辛万苦的奋斗才逃脱了自然状态,如果有人还试图返回到这种自然状态,这将是不可饶恕的罪行,并应该受到严厉的处罚。既然人的自然受到了否定,那么人的艰苦劳动就不是为了自我满足,而是要有所克制。这就是说,人们在征服外在自然的同时,也在压制内在自然。而对于霍克海默和阿多诺来说,控制内在自然和控制外在自然是一致的。阿多诺和霍克海默指出,在现代文明的发展中,"对内部自然和外部自然的征服就会成为人类生活的绝对目的"②。在这样的情况下,对于人类来说即使控制外在自然的能力有了极大提高,人类也必须控制内在自然,而不能尽情享受自己的劳动成果。于是,自我持存在现代文明中具有这样一种特征:既要能够让人满足需要,但是又必须自我控制。人类文明必须在简单再生产和无限满足的需求之间调整方向。③

在阿多诺和霍克海默看来,人类文明发展表现出两个方面的特点:

---

① [德]霍克海默、阿道尔诺:《启蒙辩证法》,第27页。
② [德]霍克海默、阿道尔诺:《启蒙辩证法》,第29页。
③ 参见[德]霍克海默、阿道尔诺《启蒙辩证法》,第28页。

第一,人表现出一种原子化的特征,所有人都为生存而斗争,而这些为生存而斗争的人都采取一种技术理性的方式来与自然做斗争。在这里阿多诺和霍克海默用一种隐喻的方式说明了奥德修斯以及他的战士们与自然神海妖塞壬做斗争的神话故事。这个故事表明,人必须用技术的方法来与自然做斗争。在这种斗争中虽然奥德修斯还能在一定程度上享受自然给人带来的快感,但是他也必须把自己束缚起来。无论是资本家还是工人,地主还是奴隶,在用技术的方法来征服自然上是一致的。在征服自然中,他们必须克制自己的自然。而这种自我克制对于所有人都是一样的。在这里,人变成了"单纯的类存在物,他们在强行统一的集体中彼此孤立"①。这就如同人们在生产系统中被结合在一起,成为生产系统中的一个角色,但是他们之间只存在着一种功能上的结合,而缺乏真正的社会性联合。对于阿多诺来说,这是工具理性造成的结果。在《启蒙辩证法》中霍克海默和阿多诺把这样的人称为"单子"②。这些极端隔绝的人在外在的强制下变成了完全类似的人。"监狱中的人,正是资产阶级类型的真实形象。"③如果说囚犯是通过外在的强制而被极端隔绝开来的,那么今天的人是通过内在强制而被极端隔绝起来的。在这里,阿多诺和霍克海默实际上提出了类似于哈贝马斯的问题,那就是,通过系统的整合,人被纳入资本主义社会的系统中,但是这个系统中的人是彼此隔绝的,而没有社会联系。可以说,在对现代性问题的诊断上,法兰克福学派的主要代表人物是一致的。

第二,自我持存导致自虐。在自我持存中,人为了控制自然而必须自我控制。这种自我控制不仅否定了那种能思想的自我,而且导致对于自己的虐待。阿多诺和霍克海默认为,这导致了人的"自我憎恨"④。从理论上来说,人要获得自我持存,人就得克制自己,特别是自己的自然

---

① [德]霍克海默、阿道尔诺:《启蒙辩证法》,第 34 页。
② [德]霍克海默、阿道尔诺:《启蒙辩证法》,第 256 页。
③ [德]霍克海默、阿道尔诺:《启蒙辩证法》,第 257 页。
④ [德]霍克海默、阿道尔诺:《启蒙辩证法》,第 263 页。

性。这就在一定程度上表现为对人的自然性的憎恨。而在阿多诺和霍克海默看来,这是法西斯主义产生的文化根源。他说:"德国的享乐主义者和战争贩子们就试图再让人们失去欢乐,但他们在数百年的劳动压迫中学会了自我憎恨,因此他们在极权主义肆虐横行的国家里,只有靠粗鄙丑陋和自暴自弃才能获得解脱。自暴自弃深深地扎根在自我持存之中,而后者正是在培植理性同时也罢黜理性过程中形成的。"①这就是自我持存和自我毁灭的辩证法。

从阿多诺的分析中我们可以看到,他主要是从征服外在自然的必要性这样一种视角来理解启蒙辩证法的,而其中发挥基本作用的是工具理性。

四、启蒙辩证法的思想方法分析

从上述分析中,我们可以看到阿多诺和霍克海默的启蒙辩证法的基本思路:人类文明从一开始就具有某种"启蒙"的因素在其中,但那个时候启蒙的因素与神话的因素是结合在一起的。然而在文明的发展过程中,启蒙的因素逐步消除了神话的因素。而当启蒙的因素完全消除神话的因素的时候,启蒙本身也变成了神话。这就是启蒙辩证法。从这个角度来看,这种启蒙辩证法的分析思路与黑格尔在《精神现象学》中对于启蒙和信仰的关系的分析是一致的。当启蒙否定了信仰的时候,启蒙本身变成了信仰,并产生了反启蒙的后果。

显然,他们的思想不仅在总体上具有鲜明的黑格尔主义特点,而且他们所坚持的方法本身也类似于黑格尔。他们所批判的工具理性或者同一性逻辑,实际上就是黑格尔所说的知性。而黑格尔对于知性思维方式的批判,比如对于近代经验主义的批判,实际上也被用来批判现代实证主义。他们对于概念的内在否定性的理解,实际上也是黑格尔对于概念的理解的一种延续。

---

① [德]霍克海默、阿道尔诺:《启蒙辩证法》,第28页。

当然，我们不能因此就认为，霍克海默和阿多诺只不过简单地套用了黑格尔的方法，而没有任何改进。实际上，如果我们深入地思考，我们就会发现，他们的思想深受马克思主义的影响。我们知道，按照历史唯物主义的基本观点，生产力决定生产关系，经济基础决定上层建筑。这就是说，生产力的发展状况决定了一个社会的生产关系以及相关的社会制度等。而霍克海默和阿多诺的理解则更加狭隘。按照他们的分析，一个人改造自然所使用的那种思维方式，也就是知性的思维方式，也成为一个人对待其他人的思维方式。比如人用概念的方式把事物进行归类，这种归类方式当然是一种控制自然的方法，但是这种归类的方法也被用来控制人，成为一种社会管理的方法。这种控制自然的方法本来是为了保证人的自我持存的，现在这种自我持存的方法在社会生活中被广泛运用，导致人的主体性的丧失，自我持存变成了自我憎恨和自我否定。应该说，这个思路中有历史唯物主义的痕迹在其中。在人类文明史中，人们把改造自然的方式，也变成了管理人和人之间关系的基本方法。生产力决定生产关系以及经济基础决定上层建筑，简单地变成了发展生产力的方式，也成为处理人和人之间关系的基本方法。这显然是在一个非常狭隘的意义上理解历史唯物主义。

而阿多诺和霍克海默的这种做法实际上受到了卢卡奇的影响。卢卡奇对于物化的批判的核心是，在资本主义社会中商品生产和商品交换都是按照一种合理的计算的方式来进行的。在这里，最重要的是根据可计算性来进行调节的合理化原则。而这种合理化的原则已经深入到人的心灵中。卢卡奇说:"这种合理的机械化一直推进到工人的'灵魂'里。"① 不仅工人是如此，而且所有的人都会如此。他说，"世界的这种表面上彻底的合理化，渗进人的肉体和心灵的最深处"②。这就等于说，合理化成为现代人的基本的思维方式。当然，这种知性思维方式不会停留

---

① [匈]卢卡奇:《历史与阶级意识》，第149页。
② [匈]卢卡奇:《历史与阶级意识》，第164页。

第三章　阿多诺:否定辩证法与现代性批判

在思想的层面上,而且必定会成为社会制度。在这里,卢卡奇吸收了韦伯的思想,认为整个资本主义社会的制度都是按照这样一种合理化的方式建立起来的,比如,法律判决甚至也可以按照这种合理化的思维方式被计算出来。① 而整个社会生活的合理化就是卢卡奇所说的物化。如果我们用霍克海默和阿多诺的术语来说明的话,那就是,在当代社会,工具理性的思维方式已渗透到每个人的心灵深处,每个人都是按照这样一种合理化的方式组织起来的。他们说:"拜物教则将其不良影响扩展到了社会生活的各个方面。"②卢卡奇把这种拜物教理解为物化,理解为合理化的结果。这种合理化的方式对人进行了全面的操控。而法西斯主义就是这种全面操控的产物。

　　按照这样的分析,人们会认为,阿多诺和霍克海默没有什么新东西,都是从其他人那里吸收来的。实际上,霍克海默和阿多诺还是有其自身的理论贡献的。在《启蒙辩证法》中,霍克海默和阿多诺的最大贡献是把对这种工具理性思维方式的分析追溯到人类文明初期,从对人类社会初期所出现的"启蒙"和神话的关系的分析来说明,当代资本主义社会的启蒙是人类文明的最大的"神话"。或者说,这种启蒙在当代资本主义社会已经走向了极端,而成为一种极端的神话。这种神话在法西斯主义那里得到特别明显的表现:受压迫、受强制成为人无法避免的厄运。对启蒙和神话的关系的分析成为他们的一种基本的历史分析方法。当然,也正是由于他们把启蒙和神话的关系变成人类文明中的基本关系,于是,他们的分析中包含了对于人类文明的一种悲观主义的看法。启蒙是人类文明进步的表现,但是,人类文明的进步最终都会走向神话,走向自己的反面。人类似乎无法避免这种悲惨的命运。哈贝马斯对启蒙辩证法的这一思路的评价是,启蒙辩证法只是说明了工具理性所造成的困境,"而并不打算走出这一困境"。③ 这就是说,阿多诺和霍克海默在这个地方并

---

① 参见[匈]卢卡奇《历史与阶级意识》,第 159 页。
② [德]霍克海默、阿道尔诺:《启蒙辩证法》,第 25 页。
③ 参见[德]哈贝马斯《现代性的哲学话语》,第 77 页。

没有提供一种切实有效的走出这个困境的途径。

如果我们从现代性批判的视角来分析霍克海默和阿多诺的启蒙辩证法，那么我们可以看到，他们实际上把由于现代启蒙所产生的现代性问题变成了一个历史问题，现代性批判的视角变得模糊不清了。从现代性批判的角度来看，当代启蒙把工具理性的原则推广到整个社会生活领域，人都按照工具理性的原则而被结合起来。按照哈贝马斯的看法，这是一种系统整合。而霍克海默和阿多诺对工具理性的批判，实际上就是对系统整合所产生的问题的批判。人们之间像被集中在监狱里的彼此隔绝的囚犯那样，由这些彼此隔绝的"囚犯"形成的结合体是没有真正的社会性联系的结合体。在这样的集体中，人都是冷酷无情的。因此，如何让冷酷无情的人结合起来就成为现代社会需要解决的问题。应该说，霍克海默和阿多诺在这里只是提出了问题，而始终没有提出有效的解决问题的办法。而哈贝马斯和霍耐特对于人和人之间冷漠关系的根源的分析只是局限于系统整合的视角，缺乏一个孤独的个人的模式。为什么现代人变得如此孤独呢？霍耐特和哈贝马斯说，人是系统中的角色，无情无义。阿多诺不满足于这一点。在阿多诺看来，这是人对自身的自然否定的结果。否定自身的自然的人就是对自己无情的人。一个人对自己都那么无情，那么我们怎么能够期待他对其他人有情呢？应该说，阿多诺通过对人的自我憎恨和自我否定的揭示，说明了现代人为什么会如此孤独。

第二节　工具理性与现代人的冷漠无情

自启蒙运动以来，原来被用来整合社会的宗教信仰被否定了，取而代之的是理性，而理性在现代社会的发展中主要表现为知性，即工具理性。被灌注了这种工具理性精神的人，为了自我持存，甚至会否定自己的自然。这种否定导致了人对自己的冷酷无情。一个对自己都冷酷无情的人，对其他人就不可能有关爱。

一、如何理解现代人所特有的冷漠

在《启蒙辩证法》中,"冷漠"并没有被作为一个核心概念来使用,也没有被它的两位作者进行过任何规定。尽管如此,《启蒙辩证法》一书还是在许多地方描述了这样一种冷漠状态。这种冷漠状态与人们通常所理解的冷漠状态不同。按照通常的理解,冷漠就是对他人的事务漠不关心。罗尔斯在《正义论》中把这种状态描述为原初状态中的人们之间的"相互冷淡"①。这实际上在一定程度上表明,在资本主义市场经济中,人们只是关心自己的利益,对于其他人则采取一种中立的立场。每个人都热衷于个人的自我算计:怎样的做法对自己最有利?这样的人也可以被理解为孤立的个人。阿多诺和霍克海默把这样的人称为"单子"②。当然,一个人孤立并不意味着他也是冷漠的。孤立是人的一种生存状况;而冷漠是一种情感状况,它是与孤独联系在一起的。从心理学上来说,冷漠是人在面对社会的时候所具有的一种负面情绪,即对他人漠不关心。这些对他人漠不关心的人在自己的内心中存在着一种无助、无力、空虚的情感。这种情感就是孤独。

阿多诺和霍克海默是从一种特殊的意义上来理解冷漠的。他们用"灵魂的物化"这个概念表达了人的这种冷酷无情。他们说:"工业化却把人的灵魂物化了。"③这就是说,我们在面对其他人的时候采取一种物化的态度,把其他人当作自然界中可以被处理的物,用对待自然物的方法对待人。人被物化了。霍耐特用"承认的遗忘"来说明这种物化状况④。实际上,他们对于灵魂的物化的理解,与同时代的其他思想家在这个问题上的态度是一样的。萨特用"他人就是地狱"的说法来说明一个

---

① [美]罗尔斯:《正义论》,何怀宏、何包钢、廖申白译,中国社会科学出版社2009年版,第11页。
② [德]霍克海默、阿道尔诺:《启蒙辩证法》,第256页。
③ [德]霍克海默、阿道尔诺:《启蒙辩证法》,第25页。
④ 参见 Axel Honneth, *Reification: A New Look at an Old Idea*, Oxford: Oxford University Press, 2008, p.76。

人对他人的敌视态度。而这种敌视态度常常被人们从霍布斯的视角来解释。人们认为，人和人之间之所以出现这样的一种敌视态度，是因为人和人之间存在着一种生存竞争。为了生存，人们相互之间采取一种敌视态度。实际上，萨特并不是从这种生存竞争的模式，而是从人和人之间的交往关系的角度来理解这种敌视态度的。萨特从现象学还原的角度发现，人与其他物质性东西的区别在于，人具有无限多样的可能性，而物质性东西的特性却是既定的。但是当一个人看待另一个人的时候，就把他当作对象；而作为对象，其他人就失去了这些多种可能性，被当作像物质一样的东西。从这个角度来说，任何一个他人在看待我的时候，我都被当作对象，而失去了无限多样的可能性。这样，萨特就从现象学的角度确立了人和人之间相互交往的关系中必然会出现的一种相互蔑视的否定态度。处于这种相互蔑视关系中的人就是我们在这里所理解的冷漠的人。如果通俗地理解这里所说的"灵魂的物化"，那么我们可以说，这叫"铁石心肠"。对于霍克海默和阿多诺来说，冷漠与孤独常常是同一个人的两个方面。

在《启蒙辩证法》中，霍克海默和阿多诺与萨特一样，发现了人们之间在相互交往中存在着一种否定和漠视他人的态度。但是他们的理解却不同于萨特的现象学思路。他们的思路可以被称为庸俗的历史唯物主义的思路。这种庸俗的历史唯物主义的思路是这样的：人为了生存而对于外部自然界采取了一种加工改造的态度，采取一种物化的态度。人也用这种态度来处理自己所面对的其他人，把其他人都当作物来对待。这好像是生产力决定生产关系：人用处理自然的方式（生产力）来处理自己所面对的他人（生产关系）。既然人为了生存就必须改造自然，那么人类从产生的一开始就必然会具有这样一种对待他人的态度。霍克海默和阿多诺在《启蒙辩证法》中认为，这种用物化的态度对待人的方法自古以来就有，古希腊的神话中就包含了这样的要素。用他们的话来说，在古代的神话中就已经包含了"启蒙"（我们从后面关于奥德修斯的神话故事中可以看到这样一点）。而在现代资本主义社会中，这种启蒙被推向了极端。这就意味着,虽然在古代社会人也会以一种物化的态度对待其他人,但那个时候人们之间还多少有点人情味;而在现代社会中,由于启蒙的发展,人和人之间的那种曾经存在的人情味已经荡然无存。从前面的引文中我们可以看到,物化的心灵是与现代工业文明联系在一起的。这是由于现代工业文明才导致的物化态度。在说明《启蒙辩证法》一书的写作目的的时候,阿多诺和霍克海默指出:"我们本来的计划,实际上是要揭示人类没有进入真正的人性状态,反而深深地陷入了野蛮状态,其原因究竟何在。"①对他们来说,人类改造自然的能力不断提高,本来这应该使人类社会更加文明,然而事实上人类却更加野蛮。奥斯维辛就是这种倒退的顶点。② 这究竟是为什么呢?

对于阿多诺来说,这种野蛮状况可以用人的一种心理状况来说明,这就是"爱无能"③。阿多诺是在讨论教育问题的时候说明这个问题的。阿多诺认为,当代社会的教育最核心的目的就是要阻止奥斯维辛悲剧的重演。而奥斯维辛就是把人当作生产对象一样送进焚尸炉,而且还是在美妙的音乐之中来进行。这些把犹太人送入焚尸炉的法西斯主义分子难道没有一点人性吗? 对阿多诺来说,这些人缺乏爱心。但是对于阿多诺来说,这不是个人的心理问题,而是社会问题。④ 这不是由于个人的某种特殊的原因而产生的心理扭曲,而是由特定的社会结构造成的。奥斯维辛的发生是一种极为有力的社会倾向的表现。⑤

二、现代人的冷漠的特点

现代人有一种物化的心灵,这种物化的心灵对人会很冷漠。那么这种冷漠会有什么特点呢? 人不仅对他人很残忍,而且对自己也很残酷。

---

① [德]霍克海默、阿道尔诺:《启蒙辩证法》,前言第 1 页。
② 参见[德]阿多诺《奥斯维辛之后的教育》,载《现代哲学》2015 年第 6 期,第 61 页。
③ [德]阿多诺:《奥斯维辛之后的教育》,载《现代哲学》2015 年第 6 期,第 66 页。
④ 参见[德]阿多诺《奥斯维辛之后的教育》,载《现代哲学》2015 年第 6 期,第 63 页。
⑤ 参见[德]阿多诺《奥斯维辛之后的教育》,载《现代哲学》2015 年第 6 期,第 61 页。

阿多诺在《极权主义人格》一书中对这些人的人格特点进行了经验研究。这种经验研究吸收了弗洛伊德的精神分析方法。这种极权主义人格从心理学上来说,具有施虐狂和受虐狂的心理特征。①

当然,对阿多诺和霍克海默来说,这不仅仅是一种心理问题,而且,更重要的是社会文明中的问题。阿多诺和霍克海默在《启蒙辩证法》中用一种"犯罪理论"来研究现代人。按照他们的看法,资产阶级既是罪犯,又是看管罪犯的人。他们是罪犯,这是因为他们像传统社会中的贵族子弟那样提出了过高的财产要求,他们就应该受到处罚。那么他们是如何受到处罚的呢?这种处罚是自己处罚自己。通俗地说,资产阶级要想获得更多的财富就必须自我约束、自我控制(这里包含了新教伦理的精神)。这种自我控制就是用一种工具理性的精神把自己控制起来。这些人都是孤立的奋斗者。阿多诺和霍克海默把这些人比喻成为莱布尼兹所说的"单子"。他们说,"现代监狱里一排排单人牢房就是一个个单子"②。现代人就如同牢房中的单子。这些"单子之间不能相互直接产生影响;它们的生活是靠上帝来规定和协调的。不论是极度的孤独,还是极度的自我封闭,它们的整个存在就是消除物质,不断劳动,它们本身也变成一个幽灵,勾画出了人在现代世界中的生存状态"③。这些单子是相互孤立的,它们靠上帝(看不见的手)而得到协调。它们就是要改变物质世界,甚至消灭自己的身体,把自己变成一个个抽象的主体,变成一个个幽灵。这里所说的监狱就是资产阶级的劳动世界。人就把自己束缚在劳动的世界中,束缚在"监狱"之中。这些人是资产阶级的典型形象。这些人追求监狱中的"令人恐惧的纯粹状态"④。这就是说,这种人把自己变成一个完全受工具理性控制的人,只知道按照规矩办事,按照劳动的规则来行动,而没有任何人类情感。这类人像机器人。阿多诺和霍克海

---

① 参见[德]阿多诺等《权力主义人格》下卷,浙江教育出版社2002年版,第1006页。
② [德]霍克海默、阿道尔诺:《启蒙辩证法》,第256页。
③ [德]霍克海默、阿道尔诺:《启蒙辩证法》,第256—257页。
④ [德]霍克海默、阿道尔诺:《启蒙辩证法》,第257页。

默说:"脆弱而又迟钝的个体,必须去忍受生活的秩序,期间,他发觉自己根本没有爱的情感,只有一种发泄在自己身上的内倾的暴力。"①这些人不仅会对他人施暴,而且会对自己施暴,比如用极端的方式对待自己的身体。

在这里,我们特别注意到,霍克海默是把这样的罪犯看作一种社会的疾病。他们说"犯人就是病人"。他们是社会中的病态因素侵入自己的机体而产生的结果。阿多诺和霍克海默说:"疾病早已渗进了他们的机体和他们周围的环境。"②在这里,阿多诺和霍克海默特别强调社会环境对人的改造作用。这种作用不仅表现在对身体的规训上,而且也表现在对心灵的改造上。从身体上来说,人要有体力,要接受各种训练,从而满足劳动的需要;从心理上来说,人在劳动的监狱中,在工具理性的控制中,变成了一个自动的机器。这些人会自己监管自己。从这个角度来说,"在社会现实面前,监禁是毫无意义的。"③这些人不需要再被监禁了,他们自己监禁自己。他们在自己构筑的牢房中生活。这就类似于我们这些教师在学校的考核体系中自己管理自己,自己强制自己劳动。

在这里,人们会发现,阿多诺和霍克海默的这种理论与福柯的等级监视以及透视监狱的理论非常接近。我们都是在工具理性控制下的人。阿多诺所说的人是没有情感的人,而福柯所说的人也是结构中被控制的人。但是这两者之间还是有差别的。其差别在于,在阿多诺那里,这些人是冷漠的人,但是他们对于社会的规训感到了痛苦和愤怒。他们是社会主体,他们会对于这种受控制和受监禁的状况进行抗议。对于阿多诺来说,法西斯主义分子的大屠杀就是一种报复,就是对于自己受监禁和受控制的一种报复。这是用一种罪恶的方式对社会的报复。这些人是罪犯,同时这些人也是病人。而福柯的透视监狱中的人却没有这种主体性,他们没有因受压抑而表达出来的痛苦。这是因为,福柯的思想在本

---

① [德]霍克海默、阿道尔诺:《启蒙辩证法》,第 257 页。
② [德]霍克海默、阿道尔诺:《启蒙辩证法》,第 257 页。
③ [德]霍克海默、阿道尔诺:《启蒙辩证法》,第 260 页。

质上是结构主义的。在结构主义的体系中,人不是主体,而阿多诺和霍克海默的哲学中却有主体的概念。我们从阿多诺和霍克海默对于自然的反抗的分析中更清楚地看到这一点。于是,在阿多诺那里,这种冷酷无情的人会有精神上的痛苦;而在福柯那里,人就没有这样的精神上的痛苦。①

对于阿多诺和霍克海默来说,现代人最典型的冷漠现象表现在法西斯主义的大屠杀之中。那么究竟应如何看待法西斯主义的大屠杀呢?阿多诺和霍克海默都从一种否定辩证法的视角来理解。我们前面说过,从文明产生的一开始人类就对身体抱着一种矛盾的态度。这种矛盾的态度在现代资本主义社会中发展为对身体的全面否定。而当人的身体被否定了的时候,人的身体也会发生反抗。按照霍克海默和阿多诺的看法,对自然的控制必然会导致自然的抗拒②。当法西斯主义者对犹太人进行大屠杀的时候,这实际上是一种被压抑的自然的反叛。他们说,"集中营对囚犯的残酷蹂躏,表达了被禁忌的自然所求诸的反抗"③。法西斯主义者是受压抑、受控制的人,但是这些受控制的人没有能够把自己受压抑的东西升华,而把他们自己身体所受到的强暴反过来强加在受害者身上。这是一种受虐狂和施虐狂的心理。

三、对现代人精神特性的历史哲学的思考

我们前面说过,阿多诺和霍克海默是从一种历史哲学的维度来思考现代人的生存状况的。按照阿多诺和霍克海默的分析,从古代社会开始人就需要为自我持存而斗争,从那个时代开始人就吸取了神话中的启蒙要素。而在当代社会这种启蒙要素彻底否定了神话,最终它使自己变成了神话。神话中的命运在启蒙之中就表现为必然规律。而在现代社会

---

① 参见[德]霍耐特《分裂的社会世界》,社会科学文献出版社 2011 年版,第 79 页。
② 参见 Max Horkheimer, *Gesamelte Schriften*, band 6, Frankfurt am Main: Fisher Verlag, 1991, S. 131。
③ [德]霍克海默、阿道尔诺:《启蒙辩证法》,第 268 页。

的启蒙之中,工具理性占据了主导地位。这种工具理性是人为了保持自我生存的时候所必须采取的方法。按照霍克海默和阿多诺的思路,人要自我生存就必须采取一种技术的方法。自古以来都是如此。而在现代社会这种技术方法被人们广泛地运用于社会生活的一切领域,人的心灵也被物化了。人在处理自然的时候,在处理自己与他人的关系的时候,都采取一种工具理性的态度。正如前面的引文所说的那样:"工业化把人的灵魂物化了。"所谓灵魂的物化,就是人的思想被工具理性的思维方式,被同一性的思维所控制。那么,人为什么会被这种同一性思维所控制呢?这是因为,人为了在生存竞争中获得成功,为了有效地控制自然,有效地处理自己与其他人的关系,人便采取这种工具理性的思维方式。他们说:"凭借大生产及其文化的无穷动力,个体的常规行为方式表现为唯一自然、体面和合理的行为方式。个人只是把自己设定为一个物,一种统计因素,或是一种成败。他的标准就是自我持存,即是否成功地适应他职业的客观性以及与之相应的行为模式。"[1]人的这种行为模式会内化为一种心理模式。于是人的精神世界被一种工具理性的思维方式所控制。而这种工具理性的思维方式对于所有的人来说都是一致的。

先验主体或者逻辑主体是按照工具理性原则构成的主体,是按照同一性逻辑构成的主体。一个人只有按照同一性逻辑或者工具理性的原则来行动,才是理性的,才是主体。当现代人把自己变成先验主体或者逻辑主体的时候,现代人就必然以一种矛盾的态度来看待自己的身体。一方面,人为了生存就必须保护身体,满足身体的需要;另一方面,人又是先验主体,而身体是先验主体的敌人。于是,人一方面要满足自己的自然需要,另一方面又要排斥这种自然需要。对于人来说,返回到这种自然,尽情地满足自然需要,是一种倒退:"人害怕自我会倒退到那种单纯的自然状态,自我历经千辛万苦才摆脱了自然状态。"[2]现代人就是充

---

[1] [德]霍克海默、阿道尔诺:《启蒙辩证法》,第25页。
[2] [德]霍克海默、阿道尔诺:《启蒙辩证法》,第28页。

满了这样的精神痛苦的人。阿多诺和霍克海默说:"从荷马时代一直到今天,统治精神都力图在斯库拉(Scylla)返回到简单再生产和卡律布狄斯(Charybdis)无限满足需求之间的两难处境中校准方向。"①但是,人们如何能够找准方向呢? 在这里,不存在任何指路明星。人始终害怕自己返回到自然状态,害怕自己的无限欲望。因此,学会如何控制自己就成为人努力的方向。人必须学会自我控制,按照工具理性原则的要求努力劳动。而法西斯主义者就是在这样一种自我控制和自我约束中成长起来的人。因此,阿多诺和霍克海默说,法西斯主义者"在数百年的劳动压迫中学会了自我憎恨,因此他们在极权主义肆虐横行的国家里只有靠粗鄙丑陋和自暴自弃才能获得解脱"②。本来人是要保证自我持存的,但是为了自我持存,人又反过来不得不自我控制,甚至自我憎恨。究竟应该自我持存还是自我控制、自我憎恨呢? 人们无法进行理性的选择。人们或许只能自暴自弃。正因为如此,阿多诺和霍克海默提出了一个让人匪夷所思的观点:"自暴自弃深深地扎根在自我持存之中,而后者正是在培植理性,同时也是罢黜理性的过程中形成的。"③本来人要坚持理性原则,从而保证人的自我持存,但是在这种理性的自我持存中,人变成了先验主体和逻辑主体,而对自己的肉体存在持一种敌视态度。于是,自我持存导致了自暴自弃。本来人应该在自我持存和自暴自弃之间进行理性选择,而如今,人无法进行理性的选择。

在这里我们看到,阿多诺和霍克海默引用了奥德修斯的神话故事在说明人面对自然威胁的时候所采取的方法,并借此作为一种隐喻来说明启蒙对人所产生的副作用。奥德修斯在返回家乡的过程中,会不得不面对海妖塞壬。海妖塞壬的歌声如此动听,以至于凡是经过此地的人无不受其诱惑而葬身大海。为了对付这个海妖,奥德修斯把自己捆在桅杆上,把水手的耳朵堵上,指挥这群水手逃出海妖的控制。奥德修斯成功

---

① [德]霍克海默、阿道尔诺:《启蒙辩证法》,第 28 页。
② [德]霍克海默、阿道尔诺:《启蒙辩证法》,第 28 页。
③ [德]霍克海默、阿道尔诺:《启蒙辩证法》,第 28 页。

地完成了自己的任务。阿多诺和霍克海默认为,这个神话故事具有这样的隐喻意思:海妖是自然神,屈从于海妖就是屈从于自然,就是尽情享受。这就是文明的倒退。因此,文明的发展过程就是要对付自然(包括人的自然需要)。为了对付自然,人们就必须采用某种技术的方法(工具理性方法,比如把自己捆在桅杆上,堵住耳朵等)。水手们虽然无法交流,但是也能一致地努力划船。其结果是,虽然奥德修斯能够听到歌声,但是必须把自己(从精神上)束缚起来(如前面所说的既满足又束缚);而水手们无法听到歌声。于是,在征服自然的社会系统中,人失去了感知自然的能力,在经验上变得极度贫乏。这些经验贫乏的人实际上也就是无情无义的人。人在这里征服了感性世界,同时也脱离了感性世界。[①]阿多诺和霍克海默说:"长期以来,生产系统一直规定身体是为社会机构、经济机构和科学机构服务所造就的生产系统,这些机构越是复杂和精致,身体所能得到的经验就越贫乏。"[②]在这里,人也不可能真正有精神,"精神实际上变成了统治与自我统治的机器"[③]。在这种生产系统中,人变得既经验贫乏又精神贫乏,只知道像机器那样劳动。人们"在强行统一的集体中彼此孤立"[④]。人们麻木不仁。这些水手们虽然缺乏相互交流,但是在改造自然中,他们都按照工具理性原则行动,因此在经验贫乏、麻木不仁等方面都是一致的。

那么,这群冷酷无情、像机器一样工作的人在现代社会中大量出现会产生什么样的结果呢?

四、无情感的大众

在阿多诺和霍克海默看来,技术造就起来的大众,时刻准备着投身

[①] 参见[德]霍克海默、阿道尔诺《启蒙辩证法》,第33页。
[②] [德]霍克海默、阿道尔诺:《启蒙辩证法》,第33页。
[③] [德]霍克海默、阿道尔诺:《启蒙辩证法》,第33页。
[④] [德]霍克海默、阿道尔诺:《启蒙辩证法》,第34页。

到任意一种暴政当中。① 从前面的分析中我们知道,这群人没有精神,他们的思想被"限制在组织和管理工作的范围之中"②。由于这群人没有思想、没有精神,他们只知道按照工具理性的规则行动,他们就很容易受到他人的操纵。这群人就像机器人一样,只要给他们命令,他们就高效地执行命令。由于这些人没有真正的精神和思想,他们不会思考:按照这种工具理性思维去工作所要达到的目的是什么?这样的目的正当吗?这就是人们通常所说的,这些人只有工具理性,而没有价值理性。

那么,这些被工具理性所塑造起来的人究竟表现出怎样的一些行为特征呢?被工具理性控制了的人,非常重视工作的效率和效果。有用性是这种工具理性的思维方式的核心。这就如同当今社会的人总是会问:学习哲学有什么用?在工具理性的思维方式面前,哲学肯定是没有用的。他们也追求真理,但是,对于他们来说,真理的标准就是有用性。如果一种科学研究达到了自己的预期目的,能够成功地改造自然,那么这就是真理。因此,对于阿多诺和霍克海默来说,按照工具理性的生产方式,真理等同于管理思想。③ 真理就等于有用性。而我们哲学所说的真理,比如黑格尔所说的真理,是"绝对",是对自然的全面和准确的把握。而这是知性思维所无法达到的,因为知性思维永远都局限在自然的某个部分。要改变这种状况,人就必须仰望天空,就必须有追求绝对的精神。而在现代社会,精神不断媚俗。④ 所谓精神不断媚俗,就是精神把自己局限于工具理性的范围之中,只关注有用性。为此,阿多诺和霍克海默不无感慨地指出,人性的堕落与社会的进步联系在一起。⑤ 社会在不断进步,物质生产能力在不断提高,但是人的精神世界却变得极其贫乏。

如果人的精神世界非常丰富,如果人对他人不是采取一种工具理性

---

① 参见[德]霍克海默、阿道尔诺《启蒙辩证法》,前言第3页。
② [德]霍克海默、阿道尔诺:《启蒙辩证法》,第33页。
③ 参见[德]霍克海默、阿道尔诺《启蒙辩证法》,第11页。
④ 参见[德]霍克海默、阿道尔诺《启蒙辩证法》,前言第4页。
⑤ [德]霍克海默、阿道尔诺:《启蒙辩证法》,前言第4页。

的态度,那么人们之间就会产生一种社会性的联系,我们就会对他人产生同情、关爱。比如说,在传统社会中,按照基督教的观念,所有的人皆兄弟。由于这种信仰和这种精神,人们之间形成一个共同体(社会团结)。而在现代社会,这种信仰和这种精神都被否定了,人对人都采取一种工具理性的方法。在这样的情况下,人和人之间就无法形成那种传统的共同体。每个人都是孤立的个人。这些孤立的个人究竟是如何联系起来的呢?这就要靠管理(还包括当今社会中所出现的治理)。传统上的思想范畴,比如对神的信仰,使人们之间达成一种社会的团结。而在今天的社会中,以工具理性的形式出现的思想范畴不能成为社会团结的表达,它只能证明社会与统治之间令人难解的统一。① 工具理性就是用一种策略性的方法把人结合起来。就像奥德修斯那样,水手们需要生存;为了生存竞争,这些人都按照技术的方法结合了起来。高等学校通过对课堂打分、论文打分,让分数高的教师得到更多的工资,让他们生存得更好。于是,这些教师都自觉自愿地像奥德修斯的水手们那样,都一致地努力工作。他们的劳动都被有序地组织了起来。这就是奥德修斯当年所使用的方法在现代社会的延伸。至于论文的价值如何,达到了怎样的社会目的,对于教师们来说就不重要了,重要的是它对自己有用。假如教师们都是为了探索真理而努力,那么即使不发表文章,他们也会为探索真理而相互讨论、相互交流。由此,他们会发生真诚的结合,就既不会有剽窃,也不会有尔虞我诈。更广泛地说,如果人们为了宏大的社会目标、为了共同的理想而结合在一起,这种结合就会完全不同于生产中的结合、为了功利目的的结合等(当然,这里也会有副作用,比如在共同探索真理的过程中,有些人开始搭便车,不劳而获。如何平衡这里的关系,需要另外专门讨论)。这是因为共同的信仰而形成的社会团结。

由于人们没有情感,没有精神,没有对真理的追求,人们只能在功利的目的中被结合在一起。法西斯主义利用这一点对人进行了操控。这

---

① 参见[德]霍克海默、阿道尔诺《启蒙辩证法》,第19页。

种操控在政治和经济领域中都会存在,而在社会生活领域中究竟会如何呢？在现代社会,由于工具理性的控制,人变得如此冷漠、如此麻木不仁。这些人在社会生活中究竟是如何结合起来的呢？阿多诺和霍克海默用"大众社会"的概念来描述现代人的这种结合。① 我们知道,在企业中,在政府机关中,为了工作效率,人还是存在着一些技能上的差别。这些具备不同技能的人必须相互合作才能高效地完成某项工作。而在社会生活中,这些技能上的差别就毫无意义了。于是,在社会生活中,这些人既不是由于共同的信仰而结合在一起,也不是由于技能上的相互差别而结合在一起,而完全是原子化的个人结合在一起。这些完全一样的单子结合在一起,可能是由于某种特殊的癖好。比如对某个影视明星的崇拜。在这些明星面前,他们都是一样的,都是一个个人头。这些人头聚集在一起。这就是大众。阿多诺和霍克海默说："对明星的崇拜具有一种固有的社会机制,它可以把各行各业比较突出的人士夷平到同一水平。"② 这群人无法由于共同的理性和共同的事业而形成一种共同体(他们会由于共同的事业而相互承认),于是他们就需要有一种新的结合体,在这个集合体中他们感觉到人人平等。这是厌恶了生存竞争的人最为渴望的。在这里,他们的自由和平等的目的得到了实现。这在一定程度上解释了我们的社会中所出现的明星崇拜现象的社会心理基础,也解释了人们看某种世界级的体育比赛所带来的快感。这种快感在很大程度上与爱情和权力给人带来的快感相似。如果说权力和爱情给人带来快感,这是因为人得到了某种实际意义上的东西而产生的满足；而追求明星带来的快感却十分奇特,那是对没有任何实际意义的东西的追求而带来的快感。这是由"平等"和"自由"的**形式**带来的快感。然而,在这种"平等"和"自由"的背后所隐藏着的,却是极度的不平等和不自由。明星崇拜恰恰表明了明星和大众之间存在着无法填补的鸿沟,明星崇拜不是

---

① 参见[德]霍克海默、阿道尔诺《启蒙辩证法》,第268页。
② [德]霍克海默、阿道尔诺：《启蒙辩证法》,第268页。

要填补这个鸿沟,而是要不断地扩大这个鸿沟。人们可以容忍自己与明星之间的鸿沟,却不能容忍自己与周围人之间的鸿沟。这就是我们在前面所说的那种受虐狂和施虐狂的心理。这就是伴随着工具理性而产生的社会心理。在这里,工具理性深深地束缚着每一个人。当人们在音乐会上自由地摇晃呐喊的时候,我们看到的是被束缚在桅杆上的"奥德修斯"。而当代社会中各种赶时髦的现象背后都潜藏着这样的深刻的社会心理。于是在这里我们必须要问:如果这些明星变成了希特勒,那会怎样?我们认为,希特勒之所以产生,不仅仅是希特勒个人的问题,而且还是这些崇拜明星的大众自身的问题。是他们把希特勒塑造了起来。如果没有追星的,那么明星还会存在吗?如果没有奴隶的心态,那么希特勒如何出现呢?阿多诺和霍克海默指出,青年法西斯主义分子否定个性,把正义的平等(反封建的平等要求)发展成为平等的非正义(否定个性,而把人纳入同一体中)。① 在这里,自由的人变成"群氓"②。

在这样一个追星和赶时髦的社会中,我们是不是可以不赶时髦呢?如果你不赶时髦,你就变成了异类,会被这个社会排斥。现代社会中的压迫具有集体压迫的性质。③ 一个人为了改变自己的孤独生存状况,不得不赶时髦,自觉地接受这种集体的压迫。在这里,人们都自由而快乐地接受压迫和控制。

那么我们究竟如何才能摆脱这种状况呢?人们自然会想到,如果在我们的社会中,人都变得冷漠无情、麻木不仁,那么我们就要给他们灌输一种爱的精神。于是,在我们的社会,对爱的奉献得到赞扬。然而阿多诺却在这里唱起了反调。他说:"对爱的颂扬——在可能的地方则采取命令式,即人们应该爱——本身就是那种使冷漠永恒化的意识形态基石。这基石是那种带有强制性的、压迫性的东西所特有的,它们正是对

---

① 参见[德]霍克海默、阿道尔诺《启蒙辩证法》,第10页。
② [德]霍克海默、阿道尔诺:《启蒙辩证法》,第11页。
③ 参见[德]霍克海默、阿道尔诺《启蒙辩证法》,第19页。

爱的能力的抵制。"①这就是说,本来那个人没有爱心,人们只是在一种强制结构中被迫去做一些表达爱的活动。这也就是我们通常所说的,我们的社会对人进行一种道德绑架。如果对爱的颂扬能把人内心中自发存在的爱心激发出来,那么这无疑是积极的。但是,如果这种爱采取了一种命令的方式,那么这样的做法所发挥的作用可能恰恰相反——它强化了冷酷的心灵。

如果强制地让人们献爱心不是一个适当的方法,那么还有什么其他方法呢？阿多诺所倡导的就是非同一性思维,即人们要从流行的思想方式中解放出来,要真正能够自主地思想。他们还主张从审美的角度把人从生存竞争的束缚中解放出来。真正的革命是对麻木不仁的拒不妥协,②等等。

最后人们必然会问,我们究竟该如何看待阿多诺的这种理论呢？我们认为,在阿多诺和霍克海默的理论中存在着一种简单化了的唯物主义的历史观,好像一个人在生产中以及在处理人和人之间关系的时候,如果都采取工具理性的思维方式,那么他就必然只有工具理性的思维方式,而不可能具有其他思维方式。由于人被这种工具理性的思维方式所控制,所以人就没有爱的情感了,人对自己和他人都只能采取一种物化的态度,必然把他人当作改造的对象。这就好像是说,理工科的学生就一定不懂得爱情一样。这固然是错误的。但是,阿多诺和霍克海默在这里确实采用了一种历史唯物主义的方法,只是他们把这种方法过于简单化了。这种简单化的方法忽视了人的思想在某种程度上的独立性。但是,我们并不因此就完全否定他们思想中的重要因素。在当代社会,由于工具理性思维方式的极度推广,由于工具理性是生存斗争中的一种基本策略方法,如果人的思维方法被局限在工具理性的范围内,那么人的确很容易出现阿多诺和霍克海默所说的那种物化的心灵。这是需要我

---

① [德]阿多诺:《奥斯维辛之后的教育》,载《现代哲学》2015年第6期,第67页。
② 参见[德]霍克海默、阿道尔诺《启蒙辩证法》,第38页。

们认真对待的。

第三节　海德格尔存在论与否定辩证法

我们知道,在面对现代性的问题的时候,西方的思想家们也早已开始思考它所产生的问题。海德格尔的存在论实际上也是要解决近代启蒙框架所产生的不良后果:人们的思维被束缚在目的性的行动中,只看到存在者,而忽视了存在。如果能够把人的思维从对于存在者的考察引回到对于存在的考察,那么启蒙以来现代性文明中所出现的问题就可以得到解决。应该说,海德格尔所要解决的问题,与阿多诺所要解决的问题是一致的,但是他们在解决问题的方法上却不同。阿多诺吸收了黑格尔的思想,而反对海德格尔所遵循的现象学思路。当然,这不是说,海德格尔的思路对阿多诺毫无影响。实际上,否定辩证法中包含了对于存在问题的思考。我们在下文中会考察阿多诺的否定之中究竟在何种程度上包含了对于存在问题的思考。

一、"存在"概念辨析

从字面上来说,在西方语言中,存在论(ontology)就是关于"是"(Sein,存在)的学说。本来,"是"是一个"系词"。而在存在论中,这个系词被名词化了。那么在把系词名词化之中存在着怎样的奥秘呢?

当我们做出判断,说"张三是医生"时,我们既讨论了两个存在者意义上的东西(ontisch),又讨论了它们之间的关系("是")。这就是把两个存在者意义上的东西综合起来。然而,"是"作为一个系词,还可以脱离具体的判断,并在一般意义上被使用;它可以被用来指存在者之间可以被联系起来或者综合起来的一般状况。当"是"这个系词脱离了具体判断而指称一般意义上的综合关系的时候,它就名词化了(Sein)。这个被名词化的系词,在中文中,我们一般地翻译为"存在"。从这个意义上来说,"存在"就是从具体判断中抽象出来的,指称存在者之间的综合关系的词。这也就意味着,"存在"可以脱离存在者,而指称"一般的、绝对的综合的事实状态(Sachverhalt)"①。

从"存在"一词的这种使用方式来看,"存在"可以从存在者中独立出来,并作为存在论思考的对象。这就是海德格尔把存在和存在者区分开来的语言学基础。为此阿多诺指出:"海德格尔从系动词的逻辑性中得到了存在论的纯洁性,这种纯洁性迎合了他对一切实际东西的反感。"②在阿多诺看来,海德格尔的这种做法存在着两个明显的错误。第一个错误是,海德格尔把"是"这个词和主词、宾词在语法地位上等同起来。我们知道,在任何一个表语性的判断中,"是"这个词都是有意义的,就如同主词和宾词一样。在这里,"是"甚至有某种与它相对应的"事实状态"。但是,与"是"所对应的"事实状态",与主词和宾词所对应的事实状态是不同的。按照阿多诺的区分,前者属于"意向性的"(intentional)③,而后者是存在者状态意义上的(ontisch)。这表明,主词和宾词如果脱离了判断,都可以有存在者状态上的意义,而"是"却没有这种存在者状态上的意义。阿多诺认为,如果脱离了主词和宾词,"是"就没有独立的意义。这就是说:"这个系动词的意义只能在主语和谓语的关系中得到实现,它不是独立的。"④而海德格尔的错误就在于,他认为,系动词和主词、宾词一样,如果独立起来都可以有存在者状态上的意义。为此,阿多诺认为,海德格尔按照同样的"事物模式"来看待系动词和主词、宾词。这样,他实际上就赋予系动词以存在者状态上的意义。由此,阿多诺指出,虽然海德格尔一贯反对物化,即反对把存在理解为存在者,但是,海德格尔实

---

① [德]阿多尔诺:《否定的辩证法》,第 98 页。凡引用此书的地方,引者都根据需要对原译文进行了修改。参见《阿多诺全集》第六卷(Theodor W. Adorno, *Gesammelte Schriften*, Band 6, Frankfurt am Main: Suhrkamp Verlag, 1997)。

② [德]阿多尔诺:《否定的辩证法》,第 98 页。

③ 在这一点上,他与海德格尔是一致的,认为判断是一种意向性行动。从这个意义上说,"是"必须在意向性意义上被理解。尽管"意向性行动"是不必要的重复,因为人的一切行动都是意向性的。关于存在论差别与意向性的关系,参见[德]海德格尔《现象学之基本问题》,丁耘译,上海译文出版社 2008 年版,第 82—93 页。

④ [德]阿多尔诺:《否定的辩证法》,第 98 页。

际上也是把"是"(存在)理解为存在者,他的这种做法实际上也就是"物化"。① 对于阿多诺来说,虽然海德格尔强调"存在"的意向性意义,但是,他还是无法避免从存在者状态的意义上来理解"存在"。

第二个错误是,海德格尔用"是"的一般语法形式代替它的具体内容,把存在者状态上的功能转换为存在论上的功能。我们知道,"是"在每一个表语性判断中都有特定的内容,而"存在"被理解为这些特定意义上的"是"的抽象,是一般意义上的"是"。特殊意义上的"是"和一般意义上的"是"是不会重合的。因此,在语言学中,为了区别这两者,在具体判断中人们用"是"这个词,而一般意义上的"是"在语法上被称为"系动词"。然而海德格尔不同,他抽象出一般意义上的"是",并认为,"是"可以独立地指称"是"的一般意义,由此赋予"是"以存在者状态上的意义。这样,海德格尔就把一般意义上的"是"(语法意义上的系动词)和特殊意义上的"是"混淆起来了,好像一般意义上的"是"像具体判断中的"是"一样,能够表达具体内容。当海德格尔以一般意义上的"是"取代特定意义上的"是"的时候,他实际上是用一般的语法形式代替具体的内容,"这种代替把'是'的存在者状态上的性能转化为存在论上的性能,即存在的一种存在方式"②。本来,从一般意义上来说,"是"是系动词,但是海德格尔却认为,它是包含了关于"是"的各种具体内容的概念;这个"是"本来是被用来表示存在者之间的一般关系的,具有存在论意义,然而,通过这种转换"是"(存在)似乎有了"是"的具体内容,而这个具体内容就是存在论研究的对象。

当然,阿多诺承认,海德格尔把"存在"存在论化也有他的理由。这是因为,"存在"一词要表达这样一个意思:每一个存在物都不是它自身,比如,每一个存在物都必须与其他存在物相区别,并且都是相互关联的。当我们做出判断的时候,就是把某种关联凸显出来。"存在"的概念就表

---

① 参见[德]阿多尔诺《否定的辩证法》,第98页。
② [德]阿多尔诺:《否定的辩证法》,第99页。

达了这个意思,即每个存在物不是它自身。每个存在物都不会因为它被规定或者自我规定而不需要别的东西,即它本身所不是的东西。这就是说,每个存在物都会超越于自身。然而,阿多诺认为,即便如此,我们也不能把这种超越性脱离被超越的东西。他说:"海德格尔试图守住那种超越自身的东西,并把它所超越的东西当做垃圾扔在身后。"①在阿多诺看来,没有被超越者,超越性就不可能,我们不能把超越性当作独立于被超越的东西。当人们用"是"来谈论存在者的时候,就表达了存在者的这种被超越性。而海德格尔恰恰把这种被超越性、这种紧密联系孤立了起来,使它脱离存在者,而成为"第一存在"。从这个意义上来说,"紧密联系"走向了自己的反面。②

当人们进行判断的时候,判断的主词和宾词之间是有差别的。阿多诺指出:"每一判断的分析都导致两种要素,人们不能把一种要素还原为另一种要素。"③这就意味着,判断的两个要素之间存在着不可还原性。而存在论的研究就是要追求绝对,追求最终的东西。沿着这种存在论的思路,"不可还原性本身也是'最终的'"④。海德格尔用"存在"表示这种不可还原性。而阿多诺认为,当海德格尔用"存在"来表示不可还原性的时候,实际上是"向不可还原性的还原"。这就是说,不可还原性本身变成独立的东西了。对于海德格尔来说,只有有了这种先验的不可还原性,判断要素之间的不可还原性才能表达出来。而阿多诺认为,离开了判断中的要素,不可还原性不能意指任何东西,也没有任何意义。而海德格尔恰恰要赋予这种不可还原性以先验的存在论意义。当然,阿多诺承认,当海德格尔用"存在"表达判断中要素的不可还原性的时候,达到了对非同一性的认识。但是,海德格尔用"存在"这个词来表达非同一性,这种做法实际上也掩盖了非同一性。这是因为,海德格尔用肯定性

---

① [德]阿多尔诺:《否定的辩证法》,第99页。
② 参见[德]阿多尔诺《否定的辩证法》,第99页。
③ [德]阿多尔诺:《否定的辩证法》,第100页。
④ [德]阿多尔诺:《否定的辩证法》,第100页。

的概念来表达否定性的东西,把非同一性、把**不可还原性**当作"存在",当作同一。① 显然,如果人们用"存在"来表达虚无,那么虚无就不能被显示出来。同样,如果人们用"是"来表达"非",那么"非"就不能被表达出来。应该说,阿多诺的这个批评是有道理的。海德格尔在《形而上学导论》中讨论的一个基本问题是,"为什么存在者存在,而虚无反而不存在?"在海德格尔看来,虽然虚无存在是一种逻辑矛盾,但是,这在存在论上是无可置疑的。它就是要用存在来表达"虚无"(没有传统哲学所理解的那种客观性)。

既然"是"表示密切联系,表示超越性和不可还原性,那么,"是"就不是纯粹主观的功能,不是随意的思想上的想象,也不是存在物,或者至少没有我们传统哲学中所理解的那种客观性。于是"存在"这个词在海德格尔那里所指的东西,既非主观的,也非客观的,而是它们之外的第三者。海德格尔由此把它看作超越的东西。然而,在阿多诺看来,存在总是与存在者联系在一起的,或者与概念联系在一起,或者与具体的事物联系在一起。虽然存在既不是纯思想,也不是纯存在者,但是它不可能像海德格尔所说的那样,"存在地地道道是超越者"②。由于存在总是与存在者联系在一起的,因此,如果存在被思考,即使在海德格尔的最苍白的一般性意义上被思考,那么这种思考或者会导致概念,或者会导致存在者。这就是说,独立于存在者来思考存在是不可能的。因此,阿多诺指出:"'存在'一词只有就它不被思考而言,它许诺的统一才能维持下去。"而存在的意义也不能按照海德格尔的方式得到思考。③

二、不可表达东西的直接表达

"存在"是用来表示超越性、不可还原性和紧密联系的。对于海德格

---

① 参见[德]阿多尔诺《否定的辩证法》,第101页。
② [德]海德格尔:《存在与时间》,陈嘉映、王庆节译,商务印书馆2016年版(以下引用该版本不再一一注明出处),第47页。此处"超越者"译为"先验的"更为准确。译为"越超者"反而把存在变成了存在者。
③ 参见[德]阿多尔诺《否定的辩证法》,第101页。

尔来说,存在所表示的东西不是实体性的存在,不是存在者的领域。它既不是概念也不是事实,而是超越的,是海德格尔在现象学的反思中构想出来的。阿多诺批评这一点。他认为,这个存在的领域不具有超越性。其根本的原因就在于,人们在思考存在的时候,必须依靠中介,正如人们在做出判断的时候,必须依靠主语和谓语一样。没有中介,对于存在的思考则是不可能的。阿多诺说:"这种假定纯洁的'存在'的基础是不可思议的,每一种想思考它的企图都会碰上去实体化了的存在的中介。"①不借助于中介来思考存在是不可能的,然而这种不可能性对于海德格尔来说却具有一种特别的优势,使存在获得了"形而上学的尊严"。因为海德格尔的存在论就是用"存在"来表达这种不可能性。

然而,问题却来了:既然对于存在的思考必须依赖于中介,必须依赖于存在者的领域,海德格尔不是不知道这一点,那么海德格尔为什么还要这样来思考存在呢?这是因为,海德格尔认为,借助于存在者的领域来思考存在,不可能完全把握存在;因为存在不是存在者,它超出了存在者。然而阿多诺认为,这些超出存在者的东西,不是独立于存在者之外的。比如,存在者之间存在着紧密结合,存在表示这种紧密结合,存在所表示的领域却不是先于紧密结合的。我们不是把存在加到存在者上。存在总是借助于存在者得到思考。在日常生活中,我们所使用的概念是用来表达存在者的,但是这些概念在表达存在者的时候,必然无法全面地把握存在者。存在者必然具有概念之外的东西。阿多诺说:"没有那种使某种语言成为语言的'额外',任何概念都是不可思议的,甚至是不可能的。"②海德格尔的存在概念就是要用来表达这些超出存在者之外的东西。然而,要表达存在就必须依赖于存在者;这就是说,存在必须借助于存在者而得到思考。当然,海德格尔看到了这种"额外",把这种额外看作既非概念又非客观事物,既非主体又非客体,而是在主体和客体之

---

① [德]阿多尔诺:《否定的辩证法》,第102页。
② [德]阿多尔诺:《否定的辩证法》,第103页。

外的东西,看作是直接的、最终的东西。海德格尔用"存在"来表达这种直接的、最终的东西。

那么,存在是否可以直接表达这种直接的、最终的东西呢?阿多诺认为,当海德格尔用存在表达这种直接的、最终的东西的时候,他实际是要直接表达不可表达的东西。因为,存在表示概念之外的东西,这种东西不能用概念直接表达出来。按照阿多诺的看法,要思考存在就必须依靠中介,而存在("是")本身就是中介,中介就是表达"存在"的另一个词①。由于存在是与存在者联系在一起的,它不能被直接表达出来,而必须被中介。阿多诺认为,海德格尔用存在概念来直接表达不可表达的东西,表现了哲学的一种渴望,即表达不可表达东西的渴望。而且,这种东西越是不可表达,哲学就越是渴望表达它。由于哲学有这样一种特点,哲学受到了嘲笑,被认为不是科学,而是一种"沉思的诗"②。面对实证主义的质疑,哲学受到了诱惑,也要求一种科学的形式。然而,在阿多诺看来,哲学的这种努力是失败的。他说:"就哲学受到科学的恐吓而坚持搜索可触知之物而言,它的历史是失败的历史。"③这就是说,哲学就是要表达不可表达之物,而这种不可表达之物是不能直接被表达的,而是要借助于中介的。如果哲学的这种研究方式与科学不同,那么,这不是哲学的错误,而是科学本身过于狭隘。哲学不能按照科学的方式来探索真理,哲学这样做"不是放弃真理,而是说明科学的真理是狭隘的"④。阿多诺认为,海德格尔的优点在于,他看到了哲学的这种特点,看到哲学要表达的是人们用日常语言所无法表达的东西,是用传统的科学方式所无法研究的东西。海德格尔也看到了科学的狭隘性,他因此提出了一种新的真理概念。但是,阿多诺认为,海德格尔还是没有彻底摆脱实证思维方式的狭隘观念。对他来说,哲学也类似于实证科学,哲学也是表达一种

---

① 参见[德]阿多尔诺《否定的辩证法》,第99页。
② [德]阿多尔诺:《否定的辩证法》,第107页。
③ [德]阿多尔诺:《否定的辩证法》,第106页。
④ [德]阿多尔诺:《否定的辩证法》,第106页。

"实证内容"。这种实证的内容可以被概括在"存在"概念中。他是按照实证主义的方式来表达这种"实证内容"。阿多诺指出,海德格尔"把哲学的这种被激发起来的特殊性……改造成一种似乎更高级的客观性:哲学知道它既不是在判断事实,也不是判断概念(一如过去被判断的那样),甚至不能确信它的对象,它还会在事实、概念和判断之外寻求它的实证内容。"①在阿多诺看来,这个内容没有实证性,不能按照实证的方式来直接表达,而只能借助于中介来表达。而海德格尔的错误就在于,他试图直接表达这个不能直接表达的东西。

那么,人们必然会问这样的问题:直接表达这种不可表达的东西有什么问题吗?在阿多诺看来,直接表达这种不可表达的东西,使不可表达的东西受到了损坏。这种损坏表现在两个方面:第一个方面,海德格尔反对把存在理解为存在者,反对把存在"物化",可是,当海德格尔用存在来表达"实证内容"的时候,他实际上就把存在物化了。反对物化的人还是包含了根深蒂固的物化思维方式:存在概念好像主词或者宾词一样表达某种"实证内容"。第二个方面,当海德格尔用存在表达"实证内容"的时候,他试图独立于存在者来思考存在,而这是不可能的。这是因为海德格尔把哲学中不可表达的方面当作直接的论题,这就把哲学限定在"废除意识"的范围之内,即抛弃了哲学的自我反思的道路(人们在思考的时候,或者思考事实状态或者思考概念,如果存在既不是事实状态,又不是概念,那么存在就无法被思考)。这就是说,哲学无法达到绝对,不能像海德格尔那样直接描述存在而达到绝对;它只能通过自我反思而不断修正自己。正因为如此,阿多诺认为,虽然海德格尔提出了存在的问题,这引发了人们对不可表达东西的思考,但是当他直接表达这个不可表达的东西的时候,他又阻碍了这种思考。海德格尔想解放人们的思想,但是当他直接用存在来表达不可表达的东西,说"这就是它",这就导

---

① [德]阿多尔诺:《否定的辩证法》,第107页。

致了思想的贫困。①

在阿多诺看来,海德格尔所涉及的问题是语言和它的表达对象之间的关系问题,甚至儿童都会面对这样的问题。儿童总是会用"凳子"为什么能够指称凳子这样的问题来困扰他的父母。在阿多诺看来,儿童的这个问题并不天真,而是一个非常严肃的哲学问题:字词的内容和它们的真理内容之间的关系问题。对于阿多诺来说,在这个问题上,唯名论和实在论都是错误的。唯名论认为,字词实际上只是名称而已,只有特殊事物才是真实存在的,似乎名词不能指称特殊事物的某种特性。而实在论则认为,名词所指称的共相才是真实存在的,而特殊事物只是共同东西的表现。实际上,名称和事物之间的关系是辩证的,名词既指称事物,又不能完全指称事物。海德格尔实际上看到了这种辩证法,但是,"他在迈出语言哲学的辩证法第一步后就停了下来"②。这就是说,海德格尔也看到了字词和它所指的东西之间的差别,但是还是恢复了"名词权力"。那么海德格尔究竟是如何恢复名词的权力的呢?传统上,我们都认为,字词反映事物之间的关系,真理在字词所表达的内容中存在。按照这种思路,真理存在于语言之中。而海德格尔则把这里的关系颠倒过来。他认为,一切存在的东西都有自己的"言语",它们都会自己展示出来。对于海德格尔来说,不是真实性作为被语言意指的东西存在于语言中,而是语言对真实性具有构成性的意义。没有语言,真实性就不存在。从这个意义上来说,在海德格尔那里,"存在"这个词和存在是无法被区分开来的,正是"存在"这个词让存在凸显了出来。不仅如此,既然语言构成了真实的东西,那么语言就天然地成为真实性的标准。而阿多诺强调,语言构成了真实性,但是这并不意味着,语言和真实性是同一的。③ 我们所说的真实性都是在语言中被表达的。当人们使用语言的时候,人们就会对语言进行反思,会意识到表达和被表达者之间的非同一性。当人们

---

① 参见[德]阿多尔诺《否定的辩证法》,第108页。
② [德]阿多尔诺:《否定的辩证法》,第109页。
③ 参见[德]阿多尔诺《否定的辩证法》,第109页。

意识到这种非同一性的时候,人们就可以把对象作为真实性的尺度,从而反思语言是不是表达了对象的真实性。而海德格尔却强调语言对真实性的构成作用,似乎语言本身和真实性是同一的,"存在"一词和存在是无法区分的,"存在"一词直接呈现了存在。而在阿多诺看来,语言一开始就处于表达和事物之间的永久对抗中。而海德格尔对于存在的理解否定了这种对抗,好像语言和存在是一体化的。为此,阿多诺认为,海德格尔对存在的这种理解是"条顿化的神秘主义"①。这就好像原始人类所设想的那样,用一个人的名字来诅咒一个人,就可以加害于这个人一样。应该说,阿多诺对海德格尔的这个批评从根本上揭示了海德格尔存在论在语言观上的一个错误。这就是说,即使海德格尔试图用"存在"表达最终的东西,海德格尔也做不到这一点。因为,概念必定与概念所表达的东西之间存在着"永久的对抗"。海德格尔看到了这种对抗,但是试图用"存在"概念来消除这种对抗。然而这是不可能的。当然,对于海德格尔来说,人们在日常生活中的语言是被束缚在主客体关系的框架中的,这种语言不能表达真实性。海德格尔所说的"存在"包括存在论中的许多概念都不是我们在日常意义上所理解的概念。在他那里,"存在"和存在似乎无法区分了。实际上,海德格尔和阿多诺的根本对立就在这里。对于阿多诺来说,"存在"就是一个概念,如果要使用这个概念,那么这个概念无法表达海德格尔所企图达到的绝对。存在概念就是与主词、宾词类似的概念。如果它们是同一类概念,那么"存在"只是用来表达超越性、不可还原性等。而在这样的情况下,"存在"是用来表达否定性。如果"存在"表达了否定性,那么人们就不能对存在进行任何规定。正因为如此,海德格尔只能一再重复存在就是存在。② 而在海德格尔看来,"存在"和存在无法区分。他强调,"存在"这个词对存在发生的关系,与语言中名词或者动词对存在者发生的关系不同。③ "存在"与主词和宾词

---

① [德]阿多尔诺:《否定的辩证法》,第110页。
② "但是存在——存在是什么呢?——就是它自身。"参见[德]阿多诺《否定的辩证法》,第67页。
③ 参见[德]海德格尔《形而上学导论》,王庆节译,商务印书馆1996年版,第88页。

不是同一类概念。对于海德格尔来说,"存在"这个概念的含义和存在的意义是一回事。①

三、存在者状态的存在论化

海德格尔的整个哲学是建立在对于存在和存在者之间差别的基础之上的,这被海德格尔称为存在论差异。他说:"这个差异涉及存在和存在者之间的区别。存在论差异说的是:存在者的特性总是通过某种存在建制被描述的。这个存在自身并不是存在者。"②那么,海德格尔果真能够把"存在"和存在者区分开来吗?

在阿多诺看来,海德格尔并不能做到这一点。这是因为,存在和存在者之间存在着一种相互依赖的辩证法。按照这种辩证法,"没有存在者,存在是不可思议的;而没有中介(即存在——引者注),存在者也是不可思议的。"③因此,当海德格尔脱离存在者而构想存在的时候,虽然能够构想存在,但是却无法从根本上脱离存在者。事实上,海德格尔也承认存在和存在者之间的这种相互关系。海德格尔说:"没有存在者就没有存在,只要这属于存在的真理,那么没有存在也就没有存在者。"④当海德格尔努力把存在和存在者区分开来的时候,他只是强调,只有理解了存在,存在者才是可以理解的。按照海德格尔的看法,存在问题具有存在论上的优先地位⑤。然而阿多诺对于海德格尔的这种做法提出了质疑。他说:"只要被清洗掉存在者的存在是一种源始现象,那么在它排除了存在者之后本身还得有存在者。"⑥实际上,海德格尔也是如此,他努力把存在和存在者区分开了,并确立存在在存在论上的优先地位,然而要把存

---

① 参见[德]阿多尔诺《否定的辩证法》,第84页。
② [德]海德格尔:《现象学之基本问题》,丁耘译,上海译文出版社2008年版,第9页。
③ [德]阿多尔诺:《否定的辩证法》,第113页。
④ [德]海德格尔:《形而上学是什么》,转引自[德]阿多尔诺《否定的辩证法》,第115页,德文版第123页。
⑤ 参见[德]海德格尔《存在与时间》,第17—18页。
⑥ [德]阿多尔诺:《否定的辩证法》,第113页。

在作为存在论上优先的东西确立起来却必须有一个存在者,即此在。这就是说,要确立存在在存在者状态上的优先地位,必须要有作为存在者的此在存在。不仅如此,阿多诺认为,海德格尔在确立存在在存在者状态上的优先性的时候,会把存在实体化。他说:"海德格尔关于此在在存在者状态上和存在论上的优先性的学说,关于存在在场(anwensenheit)的学说,从一开始就把存在实体化。只有当存在按照他的意愿作为某种先于存在者的东西独立存在时,此在才能透视存在,而存在又反过来才能把这种透视性显露出来。"①按照阿多诺的理解,如果存在不独立于此在而优先存在,如果没有存在的独立性,那么此在是不能透视存在的。阿多诺认为,海德格尔预设了存在的实体性。存在被实体化了,变成了存在者。本来存在不是存在者,不能有实体的性质,而当海德格尔把存在实体化的时候,实际上就赋予了存在以实体化的性质,也就是赋予了存在以存在者的性质。于是,阿多诺讽刺海德格尔说,在这里,存在"夺取了存在者的财产,而存在的词义一直意指着存在者的概念统一性"②。当然海德格尔曾经明确指出,存在不是存在者的概念同一性,不是存在者的集合体。而在阿多诺看来,虽然海德格尔否定了这一点,但是在海德格尔的理论预设中用存在来意指存在者统一性的情况是无法避免的。他的这种做法实际上消解了存在和存在者之间的差异。

海德格尔在关于存在论的差异的论述中,特别把"存在者状态的"(ontisch)与"存在论的"(ontologisch)区分开来。而阿多诺认为这种差别是无效的。阿多诺认为,存在者是这样的一个概念,这个概念意指某些非概念性的东西,或者说,它是超出概念的概念③。他说:"存在者的概念——根本不像海德格尔称赞的存在概念——是一个包含着十足的非概念东西的概念,这种非概念的东西不能被概念所穷尽,然而它与其所

---

① [德]阿多尔诺:《否定的辩证法》,第114页注。
② [德]阿多尔诺:《否定的辩证法》,第114页。
③ 参见拙作《让概念指称非概念》,载《吉林大学社会科学学报》2015年第3期。

包含的东西之间的差别也无需表达出来。"①而当海德格尔把每一个存在者还原为"存在者状态"的时候,他实际上是要用"存在者状态"来把存在者概念中的这种差别表达出来。但是,当海德格尔用"存在者状态"来表达这种非概念的东西的时候,他实际上是用概念来表达概念所不能表达的内容。或者说,他用一般的概念取代了与概念的性质完全不同的内容。当海德格尔用"存在者状态"的概念来取代存在者,表达存在者的那些非概念的内容的时候,这个"存在者状态"实际上就与存在无法区分开了,它们都是用来表达存在者之中那些无法用概念表达的东西的。用阿多诺的概念来说,这就是把"存在者状态存在论化"②。本来非概念的东西,每一个存在者中的非概念的东西,是被包含在存在者概念中的。如果人们用"非概念性"来表达这种非概念的东西,非概念的东西就被这个抽象的概念消解了。而海德格尔的"存在者状态"就类似于这个"非概念性"概念。当存在者(包含非概念的东西的概念)被转换成为"存在者状态"("非概念性"),转换成为"存在"(如前文所述,海德格尔同样试图用存在来表达非概念性)的时候,存在论的差别就被消除了。因此,阿多诺说:"由于把非概念的东西概念化为非概念性,存在论差异也被消除了。"③而在海德格尔哲学中最为明显的把存在者存在论化的,是海德格尔对此在的理解,本来此在是一个存在者,但是,这个存在者却被当作存在来理解。海德格尔说:"此在的本质在于它的生存。"④生存是此在的存在方式。

阿多诺认为,海德格尔把存在者状态存在论化,消除了存在和存在者之间的差别。他的这种做法类似于黑格尔的变戏法。或者说,他犯了与黑格尔类似的错误:把非同一性的东西、把非概念性的东西纳入同一性之中,纳入概念之中,从而消解了概念的内容。我们知道,黑格尔的哲

---

① [德]阿多尔诺:《否定的辩证法》,第115页。
② [德]阿多尔诺:《否定的辩证法》,第115页。
③ [德]阿多尔诺:《否定的辩证法》,第115页。
④ [德]海德格尔:《存在与时间》,第64页。

学体系是从"存在"开始的。黑格尔关于"存在"与"虚无"的思考显示了他的这种错误。黑格尔在《逻辑学》中讨论"变异"时指出,时间和空间"被明显规定为**无规定的东西**;这种**无规定的东西**,假如追溯到它的最单纯的形式就是有(即存在——引者注),但是,这种**无规定性**正是构成规定性的东西;因为无规定性跟规定性对立。无规定性作为对立物自身就是有规定的,或否定的东西,而且是纯粹的、完全抽象的否定的东西。"①按照黑格尔的思路,时间和空间是无规定的东西,这种无规定的东西可以被概括在"存在"这个概念中,而"存在"这个概念由于它是**无规定性**的,因此,存在就是虚无。阿多诺对黑格尔的这个推论过程提出了批评。时空作为某种东西是没有规定的,因此,这种没有规定的东西可以被概括到纯粹形式化的概念"存在"之中。这就是说,存在这个概念表示无规定的东西。但是在黑格尔的推演过程中,把**无规定的东西**变成了**无规定性**。而当存在变成**无规定性**的时候,存在当然就是虚无。对于阿多诺来说,无规定的东西不能被当作无规定性。无规定的东西虽然无规定,但是并不意味着它没有任何内容,只是无规定的东西中所表达的内容不能被概括到具有同一性特征的概念(无规定性)之中。当然,黑格尔把无规定性理解为一种规定性实际上也就表明,无规定性需要规定性来中介。这也就意味着,非同一性需要同一性来中介,无规定的东西需要被规定的东西来中介。然而,黑格尔没有能够彻底贯彻自己的"非同一性"的辩证法。在他的哲学中,非同一性不过是同一性的中介,其最终目的是要达到同一性。为此,阿多诺指出,"在黑格尔的著作中,同一性作为总体性具有存在论上的优先性"②。由于黑格尔把同一性置于存在论上的优先地位,于是非同一性就要被提升到抽象的同一性的概念之中。而这种抽象而贫乏的概念就失去了表达非同一性的能力。本来,如果抽象的概念失去了表达非同一性的东西的能力,这是抽象概念的一个缺陷。而在

---

① [德]黑格尔:《逻辑学》上卷,第89页。
② [德]阿多尔诺:《否定的辩证法》,第119页。

黑格尔那里,这种缺陷却变成了概念的优越性的标志(即同一性的概念具有存在论上的优先性)。

在阿多诺看来,海德格尔对于存在和存在者的关系的分析具有同样的缺陷。在海德格尔那里,存在和存在者对立起来,存在于是变成了一个抽象的、空洞的概念,虽然他试图用存在概念来表达那些不能表达的东西、不能被包含在存在中的东西,但是,要表达这些不能表达的东西就必须借助于存在者。然而海德格尔关于存在论差异的论述恰恰要割裂这两者之间的联系,这样存在就变成了一个空洞的概念。阿多诺批判海德格尔"把概念上的'更少'装扮成概念上的'更多'"。这就是说,在海德格尔那里,存在概念是被用来指称存在者所无法表达的东西的,是要达到概念上的"更多"的,但是由于存在概念脱离了存在者,成为一种抽象而空洞的概念,从而变成了概念上的"更少"。海德格尔说,"存在这个词最终只是一个空洞的词"①。无内容就是存的内容。而这个"更少"内容的概念,在海德格尔那里却取得了比存在者更高的地位。于是,阿多诺认为,"海德格尔重复了黑格尔的变戏法式的花招。只是黑格尔是公开的,而海德格尔不想成为一个唯心论者,所以含含糊糊地掩盖了存在者状态的存在论化"②。如果海德格尔直接把存在者消解在存在概念中,那么他就是一个唯心论者,他却用存在论差异来掩盖存在者状态的存在论化。

四、海德格尔的存在论与阿多诺对现代性问题的思考

虽然阿多诺批判了海德格尔的存在论,但是阿多诺对非同一性的理解实际上在很大程度上却受益于存在论。从这个意义上来说,海德格尔的存在论对阿多诺的现代性批判理论具有重要的意义。它深化了对于非同一性的理解,深化了关于让概念表达非概念的理解。在一定意义上

---

① [德]海德格尔:《形而上学导论》,第36页。
② [德]阿多尔诺:《否定的辩证法》,第120页。

说，海德格尔所说的存在，就相当于阿多诺的非概念。海德格尔把这种非概念直接表达出来了，这就相当于说，用概念来表达非概念。这是一种矛盾。对于阿多诺来说，概念在这里只是一个中介，人们利用这个中介，让概念指称非概念，让概念超越概念。实际上海德格尔也意识到了这个问题。他曾经问，为什么存在者存在，而无反而不存在？但是，海德格尔却用存在来表达这个"无"，其中缺乏中介的意思。由此阿多诺认为，这实际上仍然还保留了实证主义的残余。当海德格尔把非概念当作存在所指称的对象的时候，海德格尔实际上就在思维方式中沾染了实证主义的旧习。非概念只是表达了不是什么，但是我们无法说出它是什么。同样，"存在"不是存在者，但是存在是什么呢？这个问题就无法回答了。这是因为，在海德格尔看来，存在不是某种东西，不能直接被规定。对于阿多诺来说，这是不可表达的东西，海德格尔把不可直接表达的东西直接表达出来了。而在阿多诺看来，只有借助于中介，存在才能被表达出来。比如，概念就是一种中介，借助于概念，非概念就能被表达出来。

阿多诺所借用的中介思想来自黑格尔，让概念超越概念实际上就是黑格尔否定之否定的另一种表达方式。当然，阿多诺也不同于黑格尔，因为对于黑格尔来说，否定之否定是要达到肯定，而在阿多诺看来，这是错误的，对于存在的表达，对于非同一性的认识，是永远都无法完成的。

按照阿多诺的看法，存在者的追问是现代社会的思维方式的一种特点，是实证主义的思想方法；而存在的追问实际上就是要反对这种实证主义的思维方式。这是启蒙以来的基本思想方法。在反思启蒙以来的现代性问题上，海德格尔和阿多诺是一致的。他们的差别在于，如何克服这种工具理性主义。海德格尔的思路是用一种现象学的方法来解决这个问题。这就是把存在者悬置起来，而对存在进行一种本质上的直观。当然，在这里，海德格尔还吸收了狄尔泰的解释学方法，把存在作为理解的对象来加以领会。而阿多诺则吸收了黑格尔的辩证法思想来重新思考存在（非概念）。

那么这自然会产生一个问题：这两种不同的思路哪一个更有效呢？笔者认为，这两者各有长处。海德格尔的思想是建构性的，他通过建构一种理论来引导人们超出对存在者的思考，而追问存在。而阿多诺的分析却缺乏这种建构性。他没有积极的理论建构，而更多的是对工具理性、实证主义的批判。但是，却隐藏着一个不易被人发现的道理在其中：如果概念是被用来描述存在者的，那么否定概念，达到非概念，就是通过对概念的否定来达到非概念。这实际上就在一定的程度上承认了概念描述存在者的正当性。没有概念对存在者的描述，对于概念的超越也就不可能。这就是说，他们批判实证主义，实际上也是在一定程度上承认实证主义的正当性。只是他们认为，这种实证主义存在缺陷，我们要超越这种实证主义。从这个角度来看，他们对于现代性的批判是有积极意义的。这种批判不是根本的否定，而是一种扬弃。

借助于同一性思维而结合起来的是媚俗的大众，只有破除了这种同一性思维，社会性的结合才是有可能的。海德格尔对存在的研究把我们引向一个日常世界之外的"世界"，这个世界才是一个人和人之间社会性结合的世界。从这个角度来说，无论是海德格尔对存在的研究还是阿多诺对非同一性的研究，都试图把我们引向对于人和人之间社会性结合的思考，而不是沉沦在日常生活的世界中。这是因为日常世界中的人只会你争我夺，而无法从根本上去理解"共同此在"。

第四节　文化工业——现代性问题的另一维度

在国内学术界，人们从不同的角度分析了阿多诺对于文化工业的批判。而从现代性批判的视角来看，文化工业产生了怎样的现代性问题呢？对于阿多诺来说，文化工业产生的最突出的问题就是艺术的终结，而伴随着这种艺术的终结的，是精神的死亡。这才是阿多诺批判文化工业的实质。而精神的死亡实际上是工具理性的思维方式的必然结果。这是因为，对于工具理性来说，精神性的东西也必须证明自己是有用的。

一、艺术与文化工业

在论述文字和图像的关系的时候,阿多诺就说明了概念与图画的关系,说明了艺术对于人的思想的重要性。在阿多诺看来,当艺术被否定了的时候,实证主义的思想就会泛滥。而这种实证主义的突出问题是缺乏对社会的批判。在阿多诺看来,当代世界最突出的现象是精神的媚俗化。精神的媚俗化就是精神把自身融入世俗的生活之中,成为生活的一部分,而缺乏超越于社会之外并对社会进行批判这样一个维度。在阿多诺看来,精神的媚俗化就是精神的死亡。他说:"精神的真正功劳在于对物化的否定。一旦精神变成文化财富,被用于消费,精神就必定会走向消亡。"①

文化工业的核心问题就是它把精神的东西变成一种义化财富,变成一种消费品。文化工业看上去也是一种精神性的东西,这是因为文化工业与艺术非常相似。因此,我们首先要搞清楚这两者之间的差别与联系,才能更好地理解阿多诺和霍克海默对文化工业的批判。在《文化工业:作为大众欺骗的启蒙》一文的第一部分,阿多诺和霍克海默从整个社会生产发展的角度对文化工业进行了定位。这个定位表明,文化工业是当代资本主义社会生产中的一个部门,是整个社会分工体系中的一个部门。在现代社会,艺术生产是按照大工业的方式来进行的,艺术品完全按照物质生产的方式来进行生产和分配。物质生产中的控制方式已经完全转移到了文化生产之中。在这里,音乐厅已经由广播、电视和杂志取代了。艺术作品开始大规模地、批量地生产出来。文化生产已经把文化生产完全工业化了。工业化的管理方式、工业品的消费方式都出现在文化领域。于是,在艺术中所存在的那种反抗精神就彻底消失了。工具理性对人的精神领域进行了全面的压制。工业生产中的暴力和权力在文化领域显示出来。

---

① [德]霍克海默、阿道尔诺:《启蒙辩证法》,前言第 4 页。

文化工业就是把艺术变成对人有用的东西，让人来享受，给人带来快乐。在霍克海默和阿多诺看来，艺术从产生的一开始就面临着这样一个问题，即艺术必须是有用的。他们说："艺术享受和手工劳动自打史前时代的那个世界起就分离开来了。史诗中就包含着与其相应的理论。文化财富与遵令而行的劳动有着严格的呼应关系，而对自然进行的社会控制为二者奠定了不可抗拒的强制性基础。"①这就是说，无论是人类劳动还是文化生产，其基础都是一样的，都是要服从于控制自然的需要。当文化财富也是从征服自然的强制性基础中产生的时候，这种文化就失去了文化的意义。

当然，这不是说，现代社会中就没有艺术了。比如，我们现在还经常有各种古典音乐会。难道这不是艺术欣赏吗？难道这种艺术中也没有精神的力量吗？对于这种情况，阿多诺和霍克海默通过奥德修斯的神话故事来说明：奥德修斯把自己捆绑起来，虽然他能够聆听海妖的歌声，但是必须把自己束缚起来；而水手们则塞住自己的耳朵，无法听到塞壬的美妙歌声。这意味着，人为了自我持存而必须用一种工具理性的方法束缚自己，而使自己远离那些能够给自己带来美好享受的东西。在这样一种自我持存（乃至生存竞争）的努力中，劳动和艺术分离了。因此，霍克海默和阿多诺说："实际上，奥德修斯绑在自己身上的那条无法解脱的绳索也使塞壬远离了实际：她们的诱惑显得毫无作用，只成了沉思冥想的一个单纯对象，成了艺术。"②本来，塞壬的歌声会让人失魂落魄、流连忘返。它是与自我持存的精神背道而驰的，它要把人从自我持存精神的束缚中解放出来。现在，虽然像奥德修斯那样的人可以倾听美妙的歌声，但他是在工具理性的束缚下来倾听塞壬的歌声的，她的歌声对人不再产生"解放"作用，她的歌声已经远离实际。对于阿多诺来说，艺术本来是要批判现实的。真正的艺术就应该这样，但是对于受到工具理性束缚的

---

① ［德］霍克海默、阿道尔诺：《启蒙辩证法》，第31—32页。
② ［德］霍克海默、阿道尔诺：《启蒙辩证法》，第31页。

人来说，它只是他们沉思默想的对象而已，已经失去了社会批判的功能。虽然它还能在一定程度上让人想起自我持存和自我享受之间的冲突，但是它只是人的沉思对象，而不能够让人真正地起来斗争，真正地反抗自我持存的精神。

从这个角度来看，所有的真正的艺术必然给人带来痛苦，而无法让人们去享受它。这是因为，在工具理性控制下的社会中，生存斗争模式控制下的人必然把艺术变成生活中的一部分。这就是说，在现代社会中，艺术的世俗化是不可避免的，但是艺术又要超越这种世俗化。因此，真正的艺术必然是在世俗化和超越世俗化的冲突中存在。而艺术作品必然包含着这样的冲突。在谈到贝多芬的艺术作品与市场的关系的时候，阿多诺揭露了这样一个事实。在生命垂危之际，贝多芬愤怒地甩掉司各特的小说，并大声地嚷道："为什么，这个家伙写作只是为了赚钱。"然而，"贝多芬也是个老练，倔强的生意人"。他曾经把一部四重奏扔掉，因为市场绝不会接受这种东西。① 然而为什么贝多芬是一个伟大的艺术家，而其他人却不是呢？因为贝多芬把艺术的自主性和市场的矛盾纳入了他的作品中。他一方面抗拒市场，一方面又要融入市场。在阿多诺看来，这是资产阶级艺术作品的真正特性。这种艺术作品表达了抗争、矛盾和痛苦。

更广泛地说，这是艺术的精神与工具理性之间的矛盾。这是任何一种艺术从它的诞生一开始就面临的矛盾。无论是在艺术的创作还是艺术的欣赏方面，人们都面临着这样的矛盾。在历史上，在奥德修斯以来的前工业化文明中，由于劳动的需要，人们只能闭目塞听，而无法享受各种文化产品和艺术成果；只有像奥德修斯那样的人才能享受文化艺术，但是他们也必须把自己捆绑起来，必须束缚自己来享受艺术，对于艺术进行沉思。塞壬的歌声是用来对付生存斗争模式的，但是在人的工具理性的思维中，它的解放作用被消解了。它失去了对抗生存斗争的作用

---

① 参见[德]霍克海默、阿道尔诺《启蒙辩证法》，第176页。

力,最终也成为生存斗争中的一个环节。文化工业就是从这种传统中发展起来的。为了控制外部自然(当然劳动本身同时具有控制内在自然的特性),人产生了一种工具理性的精神。而这种工具理性的精神也借助于文化工业而进一步延伸到艺术中,并被用来控制人的内在自然。

这些被工具理性所驯化的人们,在面对着文化工业作品的时候,非常快乐。这是为什么呢?因为文化工业的产品进一步肯定了他们的工具理性,于是他们都能够快乐地"享受"这些文化工业品。从平常人(甚至伯明翰学派的思想家)的角度来看,这无疑是一种"进步"。然而在阿多诺和霍克海默看来,这不是一种进步,而是一种退步,是"启蒙意识形态的倒退"。① 这是因为,在奥德修斯的神话故事的"启蒙"中,文化艺术还不是直接束缚人的,不是直接束缚人的自然的,而只是给享受艺术的人制定了一个规矩:只有束缚了自己,人才能享受艺术。而当文化工业得到蓬勃发展的时候,情况就完全不同了。文化工业提供出来的产品从表面上看是给人提供艺术享受的,而实际上就是对人进行控制的。用阿多诺和霍克海默的话来说:"暴力变得越来越公开化,权力也迅速膨胀起来。"②

这是为什么呢?在霍克海默和阿多诺看来,在人类历史上,由于工具理性的作用,人的感性经验的能力被压制了,感性的经验内容被否定了。而艺术就应该是这样一种被压抑的经验的表达,是一种被压抑的感性内容的宣泄。比如,日常话语的形式压制着内容,它常常使我们无法表达自己的情感。艺术就是要突破日常语言的用法,它展现了日常语言形式对感性内容的束缚。因此,艺术中必定包含了内容和形式、个人和社会、内在和外在、普遍和特殊的冲突。从奥德修斯回乡的历程中我们已经看到,人在自我持存中,人的自然的东西都受到了否定和压抑,艺术就是要把自然的这种受压抑、受否定的状态表达出来。这是人类文明史

---

① 参见[德]霍克海默、阿道尔诺《启蒙辩证法》,前言第6页。
② [德]霍克海默、阿道尔诺:《启蒙辩证法》,第135页。

中的一种苦难,人应该把这种苦难表达出来。用阿多诺和霍克海默的话来说,艺术要能够"表现苦难"①。如果说在艺术中还表现了工具理性的精神与感性的精神之间的冲突和痛苦,那么文化工业就彻底消除了这种痛苦,它让人感受快乐。这种快乐就是工具理性精神给人提供的快乐,在征服内在自然和外在自然中产生的快乐。然而,这是一种畸形的快乐。这是为什么呢?

二、娱乐工业与满足

在这里,我们进一步考察,娱乐产业究竟有没有让人快乐。从前面的论述中我们知道,只要人受到工具理性的束缚,那么人就无法获得真正的快乐。而整个西方文明是建立在自我持存原则的基础之上的。启蒙以来的现代文明把这种自我持存的原则发展到了极端。人的感性的东西受到理性的束缚,个性的东西受到普遍性的否定。在这样的情况下,人没有办法真正地获得快乐。但是,许多人仍然认为,文化工业给人们提供的娱乐产品还是让人们快乐。阿多诺和霍克海默认为:"文化工业取得了双重胜利:它从外部祛除了真理,同时又在内部用谎言把真理重建起来。"②这就是说,文化工业把工具理性的文化再生产出来,从而确认了资本主义社会的正当性。这是对外部真理的祛除。工具理性又否定了人的感性,否定了人的情感,束缚了人的自然,把对于扭曲的自然的满足看作是"快乐",这是用谎言来代替真理。

阿多诺和霍克海默在这里用轻松艺术和严肃艺术的关系,来说明文化工业是如何用谎言确立真理的。按照他们的分析,在资产阶级的纯粹艺术中,存在着轻松艺术与严肃艺术的区分。轻松艺术是一种让人消遣的艺术,它并不把消遣看作一种颓废的形式。当然,从阿多诺这样的艺术家的角度来看,轻松艺术是对痛苦表达方式的一种背叛,违背了艺术

---

① [德]霍克海默、阿道尔诺:《启蒙辩证法》,第146页。
② [德]霍克海默、阿道尔诺:《启蒙辩证法》,第151页。

精神，但是阿多诺和霍克海默并不完全否定轻松艺术。在他们看来，轻松艺术还是表达了一种理想，一种从自我持存原则的束缚中解放出来的理想。这是资产阶级社会中上层人物所喜欢的艺术。而严肃艺术则不同，它是人受自我持存原则束缚的痛苦的表达。本来资本主义社会中的下层人士应该欢迎这种艺术，因为这种艺术把他们受束缚的生活状况表达了出来。但是他们却仍然认为：“如果他们的时间不全花在维持生产线正常运行的劳动上，他们就应该感到很高兴了。”①因此，他们对于这些严肃艺术也不感兴趣。在这样的情况下，虽然严肃艺术有深厚的社会基础，但是却逐渐衰弱了下去，而轻松艺术因此获得了"合法性的假象"②。由此，搞严肃艺术似乎是不合时宜的。在阿多诺和霍克海默看来，本来社会就应该保持着严肃艺术和轻松艺术的对立，正是这种对立才能够表现社会的冲突和内在的矛盾。这种矛盾和张力反映了社会的真实状况。或者用他们自己的话来说，这种"分工本身就是真理"③。然而，在当代文化工业中，人们却致力于把轻松艺术和严肃艺术结合起来，用轻松艺术吞噬严肃艺术。正是在这样一种社会背景下，名噪一时的布达佩斯四重奏把贝多芬的四重奏通过录音技术传播开来。对阿多诺和霍克海默来说，严肃艺术和轻松艺术的结合恰恰是对于严肃艺术的背叛。它消除了真理；但是，它又用谎言即用轻松艺术的方式来表达严肃艺术，从而把真理即严肃艺术的精神确立起来。对于阿多诺来说，这完全是搞怪和变味的东西，是"用谎言确立的真理"。在轻松艺术占统治地位的社会氛围下，只有用谎言所确立的真理才得到人们的欢迎。轻松艺术的表现方法让人感到快乐。由此，我们可以说，文化工业是用谎言来确立真理，并由此给人们提供了快乐。这就是，人们在受欺骗的过程中获得快乐。

---

① ［德］霍克海默、阿道尔诺：《启蒙辩证法》，第151页。
② ［德］霍克海默、阿道尔诺：《启蒙辩证法》，第151页。
③ ［德］霍克海默、阿道尔诺：《启蒙辩证法》，第151页。

一般来说,快乐是在摆脱受压抑状态中产生的。比如,性快感是从性本能的释放中产生出来的。按照弗洛伊德的理解,笑话就是通过某种捷径把某种受压抑的东西说出来。虽然鲍德里亚反对这种说法,认为这种观点中还是包含了某种经济学的意义,但是他实际上还是沿着这个思路来理解快乐的,即认为消解一切意义的游戏给人带来了快乐。① 这种快乐实际上也是在摆脱表达意义的规则的束缚中产生的。快乐总是从摆脱束缚、消除苦难中实现的;没有被束缚的苦难,就没有自由的快乐。阿多诺和霍克海默也有类似的想法。在他们看来,晚期资本主义社会中的人们没有真正的快乐。这是因为工具理性的原则把他们束缚得如此严实,以至于他们根本无法摆脱这种束缚。他们最多只能像奥德修斯那样把自己束缚起来,从而聆听奥德修斯的美妙的歌声。他们说:"晚期资本主义的娱乐是劳动的延伸。人们追求它是为了从机械劳动中解脱出来,养精蓄锐以便再次投入劳动。"② 人们或许会觉得这种说法太武断。即使人们的娱乐是为了养精蓄锐从而再次投入劳动,但是这种娱乐仍然把人从机械劳动中解放了出来。这种解放与意义的"释放"或者本能的释放具有同等的娱乐作用。我们不能说这不是娱乐。然而,阿多诺和霍克海默的批评不是停留在这种表面现象上。在他们看来,人们在娱乐中并没有真正地从机械劳动的束缚中解放出来。这是因为,机械劳动的节奏已经内化于人们的心灵,人的感性能力已经被工具理性削弱,于是,"人的经验就不可避免地变成了劳动过程本身的残余影像。表面上的内容变成了褪了色的前景;而浸入其中的则是标准化操作的自动化过程"③。人的经验是在劳动过程中形成的,劳动的体验是他们所熟悉的,他们在对劳动场景的欣赏中获得快感。从这个意义上来说,真正让人获得快乐的东西成为"表面上的内容",成为无法获得的前景,而真正侵入文化产品中的则是标准化操作的自动化过程。或者说,人们在文化产品

---

① 参见[法]鲍德里亚《象征交换与死亡》,第 308—309 页。
② [德]霍克海默、阿道尔诺:《启蒙辩证法》,第 153 页。
③ [德]霍克海默、阿道尔诺:《启蒙辩证法》,第 153 页。

中所欣赏的不过是标准化操作的自动化过程。在这里,"野蛮的鼓声""变成劳动的节奏"。① 正因为如此,阿多诺和霍克海默才道出了当代人的娱乐活动中的一种悖谬状况:"人们要想摆脱劳动过程中,在工厂或办公室里发生的任何事情,就必须在闲暇时间里不断接近它们。"② 在阿多诺和霍克海默看来,这与其说是一种快乐,不如说是一种痛苦,"所有的消遣都在承受着这种无法医治的痛苦"。③ 从人们的娱乐中,阿多诺和霍克海默看到了文化工业所造成的人类精神的极度扭曲:把痛苦当作快乐来享受。

当人们从欣赏机械化操作而不是从摆脱束缚中获得快感的时候,人是把痛苦当作快乐来享受了。人们或许会指责,阿多诺和霍克海默的这些说法言过其实了。其实,只要我们真正理性地去思考这个问题,不难发现文化工业中观众的这种心理。阿多诺和霍克海默指出:"观众最想看的,就是把主角变成毫无价值的东西,变成暴力攻击的对象。这样,有组织的娱乐就变成有组织的施暴过程。"④ 由此,我们也不难理解,为什么在第二次世界大战期间某些日本士兵会把杀人当作取乐的方法,他们为什么能够从杀人之中获得快感。阿多诺和霍克海默说,在这里,"取乐代替了快乐,它所能带来的满足能够一直维持到大屠杀那一天"⑤。在这里,我们必然要问:为什么人类竟然会荒谬到把他人的痛苦当作快乐来享受呢? 这就是市场竞争中自我持存的逻辑。在市场的竞争中,只有打败了对手,我们才能获得快乐;从他人的死亡中,从他人的痛苦中,我们获得了生存竞争胜利者的快乐。这不是某个人或者某几个人的问题,而是整个人类精神发展中的问题。这恰恰是人类的"客观精神"发展中需要反思的东西。人的活生生的感性和情感,在工具理性中、在市场竞争

---

① 参见[德]霍克海默、阿道尔诺《启蒙辩证法》,第18页。
② [德]霍克海默、阿道尔诺:《启蒙辩证法》,第153页。
③ 参见[德]霍克海默、阿道尔诺《启蒙辩证法》,第153页。
④ [德]霍克海默、阿道尔诺:《启蒙辩证法》,第155页。
⑤ [德]霍克海默、阿道尔诺:《启蒙辩证法》,第155页。

中被扭曲了。当然,反过来说,这种生存竞争的原则也告诉人们要学会忍耐,有了忍耐精神的人也会成为生存竞争中的胜利者。阿多诺和霍克海默指出:"卡通片里的唐老鸭,以及现实生活中的倒霉蛋,总会不断遭到重创,这样,观众也就学会了怎样经受惩罚的考验。"①艺术的解放作用在这里彻底消失了,它教导人们的就是学会忍耐。

在阿多诺和霍克海默看来,文化工业不仅没有给公众带来快乐,而且还对观众施加了"暴力"。比如,在看电影的时候,人们必须全神贯注地观看电影,抓住电影中的每一个镜头。面对着电影中的各种故事情节或者阴谋设计,观众必须表现出自己的聪明。他要对电影中的某些细节像其他人一样做出反应。② 人们的视觉系统疲惫不堪地应付电影中的每个细节,而没有任何时间进行理性的反思。这种无形的"暴力"把人束缚在电影的每一个细节中,而并不会给人带来真正的快乐,而只是让人找到一个消遣之所、一个遮风避雨的地方。为此,阿多诺和霍克海默指出:"那种'完全利用'现有技术资源和设备来满足大众审美消费的想法,正是构成经济制度的重要部分,而这种经济制度却从来不肯利用资源去消除饥饿。"③文化工业从来不会给人带来真正的审美上的享受和满足。阿多诺和霍克海默通过艺术和文化工业在对待性的问题上的差别,来说明艺术是如何给人带来审美上的满足,而文化工业又是如何压抑人的。我们知道,在西方古典的艺术作品中,比如在教堂的绘画作品中也包含裸露的女性身体,但是,人们看这些艺术作品时却没有色情的冲动。这是因为,一方面,这些艺术作品突破了中世纪思想中对于性的禁忌,包含了对于性的颂扬,它"挽救了曾经受到禁止的活动";另一方面,它又"不允许卖淫",它禁止人们的淫欲。在这种禁止和赞美之中产生了审美的**升华**。用阿多诺和霍克海默的话

---

① [德]霍克海默、阿道尔诺:《启蒙辩证法》,第155页。
② 参见[德]霍克海默、阿道尔诺《启蒙辩证法》,第155页。
③ [德]霍克海默、阿道尔诺:《启蒙辩证法》,第156页。

来说:"审美升华的秘密就在于,它所代表的是背弃的诺言。"①这些艺术作品既给人许诺了快乐,而又剥夺了人的快乐。审美的升华就表现在这种冲突和矛盾中。然而,"文化工业没有得到升华,相反,它所带来的是压抑"②。在现代,许多电影或者电视节目充满了各种裸露和色情的镜头,这种色情的镜头就是要勾起人们的淫欲。但是,人们在这种色情的镜头中永远都不能得到性的满足。尽管现代电视或者电影中包含了许多淫秽不堪的镜头,但是也必须有所节制,装出一副正经的样子。只要我们看看好莱坞的文化工业监管部门(**海斯局**)对这种东西所实行的配额管理和等级管理,我们就能知道,文化工业所提供的是一种色情的诱惑,但是又对这种色情诱惑加以限制。海斯局就是要把文化工业当作一种"坦塔罗斯"(Tantalus)仪式来处理,让人在这种仪式中备受折磨。它既勾引人,又不让人获得性的满足。在这里,我们看出艺术作品和文化工业的差别:"艺术作品既是苦行主义的,又毫无顾忌;文化工业既淫秽不堪,又假正经。"③这种淫秽不堪而又假正经的电影或者电视不是要满足人的性需要,而恰恰表现了性需求被剥夺。阿多诺和霍克海默指出:"在每个文化工业产品里,文明所带来的持续否定作用再次显现出来,并强加给受害者。为他们提供这些产品,就是剥夺这些产品。这便是在色情电影中所发生的事情。"④文化工业给人们提供了性,但是却剥夺了人的性满足。显然,一个人到餐馆里吃饭,虽然菜单非常美丽、吊人胃口,但是人们并不能仅凭看菜单而得到食欲的满足。而文化工业恰恰就是要人从看菜单中得到满足。

于是,在这里,人们不禁要问:为什么文化工业给人们提供这种虚假的快乐呢? 在阿多诺和霍克海默看来,这是资本主义文化工业的欺骗诡计。资本主义的文化工业给人们提供了"快乐",实际上也剥夺了人的这

---

① [德]霍克海默、阿道尔诺:《启蒙辩证法》,第156页。
② [德]霍克海默、阿道尔诺:《启蒙辩证法》,第156页。
③ [德]霍克海默、阿道尔诺:《启蒙辩证法》,第156页。
④ [德]霍克海默、阿道尔诺:《启蒙辩证法》,第158页。

种快乐。文化工业给人们提供了否定资本主义的内容,但是却也剥夺了人们的反抗精神。阿多诺和霍克海默指出:"与自由时代相比,工业化文化和大众文化也许会使人们更加憎恨资本主义,不过,这种文化还是无法摆脱阉割的威胁。这才是最根本的事情。"① 这就是说,文化工业不会公开为资本主义制度辩护,它甚至比自由主义时代的人们更激烈地批判资本主义,但是这种批判是表面的现象。这是因为文化工业剥夺了艺术的精神,剥夺了人们感性的力量。文化工业就是要让人们停留在看菜单而得到食欲的满足的阶段,就是要人们满足于虚假的快乐。或者用阿多诺和霍克海默的话来说,这种文化"无法摆脱阉割的威胁"。看色情电影的人从色情画面中就得到了满足,这些人被"阉割"了,不能真正地"勃起"。文化工业对资本主义的挖苦和否定或许真的很多,但是它只是让人停留在这种否定中。资本主义不仅不会剥夺人们反对资本主义的权利,而且还明确地告诉人们,他们有反对资本主义的权利。但是,人们却不会真正地反抗资本主义。这是因为,他们虽然可以反对资本主义的各种外在表现形式,但是他们不会反对资本主义的内在精神,即工具理性的精神。这是其中每个人内化到自己心灵深处的精神。于是人们从这种虚假的批评中获得了满足。在这里存在着这样一种原则:"不要把顾客甩在一边,一刻也不要让他怀疑反抗的可能。"② 文化工业虚假地满足了人们的反抗需求。不过,这里的顾客将不会真正地反对资本主义,他们不过是文化工业的顾客或消费者。文化工业不仅让这些顾客得到了满足,而且还告诉消费者,他们必须忍受文化工业提供给他们的消费品,忍受对于资本主义的形式批判。如果文化工业真正给人们提供快乐,那么人们就会要求真正的解放;只有真正从束缚中解放出来,人才能真正地获得快乐。在阿多诺和霍克海默看来,只有真正满足人们的审美需求,人们才会真正地获得快乐,也由此才能最终地摆脱束缚。

---

① [德]霍克海默、阿道尔诺:《启蒙辩证法》,第158页。
② [德]霍克海默、阿道尔诺:《启蒙辩证法》,第158页。

然而，文化工业停留在虚假的满足上，停留在虚假的资本主义批判上。他们说："快乐本该帮助人们忘记屈从，然而它却使人们变得更加服服帖帖了。"①

三、文化工业对大众的欺骗

在这里，人们必须进一步追问这样的问题：接受文化工业的人们为什么变得这么愚蠢，甘愿忍受这种虚假的满足呢？人们为什么心甘情愿地接受这种欺骗呢？难道就没有什么聪明人发现其中的欺骗吗？阿多诺和霍克海默并不否定这种情况。他们说："即使有时候公众偶尔会反抗快乐工业，这种反抗也是软弱无力的。因为快乐工业早就算计好了。"②比如，我们的许多文化人对电视大讲堂中"说三国""讲孔子"之类的东西很反感，甚至细数其中的错误。受批评的人不仅不反对，而且非常欢迎。因为，快乐工业设计好了这种批评。你越是批评，这个节目就越红火。如果你批判了，那么这说明你认真看了这个节目，说明你还是接受了这个节目。更重要的是，你不仅一般接受了整个节目，而且仔细研究了人家所讲的东西。这就如同你认真研究孔子一样。你作为一个聪明人也中计了。这就如同当代资本主义制度一样，这个制度欢迎人们批判它。因为所有这些批判都是这个制度设计好了的。这些批评不仅不能否定资本主义，而且会进一步肯定资本主义。从一定意义上来说，正是马克思对资本主义的批判使资本主义更加稳固。这就如同奥德修斯神话故事中的情节一样，奥德修斯用牺牲对付牺牲；资本主义制度用牺牲、用忍受批判来对付人们对于资本主义制度的彻底否定（牺牲）。这是奥德修斯式的诡计，也是工具理性精神的诡计。

前面我们已经说过，文化工业是整个工业体系的一部分，或者说，它

---

① ［德］霍克海默、阿道尔诺：《启蒙辩证法》，第158—159页。
② ［德］霍克海默、阿道尔诺：《启蒙辩证法》，第162页。

是整个资本主义制度的一部分。而整个资本主义制度就是一种贯彻了工具理性精神的制度。整个资本主义制度就是一个狡诈的制度,而文化工业也同样包含了这种狡诈。从这个意义上说,文化工业和整个资本主义社会系统如此密切地联系在一起,以至于电影中的世界与生活中的现实世界如此难于区分。阿多诺或霍克海默说:"整个世界都要经过文化工业的过滤。"①资本主义制度中的规则就是制片人的制片规则,生活世界中人们根据自己的经验也对制片人产生了这样的期待。电影确证了生活,而生活又反过来期待这样的电影。电影为资本主义社会系统中的人们提供了生活的意义和价值,为系统进行了辩护。看电影的娱乐生活就是整个资本主义社会系统中的生活的一个部分。看电影的人也会反对资本主义,但是,这也是按照资本主义社会系统自身的要求来反对资本主义。为此,阿多诺和霍克海默指出:"卓别林的《大独裁者》最终指明,那些反法西斯主义者对自由的吁求只不过是一句谎言而已。就像德国的金发女郎一样,在夏天的微风中,他们的集中营生活已经被纳粹制片公司拍摄下来了。"②纳粹的文化工业无法给人们提供批判纳粹的思想。从这里,我们也似乎看到了马克思关于经济基础决定上层建筑的思想的影子③。

工具理性的诡计能够把牺牲变成生命的手段,把否定变成肯定,把虚假变成真实;或者说,它能让你真假不分,好坏不分,现象和本质不分(偶然与计划不分)。在《文化工业》一文中,阿多诺和霍克海默用了许多例子来说明这种狡诈。比如,文化工业强调人的艺术天赋。文化工业品的生产者们也致力于寻找这些具有天赋的人,而这些所谓的具有天赋的人实际上也是平庸之辈。这些人究竟是有天赋的人还是平庸之辈,全都是由文化工业的机器系统设计和制造出来的。原来的平庸之辈一夜之

---

① [德]霍克海默、阿道尔诺:《启蒙辩证法》,第 141 页。
② [德]霍克海默、阿道尔诺:《启蒙辩证法》,第 166 页。
③ 参见[德]霍耐特《分裂的社会世界》,王晓升译,社会科学文献出版社 2011 年版,第 27—28 页。

间凭借文化工业而成为娱乐达人,各种达人秀就是区别艺术天才和平庸之辈的机器系统。于是许多平庸之辈就像期待自己中彩票一样,都期待成为艺术天才,成为整个娱乐机器中的一员。他们知道,这些所谓具有天赋的人其实就是他们中的平等一员,但是,一旦有了机遇,他们就会成为天才。在这里,平等和差别被娱乐工业玩弄于股掌之间。阿多诺和霍克海默说:"银幕上的幸运儿与公众也没有什么差别,但是,这种平等却意味着人们之间存在着不可克服的差别。"① 同样,对于资本主义制度来说,所有人都有成为幸运儿的平等机会,但是,幸运儿与公众之间却存在着巨大的差别。阿多诺和霍克海默挖苦道:"在统计学支配一切的时代里,最大的讽刺莫过于,公众从屏幕上就已经把自己与百万富翁等同了起来,最大的迟钝莫过于,人们忽视了大多数原则。"② 人们在这里忽视了大多数人都不是幸运儿,而是普通大众。但是普通大众就是沉迷于这种统计学游戏,相信自己能够成为幸运儿。这就如同现代社会中许多人都相信自己能够中彩票一样,努力地购买彩票。在彩票的设计(工具理性的设计)中,不平等变成了平等,资本主义社会系统这架娱乐机器使许多人把不平等当作了平等。阿多诺和霍克海默指出:"机遇本身已经被计划出来了,这不是因为它可以对所有特定的个人产生影响,而是因为人们已经相信,机遇能够起到非常重要的作用。"③ 这就是说,机遇实际上是被计划出来的,但是人们却不知道计划在其中的作用是最重要的,而是确信机遇对人的作用才是最重要的。应该承认,机遇对于特定个人,即幸运儿来说,确实产生了重要影响,但是这不过是计划预期的结果。计划预期到了机遇,并把机遇作为借口来隐蔽计划的作用。在这里,人们混淆了机遇与计划,把计划理解为机遇。同样的道理,资本主义制度已经在自己的计划中预期了人们的批判,而这种批判恰好隐秘地保护了资本主义制度。在这里,机遇与计划、批判与保护结合在了一起。这也表

---

① [德]霍克海默、阿道尔诺:《启蒙辩证法》,第162页。
② [德]霍克海默、阿道尔诺:《启蒙辩证法》,第162页。
③ [德]霍克海默、阿道尔诺:《启蒙辩证法》,第163—164页。

明,文化工业的逻辑与资本主义市场经济的运行逻辑是一致的。文化工业(比如选秀机制)认同了资本主义的经济体系(资本主义市场制度就是一种选秀机制,它预设了少数人成为富豪,而大多数人则永远不可能成为富豪。但是选秀机制对于每个人来说又是公平的,这就如同市场机制对每个人是公平的一样)。

本来,艺术与生活之间具有明确的界限,艺术具有解放的精神,艺术可以被用来批判生活,把人从生活的束缚中解放出来。而如今的文化工业把艺术与生活结合在了一起,艺术与生活已经无法区分了。由于艺术与生活无法区分开了,于是机遇与计划、生活与想象也无法区分开了。当生活与想象无法分开的时候,真与假也无法分开。阿多诺和霍克海默是这样说的,"真实生活再也与电影分不开了……对观众来说,它没有留下任何想象和思考的空间"①。在这样的情况下,艺术中的反抗精神消失了,"娱乐所承诺的自由,不过是摆脱了思想和否定作用的自由"②。娱乐工业使人沉溺于资本主义制度中,而无法真正摆脱资本主义制度的控制。在阿多诺和霍克海默看来,这是因为文化工业和资本主义社会系统都遵循了工具理性原则。只有摆脱了工具理性的思维,人们才能真正摆脱资本主义制度的束缚。在这里,我们感到,阿多诺和霍克海默的这个分析,与鲍德里亚有一定的相似之处。在鲍德里亚看来,在当代资本主义社会,由于生产的终结,生产和非生产之间的差别不存在了。当生产和非生产之间的差别不存在的时候,生产和游戏的差别也就不存在了。当生产和游戏的差别消失的时候,生产就是游戏,游戏就是生产。从这个角度来说,文化工业的生产是生产,也是游戏,究竟是生产还是游戏,这已经无法区分了。当生活和游戏无法区分的时候,我们进入了一个超级真实的状况。在这个状况下,真和假是无法区分的。当真和假事实上无法区分的时候,人的理性或者说致力于区分真假的工具

---

① [德]霍克海默、阿道尔诺:《启蒙辩证法》,第141页。
② [德]霍克海默、阿道尔诺:《启蒙辩证法》,第161页。

理性在这里就无法发挥作用了。①

显然,霍克海默和阿多诺是从资本主义社会批判的角度来批判文化工业的。在他们看来,文化工业的发展使人们批判资本主义不再可能。正是由于人们缺乏这种批判精神,法西斯主义才兴盛起来。在这里,人的理性发生了问题。虽然在资本主义社会中,人们是有理性的,但是这种理性是工具理性。这种工具理性无法被用来分辨是非、区分真假。在这里,工具理性已经变得极端的非理性。

第五节 走出现代性困境的审美道路

如果文化工业无法为人们走出现代性的困境提供出路,那么真正的艺术是不是有可能让人们走出现代性的困境呢?阿多诺通过对艺术与时代的关系的分析,通过对艺术作品的内在矛盾的分析,为我们走出现代性的困境提供了一条审美的道路。

一、艺术与时代

马克思在《共产党宣言》中表明,现代社会本身就像现代艺术一样具有短暂和过渡的特性。艺术中的现代性与当代资本主义社会的现代性是密切相关的。艺术中的现代性是对于当代资本主义社会的艺术上的把握。而这种艺术上的把握和哲学上的把握是不同的,我们需要从这两者之间的差别中来理解艺术的现代性。同时,马克思吸收了黑格尔哲学的思想,强调哲学是时代精神的精华。阿多诺继承了马克思主义的哲学传统。他承认,哲学应该把握它自己所处的那个时代。然而,与马克思和黑格尔不同的是,阿多诺认为,以传统的马克思和黑格尔的方式来把握时代已经变得越来越困难了。阿多诺说:"哲学曾经许诺要和现实相一致或者直接接近现实生产,既然哲学放弃了这一许诺,那么它就必须

---

① 参见拙作《社会性的终结与现代社会理论面临的挑战》,载《南国学术》2014年第2期。

无情地批判自身。"①为什么这样呢？因为在现代资本主义社会中合理化的趋势如此之强大，以至于哲学也必须向具体科学让步。在这种情况下，哲学如同各门具体科学一样，成为部门科学；然而哲学是要把握整个世界的。要让一个部门化、学派化的哲学把握整个世界，就完全不可能了。

哲学所面临的这个难题，艺术也难于避免。文化工业的发展典型地表现了现代艺术所面临的这种困难。这是因为文化工业是完全按照现代资本主义社会的市场经济规则运行的。在市场经济活动中，合理性原则是其核心原则。按照这个原则，即使那些超出可计算范围的东西也要按照合理性原则加以计算。比如，人的创造性活动是无法用数字来衡量的。但是现代社会也把这些不能数字化的东西都纳入计算的范围。卢卡奇按照马克思对商品拜物教的批判把这种情况称为"物化"。文化艺术品本来是人的创造性活动的产物，它是不能被计算的。但是，文化工业所生产出来的艺术品是商品，是供人消费的。它也成为可计算的东西。从这个意义上来说，文化工业的产品具有拜物教特性。当然，现代资本主义社会中的艺术品并不都是以文化工业的形式被生产出来的，比如，诗人的作品、音乐家的艺术品等并不是完全按照市场经济逻辑来生产的。这就是说，即使在现代资本主义社会，艺术品仍然具有相对独立性。那么这些具有相对独立性特点的艺术品与它所处的社会具有什么样的关系呢？

在阿多诺看来，艺术作品的相对独立发展就意味着艺术作品有它自身的"审美规律性"②。这种客观规律表现为，每一件艺术作品都有它自身的"客观的理想"③，而艺术作品都是要模仿它自身的客观理想。因此，

---

① [德]阿多尔诺：《否定的辩证法》，第1页，译文略改。
② [德]阿多尔诺：《美学理论》，德文本，载《阿多诺全集》第七卷，第159页。中文版翻译为"艺术作品中的规范性"，参见[德]阿多诺《美学理论》，王柯平译，四川人民出版社1998年版，第184页。后面的引文中，笔者先注德文本，后注中文本(简称"中文版")，以便于读者核查。笔者对译文都进行了不同程度的修改。
③ 这类似于黑格尔所说的艺术作品是理念的感性呈现，参见黑格尔《美学》第一卷，第142页。

阿多诺说:"艺术作品的模仿就是它与自身的相似性。"①既然这个理想是"客观"的,那么这个理想就不是艺术家个人所确立起来的,而是由艺术自身的规律所规定的。从这个意义上说,按照艺术所确立起来的理想,如果一件作品要成为真正的艺术作品,那么它就要努力达到客观的理想。这就好比说,当艺术家谱写一部乐曲的时候,当他谱写出第一段的时候,后面的乐曲就被第一个乐段所规定了。这是因为,艺术的客观理想规定了艺术作品的展开过程。另一方面,阿多诺强调,艺术作品虽然有相对独立性,但是它不能超越它的时代。任何艺术作品都具有社会历史性要素。他说:"从形式、材料和精神角度来看,艺术作品所包含的一切均源自现实。""艺术总是现实的模仿"。② 于是,在这里人们必然会提出一个问题:艺术既模仿现实,又模仿它自身,那么这两种模仿之间究竟有什么关系呢? 在阿多诺看来,艺术中的这两种意义上的模仿构成了艺术中的"二律背反"。③ 而这种"二律背反"在艺术的许多不同层次上都有所表现。

既然艺术有它自身的逻辑,那么艺术就要努力按照其自身的逻辑把其自身的内在要素整合起来,从而形成单一的整体(阿多诺常常称之为"单子",当然这是从本雅明那里借来的)。然而,这些要素又是来源于现实的,因此,这些现实的要素无法被真正地整合为一个整体。艺术总是渴望成为一个完全整合起来的整体,而艺术又达不到这个整体。艺术作品总是假装自己达到了统一的整体。对于阿多诺来说,如果艺术达到了自己的客观理想,那么艺术就具有真理性,而把艺术的要素构成统一的整体就是艺术达到理想的途径。然而,由于艺术作品是把各种异质的东西(与艺术的自身规律不符合的东西)整合起来,而这些异质的东西是不可能完全被整合起来的,因此,艺术的整合就体现了艺术作品中的东西的不可整合性。在这里诡谲的是,正是由于艺术努力达到真理性,而使

---

① [德]阿多诺:《美学理论》,德文本,《阿多诺全集》第七卷,第159页,中文版,第184页。
② 参见[德]阿多诺《美学理论》,德文本,《阿多诺全集》第七卷,第158页,中文版,第184页。
③ 参见[德]阿多诺《美学理论》,德文本,《阿多诺全集》第七卷,第159页,中文版,第184页。

艺术成为虚假的，使艺术具有幻象的特征。由此，阿多诺说："正是那使艺术展示为真理的东西却同时又是艺术的基本罪责。"①艺术的幻象特征与艺术的真理特征是联系在一起的。当然，阿多诺对艺术的真理性的含义的理解是多样的。在阿多诺看来，艺术的真理性不仅在于艺术模仿它自身，而且还在于艺术模仿现实。现代艺术所模仿的现实是当代资本主义社会的现实。这个现实却非常特殊：当代资本主义社会的合理化推进到社会生活的一切领域，它也试图把社会整合为一个完全合理化的整体，但是它却无法做到这一点。比如艺术作品就是现代资本主义社会生产的一个领域，它也按照市场经济的原则进行生产，但是艺术作品又不是完全按照合理化原则生产的。艺术领域的存在恰恰表明，这个社会无法把自己整合为一个合理化的整体，它是自身分裂的和内在矛盾的。既然现代社会自身就是一个二律背反的存在物，那么艺术作品就是模仿这个二律背反的存在物，它自身也具有二律背反的特性。现代资本主义社会按照合理化的原则把一切都变成可计算和可交换的。而资本主义社会所显示出来的这种现象是虚假的，因为商品的交换价值可以计算，而使用价值却是无法计算的。当资本主义社会按照可计算的原则把一切纳入交换系统的时候，实际上它就是虚假的，而艺术自身的存在恰恰揭示了这种虚假性。这是因为艺术作品通过它自身表明，它自身是不能被计算，不能被纳入合理化体系的。由于艺术作品揭露了当代资本主义社会合理化系统的虚假性，于是艺术作品就具有了真理性。尽管艺术作品具有真理性，但是艺术作品也有虚假性，具有虚幻的特性。一方面，艺术作品把各种不同的要素整合起来，使之成为自主的实体，而实际上它不是；另一方面，艺术作品制造了一种整体的假象，这种假象似乎表明，现代社会不是相互冲突的，而是一个被整合起来的整体。

从一般的艺术理论的角度来说，阿多诺关于艺术的自主性和社会性相互联系的思想并不是什么理论上的创造。但是他是从现代资本主义

---

① [德]阿多诺：《美学理论》，德文本，《阿多诺全集》第七卷，第 159 页，中文版，第 184 页。

社会现实的角度去理解艺术的自主性和现实性,并把这两者与艺术的真理性、虚幻性联系起来。在他看来,艺术中的虚幻性是由真理性引起的,而艺术的真理性在一定程度上又是由虚幻性引起的。现代艺术中的这种悖谬,恰恰要从资本主义现实中得到理解。从这个意义上来说,艺术中的现代性,是与现代资本主义社会的现实联系在一起的。

二、人工制品与现象的二律背反

艺术作品既具有自主性也具有社会性,这就使艺术作品获得一些值得我们进一步思考的特质。既然艺术作品具有自主性,那么我们就可以说艺术作品应当是一个独立于社会的"自在之物";然而艺术作品又是在社会中呈现出来并为人们所接受的,是在主体的理解中建构起来的现象。如果这样来理解,那么我们也可以说,艺术作品既是自在之物,又是现象。阿多诺指出,艺术作品"类似于康德所说的物的双重特性:作为自在的超验存在物和作为主体构成的对象即它的现象的规律"①。这就是说,艺术品既具有物的特性,也具有社会性。这就如同马克思在《资本论》中所批判的拜物教现象一样,商品既是具有使用价值的一般物,也是在社会关系中发生的价值物。在商品交换关系中,社会关系客观化、对象化在商品之中。同样的道理,在艺术作品中,艺术作品也是把社会关系物化在一种物之中。于是艺术作品一方面作为物在时空中存在,但是它又不仅是时空中的物,它又是活生生的、好像能够死而复生的东西。在艺术作品中,好像有人的社会关系和活动注入其中。从这个意义上来说,艺术作品既是死的,又是活的。

艺术作为一种物,它是一种人工制品,就像商品一样,但是艺术作品又不仅是人工制品,它还是一种现象。这就如同商品从生产的一开始就是为他人而存在的,是社会关系意义上的存在物。在这里,阿多诺用艺术作品的演出与艺术文本之间的关系来说明艺术作品的物性。书写的

---

① [德]阿多诺:《美学理论》,德文本,《阿多诺全集》第七卷,第153页,中文版,第177页。

艺术作品当然是物质世界中的东西,但是我们不能简单地认为音乐就等于谱写好了的乐曲。音乐总是包含了比乐谱更多的东西,或许活生生的演奏比乐谱更能表现音乐作品。同样的道理,书写出来的剧本和戏剧演出是联系在一起的①。如果我们用康德的自在之物和现象的关系来分析的话,那么我们在一定的意义上可以说书写出来的乐谱是自在之物,这是独立于任何社会关系的物,而演奏就是音乐作品的现象。有无数种不同的演奏,也就有许多不同的现象。这是演奏者作为主体与自在之物发生关系而产生的现象。

从艺术作品作为现象和自在之物的统一中,我们看到,艺术作品既是静态的,又是动态的,既是死的,又能够死而复生。这不仅仅因为音乐作品和它的演奏之间是一种静态和动态的关系,而且还因为艺术作品是各种社会要素的整合。对于这种社会要素的整合,不同的演奏者会有自己对于作品的理解;不同时代也会有不同的演奏方式和演奏风格。这就是说,一切音乐作品的演奏和它的乐曲之间具有永恒性和短暂性的关系。对于阿多诺来说,艺术作品的永恒性和短暂性是与社会性联系在一起的。阿多诺用模仿的冲动来说明这种关系。按照阿多诺的看法,音乐作品的演奏就是对书写作品的模仿。"艺术中未固定的东西看起来更接近于模仿冲动。"②无论是艺术作品对于社会的模仿还是演奏对于艺术作品的模仿,都是一定社会历史阶段的产物,都具有社会历史意义。既然音乐作品和它的演奏都是在一定的社会意义上形成的,社会中的矛盾和冲突一定会在音乐中表现出来。阿多诺指出:"艺术作品的过程特性是这样形成的:作为人工制品,它们是人为制造出来的东西,从一开始就属于'特定的精神领域',然而为了与自身等同,它们需要异质的、非同一的和难以名状的东西。"③艺术作品既是物品又是过程。而艺术作品的过程性质,是由于艺术作品试图把各种矛盾的、相互冲突的东西整合起来。

---

① 参见[德]阿多诺《美学理论》,德文本,《阿多诺全集》第七卷,第153页,中文版,第177页。
② [德]阿多诺:《美学理论》,德文本,《阿多诺全集》第七卷,第154页,中文版,第177页。
③ [德]阿多诺:《美学理论》,德文本,《阿多诺全集》第七卷,第263页,中文版,第304页。

这是艺术作品的**内在**过程。对于阿多诺来说,如果没有这种过程性质,如果艺术作品只是被物化的东西,那么艺术作品就是空洞的①。显然,阿多诺所说的艺术作品的内在过程,主要是指艺术作品的内在精神之中的冲突。

艺术作品在两层意思上把对立的东西结合在一起:一是把自在之物和现象结合在一起,二是把事物和过程(动态和静态)结合在一起。艺术作品"把动态和静态合而为一"②。这种结合是现代艺术的典型特点,它所反映的是现代资本主义社会自身的矛盾:物化和物化所掩盖了的社会现象之间的矛盾。艺术之中所存在的自在之物和现象、事物和过程的矛盾,恰恰就是资本主义社会的矛盾的一种艺术表现。在当代社会,艺术作品是商品,而在本质上它又是反商品的;它是物,又是非物;它是静态事实,又是社会过程。阿多诺通过时间性来说明艺术作品和当代资本主义社会现实的关系。艺术作品围绕着时间而表现出一种奇特的现象:当人们把精神的东西物化在艺术作品中,使它作为一个物而存在的时候,精神的东西就死掉了,它成为一个死物;可是如果它不成为一个死物,它就无法展示自己。艺术只能通过瞬间来显示自己的真理,而在显示自己的真理的瞬间,艺术牺牲了自己,它变成一个死物。阿多诺认为,艺术的这种特征类似于资产阶级的私有财产观念。他说:"艺术作品的持续观念仿效了资产阶级的财产观念。"③对于资产阶级来说,它需要生产出高质量的产品,只有高质量的产品才能满足人们对于产品的期待。从这个意义上说,产品的物化具有永恒的意义。但是资产阶级又期望这种东西很快坏掉,因为如果这种东西不坏掉,人们就没有购买的欲望,生产就无法持续。资本主义生产关系中的矛盾,在艺术作品的时间性中表现出来。

在这里,我们似乎可以说艺术作品是自暴自弃的。艺术作品从生产

---

① 参见[德]阿多诺《美学理论》,德文本,《阿多诺全集》第七卷,第154页,中文版,第178页。
② [德]阿多诺:《美学理论》,德文本,《阿多诺全集》第七卷,第133页,中文版,第154页。
③ [德]阿多诺:《美学理论》,德文本,《阿多诺全集》第七卷,第265页,中文版,第306页。

出来的一开始就准备了自身的死亡。艺术作品的这种特征与时尚是类似的。阿多诺甚至认为,时尚的特性已经深入艺术作品的内部,虽然这种影响的程度并不大。① 那么时尚是如何深入艺术作品中的呢?我们知道,时尚在一定程度上说也是时间性的艺术。时尚通过对于物品的形式的变化来影响人的视觉体验。比如,衣着通过形式的变化而使人们产生一种新的视觉体验。这与艺术很相似。然而我们知道,时尚的东西追求的是普遍化。一种东西只有流行起来,被许多人接受,才成为时尚;但是一旦时尚的东西流行起来,被许多人接受,原来时尚的东西就过时了。从这个意义上来说,时尚的东西也需要牺牲。时尚的东西从产生的一开始就预期了自己的死亡。这同艺术中的物化现象是一样的。时尚的东西正体现了资本主义生产方式:既要永恒化(经典时尚,经典的流行音乐),又要尽快死亡。

三、艺术中的瞬间性与永恒性

在阿多诺看来,艺术作品通过其现实材料而突出其表现瞬间。因为艺术作品中某些类似于表演性的东西,使艺术作品显示这些短暂的、突然的东西。这些东西是现实存在中的非现实表象。② 对于这些暂时的和突然显示的东西,艺术作品的欣赏者会产生一种惊讶感。这是艺术作品的表现瞬间的主观特性。阿多诺从艺术作品的原始发生的意义上来解释这种表现瞬间。他认为,在原始社会,人对于未知的东西会产生一种恐惧。这种未被认识的东西相当于"曼纳"③。而对于已知的东西,人们能够用知识或者技术来加以控制。原始巫术通过一种艺术的形式,把自然中未被人们认识的东西表达出来。阿多诺指出:

---

① 参见[德]阿多诺《美学理论》,德文本,《阿多诺全集》第七卷,第 265—266 页,中文版,第 307 页。
② [德]阿多诺:《美学理论》,德文本,《阿多诺全集》第七卷,第 123 页,中文版,第 143 页。
③ 曼纳:外文为 Mana,又译玛那。美拉尼西亚宗教和波利尼西亚宗教中的一种基本观念,指一种非人格的超自然的神秘力量或作用。

"在艺术作品的意义中,或是在审美表象中,那些新鲜而可怕的事件变成了原始人的巫术,即在特殊中表现总体。"①原始人类把那些令人恐惧的东西变成了艺术。这实际上就表明,艺术就是表现那些不能用技术知识把握的东西的。如果我们用海德格尔关于存在和存在者关系的分析,那么我们可以说,艺术是表达存在的,或者说,艺术"汲取着此在的要素"②。而技术知识是把握存在者的。艺术把作为存在的总体表现出来。现代艺术在一定程度上保留了古代巫术中的这些东西,是史前时代的恐惧的真正摹本。③

既然艺术作品是古代社会恐惧的摹本,那么现代艺术作品中就一定保留了某些令人震惊的东西。有时我们欣赏某个艺术作品的时候,我们会像看到前所未见的美景那样而惊叹。这种惊叹在某种意义上说就是通过存在者把存在展示出来。其中最典型的艺术形式就是焰火。焰火所展示出来的瞬间美景使每个人都感到震惊,这种美景倏忽展现而又瞬间消失。人们无法用语言文字来描述它,或者说,它超出了人们的理解范围。艺术中的这些让人震惊的东西或许可以被理解为"灵韵"(aura)。阿多诺把这种"灵韵"理解为"表象的增值"(Das Mehr als Schein)。这就如同我们日常生活中所说的"言外之意",是在可以言说的东西之外的东西。艺术就是要把那些不可言说的东西表现出来。它是以表象的形式表现非表象的东西,让表象超出表象,使表象增值。④ 在阿多诺看来,在波德莱尔的作品中,"艺术表象的超越性虽然被否定了,但是仍然发挥作用"⑤。如果艺术表象是艺术作品中的永恒的东西的话,那么超出表象的(即艺术表象的超越性)就是艺术中的瞬间的东西。而让人震惊的东西就是艺术作品的这种超越性。对于艺术中的这种特性,有阿多诺的研究

---

① [德]霍克海默、阿道尔诺:《启蒙辩证法》,第16页。译文略改。
② [德]霍克海默、阿道尔诺:《启蒙辩证法》,第16页。
③ 参见[德]阿多诺《美学理论》,德文本,《阿多诺全集》第七卷,第124页,中文版,第143页。
④ 参见[德]阿多诺《美学理论》,德文本,《阿多诺全集》第七卷,第123页,中文版,第141页。
⑤ [德]阿多诺:《美学理论》,德文本,《阿多诺全集》第七卷,第123页,中文版,第142页。

者说:"艺术作品是经验的,但又超出了经验;是人工的,又超出了人工的;是瞬间的,又是难以捉摸的。"①经验的东西是能够被人们用合理性把握和被表达的东西,是自然;而超出经验的东西是"曼纳",是不能被合理地把握和表达的东西。艺术表象的超越性表达这种东西。艺术表象把表象和超越表象的东西这两者结合在一起。现代艺术实际上就表现了可计算社会中不可计算的东西,表现了同一性中不同一的东西。

艺术中的这种瞬间的东西与过程性的东西、永恒的东西是联系在一起的。如果说艺术中的永恒的东西是表象,那么艺术中的瞬间的东西就是幻象。幻象就是超出表象的东西,而又是在表象中存在的。从这个意义上来说,艺术作品是"无表象的表象"②。阿多诺对于艺术的这种理解实际上就说明了艺术作品中的内在矛盾,这就是用表象来反对表象,用表象来否定表象。对于阿多诺来说,这是不可避免的和必需的。这就如同阿多诺在他的《否定辩证法》中所表述的那样,哲学中必须使用概念,但是每一个概念又是自我否定的。我们的哲学研究就是要让概念否定概念,让概念指称非概念。③ 那么,为什么需要用概念来否定概念,用表象来否定表象呢? 这又是与阿多诺对于现代社会问题的理解联系在一起的。我们知道,在现代社会中,市场交换的原则成为一个普遍的原则,按照这个原则一切都可以按照合理化的方法来进行计算,都可以被纳入同一性的逻辑。这种合理性原则也是人们思想中的根本原则。如果人们要超出这种思想原则,那么人就必须自己超越自己;而要自己超越自己就要自己反对自己。人们所熟悉的概念就是按照同一性逻辑形成的概念,而要超出这种概念就只能用概念来反对概念。同样的道理,艺术中的表象是从社会历史中直接吸收而来的,这种表面上的东西不能显示

---

① Lambert Zuidervaart, *Adorno's Aesthetic Theory: The Redemption of Illusion*, MIT Press, 1991, p. 185.
② [德]阿多诺:《美学理论》,德文本,《阿多诺全集》第七卷,第422页,中文本翻译为"无形象的意像",中文版,第480页。
③ 参见[德]阿多尔诺《否定的辩证法》,第8页。

现实的本质,而要显示现实的本质,我们就需要让表象超出表象。按照这样一种思路,艺术中的表象是把现实社会的要素对象化在艺术作品中,把它变成永恒的东西,但是艺术中超越表象的东西又打破这种永恒性,使它返回到一种瞬间的存在。幻象是瞬间出现的,是否定和超越表象的东西;幻象之所以能够打破表象,是因为表象是幻象的历史瞬间的凝聚。

从这个意义上我们可以理解阿多诺对于现代艺术的评价。阿多诺说:"在贝克特的作品中,审美超越和祛魅会合成为一个无声的合唱。放弃意义的话语什么也没有说,这就造成了默默无语。或许,最近似于超越的东西的表达都会浓缩为默默无语。"[1]对于阿多诺来说,贝克特的作品是表现了现代性的艺术典范。阿多诺最为关注的是他的《终局》(Endgame)。这部艺术作品也是没有表象的表象,是自我否定的作品。作品中的主人翁说了很多话,但又都是无意义的话。这种话语可以说是否定话语的话语。这种否定话语的话语,是话语,又是沉默。在阿多诺看来,只有这种否定了话语的话语,只有这种沉默,才最接近于超越的东西。不过在这里我们还要特别注意,审美超越与祛魅会合在一起。祛魅是启蒙,是可以合理地把握的世界;超越则是超出了合理把握的世界。而贝克特的作品把这两者结合在一起。当贝克特的戏剧舞台上的帷幕打开之时,它提供给人们的是这种瞬间的震撼;而这个瞬间的震撼又离不开整个戏剧的展开过程。

四、艺术必须超越艺术本身

艺术上的现代性最突出地表现在现代主义之中,而现代主义就是要反对传统并不断创新。那么,为什么现代艺术要不断突破自我、不断创新呢?

要理解这一点,我们必须从艺术自身的特性说起。按照阿多诺对于

---

[1] [德]阿多诺:《美学理论》,德文本,《阿多诺全集》第七卷,第 123 页,中文版,第 142 页。

艺术的理解,艺术来源于自然中没有被征服的东西。比如,塞壬的歌声是美的,是因为塞壬是自然中人类无法征服的东西的表现。塞壬就是可怕的自然所产生的魔力,是无法被征服的魔力。而被征服的东西就不是美的。在神话故事《奥德赛》中,奥德修斯知道自己无法征服海妖塞壬,所以他采取了一种技术的手段而与海妖塞壬取得了和解。他用蜡块塞住水手们的耳朵,而将自己用绳索束缚在桅杆上,从而能够继续倾听其美妙的歌声。① 当然,这种和解不是彻底的和解,而是对不可和解东西的和解。海妖要征服水手,而水手要征服海妖。但是,他们最终都相安无事。艺术也是这样,它也是让不可和解的东西产生和解。艺术实际上就是通过一种纯形式的方式把相互冲突、相互矛盾的东西结合在一起。正如我们可以通过概念把不同的东西综合在概念之中一样,艺术也是把各种不同的东西综合在艺术中。但是,这种综合不是要否定其中的差别和冲突,而是要把冲突表现出来。对于阿多诺来说,概念必须否定概念,或者说概念还必须把概念内部所包含的冲突的东西表现出来。同样,艺术也是如此,艺术也进行综合,但是艺术的综合也要把其中的冲突表现出来。艺术通过自身的形式把各种不同的甚至相互对立的东西结合起来。它要把非同一性的东西纳入同一性体系。然而,如果非同一性的东西完全被同一了,那么这就成为完全的技术了。艺术尊重非同一的东西,所以,艺术所进行的综合是非常脆弱的,它是把不可调和的东西调和起来。

任何真正的艺术都不能达到完全的综合,它要容忍差别、矛盾和冲突。而艺术的这种特性恰恰反映了现代社会的特性。在现代资本主义社会中,商品交换关系所遵循的是同一性逻辑,而这种同一性逻辑却无法把产品的使用价值综合在同一性的逻辑中。它只是考虑了价值上的等量关系。社会中的这种冲突就会表现在艺术之中。按照阿多诺对于资本主义文化的理解,资本主义文化是资本主义生产方式和资本主义生

---

① [德]霍克海默、阿道尔诺:《启蒙辩证法》,第59页。

产关系在艺术领域中的延伸。艺术中的不可调和的矛盾,就是资本主义社会中不可调和的矛盾的延伸。按照这样的一种思路,只要资本主义社会的矛盾是无法解决的,那么艺术中的和解就是表面的。如果我们从这个角度来理解现代艺术,那么我们就可以看到现代艺术也包含了控制和压抑的方面。这是现代艺术从资本主义社会中延伸而来的。比如,艺术也要把不能表达的东西表达出来,把不能形象化的东西形象化。从这个角度来说,"现代艺术也虚拟地与暴力统治者同一起来了,模仿了物化。"①但是,在资本主义社会中,艺术也不是完全按照市场经济模式运行的,艺术也有相对的独立性,因此,艺术在把非同一性的东西纳入艺术中的时候,艺术不是用暴力方式,不是像资本主义市场系统那样来进行同一的,它是用形式的方法来进行综合。正因为如此,艺术所进行的综合是一种调解,是把非同一的东西进行调解。从我们前面的分析中我们看到,艺术既是人工制品又是现象,既是瞬时的又是永恒的。艺术就是把这些不可调解的东西结合在一起。艺术所显示出的这些特性表明了艺术的同一性中的非同一性。如果我们把阿多诺的这个艺术上的思想从社会的角度来加以理解,那么我们也可以说,现代人类社会也是一种艺术作品。而资本主义社会是以文化工业的形式出现的艺术作品。这个艺术作品充满了同一性逻辑,而无法把非同一性的东西展示出来。相反,如果这个艺术作品把同一性中的非同一性的东西展示出来,把不可调和的东西加以和解的话,那么这个作品就是艺术中的"杰作"。如果人类能够创作出这样的杰作,那么就能够实现人和人之间的非同一性的和解。实际上,在整个社会中始终充满了同一性和非同一性的冲突;能容忍非同一性,能发掘社会中的非同一性,这是现代文明发展的必然要求,也是建立新的人际关系的必然要求。

艺术作品所进行的调解是资本主义社会矛盾的延伸。艺术具有模仿的性质,艺术模仿了现实,但是艺术不是现实的复制。艺术对现实的

---

① Lambert Zuidervaart, *Adorno's Aesthetic Theory: The Redemption of Illusion*, p. 168.

东西进行了重新排列、组织,在其中加入了幻象的要素。从这个意义上来说,艺术所进行的和解只有和解的假象,而不是真正的和解。按照阿多诺的说法,艺术对现存的东西进行重新排列的时候,既回忆了那些不存在的东西①,也预期了那些仍然还没有存在的东西。艺术以想象的形式预期未来可实现的东西。艺术作品又同时具有回忆的性质,即回忆那些被压抑和被否定了的东西。在资本主义合理化思想的统治下,非同一性的东西被否定了。而在文明史上,这些东西曾经在一定程度上存在过。艺术就是要把这些曾经存在的东西显示出来。艺术就是要把这些曾经存在而在现代社会又被压抑了的东西解放出来。阿多诺对于现代艺术的这种理解显然吸收了本雅明的思想。本雅明的救赎美学就是要拯救那些被现代文明压抑了的东西。②

艺术中的这种和解既有真理性也有虚幻性(意识形态特性)。艺术中的和解从一个侧面显示了现代资本主义社会中的不可调和的矛盾。艺术不仅展示了这种矛盾而且试图调解其中的矛盾,它是以形式化的方法展示现实中的冲突的和解的可能性的。从这个意义上可以说,艺术之中包含了真理,但是艺术又是虚幻的,这是因为艺术虽然只是展示了这种矛盾和解的可能性,它似乎又表明这种和解在资本主义社会中已经实现。艺术中的这种内在矛盾表现为"艺术允诺了幸福,又打破了这种幸福"③。正是由于艺术具有这种虚幻的特性,所以艺术又需要不断地否定自身。艺术需要超越艺术本身。正如阿多诺在《否定辩证法》中对于哲学所做的分析一样,在那里他指出,哲学总是会出错④。既然哲学总是会出错,那么哲学就需要不断地否定自己。同样的道理,既然艺术既是真理又是意识形态,所以艺术要不断否定自己。当然,在这里阿多诺指出

---

① 参见[德]阿多诺《美学理论》,德文本,《阿多诺全集》第七卷,第 204 页,中文版,第 236 页。
② 参见[美]理查德·沃林《瓦尔特·本雅明:救赎美学》,吴勇立、张亮译,江苏人民出版社 2008 年版,第 28—32 页。
③ [德]阿多诺:《美学理论》,德文本,《阿多诺全集》第七卷,第 205 页,中文版,第 237 页。
④ 参见[德]阿多尔诺《否定的辩证法》,第 12 页。

艺术的意识形态性,也是要强调艺术的解释的重要性,即审美理论的重要性。他说:"批评对于艺术是必需的。它认识到艺术作品中的真理内容,或者挑选出其中的真理性内容。艺术与哲学聚合的唯一地方在于这种批评行为之中。"①

从阿多诺的现代性批判理论中我们看到,他吸收了黑格尔在《精神现象学》中所揭示的启蒙辩证法,认为现代文明把人类历史中早就存在的工具理性(知性)发展到了极端,而从根本上排除了曾经与工具理性联系在一起的价值理性,用同一性思维排斥了非同一性思维。这种工具性思维在对人进行系统性的管理和控制中发挥了重要作用,在控制自然方面发挥了重要作用,但是这种工具理性在控制外在自然的同时却否定了人的内在自然。那些否定了内在自然的人成为无情感的人,或者说,成为"爱无能"的人。这些人不仅会对他人冷酷无情,而且对自己也冷酷无情。这些对自己或者他人冷酷无情的人是无法结合在一起的,即使他们结合在一起,那也只是一群乌合之众(大众)。他们是孤立的单子之间的结合,是具有同一性特点的人之间的结合。对于阿多诺来说,要解决这些问题,不是彻底否定这种现代文明中的合理化方法。他所提出的用概念指称非概念性的方法,实际上就是要找出被概念、被同一性逻辑所压制了的东西。但是他绝不是要从根本上否定这些东西。从他对于海德格尔的批判中我们可以看到,虽然他与海德格尔一样,要发掘被遗忘了的"存在",但是他强调要借助于存在者这个中介来发掘存在,而不是把"存在"作为直接的对象。现代文化工业也是对"存在"的一种压制,也是对非同一性东西的压制。从他对于文化工业的分析和审美批判的理论中我们可以看到,现代艺术既是现代工业文明的一部分,但是又要反抗这种现代工业文明,因此,这种艺术总是充满了矛盾的。它是不可和解的东西之间发生的和解。这就是表明了同一性东西的非同一性。只有

---

① [德]阿多诺:《美学理论》,德文本,《阿多诺全集》第七卷,第137页,中文版,第158页。

把这种非同一性释放出来,人和人之间实现非同一性的和解才是可能的。虽然这不是阿多诺的直接结论,但这是我们可以从他的理论中引申出来的。如果说阿多诺从艺术的角度说明了人和人之间的非同一性的和解的可能性的话,那么,后来的霍耐特则从社会哲学的角度,通过对于承认的研究具体说明了人和人之间这种非同一性的和解的可能性。文化工业不过是强化了人们对于社会秩序的顺从,使人温顺地接受这个被全面管制的合理化世界。

第四章 本雅明：现代性问题的审美救赎

从学术上来说，本雅明一生都在反思现代性。他在《历史哲学论纲》中所提到的克利的名画《新天使》，或许就是他本人的真切写照。他看到了现代性所出现的问题：现代性就是短暂、过渡，那些被确立起来的东西很快就被摧毁。现代性留下的是一堆堆瓦砾。而那个被大风（时尚的大潮）刮走的天使却在回首眷恋着那些瓦砾，要从这一堆堆瓦砾中拯救现代文明所必需的东西。

第一节 在历史概念中反思现代性

虽然《历史哲学论纲》的主题不是反思现代性的，但是其中对于历史概念的理解却包含对于现代性的深刻反思。可以说，这是一种反思现代性意义上的历史概念。这篇文献或许是本雅明为其后的研究所拟订的一个初步的提纲。然而这个提纲反过来又概括和提炼了本雅明一生的历史哲学思想。把握了本雅明的《历史哲学论纲》，也就把握了本雅明在这个问题上的基本思路。从本雅明的这个论纲中我们可以看到，本雅明的历史哲学非常奇特，他总是从反思现代性的视角来看历史，而在他那里历史本身也不像我们通常所理解的那样具有时间顺序。

一、时间是可认识的现在

在马克思主义哲学中,时间被理解为运动着的物质的存在形式。这就是说,时间虽然是一种形式的东西,但是它与内容(物质的运动)是联系在一起的。如果离开了内容,那么时间这种形式也不存在了。这种形式是客观的,与人自身的记忆或者观察无关。而康德则不同,他认为,时间不是从经验中抽象出来的,而是先天的直观形式。它是一维的,是连续的。康德说:"所有一般现象、亦即一切感官对象都在时间中,并必然地处于时间的关系中。"①这就是说,我们对于客体的感觉都出现在这种形式之中。从这个角度来说,时间只是整理我们的感觉经验的形式,而不受到我们的感觉经验的干扰。然而,康德又说:"如果我们抽掉我们直观的感性,因而抽掉我们所特有的表象方式,而谈论**一般的物**,则时间就不再是客观了。"②显然这与上面的说法之间存在一定的差别。一方面,时间是一种先天的直观形式。这种先天直观形式与感性现象处在一种外在的关系中。时间就好像一个空洞的框架,经验现象就被纳入这个框架中。这个空洞的时间必然是持续的、绵延的。经验现象的变化对于时间不应产生任何影响。另一方面,康德又强调,如果把表象的东西抽掉的话,那么时间就不是客观的,而是主观的了。这就是说,时间离不开人的表象。如果抽取了人的记忆中的感性现象,那么时间就是没有内容的,就不是客观的了。这就意味着时间的客观性依赖于人的记忆中的经验内容。我们似乎可以把这两个不同的东西做一个区分。一个是与记忆联系在一起的客观的时间,一个是作为纯粹形式整理感性材料的时间。按照这个理解,记忆中的时间虽然也有连续性,但是如果与具体的事件联系起来的时候,记忆中的东西就不一定是连续的,而是可以颠倒

---

① [德]康德:《纯粹理性批判》,邓晓芒译,人民出版社 2004 年版(以下引用该版本不再一一注明出处),第 37 页。
② [德]康德:《纯粹理性批判》,第 37 页。

的。而作为空洞的形式框架,这个时间只能是一维的、线性的。在实际生活中,时间不仅是空洞的形式,而且与人的感性经验联系在一起。因此,记忆中的时间是包含了经验内容的时间。只有当人在记忆中发现差异、体会到不同,人才能感受到时间的变化,才能有时间的观念。如果时间就是纯粹的连续性、空洞的流逝,那么人们就无法感受变化,因而也就不能形成时间感,也不能有时间的观念。我们试设想,如果时间是纯粹的流逝,是空洞的形式,那么前一个时间点就与后一个时间点完全一样。如果前后的感性现象都完全一样,我们怎么把它们区分开来,从而说明前后关系呢?

在康德理解时间的两个不同的维度中,本雅明选择了同人的回忆联系在一起的时间。在他那里,时间就不是空洞的形式,不是纯粹的流逝了。本雅明指出:"时间肯定不是均质的、空洞的东西。"①而本雅明把时间与经验、历史事件、政治活动等联系在一起。哈马协(Werner Hamacher)在讨论康德的时间概念和本雅明的时间概念的时候指出,本雅明在拱廊街计划中把时间与"历史感"联系起来。② 这就是说,在本雅明那里,过去和现在不是纯粹的、永恒的、无变化的时间流逝过程中的两个点,这两个点是有历史内容的,或者说是有经验内容的。

如果不能从时间的持续绵延和流逝的角度去理解,那么过去和现在是什么关系呢?本雅明说:"人们在'曾经'之中已经发现了固定的点,并看到'现在'正努力尝试用认知的力量来达到这个稳固的根基。"③为什么过去是一个固定点,而现在却要趋向于这个固定点呢?这不仅仅因为过去事件所发生的时间是确定的,不可能发生变化,而现在却是动态的,而且因为过去的经验是在意识的深层次上出现的(在这里,我们应特别注

---

① 陈永国、马海良编:《本雅明文选》,中国社会科学出版社1999年版(以下引用该版本不再一一注明出处),第415页。
② 参见 *Walter Benjamin and History*, Edited by Andrew Benjamin, New York and London: Continuum, 2005, p.45。
③ 转引自 *Walter Benjamin and History*,第45页。

意,本雅明所说的过去是指被压抑了的过去,所以这种过去如同弗洛伊德所说的被压抑的东西一样潜藏于意识的深层次中)。这种深层次中的东西是不容易浮现出来的。我们只能从现在出发,去把握过去的这个深层次中的东西。现在的某个事件或者某种东西也会激发我们,让我们认识到意识的深层次中的东西。当过去的深层次中的东西显现出来的时候,过去的东西似乎还会对我们"说话",对我们有所期待。当我们看过去的某幅绘画作品时,我们就会发现,绘画作品中有一种"灵韵"(aura),它似乎在期待着我们的理解。同样的道理,我们在回忆历史的时候,历史上的东西期待着我们的理解。如果过去的东西对于现在的我们有所期待,那么这就意味着过去对于我们具有历史意义。于是,过去的事情就作为历史事件存在了。当过去的事情对于我们有所期待,而我们又认识到这种期待的时候,过去作为固定点就与现在联系起来了。

既然过去是由我们现在回忆起来的,那么这个过去也是现在。于是这里就出现了两个"现在"。哈马协指出,"为了使一个瞬间触及另一个瞬间,为了使一个现在点(Now-point)进入到另一个现在点的建构中,为了使历史时间在这个建构中产生出来,这个瞬间必须作为另一个瞬间的参照点、作为指示器、作为导向标"①。本来,人们在研究历史的时候,人们是以现在为出发点而去追溯过去;现在是一个固定点。而本雅明却不同,他是"逆向梳理历史"②。他把过去作为固定点,而把现在作为过去所指称的东西,作为过去所"意味"的东西,作为过去所期待的东西。对于他来说,过去总是有某种东西没有能够实现,它期待着能够在现在实现。从这个意义上来说,过去已经指向现在、期待现在。显然,过去和现在这两个时间点之间的联系不是持续的、空洞的连续,而是间断的。这两个时间点之间的联系是有中介的。这个中介就是"意味""指向"。一个时间点通过意味、指向而与另一个时间点联系起来。本雅明说:"过去带着

---

① *Walter Benjamin and History*, p. 51.
② 陈永国、马海良编:《本雅明文选》,第 407 页。

时间索引,把过去指向救赎。在过去的每一代人和现在的这一代人之间,都有一种秘密协定。"①

本雅明把"意味""指向"作为中介放在现在和过去之间,并由此来理解时间。如果没有这种指向和意味,如果没有当下对于这种指向和意味的理解,那也就无所谓时间了。时间是在过去的"意味"和现在的"理解"中产生的。不过,本雅明把这种"意味"和"理解"神秘化了。在他看来,过去对于现在是有所期待的,但是这种期待只能由现在的某个事件触动而使人在人的一闪念之间把握过去。因此,本雅明认为,过去是一个闪烁的瞬间。过去的形象突然出现在人们面前。② 在过去的地平线上会出现雷霆万钧的闪电。而过去的闪现是很难被把握住的,只有有准备的人才能把握住过去。如果把握不住,那么这就不是本雅明所说的那种过去,而是时间流逝意义上的过去。按照这样的理解,过去和现在的关系表现为,现在是从过去中产生出来的;它来自过去,也是为了过去。过去的期望就在现在之中,并且这种期望在现在之中停止(实现)了。由此,现在和过去结合在同一个时间点上了,或者说,它们都结合到现在之中了,都成为当下。在这里,现在不仅为了过去而出现,而且"站到"了过去之中,出现在过去之中;反过来说,过去又出现在现在之中,并在现在之中停顿下来。因此,本雅明说,"现在不是过渡","现在站住了,它达到了一个停止状态"。③ 按照他的这个说法,历史在这个地方停止了。这当然不是说,流逝的时间意义上的历史中断了,而是具有政治意义的历史中断了。本雅明指出:"无阶级社会不是历史发展的最终目标,而是那个常

---

① 陈永国、马海良编:《本雅明文选》,第 404 页。本雅明本人没有解释这里的秘密协定。按照笔者的理解,这种秘密协定就是,现代人和历史上的人一样,都有某种被压抑的东西需要被解放出来。这是处于集体无意识中的东西。
② 参见[德]本雅明《历史哲学论纲》,第六条,载陈永国、马海良编《本雅明文选》,第 405—406 页。
③ 参见陈永国、马海良编《本雅明文选》,第 413 页,译文略改。见 *Walter Benjamin Selected Writings*, Edited by Michael W. Jennings, Harvard University Press, 2006, p. 396。

常失败了而又最终达到了的中断。"①这是在表明,无产阶级革命的愿望实现了。在实现了过去的愿望的基础上,历史中断了。

如果过去融合到现在之中了,过去作为期待突现于现在之中,并达到了停顿状态,那么,这还叫时间吗?如果没有一个持续的过程,这还叫历史吗?对于本雅明来说,人们通常所理解的那种历史和时间,不过是时间的流逝以及事件在时间中的排序。包含了内容的时间或者发生的历史,是包含了某种张力在其自身中的时间或者历史。当现在认识到过去的期待的时候,这种期待中就包含了时间。对于本雅明来说,时间是与人的认识有关的,是在人的意识和思想中出现的。本雅明说:"过去的真实形象一闪而过,捕捉过去就是捕捉过去的形象。过去的形象在它可认识的时刻闪现出来,此后就不再被看见了。"②在这里,两个时间点出现了,一个是可以被认识的过去的形象,一个是进行认识的现在。而在认识过程中,这两个时间点结合在一起了。从这个意义上来说,本雅明把时间理解为充满了张力的单子,是思想中的单子。本雅明说:"思维不仅包含了思想的运动,而且包含了思想的停顿。当思维在浸透了张力的星丛之中突然停顿下来的时候,思维会使这个星丛发生震动,并由此而固化为单子。"③在这里,本雅明试图通过思维中的停止和思维中的单子的情况来说明历史和时间。如果说思维中的单子是渗透了张力的星丛,那么时间也是如此,也是渗透了张力,这种张力就是过去和现在的张力。这个时间的单子就是思维中的单子,是思维的停止。这种停止就是把历史事件和时间点从连续的进程中分离出来,并结合在同一个思维空间中。由此产生的时间就是停止了的时间,并且这个时间就是停顿下来的当下或现在。这就好像,在我们的生活中,昨天购买的东西和去年购买

---

① *Walter Benjamin Selected Writings*, Volume 4, p. 402.
② 陈永国、马海良编:《本雅明文选》,第 405 页,译文略改,参见 *Walter Benjamin Selected Writings*, Volume 4, p. 390。
③ 陈永国、马海良编:《本雅明文选》第 413 页,译文略改,参见 *Walter Benjamin Selected Writings*, Volume 4, p. 396。

的东西放在了同一个空间中,这两个东西同时出现而又停顿在同一个空间中。空间中的这两个被认知的事件之间出现了时间,而且是停顿中出现的时间。总之,时间是双重的,其中的一个时间点(现在)从另一个时间点(过去)中认识到,它是被另一个时间点所指称、意味、要求的时间点。正因为如此,本雅明把时间理解为"可认识的现在"(the Now of Recognizability)①。

在这里,我们需要解释一下本雅明所使用的"星丛"概念。它或许来源于马拉美。这个概念的意思是,事态是联系的结果。② 这就是说,事件相互联系产生星丛,而星丛作为联系的结果也产生事件。从这个角度来理解历史和时间,那么历史和时间都是特殊的。哈马协指出:"时点、现在、当前至少是两个当前、时点的星丛。"③不同的当前(过去和当前)结合成为星丛。这个星丛就是现在。现在就是星丛,就是渗透了内在张力的单子。而究竟哪些当前或者时点会构造星丛,这不是既定的,而是偶然的、随机的。由于过去的形象是突然的闪现,因此,星丛的构成也是随机的。构成的星丛都有各自的特殊性。具有历史意义的事件都是具有特殊意义的。

二、现代性视角中的历史概念

一般来说,历史是记载和解释人类活动及其发展过程的,而历史事件是在时间的序列中发生的。从这个角度来说,解释历史事件也需要按照时间顺序来解释各种事件之间的因果关系。任何一个人都是在继承历史传统同时又变革历史传统中而对未来的发展发生作用的。历史就是在这种连续而又发生变革的过程中前进的。究竟应该如何对待历史中的这种延续与变革的关系呢?本雅明所强调的是变革,是中断,而不

---

① *Walter Benjamin Selected Writings*, Volume 4, p. 405.
② 参见 *Walter Benjamin and History*, p. 56。
③ *Walter Benjamin and History*, p. 56.

是时间上的连续性。本雅明所理解的历史概念就具有了现代性的意义。按照波德莱尔的解释，现代性就是过渡、暂时①。这种过渡和暂时表明现代社会的变革加速了，而加速的社会变革实际上就是要不断地变革传统，并与传统发生分离。这类似于马克思在《共产党宣言》中所说的"两个决裂"，即同一切传统的所有制关系决裂，同一切传统的观念实行彻底的决裂②。这种彻底的决裂表明，历史是中断的，不断会有新的开始。如果从这个决裂的角度来理解历史事件，那么我们就可以说，历史事件不是在接受传统的影响下发生的，而是孤立地、突然地发生的。由此，我们就可以把历史事件从时间的序列中分离出来。当我们把不同的时间点上发生的事件分离出来，把它们放在同一个空间结构中加以比较研究时，我们实际上就是把历时态的事件放在同时态的结构中加以分析。这个历史概念就与本雅明的时间概念相一致了。

　　本雅明就是在这个意义上来理解历史的，在他看来，历史就是发生的事件，而不是人们通常理解的历史过程。因此，本雅明特别注重当下。他说："历史是建构起来的题材，它不是坐落在同质、空洞的时间之中，而时间完全是由当下的现在（Jeztzeit）所充实的。"③那么如何来理解"当下"呢？本雅明举了一个例子。对于法国大革命时代的罗伯斯庇尔来说，古罗马就是从连续的历史统一体中爆破出来，填注着"当下"时间的过去。这就是说，罗伯斯庇尔在理解古罗马的时候，古罗马和当下的革命结合起来了。古罗马所期待而又不能实现的东西被当下的法国大革命认识到了，法国大革命把古罗马所期待的东西实现了出来。这里有两个"当下"结合在一起。历史就是在充满当下的时间中出现的。古罗马和法国大革命在现在中的结合，就是本雅明所理解的星丛。在本雅明这

---

① 参见[法]波德莱尔《现代生活的画家》，载《波德莱尔美学论文选》，郭宏安译，人民文学出版社1987年版，第485页。
② 参见《马克思恩格斯选集》第1卷，人民出版社1995年版，第293页。
③ 陈永国、马海良编：《本雅明文选》，第411—412页。译文略改，参见 *Walter Benjamin Selected Writings*, Volume 4, p. 395。

里,历史就是一种事件的发生,而不是一个过程。在德文中,事件的发生这个词语(geschen)是"历史"(Geschichte)这个名词的词根。历史就是当下发生的事件。

本雅明在历史观中所注重的就是"现在":历史就是现在,就是现在发生的事件。而现在所发生的事件就如时尚一样,是回复到过去。而过去又期待着现在。本雅明借助于卡尔·克劳斯的名言"起源就是目标"① 来加以说明。这里的起源,不是历史事件发生的原因,不是历史事件发生的最初源头。过去发生的事件总是包含了没有实现的期待。现在的事件就是要实现过去发生的事件所没有实现的期待。从这个意义上说,过去发生的事件是现在发生的事件的起源,而这个起源包含了一定的目标,只是这个目标尚未实现。因此,起源就是目标。过去所发生的事情期待的是现在。

过去和现在、起源和目标结合在一起,这就是历史。从前面的分析中我们知道,对于本雅明来说,时间应该从现在的意义上来理解。而这里所说的现在,是两个不同的现在的结合。本雅明是这样来说明这两个时间点的联系的。他说,历史的"形象是处于停顿状态的辩证法:这是因为,尽管当前(present)与过去(past)之间的联系纯粹是时间性的、连续的,而过去所发生的事情(what has been)与现在(Now)的联系是辩证的。这不是不断前进,而是形象,是突然的显现"②。在这里我们可以看到:第一,本雅明承认形式意义上的时间是连续的,就是过去与当前之间的连续性。第二,他所强调的时间是有实质性内容的时间,在这种时间中过去发生的事情和现在的认识之间是不连续的,但是这两者之间又是联系在一起的。因此,这种联系是一种辩证的联系。这种辩证的联系表现为现在跃迁到过去,本雅明把这种跳跃称为"辩证的跳跃"(dialectical leap)。在本雅明看来,按照统治阶级的思路进行的跳跃不是辩证的跳

---

① 陈永国、马海良编:《本雅明文选》,第411页。译文略改。
② 转引自 *Walter Benjamin and History*, p.59。

跃,而按照马克思革命理论的方法所进行的跳跃就是辩证的跳跃。① 正是在这种辩证的跃迁中,实质内容在时间中出现了。这就是过去发生之事在现在的突然闪现,就是一种回到过去的跃迁。这种跃迁常常在革命时期才会出现。为此,本雅明强调,革命开启了一种新的历法,这种新的历法就像照相机的慢镜头一样记录历史,它给我们留下的是一座纪念碑。②

本雅明不是从连续性上理解历史,而是从历史事件对于当下发生的影响和意义上去理解历史。对于他来说,历史就是在当下的显现。历史上有许多各种不同的事件,但是并不是所有的历史事件都能够在当下显现,只有可认识的事件能够在当下闪现。同时,即使历史上的事件是可以被认识的,但是如果一个人的思想停留在历史的连续性的框架中,那么这个人也不可能认识历史事件。如果这样,那么历史事件也不能在当下显现。这就意味着历史事件的突然闪现是有条件的。只有这种条件被满足了,历史中的这种辩证跃迁才是可能的。这个条件首先就是一个人要摆脱历史连续性思想,摆脱占统治地位的思想框架。应该说,历史上有许多历史事件是可以被认识的。如果在社会生活中人们都摆脱了历史连续性的思想,从而都能够认识历史事件,那么这就意味着,在当下有许多历史事件可以发生。如果当下有许多历史事件发生,那么这些历史事件就不是连续的,而是同时的。按照本雅明对于历史的理解,历史事件既是过去的,又是现在的,或者说,历史事件都是现在的。这些同时发生的"现在"不能按照连续的过程来理解。

三、历史主义的批判

在本雅明看来,历史唯物主义所理解的历史就是这种当下意义上的历史,或者说是这种革命和决裂意义上的历史。然而,统治阶级也会从

---

① 参见陈永国、马海良编《本雅明文选》,第412页。
② 参见陈永国、马海良编《本雅明文选》,第412页。

自己的角度去解释历史事件,而他们的解释就会使历史成为一个连续的历史。因为,把历史记录下来的人都是统治者,而被统治者是受压迫的,他们的想法在历史上是无法被表达出来的。因此,历史唯物主义所理解的历史就必须是断裂的历史、革命的历史。革命是被压迫的人们的一种暴动,是要打断统治阶级的统治。历史唯物主义就是要从这种断裂中看到一种机会,即把那些过去被压迫的人们拯救出来的机会。因此,本雅明说,历史唯物主义者"从这一结构中看出了弥赛亚式事件停止的迹象——换句话说,他看出了为受压迫的过去而斗争的革命机会"①。而他这里所说的结构,就是把历史事件孤立起来,而使之成为一个孤立的"单子"的结构。他说:"历史唯物主义者只有在一个历史问题以单子形式出现的时候才去研究它。"②显然,本雅明所理解的历史唯物主义不是我们所理解的历史唯物主义,而是解放被压迫阶级意义上的历史唯物主义。而要把这些被压迫的人们从历史中拯救出来,让他们发声,就要让历史事件从空洞的时间连续中摆脱出来。

当一个事件或者一个人的生平事迹从连续性中爆破出来的时候,我们就可以发现一些曾经被压制或者被否定的东西,这些东西现在得到了保存。本雅明的历史观实际上就是着力于把过去被否定、被忽视、被遗忘的东西拯救出来。那么为什么要这样做呢?本雅明的历史观中实际上包含了这样一种潜在的意识:人类的文明史实际上都是统治者的历史,是强者的历史。从强者的角度来看,历史是不断进步的;而从弱者的角度来看,历史是一部血腥的历史,是压迫的历史。历史的进步中总是包含了这种血腥的屠杀和压迫。那些被屠杀、被压迫的人在历史上被遗忘了。历史上的任何一种进步都包含了一些人被牺牲、被否定、被忽视,我们今天所享受的这些文明成果就是建立在这些被忽视、被牺牲、被遗忘的人的基础之上的。从这个意义上来说,我们对于那些历史人物背负

---

① 陈永国、马海良编:《本雅明文选》,第414页。
② 陈永国、马海良编:《本雅明文选》,第413—414页。

着沉重的债务。我们亏欠这些被遗忘、被牺牲、被忽视的人。从这个角度来看,当我们面对未来的时候,我们首先要懂得面对历史。只有当我们面对历史,发现我们所欠下的债务的时候,我们才有可能期待着未来我们不再欠下类似的债务。本雅明指出:"在我们的心目中,幸福和救赎是密切联系在一起的。我们对史学所关注的过去的看法也是一样,过去带着时间的索引,把过去指向救赎。"①我们关注过去是为了实现救赎。只有实现了对于过去的救赎,幸福的未来才是有希望的。

本雅明把历史唯物主义和历史主义对立起来。对于他来说,历史唯物主义就是要关注历史中的断裂现象,关注历史中的危急时刻。他认为,过去的形象一闪而过。历史唯物主义就是要把握这种顷刻之间出现的真相。按照他的设想,历史的研究方法是这样的,就是"当记忆中某种东西在危急时刻闪现的时候去抓住它"②。而他所说的闪现的危急时刻,就是指革命时机到来的时候。当革命时机到来的时候,记忆中的东西或者说那些被压迫的东西就会闪现。革命者就要把握这些记忆中的东西,这些被压制了的东西。然而,在历史上只有那些占统治地位的东西才能得到发展,而且这种占统治地位的东西都是不断延续的,它们压制着人们记忆中的东西。因此,我们需要做的是打断这种连续性,需要过去形象的突然闪现。这些被统治者遗忘的东西就不能按照时间顺序顺利发展。为此,本雅明强调:"每一个时代的人们都必须做出努力,一次次把传统从陈陈相因的桎梏中解放出来。"③

如果传统陈陈相因,那么传统就落入了历史主义的桎梏之中。而历史主义就是统治者的历史观。这种历史主义认为,历史就是按照时间顺序记载的历史,就是一代一代人继承和发展的历史。历史随着时间而进步。这种进步观是与人类穿越空洞的、均质的时间联系在一起的。④ 而

---

① 陈永国、马海良编:《本雅明文选》,第 404 页。
② 陈永国、马海良编:《本雅明文选》,第 405 页。
③ 陈永国、马海良编:《本雅明文选》,第 406 页。
④ 参见陈永国、马海良编《本雅明文选》,第 411 页。

这些继承和发展历史的人,都是历史上占据了统治地位的人。本雅明说:"所有的统治者都是此前征服得手的那些人的后代。"①因此,当统治者解释历史的时候总是说,历史是不断发展的。他们看不到那些被忽视、被统治的人,那些在历史中默默无闻的人(以及一些被否定、被压抑的文化,被统治者遗忘的人等)。因此,他们看不到历史中的倒退,看不到他们给别人造成的痛苦。本雅明据此批判了历史研究中的"移情"的观念,即从统治者的思想立场看待古代的人。本雅明认为,这种所谓的移情实际上就是"心灵的怠惰",这种怠惰的心灵无法理解和把握历史形象闪现的瞬间。在这种时间顺序中,不会有历史形象瞬间的闪现,不会有历史现象的突然中断。历史上留下来的东西都是胜利者的痕迹,而失败者则被消灭了。因此,本雅明说:"移情于胜利者总是有利于统治者。"②在这里,本雅明形象地指出:"直到今日,任何以胜利者的姿态出现的人都会加入胜利者庆典的行列中;随着这行列,现时的统治者从匍匐在地的失败者身上迈步而过。"③

正因为如此,本雅明强调,历史唯物主义者应该以谨慎的态度对待"文化财富",因为这种所谓的文化财富是胜利者的战利品。这不是文化财富的全部。本雅明强调,全部的文化财富不仅是由那些具有非凡卓越的智慧的人创造出来的,而且还是由与这些卓越人士同时代的普罗大众创造出来的。他们同样是文化财富的创造者。但是这些文化财富都被胜利者占有了。正如历史上胜利者用残暴的手段获得统治地位、占有财富一样,文化财富同样被统治者所占有。因此,本雅明说:"文化财富从一个主人转移到另一个主人手里的方式同样沾染上残暴的气息。"④文明就是镇压失败者的历史,是充满了残暴的历史。历史主义就是记载、颂扬这种残暴的历史。而历史唯物主义者与历史主义者正好相反,它"逆

---

① 陈永国、马海良编:《本雅明文选》,第 406 页。
② 陈永国、马海良编:《本雅明文选》,第 406 页。
③ 陈永国、马海良编:《本雅明文选》,第 406—407 页。
④ 陈永国、马海良编:《本雅明文选》,第 407 页。

向梳理历史"①。它要揭示被"文明"和"进步"隐藏着的残暴和灾难。

本雅明正是从这个角度来思考历史主义者所说的"进步"的,这种所谓的进步实际上也是倒退。他用克利的名画《新天使》来批判这种历史进步观②。在这幅画中,天使睁大眼睛凝视着某种东西,但是天使却又已经张着翅膀准备离去。历史的天使(对本雅明来说,历史唯物主义就应该是这样的历史的天使,或者他本人就是这样的历史的天使)也应该这样来看待历史。在我们看到历史事件的地方,这个历史的天使看到的是一场又一场灾难。这一场又一场的灾难造成了一堆又一堆的废墟,堆在天使的脚下。天使本来想唤醒废墟中的逝者,但是,天堂来了一阵大风把天使吹走,吹向遥远的未来,虽然天使无法唤醒废墟中的逝者,但是天使仍然注视着废墟。本雅明用这个隐喻表明,历史是一场又一场的灾难,留下的是一堆又一堆的废墟。如果说历史有进步,那么这种进步就如同天堂吹来的一阵大风。这种"进步"的大风把天使吹向遥远的未来。天使在走向未来的时候,所关注的仍然是过去所留下的废墟。

对于本雅明来说,违抗这个"大风"太难了,以至于大多数人都顺应这场大风,按照"进步"的历史观,在大风中前进。而要战胜这个大风就要有勇气,就是要是英雄。这种英雄在历史的进程中常常被污蔑为"逆历史潮流而动的人"。比如,在法西斯主义狂潮中,顺我者昌,逆我者亡。反法西斯主义的人就被看作"逆历史潮流而动的人"。而对本雅明来说,这些人才是真正的英雄。于是,在历史发展中,究竟做一个随大流的大众还是真正的英雄,就成为现代性研究的重要问题。本雅明在他的《拱廊街计划》中对大众现象的分析涉及这个问题。③ 在《历史哲学论纲》中本雅明主要批判了德国的社会民主党人④。这些社会民主主义者都成为反法西斯主义的叛徒。他们相信历史是进步的,这就如同水向低处流一

---

① 陈永国、马海良编:《本雅明文选》,第407页。
② 参见陈永国、马海良编《本雅明文选》,第408页。
③ 参见[德]本雅明《发达资本主义时代的抒情诗人》,第73—84页。
④ 参见陈永国、马海良编《本雅明文选》,第409页。

样自然。这种社会民主主义所坚持的就是一种历史主义的观点。

对于本雅明来说,"历史唯物主义"和历史主义的对立表现在对于历史上发生的事件的态度上。对于历史主义来说,历史上所发生的事件是历史不断进步中的各个不同环节。如果用黑格尔的历史观来看,即使历史上出现各种曲折、各种闹剧,但这不过是一种理性的狡黠,是理性为了达到自己的目标而利用的手段。而对于"历史唯物主义"来说,历史上的各种事件是历史的碎片,是一堆废墟。按照这样的"历史唯物主义"观点,整个人类文明史就是一个不断衰退的历史。这实际上就等于全面否定了历史,走向了历史虚无主义。应该说,这在一定程度上包含了历史虚无主义的东西。但是,我们不能简单地把本雅明的这种历史观等同于虚无主义。他实际上是强调历史中被人忽视的东西,即历史上那些被牺牲、被否定的东西的积极意义。他促使人们关注历史上被牺牲、被否定的边缘人物,那些"无产阶级"。更重要的是,这是基于他对于第二次世界大战的沉痛思考。

四、充满救赎意味的"历史唯物主义"

本雅明在他的历史思考中加入了神学的因素,特别是犹太神学的因素。按照这种神学因素,人都是有罪的。从历史的角度来看,现世生活中的每一代人都背负着一种道德上的债务。这是因为人类文明发展的每一个阶段都牺牲了一些人。只是由于这些被牺牲的人,后代人才能享受"文明"的成果。但是,这些被牺牲的人在历史上却被埋藏在废墟之中了。因此,每一个后代人都有偿还自己所欠下的债务的**道德**责任,他们有责任把这些被埋藏在废墟中的人救赎出来。历史研究的任务就是要回忆这些牺牲者。文明的发展过程就如同现代大城市的建设一样,要不断拆除一些旧的建筑,从而建设新的建筑。人们把这些新的建筑看作是美的、有价值的;而那些旧的建筑就被看作是无价值的,是废墟。然而,人们的这种审美观念就是社会中那些占主导地位的观念。实际上,这些被拆除的旧建筑包含了许多美的、有价值的东西。同样,在历史发展过程中,统治阶级总是牺牲一些人,这些被牺牲者被埋在历史的废墟中。所以,凡是在被看作历史进步的地方,本雅明都看到了废墟。对于本雅明来说,"历史唯物主义"就要关注这些废墟,把一种弥赛亚的精神灌注在这种历史研究中,从而拯救被埋在废墟中的牺牲者。

在如何对待过去和未来的关系问题上,本雅明把如何对待过去放在首要地位。对于他来说,只有弄清了过去,我们才有真正的未来。我们首先应当知道在历史上许多人的期待被压抑了,作为牺牲者,他们的期待是不可能成为现实的。我们就应该以一种救赎的态度来对待这些牺牲者。只有这样,我们才有可能以同样的精神对待未来。这就是,在未来,怎样的期待会被压抑,而无法得到实现。作为未来者,我们今天会犯下怎样的"罪孽",我们否定了哪些人,牺牲了哪些人。为此,本雅明批判了第二次世界大战期间的社会民主党人。这些社会民主党人认为:"适合工人阶级担当的角色是未来后代的救赎者。"①这就是说,工人阶级要为自己的后代负责。本雅明对此持完全相反的态度,他认为工人阶级的后代要对工人阶级负责。这些后代始终应该追问,他对自己的前辈负有怎样的道德责任。因此,他批判社会民主党人。他认为,社会民主党的这种观念实际上就是要让工人阶级忘记它的仇恨和牺牲精神。而这种仇恨和牺牲精神"是被奴役的先人的形象"。② 历史研究的目的就是要知道被奴役的先人的形象。哈贝马斯在分析本雅明的有关思想的时候曾经指出,对于本雅明来说,"一切过去都具有一种无法实现的期待视野,而现在在面向未来的时候所承担的使命在于:通过回忆过去而得知,我们可以用我们微弱的弥赛亚主义的力量来实现我们的期待。"③这种弥赛亚的力量就是同情、尊重、承认那些可能被遗忘的人,社会生活中的边缘人。但是,本雅明认为,这种弥赛亚的力量是微弱的。这是为什么呢?本雅明强调,这要求人们从现在来回忆过去,而这就依赖于"现在"的认

---

① 陈永国、马海良编:《本雅明文选》,第 410 页。
② 参见陈永国、马海良编《本雅明文选》,第 410 页。
③ [德]哈贝马斯:《现代性哲学话语》,第 17 页。

知能力,即真正有能力回忆过去。可是现代人很容易受占主导地位的价值观(比如历史进步观)的影响,当他们以这样的价值观或者历史观看待过去的时候,他们是看不到这些被废墟掩埋的牺牲者的;而要看到被埋在废墟中的牺牲者,就需要抗拒当下占统治地位的东西,而这需要有勇气。这就如同说,在现代社会所有人都必须靠出卖自己的产品而生存,但是文学艺术的生产本身就其本质来说,不是按照市场价值规律来进行的,它不生产有使用价值的有用品。然而文化工业的发展又使人不得不把艺术品当作产品来生产,按照人的需求(从物质需要自然延伸出来的需求)来生产。在这群享受着文化工业产品的人之中,怎么可能有人能拯救出历史上的那些有价值的艺术品呢?从这个意义上说,人们回忆过去的能力受到了威胁,因此,这种弥赛亚的力量是微弱的。

对于本雅明来说,历史研究不是为了继承传统,而是要反思传统,反思传统中那些被牺牲了的东西。如果我们以继承传统的态度来对待历史,那么我们实际上就会像以往的胜利者一样,把传统当作战利品来接受。本雅明说:"在阶级斗争中,优美的精神的东西不是以战利品必然归于胜利者那样的方式而出现的。在这场斗争中,它们表现为勇气、幽默、诡黠和坚忍等品质。它们追溯既往,不断对统治者的每一个胜利——无论是过去的还是现在的——加以质疑。正如花朵总是朝向太阳一样,通过一种隐秘的趋日性,过去也竭力朝向在史学天空中冉冉高升的太阳。"[①]优美的精神表现为一个人的勇气,表现为对统治者胜利的质疑,就是要拯救被统治者。这种精神就像隐藏在植物中的趋日性一样。

实际上,本雅明的这种拯救观念是他的历史观的必然产物。按照他对于历史的理解,人类历史在进步的过程中,必然带有巨大的牺牲。从本雅明对经验贫乏的分析中,从他对于机械复制时代艺术品质的变化的分析中,我们可以看到,他的思想中都包含了这样一种基本思路。在《机械复制时代的艺术品》中,本雅明认为,传统的艺术是与宗教仪式联系在

[①] 陈永国、马海良编:《本雅明文选》,第405页。

一起的,其中包含了"灵韵"。在这个时候,艺术品之中包含了一种膜拜价值。然而随着照相技术、电影技术的出现,艺术品的生产力得到了极大提高。艺术品被大规模地生产出来,但是艺术品的"灵韵"却衰弱了。在这种情况下,艺术品的膜拜价值让位于艺术品的展览价值。对于本雅明来说,只有膜拜价值才是艺术品最基本的价值,而展览价值是随后逐渐附加在艺术品上的。当艺术品的展览价值代替膜拜价值的时候,艺术品的艺术价值也衰弱了。同时,人们对于艺术品的接受方式也发生了变化。这种变化表现在,从前人们对于艺术品是一种鉴赏的态度,而在面对机械复制艺术品的时候,人们采取了一种消遣性接受的态度。而这种消遣性的接受不再要求人们凝神关注。① 这种消遣的态度就如同人们消费一种商品一样。文化产品成为社会大众的消费品。显然,当艺术品能够被机械复制的时候,艺术品的生产能力提高了,艺术作品的传播范围扩大了,这个时候艺术作品能够被集体观赏。这无疑是一种进步。但是这种进步中包含了倒退。观众对待艺术作品的态度发生了变化,从鉴赏的态度转变成为消遣性的接受。他们再也无法真正理解艺术作品的"灵韵"和膜拜价值。从这个意义上来说,艺术作品需要被拯救,人们欣赏艺术的能力需要被拯救。当然,这不是说,现代人已经完全没有鉴赏艺术的能力了,而是说,这种鉴赏能力衰退了。这种能力好似被文明发展摧毁了的瓦砾。

按照马克思的唯物主义历史观,人类的劳动是社会发展的基础。但是,本雅明认为,对于这样的思想我们也要重新分析。工厂劳动能够带来技术进步,能够带来社会经济的发展。正因为如此,我们可以说劳动是人类文明和进步的基础。但是我们不应该忘记,人类的劳动成果是被不公平地分配的。马克思在强调劳动对于人类文明发展的这种基础性的地位的时候,也指出了劳动中产生的剥削。为此,本雅明强调,庸俗的

---

① [德]本雅明:《摄影小史 机械复制时代的艺术作品》,王才勇译,江苏人民出版社2006年版,第145页。

马克思主义"只看到人在支配自然方面所取得的进步,而没有看到社会的退步"①。当然,在社会历史研究中,我们应该看到社会历史发展中的进步,同时也要看到其中的退步。而问题在于,本雅明对于进步重视得并不够,他时常过于夸大了这种退步。他要人们像"新天使"那样,关注历史发展中所遗留下来的瓦砾。按照他的那个比喻,文明史所留下来的似乎只有瓦砾;似乎生产力越是发展了,文明越是要关注这些瓦砾。当然,本雅明的这个思想是在现代性的背景下才提出来的。不断的创新、改革、革命,把文明的发展不断地推向新的高度;而与此同时,它也不断摧毁旧的东西,把这些旧的东西变成一堆堆瓦砾。这就如同在现代城市建设中,一些具有历史文化意义的东西都被摧毁了,变成一堆堆的瓦砾。我们刚刚建成的东西很快又被看作是过时的,而被摧毁。然而这些新的东西是不是就一定比旧的东西更好、更进步呢?这就是他具有现代性意义的历史观给我们提出的问题。这个问题值得我们进行理性的思考。本雅明的这些思考对于我们来说无疑是有启发意义的。当然,在本雅明分析现代文明中所出现的各种问题的时候,这种救赎的观念常常带有一种乡愁,隐藏着对被否定了的过去的眷恋。这又是需要我们加以警惕的。

强调历史的非连续性,实际上也为不断革命和变革找到了理由。如果历史发展不是由生产力发展的必然性所决定的,而是受到人的意识等偶然因素的影响,那么历史就不可能表现为必然的过程,就不可能用简单的时间序列来表示。革命必然会中断以往的自然进程,而使历史出现新的面貌。从这个角度来说,我们不能按照统治者的观念、按照常规意识来看待历史,而是要从革命和变革的角度来看待历史。从这个角度来说,革命和变革才是历史的常态。如果是这样,难道不是又承认历史中的瓦砾存在的合理性了吗?通过革命、变革,被统治者颠覆了占统治地位的文化或者统治者的利益,如果是这样,那么统治者是不是也成为历

---

① 陈永国、马海良编:《本雅明文选》,第 409 页。

史上的被牺牲者了呢？他们是不是也应该得到救赎呢？显然，本雅明的历史观没有能够有效地回答这些问题。其中的一个核心问题是，他没有一个令人信服的价值标准来衡量进步与退步。如果没有一个标准，革命和改革的正当性就无法被确认。

应该承认，我们的历史研究确实应该发掘历史上那些被忽视、被怀疑、被否定了的东西，而这种发掘确实与当代人所处的立场有关。只有摆脱了传统中占统治地位的立场，这些被遗忘，被忽视的东西才能被认识到，才能被拯救出来。但是，本雅明所强调的这种认识却是人的头脑中的一闪念，是一种直觉的认识。在个人生活中，我们也会碰到这样的情况，当下由于某些东西突然触及了我的意识深处的被压抑的东西，这种东西就突然被我回忆起来。这是个人意识中发生的情况。然而在面对革命或者社会变革的时候，为什么许多人都会同时有类似的"一闪念"呢？虽然本雅明曾经求助于"集体无意识"，但是这无论如何也无法避免一种主观主义的历史观。按照这种集体无意识的解释，似乎某个历史事件触发了这个集体中所有的人被压抑着的无意识的东西，使这种无意识的东西爆发出来。而这个被压抑的集体无意识中的东西就是历史上的某种被压抑的希望。这种希望被当下的历史事件重新燃起。如果是这样，我们也必须首先理性地思考，历史上究竟哪些东西可能会被压抑，而不能期待"一闪念"。用所有人都会出现的"一闪念"来解释历史事件，无疑是一种意志主义的、任性的历史解释。如果历史可以用一个人自己的意识的"一闪念"来解释，那么历史事件就可以任由个人来进行解释了，就成为任人打扮的小姑娘了。这就一定会走向历史相对主义和虚无主义。

从社会整合的角度来说，只有把被压制、被牺牲、被否定的人拯救出来，人们才能在新的社会基地上实现社会整合。

第二节　巴黎——现代性的迷宫

《拱廊街计划》(*Das Passagen-Werk*)汇聚了本雅明现代性批判理论

的主要内容。"巴黎,19世纪的都城"是其中的一部分。本来巴黎是法国的都城,然而对于本雅明来说,巴黎是19世纪的都城,它是19世纪现代性文化和资本主义社会特征的典型表现,是现代性的迷宫。本雅明通过对于这个现代性迷宫的分析说明了现代拜物教的新特点,并力图指出走出这种拜物教的新方法。

一、超现实主义方法所把握的现代性

本雅明是这样定义现代性的:"'现代性'定义是作为由来已久的存在语境中的新奇。"①这就是在陈旧的现象中表现出来的新奇。本雅明以拱廊街为例来说明现代性的这种特点。拱廊街出现的第一个条件是"纺织品贸易的繁荣"②。显然拱廊街是现代商业的产物。但是拱廊街的建设还需要钢铁。而钢铁的使用使人们有可能模仿古希腊建筑。钢铁在建筑中的使用对"翻新古希腊建筑风格"做出贡献。③ 这些现代建筑中包含了各种模仿。本雅明指出了这些模仿的形式:工厂有住房的式样,顶梁像庞贝风格的圆柱,火车站像别墅。这就如同鲍德里亚说明现代性有两个时间维度一样:"现代性永远既是新生的,也是追溯的,既是现代的,又是过时的。它是决裂的辩证法,它很快就成为大杂烩和再循环的动力。"④现代建筑模仿古代的做法就是一种回溯。在这里现代性就包含了古代性,现代性和古代性是混杂在一起的。对于本雅明来说,重要的不仅仅是现代性与古代性的混杂,而且这是一种集体意识。他说,"建筑扮演了下意识的角色"⑤。这就是说,这种新与旧的结合是人们思想中下意识的产物,而且是一种集体意识。建筑就体现了这种集体意识。这种集体意识对于本雅明来说,是十分重要的。

---

① *Walter Benjamin Gesammelte Schriften* V, Herausgegeben von Ralf Tiedemann, Frankfurt am Main: Suhrkamp Verlag, 1982, S. 1010.
② [德]本雅明:《发达资本主义时代的抒情诗人》,第179页。
③ 参见[德]本雅明《发达资本主义时代的抒情诗人》,第180页。
④ [法]鲍德里亚:《象征交换与死亡》,第119页。
⑤ [德]本雅明:《发达资本主义时代的抒情诗人》,第180页。

现代性表示现代社会的飞速发展,而这种飞速发展总是让人想起新奇与陈旧之间的联系。在对城市的现代性特征的描述中,本雅明通过引证波德莱尔的有关论述来加以说明。波德莱尔指出"城市的面貌变化得比一个凡人的心还快"。本雅明由此分析道:"巴黎的质地是脆弱的,它被脆弱的象征包围着——有生命的东西(女黑人和天鹅)和历史的形象(安德洛马克、'赫克特的寡妇和赫勒努斯的妻子')。他们的共同特征是对逝者的悲哀和对来者的无望。……无论巴黎在《恶之花》的何处出现,都带着这种衰老的印记。"①当新的建筑建立起来的时候,它要不断地拆除旧的建筑,甚至旧建筑还非常完好的时候,就因为它已经过时而被拆除。这就如同时尚一样,时尚在出现的时候,就预示着自己的过时。所以,在现代性的视域中,新的建筑都会带有衰老的印记。本雅明说:"当然巴黎仍还存在,社会发展的伟大趋势也依然如旧。但这些趋势越是经久不变,它们的过程所涉及的一切标着'全新'的东西便越发显得陈腐过时。"②

对于本雅明来说,问题不仅仅在于在现代性的视域中新的东西不断取代旧的东西,而且还在于城市在不断发展的同时还隐藏着灾难。本雅明说:"在大城市不断增长的同时,一种把它夷为平地的手段也在不断进步。"③这与他在《机械复制时代的艺术作品》中的基本思路是一样的。对于艺术品的机械复制使艺术品的生产能力极大地提高了,但是其中也隐含着一定的危机。这种危机就是"灵韵"的消逝。同样,在生产力巨大的发展中,把大都市夷为平地的力量也在增长。因此,这就需要有一种东西来遏制这种力量。他说:"'现代性'表征一个时代。它也指涉在这个

---

① 女黑人和天鹅等是波德莱尔作品中的对象。本雅明:《发达资本主义时代的抒情诗人》,第102页。
② [德]本雅明:《发达资本主义时代的抒情诗人》,第109页。
③ [德]本雅明:《发达资本主义时代的抒情诗人》,第105页。

时代发挥作用的一种力量,这种力量把它带到古旧。"①而这种力量与本雅明在他的历史哲学中所说的那种弥赛亚力量类似。这种弥赛亚力量指向过去,使过去在现在中呈现出来;而让过去呈现出来实际上也就是要拯救过去。他致力于说明现代性和古代性的联系,就是要拯救古代性。而拯救古代性对于他的乌托邦的想象来说,具有特别重要的意义。

当然,人们会认为,本雅明的这种说法危言耸听。现代文明飞速发展给人类带来了巨大的繁荣。然而,对于本雅明来说,许多人陶醉在大都市的繁荣之中,这就如同人们在迷宫之中迷失了自己一样。他们无法想象现代高速发展的文明背后会隐藏着危机,隐藏着毁灭的力量。对于本雅明来说,要理解这种毁灭性力量需要有一种想象力,需要新的思考方法。本雅明从现代主义文化中吸收了思想资源。他指出,历史学家劳默尔想象巴黎的最后一座房屋倒塌,雷翁·都德想象巴黎的气候灾难和社会灾难。② 在这里,现代主义想象了巴黎情景。这不是从现在想象未来,而是在现在的建筑之中想象其中的废墟。

现代性的这种特征可以通过超现实主义的方法显示出来。在现代性的研究中,超现实主义的方法表现为,各种事件被看作是孤立发生的,是从时间序列中摆脱出来的事件,这些事件可以通过想象而被重新组合起来。超现实主义是介于现实主义和超级现实主义之间的文学运动。超现实主义认为,在现实世界之外还有一个世界,即想象的世界,而这个想象的世界比真实的世界更加真实。超现实主义实际上吸收了弗洛伊德的思想。按照弗洛伊德的观念,在人的思想中被表达出来的现实的东西,并不是真实的;真实的、本我的东西是被压抑了的,这些东西只有在梦境中、在想象中才会出现。本雅明的现代性观念中所表现出来的超现实主义的方法,实际上是本雅明一生的思想探索中的主要方法。本雅明

---

① [德]本雅明:《发达资本主义时代的抒情诗人》,第 100 页。译文略改。参见 *Walter Benjamin Selected Writings*, Volume 4, Edited by Michael W. Jennings, Harvard University Press, 2006, p. 49。
② 参见[德]本雅明《发达资本主义时代的抒情诗人》,第 104 页。

本人在讨论《拱廊街计划》的研究方法时说明了这种研究方法的特点。他说:"这种研究方法:文学蒙太奇。我无法去说,只是去展示,我不会去采纳任何智者的精当阐释,不猎取任何视作珠宝的东西。但是碎片、垃圾:我不会描述,而是展示它们。"①这种方法的特点,像蒙太奇的艺术创作方法一样,把各种不同的材料简单地汇聚在一起,而对于这些材料不进行解释和说明。对于他来说,这些不同材料的汇聚本身就体现了现代社会的特点,就是现代社会的展示。这种碎片化的展示本身就是本雅明哲学的体现。对于本雅明来说,哲学不需要体系,不需要传统的那种概念和范畴,而只需要一种类似艺术中的超现实主义的表现方法。本雅明的研究者理查德·沃林认为,"他有意将哲学超现实主义化"②。阿多诺也指出,本雅明"放弃所有表层的建构,留下它的重要部分,仅仅去呈现物质的、类似震惊的蒙太奇。哲学不仅仅求助于超现实主义,而且其本身亦将成为超现实主义的……"③本雅明的《单向街》《波德莱尔笔下的第二帝国的巴黎》等都显示了这种超现实主义的方法。在这些作品中,本雅明试图通过想象把本来没有关系的东西联系在一起。《波德莱尔笔下的第二帝国的巴黎》几乎就是把各种不同的材料汇聚在一起。对于这些材料,本雅明几乎没有做什么解释和分析。本雅明把这些不同的材料结合在一起,实际上就是要把事件从原来所处的时间和空间序列中分离出来,使人们摆脱既定的时间和空间的框架来重新理解这些事实。对于本雅明来说,只有打乱了这个时间序列,对于事件进行重新排列,我们才能真正地理解事件。这是因为,在现代世界中,事件越来越成为偶然发生的事件,而不是在确定的因果联系中发生的,是不能用历史主义模式来解释的。如果不同的事件之间存在着像生产线上的劳动者的操作,是

---

① 转引自[英]戴维·弗里斯比《现代性的碎片》,卢晖临、周怡、李林艳译,商务印书馆2003年版(以下引用该版本不再——注明出处),第254页。
② [美]理查德·沃林:《瓦尔特·本雅明:救赎美学》,吴勇立、张亮译,江苏人民出版社2008年版(以下引用该版本不再——注明出处),第126页。
③ 转引自[英]戴维·弗里斯比《现代性的碎片》,第254页。

"永恒的轮回",那么人们只有让事件从这种时间序列中摆脱出来,才能看到这种永恒的轮回,才能找到摆脱这种"永恒的轮回"的方法。只有采用了这种超现实主义的方法,过去和现在才有可能在同一个空间中展示出来。于是,在本雅明那里,现代性就是把新与旧、时尚与过时结合在一起。

沃林在分析本雅明的这种方法的时候说明了这种方法的积极意义。他指出,本雅明把这种方法称为"辩证意象"。他说:"通过把日常生活中的要素从它们的原始语境中超拔出来,并重新布列在一个新的星丛之中,本雅明希望能够剥去它们为人熟知的性质,激发读者摆脱被动状态,获得一种积极的批评姿态。"[1]当人们只是从原初语境中理解生活的要素,那么人们必然会受到既定的解释模式的束缚,看不到其他不同的方面。只有让这些要素从原初的语境中摆脱出来,而与其他要素进行重新编排,构成一个新的"星丛",这些新的要素才能获得新的意义,才能被进行新的理解。把过去和现在放在同一个空间中,把不同的历史事件按照蒙太奇的方法进行剪接,变成本雅明所独有的一种认识方法。这种认识方法区别于历史主义。历史主义只是从传统的因果性来认识历史的意义。这就是按照占统治地位的解释模式来解释历史。实际上,历史中所发生事件之间的关系是非常复杂的,需要借助于各种不同的方法来加以认识。本雅明在说明他的这种方法的时候指出:"辩证意象是一种飞驰而过的意象。于是,过去的意象……可以当做一种闪耀在承认的当下的意象来保存。以这种方式且也只能以这种方式完成的救赎,总是作为感知中无可救赎地丧失自身的东西被获得。"[2]这就是说,在历史上被记载下来的主要是占统治地位的东西,而那些被边缘化、被忽视的人物的声音没有表达的机会。本雅明就是要通过辩证的意象让这些没有得到表达的东西表达出来。在《波德莱尔笔下的第二帝国的巴黎》中,本雅明就

---

[1] [美]理查德·沃林:《瓦尔特·本雅明:救赎美学》,第126页。
[2] 转引自[美]理查德·沃林《瓦尔特·本雅明:救赎美学》,第128页。

力图把这些被边缘化的人物的声音表达出来。

二、拜物教的迷宫

本雅明所采取的这种超现实主义的方法不仅仅是一种历史分析的方法,而且要用来分析当代资本主义,是破除资本主义社会拜物教的迷宫的重要途径。在本雅明看来,巴黎是资本主义集中体现的地方,是"19世纪的都城"。而这个都城就是资本主义社会的拜物教现象的集中体现。他认为,拱廊街是"19世纪最重要的建筑",而且是"隐秘'神话'的最重要的迹象"。① 神话在本雅明和阿多诺那里主要意味着不可避免的命运。或者说,在现代商业社会中各种东西不断花样翻新,但是在这些新东西的背后包含了重复,包含了过去。从这个意义上说,神话充斥着现代性。可是这些神话的东西隐藏在背后,就像谜面后面的谜底一样。巴黎就是这样的谜一样的东西。从这个意义上来说,我们可以把巴黎理解为现代性的迷宫。这座迷宫就是由现代市场经济建构起来的。人们会在这座迷宫中迷失自己。

为什么它具有迷宫的特性呢?我们知道,市场经济中存在着一种商品拜物教的现象。所谓拜物教,就是人们只看到物,而看不到物背后人和人之间的关系。这就容易给人造成幻觉,让人产生思想上的混乱。人一旦成为拜物教徒,就会产生这种混乱。如果集中在巴黎拱廊街上的人是拜物教徒,那么这些教徒就会产生幻觉。我们可以说,这些人就会迷失在拱廊街这个拜物教的迷宫中,而缺乏对于自身的反思。丧失在迷宫中的人,就是人群中的人,是大众中的一员。对于大众的拜物教特征,本雅明运用波德莱尔的有关论述来加以说明。按照本雅明的分析,波德莱尔在散文诗《人群》中"委婉地提到了恋物症(即拜物教)"。② 不过对于波德莱尔所提到的拜物教,本雅明按照自己的方式进行了理解。他首先把

---

① 参见 *Walter Benjamin Gesammelte Schriften* V, S. 1002。
② [德]本雅明:《发达资本主义时代的抒情诗人》,第73页。

这种拜物教与马克思对于商品的分析联系起来。马克思在《资本论》中说:"商品是天生的平等派和昔尼克派,它随时准备不仅用自己的灵魂而且用自己的肉体去同任何别的商品交换,哪怕这个商品生得比马立托奈斯还丑。"①本雅明认为,马克思在这里使用了一种移情的方法。这种移情的方法表现在,人赋予商品以灵魂。既然商品有灵魂,那么"它在每个人身上都能看到它想依偎在其手中和室内的买主。移情就是游荡者跻身于人群之中所寻求的陶醉的本质"②。这就是说,如果商品有灵魂,那么商品就会像人一样依偎在买主的身边。如果商品具有灵魂,在市场上寻求买主,那么商品就如同妓女一般在寻求买主。本雅明按照波德莱尔的说法,把商品的这种特征称为"灵魂的神圣卖淫",即"商品灵魂的卖淫"③。灵魂的这种神圣卖淫,刺激了人们的"性欲",使人们陶醉。本雅明说:"只有大众才允许卖淫在城市的大部分区域里流行。而且只有大众才可能使他们的性欲的对象由于自己产生出来的种种刺激而陶醉。"④本来,市场中的游荡者只是观察市场,而不是实际的购买者。只有大众才不能左右自己,而陷入商品社会的迷宫之中。那些游荡者是抗拒市场体系的人,他们本来应该对市场体系抱着不屑一顾的态度。然而,他们竟然也经不起商品的诱惑,而陶醉在商品之中。这或许是因为,商品的灵魂有特殊的爱,"博爱",而不像生活中的人只有对于自己的家人、朋友的那种爱,即"渺小、狭窄、软弱的爱"。商品对于所有的人都表现出自己的钟爱,它向所有的人都表达自己的爱。这就是商品世界对人的诱惑。这种诱惑如同妓女对大众的诱惑。本雅明用移情概念来把商品比喻为妓女,从而批判拜物教。

在本雅明看来,只有大众,只有那些缺乏头脑的人才会成为拜物教徒,他们会迷失在市场交换的体系中。只是因为这些人的存在,市场

---

① 《马克思恩格斯全集》第 23 卷,人民出版社 1972 年版,第 103 页。
② [德]本雅明:《发达资本主义时代的抒情诗人》,第 73 页。
③ [德]本雅明:《发达资本主义时代的抒情诗人》,第 74 页。
④ [德]本雅明:《发达资本主义时代的抒情诗人》,第 75 页。

体系才会变成一个迷宫,大众才会迷失在商品体系中。他说:"大城市最隐秘的方面:这个带着相同的街道和无数排房屋的新大都市历史对象,已经兑现了古时人梦想的建筑:迷宫。人群中的人是大城市成为迷宫的驱动力。"①虽然大城市有许多房屋,容易变成迷宫,但是如果一个人不是迷失在光怪陆离的市场中,不是左顾右看,而专心走出这个街道,那么这个街道也不会成为迷宫。然而,由于大多数人都只顾在市场购物,而忘记了自己往返的道路。所以,人群中的人是市场成为迷宫的驱动力。

在本雅明看来,波德莱尔是在用一种讽刺的方法对待市场体系。本雅明曾经专门说明了波德莱尔的这种方法。他说:"这种用讽刺的方法所进行的解释总是建立在贬值了的现象世界的基础上的。而物的世界的这种特殊的贬值,比如,表现在商品中。这种特殊的贬值是波德莱尔的讽刺所指向的东西的基础。作为商品的一种体现,妓女在他的诗中具有一种中心的地位。从另一个角度来看,妓女是讽刺的化身。把她装扮起来的时装是她的讽刺性象征。商品的本真性的标记就是拜物教,而对于讽刺来说,这种标记是一种象征。"②

在这里我们要特别注意,在商品短缺的时代,物的使用价值是最为重要的;而当商品生产过剩的时候,商品世界的贬值(使用价值的贬值)也就出现了。为了避免物的世界的贬值,人们就要让产品更加时尚化。这就如同妓女用时装把自己打扮起来一样。本来,商品世界已经贬值,它的使用价值已经降低了,人们仍然用各种方式把它装扮起来,使它看起来更有价值。这种拜物教与马克思当年所批判的拜物教是有所区别的。在马克思那里,拜物教表现为,商品掩盖了它背后所隐藏的社会关系。而在这里,商品时尚化是为了掩盖自己的贬值。波德莱尔把妓女作为诗歌的中心主题,恰恰就是要讽刺这个社会的拜物教的特征。按照卢

---

① *Walter Benjamin Gesammelte Schriften* V, S. 1007.
② *Walter Benjamin Selected Writings*, Volume 4, p. 96.

卡奇对于拜物教的理解,资本主义社会把人的关系变成物的关系,人变成了物,而妓女就是把自己变成物:她出售自己,把自己变成商品。在这里,特别值得我们注意的是,本雅明把商品的时尚化与妓女的打扮加以比较,从而显示现代资本主义拜物教的一种新特点。这种拜物教不是崇拜商品的使用价值,而是崇拜商品的形式。而形式的不断翻新实际上不过是形式的变化,这就如同妓女虽然不断变换衣服的式样,但是仍然是过去那个妓女。现代社会正是通过这个类似于妓女的形式来勾起人们的"性"冲动。而这种拜物教的特性几乎在社会的所有领域中都出现了。比如,知识分子也类似于妓女,他们也等待买主。① 教授们不断用新概念、新名词来装饰自己没有新内容的文章,表面上很新,实际上就是如同穿时装的妓女,没有任何实质性的变化。而正是这种更新,使文章的批量生产有了消费市场。正是这种不断翻新,把许多人卷入商品市场,让拜物教成为持久不衰的现象。因此,有学者指出:"现代性的时间,按照他自身的历法,就是重复的时间,在永远相同的伪装中进行新的重复。对于本雅明来说,这首先是赌徒和女性的时间,因为,这两者都完全被迫去参与这个游戏。"②赌徒不断地参与赌博,每一局对他来说都是一种新的刺激,而实际上每一局都是同样的玩法;每个人都想在下一局成为赢家。而穿时装的女性不断地在新时装中重复自己。从这里,我们可以看到,整个资本主义社会机制就是一个赌博的机制,就是所有的人都参与游戏,所有的人都想成为下一场游戏的赢家。"新"的游戏刺激着人们不断地参与到这个游戏中。

如果本雅明的研究仅限于引证别人嘲笑资本主义拜物教的话语,那么这显然是不够的。然而由于本雅明在有关的研究中采取了一种超现实主义的方法,致力于罗列不同文学家、思想家的有关段落,而没有进行多少解释,因此对于本雅明本人究竟如何批判拜物教这个问题,我们就

---

① [德]本雅明:《发达资本主义时代的抒情诗人》,第 53 页。
② Esther Leslie, *Walter Benjamin : Overpowering Conformism*, Pluto Press, 2000, p. 106.

无法解答。我们只能从本雅明留下来的思想碎片以及其他相关思想中来推测本雅明的思想。从本雅明对于大众沉迷于商品的批判中,我们可以看出,对于他来说,这种拜物教的意识不是个人的意识,而是一个群体乃至这个社会中的大多数人所难于摆脱的意识。所以戴维·弗里斯比按照他自己的分析认为,本雅明揭露了一个"梦中集体"。这就需要把这个梦中集体中的人唤醒。① 我们都是"妓女",都用时装打扮我们自己,以便出售自己。但是,在这个梦中集体中,我们感觉自己都不是"妓女"。本雅明对于波德莱尔思想的引用,实际上就是力图把我们从梦中唤醒。如果按照谱系学的思路来分析的话,我们可以说,妓女的存在就是要让我们相信我们不是妓女,就是要让我们沉迷在自己的想象之中。

三、时尚:具有现代性特征的拜物教

拜物教在时尚中以新的特点表现出来。时尚是现代性的最显著表现。在社会生活中,当我们说一个人很摩登(modern),能跟得上时代,这就意味着这个人具有时代意识,追求现代性。鲍德里亚是从生产过剩的角度来讨论时尚的,并通过时尚来讨论现代资本主义社会的特征。② 本雅明不是从生产过剩的角度来讨论时尚,而是从资本主义社会商品交换关系的角度来说明时尚的出现,并由此揭露资本主义社会中的拜物教机制。按照本雅明的分析,在工业社会和手工业社会中,人们对于商品的生产过程,对于商品生产过程中人与人之间的关系,对于商品品质等方面的理解是不同的。在手工业社会,卖主会向买主仔细地、单个地介绍商品的生产过程和品质特点;而在工业社会中,人们对于商品生产过程是不了解的,对于生产的技术条件和社会条件是不了解的。如果用现代经济学的话语来说,在商品销售市场上存在着信息不对称。商品生产者对于商品的了解远远高于消费者。这就是说,"消费者并不是质量的裁

---

① 参见[英]戴维·弗里斯比《现代性的碎片》,第 282 页。
② 参见[法]鲍德里亚《象征交换与死亡》,第 115 页。

判;他只认商品的外表。"①通过对于日常生活中的这种事实的分析,本雅明向我们展示了资本主义商品拜物教的一个新特点。本来,按照马克思对于商品拜物教的分析,在资本主义社会的商品交换中,人们只是看到商品的使用价值,而忽视了商品的价值背后所隐含着的社会关系。本雅明则进一步,在他看来,在这种商品拜物教中虽然人们关注使用价值,但是实际上在商品交换中人们所能够做到的只是关注商品的外表。从这个意义上说,在商品拜物教中,人们所崇拜的对象从商品的使用价值转换到商品的外表。当人们关注商品的外表的时候,商品生产者就用商品的新奇特性来吸引消费者。在本雅明看来,这种情况反映了商品消费者的趣味的变化。他说:"对于顾客来说,趣味以一种繁复的方式掩盖了他自己缺乏行家眼光的事实,而对厂家来说,趣味给消费带来新鲜的刺激,给消费者带来满足感,从而消除了他的其他要求,而那些要求的满足对于厂家来说就会昂贵得多了。"②这种趣味的变化也反映了人们的感知能力的变化,在这种变化中,人们只能把握表面的东西,而对于本质性的东西却是完全的外行。人的感知能力的变化,实际上也是拜物教在人的感性心理层面的体现。换一个角度说,由于人们的认识能力上的原因,商品拜物教的形式也发生了变化。在马克思的分析中,在商品拜物教中人们崇拜的是商品,是商品的使用价值;而在本雅明的分析中,人们在当代社会所崇拜的是商品的形式。

而在人们崇拜商品形式的背后还隐藏着一个新的价值规律。这个价值规律被鲍德里亚称为"价值的结构规律"③。当人们崇拜商品的形式,比如新奇的时尚品的时候,人们所关注的是不同时尚品之间的差别,当然这不是指商品之间的使用价值上的差别,而是形式上的差别,也就是符号上的差别。而符号上的差别是要显示等级的。新的时尚品不断取代旧的时尚品,从而在人和人之间产生一种区隔作用。有钱人总是通

---

① [德]本雅明:《发达资本主义时代的抒情诗人》,第124页。
② [德]本雅明:《发达资本主义时代的抒情诗人》,第124—125页。
③ [法]鲍德里亚:《象征交换与死亡》,第5页。

过新的时尚品来显示自己的"贵族"地位。于是，对于时尚品来说，重要的不仅仅是它的形式，而且是它的价格。如果新形式的东西没有在价格上与旧时尚品拉开差距，那么时尚品所发挥的那种区隔作用就消失了。由此，在时尚消费中有些人"只买贵的，不买对的"。由于这个原因，时尚品也被人们称为"奢侈品"。从奢侈品的消费中，我们可以看到拜物教的升级。这就是从传统的商品使用价值的拜物教，到商品形式的拜物教，最后到商品交换价值的拜物教。在这里，人们不再崇拜物，而是崇拜抽象的交换价值。在拱廊街计划中，本雅明通过对于"商品博览会"的分析来说明这种拜物教的新形式。博览会就是新奇商品的展览。人们通过这种新奇的展览来提升商品的交换价值。本雅明说："世界展览为商品的交换价值涂脂抹粉。他们创造了一种使商品的使用价值退居后台这样一种局面。"①

在这里，本雅明还特别说明了时尚与广告的关系。在当代社会，当商品生产超出了社会需要的时候，人们借助于广告来推销产品。这种广告推销实际上与博览会的作用是一致的，它们都是要把时尚推向整个世界。本雅明说："世界博览建立了商品的天下，格朗德维埃的梦幻将商品的性格传播到宇宙，这些梦幻使宇宙现代化。"②用广告、博览会来推销新奇的商品就是要引起人们购买的欲望。这就如同妓女打扮自己，从而出售自己一样。本雅明试图从这个角度来说明时尚的本质。他说："时尚把活生生的躯体与无机的东西联系起来。与活生生的东西比起来，它所保护的是尸体的权利。屈从于无机东西的性诱惑的拜物教是时尚的核心所在。商品的崇拜对于这样一种拜物教起到了推波助澜的作用。"③这就是说，时尚的东西就像妓女一样，但是与妓女不同

---

① ［德］本雅明：《发达资本主义时代的抒情诗人》，第187页。
② ［德］本雅明：《发达资本主义时代的抒情诗人》，第187页。
③ ［德］本雅明：《发达资本主义时代的抒情诗人》，第188页。*Walter Benjamin Selected Writings*, Volume 3, Edited by Michael W. Jennings, Harvard University Press, 2002, p. 37.

的是,时尚现象所关注的是无机的东西,而不是活生生的生命。但是这种无机的东西像活生生的生命那样刺激人的"性欲"(欲望),现代人类就屈从于这种诱惑。本雅明说,在大城市"卖淫已经获得的现代形式中,女人的出现不仅作为一个商品,而且最贴近的意义上作为大众产品"①。对于本雅明来说,对时尚的分析不能局限于时尚品的领域,而应涉及整个社会生活领域。时尚试图通过自己的广告宣传统治整个世界,甚至"使宇宙现代化"②。现代大都市是新奇东西的诞生地,是时尚的集中表现,拱廊街也是如此。博览会、广告宣传等都会将这种时尚的形式推广到整个社会。

本雅明对于时尚的分析,与对整个资本主义社会现代性的分析是联系在一起的。如果说现代性是与古代性联系在一起的,那么现代性中也包含了乌托邦的希望。对于本雅明来说,这种乌托邦的希望就是要实现过去没有实现的愿望,就是现代性的停止和死亡。或者说,乌托邦的实现需要现代资本主义社会拜物教的死亡。而时尚的不断出现正在推动着现代性的死亡。我们知道,时尚的东西作为现代性的表现,不仅表达了新奇,同时也表达了死亡。按照鲍德里亚的说法,时尚包含了一种"死亡冲动"③。时尚来得快,也去得快。本雅明也提出了类似的思想。他在评论波德莱尔关于"现代自杀"的时候指出,"自杀成为现代性的精髓"④。当一种时尚出现的时候就预期了自己的死亡。时尚代表了拜物教,妓女代表了拜物教。因此,只有时尚和妓女死亡了,乌托邦才有希望。正因为如此,本雅明才引用了这样的诗句:"时尚:死亡女士!死亡女士"⑤。对于时尚与死亡的关系,本雅明还通过波德莱尔的诗歌来加以说明。他

---

① *Walter Benjamin Gesammelte Schriften* V, S. 437.
② [德]本雅明:《发达资本主义时代的抒情诗人》,第 188 页。
③ [法]鲍德里亚:《象征交换与死亡》,第 166 页。
④ [英]戴维·弗里斯比:《现代性的碎片》,第 350 页。
⑤ [德]本雅明:《发达资本主义时代的抒情诗人》,第 187 页。译文有改动。参见 *Walter Benjamin Selected Writings*, Volume 3, p. 37. 我很难理解,为什么中文本竟然把"Madam Death"翻译为"死亡先生",这不是简单的翻译上的常识性错误。

说:"《恶之花》的最后一首诗《旅行》:'奥,死亡,老船长,时间到了,我们起锚吧。'游荡者的最后旅行:死亡。它的目的:新奇。"①游荡者追求新奇,最后的结果是死亡。游荡者为发现新奇而死亡,而发现新奇与死亡是联系在一起的。本雅明就是试图从时尚的死亡之中探寻乌托邦的可能性。

在当代资本主义社会,整个社会都时尚化了,从这个意义上说,整个社会都在"卖淫"。而时尚化和卖淫在妓女那里得到最典型的表现。对于本雅明来说,时尚和妓女都应该死亡,都必然会死亡。他从时尚的死亡中看到了拜物教死亡的前景。他说:"波德莱尔的诗歌提供了独特的东西:女人意象和死亡的意象交融在第三个意象即巴黎的意象中。在他的诗歌中巴黎是沉沦的城市。与地下世界相比,它更加低沉。"②女性是探索新奇的游荡者,从一定意义上说,她们成为时装模特③。乌托邦的实现就是"时装模特"的死亡。从对时尚的拜物教批判中,也就是从对拜物教的幻觉意象的分析中,本雅明发现了拜物教的幻觉意象走向辩证意象的可能性。

四、走出拜物教:现代性的辩证意象

在《拱廊街计划》中,本雅明的论述潜在地包含了这样的意思:资本主义的商品交换表现出像"自然史"那样的铁的规律。它表明历史是连续的,表现出如神话般的不可逃避的命运(这不是历史主义意义上的自然史)。如果联系到当代资本主义社会,那么这就是说,在当代资本主义社会,比如在"巴黎,19世纪的都城"之中,各种东西不断翻新,新奇的东西不断被生产出来,但是这些新奇的东西中都包含了旧的东西,这就是

---

① [德]本雅明:《发达资本主义时代的抒情诗人》,第 194 页。
② [德]本雅明:《发达资本主义时代的抒情诗人》,第 193 页,译文略改。参见 *Walter Benjamin Selected Writings*, Volume 3, p. 40。整个社会都在卖淫,于是,本雅明在这里把妓女和女性的差别忽略了。
③ 参见 Esther Leslie, *Walter Benjamin: Overpowering Conformism*, p. 107。

所谓的现代性的"史前史"。回到这些旧的东西,这是资本主义社会不可避免的命运。这是现代社会的"自然史"。本雅明要从当代资本主义所造成的现代性碎片中找到过去时代的踪迹。而过去时代曾经出现过无阶级社会,这是一种乌托邦的社会。对于本雅明来说,这里就包含了新与旧的辩证法。沃林说:"根据本雅明错综复杂的图式,新旧最终可以异位,因为'旧'史前的无阶级社会最终能变成'新'或乌托邦,而现代性的废墟则会在这里变成'旧'即马克思主义意义上的史前史。"① 对于本雅明来说,这种新旧关系的转换会导致人们产生"辩证意象"。他说:"但是,现代性总是要援引史前史。在这里,这种现代性是通过这个时代的产品和社会关系所特有的模糊性而产生的。这种模糊性是意象中的辩证法的显现,即处于停顿状态的辩证法规律的显现。这种停顿状态是乌托邦和辩证意象,因而是梦中意象。这种意象是由商品本身作为拜物教所提供的。这种意象是由拱廊街所展示出来的,这个拱廊街既是房屋又是街道。这种意象也是妓女的形象,即销售者销售自己。"② 这就是说,现代性总是与过去联系在一起的。而现代性之所以与过去联系在一起,是由资本主义的生产方式引起的。这种生产方式产生了一种拜物教,这种拜物教的形象就是妓女的形象。这种形象代表了资本主义社会生产的贬值。本来资本主义的生产方式应该造就资本主义社会的物质繁荣,但是这种繁荣却包含了贬值。这就是倒退,就是返回到过去。而对于资本主义社会中所出现的这种返回到过去的现象,需要人们采取一种超现实主义的方法加以想象。如果人们有了这样一种想象,那么这就是一种辩证意象。

可是,人们必然要问,这种辩证意象与乌托邦究竟有什么关系呢?对于本雅明来说,回到过去不是回到一种野蛮状态,回到一种灾难,而是启示人们回到一种原初的无阶级社会。本雅明说:"新的生产方式的形

---

① [美]理查德·沃林:《瓦尔特·本雅明:救赎美学》,第 182 页。
② [德]本雅明:《发达资本主义时代的抒情诗人》,第 193 页。译文略改。参见 Walter Benjamin Selected Writings, Volume 3, p. 40。

式最初仍然是由老马克思的形式所决定的。与这种生产方式相对应的是集体意识中的意象,在这种意象中,新东西渗透了旧的东西。这些意象是期望的意象。在这种意象中,集体努力克服并改变社会生产的不成熟性和生产的社会秩序的缺陷。同时,在这些意象中出现的是人们坚定地与一切陈旧的东西甚至刚刚过去的东西保持距离。这些趋向又使由新东西刺激起来的想象折回到最初的过去。在每个世纪都展望下个世纪景象的梦境中,后一个世纪却似乎与史前史的诸要素发生联姻,也就是与无阶级社会发生联姻。对于这样一种社会的经验是储存在集体的无意识中的。通过对新东西的解释,这种经验产生了乌托邦,而这种乌托邦在生活的方方面面,从经久耐用的建筑到倏忽即逝的时尚,都留下了它的踪迹。"①这段文字对于理解本雅明的拱廊街计划具有重要的意义。对于这种意义,沃林说:"这段文字的重要性无论怎么估计都不为过。"②

这段文字表达了如下几个方面的思想:第一,资本主义生产方式所产生的结果是一种新与旧结合的现代性。从花样翻新的时尚到拱廊街的建筑,都是新与旧的结合。而这种新与旧的结合会在人们的意识中产生一种意象。这种意象表现为,人们从新东西中会想到过去,想到原初的过去。用本雅明的话来说,这就是新东西刺激起来的想象会折回到过去,使人们想到过去。人们想到的过去是关于无阶级社会的想象。这就是关于乌托邦的想象。第二,这是与人们的一种"集体无意识"联系在一起的。这就是说,在人类社会中,人们在自己的心灵中深埋着一种集体无意识,这是一种深埋在人类的心灵之中的普遍心理。对于本雅明来说,这种普遍心理就是对于乌托邦的渴望,对于无阶级社会的期待。当新与旧结合在一起的现代性刺激人们的意识的时候,人的这种集体无意识就被刺激起来,从新东西中想到旧东西。从本雅明的历史观中,实际

---

① [德]本雅明:《发达资本主义时代的抒情诗人》,第181页。译文略改。参见 *Walter Benjamin Selected Writings*, Volume 3, p.34。
② [美]理查德·沃林:《瓦尔特·本雅明:救赎美学》,第182页。

上我们也看到了他的类似的想法,就是现代的东西会激起人们设想过去。第三,现代资本主义生产力的巨大发展,不仅让人们回想起过去的无阶级社会,而且使人们感到,在未来实现这种无阶级社会具有现实的可能性。这是因为,在现代资本主义社会中,虽然生产力有了巨大的发展,但是生产关系阻碍了生产力的发展,出现了巨大的社会不平等。从这种不平等中,人们可以看到实现乌托邦的希望,即改变阶级关系的希望。顺便要指出的是,本雅明关于辩证意象的说明在一定程度上受到了黑格尔辩证法思想的影响。但是,阿多诺对此却并不满意。

对于本雅明的这种思想,阿多诺进行了批评。这种批评主要表现在如下三个方面。第一,对于过去的无阶级社会的设想。按照本雅明的看法,新东西引起人们回忆过去的社会,而这个最初的历史是无阶级社会。这好像是人类历史中的黄金时代。对此,阿多诺指出:"因此,把远古时代与现代性结合在一起的那个范畴对我来说,远远不是'黄金时代',而是'灾难'。"①第二,在阿多诺看来,本雅明的辩证意象是非辩证的。这种非辩证法不仅在于本雅明把过去的社会看作人类社会的黄金时代,而忽视了其中的野蛮特性,而且在于他对现代资本主义社会的看法是非辩证的。对于他来说,现代资本主义社会生产力的发展只是导致了人与人之间关系的不平等,只是导致了贫富之间的分化。由于这个原因,在看到现代社会的时候,人们就会想起古代社会无阶级的状况。从这个意义上来说,"本雅明理想化地对待商品生产中潜在性的乌托邦因素"②。不仅如此,本雅明对于现代与"史前史"时间的关系的理解也严重地"去辩证法化"。阿多诺是这样说的:"为了与内在的辩证意象一致起来,你在最古代和最现代之间建立了联系,并把它作为走向'无阶级社会'的乌托邦趋向,这是你第一稿的中心。于是古代就成为一个附加的、补充的要素,而不是其自身就是'最现代的',因此是去辩证法化的。"③这就是说,本雅

---

① *Walter Benjamin Selected Writings*, Volume 3, p. 55.
② [美]理查德・沃林:《瓦尔特・本雅明:救赎美学》,第183页。
③ *Walter Benjamin Selected Writings*, Volume 3, p. 55.

明为了得到一种乌托邦的要素,将现代与古代联系起来,但是在这种联系中,古代是被附加到现代上面的,是现代的一种补充要素。而阿多诺相反却认为,古代本身就是"最现代的",这在他对神话和启蒙的关系的辩证法的分析中已经表现出来。古代的神话本身就包含了现代社会中的启蒙要素。对于继承了黑格尔哲学的阿多诺来说,这才是内生的辩证法。因此,虽然本雅明在辩证意象中也利用了辩证法,但是这种辩证法与阿多诺所说的辩证法仍然有很大的差距。本雅明在拱廊街计划的最后指出:"在觉醒过程中实现梦中的要素,这是辩证法的典型。因此辩证的思维是历史觉醒的关键(organ)。事实上,任何一个时代不仅梦想着下一个时代,而且还在梦想时推动它的觉醒。它在自身之中孕育着它的结果,并且借助于狡黠的理性来展开它。这是黑格尔早已认识到的。"①对于本雅明来说,他的辩证意象也是内在的辩证法。这种辩证法是在梦想的时候推动梦的觉醒。他从现代性中梦到了过去的无阶级社会,又从这种梦中觉醒而在现代实现这个要素。然而,在梦想过去的时候,人们为什么能够觉醒,为什么会实现梦中要素? 对于这些问题,本雅明却缺乏明晰的说明。第三,阿多诺对本雅明借用荣格的集体无意识观念提出了批评。按照沃林的分析:"本雅明使用这个术语似乎是为了克服超现实主义梦幻理论基于**个别主体**的出发点。因为辩证意象是被**集体主体**所想象的,所以它们更适合于政治的目的。"②虽然辩证意象作为一种集体的想象具有这样的优势,但是其中的困难也是显而易见的。阿多诺从社会过程和心理过程两个角度指出了这种集体意识所存在的问题。从社会过程的角度来说,辩证意象是由商品的特性所引发的,而由商品特性所引发的辩证意象恰恰不是从古代的集体中产生的,而是从现代资本主义社会中的个人中产生的。从心理过程的角度来说,集体的主体只是在地震或者群体的灾难中才会出现。在其他的情况下,只有个体主体的

---

① [德]本雅明:《发达资本主义时代的抒情诗人》,第198页。译文有较大改动。*Walter Benjamin Selected Writings*, Volume 3, pp. 43–44.
② [美]理查德·沃林:《瓦尔特·本雅明:救赎美学》,第186页。

存在。为此,阿多诺指出:"发明集体意识的概念只是为了把人们从真实的客观性上移开,把人们从与此相关的异化主体性上移开……在梦想着的集体之中阶级是没有差别的,这表达了一种十分清楚的警告。"①对于阿多诺来说,如果接受了集体意识的概念,那么人们就不会承认阶级之间的差别;如果没有阶级差别,现代资本主义社会中的矛盾就无法被理解,实现乌托邦的力量就无从谈起。

拜物教是一种幻觉意象。为什么一种幻觉意象会走向辩证意象呢?一些学者指出,本雅明对于拜物教的批判存在着一个重要缺陷,他没有看到拜物教的社会基础。沃林说:"如果商品拜物教在梦幻意象里的表现确实是本雅明研究的焦点,那么,商品拜物教在物质生产关系中的真实起源还是没有得到澄清。"②虽然本雅明试图从人的心理层面揭示时尚所产生的幻觉,但是他仍然没有从根本上揭示商品拜物教产生的社会根源,而他的辩证意象也不是解决这种拜物教的根本性办法。最终他不得不求助于神学的力量。

对于本雅明来说,这种新与旧的辩证意象不仅仅对于他的乌托邦来说至关重要,而且对于走出拜物教的思想迷宫来说也非常关键。他在《波德莱尔笔下的第二帝国的巴黎》中非常推崇捡垃圾者。在他看来,诗人就是捡垃圾的人。现代社会中人们追求时尚,追求新东西。建立新的东西就要打碎旧的东西。但在旧东西的废墟中就蕴藏着宝贝。因此,我们要做的不是像所有人一样都去赶时髦,而是要去捡垃圾。我们要在现代文明的废墟中捡回宝贝,从被时尚所压制的东西中恢复这些被压制的东西的自由。从历史的废墟中拯救出那些被否定、被牺牲的东西。这是走出拜物教的有效途径之一。这样就可以摆脱拜物教的束缚从而真正地把握真理。③ 比如,本雅明分析了詹姆斯·恩瑟尔(James Ensor)的蚀

---

① *Walter Benjamin Selected Writings*, Volume 3, p. 56.
② [美]理查德·沃林:《瓦尔特·本雅明:救赎美学》,第 185 页。
③ 参见 *Walter Benjamin and the Architecture of Modernity*, edited by Andrew Benjamin and Charles Rice, re. press, 2009, p. 181.

刻画《大教堂》。其中所描画的是一个破落不堪、濒于倒塌的教堂。教堂的广场上布满了人群的雕像。人群的面前是石头堆起来的教堂,人群在膜拜这些石头。"很少有人知道人群所膜拜的这些石头下面掩埋着什么东西。恩瑟尔是其中的明白人之一。"①人群中的人都是拜物教徒,他们不知道他们所崇拜的东西的下面隐藏着什么样的秘密;而要揭示这里的秘密就要撬开这些石头。弗里斯比认为,本雅明的这个说法包含了隐喻的意思,这就是要返回到人们的原始经验。他说:"这种发掘会揭示经验的原始层面,也会在其他迷宫开辟一条道路,可以说是人类意识、人类记忆的道路。各种原始森林痕迹的内涵将重见光日。"②这个原始森林的痕迹的内涵,就是他所期待的乌托邦的内涵。本雅明期待以这种原始的经验(真正的经验)来摆脱拜物教的意识。

第三节 什么样的人才能走出现代性的困境

在现代商品经济中出现了一种时尚化的大潮,这种时尚化的大潮是商品拜物教在社会生活中所造成的现代性格局。时尚就是把人吸引到拜物教的机制中,而拜物教以时尚的形式在现代社会不断流行。因此,如何走出现代性的困境,就成为摆在人们面前的重要问题。对于本雅明来说,不是所有的人都能够找到走出拜物教迷宫的道路。本雅明借助于波德莱尔关于巴黎这个现代都市中的人群的描述来解答这个问题。

一、波西米亚人:拜物教的抗议者

虽然本雅明在分析现代社会中的各种人群的时候也谈到无产阶级和资产阶级,但是他不是从阶级的角度,而是从这些人对社会的不同态

---

① *Walter Benjamin Gesammelte Schriften* Ⅳ, Herausgegeben von Ralf Tiedemann, Frankfurt am Main: Suhrkamp Verlag, 1972, S. 567.
② [英]戴维·弗里斯比:《现代性的碎片》,第283页。

度来划分人群。对他来说，大众（人群）"并不为阶级或任何集团而生存"①。他把人分为三类：第一类人是对于现代社会秩序持一种敌意的人。这类人就是他所说的波西米亚人。第二类人是流浪者，这类人不是把自己融入社会秩序中，而是对社会秩序保持一定的距离，试图观察社会并更好地理解社会。他们类似于犬儒主义者。第三类人就是大众，是顺从现代社会秩序的人。

在《波德莱尔笔下的第二帝国的巴黎》的一开始，本雅明就引用了马克思对于波西米亚人的分析，把波西米亚人作为一种特殊政治类型的人加以说明。我们知道，马克思是从人们在社会经济活动中所处的地位的角度来分析人群的。他所进行的是一种阶级分析。被本雅明所关注的波西米亚人实际上就是马克思所说的"流氓无产阶级"。马克思在《路易·波拿巴的雾月十八日》中指出，路易·波拿巴所利用的就是这些流氓无产阶级，"在这个团体里，除了一些来历不明和生计可疑的破落放荡者之外，除了资产阶级可憎的败类中的冒险分子之外，还有一些流氓、退伍的士兵、释放的刑事犯、脱逃的劳役犯、骗子、卖艺人、游民、扒手、玩魔术的、赌棍、私娼狗腿、妓院老板、挑夫、下流作家、拉琴卖唱的、拣破烂的、磨刀的、镀锡匠、叫化子，一句话，就是随着时势浮沉流荡而被法国人称作 la bohème〔浪荡游民〕的那个五颜六色的不固定的人群。"②马克思在分析1848年革命的时候也提到了这些五颜六色的无业游民，也就是社会生活中的边缘人。按照马克思的分析，其中有两类密谋家：职业密谋家和临时密谋家。前者以密谋活动为职业，后者生活无规律而偶然参加密谋活动。这些密谋家会发明一些武器从事密谋活动，意图推翻现政府。

本雅明当然不是要重复马克思的有关思想。对于马克思来说，这些流氓无产阶级是无产阶级革命运动的追随者，甚或会随时背叛无产阶

---

① ［德］本雅明：《发达资本主义时代的抒情诗人》，第140页。
② 《马克思恩格斯全集》第8卷，人民出版社1961年版，第174页。

级。而本雅明却赞赏这些人。对于他来说,这些人是社会中的边缘人,是对抗社会大潮的人。他把马克思对于流氓无产阶级和密谋家的分析用于分析知识分子,特别是波德莱尔。对于他来说,波德莱尔所写的那些诗歌可以被称为"煽动家的形而上学"。本雅明认为,职业密谋家的形象可以原封不动地用在波德莱尔身上。① 波德莱尔作为第一个现代派的诗人,他在政治上的行动实际上就表现了一种反抗现代性的特征,这就是把现存社会看作一种过渡、暂时现象。他不是简单地承认现代社会现象的合理性,而是要否定这些社会现象。本雅明引用波德莱尔的某些言论和行动,来说明波德莱尔在政治和思想上所表现出来的那种现代性特征。他不仅奉行"一切政治我只懂得反抗"的说法,而且高呼"革命万岁""摧毁万岁""死亡万岁"。在本雅明看来,波德莱尔身上甚至有"恐怖主义的白日梦"②。本雅明还特别重视波德莱尔对于巴黎公社的关注。这表现在两个方面:一方面,波德莱尔在他的作品中高度赞扬了巴黎公社时期的街垒战,说巴黎公社街垒战期间所用过的石头是"神奇的石头"。③ 另一方面,波德莱尔对巴黎公社时期的领袖布朗基产生了深刻的印象,在某种意义上说,把他作为英雄来崇拜。波德莱尔在纸上随意涂抹一幅画,而他所画的就是布朗基。④

不过,本雅明并不满足于把波德莱尔描绘成为一个密谋家。在他看来,波德莱尔还是一个类似于拾垃圾的人。或者说,作为一个密谋家,波德莱尔从拾垃圾的人身上看到了自己的影子。按照本雅明的分析,波德莱尔反复把自己和拾垃圾的人的形象联系起来。⑤ 本雅明说:"一个拾垃圾的不会是波西米亚人的一部分,但每个属于波西米亚人的人,从文学家到职业密谋家,都可以在拾垃圾的身上看到自己的影子。他们都或多

---

① 参见[德]本雅明《发达资本主义时代的抒情诗人》,第37页。
② [德]本雅明:《发达资本主义时代的抒情诗人》,第33—34页。
③ [德]本雅明:《发达资本主义时代的抒情诗人》,第35页。
④ 参见[德]本雅明《发达资本主义时代的抒情诗人》,第36页。
⑤ 参见[德]本雅明《发达资本主义时代的抒情诗人》,第98页。

或少地处在一个反抗社会的隐秘地位上,并或多或少地过着一种朝不保夕的生活。"①本雅明在这里包含了重要的隐喻意义。我们知道,现代社会是一种碎片化的,而不具有总体性的社会。这种碎片化可以从现代性的两个维度中表现出来。从社会现代性的意义上来说,现代社会是一个合理化的社会。在合理化的社会中,人们都是通过合理的计算来达到功能的最优化。但是,这种功能的最优化只能在某个局部领域中实现,而不可能从总体上来实现。在资本主义社会,一个企业可以是按照合理化的原则来管理的,并且是功能最优的,但是从整个社会的角度来说,这就不是功能上的最优。这是因为,从整个社会来说,一个企业虽然生产效率很高,但是它所生产出来的却可能是剩余产品。卢卡奇就是把这种由合理化所产生的局部性和总体性对立起来②。从审美现代性的角度来说,现代社会也是一个碎片化的社会,这表现在现代社会不断地变动和革新,这种不断的变动和革新割断了前后之间的联系。它使历史中留下来的每一个片段都是孤立的,成为历史中的碎片。既然如此,在现代社会中生活的人们就面临着一个重要任务,这就是把这些碎片捡起来,来重新认识这些碎片。从这个角度来说,从文学家到密谋家,他们都对社会的碎片状态不满,他们都要改变这个社会,因此他们就不能不处于拾垃圾者的位置上。

那么这个拾垃圾者如何才能改变这个世界呢?本雅明发现,波德莱尔在这个问题上具有神学色彩。不过本雅明承认,波德莱尔的神学色彩很奇怪,它"带着一种亵渎神明的调子",是"撒旦主义"。波德莱尔的这种撒旦主义实际上是一种反抗精神的表现。这种反抗精神表现在他"在任何时候都能保持一种忤逆的不恭不敬的立场"。③ 对于这种立场我们可以理解为,它不是把现代社会看作是一种神圣的秩序,而是看作是一堆垃圾,对现代社会表现出一种蔑视和否定。本雅明认为,波德莱尔就

---

① [德]本雅明:《发达资本主义时代的抒情诗人》,第39页。
② 参见[匈]卢卡奇《历史与阶级意识》,第193页。
③ 参见[德]本雅明《发达资本主义时代的抒情诗人》,第42页。

是要用这种撒旦主义的精神来拯救这个世界。本雅明说,只有波德莱尔才真正理解马克思在《路易·波拿巴的雾月十八日》中的这样一段话:"当严正的宗教家在君士坦士宗教会议上诉说教皇生活淫乱并悲叹必须改革风化时,红衣主教比埃尔·德·阿伊向他们大声喝道:'现在只有魔鬼还能拯救天主教会,而你们却要求天使!'法国资产阶级在政变后也同样高声嚷道:现在只有十二月十日会的头目还能拯救资产阶级社会! 只有盗贼还能拯救财产;只有违背誓言还能拯救宗教;只有私生子还能拯救家庭;只有混乱还能拯救秩序!"①马克思当然是在否定立场上说这段话的。对于他来说,路易·波拿巴就是这样的魔鬼。魔鬼救世只能把世界送入地狱。而本雅明却从相反的意义上来理解马克思的这段话。波德莱尔就是魔鬼,而正是这样的魔鬼才能救世。为什么呢? 本雅明引用勒梅特尔的一句话来说明波德莱尔这个魔鬼的特征。它具有二重性,"一方面是万恶之源,另一方面却又是伟大的被压迫者,伟大的牺牲者"②。从现代世界的秩序来说,魔鬼是万恶之源,它要推翻这个秩序。只是从现存秩序的角度来看,它才是犯罪。然而从另一个角度来说,魔鬼是被压迫者、被牺牲者。在这里,我们再次看到了本雅明的基本思路。这就是,在人类文明的历史上,胜利者、主导者构建了社会秩序,牺牲了被压迫者。这些被压迫者是社会中的边缘人,或者说,他们是"波西米亚人"。但是在历史上他们被牺牲了,他们的要求不能被表达,他们的目的无法得到实现。而魔鬼就是天主教秩序中被牺牲的人。魔鬼对于世界的反抗,就是要让被压迫的人、被牺牲的人得到解放。在这里,本雅明借助于对波德莱尔的撒旦主义的分析,来表达他对于拯救世界的期待。

不过,本雅明发现,虽然波德莱尔努力否定这个社会的秩序,然而他与许多密谋家一样,不能真正地摆脱这个社会。他既要对抗这个社会,又不得不融入这个社会。波德莱尔在他的诗歌中表达了这种痛苦,把自

---

① 《马克思恩格斯全集》第 8 卷,人民出版社 1961 年版,第 224 页。
② 转引自[德]本雅明《发达资本主义时代的抒情诗人》,第 42 页。

己比作妓女。本雅明说:"他经常把某种人,首先是他自己,比作娼妓。"①他在一首诗中这样写道:

> 为了一双鞋她卖掉了灵魂
> 但在卑鄙者身旁,我扮出
> 伪善的小丑般的高傲,老天爷耻笑
> 为当作家我贩卖我的思想

作为诗人,他要超越这个社会,他要批判这个社会,但是为了生存,他又不得不融入这个社会。他反抗资本主义社会中的拜物教,但又不得不屈从于这种拜物教。据此,本雅明认为,在当代社会,文人都有这样的处境。他说:"波德莱尔明白文人的真实处境:他们像游手好闲之徒一样逛进市场,似乎只为四处瞧瞧,实际上却是想找一个买主。"②波德莱尔是一个痛恨自己的人,他嘲笑自己是一个"妓女",是一个到处寻找买主的出售自己的人。而实际上,很少有出版社愿意出版他的诗歌。或许,波德莱尔的痛苦是真正的文人才有的痛苦。

二、游荡者:社会大潮中的边缘人

对于社会中不同的人群,人们可以从不同的角度来探究。本雅明发现,在法国曾经出现一种"生理学"杂志。这类杂志不是介绍生理学知识的,而是对大街上的各类人物进行经验的分类描述。它们成为社会中的通俗文学的代表性刊物,并受到大众的关注。但是,这类东西对于波德莱尔来说意义非常小。③ 波德莱尔的思路与这些通俗文学杂志的完全不同。波德莱尔虽然也关注社会中各种不同的人,但他是从文学意义上来探讨这些人的。本雅明所关注的是波德莱尔在文学文本中是如何看待游荡者的。他说:"文学也以大众为对象,但其方法与生理学不同。文学

---

① [德]本雅明:《发达资本主义时代的抒情诗人》,第52页。
② [德]本雅明:《发达资本主义时代的抒情诗人》,第53页。
③ 参见[德]本雅明《发达资本主义时代的抒情诗人》,第54页。

不热衷于给各类人物定义概念化。相反,他探究的是大城市民众所特有的功能。"①那么,文学文本究竟是如何探究游荡者的呢?

所谓游荡者,从字面上来说,就是指社会中没有固定职业、居无定所而在街道上游荡的人。本雅明当然不是在"生理学"意义上经验地描述这些游荡者。对于他来说,游荡者是在文学意义上探讨的对象。而从文学意义上来说,游荡者就有一种隐喻的意义,即没有被社会结构所同化的人。他们不是顺应社会秩序而是游离于社会秩序之外的人。本雅明对于游荡者是这样来说明的:"他那逍遥放荡的个性是他对把人分成各种专业的劳动分工的抗议。"②从一定的意义上来说,这些人蔑视社会现行的规则和道德标准。他们类似于犬儒主义者。对于本雅明来说,这些游荡者是游离于社会秩序之外,并从一个外在的角度来思考这个社会的人。所以对于本雅明来说,这些游荡者是侦探。本雅明说:"在人人都像密谋者的恐怖时期,人人都处于扮演侦探角色的情形中。"③本雅明强调,这些游荡者作为侦探对于社会有好处,因此受到人们的赞扬。他说,游荡者"看起来无所事事,但在这无所事事的背后,却隐藏着不放过坏人的警觉"④。

本雅明所要考察的不仅仅是文学文本中作家们是如何考察游荡者的,而且重点要考察文学作家本人是如何成为游荡者的。这些文学作家在社会中看起来像是社会中的"无业游民",即不在这个商品交换的社会中生产可以交换的产品,但是他们却时刻关注着社会,是"侦探家"。本雅明说:"他具有与大城市节奏相合拍的各种反应。他能抓住稍纵即逝的东西。这使他把自己梦想为一名艺术家。人人都赞叹速写画家的神笔。巴尔扎克就说,这样的艺术就在于快速地捕捉。"⑤艺术家就是要快

---

① [德]本雅明:《发达资本主义时代的抒情诗人》,第59页。
② [德]本雅明:《发达资本主义时代的抒情诗人》,第72页。
③ [德]本雅明:《发达资本主义时代的抒情诗人》,第59页。
④ [德]本雅明:《发达资本主义时代的抒情诗人》,第60页。
⑤ [德]本雅明:《发达资本主义时代的抒情诗人》,第60页。

速地捕捉,他有侦探的气质。按照本雅明的分析,爱伦·坡所创作的侦探小说就表明,爱伦·坡具有侦探的气质。而爱伦·坡在创作侦探小说时所使用的各种元素,在波德莱尔那里也体现出来。本雅明说:"侦探小说的分析构成了波德莱尔自己作品的分析的一部分,尽管他本人不写这类小说。《恶之花》有作为其一分子(disjecta membra)三个决定性的因素:受害者及其作案场面(如'被谋杀的女人')、谋杀者(如'凶手的酒')和人群(如黄昏)。"①在本雅明看来,波德莱尔不仅在他创作的诗歌中表现出侦探的特点,而且他个人的生活也表明了他自己对于侦探手段的熟悉程度。按照本雅明的说法,在19世纪中期,法国政府为了准确找到游荡的人,采取了各种措施,比如,马车要注册登记,寄信要清查邮戳,住房要有门牌号码等。在本雅明看来,这些做法如同对待罪犯一样,具有侵害性,即侵害了游荡者的游荡生活。为了对付这种情况,波德莱尔有时住在朋友那里,有时同时有两个住处。据查,1842—1858年之间,波德莱尔共有14个住址。②

在这里,我们特别注意到本雅明把波德莱尔和爱伦·坡加以比较。在爱伦·坡的侦探小说中,罪犯总是要在人群中隐藏自己。因此,在侦探小说写作中,作家总是要把个人淹没在人群之中,从而仔细地分析如何从人群中找到罪犯。本雅明说:"侦探小说最初的社会内容是消灭大城市人群中的个人痕迹。"③当然,对于罪犯,本雅明有自己的看法。在他看来,侦探小说中的罪犯不应该被看作罪犯。这些罪犯应该被理解为游荡者。本雅明说:"无论游荡者循何路而行,结果总是被引导着走向犯罪。这表明侦探小说也在参与制造巴黎生活的幻觉,尽管它们有精明的计算。"④这就是说,侦探小说所说的那些罪犯实际上是游荡者。这些游荡者是逃避社会秩序的人,他们不应该被看作是罪犯。但是侦探小说却

---

① [德]本雅明:《发达资本主义时代的抒情诗人》,第62页。
② 参见[德]本雅明《发达资本主义时代的抒情诗人》,第65—66页。
③ [德]本雅明:《发达资本主义时代的抒情诗人》,第62页。
④ [德]本雅明:《发达资本主义时代的抒情诗人》,第60页。

制造出一种幻觉,好像这些游荡者就是罪犯。在这里,本雅明以爱伦·坡的《玛丽·罗杰特的密谋》为例,说明个人的痕迹是如何淹没在大城市的人群之中的。当然,个人的痕迹淹没在大城市的人群中这种说法是包含了一定的隐喻的。它的意思是,在资本主义社会中虽然也会有游荡者,但是游荡者往往也会混入人群中,只有在人群中人才能更好地隐藏自己。在侦探小说中,虽然游荡者被描述成为脱离社会的人,但是也常常被淹没在人群之中。

　　对于本雅明来说,没有人群就没有游荡者,游荡者就是在人群中的游荡者。在巴黎的拱廊街上,人们沉浸在商业的氛围中,被商品的世界所迷惑。如果游荡者混入了人群,那么他们就失去了游荡者的特性。而真正的游荡者虽然也混在人群中,但是他们是孤独的人。波德莱尔作为游荡者就是这样的人。本雅明说:"波德莱尔喜欢孤独,但他喜欢的是在稠人广座中的孤独。"①这就是波德莱尔式的文人,对于他来说,"世人皆醉,唯我独醒"。而爱伦·坡对于游荡者的描写也有这样的特点。本雅明指出:"游荡者独自一人的时候就感到不自在。所以他要到人群去。"②当然,在爱伦·坡那里,游荡者混入人群中是为了隐藏自己,是为了不被找到。这种游荡者具有罪犯的特征。对于本雅明来说,文人作为游荡者就是被排斥在社会之外的孤独者。所以本雅明说:"坡有意混淆离群索居的人与游荡者之间的区别。"③在本雅明的分析中,他关注的核心是游荡者与商品市场的关系,其中最重要的一段文字是这样的:"他(游荡者——引者注)走进一个又一个商店,不问货价,也不说话,只用茫然、野性的凝视看着一切东西。如果拱门街是室内的古典形式——游荡者眼中的街道就是这样的——那么百货商店便是室内的衰败。市场是游荡者的最后一个场所。如果街道一开始就是他的室内,那么现在室内就变成了街道。现在他在商品的迷宫里漫游穿行,就像他从前在城市这个迷

---

① [德]本雅明:《发达资本主义时代的抒情诗人》,第68页。
② [德]本雅明:《发达资本主义时代的抒情诗人》,第67页。
③ [德]本雅明:《发达资本主义时代的抒情诗人》,第67页。

宫里一样。"①对于游荡者来说,商店不具有商店的意义,他走进拱廊街就像走进自己的家中一样。这是因为游荡者没有家,市场就是他的家,拱廊街就是他的家。本来在家中,人对于一切都是那样熟悉、那样亲切,而如今,这个家对于他来说,变得非常陌生了。商品世界的出现,意味着这个家在衰败,没有家的样子了。它像一个迷宫。他迷失在这个迷宫中。在这个迷宫的世界中,他只是到处张望,茫然失措。他似乎也想熟悉这个家园;然而如果他"熟悉"这个家园,这或许就意味着他"迷失"了自己。

当然,本雅明也承认,即使是游荡者也要在社会中生活;文学作家作为游荡者也要在社会中生活,他也需要适应市场经济的需要。这就是艺术家所面临的困境。而面对这种困境,本雅明给出的答案是,虽然艺术家作为游荡者也要出售自己的作品,但是艺术家必须保持对于社会的批判态度。按照波德莱尔等人的思想,人们在巴黎这样的大都市里都是一天天地在受罪(人和人之间相互冷漠)。对于这些受罪的人,波德莱尔认为社会给他们提供了麻醉药。这个麻醉药就是商品,就是让他们陶醉的商品世界。游荡者在城市中也受罪了,也会陶醉在商品的世界中。本雅明说:"游荡者所屈就的这种陶醉,如顾客潮水般涌向商品的陶醉。"②虽然游荡者也会陶醉,但是游荡者会保持清醒。在这里,本雅明引用了恩格斯在《英国工人阶级状况》一文中对于人群的痛苦状况的描述,说明了这个商品世界中人和人之间的相互冷漠等。对于本雅明来说,诗人不能像一般大众那样陶醉,他对于社会现象应该有特殊的敏感,这种特殊的敏感使他在陶醉的同时也保持一种清醒。本雅明说:"他(游荡者——引者注)在其中陶醉的同时并没有对可怕的社会现象视而不见。他们保持清醒,尽管这种清醒是那种醉眼蒙眬的,还'仍然'保持对现实的意识。"③而要保持清醒的意识,就绝不

---

① [德]本雅明:《发达资本主义时代的抒情诗人》,第72页。
② [德]本雅明:《发达资本主义时代的抒情诗人》,第73页。
③ [德]本雅明:《发达资本主义时代的抒情诗人》,第77页。

能随大流。本雅明这样说道:"对于游荡者,这个画面罩着一层薄纱,这层薄纱就是人群在古老都市的起伏中随波逐流。""只有当这层薄纱被撕破,游荡者面前出现'一个众生芸芸的广场,在街战时变得空空荡荡'的时候,他们才能看到整个城市不被遮掩的图景。"①在商品世界中,人会陷入一种物化意识中,就如同被蒙蔽在一层薄纱之中。只有撕开这层薄纱,只有超出这种物化世界,只有超出大众的物化意识,游荡者才能真正看清这个世界。

三、大众:时尚化趋势中的弄潮儿

与游荡者密切相关的是人群。如何理解人群(crowd,在本雅明那里,这个词相当于"mass"即大众)呢?本雅明以比喻的口吻指出,在不同的人群相互堵塞的地方,"在这样的大众中,游荡是不会兴盛起来的"②。如果人群相互堵塞、推推搡搡,那么游荡者必须在其中推推搡搡。这样推推搡搡的人是相互冷漠的人。在本雅明看来,这群相互冷漠的人还具有野蛮性质。这是因为人群中的人都会推推搡搡,像自然界中的动物那样,相互冷漠。这群人还处于"自然状态"。他说,大自然借人群而对城市行使它的权利。③ 在人群中,人和人之间没有社会性的联系,没有关爱,没有情感,没有本雅明所期待的那种感觉(经验)。本雅明说:"在雨果那里,人群以一个由没有形状的、超人的力量从低于人类的生物中创造出来的杂种的形象出现。"④正是由于人群不是在人类社会意义上出现的,因此本雅明与雨果等人一样,把人群看作一种自然现象。本雅明说:"人群实在是种自然景观——如果可以把这个术语应用到社会状况中的

---

① [德]本雅明:《发达资本主义时代的抒情诗人》,第77页。
② 游荡者不是野蛮人,所以在人群相互堵塞的地方,游荡不会兴盛起来。[德]本雅明:《发达资本主义时代的抒情诗人》,第71页。译文有改动。参见 *Walter Benjamin Selected Writings*, Volume 4, edited by Michael W. Jennings, Harvard University Press, 2006, p.30。
③ [德]本雅明:《发达资本主义时代的抒情诗人》,第80页。
④ [德]本雅明:《发达资本主义时代的抒情诗人》,第80页。

话。"①这些人都是没有社会联系的人。一个偶然事件、一种特别的活动，会把这些毫无社会联系的人结合在一起。按照本雅明的分析，一条街道、一场大火、一起车祸，会使不同的人聚集在一起。这些人群中的人都是"各怀着自己的利益云集市场"②。当这些各怀自己的利益的人集合在一起的时候，这些人是从社会中脱离出来的人，"他们依然是抽象的"。本雅明说："在很多情况下，这样的人群只是一种数字的存在。这种存在隐藏着人们身边的一个巨大的怪物：由于私利的巧合而集中起来的个体。"③现代民主制度所统计的就是这个抽象的数字。

在这里，本雅明实际上揭示了资本主义社会出现的两种不同性质的人群。一种性质的人群是人们为实现私人利益而聚合在一起的人群。比如在市场上，人们相互之间都是陌生人，但是为了实现各自的利益，他们聚合在一起。这种意义上的人群从资本主义社会出现的一开始就广泛存在。另外，还存在着另一种形式的人群。这个人群的出现与个人利益无关，而完全是看热闹的人群。在人类历史中这种看热闹现象到处都有，这就如同市场中的聚集在资本主义社会之前就已出现了。尽管如此，在资本主义社会，这两类人群与之前的人群还是有很大的不同。陌生人在市场之中的聚集，在传统社会只是整个社会生活的补充，而不是社会生活的全部。而今天社会生活几乎完全依赖于陌生人之间的交易，而且这种交易聚集在大商场和街道上。本雅明指出："在历史上，当大商店第一次创立起来的时候，消费者感到自己成为大众。"④看热闹意义上的聚集在当代资本主义社会发生了一个根本性的改变。在以往的历史上，看热闹的人都是熟悉的邻居；而在当代社会，看热闹的人互相之间是陌生人，是陌生人之间的聚集。他们虽然相互聚集，但是却相互冷漠。

---

① [德]本雅明：《发达资本主义时代的抒情诗人》，第80页。
② [德]本雅明：《发达资本主义时代的抒情诗人》，第80页。
③ [德]本雅明：《发达资本主义时代的抒情诗人》，第80页。
④ [德]本雅明：《拱廊街计划》，载《本雅明文集》第五卷，第93页。*Walter Benjamin Gesammelte Schriften*, Herausgegeben von Ralf Tiedemann, Frankfurt am Main: Suhrkamp Verlag, 1982.

他们是被在机械化系统中训练出来的人。这就如同训练有素的服务员一样,她看到谁都在微笑;但是这是没有情感的微笑,是非常可怕的微笑。看热闹的人看似关心,实际上是完全的冷漠,如同微笑的服务员。人群中的人训练有素,当有人撞到他的时候,他**习惯性**地鞠躬道歉;他看起来很文明,实际上却很"野蛮"。我们可以把这群人比喻为聚集起来的刺猬。对于本雅明来说,这群聚集起来的刺猬处于野蛮状态。现代大都市中的人们就处于这种野蛮状态。

那么,我们如何看待大众的社会作用呢?本雅明从侦探的角度来说明大众的危害性。他说:"大众仿佛是避难所,使得这类脱离社会的人免遭惩罚。在大众的各种危害方面,这一点最为明显。"[①]从侦探的角度来说,如果一个罪犯逃到茫茫人海之中,那么这就给侦探造成了困难。不过,笔者认为,本雅明不是这样的简单意思,他还有自己的隐喻意义。对于他来说,大众是脱离社会的人的避难所,而罪犯也可以在这里找到自己的避难所。大众的聚集就是一群冷漠的"罪犯"的避难所;他们看起来都面带微笑,然而却冷若冰霜。只有脱离人群的游荡者才对人群的这种冷漠感到恐惧。他处于人群之中,又脱离人群。如果这些脱离社会的人不能成为游荡者,那么他们就会沉沦到大众之中,成为大众之中的一员。这才是大众最大的危害。在现代社会生活中,许多人虽然看到社会中的许多不正当现象,但是却视而不见;他们人云亦云,随波逐流。

本雅明比较了雨果和波德莱尔对待人群的两种态度。对于雨果来说,人群是他的思想走向深处的刺激。按照本雅明的分析,在雨果那里,"汹涌的大海是人群的模本。沉思于这种永恒的景象的思想家是人群真正的探索者。"[②]雨果所热衷的是大众参与的革命运动。他要探索这种革命运动。为此,本雅明说:"总之,大众那种无法渗透的模糊的生存是雨果革命玄想的源泉。"[③]本雅明认为,虽然雨果充满了革命热情,但是他却

[①] [德]本雅明:《发达资本主义时代的抒情诗人》,第59页。
[②] [德]本雅明:《发达资本主义时代的抒情诗人》,第78页。
[③] [德]本雅明:《发达资本主义时代的抒情诗人》,第82页。

无法解决这种革命热情与穷苦大众的投票权之间的对立,无法解决革命与顺从秩序之间的对立。因此,在本雅明看来,雨果所关注的大众不过是"旧时代的顾客",也就是他的读者和支持者;雨果虽然关注大众,但是他不过是想多卖掉自己的几本书而已。因此,"雨果不是游荡者。"①而波德莱尔则不同了。"在跟随雨果的大众和雨果所跟随的大众中都没有波德莱尔。"②波德莱尔不仅不是大众,而且是与大众的潮流相对立的。他是游荡者,是波西米亚人。本雅明说:"是大众的景象使他(波德莱尔——引者注)每天都要测量他的失败的深度。"③他是勇敢地同时尚、同大众的潮流对立的人。正是这个潮流导致他的失败、孤独、游荡。对于本雅明来说,波德莱尔的失败就是他的成功的表现。按照本雅明的看法,虽然波德莱尔也会卷入大众之中,但是,"却只为了在轻蔑的一瞥里把他们淹没在忘却中"④。或许,本雅明本人也是这样的游荡者,一个学术"游荡者"。或许一个真正的学者也应该是游荡者。

　　对于大众,波德莱尔和雨果的态度完全不同。在这里,本雅明显然支持波德莱尔的态度。而对于雨果,他提出了这样的批评:"他在他们头顶摇动的旗帜上写着'还政于民'、'民主'和进步的口号。这些口号旗帜美化了大众生存。"⑤在这里,本雅明发现了大众对于民主制度所产生的不良后果。民主制度不过是美化大众生存,强化大众的趋势。而大众对于本雅明来说,就是顺应这个社会主流趋势的人,是跟风跑的人,他们缺乏对于问题的深入思考。在魏玛共和国期间,正是这些大众通过民主的选举把希特勒推上了权力的顶峰,造成了法西斯主义的灾难。从这里可以看出,这群大众不仅不会推进民主,反而导致集权主义。这是我们今天应该牢记的历史教训⑥。

---

① [德]本雅明:《发达资本主义时代的抒情诗人》,第83页。
② [德]本雅明:《发达资本主义时代的抒情诗人》,第83页。
③ [德]本雅明:《发达资本主义时代的抒情诗人》,第83—84页。
④ [德]本雅明:《发达资本主义时代的抒情诗人》,第148页。
⑤ [德]本雅明:《发达资本主义时代的抒情诗人》,第84页。
⑥ 参见拙作《大众的崛起与民主的衰弱》,载《哲学动态》2015年第11期。

本雅明所要赞颂的是与大众完全不同的英雄。在这里,他还是借助于对于波德莱尔《恶之花》的评论来表达他自己的希望。本雅明说:"古希腊给他(波德莱尔——引者注)提供了女英雄的形象,他觉得很值得把它们带到现代来,而且他也认为,自己有这个能力。"①本雅明发现,在《恶之花》中,波德莱尔给他诗歌中的女人取了希腊名字:德尔菲娜与伊波利特。而这首诗写的是女同性恋。本雅明认为,女同性恋是现代主义的英雄。对于本雅明来说,波德莱尔似乎从古希腊的女性中发现了这种"女英雄"。这种女英雄当然与那种顺从社会潮流的大众是完全不同的。本雅明自己也认为,他在这里"得以一睹波德莱尔所倾心的英雄女性形象的原始面貌"②。而且更奇妙的是,本雅明还从这种女英雄那里发现了实现圣西门主义的乌托邦的希望。他说:"我们也可以在圣西门主义里找到这个主题,它的狂放的空想经常借助于阴阳合体的念头。"③那么古代的女英雄与圣西门主义的阴阳合体的念头有什么关系呢? 实际上这是本雅明救赎观念的一个基本思路。在他看来,在历史的发展中,只有主流的东西(符合社会潮流)才能取得胜利,在历史中得以发展;而那些不符合社会潮流的东西则在历史上被牺牲了。我们如何才能把历史上那些被牺牲的东西(阴阳合体是一种类比意义上的说明)拯救出来呢? 这就是要像波德莱尔那样,把古代的那些被牺牲了、被忽视了的东西带到现代来。只有这样,我们才有可能实现圣西门主义的那种乌托邦。未来就依赖于我们对于古代那些不合潮流东西的拯救。当然,这也显示了本雅明的超现实主义的想象。

本雅明的这个讨论涉及现代性的中心问题之一:现代社会中人们都求新、求异,然而这种求新、求异所表现出来的却可能是赶时髦、随大流。本来赶时髦、随大流和求新、求异是完全对立的,然而在现代社会中,这两个完全对立的东西奇妙地结合在一起了。波德莱尔作为现代性批判

---

① [德]本雅明:《发达资本主义时代的抒情诗人》,第109页。
② [德]本雅明:《发达资本主义时代的抒情诗人》,第111页。
③ [德]本雅明:《发达资本主义时代的抒情诗人》,第110页。

的先驱早已看到了这个问题。而本雅明则按照自己的思路把这个问题更加凸显出来。本雅明借助于对波德莱尔文学作品的批评来讨论如何看待现代社会中的求新和求异的问题。在他看来,现代社会中人们所追求的新奇不过是随大流的另一种形式而已;而真正的求新恰恰就是要从历史中看到那些在社会大潮中被忽视和被否定的东西,我们需要做的恰恰是拯救那些在历史上被怀疑、被否定的东西。对于未来,我们不应站在现代社会的基础上去设想,而应回到过去,看看过去的那些被边缘化、被否定的东西在今天究竟如何才能实现出来。如果我们要思考未来,那么我们所要思考的是:在现代社会中,那些被我们所否定、所排斥的东西是否可以让它们得到实现?这当然不是鼓励人们去做波西米亚人,去对社会进行革命,去做逆社会潮流而动的人,而是鼓励人们创新。而创新的一个重要思想来源就是要关注过去被否定和被忽视的东西。对于本雅明来说,我们不要被一阵大风刮向未来,而要像《新天使》中的那个被这阵大风刮向未来的天使那样眷恋过去[①]。一个在商品大潮中迷失自己的人,一个在大众化趋势中随波逐流的人,是不会有真正的创新的。今天,创新已经成为时代发展的要求,已经成为摆在我们面前的重大现实问题。是按照时尚化的做法从形式上创新,还是从反时尚、非时尚化的趋势中寻找突破,这是我们必须思考的问题。

当然,游荡者也是无"家"可归的人,他失落在人群中,孤独无助。这是我们需要在现代性批判中揭示的另一个主题——游荡者的家园究竟在何处?

第四节 经验的贫乏与家园的失落

马克思在《1844年经济学哲学手稿》中指出,忧心忡忡的穷人是感受

[①] 参见[德]本雅明《历史哲学论纲》第九条,载《本雅明文选》,中国社会科学出版社1999年版,第408页。

不到自然美的,矿物的商人是感受不到矿物的美的①。这实际上也指出了人在一定条件下会出现经验贫乏的现象。那么这种经验贫乏的现象与现代文明究竟有什么关系呢？在现代社会,我们是不是都会在不同程度上成为这样的"穷人"和"商人"呢？本雅明通过对经验的贫乏的分析回答了这样的问题。

一、"真实的"经验与理智的经验

　　本雅明认为,人的经验有两种：一种是"真实的"经验,另一种是可以被理智地思考的经验。后一种经验是"文明大众的标准化、非自然化了的生活所表明的经验"②。如果仔细观察生活,我们实际上也可以体会到这两种经验之间的差别。能够被理智地思考的经验类似于这样的经验：在上班的路上,我们要记得具体路线以及各种标记。在生活中、在工作中,我们常常要凭借记忆来记得这些经验。在生活中,我们还有另一种经验。这种经验不是我们主动地依靠**记忆**留下的；这种经验是**无意识地**被保存下来的,而且只能在某种偶然的机会中才能被**回忆**起来。比如,我们从小习惯了妈妈做的饭菜的味道,这种饭菜的味道会积累在我们的潜意识之中。在长期离开妈妈之后,我们如果偶然有机会接触到类似的饭菜,会突然觉得味道特别美。这就是本雅明所说的那种"真实的"经验。为此,他强调："与其说它是牢固地扎根于记忆（Erinnerung）的事实的产物,不如说它是回忆（Gedächtnis）中积累的,经常是潜意识材料的汇聚。"③

　　这两种经验都与人对于过去东西的记忆有关。但是一种经验是有意识地记忆下来的,而另一种经验是无意识地记忆下来的。在本雅明看来,普鲁斯特的《追忆似水年华》就是要用一种综合的方式写出这种"真

---

① 马克思:《1844年经济学哲学手稿》,第87页。
② [德]本雅明:《发达资本主义时代的抒情诗人》,第130页。
③ [德]本雅明:《发达资本主义时代的抒情诗人》,第130页。译文略改。

实的"经验,并且区分了这两种不同的记忆。对于普鲁斯特来说,与"真实"经验有关的记忆是"非意愿记忆"(memoire involuntaire),即回忆。而与此相反的那种记忆就是"意愿记忆"①。普鲁斯特用一个例子来说明这两种记忆的差别。一个是,他主动记忆他在贡布雷镇度过的童年时光。而这个记忆相当贫乏。另一个是,某一天下午,一种叫玛德琳的小点心的滋味把他带到了自己的童年。前一种记忆就是"意愿记忆",这种记忆"听从注意力的记忆的提示"。这种记忆的特点是,"它所提供的过去的信息里不包含一点过去的痕迹。"②对于本雅明来说,这种通过主动的"记忆"而得到的过去不是真正的过去,是缺乏真正经验内容的过去。只有在"非意愿记忆"中,人们才能真正地触及过去。因此,普鲁斯特说:"过去是在某个理智所不能企及的地方,并且丝毫不差地在一些物体中(或在这些物体引起的感觉中)显现出来的,虽然我们并不知道是哪一些物体。而我们能否在有生之年遇上它们全仗一种机会。"③因此,对于普鲁斯特来说,真正的历史不是我们通常所说的那种历史,即通过记忆记载在历史书上的那种历史,而是与"非意愿记忆"联系在一起的历史。他所理解的历史就是那种由儿童时代吃过的小点心而勾起的历史。这种历史是包含了丰富经验的历史。当然对于普鲁斯特来说,这种历史只能在偶然的机会中才能被触及。虽然我们不能通过"记忆"触及真正的历史,但我们还可以通过"回忆"触及这段历史。

如果历史只能通过偶然机会才能被触及,那么人类文明史所记录的历史岂不都是干巴巴的历史了。本雅明对于普鲁斯特的这个说法进行了一点修正。对于本雅明来说,如果历史只能是个人体会的历史,那么这种历史就变成了纯粹私人性质的历史。历史变成了纯粹个人经验。这种私人经验就如同维特根斯坦所说的私人语言,无法被表达出来。本雅明认为,这种历史仍然是可以表达的。在这里,本雅明用讲故事和新

---

① [德]本雅明:《发达资本主义时代的抒情诗人》,第 131—132 页。
② [德]本雅明:《发达资本主义时代的抒情诗人》,第 132 页。
③ 转引自[德]本雅明《发达资本主义时代的抒情诗人》,第 132 页。

闻报道来说明这两者之间的区别。通过"意愿记忆"而记载的历史相当于新闻报道,而融入了叙述者的情感和经验的历史故事则与此不同。新闻报道要通过简洁易懂的文字让人们知道某个事件,是不允许报道者掺杂任何个人的情感或者经验因素的。这就是新闻报道的中立原则。因此,本雅明说:"如果报纸的意图是使读者把它提供的信息吸收为自身经验的一部分,那么它是达不到它的目的的。"并强调报纸要"把发生的事情从能够影响读者经验的范围分离出来,并孤立起来"。① 而讲故事就不同了。讲故事的人"把自己嵌入讲故事人的生活中去以便把它像经验一样传达给听故事的人"②。这就是说,讲故事不是简单地传播信息,而且是要表达经验,像自己亲身经历那样传达经验。

关于讲故事与生活经验的关系,本雅明在他的《讲故事的人》一文中进行了深入说明。他说:"讲故事的人所讲述的取自生活经验——亲身的经验或转述别人的经验。"③而这种讲故事是与传统的劳动方式联系在一起的。在传统的劳动过程中,人们一边讲故事,一边劳动。这两者之间有一个共同的特征,就是把经验纳入劳动产品中。讲故事的人会把自己的生活经验纳入故事中,从事手工劳动的人则会把劳动的技术经验凝聚在劳动产品中。本雅明说:"在劳动——乡村的劳动、海上的劳动和城市的劳动——中长期兴盛的讲故事,其自身也是一种手工形式的交流活动。它不像新闻报道,不以传达事情的纯粹的精神实质为目的,而是先把事情浸润到讲故事的人的生活中,然后再从他那里取出来。这样,就如同陶瓷艺人的手绘图案印在陶坯上一样,讲故事的人的种种生活痕迹也会印在故事中。"④正如每个人所制作的陶瓷是不同的一样,同样的故事从不同的人口中叙述出来也是不一样的。

然而,如果历史只能通过讲故事的形式出现,那么这种历史就完全

---

① 参见[德]本雅明《发达资本主义时代的抒情诗人》,第132页。
② [德]本雅明:《发达资本主义时代的抒情诗人》,第133页。
③ 陈永国、马海良编:《本雅明文选》,第295页。
④ 陈永国、马海良编:《本雅明文选》,第299页。

是个人主观意义上的历史。我们知道,历史研究就是要把握客观的历史,历史的记载就是要把握客观的事实,就应该如新闻报道那样。如果历史的记载都掺杂了个人的情感和经验,那么历史就是纯粹个人化的历史了。如果从讲故事的角度去理解历史,那么历史上流传下来的、被记载下来的东西都会带有一定的个人痕迹。对于我们来说,越是不带个人痕迹的历史就越是真正的历史。而对于本雅明来说,只有带有个人经验的历史才是真正的历史。只有把个人置身于历史事件的氛围中,把自己当作亲身经历者来经验的历史,才是真正的历史。事实上,客观地记载下来的历史从一定的角度来说,也是讲历史故事。我们后人重复这些历史故事的时候,应该把自己放在故事的亲历者的位置上,传达与历史故事联系在一起的经验。从这个角度来说,本雅明所说的这种真正的历史是有意义的。

二、现代社会中的经验碎片

为了更好地说明"非意愿记忆"与"意愿记忆"的差别,本雅明从弗洛伊德心理学中寻求理论上的支持。他借助于弗洛伊德主义者雷克的有关思想,把"非意愿记忆"与"意愿记忆"区分开来,并将其分别理解为回忆和记忆。回忆是带有过去经验的记忆,而记忆是不带有过去经验的记忆。雷克说:"回忆功能是印象的保护者;而记忆却会使它瓦解。回忆本质上是保存性的,而记忆是消解性的。"[①] 按照本雅明的分析,虽然弗洛伊德本人没有把回忆和记忆区分开来,但是弗洛伊德在关于意识和无意识的区分中已经关注到了这两者之间的差别。

我们前面说过,真正的经验是在无意识中发生的,它需要回忆才能被触及,而现代文明中标准化的经验是在意识中出现的。按照弗洛伊德的思想,人的意识系统分为两个部分:意识和无意识。这是与大脑皮质和大脑的深层的区分联系在一起的。人的大脑皮质会接受一定的外部

[①] 转引自[德]本雅明《发达资本主义时代的抒情诗人》,134页。

刺激,并把这种刺激转换到大脑的深层。这就在大脑的深层留下了永久记忆。从生理学上来说,人的感受系统中存在一种能量转换的机制。这就是把接受刺激的外部能量转换成为深层的心理能量,即把外部的能量通过转换而在无意识系统中留下永久的痕迹。弗洛伊德指出:"意识并不是我们归之为这个系统中的诸过程的唯一特征。以我们从精神分析中获得的印象为基础,我们假设,在其他系统中出现的所有兴奋过程,都在它们身上留下了永久的痕迹,这些痕迹形成了记忆的基础。因此这些记忆痕迹和成为意识的这个事实并没有任何关系。"①这就是说,外部的刺激会通过转换在其他系统中即无意识系统中留下永久的痕迹。

然而外部刺激难道不会在意识系统中留下印象吗? 在弗洛伊德看来,外部刺激当然会在意识系统中留下印象,但是这种印象与它们在无意识系统中所留下的印象是不同的。这是因为,意识系统有一个重要的功能就是防御功能。意识系统要抵御外部世界的过度刺激,并把这个刺激转换到无意识系统中来。因此意识系统和无意识系统对于外部刺激产生的印象是不同的。意识系统会预测外部世界的刺激,并接受这种最强大的短暂刺激,这些刺激不会对意识系统产生持久的影响。弗洛伊德指出,意识系统的"成分不受来自兴奋过程的任何更持久变化的影响,因为在那一方面它们已经发生了可能是最大程度的变化"②。按照弗洛伊德的分析,意识系统对于外部刺激的这种过滤作用是非常重要的。这就是要通过对于外部世界的过分强大的刺激产生一种抵抗,从而保护无意识的心理机制。这种抵抗机制对于每一个生命有机体来说都具有至关重要的意义。为此,弗洛伊德指出:"对活的有机体来说,防备刺激几乎是一项比接受刺激还重要的任务;保护屏障有其自己的能量仓库,必须首先保护这些特殊的能量转换形式。能量转换是从那种在外界活动的、具有强大能量的、同等的、因而也具有破坏性的影响中,在自身之内继续

---

① [奥]弗洛伊德:《自我与本我》,载车文博主编《弗洛伊德文选》第六卷,长春出版社 2004 年版(以下引用该版本不再一一注明出处),第 19 页。
② [奥]弗洛伊德:《自我与本我》,载车文博主编《弗洛伊德文选》第六卷,第 21 页。

发生的。"①这表明,对于生物有机体来说,最重要的首先是抵抗外部刺激,从而保护刺激的能量转换机制;而内部深层的东西接受少量的刺激并能够持久保存。意识为了抵抗外部刺激的作用,对于外部刺激形成一种预期,从而有效地防止外部刺激破坏意识中的能量转化机制。显然,外部刺激越强大,那么这种抵抗机制就越强大。如果这种抵抗机制失去了作用,那么人的深层心理就会受到过度的刺激,这就会导致精神疾病。从这个意义上来说,人要经常接受一种训练,使自己的意识经常接受外部刺激的打击,从而建立更加强大的抵抗机制。可是当这种心理抵抗机制过于强大的时候,人就无法在无意识层面上形成经验了。

  本雅明就是根据弗洛伊德的心理学来说明现代社会中所出现的经验贫乏的现象的。上文中说过,现代社会的一个重要特征就是它不断地求新、求异②。而这种不断的求新、求异,就给人的意识产生了过度的压力,使意识产生了过度的抵抗机制。本雅明说:"震惊的因素在特殊印象中所占成分愈大,意识也就越坚定不移地成为防备刺激的挡板;它的这种变化愈充分,那些印象进入经验(Erfahrung)的机会就愈少,并倾向于滞留在人生体验(Erlebnis)的某一时刻的范围里。"③这就是说,在外部世界的震惊越来越大的情况下,意识的抵抗作用就越强大。在这种强大的抵抗中,外部刺激进入人的经验(即无意识意义上的经验)的机会就越来越少。人们所获得的只有在意识中的体验(或者说记忆中的机械映像)。在这里,我们看到,本雅明把**经验**和**体验**区分开来。在接受强烈刺激的时候,人会在意识层面上形成一种体验,这种体验是与特定的刺激联系在一起的。而经验是在无意识的深层发生的。由于体验到的东西是与具体的强烈刺激联系在一起的,因此是可以说出其发生的具体时间的。本雅明说:"这种防范震惊的功能在于它能指出某个事变在意识中的确切时间,代价则是丧失意识的完整性;这或许便是它的成就。这是理智

---

① [奥]弗洛伊德:《自我与本我》,载车文博主编《弗洛伊德文选》第六卷,第21页。
② 参见拙作《现代性、现代主义和后现代主义》,载《华中科技大学学报》2017年第5期。
③ [德]本雅明:《发达资本主义时代的抒情诗人》,第137页。

的一个最高成就;它能把事变转化为一个曾经体验过的瞬间。"①在强大刺激面前,意识记住了瞬间的印象,但是却丧失了完整性;或者说,意识中所体验到的印象是零碎的,是一种破碎的、分裂的"经验"。这种经验就是具有现代性特征的经验。它与我们前面所说的"妈妈的味道"这样一种具有总体性特征的经验是完全不同的。把这两种不同的经验区分开来,是本雅明思想中最有价值的成果之一。

本雅明不是停留在对这两种经验的区分上,而且更进一步说明现代社会中破碎、分裂的经验得以产生的社会根源。在本雅明看来,震惊已经成为现代人感知世界的一种基本方式。我们可以从现代人生活的方方面面来说明这种震惊"经验"。我们知道,在现代大都市中,车在人流中穿行,人在车流中穿行。人们时刻会面临危险和惊恐。本雅明说:"在这种来往的车辆行人中穿行把个体卷进了一系列惊恐与碰撞中。在危险的穿越中,神经紧张的刺激急速地接二连三地通过体内,就像电池里的能量。"②这些极度紧张的人像个犯罪的小偷一样,在城市的中心东张西望。这种东张西望的做法实际上就是对危险的一种反应,它所产生的就是一种震惊的"经验"。当然,大都市的人已经习惯于东张西望。他们对于这些危险和惊恐早有预期,从而对于这些惊恐和危险的东西早已麻木不仁。这是因为,按照习惯的预期,街上的行人和车辆都是按照规则穿行的。在这种情况下,即使我们看到车辆急速向我们驶来,我们仍然若无其事地从斑马线上走过。这就是说,现代管理技术让人们在惊恐和危险面前若无其事。或者更一般地说:"技术使人的感觉中枢屈从于一种复杂的训练。"③通过这种复杂的训练,我们会对各种危险、惊恐的刺激习以为常。我们的神经中枢产生了一种习惯性的抵抗机制,这种机制使我们对于各种危险的刺激都能进行冷淡的处理。所以当电影中一个镜头一个镜头快速闪烁的时候,我们对于这些不断产生的新刺激都能够自

---

① [德]本雅明:《发达资本主义时代的抒情诗人》,第137页。
② [德]本雅明:《发达资本主义时代的抒情诗人》,第152页。
③ [德]本雅明:《发达资本主义时代的抒情诗人》,第152页。

发地进行防御,我们都能够泰然处之。为此,本雅明说:"不知从什么时候开始,一种对刺激的新的迫切需要发现了电影。在一部电影里,震惊作为感知的形式已被确立为一种正式的原则。"①在现代社会中,由于人们受到了技术上的训练,人们开始接受这种危险的刺激,寻求各种刺激。因此,在这个世界中,人们都是用震惊的方式来感知世界的,而不是像曾经品味"妈妈的味道"那样来感知世界。

在这里,我们特别应该注意训练对于人们接受震惊的刺激所产生的作用。在本雅明看来,人们接受电影的刺激,是与工业化时代的社会生产方式联系在一起的。电影刺激人的节奏与流水线转动的节奏是一致的。本雅明说:"那种在传送带上决定生产节奏的东西也正是人们感受到的电影节奏的基础。"②正如生产线决定工人的工作速度一样,电影胶片转动的速度决定了人们反应的速度。生产线上的工人是通过训练而逐步适应这种速度的。本雅明把生产线上的工人所接受的训练,与手工业劳动中在学徒期间所接受的训练加以比较。手工业作坊中的实习训练,是接受一种技能,是完善自己对于各种工序的感知能力;而现代流水线中的训练是让人注意规则,他们要做的事情就是学会有规则地对刺激做出反应,由此而被训练出来的人对于刺激的反应几乎是一致的。这就如同我们在某些服务行业中经常看到的那样,服务员"总是微笑",这种微笑就是一种被训练出来的反应。为此,本雅明挖苦说,这种微笑"起到了类似震惊吸收器的作用"③。这就让人能够理解,为什么某些服务员即使在被骂的时候仍然会微笑了。这是因为他们的"震惊吸收器"的力量已足够强大了。在这种情况下,人们对于震惊已经产生了一种习惯性的反应。本雅明用爱伦·坡的小说中所描述的一种情况对此进行了说明。这就是,在大城市的街道上,"如果被人撞了,他们就谦恭地向撞他的人

---

① [德]本雅明:《发达资本主义时代的抒情诗人》,第 152 页。
② [德]本雅明:《发达资本主义时代的抒情诗人》,第 152 页。
③ [德]本雅明:《发达资本主义时代的抒情诗人》,第 152 页。

鞠躬"①。我们常常认为,这表明这个人非常文明、有风度。而在本雅明和爱伦·坡看来,这恰恰是"野蛮"。而且这是一种被训练出来的"野蛮"。人们被训练出来了,他们对于让人震惊的刺激都只有一种机械的反应。

于是,我们就可以理解,为什么本雅明认为现代大城市的人都变得"野蛮"了。本雅明指出:"害怕、厌恶和恐怖是大城市的大众在那些最早观察它的人心中引起的感觉。"②这些最早观察大城市中的大众的那些人(本雅明在这里所说的主要是文学作家)发现大城市中的大众变得非常"野蛮"。在这里,本雅明转引了瓦雷里的一句话:"住在大城市中心的居民已经退化到野蛮状态中去了——就是说,他们都是孤零零的。"③在这里,人们必然会感到费解,难道人的孤零零的状态就是野蛮状态吗?对于本雅明来说,这种孤零零的状态表明了现代人的一种冷漠、缺乏感情。

从上面的分析中我们可以看出,对于本雅明来说,大街上的行人(人群)与流水线上的工人都是一样的,他们都是机器人,都是麻木不仁的人。他们对于一切强烈的刺激都做出机械的反应。本雅明甚至认为,这些人的反应如同赌徒一样。当然,赌博和工人的劳动有许多不同。但是,本雅明却从这里发现了一种类似性。他说:"工人在机器旁的震颤动作很像赌博中掷骰子的动作。工人在机器旁的动作与前面的动作是毫不相关的,因为后者是前者的不折不扣的重复。机器旁的每一个动作都像是从前一个动作照搬下来的,就像赌博里掷骰子的动作与先前的总是一模一样,因而劳动的单调足以和赌博的单调相提并论。"④在这里,本雅明特别指出了赌徒在赌博中的各种表情特点,并对于这些表情特点进行了区分。这些赌徒的表情常常是变化不定的,我们似乎不应该说赌徒对于刺激的反应也是机械反应。但是,所有这些不同都不能掩盖一个根本

---

① [德]本雅明:《发达资本主义时代的抒情诗人》,第153页。
② [德]本雅明:《发达资本主义时代的抒情诗人》,第151页。
③ 转引自本雅明《发达资本主义时代的抒情诗人》,第151页。
④ [德]本雅明:《发达资本主义时代的抒情诗人》,第154—155页。

上的相同点:"他们只能有反射行为"①。本雅明说:"他们的举动也就是爱伦·坡的小说里行人的举动。他们像机器人似的活着,像柏格森想象的那种人一样,他们彻底消灭了自己的记忆。"②

三、经验的贫乏与文明的危机

那么如何才能走出这种困境呢？在这里,本雅明借用了波德莱尔所说的通感(correspondence)来加以说明。本雅明和波德莱尔所说的通感,就是"记录了一个包含宗教仪式成分在内的经验"③。这种通感的功能是要预防危机,"波德莱尔的'通感'所意味的,或许可以描述为一种寻求在预防危机的形式中把自己建立起来的经验"④。这里包含了两层意思:第一层意思是,这种通感是要预防危机的,就是要预防在现代社会中失去真正经验的危机;第二层意思是,确立真正的自己,而不是让自己成为迷失了的大众。本雅明认为,这只有在宗教仪式的范围内才有可能。这就把通感与"灵韵"联系起来了。本雅明在《机械复制时代的艺术作品》中明确地把"灵韵"与传统社会中的宗教仪式联系起来。按照他的分析:"最早的艺术品起源于某种礼仪——起初是巫术礼仪,后来是宗教礼仪。"⑤这就是说,艺术品最初是具有一定的社会功能的,它是被作为崇拜对象而出现的;而后来被作为神像的雕塑都具有类似的社会功能。这种艺术品是被人们作为膜拜的对象而出现的,而被当作神来膜拜的对象都有"灵韵"。因此,本雅明说:"在此,具有决定意义的是,艺术作品那种具有灵韵的存在方式从未完全与它的礼仪功能分开。换言之,'原真的'艺术作品所具有的独一无二的价值根源于神学,艺术作品在礼仪中获得了

---

① [德]本雅明:《发达资本主义时代的抒情诗人》,第155页。
② [德]本雅明:《发达资本主义时代的抒情诗人》,第155页。
③ [德]本雅明:《发达资本主义时代的抒情诗人》,第159页。
④ [德]本雅明:《发达资本主义时代的抒情诗人》,第160页。
⑤ [德]本雅明:《机械复制时代的艺术作品》,中国城市出版社2002年版(以下引用该版本不再——注明出处),第92页。

其原始的、最初的使用价值。"①按照本雅明对于艺术作品中的"灵韵"的理解,一件艺术作品之所以是美的,就是因为它有"灵韵"。因此,美的事物会显示出宗教仪式的价值。本雅明就是从"灵韵"的角度来理解波德莱尔的通感的。按照本雅明的分析:"'通感'是回忆的材料——不是历史的材料,而是前历史的材料。"②通感发生在无意识的深层,是可以被回忆的。而回忆与"灵韵"有什么关系呢?"灵韵"是艺术作品的灵魂,而这是艺术作品的作者赋予作品的。而艺术作品被作者所赋予的这种灵魂不是记忆中的印象的表达,而是回忆中的意象的表达。

通过照相机与绘画作品之间的区分,我们就可以更好地理解这一点。照相机把我们的"意愿记忆"的范围扩大了。③ 今天,这个范围更加扩大了,计算机代替了人的记忆。我们应该承认这些东西的价值。本雅明和波德莱尔并不否认这些东西的价值。本雅明指出:"这些事物理应在我们的记忆的档案中占有一席之地,只要它能弥补'无形、虚幻的领域'的不足。"④这个"无形、虚幻的领域"就是"非意愿记忆"的领域。人类文明早就开始用各种物理的方式来进行"意愿记忆"。从符号到文字,莫不如此。然而所有这些都不能被用来取代"非意愿记忆"。这种"非意愿记忆"只有在艺术中才是可能的,从《追忆似水年华》到本雅明所怀念的"灵韵"。这是传统艺术的精华。玫瑰的香味是不能在"意愿记忆"中保留的;而绘画作品能够让我们产生联想,激发我们内在的"非意愿记忆"。绘画作品中的玫瑰花似乎也在散发出芬芳的香味。绘画作品本身好像不是一个死的东西,而是看着你、和你说话、引起你无限欲望的东西。它让你百看不厌。为此,本雅明说:"我们所注视的一幅画反射回我们眼睛的东西永远不会是充分的。它所包含的对一个原始欲望的满足正是不

---

① [德]本雅明:《机械复制时代的艺术作品》,第 92 页。正是由于传统的艺术作品从来没有完全与它的礼仪功能分开,没有完全脱离神学的基础,所以我们把"aura"这个词翻译为"灵韵",而不是"光韵"。
② [德]本雅明:《发达资本主义时代的抒情诗人》,第 161 页。
③ 参见[德]本雅明《发达资本主义时代的抒情诗人》,第 165 页。
④ [德]本雅明:《发达资本主义时代的抒情诗人》,第 166 页。

断滋养着这个欲望的东西。"①本雅明强调,这就是一幅画与一张照片之间的区别。一幅画之中包含了"灵韵",而照片就是现实的拷贝。

实际上,对于本雅明来说,绘画作品与照片之间的区别就表现为"非意愿记忆"和"意愿记忆"的区别。照片是"意愿记忆"的结果。而绘画作品类似于一种"非意愿记忆",它包含了"妈妈的味道"。它会勾起你意识深层次的东西。但是,这种深层次的东西被"意愿记忆"掩盖了,人很难触及它。艺术作品提供了一个契机让人触及它,但是人要在一次次反抗"意愿记忆"中才能不断地接近它。因此,本雅明说:"那种使我们在美之中的欢悦永远得不到满足的东西是过去的形象,即波德莱尔认为被怀旧的泪水遮住了的东西。"②绘画要触发人的"非意愿记忆",而照片只会让人记得(记忆)已经发生的事情。因此,照片之中不包含"灵韵",绘画作品则包含了"灵韵"。本雅明说:"如果从非意愿记忆中出现的意象的卓然不凡的特征在于它的灵韵,那么照片就是用在'使灵韵消失上的'。"③

当一幅绘画作品具有"灵韵"的时候,它就表现出这样的特征:不仅我们在看绘画作品,而且绘画作品仿佛也在看我们。这就好像我们在自然界中看到某个有灵性的动物,我们在看它,它也在看我们;我们在理解它,它似乎也在期待我们的理解。既然绘画作品是"非意愿记忆"的意象,那么这个意象也期待我们去理解它。本雅明说:"灵韵的经验就建立在一种客观的或自然的对象与人之间关系的反应的转换上。这种反应在人类的关系中是常见的。我们正在看的某人,或感到被人看着的某人,会同样地看我们。感觉我们所看的对象意味着赋予它回过头来看我们的能力。这个经验与非意愿记忆的材料是一致的。"④在日常生活中,自然界的东西是不会看我们的;但是在梦幻中,这些东西会反过来看我们。如果说"意愿记忆"的材料会通过记忆而被我们把握,那么"非意愿

---

① [德]本雅明:《发达资本主义时代的抒情诗人》,第167页。
② [德]本雅明:《发达资本主义时代的抒情诗人》,第167页。
③ [德]本雅明:《发达资本主义时代的抒情诗人》,第167页。
④ [德]本雅明:《发达资本主义时代的抒情诗人》,第168页。

记忆"的材料无法为我们所把握。在日常生活中它不会出现,或许它会在梦中出现。就如同弗洛伊德所说的那样,被压抑在意识背后的东西,在梦中会出现。就此而言,"非意愿记忆"的材料会在梦中出现,在梦中这些记忆的材料会对我们说话。绘画可以被理解为这种梦的再现。

　　按照本雅明的分析,波德莱尔深深地感受到,他曾经拥有的经验(不是体验)正在崩溃。他希望在自己的艺术作品中能够把它保留下来。而这种正在崩溃的东西就储存在无意识的记忆中。艺术作品中的气息能够把仍然遗留在无意识中的东西保留下来。本雅明说:"气息(Scent)无疑是非意愿记忆的庇护所。"①本雅明所说的气息与灵韵、通感是一致的,或者说,气息是灵韵、通感等概念的另一种表达方式。本雅明分析说:"或许辨别出一种气息比任何其他的回忆都更具有提供安慰的优越性。"②既然经验是在艺术的深层次上出现,因此它的出现往往是偶然的。对于正在崩溃的经验来说,回忆已经变得越来越困难了。而艺术作品本身提供了一种契机,促使人们回忆过去。这是因为艺术作品中包含了一种气息,它能够给人们提供安慰。如果没有这种安慰,人们容易陷入狂暴之中。本雅明指出,强热的情感的核心就是经验的无能。③ 当人们经验上无能的时候,就容易暴怒,就容易表现出强热的情感。显然,相互之间默契的人们更能相互理解,而暴躁的情绪就无法形成"通感"。通感就是一种心灵深处所出现的共同经验。这就好像具有艺术鉴赏力的人们对于同一件艺术作品形成的某种共识一样。这种共识不是知识论意义上的,不能用客观的事实来证明,而是通过艺术鉴赏家的共同感悟而形成的。现在我们缺少这种通感,而只能通过相互交流,通过理论上的争辩,来达成一致理解。其实人和人之间的相互理解不仅需要理由,而且需要心灵上的相互感性。或许这就是古人所说的那种"心有灵犀"吧。如果说我们现在不再能够"心有灵犀",那是因为我们失去了经验的

---

① [德]本雅明:《发达资本主义时代的抒情诗人》,第163页。
② [德]本雅明:《发达资本主义时代的抒情诗人》,第163页。
③ 参见[德]本雅明《发达资本主义时代的抒情诗人》,第163页。

能力。

波德莱尔的诗歌正表现了这种梦中意象的特征。波德莱尔说:"人穿行于象征之林,那些熟悉的眼光注视着它。"①这就是自然中的气息或灵韵。然而,让波德莱尔痛苦不堪的是,当他深情地看着他周围的世界的时候,周围的世界却没有看着他。他说:"你们的眼睛,像商店的橱窗一样被点亮装饰得灯火辉煌,树木为众人的欢庆用借来的权势耀武扬威。"②这是因为他所看到的这个世界是物化的世界,是拜物教的世界。当波德莱尔用回忆的目光或者审美的目光看待这个世界的时候,这个世界用一种抵抗、防御的目光看着他。对于本雅明来说,这样的人的眼睛就像妓女的眼睛,她"在仔细打量着过往者的同时,也是在防备着警察"③。这个妓女想出售自己,而且对人采取一种防备、警戒的态度。这个特征似乎成为现代人的基本特征。现代城市中的人既要和其他人打交道,又要用防备的目光来看人。本雅明说:"城市居民的眼睛过重地负担着戒备的功能,这已是明显不过的事情。"④对于本雅明来说,不仅机械复制时代的艺术作品的"灵韵"在消失,而且城市居民的经验也在消失。这是完全物化的世界。这种物化世界不仅表现为人们相互之间的冷淡、无情,而且还表现为相互防备。

本雅明在解读波德莱尔的诗歌中,发现了现代人的一种更加可怕的现象:在戒备的目光中生活的人们感到很快乐。我们或许不需要借助于波德莱尔的诗句就可以看到这一点。在现代社会中,人们在观看电影的时候,就是通过这种震惊的体验获得一种快感。而这种震惊体验的一个最基本的特征就是戒备,就是对于刺激性的东西的预先防备。对于本雅明来说,这种情况不仅发生在电影院中,而且发生在我们的日常生活之中,成为日常生活中的惯常现象。本雅明说:"堕落到这种放任中甚至让

---

① 转引自[德]本雅明《发达资本主义时代的抒情诗人》,第169页。
② 转引自[德]本雅明《发达资本主义时代的抒情诗人》,第171页。
③ [德]本雅明:《发达资本主义时代的抒情诗人》,第171页。
④ [德]本雅明:《发达资本主义时代的抒情诗人》,第171页。

人感到某种快感。"①在强烈的危险性刺激中寻求快感,不仅在娱乐中出现,而且在生活中广泛出现。许多年轻人就喜欢寻求刺激。他们到大山中探险不是为了寻找自然的"灵韵",而是要寻求刺激。这是因为他们失去了把握"灵韵"的眼睛。在这里,人们用体验代替了经验。在第二次世界大战中,那些借助于屠杀中国人而寻求刺激的日本兵,他们在杀人中也获得了奇特的快感。这种快感与我们在电影院获得的快感类似。这才是人类文明的危机。我们失去了"通感",失去了经验他人痛苦的能力。从一定意义上说,我们成为马克思所说的那种经验贫乏的"穷人"和"商人"。这些经验贫乏的人总是要用防备的目光看人,他们无法与他人团结起来。

本雅明在他的现代性批判中揭示了现代性所留下的一堆堆的瓦砾,他要从这一堆堆的瓦砾中寻找解决现代性问题的办法:被现代文明发展所摧毁的那些东西中,被排斥在现代文明的边缘的东西中,包含了人类文明的宝贵资源。这里有被压抑了的经验,被否定了的人,被排斥的价值观;被否定、被压抑、被排斥的东西对现代人充满了期待。现代人的历史活动就是要实现它们的期待。现代文明的乌托邦就是要从这些传统的东西中发掘出来,只有这样,我们才能实现一种无阶级社会,才能实现人和人之间的自由结合。而对阿多诺来说,本雅明的这种历史观缺乏辩证法,甚至把原始的无阶级社会当作了文明的理想。从这个角度来说,他对于现代性问题的解答带有显著的复古主义的倾向。他对于那些被摧毁、被否定的过去充满了眷恋,并要以"新天使"的姿态来解答现代性的问题。而他对以时尚形式所出现的拜物教,也就是现代性所表现出来的不断摧毁旧东西的做法,抱有一种敌视的态度。对他来说,这种时尚就像妓女一样不断地引发人们对她的冲动和追求,这些人就成为现代秩序中随波逐流的大众。他鼓励人们成为波西米亚人,成为社会中的游荡

---

① [德]本雅明:《发达资本主义时代的抒情诗人》,第172页。

者，只有这样才能摆脱现代社会秩序的控制。当然，对本雅明来说，我们不仅要摆脱拜物教化的资本主义秩序，而且要有一种抗拒的精神，要挖掘被拜物教秩序所摧毁了的东西，要用天使的眼光来拯救这些被否定的东西。拨开本雅明思想中的那些乌托邦性质的东西，我们可以看到，在现代性的大潮中，在我们不断关注未来和当下的时候，我们也应该回头看，看看那些曾经被我们否定了的东西所固有的价值。这些东西激发起我们共同的记忆，而这份记忆、这份乡愁确实能在一定程度上把我们结合起来。可以说，这是现代性批判中的一种保守主义倾向。当然，本雅明与贝尔等人的保守主义是不同的。贝尔等人的保守主义是要恢复某种具有传统特点的文化，从而实现社会整合；而本雅明则找到在传统中被边缘化、被排斥、被压制的东西，这些被现代社会发展所摧毁的东西。对于他来说，这些东西具有社会整合意义。

第五章　马尔库塞：生存斗争永恒化的现代性模式批判

马尔库塞在理论上也是根据工具理性批判的模式来反思资本主义的现代性问题的。不过马尔库塞对于工具理性的批判主要表现为他对于实证主义的批判,而对于实证主义的批判又是吸收了黑格尔辩证法的思想。另一方面,工具理性还表现在生存斗争的努力中。而生存斗争永恒化使人们在物质生产极大发展的前提下也无法重构人和人之间的关系。

第一节　历史性的观念与现代性的本体论化

马尔库塞对现代性问题的思考,是与他对黑格尔哲学的深入思考分不开的。在早年,马尔库塞曾经师从海德格尔,并吸收了海德格尔的历史性概念来分析黑格尔的本体论。这些思想主要体现在他的《黑格尔的本体论与历史性理论》中。那么马尔库塞究竟为什么要研究历史性理论呢?他对于历史性理论的研究与我们所考察的现代性有什么关系呢?我们有必要进一步深入思考这些问题。

一、历史性概念的现代性意义

马尔库塞从历史性的角度研究黑格尔的本体论(我把黑格尔的

"ontology"与海德格尔的存在论区分开来,虽然两者使用了同一个词,但是两者还是有很大的不同)。而他对黑格尔本体论的思考是与他对哲学任务的理解密切联系在一起的。马尔库塞曾经指出:"哲学是对人类的某种基本态度的科学表达,事实上这个基本态度就是对存在和存在者的总体态度,通过这种基本态度,社会历史情境往往能够更加清晰和更加深刻地表达出来,而在物化的生活实践的范围内就难于达到这一点。"①从这里我们可以看到,他不仅把存在论和历史哲学区分开来,而且要从存在论的视角来理解社会历史情境,从而获得一种超出于物化范围的新视角。对于他来说,人类对于存在和存在者的基本态度是本体论问题;只有有了关于本体论的思考,我们才能够进一步研究历史哲学的问题。人们在历史学中所考察的历史是在物化生活实践范围内的历史;只有借助于存在论意义上的历史性概念,我们才能从历史哲学的角度更清晰、更深刻地把社会历史情境表达出来。而历史性概念就是表达了人们对于存在和存在者的总体态度。从这个角度来说,厘清历史性概念对于马尔库塞来说是哲学研究的基本任务。作为海德格尔的学生,马尔库塞的这个基本思考无疑是受到了他的老师的影响。或许海德格尔在《存在与时间》结束的时候对于黑格尔关于历史性与时间关系的分析,是促使马尔库塞研究黑格尔本体论中的历史性概念的理论原因。

那么究竟应如何理解马尔库塞所说的历史性(historicity)概念呢?黑格尔、狄尔泰和海德格尔都使用过历史性概念。马尔库塞所理解的历史性概念与他们都有所不同。按照本哈比(Seyla Benhabib)的说法,黑格尔的历史性概念并没有超出启蒙思想家对于历史性概念的理解。他所说的历史性是指在时间和空间中给定的某种东西②。显然这个意义上

---

① 转引自 Herbert Marcuse, *Hegel's Ontology and the Theory of Historicity*, MIT Press, 1987, "Translator's Introduction", p. xviii. 下面引用此版本简称为《黑格尔的本体论与历史性理论》。
② 参见[美]马尔库塞《黑格尔的本体论与历史性理论》,译者引言,第 16 页。关于马尔库塞与狄尔泰和海德格尔的历史性概念的区别,我们在后面论述。

的历史性概念没有什么存在论意义。而马尔库塞是按照海德格尔的方式来思考历史性概念的。因此,他的历史性概念是存在论意义上的历史性概念。虽然马尔库塞本人在这本书中从来没有标明哪些东西来自海德格尔,但是事实却是如此。他自己也承认:"如果这部著作(即《黑格尔的本体论与历史性理论》——引者注)对于澄清和阐明这个(历史性——译者注)问题有所贡献的话,那么这些贡献都要归功于海德格尔的哲学论著。"①

在《黑格尔的本体论与历史性理论》的一开头,马尔库塞强调,他的这本书的目的是要"揭示和确认历史性的基本特征"②。那么我们究竟如何理解马尔库塞所说的历史性概念呢?令人遗憾的是,马尔库塞在这本书中没有准确地给出历史性概念的定义,而只是进行了一些大概的描述。他说:"历史性规定了历史,并从而把它与'自然'或者'经济'区分开来。当我们说某种东西是'历史的',历史性就意指我们所想说的意思。历史性意指这'存在',即历史的东西的存在的意思。"③从这个大概的描述中我们可以看到,马尔库塞所说的历史性的含义来自海德格尔,这里所说的"历史的东西的存在(Being)"就是指历史的东西(存在者)的存在论依据。按照海德格尔的思路,历史的东西之所以成为历史的东西,是由于它的历史性(历史的东西的存在方式)。正是由于这种历史性,历史的东西与自然或者经济区别开来。对于海德格尔来说,他所理解的历史不是历史科学所理解的历史,而是一种"存在方式"意义上的历史。比如,我们说博物馆里展览的"瓷碗"是有历史的,是一种历史性的存在。而我们家里吃饭用的瓷碗就没有博物馆里的那种历史性。这是因为博物馆里的"瓷碗",与它当时存在于其中的那个"世界"有关;而那个"世界"现在不存在了。那个世界就是这个被展览的瓷碗的存在方式。④ 正

---

① [美]马尔库塞:《黑格尔的本体论与历史性理论》,第5页。
② [美]马尔库塞:《黑格尔的本体论与历史性理论》,第1页。
③ [美]马尔库塞:《黑格尔的本体论与历史性理论》,第1页。
④ 参见[德]海德格尔《存在与时间》,第514页。

是在那个世界中,这个瓷碗被规定为"是"什么(它的存在方式,它的意义、作用等)。对于历史上的东西,我们只有理解了它的存在方式(它所存在的那一个世界,以及在那个世界中它被规定为"是什么"),才能理解这个存在者。这就好比说,我们如此这般地理解我们面前的存在者是因为我们预先有了对存在的理解。只有理解了存在,我们才能理解存在者。只有把握了历史性,我们才能理解历史。按照海德格尔的这个思路,在实际的生活中,我们每个人都对历史性有所体会,只是没有达到概念知识的地步。如果我们没有在一定的程度上对历史性有所体会,那么我们就不可能对历史有所理解。

不过在对海德格尔历史性概念的这种抽象的认同之后,马尔库塞又对历史性概念进行了一些具体的阐述,而这个进一步的阐述就超出海德格尔的历史性概念的范围之外了。这就涉及马尔库塞对历史性作为"存在方式"的进一步解释了。马尔库塞强调,他要研究的是历史这种存在形式的发生(geschehen,德文"历史"一词的动词形式)或运动性(mobility)。他说:"历史的东西(geschichtlich)以某种形式发生。作为我们所探讨的问题,历史是发生的过程,是一种运动形式。我们将要论述的是,一种特殊的运动形式是历史的东西的存在的构成性要素。"①通过马尔库塞对"存在方式"的这种具体阐述我们知道,他所理解的历史性就是历史这种东西的特殊运动形式;这种运动形式,他理解为"发生"或者运动性。任何一个历史事件都是一种发生,都是运动性。这种发生或者运动性,就与海德格尔在存在论上所说的历史性有一定的不同了。这种意义上的历史性,是与某种特殊的运动形式联系在一起的。

马尔库塞把这种特殊运动形式与生命联系在一起,他借助于狄尔泰的生命哲学来理解这种特殊的运动形式。他指出,对于狄尔泰来说,生命是一个"基本事实",它不仅是"人文科学的起点,而且是哲学的起

---

① [美]马尔库塞:《黑格尔的本体论与历史性理论》,第1页。

点"①。如果生命是一种历史的基本事实,那么这个基本事实是历史性的实现,或者说历史性就表现在这个基本事实中。按照马尔库塞的理解,当狄尔泰确定了历史事实这个基本点的时候,他也预设了历史性这个形而上学的前提。如果生命这个基本事实预设了历史性这个本体论前提,那么对于生命这个基本事实的理解就要进一步追溯到历史性这个存在论前提。这个存在论的前提就是人的生命具有运动性。而黑格尔哲学就是论述人的生命(精神)的自我产生和自我完善的过程的。而精神的这种运动性就表达了历史性的概念。按照马尔库塞的分析,狄尔泰对于历史性的理解吸收了黑格尔的思想。他说:"黑格尔的本体论是狄尔泰的历史性理论的基础。"②于是,马尔库塞就从狄尔泰的那个具有本体论意义的生命概念、发生概念以及精神概念,进一步过渡到对于黑格尔的本体论的研究。按照马尔库塞的分析,黑格尔在《逻辑学》中对于存在概念的展开和分析就是以人的生命观念为模本的。在黑格尔那里,概念自身的运动过程就是一种精神的运动过程,就具有生命的特点。于是,在黑格尔那里,存在的展开过程就是"活生生"的运动性的一种形式。而人的生命不过是这种运动性中最高的运动形式。③

我们曾经指出过,现代性的概念就是过渡、短暂,这就是说,一切现存的东西都要被否定,并过渡到一种新的东西。现代性就是要不断花样翻新。但是在现代性所标明的不断变革中同时包含了两个时间维度:一个是线性的时间维度,一个是回溯的时间维度。正如我们前面所表述的那样,黑格尔的否定之否定恰恰表达了这个不断过渡、不断回溯的时间维度。它以抽象的形式表达了现代性的基本思想,它是现代性的哲学表达。马尔库塞继承了黑格尔的历史哲学,他对于历史性理论的分析,实际上也是从本体论的角度重新思考现代性。

---

① 转引自[美]马尔库塞《黑格尔的本体论与历史性理论》,第2页。
② [美]马尔库塞:《黑格尔的本体论与历史性理论》,第2页。
③ [美]马尔库塞:《黑格尔的本体论与历史性理论》,第2—3页。

二、马尔库塞对黑格尔本体论的分析

在马尔库塞看来,在狄尔泰的哲学中虽然生命概念是其中的核心范畴,而这个生命被理解为一种过程,即把自我和世界、自然和精神统一起来的过程,但是生命概念是被规定为精神的,或者说,生命概念是以精神作为它预设的前提的。生命运动过程实际上就是指黑格尔所说的精神运动的过程。狄尔泰吸收了黑格尔的思想,但是却没有明确地澄清这一点。因此,马尔库塞所要做的工作就是要澄清这一点。按照马尔库塞的看法,狄尔泰哲学中的生命概念就相当于黑格尔哲学中所说的存在概念。狄尔泰哲学中所讨论的生命历史就是黑格尔哲学中所说的"存在的历史",而这个存在的根本特性就是它的"运动性",其运动性的特点就是把主观和客观、自在的存在和自为的存在统一起来。① 从表面上来看,马尔库塞要揭示被狄尔泰所忽视的预设前提,而实际上他是要借助于狄尔泰的生命哲学的思想来理解黑格尔的本体论。在这里,我们不可能全面阐释马尔库塞对于黑格尔本体论的分析,只是抓住其中的几个关节点来说明马尔库塞对于黑格尔本体论中包含的历史性所进行的分析。

按照这样的理解,黑格尔的存在概念相当于狄尔泰的生命概念:生命是自我运动的,存在也是有生命的、自我运动的。按照马尔库塞的分析,"存在的基本含义就是不断建立统一性(运动性)的意思。"②我们首先来看看马尔库塞是如何理解黑格尔的存在概念的。众所周知,黑格尔在《逻辑学》中是把存在作为第一个概念来考察的。但是黑格尔在《逻辑学》中的存在概念是如何得来的呢?马尔库塞把对于存在概念的思考追溯到《精神现象学》中。在这本书的"理性确定性与真理性"部分,黑格尔讨论了纯粹本质和纯粹范畴。这个纯粹的本质和纯粹的范畴当然就是指逻辑学所考察的存在概念。黑格尔说,"理性就是确信自己是全部实

---

① 参见[美]马尔库塞:《黑格尔的本体论与历史性理论》,第 4 页。
② [美]马尔库塞:《黑格尔的本体论与历史性理论》,第 35 页。

在性这一确定性。但是这种**自在**或这种**实在性**还是一个完全普遍的东西,还是实在性的纯粹**抽象**。……所以自我只是存在者(seienden)的纯粹本质性或单纯范畴"①。对于这段文字,马尔库塞做了两个方面的分析。从积极的意义上来说,理性规定了存在者的纯粹本质。理性作为一个概念规定了这个存在者是作为存在者而存在的,它是单一的,是"单纯的统一",是"思维着的现实"。而这个"思维着的现实"意味着"自我意识和存在是同一个本质;这同一个本质并不是在比较中的同一个,而是自在自为的同一个"②。这里所说的实际上就是存在这个范畴。从消极的意义上来说,这个范畴仍然是一般的东西,缺乏任何规定性,是纯粹的抽象。接着,黑格尔又进一步强调,这个范畴中是包含了内在差别的。他说,这个范畴"现在自在地就有区别,因为范畴的本质正好在于,它于他在中或绝对区别中直接与自身相同。因此区别是存在的,但又是完全透明的,它作为一个区别同时又不是什么区别。这区别呈现为范畴的一种多数性"③。实际上这段文字说明了范畴由于自身差别而展开自身。在这种自我展开过程中,范畴表现为众多性。马尔库塞在总结这段文字的基本思想时指出,"单纯的统一"就是指存在者的存在。存在者的单纯本质无非就是它不包含其他任何东西,而只是表明存在者存在着。这个存在者的存在必须被理解为自我发展;作为单纯的统一,它是包含了自身矛盾的。④ 当然,马尔库塞对于《精神现象学》中这段文字的理解无非是想说明,虽然《精神现象学》还不是全面阐述本体论的,这种本体论在《逻辑学》中才全面展开,但是《精神现象学》已经为在《逻辑学》中全面论述本体论,特别是论述存在概念奠定了基础。而在这个尚待展开的"存在"概念中已经包含了某种历史性的含义。他说:"存在具有分裂为二等基本特点:它作为转换着的自身等同,在他者中存在。它把否定性包含在

---

① [德]黑格尔:《精神现象学》,第 148 页。
② [德]黑格尔:《精神现象学》,第 148 页。
③ [德]黑格尔:《精神现象学》,第 148 页。
④ 参见[美]马尔库塞《黑格尔的本体论与历史性理论》,第 41 页。

自身中,是在它的内在本质中的否定性。存在者的这种基本的分裂和二重性质是它的运动性(mobility)的基础,是它的发生(geschehen)的基础。"①而这里所说的"运动性"和"发生"就是马尔库塞所讨论的历史性。在马尔库塞看来,这表明,黑格尔在获得存在概念的一开始,就已经在存在概念中包含了历史性的内涵。而《逻辑学》中对于存在的进一步展开,不过是从本体论上确认哲学本体论中所包含的历史性意义。

那么在《逻辑学》中黑格尔是如何论述存在概念的呢?这首先涉及这样一个问题:当我们问究竟是什么东西使不同的实体成为这样一种直接的存在者,这当然不是在问究竟是什么东西让这幢房子成为这幢房子、这个人成为这个人,我们不是询问这些人的特殊规定性,我们是在询问,当我们说这是(房子、人)的时候,这个"是"(存在)的意思是什么。那么,按照黑格尔哲学的分析,这无非是说,这些东西"是"(存在),而没有对这些东西做任何具体的规定。这是"纯粹的是",并且对于思想自身来说是完全抽象的。因此,思想在这里没有获得任何具体的东西。这个"是"(存在)也就是"无"。这是黑格尔在《逻辑学》中对于"存在"与"无"的关系的一个基本解释。马尔库塞当然不会满足于这样的解释,他要进一步展开这两者之间的关系,从而说明存在概念中所包含的历史性。按照马尔库塞的分析,在《逻辑学》中,从"纯存在"过渡到"无",并不是简单地说,存在就是"无"。无论什么东西"存在",它就已经是"过渡"了。这样"存在"自身就包含了否定性。这种自我否定性就是存在的展开。正是在这种自我展开中,事物获得了它的具体规定性。而这就是具体存在形式的运动性。这种运动性被马尔库塞理解为某种东西的统一性的"发生",而这种发生在黑格尔哲学中被理解为"自我运动"。② 当然,这仍然是在黑格尔的框架中解释存在,这就是存在之中包含了否定性,这种否定性是存在的自我运动的基础。而这种否定性可以被理解为存在之中

---

① [美]马尔库塞:《黑格尔的本体论与历史性理论》,第42页。
② 参见[美]马尔库塞《黑格尔的本体论与历史性理论》,第46页。

的那种矛盾。一方面,存在者是自在的,独立于一切东西而存在,另一方面,存在者是在与其他东西的相互联系中具体存在的。在这里,马尔库塞把存在与历史性联系了起来。他说:"在这里,自在与定在的绝对差别被统一起来了,因为自在被看作是自我实现的力量(作为潜能的动力)。这个概念是黑格尔本体论中的核心概念。而'实体即主体'这种说法就是建立在潜能或动力的概念的基础上。"①正是借助于这个概念,"生命的存在"被确立起来了。② 这样,马尔库塞就通过黑格尔的存在概念揭示了其中所蕴含着的"生命的存在"。按照马尔库塞的理解,狄尔泰就是从黑格尔的本体论中获得了他的生命哲学的思想资源,只是狄尔泰本人没有能够深刻地理解到这一点。

不过在这里马尔库塞发现,在黑格尔的潜能和现实的概念中,已经蕴含了本质的含义。如果我们换一个角度来理解潜能和现实,那么我们就会发现,潜能和现实是同一个事物的两个方面。从发展的角度来看,现实是外在表现出来的现象,而潜能是内部的一种未表现出来的本质。当潜能转变为现实的时候,事物的现象就发生变化。这就意味着,存在着的东西(现实)是直接呈现出来的东西,是直接性的东西;而潜能还没有出现,这对于现实性来说,是否定性的东西,仍然是"无"。这个"无"不能在直接性中出现。但是,这个潜能也不是根本上的无,只有有了这个"无",这个东西才成为这个东西。这个"无"就类似于本质了。当然,本质和潜能还是不同的。本质是"否定性的总体"。马尔库塞用植物的例子来说明本质的这个含义。我们知道,植物一会儿以种子的形式出现,一会儿以花朵的形式出现,一会儿以果实的形式出现。但是植物不是种子、花朵或者果实,植物不是以这些具体东西的形式出现。植物就是由这一系列的"不"构成的,或者植物的本质就是这些"否定性的总体"构成的。这就是说,我们只有在直接存在着的东西的否定性总体中才能把握

---

① [美]马尔库塞:《黑格尔的本体论与历史性理论》,第47—48页。
② 参见[美]马尔库塞《黑格尔的本体论与历史性理论》,第48页。

这些存在者的存在,才能把握本质。因此,植物恰恰就是它所"不是"的东西,并把这些"不是"的东西与它自己相联系。在这里,种子会变成花朵,花朵会变成果实,植物在所有这些东西中持续保持自己。这个持续保持的东西就是本质(本质以"不是"的形式存在)。如果持续保持自己的东西就是本质,或者说,事物的存在形式无论怎么变,本质始终不变,这实际上就是说,在种子中植物**已经存在**了,并且持续地存在着。马尔库塞甚至说:"为了使植物在所有这些规定性中呈现出来,为了使植物成为种子、花朵、果实和农作物,植物必须在这些规定性之前早就已经存在了。"①这个说法很符合黑格尔的唯心主义特点。这好像是说,本质可以脱离这些具体的东西而独立存在似的。不过这与其说是为了强调本质的先在性,不如说是为了强调本质的持续性和否定的总体性。从这个意义上说,种子**已经**就是植物了(依赖于潜能和现实的概念),但是,植物不是从种子中产生的(有别于潜能和现实),花朵、果实是从种子中产生的,植物是所有这些东西的否定性的总体。马尔库塞解释说:"于是,植物的'存在'就是本质,这只能以'过去存在的东西(早已存在的东西)来加以规定'。"②马尔库塞强调,这就是存在的新维度,即过去的东西的维度。现实存在的东西(花朵)中都有否定性的东西(不是花朵的植物),而这个否定的东西是过去的东西。而本质就是否定性的总体。这是用海德格尔理解黑格尔。

黑格尔本人也是这样解释本质的。黑格尔在《逻辑学》中指出:"语言用存在 Sein 这个助动词,把本质 Wesen 保留在过去式'曾存在''gewesen'里;因为本质是过去的存在,但非时间上的过去的存在。"③本质就是过去的存在,不过不是时间意义上的过去,而是逻辑上在先的过去。"事物中有其永久的东西就是本质"④,这种永久的东西就是早已存

---

① [美]马尔库塞:《黑格尔的本体论与历史性理论》,第69页。
② [美]马尔库塞:《黑格尔的本体论与历史性理论》,第69页。
③ [德]黑格尔:《逻辑学》下卷,第3页。为保持概念的一致性,译文略改。
④ [德]黑格尔:《小逻辑》,第242页。

在的东西。这个过去总是在现在中出现,并且通过这个过去,存在的东西才会出现。而这个过去的东西只能靠"回忆"(Errinnerung,"回忆"概念在《逻辑学》的中文译本中被翻译为"内在化")才能在当前出现。而这个"回忆"实际上也不是心理学意义上的记忆、回忆。在英文中,"回忆"一词被翻译为"recollection"。而"re-collect"在字面上是重新聚合起来的意思,相当于说,现实的东西被否定了,但是,这不是绝对的否定,这种被否定的东西回归自身并保持自身的统一性。本质就是从外在的规定中回归自身,是按照自身的特性回归自身的运动。因此,"Errinnerung"这个词也可以被翻译为"内在化"。《小逻辑》在讨论到德语中存在和本质之间表达方式的联系时也指出:"因为我们无疑地可以认本质为过去的存在,不过这里尚需指出,凡是已经过去了的,并不是抽象地被否定了,而只是被扬弃了,因此同时也被保存了。"①在本质论中,我们看到了黑格尔哲学中的"非时间上的过去",它类似于海德格尔的时间性概念。这同样也被马尔库塞用来解释黑格尔本体论中的历史性。这种历史性表现在本质上是否定性的总体,是回归自身的运动。他说:"回忆作为历史性的基本范畴首先在《现象学》中获得了它的决定性的含义。"②

既然马尔库塞讨论黑格尔本体论的目的是要说明狄尔泰生命哲学的本体论前提的,那么他当然要讨论黑格尔本体论中的生命概念。在黑格尔那里,本体论意义上的生命就是存在。从存在概念所包含的否定性中,从本质概念所揭示的历史性中,我们都可以看到这种本体论意义上的"生命",即运动性和历史性。按照马尔库塞的理解,在黑格尔哲学中,自然的运动与人的活动都统一在"存在"概念中。他说:"两个基本的过程,即自在'自然'的过程和自为的过程,即自由的、自我联系和自我把握的过程,作为运动性结合在存在的原初统一中。"③而黑格尔在《逻辑学》中所阐述的生命概念也表达了这个意思。按照我们通常关于人和自然

---

① [德]黑格尔:《小逻辑》,第243页。
② [美]马尔库塞:《黑格尔的本体论与历史性理论》,第70页。
③ [美]马尔库塞:《黑格尔的本体论与历史性理论》,第192页。

的关系的理解,自然是和人相对立的:人具有生命,人控制自然,让自然服务于人的需要,而自然是没有生命力的。但是,在讨论生命的时候,黑格尔认为,在人控制自然的时候,外部自然具有了"适合于主体的外在能力"①。不仅如此,在把握外部自然的时候,"存在这样转化为有生命的个体性"②。这就意味着,自然和人的生命统一起来了,成为一种有生命的东西。这个有生命的东西就是存在。黑格尔说,人在改造自然的时候"夺取了客体的特殊性状,使其成为它的手段,并对客体提供了它的主观性以为实体"③。

马尔库塞认为,黑格尔在有关生命的论述中超出了传统哲学的主体与客体对立的思想,这"具有关键性的意义,因为它使历史性这个维度变得触手可及"④。这个世界是人和自然密切联系在一起的世界,这个世界中所发生的事件就是历史事件,或者用马克思的话来说,这就是自然史和人类史的统一⑤。但是,马尔库塞发现,虽然黑格尔在《逻辑学》中阐述了历史性的观念,但是这个历史性的观念却是屈从于认识论的观念的。从生命概念在黑格尔《逻辑学》中的位置我们可以看到,黑格尔对于生命的描述主要是作为理念的一个环节来理解的。在这个地方他之所以讨论生命的理念,不是在于生命的理念可以揭示存在的历史性,而是在于生命的理念是认识发展的一个环节,而且还是认识中比较低级的一个环节。生命的理念无非就是把世界作为一个整体来看待的理念。黑格尔的《小逻辑》在讨论生命概念的时候举例说,从身体上割下来的手,虽然还是手,但是从实质上来说已经不是手了。⑥ 这就是一种生命有机体的观念。对于黑格尔来说,仅仅停留在这种有机体的观念上还没有达到绝对理念。在马尔库塞看来,虽然黑格尔进行了这样一种有突破意义的工

---

① [德]黑格尔:《逻辑学》下卷,第468页。
② [德]黑格尔:《逻辑学》下卷,第469页。
③ [德]黑格尔:《逻辑学》下卷,第469页。
④ [美]马尔库塞:《黑格尔的本体论与历史性理论》,第192页。
⑤ 参见《马克思恩格斯选集》第1卷,人民出版社1995年版,第66页注。
⑥ 参见[德]黑格尔《小逻辑》,第405页。

作,在《逻辑学》中论述了历史性的观念,但是这是在主客体之间关系的认识论框架中进行的。马尔库塞说:"事实上,在这些突破点上,对历史性的范畴——这个具有狄尔泰意义上的决定性范畴——的这些描述已经变得清晰可见了,但是,它们所依赖的基础却完全排斥了这些范畴的本来意义。把存在的不同模式加以扬弃,并把它们融入一个主客体逐步统一起来的一般本体论原则中,显然消除了人类生命的特殊的本体论模式,狄尔泰把这个模式描述为历史性。"[1]我们知道,在黑格尔的《逻辑学》中,本体论、认识论和历史观是统一在一起的。而历史观实际上是潜在的,是屈从于认识的。在马尔库塞看来,黑格尔在《精神现象学》中虽然也同样阐述了历史性的观念,但是这个历史性观念也是被纳入认识论的模式中的,绝对精神、绝对理念都高于生命的历史性。在马尔库塞看来,在黑格尔的《逻辑学》和《精神现象学》中,始终存在着历史性和绝对真理之间的一种紧张关系。而黑格尔本人始终没有能够克服这种紧张关系。

三、马尔库塞与海德格尔、狄尔泰的差别和联系

从马尔库塞对于黑格尔历史性观念的分析中我们可以看到,他既受到了海德格尔的影响,又接受了狄尔泰关于历史性的观念。从《存在与时间》中我们看到,海德格尔对于狄尔泰的历史性观念还提出了批评。这就是说,海德格尔和狄尔泰对于历史性概念的理解是不同的。我们首先来考察他们两者之间的差别,然后再考察马尔库塞在这两者之间进行了怎样的选择。

虽然狄尔泰经常使用"历史性"这个概念,但是与马尔库塞一样,他几乎没有给这个概念进行过任何规定和说明。实际上,当马尔库塞讨论狄尔泰的历史性概念的时候,是用自己所理解的历史性概念来理解狄尔泰的。那么狄尔泰是如何从生命的本体论意义上来考察历史性的呢?对于狄尔泰来说,历史性是"精神科学"(人文科学)所特有的范畴,是人

---

[1] [美]马尔库塞:《黑格尔的本体论与历史性理论》,第194页。

类所特有的现象。狄尔泰指出:"如果我们仅仅根据感知和认识来考虑人类,那么,它对于我们来说就会纯粹作为某种物理事实而存在,因而我们就只能根据自然科学来对它进行说明。但是,只要人们体验人类的各种状态,对他们的体验加以表达,并且对这些表达进行理解,那么,人类就会变成精神科学的主题。"①这就是说,研究自然现象和研究人类现象是不同的。如果用观察方法来研究人类社会,那么这不过是把人类"物化",把人变成了物。而要理解人就需要体验。狄尔泰指出:"我们通过体验和理解所领会的,是作为把人类包含于其中的脉络而存在的生活(生命——引者注)。"②他还进一步强调:"生活(生命)、表达和理解的相互关系……也包含着精神在那些——确实可以使人类本性永远表现出来的——社会结构之中的,具有永恒性的客观化过程。"③从这两段文字中,我们可以初步分析出狄尔泰对于"生命"的理解。首先,狄尔泰在这里所说的生命,不是一般生物有机体意义上的生命,而是人类的生命,虽然人类只是生命中的一个部分。而狄尔泰的生命概念是受到黑格尔影响的。对于黑格尔来说,被纳入人的世界中的所有东西都属于生命的一个部分。不过这种意义上的生命是包含了那些被纳入人的活动中的东西的。正因为如此,这个意义上的生命也可以被翻译为"生活"。其次,生命和理解"具有永恒性的客观化过程"。为什么说这两者之间有永恒性的客观化过程呢?因为人类的本性可以在一种社会结构中被永恒地表现出来。同时,人们对于"生命"的理解不是任意的,不是完全主观的,而是有客观性。如果没有客观性,那么对于人的生命的理解也不可能成为"科学"。那么,对于我们来说,最重要的就是理解狄尔泰在这里所说的客观性。狄尔泰说:"历史上的生活是整个生活的一部分,而后者在人们的体验和理解过程中则是既定的。所以这种意义上的生活,可以扩展

---

① [德]狄尔泰:《历史中的意义》,艾彦译,译林出版社2014年版(以下引用该版本不再一一注明出处),第7页。
② [德]狄尔泰:《历史中的意义》,第9页。
③ [德]狄尔泰:《历史中的意义》,第7页。

到把人们所能够体验的整个客观精神领域都包含在内的地步。"①显然,狄尔泰所说的生活不是日常生活中某个人的生活,也不是某个历史时期中人的生活,而是包含了"整个客观精神领域"。这就好比说,人一来到这个世界,就受到一种不受自己支配的客观结构的制约,而狄尔泰在这里所说的客观社会结构主要是精神结构。狄尔泰所说的这种客观精神领域就是马尔库塞一直所强调的"生命存在"。狄尔泰强调:"生活是基本事实,它必定会构成哲学的出发点。"②哲学必须以这种意义上的生活(生命)为出发点。这种客观的"生命存在"是既定的前提,是"基本事实",哲学研究要从这样的基本事实出发。狄尔泰还强调,对于这个基本事实,我们不能把它作为对象摆在自己的面前来加以观察,而只能深入其中加以理解。他说,它是"人们从内部认识到的东西","人们是无法把生活带到理性的审判台面前的"。③ 生活(生命)是人不可避免地陷入其中的先在结构,而这个先在结构就具有存在论上的某种特点。人就是在这个先在的结构中来理解这个结构的。而意义就是在生活的总体与历史中的局部生活之间的关系中被把握的。这就是说,每一个人来到这个社会,都会对于生活的总体有一定的理解,而他就根据这种理解来把握自己的局部生活的意义。马尔库塞所说的历史性就是生命的存在,即"人类生命的特殊存在论模式"。在马尔库塞看来,虽然狄尔泰在生命哲学中包含一定程度的存在论意义,但是他并没有从存在论上加以展开,或者说,他并没有对于这个先在结构进行存在论上的阐述。他借助于黑格尔的本体论来阐述其中所应该被揭示的本体论意义。这就是人类客观精神结构的自我关联、自我发展。这种自我关联就是解释以及对于解释学循环的超越。

实际上,马尔库塞对于狄尔泰的这个批判恰恰是与海德格尔一致的。海德格尔在《存在与时间》中对狄尔泰进行了批评。他认为,狄尔泰

---

① [德]狄尔泰:《历史中的意义》,第10页。
② [德]狄尔泰:《历史中的意义》,第10页。
③ 参见[德]狄尔泰《历史中的意义》,第10页。

的哲学缺乏"存在论的规定",这是因为"狄尔泰任'生命'在存在论上无所区别"。他又说,"狄尔泰的理论基础"在存在论上缺乏"规定性"。① 他说:"'生命'本身却没有作为一种存在方式在存在论上成为问题,这始终是很明显的,而且这就是生命哲学的根本缺陷。"②狄尔泰的客观精神仍然具有存在者的特点,因此,海德格尔说,生命在存在论上没有被规定。那么海德格尔是如何继承狄尔泰的思想,并且从存在论上深化生命的规定性的呢?海德格尔认为,领会生命的是此在。而"生命"实际上就类似于海德格尔的存在(我认为,正因为如此,马尔库塞才从黑格尔存在论的角度去补充狄尔泰的生命哲学的存在论基础)。此在对于存在的领悟实际上就是人在局部的历史中对于"客观精神"的理解。正是在此在对于存在的理解中时间性的问题出现了。海德格尔就是从时间性的角度来理解历史性的。

我们再看看,海德格尔究竟是如何从存在论上解释历史性概念的。按照海德格尔的思维方式,历史性是历史得以可能的条件。而这种条件是一种客观必然的条件,这就是人的存在。而人的存在有什么特殊性呢?人的存在被海德格尔描述为在世界中存在。当然,这个在世界中存在不是像我们日常生活意义上所说的在世界中存在,而是类似于狄尔泰所说的那种在"客观精神结构"中存在。这种在"客观精神结构"中的存在是先天必然的,而我们在日常生活中的存在只是在"客观精神结构"中的存在的一种特殊形式。这就同狄尔泰所说的局部的历史与整个"客观精神结构"的关系类似。所以从这个意义上来说,在世界中存在也被海德格尔直接说成是在此存在(此在)。而人在世界中存在实际上也就是人对存在有所理解。这个对存在有所理解的存在,在世界中有一种操心的结构。当然这个操心也不是我们日常生活中所说的为某种事情或者为某个人操心,而是人在世界中的必然存在方式。所以,这也可以说是

---

① 参见[德]海德格尔《存在与时间》,第292页。
② [德]海德格尔:《存在与时间》,第70页。

一种形而上学意义上的操心。按照海德格尔的分析,这种所谓的"操心"包含了此在的结构整体。这个结构整体是这样的:"此在之存在说的是:先行于自身已经在(世)的存在就是寓于(世内照面的存在者)的存在。"①这段文字非常绕,让人难于理解。其实它的意思也并不如此晦涩。这就是说,人在世界上存在的方式是这样的,人必然处于一种被抛在世的存在状况,或者说人都是已经在世的存在。而作为已经在世界中的存在,人还预计到自己的必然死亡,人会预测自己生活中的未来。这也是必然的。而这个预测未来的,并且被抛在这个世界中的人,当下也是在世界上的各种存在者中间存在的。或者说人是"寓于(世内照面的存在者)的存在"。当然,这里所说的不是日常生活中人的具体存在方式,而是人在形而上学意义上的必然存在方式。而这种形而上学的存在方式中就已经包含了一种时间结构:过去—当下—将来。由于这个时间结构是先天的时间结构而不是日常生活中的时间结构,由此我们不能按照日常生活中的时间流逝来理解这里所说的时间。海德格尔把它称为"时间性"。而海德格尔所说的历史性是与时间性联系在一起的。海德格尔所说的历史性也是在形而上学意义上的历史性。这种历史性与人的死亡有关。当然海德格尔在这里所说的死亡也不是日常生活意义上的死亡,而是抽象的想象中的死亡。人可以展望、预期自己的死亡,可以先行到死亡中去。正是由于人是在时间性的结构中存在的,并且能够先行到死亡中去,所以此在是一种历史性的存在。这表明,人生在世是有一个界限的。而不同的人所生活的世界是不同的,这就是"世界"历史。显然,海德格尔是从人的生存这样一种形而上学的角度来理解历史性的。

现在,我们可以根据狄尔泰和海德格尔的历史性概念来评述马尔库塞对于历史性的理解了。首先,马尔库塞与海德格尔类似,他认为狄尔泰的历史性概念缺乏一个形而上学的维度。因此他要补充这个形而上学的维度。从这个角度来说,马尔库塞的历史性概念是偏向于海德格尔

---

① [德]海德格尔:《存在与时间》,第269页。

的。但是,马尔库塞是用黑格尔的存在论来补充狄尔泰的历史性概念的。他用黑格尔的存在概念来理解"生命",理解"整个客观精神领域"。而黑格尔的历史观当然有它的缺陷,这就是把丰富的历史发展过程理解为精神自我展开、自我发展的过程,而精神的自我展开具有一种逻辑的顺序。正因为如此,马尔库塞能够从黑格尔的《逻辑学》和《精神现象学》中探索黑格尔的历史性概念。而黑格尔的历史观中包含了丰富的辩证法内容,这些内容后来被马克思所吸收。比如马克思从劳动的角度来理解黑格尔的精神的自我发展过程。当马尔库塞从黑格尔的本体论中探索历史性概念的基础的时候,实际上就为他走向马克思主义的历史观开辟了一种可能的道路。更重要的是,他把狄尔泰的历史哲学思想与黑格尔历史观结合起来。从这个意义上来说,他对于历史性概念的理解又与海德格尔有很大的不同。海德格尔从时间性的角度,从先行到死亡中去的想象出发来探讨历史性,他的历史性概念纯粹是一个形而上学概念。而当马尔库塞从黑格尔的本体论来探讨狄尔泰的历史性概念的时候,其形而上学的色彩就淡化了许多。

四、历史性概念与马克思主义历史观

从上面的分析中我们可以看出,马尔库塞对于黑格尔本体论中的历史性概念所进行的分析,在一定程度上为他走向马克思主义的历史观做了必要的理论准备。但是,这个时候,马尔库塞的历史观还不是马克思主义的历史观。这个时候的马尔库塞实际上是海德格尔主义的马尔库塞。这里没有所谓的海德格尔的马克思主义的问题。

当然,这绝不意味着,在这个时候马尔库塞所做的工作与马克思主义毫无关系。在1931年7月28日给卡尔·洛维特的信中,马尔库塞是这样说的:"确实,我那本稍厚一点的关于黑格尔的书将在今年秋天出版。在这本书中,我把《逻辑学》和《精神现象学》解释为历史性理论的基础。尽管我希望这个解释将会重新阐明黑格尔和马克思的关系,但是这本书并没有明确地涉及这个问题。当然这本书也没有包含对海德格尔的批评性的讨论，我也没有打算这样做。但是，从总体上说，这本书是阐明历史事件的基本性质的必要准备。"①这表明，虽然《黑格尔的本体论与历史性理论》本身没有涉及马克思的哲学，也没有讨论马克思的思想与黑格尔的关系，但是对于黑格尔历史性概念的分析已经潜在地涉及马克思与黑格尔的历史性理论的关系。

那么这个关系究竟表现在什么地方呢？马尔库塞1930年发表的论文《当前哲学中的辩证法》中有这么一段文字，可以说是对于上面那段引文的一个注释。马尔库塞说："'辩证法'这个概念和词语在当前的哲学以及马克思主义的理论和实践中被如此地滥用，以至于不可避免地让人再次想起辩证法的起源。哲学似乎从辩证法中看到了把自己从它所陷入的无助的混乱状态或者毫无生机的状态中摆脱出来的灵丹妙药。……一切东西都可以以某种方式被纳入到'辩证法体系'之中，所有的东西都可以悬在半空中。在马克思主义之中，人们也是这样对待辩证法的。"②这就是说，在写作《黑格尔的本体论与历史性理论》(1932年出版)一书的过程中，马尔库塞明确地意识到马克思主义哲学中所出现的一个基本问题，这就是辩证法的观念被滥用的问题。而对于《逻辑学》和《精神现象学》中的历史性概念的分析，实际上就是要扭转这个局面。这就是说，在黑格尔的辩证法巨著中，辩证法背后所深刻蕴含着的是历史性概念。如果笔者的理解是正确的，那么对于马尔库塞来说，"辩证法的起源"就是历史性，就是人在精神领域中的自我反思和自我发展。而这个历史性概念就是现代性的本体论化的产物。

狄尔泰虽然从解释学循环这样一个新的维度揭示了人在精神上的这种自我反思和自我发展，但是这种自我反思和自我发展的历程已经由黑格尔的本体论从根本上揭示出来。笔者认为，马尔库塞从黑格尔的本体论的维度来补充狄尔泰的思想，显示了马尔库塞思想中的一个重要的

---

① 转引自[美]马尔库塞《黑格尔的本体论与历史性理论》，译者引言，第12页。
② 转引自[美]马尔库塞《黑格尔的本体论与历史性理论》，译者引言，第13页。

理论倾向:他与自己的老师海德格尔不同,海德格尔主张人需要有"决心"走出这种解释学的循环,只有这样一种决断才能让人类找到本真的自己,并作为本真的自己来生活。他说:"决心若作为**先行**的决心,就赢得它的本真性了。"①对于海德格尔来说,直面自己本身就可以摆脱这种循环。而对于马尔库塞来说,这只能是人的意识的不断进行的过程,是思想的不断地自我觉醒的过程。从这里我们可以看到,马尔库塞最终与法兰克福学派的第一代代表人物如阿多诺等人一起走向了黑格尔的辩证法,并从黑格尔的辩证法的角度来接受马克思的思想。

最后,我们从现代性批判的角度来思考马尔库塞所进行的选择。显然,熟悉海德格尔的马尔库塞完全知道他的导师在解决现代性问题上的基本思路。这就是在对现代文明的批判中走向一定程度的回归本真自我。而从黑格尔的辩证法的角度来思考现代性的问题,就是通过精神的自我反思和自我批评来摆脱这种困境。实际上,这表现了两个不同的思想家在对待启蒙问题上的两种不同态度,一种是反启蒙的思路,一种是启蒙的思路。黑格尔虽然也看到了启蒙中的问题,但是他并不完全否定启蒙,而是继续走启蒙道路,在精神的自我反思中使人类的文明得到进一步发展。

第二节 黑格尔理性概念与现代性问题的解答

与法兰克福学派早期的其他代表人物一样,马尔库塞也认为现代资本主义社会中的一个重要问题是对于理性概念的理解出现了问题,即理性的工具化。工具理性的出现,既是现代文明发展中的一个基本趋势,又是当代文明中的许多社会问题的根源。与阿多诺一样,马尔库塞也是从黑格尔的辩证法中寻求解决现代性问题的方案。

---

① [德]海德格尔:《存在与时间》,第 517 页。

一、黑格尔哲学中的理性概念

理性概念是哲学上的一个基本概念,也是黑格尔哲学的一个核心。① 但是对于如何理解理性概念,哲学史上却有许多不同的看法。黑格尔所说的理性概念具有他自己的独特含义。马尔库塞在《理性与革命》中,在思想和现实两个背景下理解黑格尔哲学中的理性概念。在这里我们首先从理论的角度来理解黑格尔的理性概念。

前面我们曾经指出,虽然马尔库塞受到了海德格尔的影响,但是黑格尔的思想却在马尔库塞的理论中占据了非常重要的地位。这是因为马尔库塞也要借助于黑格尔的理性概念来批判启蒙运动以来所出现的工具主义的理性观。在马尔库塞看来,这种工具主义的理性观在亚里士多德的《工具论》中已经有所表现。而黑格尔哲学中的理性概念则完全不同于这种工具主义的理性观。马尔库塞在分析黑格尔的理性概念的时候,首先是从理性和现实的关系入手来说明理性概念的含义的。在他看来,人是理性的动物,因此,人能够认识到自己的潜能,也能够认识到这个世界的潜能。作为理性的动物,人不仅仅会认识这些不同的潜能,而且还会利用这种潜能。人"不会任由他周围的现实所摆布,而是能够把它们诉诸更高的标准,即理性标准"②。于是人也会把自己的理性在现实中实现出来。由此,马尔库塞强调"理性主宰现实"是"黑格尔哲学的核心论断"之一。③ 可是,我们知道,在实际生活中人都是不一样的,每个人甚至每个人在人生的不同阶段都会有不同的认识能力和实践能力(理论理性和实践理性)。马尔库塞说,"理性就是人的本质和能力的总和"④。如果理性被理解为认识能力和实践能力的总和,那么这种能力在

---

① 参见[美]马尔库塞《理性与革命》,程志民等译,重庆出版社1993年版(以下引用该版本不再一一注明出处),第4页。
② [美]马尔库塞:《理性与革命》,第5页。译文略改。
③ 参见[美]马尔库塞《理性与革命》,第6页。译文略改。
④ [美]马尔库塞:《理性与革命》,第24页。

每个人那里也是不同的。这难道不是意味着理性作为认识能力和实践能力完全是主观的吗?如果理性主宰现实,而每个人的理性又不同,那么这种主观的理性难道不会发生冲突吗?按照马尔库塞的分析,虽然黑格尔曾经分析过主观理性和客观理性,但对于黑格尔来说,那种主宰现实的理性是客观理性。马尔库塞说:"如果一个人拥有能表明最一般充分条件和原则的思维概念或方式的话,那么,他的思想才能称得上是决定现实的。与西方传统哲学一致,黑格尔认为,这样的客观概念和客观原则是存在的。这些客观概念和原则的总体黑格尔称为理性。"①因此,对于黑格尔来说,那些能够认识现实、主宰现实的理性不是个人的主观的理性,而是客观的理性。而这种客观的理性是包含了最一般的原则和概念的总体。这里所说的客观原则和客观概念,实际上是指人类最普遍的,一个能够被称为理性的动物所具有的最一般的概念和原则。

如果黑格尔的理性概念停留在最一般的概念和原则上,那么这还只是表达了理性的最基本的特性。比如,一个学会使用语言并能够感知事物的成年人会与其他人一样,把自己面前的那头牛称为"牛",而不会称为"马"。我们说这个人是理性的动物。但是,这还不够。按照马尔库塞的分析,在黑格尔那里,理性和"真理"是联系在一起的。黑格尔甚至把理性和真理画上等号——"理性=真理"。马尔库塞说,理性"作为理论理性和实践理性而确定人和事物的真理,即确定人和事物在其中显露出其本来面目的条件"②。理性总是要努力达到真理,或者为真理的实现创造条件。理性作为一种能力,不仅仅是一般的认识能力和实践能力,而且是认识真理和实现真理的能力。只有认识了真理,实现了真理,人的这种能力才能被称为理性的能力。当然,对于黑格尔来说,理性不仅仅是人的一种能力,理性不限于人的能力,理性必定会在现实中实现。如果人的这种理性能力在现实中实现了,那么现实中也就包含了理性。因

---

① [美]马尔库塞:《理性与革命》,第 6 页。
② [美]马尔库塞:《单向度的人》,刘继译,上海译文出版社 2008 年版(以下引用该版本不再一一注明出处),第 99 页。

此,对于黑格尔来说,理性不仅仅是人的认识世界、改造世界的能力,而且也是客观的现实的原则。从这个角度来说,理性是指"客观概念和原则的总体"。

如果说普遍性是从广度上来说明理性,而真理性是从程度上来说明理性,那么马尔库塞实际上还从内容上说明了理性概念。按照马尔库塞的分析,理性概念来源于古希腊哲学。对于马尔库塞来说理性概念是与真理联系在一起的。那么人如何获得真理呢?当然是要靠理性。可是在古希腊时代,真理依赖于直觉。当然,这个直觉不是我们今天所理解的带有一定贬义的"直觉"。马尔库塞说:"古希腊哲学家大都相信后来所谓……的'直觉',即一种使思想对象清楚地显现出其(在本质属性中)本来面目,与其偶然的直接的情况相对立的面目的认知形式。"①当然,这里所说的直觉也不是笛卡尔的理智的直觉。按照马尔库塞的理解,这种直觉并"没有脱离概念的分析"。这种所谓的直觉也是一种概念分析,但是直觉是"概念分析的界限"②。概括地说,古希腊人也是用概念来获得真理的,但是他们对于概念做了一些限制。这就是说,概念的分析是不够的,还是需要有其他非概念的东西来补充,马尔库塞说,它是"具体经验的中介"。这就是说,概念通过直觉这个中介而与具体的经验联系起来了。这种非概念的东西并不是非理性的,也是理性的组成部分。比如说,实践理性就是一种意志力,这种意志力并不是非理性的,也不是概念性的思考。为了说明这种从古希腊哲学中吸收而来的理性概念,马尔库塞用"人的本质"为例来加以说明。人的"本质"当然是一个抽象的概念,但是,如果停留在这个抽象的概念中,那么人们就无法理解人的本质。但是,人都有一种直觉,人都想过上"好生活"。比如,最大限度地摆脱辛勤劳动、人身依附、粗陋的生活状况等。而"最好的生活"就是"按照自然或人的本质来生活"③。而过上一种好生活,是一种价值判断。按照马尔

---

① [美]马尔库塞:《单向度的人》,第101页。
② [美]马尔库塞:《单向度的人》,第101页。
③ [美]马尔库塞:《单向度的人》,第101页。注意英文词语中自然和本质的联系。

库塞的这个分析我们可以看到,古希腊人的理性概念中包含了价值判断。如果我们用韦伯对于理性概念的区分即工具理性和价值理性的区分,那么我们可以说,这个从古希腊传统中吸收过来的理性概念是把工具理性和价值理性结合在一起的。

在马尔库塞看来,黑格尔对于理性概念的这种理解是有其哲学史的背景的。马尔库塞把黑格尔的理性概念放在近代哲学的发展历程中来加以考察,说明理性概念的含义。前面我们说过,理性要主宰现实;而要能够主宰现实,理性必须对于自然和社会有所认识。马尔库塞说:"对自然和社会合理的控制权是以真理知识为先决条件的。"①而真理必须是普遍必然的,这是与经验相对立的,因为经验的东西都是变化的和偶然的。而英国的经验主义者则对人的理性是否可以把握真理提出了质疑。人类通过经验获得的东西都是偶然的,不能得到普遍必然的东西;而普遍必然的东西都是从经验中抽象出来的。但从经验中抽象出来的东西没有普遍必然性。按照他们的观念,指导人类生活的是经验,而不是理性。而德国唯心主义对于这种怀疑主义提出了质疑。他们认为,经验主义是对于理性的放弃。他们把人的一般观念的存在归因于习惯的力量,归因于心理结构。这等于否定了真理和理性。② 于是,这里就出现了一个问题:人类的知识来自感觉经验,而从经验中人们不能得到普遍必然的东西。但除非人们承认这种理性必然的东西是想象的产物。如果普遍必然的东西是想象的产物,而普遍必然性又是理性的唯一保证,那么理性的根基也就被动摇了。如果普遍必然的东西既不是来自经验,也不是想象的产物,那么,理性从何而来呢?康德诉诸人的一种先天能力。他认为,人在感性上具有一种先天的感性形式,在知性上具有先天的范畴。人通过这种先天的感性形式和知性范畴来整理这些感性材料,从而获得普遍必然的知识。虽然在这里康德承认了人的理性能力,即人能够通过

---

① [美]马尔库塞:《理性与革命》,第15页。
② [美]马尔库塞:《理性与革命》,第18页。

先天的概念和感性形式而获得普遍知识,但是人所获得的这种普遍知识只是对于现象的知识,而不能把握物自体。这样他又限制了理性,给理性划定了一个范围。对于黑格尔来说,康德虽然拯救了理性,但是他同时也扼杀了理性。这是因为,对于康德来说,"理性只停留在主观原则的界限之内,认识无法达到客观现实结构的彼岸。"①黑格尔要彻底地拯救理性。主观与客观、思维与存在的对立,不仅仅是一个认识论的问题,而且是一个实践问题。因为,在实践中,理性就不会停留在主观原则的范围内,而能达到现实结构的彼岸。于是,马尔库塞说:"黑格尔反复强调,主体和客体之间的对立关系,意味着一种具体冲突的存在,而这种冲突的解决,即对立双方的统一既是一个理论问题,又是一个实践问题。"②对于黑格尔来说,在历史的发展过程中,人存在着一种精神上的异化,即人无法达到这两者之间的统一。人的实践和认识的世界独立于人而存在,成为人所无法控制的力量,人也无法认识他自身的力量。与此同时,思想与现实也发生了分裂,思想家们停留于在思想中建构他们的理想,而现实世界存在于思想的影响力之外。黑格尔认为,只要人在头脑中把这两个分离的东西结合起来,那么人就能够在自己的理性范围内重新支配自然和社会。而黑格尔哲学就把这两者结合了起来。因此,对于黑格尔来说,理性的力量不仅仅是认识世界,而且是要主宰世界。而法国大革命实际上就是理性在世界中的实现。

二、理性的批判特征与工具理性的批判

从表面上看,马尔库塞在《理性与革命》和《单向度的人》中所讨论的主题各不相同。在《单向度的人》中马尔库塞所讨论的主题是,在政治、社会、文化等领域,当代西方社会已经失去了批判的向度和否定的向度,而只是保留了肯定的东西。而《理性与革命》则主要揭示了黑格尔哲学

---

① [美]马尔库塞:《理性与革命》,第21页。
② [美]马尔库塞:《理性与革命》,第21页,根据英文版第23页修改译文。

中的辩证法思想，并借此批判社会理论中的形形色色的实证主义。其实，从理论的高度来看，这两本书的实质都是一样的，都是要批判实证主义。实证主义实际上就是抓住社会中的表面现象，对社会采取一种肯定的立场，而缺乏否定的维度。黑格尔哲学中的辩证法思想就是批判实证主义的最好的理论武器。我们知道，在《小逻辑》中黑格尔一开始就讨论了思想对客观性的三种态度。其中，对过去的形而上学以及经验主义的批判，实际上就是对工具理性和实证主义的批判。法兰克福学派所说的工具理性，实际上就是康德所说的知性或者黑格尔在逻辑学中所说的"**抽象理智的观点**"①。

马尔库塞在《理性与革命》中对黑格尔哲学的全面分析，实际上是要抓住黑格尔哲学对于形而上学的批判，并借此来说明黑格尔哲学中理性的辩证法意义。下文选择几个重点来说明马尔库塞所进行的分析。实际上马尔库塞本人也不是面面俱到的，而是抓住其中的一些重要环节来说明黑格尔哲学中的理性因素。

比如，他抓住黑格尔的第一篇论文来说明黑格尔哲学中的理性概念。马尔库塞指出，黑格尔的第一篇论文是批判康德、费希特和谢林的。在这篇文章中，黑格尔重新规定了理性的概念。康德曾经分析了理性和知性概念之间的差别。而黑格尔赋予这两个概念以新的内涵，并把它作为**其方法的起点**。②马尔库塞说："对于黑格尔来说，理性和知性之间的差异，与纯粹思维和常识，辩证认识与形而上学反映之间的差别是相同的。"③这里所说的常识和形而上学反映就是指知性思维。而这种知性思维"存在于日常生活之中，也存在于科学之中"④。这种科学和日常思维就是我们通常所说的形而上学思维。这种形而上学的思维方式，把世界看作是有限事物的结合体，其中每个事物都是相互区别的。人们根据孤

---

① [德]黑格尔：《小逻辑》，第95页。
② 参见[美]马尔库塞《理性与革命》，第40页。
③ [美]马尔库塞：《理性与革命》，第40页。
④ [美]马尔库塞：《理性与革命》，第40页。

立的事物而抽象出概念,并建立概念之间的联系,从而获得科学知识。黑格尔认为,这种思维形式之所以出现,是因为人们的认识方式是一种"孤立的反映"。在孤立的反映中事物是对立的,但是如果当世界成为人们通过实践改变了的现实时,事物就不是这样孤立的,而是相互统一的。而理性就是要实现这种统一。理性的使命就是要把对立的东西统一起来。比如,存在与本质的统一,就是通过理性的创造,而这种理性的创造只能从"纯粹思维"的角度来理解。马尔库塞对此进行了这样的评价:"黑格尔所谓的纯粹思维实际上是辩证法的最初萌芽。"①按照马尔库塞的分析,孤立的反映只是把握了局部的真理,而不能达到对于整体的全面认知,不能达到绝对。马尔库塞说:"只有通过概念的整体和理性的认知才能代表绝对。"②从马尔库塞的分析中我们可以看到,黑格尔所说的理性,或者说具有辩证法特性的思维方式,就是要把握总体,把握绝对。而知性思维也就是工具理性,却不能把握总体,不能把握绝对。

如果说在早期著作中黑格尔对实证主义的批判,仍然局限于说明实证主义只是强调孤立的反映,而不能把握全体,那么在《精神现象学》中,黑格尔则从对经验内容本身的分析来批判实证主义。马尔库塞认为,《精神现象学》的第三部分,即关于观察理性的那个部分,是对于实证主义的评论。在这个部分,黑格尔究竟是如何评论实证主义的呢?马尔库塞并没有详细地说明。他把关于观察理性的论述与黑格尔《精神现象学》开头部分关于"感性确定性"的论述结合起来。他认为,在那个地方,黑格尔是反对实证主义的。③ 马尔库塞指出:"实证主义是常识的哲学,它诉诸世界的事实。"实证主义攻击普遍概念,因为普遍概念不能被改变成为可观察事实。④ 实证主义总是要诉诸直接的感性经验。而黑格尔正是通过对感性经验的分析来批判实证主义的。马尔库塞认为,黑格尔通

---

① [美]马尔库塞:《理性与革命》,第42页。
② [美]马尔库塞:《理性与革命》,第43页。
③ 参见[美]马尔库塞《理性与革命》,第102页。
④ 参见[美]马尔库塞《理性与革命》,第102页。

过对于"感性确定性"的分析而给实证主义以最彻底的反驳。① 黑格尔是这样反驳实证主义的。他认为,当实证主义诉诸感觉经验和知觉的时候,感觉经验和知觉本身就包含了普遍的事实。② 这就是说,实证主义总是诉诸感觉经验,而反对普遍性的概念。在他们看来,普遍性的概念都是一些空洞的不切实际的东西。比如,在现代社会的理论讨论中,我们常常诉诸一些概念来进行分析。那些具有实证主义倾向的人就会说,这不过是套用一些空洞的名词,只是一些普遍的概念,而缺乏实质性的内容。只有那些具体的、亲身感受的才是真实的。而黑格尔的批判是,那些具体的经验之中恰恰包含了普遍性的概念。在日常生活中,我们会看到这里存在着一幢房子。当然,看到房子并不是必然的,这幢房子可以存在也可以不存在。在此时此地,我们可能看到的不是房子,而是其他东西。这就是说,我们的感觉经验的内容是不断变化的。但是在不断变化的感觉经验中,有一种东西是永远存在的,这就是"这时""这里"。而"这时""这里"的内容也是不断变化的。比如"现在"是早晨。但是,"现在"也可以是中午或者晚上。当我们说"现在"时,"现在"就已经不是"现在"。从这个角度来说,"现在"不是早晨,也不是中午或者晚上,"现在"恰恰是通过对于确定的时间点的否定而成为它自身。换句话说,"现在"是作为一种否定的东西而存在的,它的存在是非存在。同样的道理,"这里"既不是指房子,也不是指一棵树或者一条街。它是作为否定的东西而存在的。它否定了作为具体的东西而存在,这就表明,它是普遍的东西。所以"现在"和"这里"是普遍性的东西。当我们通过感觉经验到此时此地的东西的时候,我们感觉所证明的不是具体的东西,而恰恰是普遍的东西。马尔库塞为此总结说,普遍性作为实体"是由于和通过否定而存在的,既不是这个也不是那个,而是一个'非这个',而且同我们称为普遍物的这种东西——这个和那个完全相同"③。从这里可以看到,我们

---

① [美]马尔库塞:《理性与革命》,第102页。
② [美]马尔库塞:《理性与革命》,第102页。
③ [美]马尔库塞:《理性与革命》,第94页。译文略改。

在感觉经验中得到的是普遍的东西,即在对于个别性的否定中而得到的普遍的东西。黑格尔通过感性确定性得出这样的结论:"既不是这一个,也不是那一个,而是一个**非这一个**,同样又无差别地既是这一个又是那一个,——象这样的单纯的东西,我们就叫做**普遍的东西**;因此普遍的东西事实上就是感性确定性的真理性。"①对此,马尔库塞评论道,在黑格尔那里,普遍优于特殊。② 然而黑格尔的分析不是停留在这个地方,他借助于这个结论彻底颠覆了实证主义的观点。实证主义把下面这一点看作是自明的:主体是非本质的,主体认识对象要依赖于对象,而对象才是本质的,"真实的"。而黑格尔说:"持这种主张的人真是不知道他说的是什么,不知道他所说的正是他想要说的东西的反面。"③经验的真正内容是普遍性,普遍性东西才是感性确定的真理性。而这个感性确定性的真理在哪里呢?这个普遍性的东西,这个真理性的东西,在主体那里,而不在客体那里。本来,对于实证主义来说,在感性确定性中,客体才是本质性的东西,而主体是非本质性的东西;而通过黑格尔的分析,这一点则完全被颠倒过来了,在黑格尔那里,主体才是本质性的东西,而客体是非本质性的东西。于是,黑格尔得出这样的结论:"这样感性的确定性诚然是从对象中驱逐走了,但是它却并不因此而被取消了,而乃仅仅是被迫使回到自我那里去了。"④应该说,从感觉经验本身进行分析,说明感觉经验本身的性质从而批判实证主义,这是黑格尔对于实证主义的批判之中最深刻的地方。而马尔库塞在理论上并没有增加说明。不过我们必须指出的是,黑格尔关于"感性确定性"的论述中虽然提到了建立在经验论基础上的怀疑主义,但是对于经验的分析的目的本身并不是直接针对实证主义的。⑤

---

① [德]黑格尔:《精神现象学》上卷,第66页。
② 参见[美]马尔库塞《理性与革命》,第102页。
③ [德]黑格尔:《精神现象学》上卷,第71页。
④ [德]黑格尔:《精神现象学》上卷,第67页。
⑤ 参见[德]黑格尔《精神现象学》上卷,第71页。

本来，在《小逻辑》的"思想对于客观性的三种态度"中，黑格尔实际上也对实证主义特别是经验主义和旧形而上学进行了批判。但是，在《理性与革命》一书中，马尔库塞并没有提到。马尔库塞之所以如此，是因为在这本书中，从理论上批判实证主义（工具理性）不是他的理论重点。在这里，他的重点与法兰克福学派早期代表人物是一样的，即社会批判。而实证主义社会理论是从经验上确认了现代社会的正当性，而不是批判现代社会。因此，在《理性与革命》一书的后半部分，马尔库塞的重点是叙述马克思对于现代资本主义的批判。马克思的这个批判，特别是其中关于异化劳动的论述，在很大程度上接受了黑格尔的理性辩证法的思想。而德国的实证主义社会学理论则完全背离了黑格尔的理性辩证法。

在《理性与革命》中，马尔库塞主要是针对实证主义社会理论，而不是直接批判工具理性（实证主义社会理论是工具理性的研究方法的典型表现）；但是在《单向度的人》之中，他分析和批判了工具理性。按照马尔库塞的看法，这种实证主义是"单向度的思想"。这种单向度的思想就是没有否定性的思想，是一种技术理性和统治逻辑，而实证主义哲学是这种单向度思想的典型表现。马尔库塞还以实证主义这个词的词根来说明实证主义与单向度的肯定性思维的关系。① 在这里，我们重点讨论马尔库塞所谓的"封闭的话语"。

在哲学讨论中我们常常要使用一些抽象概念，甚至在日常生活中也是如此。但是，对于实证主义来说，这种抽象的概念太空洞了，缺乏具体的内容。于是，实证主义努力把抽象的概念"具体化"。其具体化的方式是，把抽象的概念简化为某些可操作的程序。马尔库塞称之为"操作主义"。他说，"操作主义的特征"是"使概念的意义等同于相应的一组操作"。② 我们知道，任何一个概念的意义都是非常丰富的，但是操作主义

---

① 参见［美］马尔库塞《单向度的人》，第137页。
② 参见［美］马尔库塞《单向度的人》，第70页。

把字词概念操作化。这种操作主义的语言实际上就是要对社会进行全面管理。马尔库塞揭示了企业用操作语言加强控制的方法。比如,在研究个人对于工作条件和工资的怨言的时候,研究者认为,人们的怨言含有一些"模糊的、不确切的术语",缺乏对"普遍接受的标准"的"客观参考"。① 具体地说,比如"盥洗室不卫生","工作危险","工资太低"。按照操作主义的看法,这些概念的含义都不确切,缺乏客观的标准,我们应该把它们加以改造。比如,"盥洗室不卫生"可以改为"我在5点钟进入盥洗室,发现脸盆里有些脏物"。调查表明,这是由于雇员的疏忽造成的。再比如,B工人做出"给他的计件工资太低"这一普遍陈述,通过查访,人们了解到,"他的妻子正在住院,他为他所担负的医疗费用而忧虑。在这种情况下,怨言所潜含的内容就由这样一个事实组成,即由于他妻子生病,B现在挣到的钱不足以应付他眼下的经济负担"。② 如果用这样的方式把"盥洗室不卫生""工资太低"加以具体化,那么原来这些说法对于工厂的批判意义就丧失了。从这里我们也可以看到社会批判理论和实证社会学之间的差别。实证社会学把社会问题具体化,从而无法从社会的制度、文化等宏观层面来批判社会制度,而把其中的制度问题变成了每个人所面临的具体问题。而实证主义,比如语言分析(如罗素的"模状词"理论)、操作定义等都运用一种技术化的方法,或者说运用工具理性的方式,来化解人们对于社会的批判。在马尔库塞看来,把话语操作化、具体化,实际上是把技术语言的方式用于社会研究。这就如同人们运用技术语言来控制自然对象一样,人们也企图用技术语言来控制社会。从语用学上来说,这样的做法实际上就是把词语和概念统一起来,或者说,用词语吞噬了概念。概念的复杂内容被纳入标准化的用法之中。于是,"人们期待词所引起的反应只能是被宣传和标准化的行为(反应)"③。实际上,在当代社会,语言的功能化是一个非常值得我们重视的问题。比

---

① 参见[美]马尔库塞《单向度的人》,第87页。
② 参见[美]马尔库塞《单向度的人》,第88页。
③ [美]马尔库塞:《单向度的人》,第70页。

如,在谈到"民主"的时候,人们就把民主等同于选举活动,于是"民主"这个概念的广泛含义就被忽视了。谈到"幸福"的时候,人们就把它等同于"楼上楼下,电灯电话"。这种做法实际上在进行一种意识形态的操作。从这里我们可以看出,意识形态宣传中语言的运用具有这样的一个特点,就是把语言的含义操作化,把那些多含义的字词变成一种操作性的字词,把字词的含义窄化,从而消除其社会批判的意义。

在马尔库斯看来,话语应该是矛盾的话语,只有矛盾的话语才能显示话语内涵所包含的矛盾。而诗人就是要用一种矛盾的话语来表明,社会的现实并不是它们所展现出来的那个样子,其中总是包含了矛盾的。马尔库塞强调,"辩证法和诗歌语言在共同的基础上相遇了"①。在这里,马尔库塞还用瓦雷里和马拉美的话来说明这一点。瓦雷里指出,"简单地说,思想是这样一种劳作,它要激活我们头脑之中不存在的东西"。马拉美说:"字词就是要让事物消失,甚至要把普遍的缺乏,甚至缺乏本身强加给我们。"②诗歌的语言与实证主义的语言完全相反,前者要否定现存事物,而后者却要确证它们。这或许就是阿多诺的写作方式如同诗歌一样的原因。

三、否定性思维与肯定性的对立

从阿多诺关于"概念"的理论中我们知道,每个概念都包含了超出概念的意思。或者说,概念都要否定概念自己。而黑格尔哲学所说的那种辩证理性,实际上就是通过概念的自我否定来达到真理的。马尔库塞对于黑格尔理性概念的分析,实际上也是要揭示黑格尔辩证法中所包含的否定性的意思。马尔库塞强调,黑格尔所说的理性概念实际上也是指一种辩证的思维方式。这种辩证的思维方式究竟具有哪些特点呢?通过对黑格尔耶拿时期逻辑学的分析,马尔库塞揭示了黑格尔辩证法中的一

---

① [美]马尔库塞:《理性与革命》,英文版前言,第10页。
② 转引自[美]马尔库塞《理性与革命》,英文版前言,第11页。

个重要特性:否定性。马尔库塞指出,黑格尔确信:"无论在自然界还是历史,存在的所有直接形式都是'恶的'。因为这些形式并未使事物成为它们所能存在的。只有当直接的状态被认为是否定时,当存在变成'主体'并使其外在状态适合于其潜在时,真正的存在才开始。"①实际上,马尔库塞的这句话类似于恩格斯在《路德维希·费尔巴哈与德国古典哲学的终结》中所认为的那样,一切现存的都要灭亡。② 因为现存的直接形式都是恶的,它并没有把自己的潜能实现出来。只有当事物自我否定了自身的时候,事物才成为其自身。那么为什么每一个存在物都必须否定自身才能成为自身呢?马尔库塞通过《逻辑学》中定在的分析来说明这一点。在日常生活中的某物(Etwas)都是有某个特质的某物。比如,胡桃木制成的桌子,是褐色的,有重量等。桌子不是这些质的规定性中的任何一个,也不是这些规定性的总和。根据黑格尔的观点,特殊的质同时就是桌子本身的否定。为什么呢?如果我们用一个命题来表达桌子的某个特殊的质,那么我们可以表述为"这张桌子是褐色的"。其逻辑结构是"A 是 B"(即 A 是非 A)。根据这个逻辑结构,我们就可以把上述命题表述为"这张桌子不是它自身"。而所有的有规定的事物都可以这样来表达。这就表明一切事物不是它自身。如果一切事物不是它自身,那么它是什么呢?它存在于它的他者之中。这就是说,桌子不是存在于它自身存在的直接性之中,而存在于它的外在事物之中。只由于某种关系的存在,桌子才作为桌子存在。只有当直接的存在物被否定时,直接存在物才是存在的。

更重要的是,马尔库塞认为,黑格尔哲学中的一个重要特点没有受到重视。他说:"并没有充分注意到的事实是,黑格尔本人认为其逻辑学主要是一种批判手段。"③那么我们究竟应该如何理解黑格尔的逻辑学主要是一种批判手段呢?黑格尔要批判的是这样一种观点:"知识的素材

---

① [美]马尔库塞:《理性与革命》,第 61 页。译文略改。
② 参见《马克思恩格斯选集》第 4 卷,人民出版社 1995 年版,第 216 页。
③ [美]马尔库塞:《理性与革命》,第 111 页。

作为一个现成的世界,在思维以外自在自为地存在着,而思维本身却是空的"①。这就是说,在认识论上,黑格尔对这样一种二元论观点持否定态度。按照这种二元论观点,人认识的对象是现成的世界,是独立于思维的,而思维本身是空的;要认识世界,思想必须屈从于世界。对于黑格尔来说,"思想的最高使命是使现实的存在秩序与真理相符合"②。而按照常识的观点来看,人就是要让自己的思想符合现实。而要让现实符合真理,人就要破除常识的观念。因此,黑格尔要进行的批判有两个层面上的批判:一个层面上的批判是对于常识的批判,实际上也包括对于实证主义的批判。另一个层面上的批判是对于资本主义社会现实的批判。为此,马尔库塞一再强调,黑格尔哲学具有"否定的特征",否定构成了黑格尔辩证法的本质,理性概念的真正的第一步就是否定。③ 马尔库塞把黑格尔的否定性总结为两个方面的含义:"首先,它表示了对常识的固定和静止的范畴的否定,其次,它表示对这些范畴所涉及的不真实世界特征的否定。"④

如果说在《理性与革命》中马尔库塞主要是从理论上强调黑格尔哲学的否定性,那么在《单向度的人》中,马尔库塞则从社会批判的现实的角度来说明,当代社会缺乏否定性的向度。单向度的人就是缺乏否定性的人。那么为什么会出现单向度的人呢?马尔库塞从两个方面来加以说明:一个方面是社会的原因,另一个方面是思想的原因。在他看来,现代资本主义社会一方面成为单向度的社会,另一方面人只有单向度的思想。所谓单向度的社会,是说现代社会通过工业化的文明而把所有的人都吸收到社会系统中了,人们满足于这个社会的制度。而单向度的思想就是缺乏辩证法的思想。关于单向度的社会,我们在后面说明,在这里先讨论单向度的思想。

---

① [德]黑格尔:《逻辑学》上卷,第24页。
② [美]马尔库塞:《理性与革命》,第112页。
③ 参见[美]马尔库塞《理性与革命》,第112页。
④ [美]马尔库塞:《理性与革命》,第112页。译文略改。

所谓单向度的思想,实际上就是工具理性主义的思想。在马尔库塞看来这种工具理性思想由来已久,它在亚里士多德的形式逻辑中就已经初露端倪。而在柏拉图那里,辩证法思想还是非常丰富的。马尔库塞认为,否定性思维和肯定性思维的对立"明显地表现在柏拉图的辩证逻辑和亚里士多德《工具论》的形式逻辑的对比中"①。《工具论》实际上就是把理性的思维工具化了。当然这不是说,亚里士多德哲学中没有辩证法思想,而是说,在他的《工具论》中,理性被技术化了。按照马尔库塞的分析,在柏拉图的对话和亚里士多德的形而上学中,存在方式就是运动方式,即从潜能到具体,到现实的飞跃。对于他们来说:"有限的存在是未完成的实现,因而从属于变化。它的产生即是它的衰败。它充满了否定。因而它不是真正的实在——真理。"②按照这样一种理解,在古代希腊哲学的辩证法中,就包含了否定性。一切现存的东西都充满了否定,只有通过这种否定才能达到真理。

我们强调,黑格尔的否定之否定是现代性的一种哲学表达。不过黑格尔的否定与现代性意义上的否定还是有一定的差别的。现代社会中的否定性是一种形式的否定。这种形式的否定,就如同衣服形式的不断翻新,时髦东西的不断出现。而马尔库塞对于黑格尔哲学中的否定性的关注,实际上是强调现代资本主义社会的确定性变革。对于他来说,这种变革就是要使理性得到实现。

四、理性的实现:现代性的自我确证

马尔库塞主张否定性,那么这种不断否定,是不是会走向相对主义?这是不是会同现代主义一样,否定一切确定性,掏空一切内容呢?显然,马尔库塞不是后现代主义者,他也不是要否定一切。他所说的否定,与

---

① [美]马尔库塞:《单向度的人》,第100页。
② [美]马尔库塞:《单向度的人》,第102页。

黑格尔所说的否定一样,是"规定了的否定"①,是有确定内容的否定。如果说黑格尔通过否定之否定而达到真理,那么马尔库塞则通过否定而达到一种理想的社会状态。这种社会状态类似于黑格尔所说的,**理性的实现**。按照马尔库塞的观念,现实就是理性的实现。他说:"**现实**是存在过程不断更新的结果。在这个过程中,无论这个过程是有意识还是无意识的,'现存的东西'成为'异于它自身'的东西。"②在理解黑格尔的理性概念的时候,马尔库塞总是或明或暗地用黑格尔的那句名言来加以说明:"凡是合乎理性的东西都是现实的,凡是现实的东西都是合乎理性的。"③他认为,这两句引起争议的话都涉及"理性"的概念。对于黑格尔来说,现实就是理性的实现;而理性的实现,不管是有意识还是无意识发生的,都是现实。因此,虽然黑格尔把否定性作为理性的核心,但是他并不是否定一切,而是要达到理性的实现。而这种理性的实现,实际上就是现代性的确证过程。从启蒙运动的历史中我们知道,启蒙是人类理性的觉醒。但是,在这个觉醒的过程中,人类的理性是片面的,是一种知性,是技术理性。而这种技术理性必须被一种全面的理性所克服。这也是黑格尔的否定辩证法的基本思想。而这种否定之否定就是要达到理性的自我实现。通过这种理性的自我实现来克服启蒙所出现的问题,也就是克服现代性的问题。按照黑格尔的思路,现代性的问题是理性自身发展中产生的问题,这个问题可以通过理性自身的自我否定来实现。从积极的角度来说,理性是在自我展开过程中来确证自身的正当性。

而这种正当性是通过否定现实中的问题来进行的。马尔库塞在谈到《理性与革命》一书的目的时指出:"本书的写作是希望为复兴一种思维能力而不是复兴黑格尔做出小小的贡献。这种思维能力即否定性思

---

① [德]黑格尔:《逻辑学》上卷,第36页。
② [美]马尔库塞:《理性与革命》,英文版前言,第8页。Herbert Marcuse, *Reason and Revolution - Hegel and the Rise of social theory*, Beacon Press, 1960.
③ [德]黑格尔:《法哲学原理》,第11页。

维的能力处在被遗忘的危险之中。"①马尔库塞强调,这种否定性思维,不仅仅是要批判形式性的逻辑思维,而且更重要的是批判既定的现实状况。马尔库塞正是从这个角度吸收黑格尔哲学,并揭示了现代资本主义社会缺乏批判性的向度。如果用实证主义的方法来研究这个社会,那么就只能确证这个社会,却无法改变这个社会。而在马尔库塞看来,当代资本主义社会充满了自我矛盾,只是由于人们缺乏矛盾意识,缺乏否定的向度,人们才认识不到这种矛盾。恢复否定的向度,对于当代资本主义社会来说具有特殊的意义。他说:"辩证思维开始于这样一种经验,即这个世界是不自由的,这就是说,人和自然在一种异化的状态下存在,即在一种'异于他们自身所是'的状态下存在。"②辩证思维正好对应于这个充满矛盾的社会,它把握这个社会就是要改变这个社会。所以,对于马尔库塞来说,否定现代社会,就是要改变现代社会,就是要消除社会中的这种自我异化现象,从而实现自由社会。

马尔库塞强调黑格尔的理性的自我实现,实际上也是要实现一个自由社会。马尔库塞说:"自由是存在的内在动力,在一个不自由的社会中,存在的过程恰恰是要'持续地否定那个威胁自由的状况'。"③那么怎样的社会才是一种自由的社会呢?马尔库塞是这样来说明的:"对于人类历史来说,这意味着达到这样一种'世界状态',在其中个人持续地与总体处于一种和谐状况,并且这个世界的状况和关系'并不是从根本上独立于个人的客观的东西'。"④如果用我们的话来说就是,每个人都生活在社会的总体之中,但是这个总体对人来说,并不是一种外在的束缚,而是一种和谐关系。虽然人生活在一定的社会关系中,但是这种社会关系对于个人来说并不是独立于人的,而是在每个人自我控制的范围之内(类似于霍耐特所说的社会的自由)。马尔库塞认为,黑格尔对于这样一

---

① [美]马尔库塞:《理性与革命》,英文版前言,第7页。
② [美]马尔库塞:《理性与革命》,英文版前言,第9页。
③ [美]马尔库塞:《理性与革命》,英文版前言,第9页。
④ [美]马尔库塞:《理性与革命》,英文版前言,第9页。

种社会状态的出现持怀疑态度。于是,对于黑格尔来说,自由只能是一种纯粹思想的东西,属于绝对观念的领域。既然自由是属于纯粹思想领域的东西,那么我们就不能期待一种自由社会的出现,而应把自由理解为一种力量,即一种否定性的力量。自由就是对于现存社会的否定,而这个否定就是要把社会中的那些潜在的东西实现出来。因此黑格尔的辩证理性就是通过否定来实现潜在的东西。这就是理性的自我展开,而这种理性的自我展开过程就是对于现代性的自我确证的过程。

从这个意义上来说,马尔库塞和黑格尔一样,是沿着启蒙的道路来解决启蒙的问题。对于他们来说,启蒙虽然出现了问题,但是这个问题不能靠否定启蒙来解决,而要通过理性的自我发展来实现。那么如何才能实现这种理性的自我发展呢? 黑格尔把现代性的自我确证主要看作一个认识问题,看作理性的自我觉醒的问题。笔者认为,马尔库塞在这个问题上,并没有跳出黑格尔的理论框架。在《单向度的人》中,他的这个思路表现得最为突出。对于他来说,现代社会的主要问题是否定性向度的丧失。发达工业社会的意识形态就是要让人丧失这样一种否定性向度。让人重新产生这样一种否定性向度,就成为他所关注的核心问题。

第三节 发达工业社会中的现代性问题

随着物质文明的发展,现代西方国家进入了"发达工业社会"。马尔库塞发现发达工业社会出现了一个意识形态的问题,即否定性向度消失的问题。如果这样的社会中有了一种否定性,那么这样的社会是不是就必然走向更和谐、更自由或者更民主的社会呢? 在这里,我们参照鲍德里亚的视角来分析发达工业社会中的问题。

一、发达工业社会中的经济问题:生存斗争永恒化

马尔库塞对于发达工业社会中的经济现象的分析,首先从需求的概

念开始。他把需求区分为虚假需求和真实需求。在这里,他提出了一个区分虚假需求和真实需求的标准:"根本需要的普遍满足和辛劳、贫困的逐渐减轻成为普遍有效的标准。"① 但是,马尔库塞明显地意识到,这个标准是一个历史标准。不仅如此,这个标准还是一个文化标准。比如,蜗牛在法国是大餐,而在许多国家这是被排除在食物的范围之外的。这就是说,许多东西是可以吃的,是可以满足根本需求的,但是由于文化的原因而被排除在食物的范围之外。正是由于虚假需求和真实需求难于根本区别开来,所以马尔库塞认为,这个问题"归根到底"只能由个人自己来回答。然而实际的情况是,一个人对于这个问题的回答都不是自主的,"处于不能自治的状态"②。既然一个人对于自己的需求究竟是真实的需求还是虚假的需求不能给出自己的答案,而是受到社会环境影响的,那么一个人很可能就是在社会的影响下把虚假的需求当作了自己的真实的需求。实际上,这也是马尔库塞所强调的基本点。

那么怎样的需求是虚假的需求呢?马尔库塞是这样来定义的:"为了特定的社会利益而从外部强加在个人身上的那些需要,使艰辛、侵略、痛苦和非正义永恒化的需要,是'虚假的'需要。"③("需要"如果改为"需求",似乎更好一些。)当然,这里所说的"强加"不是通过暴力强加在个人身上,而是通过一种社会体系,比如时尚的诱惑而使人接受的需求。只有当一个人自愿接受这些需求,人才会无法区分是真实的还是虚假的。正因为如此,马尔库塞说,"满足这些需求或许会使个人感到满足"。但是这种满足无法使个人理解,这种需求是社会强加在自己身上的,只是用来维持制度系统的运行的。比如,一个人为了购买一个昂贵的皮包而必须再加班劳动一个星期。这种需求的满足就把艰辛永恒化了。这种艰辛的永恒化,使少数人(时尚品制造商)获得利益。而只有当少数人获得利益,比如时尚品制造商获得利益时,资本主义社会中的等级制度才

---

① [美]马尔库塞:《单向度的人》,第7页。
② [美]马尔库塞:《单向度的人》,第7页。
③ [美]马尔库塞:《单向度的人》,第6页。

能被维系。但是,一个人在获得对时尚皮包的满足时,却对这个社会的病态现象视而不见。马尔库塞指出:"现行的大多数需要,诸如休息、娱乐、按广告宣传来处事和消费、爱和恨别人之所爱和所恨,都属于虚假的需要这一范畴之列。"①

在这里,人们或许会提出质疑:难道现代社会的人如此愚蠢,会简单地受广告等大众传媒的煽动?马尔库塞也意识到人们会提出这样的质疑。马尔库塞认为,广告宣传只具有一种辅助的作用,而关键的问题在这里:"人们早就已经适应于这种控制的接受器。决定性的差别在于把已有的和可能的,已满足的和未满足的需要之间的对立(或冲突)消去。"②这句话实际上是很让人费解的。马尔库塞进行了这样的解释:在资本主义社会中社会差别的平等化已经出现了,如工厂里的打字员和雇主家的小姐可以打扮得一样漂亮等。虽然有这样一段解释,但是意思仍然不够清晰。实际上,这表明,在当代资本主义社会中,等级差别既保留了下来,又在不断地消除。而现代资本主义制度正是通过玩弄这种差别和差别的消除来维持资本主义制度。我们知道,当代资本主义通过大规模的生产,不仅能够满足一般人的基本消费需要,而且还能满足其时尚品消费的需要。富商家的小姐可以用时尚的皮包,一般老百姓也可以。时尚消费的特点就是制造等级又消除等级。所谓制造等级,是因为时尚品就是建立在商品的等级消费的基础之上的,但是这种等级消费又能够在一定程度上普遍化,如果不能被普遍化,那么时尚品就不能流行起来。如果这种东西不能流行,它也不能成为时尚;但是一旦流行起来,就会变成所有普通大众都能消费的一般商品,其时尚的意义就消失了。于是,时尚品生产商就会通过形式的变化来制造出新的时尚品。时尚品有区隔的效果,同时也能让这种区隔消除。于是,在这里就出现了这样一种情况:人们无法辨别已有的和可能的东西之间的差别,无法辨别已满足

---

① [美]马尔库塞:《单向度的人》,第6页。
② [美]马尔库塞:《单向度的人》,第8页。

的和未满足的需求之间的差别。一个有了自己的时尚皮包的人,无法区分已有的时尚品和未来的时尚品之间的差别,因为过时不过时之间没有明确的界限。

一个人购买时尚品就是赶时髦。那么一个人是不是可以不赶时髦呢?马尔库塞说:"毫不奇怪,在工业文明的最发达地区,社会控制已被潜化到这样的地步,甚至连个人的抗议在根本上也受到影响。拒绝'随大流'的思想情绪显得是神经过敏和软弱无力的。"①这就是说,在这样的社会中,人已经潜移默化地认为,赶时髦、随大流是一件非常正常的事情,如果有人拒绝随大流,那么人们就会说,这个人神经过敏,或者软弱无力。广告宣传、时尚化的生活方式等会影响人的需求,而这种需求促使社会生产更多的时尚品来满足人的需要。在这种情况下,生产的性质就发生了变化:本来生产的目的是为了满足人的生活需要的,但是,社会通过时尚化的需要而让社会生产一些可有可无的东西。显然,在这样的情况下生产的目的不是满足人的真实的需求②,而是满足虚假的需求。而满足虚假的需求,在马尔库塞看来就是为了达到控制人的目的。一个人为了能够不断地满足这些虚假的需求而需要不断地劳动,不断接受资本主义社会经济系统的控制。而虚假的需求是无止境的,于是人在这种虚假的需求中不断地接受社会控制。

按照马尔库塞的分析,本来人类可以通过自动化生产,通过批量生产等,把人从经济的束缚中解放出来,使人获得自由,但是资本主义社会系统却不愿意人们获得这样的自由。马尔库塞说:"假如个人不再作为一个自由的经济主体被迫在市场上出售自身,那么,这种自由的消失将是文明的最大成就之一。"③当物质生产无法满足人的需要的时候,人类还是需要按照资本主义社会的生产方式来生产一定的物质财富以满足

---

① [美]马尔库塞:《单向度的人》,第9页。
② 关于生产目的的变化,参见鲍德里亚关于再生产的论述。见[法]鲍德里亚《象征交换与死亡》,第34页。
③ [美]马尔库塞:《单向度的人》,第4页。

人的需要。但是,如果人类有足够的能力生产一定的物质财富来满足自己的需要,那么这个时候资本主义生产方式中的那种买卖劳动力的自由就可以消失了。而这种自由的消失,也就是资本主义制度的消失,就是人类文明的最大成果。然而资本主义是绝不会让资本主义制度消失的。马尔库塞说:"这是发达工业文明有可能达到的目标,也是技术合理化的'目的'。但实际上在发生作用的却是相反的趋势:国家机器把其防务和扩张的经济、政治需要强加在劳动时间和自由时间上,强加在物质文化和精神文化上。"①合理的技术不仅没有能够使人获得自由,而是用一种更加巧妙的方式把人控制了起来,使人失去了自由。

马尔库塞把资本主义所采取的这种方式称为"生存斗争的永恒化"。在马尔库塞看来,发达工业文明本来可以让人更加自由,比如"摆脱经济的自由",免于日常的生存斗争、免于谋生的自由;从政治中解放出来的自由;从被宣传工具和思想灌输所同化的那种状况中摆脱出来的个人思想自由。然而在当代资本主义社会中这一切都像是乌托邦。马尔库塞说:"这些主张之所以听起来不现实,并不表示它们具有乌托邦的性质,而是说明阻碍它们实现的力量相当强大。反对解放的最有效、最持久的斗争形式,是灌输那样一些物质需要和精神需要,它们使生存斗争这种过时形式永恒化。"②资本主义制度使人把生存斗争永恒化。

马尔库塞从人的意识层面来说明这种生存斗争永恒化的心理机制。这种心理机制实际上就是随大流的机制。在这种赶时髦、随大流的社会机制中,人们都试图在社会的等级机制中提升自己,参与到资本主义市场竞争机制中。马尔库塞指出:"在几乎机械式的反应中,潜化的各种不同过程都好像僵化了。结果,不是调整而是**模仿**:即个人同**他的**社会,进而同整个社会所达到的直接的一致化。"③这种模仿实际上就是鲍德里亚所说的"仿真"的基本形式。赶时髦、随大流就是一种仿真。在这种模仿

---

① [美]马尔库塞:《单向度的人》,第 4 页。
② [美]马尔库塞:《单向度的人》,第 5 页。译文略改。
③ [美]马尔库塞:《单向度的人》,第 10 页。

机制中,一个人看上去可能和他所处的社会有差别,但是这种差别是形式上的,而不是实质性的。形式的差别不能掩盖实质性的一致。这种一致性就是阿多诺所批判的同一性逻辑。不过,阿多诺对于同一性逻辑的批判,在马尔库塞那里变成了对肯定性的批判。

特别值得我们重视的是,马尔库塞发现,在发达资本主义社会中,劳动在很大程度上已经由机器取代。资本主义为了控制人,让人加入时尚消费的潮流之中,从而使他们自愿地成为劳动者,并维持资本主义经济系统的运行。而为了时尚而进行的劳动,实际上是无意义的劳动。从这里我们可以看到,马尔库塞早于鲍德里亚发现了这样一种现象:这种为了时尚而进行的劳动是没有意义的劳动,它成为一种社会压制的手段。[①] 不仅如此,马尔库塞还发现了一个更为突出的问题。这就是资本主义社会为了维持其系统能够运行,让人们为浪费而劳动,为发展军事、进行破坏而劳动,这改变了社会所依赖的道德。[②] 人们失去了内疚的道德力量。在现代社会我们可以看到,许多人动辄花数万元购买一个时尚的皮包,而就其功能来说,它与几十元的一般背包毫无差别。他们这样做只是为了表演,为了吸引眼球,为了表明自己高人一等,而对那些饥肠辘辘的穷人却熟视无睹。为了达到恐怖的平衡,人类制造了大量的武器。这些武器的生产也是维持资本主义经济系统运行的一部分。如果人类文明放弃这些武器的制造,全球的贫困问题早已解决。那些抱着小狗大叫"儿子"的贵妇们如果对那些在贫困线上挣扎的孩子们有那么一点同情,那么她们口中的"儿子"应该是这些孩子,而不是小狗。

早在20世纪60年代马尔库塞就发现,休闲时间是按照资本主义统治强加给工人的方式来消费的。只要我们看看自己是如何休闲的,我们就能知道消费是如何把统治强加在我们头上的。现在我们一有时间就看手机,我们被手机控制,这样我们就可以消费广告。每篇"鸡汤文"后

---

① [美]马尔库塞:《爱欲与文明》,黄勇、薛民译,上海译文出版社1987年版(以下引用该版本不再一一注明出处),第9页。
② [美]马尔库塞:《爱欲与文明》,第9页。

面都会有广告文字。我们的休闲都被设计好了:无论是看手机还是旅游,我们所进行的消费也是一种生产,把就业岗位生产出来,把资本再生产出来。在这里,"休闲时间成为劳动时间"。于是,马尔库塞也学尼采,强调我们需要对"价值的彻底重估"①。消费成为劳动,而劳动成为娱乐,我们究竟是在劳动还是在娱乐呢?这一切已经变得模糊不清。它需要我们对其进行价值重估。

与阿多诺一样,马尔库塞没有停留于对这样的心理机制的分析,而是把这种心理机制与一种社会生产方式和生活方式联系在一起②。比如说,这种社会趋同的心理是在赶时髦这样一种生活方式中表现出来的;或者说,这种心理机制就在赶时髦的生活方式中存在。同样的道理,资本主义社会的同一性逻辑也在资本主义生产方式中存在着。在这里,我们看到马尔库塞、阿多诺等人的一个特别值得重视的观念:资本主义也通过一种意识形态来控制人,让人认同这个社会,但是它不是通过观念上的宣传,不是通过思想上的教育或者灌输,而是通过一种生产方式和生活方式。赶时髦的人参与到社会等级机制的竞争中,就是认同了这种生产方式和生活方式。在这样的情况下,"今天的意识形态就包含在生产过程本身之中"③。这与马克思所说的意识形态不同。马克思所说的意识形态是一种观念性的东西,这种观念性的东西需要灌输、需要思想教育,而这样一种意识形态不需要灌输、不需要教育,而是一个人不得不接受的一种生产方式和生活方式。因此,马尔库塞说:"生产机构及其所生产的商品和服务设施'出售'或强加给人们的是整个社会制度。"④(如果生产方式和生活方式成为一种意识形态,成为一种社会制度,那么,这种意识形态、这种社会制度究竟是上层建筑还是经济基础呢?这也在一

---

① [美]马尔库塞:《爱欲与文明》,前言第15页。
② 阿多诺在《启蒙辩证法》中论述了资本主义制度通过制造等级、让这种等级消失而又保持的方式,让人们不断地参与到资本主义的生存斗争中。参见[德]霍克海默、阿道尔诺《启蒙辩证法》,第162—163页。
③ [美]马尔库塞:《单向度的人》,第11页。
④ [美]马尔库塞:《单向度的人》,第11页。

定程度上表明,在当代资本主义社会中上层建筑和经济基础已经变得难于区分了。)这个社会制度把人吸引进来,让人感到满足,让人追求时髦,在这种自觉自愿的追求中,人们强化了这种社会制度。由此,马尔库塞说,"产品起着思想灌输和操纵的作用"①。

二、发达工业社会的政治特点

按照马克思主义的基本观点,在资本主义社会存在着无产阶级和资产阶级的斗争。可是随着自动化水平的提高,随着工人阶级生活水平的提高,马克思的阶级理论面临着挑战。

马尔库塞发现,在当代资本主义社会,对立的党派明显地一致和趋同。在冷战时期的美国,在面对苏联的时候,民主党和共和党在对外政策上是一致的。而在国内事务上,"各大党的政纲变得越来越难以分别,甚至在其伪善程度和陈腐气味方面也是如此"②。在马尔库塞看来,这是由于两个政党所代表的阶级之间的差别开始消失,其最突出地表现在工人阶级的变化上。在引证有关材料时,马尔库塞注意到,工会现在与公司几乎没有什么区别了,工会的利益和公司的利益似乎一致起来了。那么为什么会出现这样的情况呢?马尔库塞认为,这种因为劳动阶级"正经历着一个决定性的转变"③。

马尔库塞从四个方面来说明工人阶级所发生的转变。第一,由于机械化的劳作,工人在劳动中所消耗的体力减少了,强度也降低了。由于劳动条件的改善,以及机械化生产导致的生产力的提高,工人阶级被吸收到由于技术管理而形成的技术共同体中了。第二,各种不同的职业层次之间的差别也在逐渐消失,出现了蓝领工人白领化的趋势。第三,劳动的特点和生产工具的变化改变了劳动者的态度和意识。当然这不是

---

① [美]马尔库塞:《单向度的人》,第11页。
② [美]马尔库塞:《单向度的人》,第17页。
③ [美]马尔库塞:《单向度的人》,第21页。

说,工人不再反对资本主义,而是说,生产条件的变化使工人越来越愿意接受这种新的生产方式。第四,新的技术工作削弱了工人阶级对于社会制度的否定性的力量。因为这里出现了一种新的现象即"统治转化为管理",这就是说,本来具有压迫统治性质的东西,现在却转化为一种技术上的合理性;老板好像不是在压迫工人,而是在合理地组织生产,好像成了一个技术官僚。因此,对于工人来说"显而易见的剥削根源,消失在客观合理性的外表后面"①。在这里我们看到,马尔库塞强调技术的因素具有意识形态的特征。按照他的看法,技术的因素成为"控制和团结的手段"②。

马尔库塞认为,在现代资本主义社会中,社会制度对于工人的压制不仅仅要依赖技术上的合理性,而且资本主义国家还发挥了作用。当代资本主义社会为了达到控制社会的目的,会在不同程度上确立一个对立的力量。在马尔库塞看来,只要"敌人将永久存在,即共产主义将继续与资本主义共存",那么不断提高的生产力和压制之间的"链环"就不能被打破③。这实际上是现代社会中一些政治人物最常采取的方法。在冷战期间,美国和苏联利用两者之间的相互对立来维持自己的内部稳定。而当戈尔巴乔夫否定苏联和美国的敌对关系的时候,苏联就面临着解体的命运。

同样的道理,资本主义要能够持续发展就必须不断地有"危机"、有"敌人";没有危机,没有敌人,资本主义制度就会解体。正是"危机"和"敌人"的存在,为国家干预经济过程提供了正当性的理由。这也是自由资本主义转向国家调节的资本主义的根本性原因。遗憾的是,在这个问题上,马尔库塞只是点到为止,而没有更进一步深入思考。我们知道,冷战结束之后,西方国家还在不断地"寻找"自己的敌人。在确立自己的敌人的时候,他们的目的不是要确认外部的敌人是不是真正的敌人,而是

---

① [美]马尔库塞:《单向度的人》,第 27 页。
② [美]马尔库塞:《单向度的人》,第 20 页。
③ 参见[美]马尔库塞《单向度的人》,第 29 页。

要维持自己国家的内部团结,加强内部控制。在谈到这个问题的时候,马尔库塞说:"自由机构和极权机构竞相使敌人成为与本制度不共戴天的力量。这种不共戴天的力量之所以能促进发展和创造,不是由于防御'部门'的重要性和经济影响,而是由于整个社会成了防御社会。因为敌人总是存在的,他并非存在于非常时期,而是存在于通常事态中。"①于是,对于他们来说,一会儿有"邪恶轴心",一会儿有恐怖国家。至于这些敌人究竟是真的还是假的,这已经无法说清楚了。所以马尔库塞说:"敌人是一切需要和不需要的东西的通名。"②谁需要敌人呢?敌人当然是不需要的东西的名称,但是,敌人通常也是需要的东西,尤其是在进行控制的国家中。同样,在自己的国家内部,本来,由于对立面的消失,国家中的两个党派已经没有多少实质性的区别了,但是他们总是要夸大这种区别,从而进行内部团结。西方资本主义国家也喜欢各种"危机",有金融危机,有能源危机,有债务危机,有生态危机,有人口危机;只有有了危机,国家的干预才成为必要,国家对公民的控制才是正当的。至于这些危机是不是真实的,那已经不重要了。

我们知道,在西方发达国家最短缺的东西是"需求",只有把"需求"制造出来,生产系统才能被维系。如何才能制造需求呢?一旦出现了"危机",需求就会被制造出来,比如,朝鲜半岛的核危机可以让美国一而再地扩充军事装备,提高军事能力。为此,马尔库塞挖苦说:"晚期工业社会增长而不是减低了对寄生的和异化的功能的需要(如果不是为了个人也是为了整个社会)。"③国家扩充军事装备,如果不是为了战争,而是为了对付假想的敌人,那么这就是社会的一种异化的需求。晚期工业社会会增加这些异化的需求。广告宣传等都会导致异化的需求的增长。对于马尔库塞来说,无论是敌人还是危机,这都是资本主义社会政治系统所需要的,所有这一切都是为了增强对于人们的控制。

---

① [美]马尔库塞:《单向度的人》,第42页。
② [美]马尔库塞:《单向度的人》,第42页。
③ [美]马尔库塞:《单向度的人》,第40页。

马尔库塞对于当代资本主义政治系统的分析实际上表明,现代福利国家的政治系统是资本主义经济系统的再生产的一部分。上层建筑和经济基础的区分,在这里已经消失。更重要的是,为了强化对于社会的控制,资本主义社会系统树立了许多敌人或者确立了各种危机,对于他们来说,这些"敌人"或者"危机"都处于一种真假无法区分的状态。鲍德里亚把资本主义社会中的这种状况称为"超级真实"的状况。

更重要的是,在现代社会中,传媒的介入,它的操作和渲染,使这里的真假问题更加复杂。鲍德里亚在这个问题上进行了广泛而深入的研究[①]。而马尔库塞却没有涉及传媒在现代政治中的地位。这与两位学者论证的核心观点不同有关。马尔库塞致力于说明,当代资本主义社会中的政治活动失去了否定性向度,工人不再进行斗争。而鲍德里亚所论证的核心观点是,现代资本主义社会中的政治活动都是政治表演;即使其中也会出现阶级斗争,那也不过是一种斗争表演。这种斗争与马克思所处时代的阶级斗争有着原则的差别。因此,在鲍德里亚的理论中大众传媒的角色非常重要,它是政治表演的舞台。马尔库塞的社会批判所要面对的是整个制度中所出现的否定性终结的情况。而这种否定性的终结是与资本主义社会的经济发展状况,与人的思维状况有关的。当然,否定性的终结,在一定的程度上也就是政治的终结。

三、发达工业社会中的文化问题

发达工业社会中的文化生产究竟出现了什么问题呢?马尔库塞是这样概括的:技术合理性的进步清除了"高层文化"中的对立因素和超越因素,使它们屈从于当代工业社会所流行的那种世俗化趋势。在这里,我们就从这个方面来说明发达工业社会中的文化危机。

按照马尔库塞的分析,传统社会中存在着一种分工:那些衣食无忧

---

① 参见拙作《意义的"内爆"——哈贝马斯公共领域理论所面临的一个难题》,载《求是学刊》2015年第4期。

的贵族主要从事一种高雅的艺术活动,而那些普通大众要为日常生活中的基本生活条件操劳。传统社会中,那些文人雅士们超脱于工商业活动之外,进行他们的各种浪漫的幻想。正如中国传统社会中的某种说法,"君子喻于义,小人喻于利",围绕着工商业利益而劳作的人们是被鄙视的。马尔库塞也指出:"西方高层文化在很大程度上还曾经是一种封建文化……它曾是封建的,不仅因为它局限于享有特权的少数人,也不仅因为它那固有的罗曼蒂克成分,而且还因为它的权威著作曾表现了一种同整个商业和工业领域,同可以预测并可以获利的秩序的有意识、有步骤的异化。"①这种文化工作具有不食人间烟火的特点。马尔库塞把高层文化的这个特点说成是高层文化中的"超越因素"。这种文化包含了"落后阶段才具有的理想"②。今天世俗化了的人对于那些具有虔诚的信仰的人也会持有一种怀疑态度,认为他们思想落后,竟然还相信某些超越的东西。这种对于超越东西的信仰,在现代社会的世俗化大趋势中已经难以维系,它至多只能是少数人的乐趣。

  正如人们总是会质疑学习哲学有什么用一样,在现代社会一切超越的东西都必须在"有用性"面前接受拷问。这实际上也是世俗化的社会对于超越的东西的质疑。因为这种超越的东西是与社会现实——世俗化的社会现实完全对立的。因此,现代社会必定要致力于消除这些高层文化。那么如何来消除传统文化与社会现实之间的这种对立呢?马尔库塞指出:"消除**双向度**文化的办法,不是否定和拒斥各种'文化价值',而是把它们全部纳入已确立的秩序,并大规模地复制和显示它们。"③这就是说,对于这些与社会现实对立的东西,对于这些否定现实的东西,现代人不会说它们没有价值,不会否定它们的"文化价值",而是承认它们的"价值",即具有世俗化意义的价值。这就如同我们的哲学如果要生存,就必须证明自己的"价值",即在现代社会中的有用性。这样,哲学就

---

① [美]马尔库塞:《单向度的人》,第48页。
② [美]马尔库塞:《单向度的人》,第46页。
③ [美]马尔库塞:《单向度的人》,第47页。

被纳入现代社会系统中,成为现代社会系统中的一个合理因素。同样,传统的高层文化也通过大规模的复制而作为商业产品满足人们好听的需要。比如,中国京剧没有几个人喜欢看了,于是人们就改编,增加其中的功夫片段,这样就能够在现代市场上出售自己了。在这里,马尔库塞还从现代文学的角度来说明传统的"超越的东西"如何适应社会现实而发生的变化。他说,"自由的文学艺术的伟大之处"在于"人道主义的各种理想,个人的悲欢,人格的完满"等。不过这些东西在现代西方社会成为"东西方竞争中的重要项目"。① 这就是说,西方文学艺术中之所以还保留这些超越的东西,是因为它们可以被用来对付苏联的集权主义。因此马尔库塞强调:"它们猛烈攻击当代共产主义的种种形式,而又没有一天不受到管理和贩卖。它们同贩卖它们的社会相矛盾的事实并不重要。"②当当代西方社会利用这些超越的文化要素比如人道主义的理想来批判苏联共产主义的时候,实际上它们同样也能被用来批判当代资本主义,但是人们之所以利用它们,不是因为它们对于批判资本主义本身有用,而是资本主义可以用它们来批判苏联的共产主义模式。它们是被资本主义制度所管理和贩卖的东西。

这些高层文化不仅有用,而且还能适应市场经济系统,具有商业价值。这就是通过大规模的复制来商业化。而现代传媒就能够把这些文化产品大规模地复制出来。马尔库塞指出:"如果大众传播媒介能把艺术、政治、宗教、哲学同商业和谐地、天衣无缝地混合在一起的话,它们就将使这些文化领域具备一个共同特征——商品形式。发自心灵的音乐可以是充当推销术的音乐。所以重要的是交换价值,而不是真实的价值。"③为什么商品化之后,艺术品就失去传统的社会批判功能了呢?比如,原来那些与社会对立的艺术作品被商业化之后就必然失去其批判功能吗?马尔库塞是这样解释的:"当竞选领袖和政治家在电视、电台和舞

---

① [美]马尔库塞:《单向度的人》,第47页。
② [美]马尔库塞:《单向度的人》,第47页。
③ [美]马尔库塞:《单向度的人》,第47页。

台上说出自由、完善这些伟大的字眼的时候,这些字眼就变成了毫无意义的声音,它们只有在宣传、商业、训练和消遣中才能获得意义。"①同样,当艺术作品商业化的时候,它就失去了它原来的意义,或者说,失去了其真实的价值。在人们滥用这些艺术作品的时候,这些艺术作品的意义就消失了,它获得了一种商业价值、娱乐价值。具有超越功能和社会批判功能的艺术品与社会现实就统一起来了。由此,马尔库塞说:"理想与现实同化到这种程度,说明理想已被超越。"②正因为理想与现实已经同化,理想不过是现实中的理想,因此,理想就是现实的一部分。鲍德里亚在谈到超级现实主义的时候指出,在超级现实主义的状况下,想象已经不再可能,如果有想象,那么这种想象也是现实的一部分。这就如同现代人想象宇宙太空一样,都是从现代航天技术的角度想象太空。这种想象的太空就是现实的太空。③ 在这样一种社会中形而上学已经不再可能。

在马尔库塞看来,艺术与现实的和解是通过现代社会的发展来实现的。马尔库塞是从艺术异化的角度来说明这个问题的。马尔库塞指出:"文学艺术本质上是异化,因为它维系和保护着矛盾,即四分五裂的世界中的不幸意识,被击败的可能性,落空了的期望,被背弃的诺言。由于它揭示了人和自然在现实中受压抑和排斥的向度,因而曾是合理的认知力量。其真理存在于它所引起的幻觉中,存在于它不懈地创造一个使人想起和怀疑(由认识而定)生活的恐怖的世界。这就是各种杰作创造的奇迹,它是悲剧,是彻头彻尾的、不可解决的悲剧。"④这就是说,艺术与现实是密切联系在一起的,艺术揭示了现实中的矛盾,而这个矛盾在现实世界中一直是被掩盖着的。于是艺术具有这样一种认识功能,它通过艺术上的想象而把这种矛盾深刻地展示出来。而这种矛盾是无法解决的矛盾,所以杰出的艺术是悲剧艺术。如果说这种矛盾在现实中是不可解决

---

① [美]马尔库塞:《单向度的人》,第47页。
② [美]马尔库塞:《单向度的人》,第47页。
③ 参见[法]鲍德里亚《象征交换与死亡》,第99页。
④ [美]马尔库塞:《单向度的人》,第50页。

的,那么艺术作为一种形式的东西,通过审美的方式使这种矛盾得到了和解。① 这种艺术中的和解恰恰表达了社会矛盾的不可和解。

但是现代社会的发展却使艺术作品丧失了这种社会批判的能力。马尔库塞以福楼拜的《包法利夫人》为例来加以说明。按照马尔库塞的看法,在包法利夫人的那个时代她的焦虑是不可救药的,因为那个时候没有进行心理分析的心理学家。而之所以没有心理分析专家,是因为在包法利夫人的世界中,心理分析专家没有治愈她的能力。因此,在福楼拜的时代,艺术作品具有批判社会的功能;可是在现代社会,它的批判功能却丧失了。在包法利夫人的那个时代,人的思想观念还很落后,比如性道德还不够解放,人们不会提出心理治疗的问题。所以包法利夫人的结局是悲剧性的。她的悲剧性故事只有在"落后"社会才会出现。因此,这个悲剧故事在她那个时代具有社会批判的意义。而在现代社会,解放的性道德或者心理学体系"解决"了包法利夫人的问题。于是,艺术作品就失去了社会批判的功能。为此,马尔库塞说:"现在,公开保存于艺术异化中的艺术和日常秩序间的重大裂隙,被发达技术社会逐渐弥合了。"②艺术和社会之间的这种对立被消除之后,艺术对于社会的批判功能消失了,而成为现代社会中的消费品。从理论上来说,这表明:"前技术形象的真实价值在很大程度上取决于人和自然的未被掌握和征服的向度,取决于组织和操控的狭小范围,取决于抵制一体化的'硬核'。在充分发达的工业社会,这一硬核受到技术合理性的逐渐削弱。"③

面对着古典文学所面临的这样一种命运,现代先锋文学则采取了一

---

① 杰姆逊的《后现代主义与文化理论》一书通过《聊斋志异》中的一个故事,说明了现实社会中的矛盾以及艺术中对于这种矛盾所进行的审美上的和解。在这个故事中,人和鸟之间的对立消除了,鸟可以像人一样说话、吃饭、洗澡,人可以和鸟建立友谊。而这一切都是艺术中的现象。而这里所涉及的是现实中的不平等。为了对付这种不平等,鸟戏弄了王。王把鸟关进笼子里,寓意人在社会生活中的不自由。这就是艺术作品对于社会的批判。参见[美]杰姆逊《后现代主义与文化理论》,唐小兵译,北京大学出版社2005年版,第108—112页。
② [美]马尔库塞:《单向度的人》,第52页。
③ [美]马尔库塞:《单向度的人》,第54页。

种完全相反的方法,这就是拉开艺术与现实的距离。比如布莱希特的"疏离化效果"。按照马尔库塞的看法,这种"疏离化效果"就是要拉开现实与舞台戏剧之间的距离。这与"整体戏剧"完全相反。整体戏剧消除了舞台与观众之间的距离,让观众成为戏剧的一部分。这是一种具有讽刺意味的戏剧,它意味着通过消解生活与艺术的距离来否定生活,揭示生活的艺术化特点。而布莱希特所采取的疏离化方法,就是要让人有可能在社会之外,在戏剧之外来看戏剧。在马尔库塞看来,布莱希特的这种做法就是"拯救否定的合理性的尝试"①。

四、解放不过是压抑的新形式

从上面的分析中我们可以看出,在发达的工业社会中,人们的物质生活条件已经极大地改善了。本来物质条件的改善可以进一步被用来改善劳动条件,减少劳动时间,使人获得自由。或者说,它能够把人从繁重的劳动中解放出来。然而资本主义制度不仅不会让人解放,而且还会进一步压制人。从这个意义上来说,在当代资本主义社会,解放成为一种新的压制形式。从前面的分析中我们可以看到,对于时尚的追求实际上就是一种新的压制形式。人只有在实质性的物质生活条件得到满足的时候才会追求形式的东西,比如时尚的东西。但是当人们把时尚的东西作为追求对象的时候,人们所追求的满足是一种形式意义上的满足,而不是实质意义上的满足。这就好像是说,人们看到菜单就获得了吃饱的感觉一样。然而现代社会正是把这样一种形式化的短缺和满足,作为发达工业社会的运行机制。我们可以假设,这个社会中的一个人有"几百双鞋",但是他还是感到自己的鞋子不够穿。他不是真的没有鞋子穿,而是没有特定"形式"的鞋子、特定样式的鞋子。为了得到这样的鞋子,他必须继续努力工作。于是,制造这种意义上的短缺,实际上就是要强化对人的控制。马尔库塞说,"缺乏一开始就成了为机构化的压制辩护

---

① [美]马尔库塞:《单向度的人》,第55页。

的借口"①。资本主义社会系统不过是用短缺为借口来进一步控制人们。这种压制显然就是马尔库塞所说的那种额外压制。或者说,发达工业社会中产生压抑的不是缺乏,而是"多余"②。由于生产能力过剩,社会必须通过对于产品的形式上的更新来使产品时尚化,从而激发起人们对于产品的新的需求。时尚化的社会机制把人区隔开来,并由此而使人们在这种社会机制中努力奋斗。用马尔库塞的话来说就是:"生产和消费再生产着统治,并为其辩护。"③生活条件的改善所带来的快感,被对生活的全面控制抵消了。④

我们特别需要注意,在这里,需求是对于某种东西的形式的需求,同样,人们所获得的满足也是一种形式上的满足。这不是真正的需求,也不是真正的满足。那么什么是人的真正的需求呢?在发达工业社会中,人们实际上已经无法有效地区分什么是人的真正的需求,什么是虚假的需求。鲍德里亚用"仿真"来说明这种现象。一个人在赶时髦的时候,我们从什么意义上来区分自愿和强制呢?在这样的情况下,自由和控制之间就无法区分开来了。在这里,自由就是自愿接受控制的自由。

特别值得重视的是,马尔库塞揭示了性解放背后所包含的社会控制。许多人认为,性解放就是把人从传统的性束缚中解放出来。如果用弗洛伊德的话来说,这就是把人从"父亲的原则"的束缚中解放出来。然而,马尔库塞却发现,这种性解放非但不是一种解放,而且是一种束缚。他把这种情况称为"压抑性反升华"。这就是"用减少和削弱爱欲能量的方式释放性欲"。⑤ 对于马尔库塞来说,本来人的本能中有一种爱欲,这种爱欲像儿童时期的本能欲望那样,不是把本能集中在性器官上。所以,在儿童时代,爱欲不限于性欲。然而,随着人的成长,爱欲却被束缚

---

① [美]马尔库塞:《爱欲与文明》,第65页。
② [美]马尔库塞:《爱欲与文明》,第142页。
③ [美]马尔库塞:《爱欲与文明》,第71页。
④ 参见[美]马尔库塞《爱欲与文明》,第70页。
⑤ 参见[美]马尔库塞《爱欲与文明》,1961年标准版序言,第15—16页。

起来了,变成了性欲。为此,随着性解放的展开,性欲不仅限于两性之间的关系,而且被扩展到生活中的许多领域,比如商业、政治和宣传领域。但是扩展到这些领域是不是鼓励人们得到性的满足呢?它只是让人受到进一步的压抑,进一步受到现实原则的压制。马尔库塞说:"在此过程(性解放的过程——引者注)中,性欲也会蔓延到先前被禁忌的领域与关系。但是它不是根据快乐原则重建这些领域与关系,恰恰相反,是现实原则的势力范围扩大到了爱欲。"①本来,如果在商业、政治领域中出现一种爱欲的关系,那么人在这种爱欲中就可以得到快乐。然而人们用性欲来代替爱欲,于是用来压制性欲的现实原则就被扩展到这些新的领域。从这个意义上来说,性解放不是真正的解放,而是性欲占据了爱欲的领域,压制了爱欲的领域。所以性解放只是带来了一种新的控制和压抑。

在前面分析物质产品的消费时我们指出,在这种消费中,满足和控制已经无法区分了,满足变成了一种新的控制形式。按照弗洛伊德主义的观念,本来现实原则和快乐原则是完全对立的。但从马尔库塞对于"压抑性反升华"的分析中我们看到,性满足已经成为一种新的控制形式。当性满足成为一种新的控制形式的时候,现实原则与快乐原则之间的传统鸿沟就不存在了。正因为如此,马尔库塞说:"在垄断控制的坚固制度内部,性道德的松弛倒是有助于这个制度本身的。"②从这个角度来说,性解放运动恰恰是一种社会控制的运动。比如,从表面上看,女性半裸胸部是一种解放的表现,实际上这不过是用来强化女性作为"性感尤物"的形象。

第四节 超越现实原则——现代性问题的解决方案

在《单向度的人》和《爱欲与文明》之中,马尔库塞对现代社会的合理

---

① [美]马尔库塞:《爱欲与文明》,1961年标准版序言,第16页。
② [美]马尔库塞:《爱欲与文明》,第67页。

性,对操作原则所产生的后果,都持批判的态度。但是这两者的批判还是有差别的:《单向度的人》是要恢复现代社会中的否定性向度,这显然是按照黑格尔哲学的思路来解决现代性问题;而在《爱欲与文明》中,马尔库塞则延续和修正了弗洛伊德的思想,它明显具有弗洛伊德主义的特征。

一、现实原则的历史性

从上面关于爱欲和性欲的讨论中我们会发现,马尔库塞实际上提出了一个重要的观点,即人的本能性质不是始终如一的,永远都不会变化的。[1] 这就改变了人们传统上对人的自然性的看法,突破了我们以往对于本能概念的基本理解。实际上,马尔库塞的这个观点是吸收了弗洛伊德的思想。在弗洛伊德那里,人的本能也不是固定不变的。在马尔库塞看来,弗洛伊德对于人的本能结构中的历史因素了如指掌。[2] 那么本能结构中的历史因素究竟是怎样的呢?按照弗洛伊德的后期分析,生物有机体具有两种本能:爱欲和死亡的本能。弗洛伊德假设,当生物有机体刚刚从无机物中产生出来的时候,生物有机体有一种强烈的"张力";刚出现的有机体想努力回到那种无生命的状态,以消除这种张力。[3] 这就是说,生物有机体有一种死亡的本能。按照弗洛伊德的假设,生物有机体刚刚出现的时候,走向死亡这条道路非常容易,生命的时间也很短暂。但是,在外界环境的压力下,生物有机体从生命走向死亡的道路逐步延长。这条"死亡之路"越是漫长、越是复杂,有机体就越有特色、越有力量。有些生物有机体甚至能够征服全球,把整个世界作为自己的领地。这就是说,在生命本能与死亡本能之间存在着一种博弈。而在外部环境的变化中,生命本能会越来越强大。当然死亡的本能也不会消失。如果

---

[1] 参见[美]马尔库塞《爱欲与文明》,第3页。
[2] 参见[美]马尔库塞《爱欲与文明》,第96页。
[3] 参见[美]马尔库塞《爱欲与文明》,第97页。

说生物有机体由于内在因素而死亡的话,那么这里一定存在着外在因素的作用,这个外在因素就是环境的因素。生物有机体是在外在环境的压力下而保持生命的本能力量,在这种情况下,区分生本能和死本能并没有多大的意义。然而对于人来说,情况就不同了。"人成了自己的历史的主体和客体"①;把生本能和死本能区分开来,是人的历史活动的一个重要特征。当然人也可以走向死亡,回归于无机物。但是人面临这样一种外来因素,这就是生活资料的短缺。为此人就必须展开生存斗争。而这样一种生存斗争改变了人的本能。外在条件对于人的本能的改变表现在两个方面:"它对性本能实行压抑性控制(首先是借助原始父亲的残酷暴力,接着是通过机构化和内在化),并将死亡本能转变成于社会有利的攻击和道德。"②由于对于性本能的压抑性控制,人的爱欲的本能力量也受到了削弱;死亡本能也被转换成为对于社会有利的攻击和道德,比如死亡本能被转换成为对于外部自然的摧毁和控制。而源于原始的"俄狄浦斯情结"的负罪感,导致人的幸福感的丧失和不满的增强。

实际上,马尔库塞在《爱欲与文明》中强调弗洛伊德关于本能的可变性的思想,是要为他自己的一个基本观点服务:如果本能是随着环境的变化而变化的,那么这就意味着,人的本能是与一个时代的现实因素有关的。现实原则的变化必然会导致本能的性质的变化。于是,这里必然会出现一个问题,在当代发达资本主义社会的条件下,社会现实发生了巨大的变化,这种变化是不是可能为一种新的本能的发展——爱欲的发展提供可能性呢?

从弗洛伊德的精神分析理论中我们知道,现实原则也是不断发生变化的。从类的方面来看,在原始部落中"父亲"垄断了权力和快乐,并强迫儿子们克制。在这里,"父亲"所代表的现实原则,代替了快乐原则。而在后来的发展中,社会的道德、习俗和法律等成为一定社会的现实原

---

① [美]马尔库塞:《爱欲与文明》,第98页。
② [美]马尔库塞:《爱欲与文明》,第98页。

则。对于个人来说,父母以及其他教育者强令儿童屈从于现实。当初,人类面对着生存危机,面对着基本物质生活资料的短缺,死亡的本能、性本能都被用来改变自然,从而生产更多的东西来满足人的物质需要。遵循现实原则是为了保障生存,生存斗争是维持对本能的压抑的核心原则。为了维持生存,人类对于性本能的压抑是必然的。在这种压抑中,死亡本能也被用来为生存斗争而服务。死亡本能也被转换,而获得了一种满足。生存斗争的原则证明了本能压抑的正当性。因此,按照弗洛伊德的思想,"快乐原则与现实原则对立也是永恒的";弗洛伊德理论的一个基石是"不可能存在非压抑性文明"。① 然而,从前面的分析中我们可以看到,本来,在当代资本主义社会中,物质生产已经极大地丰富了,但是现代资本主义却把生存斗争原则永恒化,从而继续用现实原则来压制本能。这种额外压抑是用来维护统治的。要颠覆这种统治,要获得自由发展,就必须摧毁这种现实原则。为此,马尔库塞所努力的目标就是要证明"非压抑文明的假设具有理论上的有效性"②。

二、幻想与自由

如果要实现非压抑性的文明,那么人们就要重新唤起那个长期被压抑的快乐原则。在人类社会的长期历史发展中,快乐原则与现实原则结合起来了,它被扭曲了。因此我们需要获得一个没有变形的快乐原则。马尔库塞指出:"受'没有变形'的快乐原则支配的,只是最深层、最'古老'的无意识过程。"③在现实原则的压迫下,这些快乐原则支配的无意识过程会以幻想的形式出现。按照弗洛伊德的观点,人的本能在现实中不能得到满足,人会在梦境中、在想象中得到满足。在这里,弗洛伊德认为,在现实原则的作用下,人的心理过程发生了分裂。其中,占主导地位

---

① 参见[美]马尔库塞《爱欲与文明》,第7页。
② [美]马尔库塞:《爱欲与文明》,第100页。
③ [美]马尔库塞:《爱欲与文明》,第101页。

的心理过程受到了现实原则的控制,使自己与现实原则一致起来。这部分心理决定了如何解释、操纵和改变现实等问题,并且还支配了记忆和忘却等心理过程。另一部分的心理过程不受现实原则的支配,人们在这里可以自由想象。虽然它摆脱了现实原则的控制,但是"其代价是变得软弱无力、微不足道和虚无缥缈"①。这种想象、幻想不过是一场白日梦,是游戏,但是它能够在幻境中给人以安慰,使人摆脱压抑。

马尔库塞认为,这种幻想、想象是与古老的过去联系在一起的。按照马尔库塞的分析,在生物有机体被组织起来,变成与其他个体对立的"个体"之前,个体的生命和类的生命是联系在一起的。在那个时代,生物有机体是受快乐原则支配的。只是在人类后来的发展中,个体和类的原始统一、快乐原则和现实原则的原始统一才被破坏。历史的过程,就是类和个体、快乐原则和现实原则分裂的过程。而想象保存了对于已经消失了的过去的回忆。这实际上就意味着,在人的无意识之中仍然保留着对这种原始的快乐的记忆。而这种原始记忆实际上就是要抗拒现实原则对于快乐原则的压制,就是要抗拒个体和类之间的对立。为此,马尔库塞指出:"想象同它依然从属的本我一样,仍然保存着对前历史的过去的记忆。"②

对于马尔库塞来说,想象不仅保留了对于过去的回忆,而且"具有自己的规律和真理价值"③。那么,想象的"真理价值"是什么呢? 这种真理价值包含了如下几个方面:第一,当代社会中现实原则与快乐原则的分裂不是真理,在最"原初"根基上,快乐原则和现实原则是统一的。只是现代文明的发展才使这两者发生分裂,并压抑了快乐原则,人类只能依靠回忆才能认识这种本质。马尔库塞指出:"幻觉的基础是知识。想象的真理最初是在幻觉形成的时候被认识到的,是在创造一个知觉和理解

---

① [美]马尔库塞:《爱欲与文明》,第 102 页。
② [美]马尔库塞:《爱欲与文明》,第 103 页。
③ [美]马尔库塞:《爱欲与文明》,第 102 页。

的世界、一个既主观又客观的世界的时候被认识到的。"①这种想象告诉我们,现实原则和快乐原则的统一是可能的。如果我们对于现实的认识不是局限于实证主义的思想,不是顽固地坚持一种常识的观点——"眼见为实",那么我们就可以说,凡是被我们感性地确证的真实的东西其实都是想象的、是假的,而想象的东西才是真实的。②而弗洛伊德关于想象的分析实际上从一个侧面表明,在现代社会中真实的东西其实总是被压抑的。第二,幻想是对于现实原则的反抗。现实原则压制了本能,于是本能只能通过想象、梦想来获得满足。想象和幻想奋起反抗现实原则,以一种超现实的方式来满足自己。马尔库塞把这种抗议称为"伟大的拒绝"③,它是一种无力的反抗。他说:"幻想对现实原则的较不升华的反抗,在象梦、白日梦、游戏、'意识流'这样的潜现实和超现实过程中,更加自在。"④既然现实的东西不是真实的,那么我们就必须逃出现实,在超现实的领域中把握真实。超现实主义的文学作品实际上就是吸收了弗洛伊德主义的思想。它们借助于意识流等创作方法,揭示了那些被现实所掩盖的真实。从文学理论的角度来说,现实主义以直观的现实为对象来批判现实,而超现实主义实际上否定了这样的做法。对于超现实主义来说,现实主义所批判的现实不是真实的现实,因此,这种批判没有抓住现实的本质;只有超现实主义才能真正揭示现实,批判现实。按照马尔库塞的观念,"想象具有严格的真理价值",只有坚信这一点,我们才可以更好地理解现实。⑤第三,幻想和梦想总是要努力成为现实。梦想具有革命的意义⑥,这种革命的意义就表现在梦想不仅要抗议现实,而且要使这种梦想成为现实。按照当代资本主义社会中所出现的操作原则,梦想不

---

① [美]马尔库塞:《爱欲与文明》,第104页。
② 参见拙作《真实与虚假的辩证法——马克思的拜物教批判理论之启示》,载《南京大学学报·哲学·人文科学·社会科学》2017年第4期,第5—12页。
③ [美]马尔库塞:《爱欲与文明》,第108页。
④ [美]马尔库塞:《爱欲与文明》,第105页。
⑤ 参见[美]马尔库塞《爱欲与文明》,第108页。
⑥ 参见[美]马尔库塞《爱欲与文明》,第108页。

过是不切实际的玄思,是毫无根基的乌托邦。马尔库塞指出:"使真实的可能性降格到虚无缥缈的乌托邦世界,这本身就是操作原则的意识形态的一个重要因素。"①按照马尔库塞的分析,在人类的历史发展中现实原则是压抑人的本能的原则,这种原则在现代社会发生了一种变化,这种变化表现为:现实原则是以一些可操作的规则来完成的,现实原则被具体化。操作原则是实证主义在现实生活中的表现。按照这种实证主义的观念,梦想不过是乌托邦,现实可能的东西也是乌托邦。

按照马尔库塞的观念,现实原则和快乐原则的统一在发达工业社会是可能的,而不是什么乌托邦。在发达工业社会,物质生产能力得到了极大的提高,人不需要把自己的性本能的冲动转移到生产力上,人也不需要把死亡冲动转移到对自然的改造上。不仅如此,物质生产力的提高使人有可能从异化劳动中解放出来,人可以在很大程度上摆脱异化劳动而获得自由。这是因为,在发达工业社会中人们对于本能的压抑是一种额外的压抑。既然这是一种额外的压抑,那么这种压抑是可以被消除的。马尔库塞说:"在成熟工业文明的'理想'条件下,劳动全部实现了自动化,劳动时间减少到了最低限度,劳动机能可以相互交换,所有这些便结束了异化状态。"②当人从异化劳动中解放出来的时候,人的本能力量也从异化劳动中解放出来,从而能够有机会得到满足。马尔库塞指出:"在最适当的条件下,成熟文明中优厚的物质财富和精神财富将使人的需要得到无痛苦的满足,而统治再也不能按部就班地阻止这样的满足。在这种情况下,可供转入必要劳动(先后被完全机械化和理性化的必要劳动)的本能能量的量将微乎其微。这使得大量不再由外部力量维持的压抑性压制和变化都土崩瓦解。因而,快乐原则与现实原则之间的对抗关系也将朝着有利于快乐原则的方向发生变化。爱欲,即爱本能将得到前所未有的解放。"③

---

① [美]马尔库塞:《爱欲与文明》,第 108 页。
② [美]马尔库塞:《爱欲与文明》,第 110 页。
③ [美]马尔库塞:《爱欲与文明》,第 111 页。

那么是不是劳动的减少就能使爱欲得到解放呢？在这里，我们特别注意到马尔库塞对于弗洛伊德的批评。按照弗洛伊德的观点，文明社会的发展就是要通过劳动来压抑本能。人类要生存就必须劳动，而只要劳动，人的本能就必然被压抑。既然压抑本能是必然的，那么爱欲的解放就是不可能的。马尔库塞对于弗洛伊德的观点进行了改造。他认为，压抑本能的不是必要劳动，而是异化劳动，是统治者为了统治的需要而加在人身上的额外压抑。把爱欲解放出来是把人从额外的压抑中解放出来。而在现代社会中，物质财富极大地丰富了，本来人可以从劳动中解放出来，但是资产阶级为了维持统治地位，系统地构造了一种消费的时尚等级，把生存斗争永恒化，于是产生了一种额外的压抑。从这种额外压抑中解放出来，就成为现代社会所面临的重要课题。

对于马尔库塞来说，这需要想象，需要艺术，需要超越现实的道路。因为现实就是通过额外压抑组织起来的。

三、艺术与自由

如果说突破现实原则的压抑需要想象，需要走向超现实主义的道路，那么这种想象在艺术中得到了非常充分的表达。马尔库塞通过对于古希腊的文学形象的分析来说明：在古代艺术作品，特别是古代的神话中，人们就开始设想一种非压抑的文明。按照马尔库塞的分析，在古希腊的神话中，普罗米修斯象征着现实原则。他说："普罗米修斯是苦役、生产和由压抑而进步的文化英雄。"[①]这是现代文明所推崇的文化英雄。而俄耳浦斯、那喀索斯则与普罗米修斯相反，它们象征着一种完全不同的现实。它们没有成为西方世界的文化英雄。他说："它们的形象是快乐和实现，它们的声音是歌唱而不是命令，它们的姿态是供给和接受，它们的行为是创造和平和废除劳动，它们的解放是从使人与神、人与自然

---

① [美]马尔库塞：《爱欲与文明》，第117页。

结合起来的时间中的解放。"①显然,俄耳浦斯、那喀索斯与普罗米修斯是完全不同的。普罗米修斯象征着现代社会中的压抑性文明,而俄耳浦斯、那喀索斯则象征着非压抑性文明。在这种非压抑性文明中,自然的东西、本能的东西不是被否定了,而是与人和谐共处。死亡的本能不是杀害,不是改造自然,而是回归自然,与自然合一。如果说普罗米修斯遵循的是操作原则的话,那么俄耳浦斯、那喀索斯则否定了这种由操作原则维系的世界。在这里,"人和自然、主体与客体之间的对立被克服了。存在被看作是满足,它把人和自然统一了起来,人的实现同时也直接是自然的实现。"②马尔库塞对于俄耳浦斯、那喀索斯形象的解读,对于普罗米修斯原则的批判,实际上不仅是从文化的意义上对于启蒙以来的现代文明的批判,而且也是对于资本主义制度的批判。对于马尔库塞来说,现代资本主义制度的问题恰恰是额外压抑的问题,这种额外压抑就是把生存斗争原则永恒化,就是把普罗米修斯的原则作为人类文明的根本原则,而俄耳浦斯、那喀索斯就是反文明的,是不实在、不现实的,是不可能实现的东西。然而恰恰是这种"不可能"实现的东西代表着现代文明发展中一个被遗忘和忽视的向度。马克思在《1844年经济学哲学手稿》中关于人道主义是实现了的自然主义、自然主义是实现了的人道主义的构想,关于人和自然统一的构想③,实际上也是要超越异化劳动,走向这样一种全新的文明发展方向。对于马尔库塞来说,这种文明发展的新方向在古希腊的神话中已经被勾画出来了。在他看来,现代人需要重温这种艺术形象。

我们知道,在古希腊神话中俄耳浦斯具有同性恋者的形象,而那喀索斯拥有自恋者的形象。这两种神话形象正是马尔库塞解释爱欲所需要的。在马尔库塞看来,现代文明中的一个缺陷是爱欲被性欲化。而当爱欲性欲化的时候,人们所追求的只能从性器官方面得到满足。而对于

---

① [美]马尔库塞:《爱欲与文明》,第117页。
② [美]马尔库塞:《爱欲与文明》,第120页。
③ 马克思:《1844年经济学哲学手稿》,人民出版社1985年版,第79页。

爱欲来说，整个人的身体都是"性"器官，都具有"性欲"（爱欲）。因此人和人之间的结合不是简单地被束缚于性器官方面的满足，而是爱欲的满足。神话故事中的那种同性之间的爱，恰恰象征了人类自古以来就有的那种爱欲。马尔库塞说："古典传统认为俄耳浦斯与同性恋的产生有关。他与那喀索斯一样，拒绝了正常的爱欲，这不是为了某种禁欲的理想，而是为了某种更完整的爱欲。他与那喀索斯一样，拒绝生育性欲的压抑性秩序。俄耳浦斯和那喀索斯的爱欲的目的是要否定这种秩序，即要实行伟大的拒绝。"①这样，马尔库塞就把他对于古代神话与他对于新文明方式的展望联系在一起。

如果说启蒙以来的现代文明是建立在工具理性基础上的文明形式，那么超越这种工具理性的文明就是马尔库塞所思考的一种新的文明形态。这种新的文明形态能够超越现实原则，而得到自由与快乐。对于马尔库塞来说，要建立这种新的文明必须从审美的角度来进行。在这里，马尔库塞吸收了康德和席勒的理论来说明这种新的文明形式的可能性。他说："根据康德的理论，当审美功能成为文化哲学的核心论题时，它就被用以证明非压抑性文明所具备的种种原则。在这种文明中，理性是感性的，而感性则是理性的。席勒的《审美教育书简》（1795年）一书，主要是在《判断力批判》的影响下写就的，其目的是借助审美功能的解放力量，来重建文明，他认为这种文明将包含新的现实原则。"②这段话概述了马尔库塞从审美的角度来建立现代文明的基本思路。

我们知道，《判断力批判》在康德的三大批判之中处于一种中介的地位。康德把人的理性能力区分为理论理性和实践理性。理论理性要揭示的是自然规律，实践理性要揭示的是自由规律。而这两者是完全对立的。自然规律不允许任何主体上的自律，反过来，感性材料所提供的任何东西都不能影响主体的自律。按照康德的观念，主观的自律必定会对

---

① [美]马尔库塞：《爱欲与文明》，第125页。
② [美]马尔库塞：《爱欲与文明》，第131页。

自然领域产生影响。自然领域必定受到自由领域的影响,从自然领域到自由领域必然需要有一个中介。审美判断调节着理论理性和实践理性。理论理性提供认识上的先天原则,实践理性提供意志(欲望)的先天原则,而判断力通过痛苦和快乐调节这两个原则。在这里,审美上的快感是自由规律影响自然规律、自由影响必然的中介。马尔库塞吸收了海德格尔的思想,认为审美的功能在康德哲学中占据了"核心地位",并认为审美领域包含了对于自然领域和自由领域都有效的原则。① 那么这个原则是什么呢?审美的经验是一种感性的经验,而不是概念、不是观念,但是审美活动又不仅仅有经验。马尔库塞认为:"就这种快乐是由对象本身的纯形式构成的而言,它也伴随着对任何知觉主体来说普遍必然的审美知觉。"②作为自由领域和自然领域的中介,审美领域也包含了一定的普遍规律。为此,马尔库塞认为:"在审美的想象中,感性为某个客观秩序产生了普遍有效的规则。"③这种规律可以被归纳为,"无目的的合目的性"和"无规律的合规律性"。马尔库塞认为,这两个范畴超出了康德的背景,"确定了一种真正非压抑性秩序的本质"④。从马尔库塞的上述分析中我们可以看到,他对于康德审美理论的分析无非是要说明,审美判断调节了自由和自然领域、主观和客观、感性和理性的对立。在审美领域所建构的原则中,自然得到了解放,它不再遵循自然的规律;人的潜能得到了解放,自由得到了实现。因此,按照审美原则建立起来的社会秩序就是一种非压抑性秩序。

在马尔库塞看来:"席勒从康德思想中得出了一种关于新的文明方式的观念。"⑤这就是说,席勒要把康德的审美理论变成一种新的文明形式。这种建立在审美观念基础上的新文明形式,就是要建立一种非压抑

---

① [美]马尔库塞:《爱欲与文明》,第129页。
② [美]马尔库塞:《爱欲与文明》,第129页。
③ [美]马尔库塞:《爱欲与文明》,第129页。
④ [美]马尔库塞:《爱欲与文明》,第129页。
⑤ [美]马尔库塞:《爱欲与文明》,第130页。

的秩序。那么席勒究竟是如何按照这种审美观念来建立一种新的文明形式的呢？在马尔库塞看来，席勒用"美学"来定义现实原则。那么"美学"是一门什么样的学科，它能为怎样的新文明奠定基础呢？"美学这门学科确立了与**理性秩序**相反的**感性秩序**。"①它"反对理性的不可一世"②。理性秩序就是启蒙运动以来的西方社会的秩序。而感性秩序是让人自由和快乐的秩序，它符合康德意义上的审美规律。为了说明感性秩序可以给人带来自由和快乐，马尔库塞还特别对德文中的"Sinnlichkeit"（感性）一词进行分析。他强调，这个词同时具有"肉欲"的意思。而席勒所强调的正是"审美功能的冲动性和本能性"③。

那么席勒为什么要强调审美功能的冲动性和本能性呢？这是为了对抗以理性秩序为核心的现代文明。按照席勒的看法，只是由于想象是人类心灵的核心功能，只是由于审美是"人类的一个必要条件"，因此"审美功能在改造文明过程中才有举足轻重的作用"。④ 审美是人类生存的一个必要条件，是人之为人的必要条件。然而，在现代社会中，这种审美的需要、这种感性的冲动受到了压制。在席勒看来，现代文明充满了一系列对抗：感性与理性、质料与形式、自然与自由、特殊与普遍之间的对抗。而在这些对抗中，理性、质料、自然和普遍占据了上风，而与艺术有关的感性的东西、形式的东西、特殊的东西、自由的东西却受到了压抑。虽然这两者在历史上也是充满冲突的，但是，在席勒看来，现代文明应该调和这两者之间的冲突，而不是用理性来压制感性。在这样的情况下，如果感性要重新表明自己的权利，那么它"只能以破坏性的残酷形式来表现，而理性的暴戾则使感性变得枯竭和芜杂"⑤。如果人类想避免这种情况的出现，那么人类只有发掘审美的资源来调节这两者之间的关系。

---

① [美]马尔库塞：《爱欲与文明》，第132页。
② [美]马尔库塞：《爱欲与文明》，第133页。
③ [美]马尔库塞：《爱欲与文明》，第133页。
④ 参见[美]马尔库塞《爱欲与文明》，第135页。
⑤ [美]马尔库塞：《爱欲与文明》，第136页。

席勒把调节这两者之间冲突的冲动称为"消遣的冲动"。这种消遣的冲动的"目标是美,目的是自由"①。

于是,对席勒来说,"消遣"成为一种具有政治意义的冲动。这种消遣的冲动的政治意义在于,它具有解放的作用。马尔库塞概括说:"这种冲动的目的不是'借助'某物来消遣;而是生命本身的消遣,它超越了欲望和外部强制,是无忧无虑的生存的表现,因而是自由本身的表现。"②在我们的生活中,人们也消遣,比如旅游。但这种旅游成为一种时尚的生活,它不是席勒意义上的消遣。现代人的消遣如同购买时尚的皮包一样,是生存斗争永恒化的表现。而消遣恰恰是被用来对抗生存斗争的。只有脱离了生存斗争原则的消遣,才是自由的消遣,是政治冲动意义上的消遣。对于马尔库塞来说,现代物质生活条件的发展为这种消遣提供了条件。他说:"仅当'对需要的压制'被'对过剩(丰富)的压制'取代时,人类生存才会进入'其本身既是目的又是手段的自由运动'。"③

从这里我们可以看出,虽然审美活动是要调节感性和理性之间的对抗的,实际上它是要重新恢复感性的力量,消除现代理性文化对于感性的压抑。在这一点上,马尔库塞说得很清楚:"要拯救文化,就必须消除文明对感性的压抑性控制。"④

四、性欲向爱欲的转变

在理解马尔库塞的非压抑性文明的过程中,人们常常会认为马尔库塞的这个想法实际上是主张性解放。而实际上,这完全是一种误解。马尔库塞认为:"非压抑性秩序之可能存在的唯一条件是,性本能借助其自身的原动力,在变化了的生存条件和社会条件下,在成熟个体之间形成

---

① [美]马尔库塞:《爱欲与文明》,第137页。
② [美]马尔库塞:《爱欲与文明》,第137页。
③ [美]马尔库塞:《爱欲与文明》,第138页。
④ [美]马尔库塞:《爱欲与文明》,第139页。

持久的爱欲联系。"①马尔库塞所指的变化了的社会生存条件和社会条件,是指发达工业社会中,人的必要劳动时间减少了,自由时间增多了这一情况。在马尔库塞看来,这种社会条件和生存条件的变化使非压抑性文明秩序成为可能。而马尔库塞的这个理论是在继承弗洛伊德的理论的基础上达到的。按照弗洛伊德的理论,当人的性本能受到压抑的时候,性本能就会升华。这里所谓的升华就是指,人会把这种本能力量转移到生产劳动或者艺术活动中。然而,现代工业化大生产已经节省了人类的劳动。被节省下来的利比多就不必投入到劳动之中了。这就意味着人的被压抑的性能量不需要被压抑了,而是可以被转移到其他领域中。这是弗洛伊德所没有思考过的。在这里,马尔库塞认为,过去人的性欲需要得到满足,由此人就产生一种爱,通过这种爱,性的满足获得了尊严。这是由于性欲而产生爱欲。而随着物质文明的发展,这种关系现在可以颠倒过来。这就是用爱欲来取代性欲。这种颠倒表现为:"在社会关系方面,由于劳动分工开始重新以满足自由发展的个体需要为目标,这种肉欲化也会相应地减少。而在力比多关系方面,对肉体的肉欲化的禁忌则将相应地放松。肉体不再被用作纯粹的劳动工具,它重新获得了性欲。由力比多的这种扩张导致的倒退首先表现为所有性欲区的复活。"②这就是说,本来人类为了生存而需要转移自己的性能量,把能量从性器官转移到人的其他肉体器官上(即肉欲化)。现在,劳动量减少,人不需要进行这种转移了,肉欲化可以减少了。那么减少了这种肉欲是不是意味着人就要放纵自己的性欲呢?肉欲化减少了,人就不必把肉欲用在劳动上,而可以使这种肉欲重新恢复为性欲。如此一来,整个身体就都有性欲的特征了。我们在前面说过,人类是因为性欲引发爱欲的。当人类的整个身体都有了性欲的特征的时候,人类的这种爱欲就不只是局限于性器官压抑上的爱欲,不是为了满足性器官的欲望而产生爱,而

---

① [美]马尔库塞:《爱欲与文明》,第 145 页。
② [美]马尔库塞:《爱欲与文明》,第 147 页。

是整个身体的性欲得到满足。这种爱欲不是性器官满足意义上的爱欲，而是一种新型的爱欲。按照弗洛伊德的观念，人在幼儿时期实际上也有性欲，但是这个时候的性欲不是局限在性器官上，而是散布在整个身体上。但是，在人逐步成熟的时候，这个广泛的性欲就越来越集中在性器官上。个人成长的过程与整个人类文明史的过程是一致的。现代人类的性关系集中在性器官上，而其他器官上的性欲被转变成为肉欲。在现代社会中，这种肉欲重新恢复为性欲的条件成熟了。如此一来，"在力比多关系的价值和范围方面所发生的这种变化，将导致那些组织私人人际关系的机构，特别是一夫一妻制的、父权制家庭的瓦解"①。

按照马尔库塞的这种说法，人的性满足不再局限在性器官上，而整个身体都能够获得性满足。因此，一夫一妻制的家庭就可以瓦解了，人不需要通过异性器官的接触来获得性满足。这不是我们通常所说的那种性变态吗？这确实是人类性关系的形态发生了变化。在这里，马尔库塞特别把这种新的性形态与现代社会中所出现的"性反常"区分开来。在他看来，性反常是伴随着性压抑的文明形式一起出现的，是性压抑的伴随现象。这种性反常现象是不人道的、压抑的、强制的②。而马尔库塞所说的新的性形态是恢复人类原初的那种性形态，这是一种非压抑的性形态。他说："前历史的、幼儿的愿望和态度的恢复也不一定就是倒退。事实很可能正好相反。这种恢复可能接近于某种幸福，这种幸福一直是关于某个美好未来的被压抑的许诺。"③

当然，马尔库塞强调，恢复过去的前历史的那种愿望和态度，不是回复到过去时代，而是要有一种升华。这种升华，与弗洛伊德所说的那种本能被压抑之后而发生的升华不同。马尔库塞所说的这种升华是新的意义上的升华。它意味着，"在特定条件下，性欲可以创造高度文明的人

---

① [美]马尔库塞：《爱欲与文明》，第 147 页。
② 参见[美]马尔库塞《爱欲与文明》，第 148 页。
③ [美]马尔库塞：《爱欲与文明》，第 149 页。

类关系,而不屈从于现存文明对本能的压抑性组织"①。这种升华实际上就是性欲转变成为爱欲。他说:"随着这种原始性欲结构的恢复,生殖器功能至上性,同与之相随的肉体的非性欲化一起被打破了。整个有机体都成了性欲的基础。……本能的领域和目标由于得到了这样的扩大,也就成了有机体本身的生命。这个过程借助其内在的逻辑,几乎必然地表明,在概念上性欲转变成了爱欲。"②如果弗洛伊德所说的那种升华是一种压抑性的升华,那么性欲因向爱欲的转变而发生的升华是一种非压抑性的升华。这是一种全新的升华。在马尔库塞看来,这种升华将会导致一种全新的文明形态的出现。这就是一种非压抑的文明。发达工业社会为这种非压抑性升华提供了条件。他从这种非压抑性的升华中看到了新的文明形态的曙光。

然而,对于马尔库塞的这种设想,鲍德里亚提出了严厉的批评。在他看来,马尔库塞所提出的爱欲不过是性欲的另一种形式,是性仿真形式。这就如同现代社会中由于产能过剩,于是社会生产了许多有用无用的东西(仿真性的有用的东西,如时尚品)。爱欲不过是马尔库塞所生产出来的性时尚品。按照鲍德里亚的分析,如果社会仍然存在着某种性压抑,那么把性本能解放出来,这当然是有意义的。但是,当代资本主义社会出现了一种性解放运动,性禁忌完全被打破了。正如商品生产出现了过剩一样,性符号的生产也出现了过剩。当商品生产出现过剩的时候,资本主义社会通过刺激消费来让人们生产更多的时尚品,从而维持资本主义的控制体系。马尔库塞对此是有深刻的认识的。他认为,这是资本主义制度把生存斗争原则永恒化了。这是对于社会进行的一种额外压抑。但是,遗憾的是,马尔库塞没有把这个研究的思路运用到性的解放上。实际上,当代社会中的性解放已经导致了性的过度生产。如果人们把社会的压抑仍然理解为性压抑,那么这实际上就是在继续进行性政治

---

① [美]马尔库塞:《爱欲与文明》,第149页。
② [美]马尔库塞:《爱欲与文明》,第150页。

经济学批判的分析，按照性供给不足的原则进行分析。按照这种原则进行分析，今天的革命仍然是性解放意义上的革命。这表明，马尔库塞仍然是在按照性政治经济学批判的原则来看待现代社会中的压抑。实际上，现代社会根本不存在这种压抑。如果要进行性解放，那么这就如同生产力的解放一样，它促使人们进一步生产时尚的性，爱欲就是一种时尚化的性。这种时尚化的性与时尚化的商品生产一样，就是为了把人控制在资本主义的社会生产体系中。这是一种新压制。

按照这样的分析，我们看到，各种妇女解放实际上就是一种新的压抑。比如，一些女权主义者到处裸露着自己的身体进行抗议。在现代传媒的参与下，类似的照片在世界各地传播。从表面上看，这是一种自由，是一种解放，显示了女性与男性具有同样的袒胸露臂的权利。可是这难道不是一种压抑吗？这不是以男性为标准来衡量自己吗？在这里男性是标准。当一个女性以男性为标准解放自己的时候，这难道不是一种新的压抑吗？这不是承认男权的另一种形式吗？这种所谓的妇女解放，实际上是一种性的压抑。

尽管马尔库塞从性解放的角度来重构新的文明形态是失败的，但是从艺术和想象的角度来讨论新文明形态的可能性是有意义的。这实际上就是要讨伐现代理性文明所存在的问题。对于他来说，要实现这种新的文明形态需要一种回归，就是回归到人类原初文明形态。在那种原初的文明形态中，感性与理性是和谐相处的。而现代文明不过需要把这种原初的和谐进行升华。从理论上来说，马尔库塞的这个设想与本雅明有极大的相似性。举例来说，本雅明在对经验的分析中认为，现代文明出现了一种经验贫乏的现象，而他要恢复的是儿童时代的那种自发的经验。这种经验才是真正人类生活意义上的经验。而现代文明给人提供的不过是经验的碎片。然而解决现代文明中出现的这些问题真的需要回到古代吗？

从马尔库塞对于黑格尔的本体论和历史性概念的分析中我们看到，

马尔库塞继承了黑格尔的辩证法思想,并用这种辩证法思想批判实证主义,而对实证主义的批判实际上是对于当代资本主义社会现实的批判。马尔库塞认为,在现代资本主义社会中,否定性消失了,而他要借助于辩证法来恢复这种否定性。实际上,这就是要否定现代资本主义社会把人束缚在工具理性的体系中,束缚在生存竞争的体系中。马尔库塞发现,现代资本主义虽然创造了发达的物质文明,但是它总是试图把生存竞争原则永恒化,让人生活在人与人之间的永恒斗争中。马尔库塞不仅要否定这种生存斗争永恒化的体系,否定这个合理化的管理体系,而且要发掘人和人之间相互关爱的社会资源。他吸收了弗洛伊德的思想,试图借助于爱欲来实现人和人之间的社会整合。

从法兰克福学派的第一代学者那里,我们看到,他们都共同否定资本主义社会中的合理化的管理体系。阿多诺对于同一性的批判、本雅明对于现代资本主义拜物教的批判、马尔库塞对于生存斗争原则永恒化的批判以及对于实证主义的批判,都表明现代资本主义社会中人和人之间的关系变成一种功能性整合的关系,成为生存斗争(自我持存)永恒化的斗争。这种斗争使人丧失了情感、想象(审美能力)、经验的能力、爱欲等。对于他们来说,只有发掘这样一些能力,人才能改变他们之间的相互关系。这就是说,他们从文化、从审美能力来探讨建立新的社会关系的可能性。而法兰克福学派的第二代代表人物哈贝马斯则不同,他虽然也肯定文化领域的作用,但是他认为文化领域的作用是辅助性的,它只是建立一种商议民主制度的文化条件。他试图通过一种制度性的方法来实现社会整合。

第六章　哈贝马斯：合法化危机及其解决路径

哈贝马斯所理解的现代性主要是社会意义上的现代性。因此,他认为资本主义社会中所出现的现代性问题可以被归结为合法性危机问题。按照哈贝马斯的观点,虽然发达资本主义社会也会出现经济危机,但是合法化危机是最基本的危机形式。潜藏在合法化危机背后的是动机危机。对于哈贝马斯来说动机危机涉及社会文化问题。只有当一定社会文化系统中的人们承认权力系统的合法性,合法化危机才能被解决。而哈贝马斯所提出的解决方案就是通过公民在公共领域中的商谈实现的。哈贝马斯关于现代性的理论非常丰富,我们在这里不打算详细讨论他所提出的关于现代性产生的根源的理论,比如他如何接受韦伯、马克思并改造他们的理论,从而深刻分析资本主义社会所出现的系统入侵生活世界的基本问题。我们在这里侧重于讨论由现代性而导致的社会整合难题是如何得到解决的。而他后期最重要的论著《在事实性与有效性之间》(中文本被翻译为《在事实与规范之间》),实际上就是从话语交流的角度来说明公共领域中的商谈是如何解决发达资本主义国家中的合法化危机的。

第一节　合法化危机及其产生根源的分析

哈贝马斯从社会理论的角度讨论现代性问题。在他看来,发达资本主义社会虽然有各种危机,但是合法化危机是发达资本主义国家最核心的危机。如果从系统整合和社会整合这两个不同的维度来分析这个危机的话,那么我们就会发现,这个危机既涉及系统整合,又涉及社会整合。这就是说,如果国家出现合法化危机,那么社会功能系统就会发生紊乱,同时,大众对于国家的认同(合法性)也会出现危机。

一、发达资本主义国家的合法化危机

在讨论资本主义社会所发生的危机的时候,人们首先想到的是经济危机。人们认为,经济危机是资本主义制度中最主要的危机。这个危机是资本的私人占有和社会化大生产之间的矛盾的必然结果。哈贝马斯并不否认这一点。但是对于哈贝马斯来说,虽然自由资本主义时代确实如此,但是在发达资本主义国家,最主要的危机是合法化危机。我们知道,从20世纪30年代开始,生产过剩的危机引发了国家对于经济过程的大规模干预。从此之后,发达资本主义国家直接介入了经济过程。这也使资本主义社会的意识形态发生了一个极大的转换。在自由资本主义时代,资本主义经济体系的正当性和国家权力的正当性是由自由交换的系统自发证明的。用哈贝马斯的话来说:"市场不仅具有控制论意义上的功能,同时也具有意识形态的功能。"[①]市场之所以具有意识形态的功能就在于,市场交易是自由、自发进行的。这种自由、自发的交换本身就证明了这个系统的正当性。人们参与交易,就是在一定程度上承认这种交易的正当性。然而,当国家干预自由经济系统的时候,国家就必须

[①] [德]哈贝马斯:《合法化危机》,刘北成、曹卫东译,上海人民出版社2009年版(以下引用该版本不再一一注明出处),第35页。

证明自己的这种干预是正当的(合法的)。哈贝马斯说,"由于政府采取行动,积极避免危机,因此,经济危机就被转移到了政治系统当中"①。这就是说,虽然经济危机可以被避免,但是这却引发了政治系统的合法化危机。

那么这是怎样的危机呢?这就是当国家干预经济系统的自发运行的时候,国家必须证明这种干预是正当的;如果国家不能证明(或者这种证明无法有效地说服大众),那么这个时候就出现了合法化危机。其实,任何一个国家制度(也唯有国家制度)都需要被证明为合法的(正当的)。如果一个国家制度失去了合法性,那么这个国家制度就会被颠覆,国家权力就会为大众所否定。哈贝马斯说:"合法性的意思是说,同一种政治制度联系在一起的、被承认是正确的和合理的要求对自身要有很好的论证。"②这就是说,如果国家根据一定的社会制度而做出的决定、提出的要求都能够被证明为正当的,那么国家制度也在一定程度上被证明为合法的。如果根据制度做出的决定不能被社会接受,并导致社会的分裂和矛盾,那么,这就是出现了国家的合法化危机。从这个角度来说,国家不仅从功能意义上来说扮演着系统整合的角色(即国家是保证社会运行的重要子系统,比如,国家提供法律规范来保证社会系统的整合,国家通过暴力机器来维持社会的秩序),国家还要有社会整合的功能。所谓社会整合,就是根据一定的社会规范和价值系统来维护社会的秩序。我们知道,国家本身并不生产社会的规范系统和价值系统,这个规范和价值系统是国家存在于其中的文化系统所提供的。但是,当国家发生分裂的时候,国家就必须借助于这个价值系统来维护社会的统一。哈贝马斯指出:"这就是衡量国家所拥有的合法权力的标准。"③国家权力之所以是合法的,是因为它能够按照社会既定的价值系统来维护这个社会的统一。

---

① [德]哈贝马斯:《合法化危机》,第119页。
② [德]哈贝马斯:《重建历史唯物主义》,郭官义译,社会科学文献出版社2000年版(以下引用该版本不再一一注明出处),第262页。
③ [德]哈贝马斯:《重建历史唯物主义》,第263页。

在这里,哈贝马斯把系统整合和社会整合区分开来,系统整合是由国家的社会管理的一般功能来说明的,而社会整合是由一个社会的价值系统来说明的。合法性的问题与社会的价值系统有关。当国家进行系统整合的时候,国家都会在不同程度上遵循合理性的原则。比如对于现代资本主义国家来说,国家所遵循的合理性原则就是要保证国家的经济增长,从而维持社会经济系统的运行。如果国家在履行这个功能的时候出现问题,那么这个国家就出现了合理性危机。哈贝马斯强调现代国家的合理性危机和合法性危机的差别①。在哈贝马斯看来,下面的这种看法是错误的:"系统所创造的成就,能够使合法性的观念成为多余的;从中立的立场上**可以观察**到的国家机器,或者经济系统所能发挥的作用,是起合法性作用的。"②这就是说,一个国家的经济系统运行得非常好,这并不意味着这个国家就是合法的;反过来说,一个国家的经济系统运行得非常差,也不能说这个国家就是不合法的。这是两个不同的问题。而功能主义者往往用系统的功能来取代社会整合的功能。

国家干预的正当性(合法性)与合理性是不同的。一个国家不能用这种干预保持了经济系统的正常运行甚至提高了这个社会的经济能力,来证明其干预的正当性。国家干预经济过程所取得的积极的经济效果,只能被用来证明国家的干预活动的合理性,而不能证明它的正当性。具体地说,当国家干预经济过程的时候,必然有一部分人获得更大的利益,而另一部分人不能获得利益,甚至牺牲了自己的利益。比如,按照自由资本主义的原则,一个人的私人财产是神圣不可剥夺的。但是当国家权力干预市场过程的时候,政府通过一定的合法律的形式通过税收把一部分人的财产转移给另一部分人,那么,国家的这种做法的正当性何在?在资本主义文化系统中,国家应该如何证明这种做法的正当性?即使这种做法可以极大地提高整个国家的经济效益,国家也不能由此而证明自

---

① 参见[德]哈贝马斯《合法化危机》第五和第六章。
② [德]哈贝马斯:《重建历史唯物主义》,第265页。

己的做法是正当的(合法的)。假如国家这个时候借助于社会的价值观念来证明国家公民之间相互合作的重要性,那么它就能够在很大程度上证明其正当性。为此,哈贝马斯认为,合法性的问题与阶级问题是有关的。合法性的问题是要保证社会的统一的。

显然,合法性问题既是文化问题,又是一个意识形态的问题。国家干预经济过程的时候,不同的社会阶层由于利益上的冲突(阶级斗争)而导致社会的分裂。于是,国家对于合法性的需求就会增加;而国家的干预越多,国家对于合法性的需求就会越大。在自由资本主义时代,由于国家和市民社会的分离,国家既不能干预经济领域,也不能干预文化领域。文化领域是独立于国家权力的领域。然而由于国家对于合法性需求的不断增长,国家权力不仅会干预经济领域,而且会不断干预文化领域。在哈贝马斯看来,国家权力试图通过对文化领域的干预来提升自己的合法性,这种做法的效果仍然非常有限。哈贝马斯说:"政治系统承担起规划意识形态的任务(卢曼的观点)。可以肯定,这样做的时候,机动的余地是十分有限的,因为文化系统特别能抵制行政控制:意义从来都不是用行政手段创造出来的。对符号进行商业生产和行政计划,会消耗掉虚拟的有效性规范力量。获取合法化的'方式'一旦被看穿,对合法化的追求就会不战自败。"[①]而发达资本主义社会中的问题是,国家的干预需要合法性的论证,而对于合法化需求的不断增长使这种干预进入了文化领域本身。国家对于文化领域的干预为什么是正当的呢?这又进一步加深了合法化危机。

二、从合法化危机到动机危机

在哈贝马斯看来,合法化危机的发生表明,一定文化系统中的人们对于政治权力的正当性产生怀疑。当他们对于政治权力产生怀疑的时候,他们就不愿意承认政治权力的正当性,不愿意承认政治权力对于经

---

① [德]哈贝马斯:《合法化危机》,第93页。

济系统的干预的正当性。在这种情况下就出现了动机危机。哈贝马斯说:"如果社会文化系统发生彻底变化,以至于其输出无法满足国家和社会劳动系统的功能要求,就可以说动机危机出现了。"①虽然哈贝马斯在《交往行动理论》以及其他有关论著中不再讨论动机危机,但是他在《交往行动理论》中对由于文化原因所导致的社会病态现象的分析,实际上与对动机危机的分析是一致的。当动机危机出现的时候,文化系统中的人们不愿意参与政治和经济行动。比如,形式民主(选举)实际上是政府获得合法性的一种重要途径,但是,选民对于这种选举持怀疑态度,他们不愿意参与选举。这就是文化系统的输出无法满足国家对于合法性的需求。同样,政府所采取的税收政策会把一部分人的收入转移给另外一部分的人。如果它无法证明这种做法的正当性,那么市民出于不认同的原因而不愿意投入经济活动的机会就极大地增加。应该说,当代资本主义社会中所出现的投票率低下、自愿失业等现象,在一定程度上就是这种动机危机的表现。

从这里可以看出,资本主义的产生和发展依赖于一定的文化条件。哈贝马斯强调:"资本主义社会总是依赖于它们本身所不能再生产出来的文化条件:它们寄生在传统当中。"②这就是说,资本主义的存在和发展依赖于一定的文化传统,但是资本主义本身却不能把这种文化传统再生产出来,于是资本主义社会中存在着一种文化危机。这种文化危机被丹尼尔·贝尔概括为,资本主义社会系统中的三个组成部分发生了分裂,其中的文化系统再也不能说明资本主义社会的正当性。③ 实际上,哈贝马斯的分析也与贝尔一样,受到韦伯思想的影响。按照韦伯的思想,新教伦理为资本主义的发展提供了文化基础。这种新教伦理强调"自我克制""世俗的职业精神""杜绝不劳而获"等。它们都是资本主义赖以存在和发展的文化基础。新教伦理是建立在传统的基础之上的。"这些传统

---

① [德]哈贝马斯:《合法化危机》,第99页。
② [德]哈贝马斯:《合法化危机》,第100页。
③ 参见[美]丹尼尔·贝尔《资本主义的文化矛盾》,第25—26页。

在市民社会的基础上无法得到更新。"① 按照哈贝马斯的分析,新教伦理为资本主义社会提供了一种动机,即参与职业活动的动机。哈贝马斯把这种动机称为"家庭职业的私人性"。它是指,一个人既关心家庭的休闲和消费,又能够适应地位竞争的职业取向。除了这种动机之外,还有一种动机叫公民的私人性。所谓公民的私人性,是指公民对于行政系统的维持和控制活动的关心。大众的这种关心需要一种政治文化,这种政治文化的特点是,它一方面鼓励公民积极参与形式民主的过程之中,一方面又要公民"去掉参与的行为期待"。② 这就是说,这种资产阶级政治文化一方面期待公民的积极参与,另一方面也要求他们对于自己的参与结果不要有过高的期待。在哈贝马斯看来,现代资本主义文化再也无法为这两种动机提供动力。其中的两个理由是:第一,孕育公民私人性和家庭职业私人性的前资本主义传统正在瓦解,而且无可挽救。第二,资产阶级意识形态的核心要素,比如,占有性个人主义和成就意识,因社会结构的变化(比如福利措施)而受到破坏。③ 对于这两个方面,哈贝马斯都有详细的论述。

在这里,我们应该特别注意到,虽然资本主义社会中出现了动机危机,这种动机危机会引发资本主义社会的合法化危机,但是哈贝马斯并没有对这种动机危机彻底丧失信心。在哈贝马斯看来,在交往的道德和后资产阶级的自律艺术中,我们还可以看到资产阶级文化世界观,这种资产阶级文化世界观对于动机的形成依然具有重要意义。而这两个方面正是哈贝马斯后来寻求解决资本主义社会现代性问题(在哈贝马斯那里就是合法化危机问题)的重要途径。按照哈贝马斯的看法,在传统文化受到冲击之后,西方国家占统治地位的文化要素是科学主义、现代机械复制艺术和道德普遍主义。科学主义在政治上的效果是模棱两可的:一方面,科学自身确立了标准,但是这个标准本身却受到质疑;另一方

---

① [德]哈贝马斯:《合法化危机》,第101页。
② 参见[德]哈贝马斯《合法化危机》,第100页。
③ 参见[德]哈贝马斯《合法化危机》,第103页。

面,虽然科学标准本身受到质疑,但是科学主义却导致精英治国和专家治国的观念。对于哈贝马斯来说,现代机械复制艺术和道德普遍主义对于现代社会中的动机的形成具有重要意义。从机械复制艺术的角度来说,现代资产阶级复制艺术不再是资产阶级社会未实现理想的表达,不再是"无暇顾及的幸福前景"的补偿。① 在哈贝马斯看来,当代资本主义社会中的机械复制艺术是"完全无法忍受的体验"的表达,而先锋派与资产阶级之间的分裂就是证明。② 哈贝马斯还指出,资产阶级艺术的发展表现出两个趋向:一个趋向是艺术堕落为宣传性的大众艺术,另一个趋向是"艺术变为一种具有颠覆力量的反文化"。③ 而后一种艺术强化了社会文化系统与资产阶级政治、经济体系之间的矛盾。道德普遍主义是资产阶级意识形态的又一个重要观念。而这种道德普遍主义在康德的形式伦理学中表现得最为明显。但是,这种道德普遍主义所存在的缺陷是,它把与义务不相容的东西(个人的利益需要等)从道德领域中排除出去,认为这些东西不能成为话语意志形成所应该考虑的对象。而哈贝马斯自己所提出的商谈伦理学就能够克服这些困难。对于他来说,商谈伦理学既保证了规范的普遍性又保证了个人的自主性。

对于哈贝马斯来说,由于传统文化系统与政治系统、经济系统脱钩了,或者说摆脱了政治和经济系统的制约,它们就能够按照自身的规律而对于人格形成等发挥作用。于是现代机械复制艺术和道德普遍主义就可以取代传统的文化系统,而在人格动机形成中发挥作用。哈贝马斯认为,这两者"今天对于若干阶层的社会化过程来说已经具有决定意义","它们已经获得了塑造动机的力量"。④ 在哈贝马斯看来,这两种文化因素是从资产阶级传统文化中发展起来的东西。而这两种东西对于

---

① 参见[德]哈贝马斯《合法化危机》,第109页。
② 参见[德]哈贝马斯《合法化危机》,第109页。对于这两者之间的分裂,丹尼尔·贝尔在《资本主义文化矛盾》中也有所论述。
③ 参见[德]哈贝马斯《合法化危机》,第110页。
④ [德]哈贝马斯:《合法化危机》,第114页。

解决资本主义社会中存在的合法化危机,解决我们所说的那种现代性问题具有重要的意义。实际上,我们应该从这个角度来理解哈贝马斯要进一步推进而又未被完成的现代性事业。

三、合法化危机的文化根源

现在让我们来总结一下前面的分析。在自由资本主义社会,主要的危机是经济危机,而这种经济危机通过政府的干预得到控制。如果政府所制定的经济政策能够有效地应对经济危机,那么政府的政策就是合理的;如果不能有效应对,那么政府的工作就出现了合理性危机。与此同时,政府的介入还面临着合法化危机。政府必须证明自己的介入是正当的。而合法化危机是一定的社会文化系统的人们对于政府干预的怀疑。当人们对于这种干预产生怀疑的时候,这就引发了动机危机。而动机危机的背后最深层的问题就是文化问题。哈贝马斯说,政治系统和经济系统的产出危机(即合理性危机、经济危机),"同时也就是社会文化系统的产出失调,并转化为合法性的丧失"①。"动机危机则是社会文化系统本身发生变化的结果。"②

那么文化系统的危机究竟是如何出现的呢? 在 1973 年的时候,哈贝马斯还主要是从政治权力系统对于文化领域的干预来说明。他说:"国家不能简单地掌管文化系统;国家计划领域的扩张,致使文化的确信无疑状况产生了问题。'意义'成了越来越匮乏的资源。"③实际上,从《公共领域的结构转型》开始,文化领域的危机就是哈贝马斯所关注的核心问题。只是那个时候,他还没有把文化再生产中所出现的危机与合法化危机联系起来。但是,随着他对于资本主义现代性问题分析的逐步深

---

① [德]哈贝马斯:《合法化危机》,第 66 页。
② [德]哈贝马斯:《合法化危机》,第 67 页。
③ [德]哈贝马斯:《何谓今日之危机》,载《重建历史唯物主义》,第 311 页。译文略改,参见 Jürgen Habermas, *Zur Rekrostruktion des Historischen Materialismus*, Frankfurt am Main: Surkamp Verlag, 1976, S. 320。

入,他逐步把文化危机看作资本主义社会中最深层次的危机。在《交往行动理论》一书中,他把资本主义社会中所出现的现代性问题概括为:系统入侵生活世界。只要我们深入考察他关于生活世界概念以及系统入侵生活世界的具体内容,那么我们就会发现,他所考察的核心问题实际上就是文化的再生产的问题。系统入侵生活世界所造成的危机,实际上就是一种文化危机。在那里他对于文化危机的考察更加深入、更加细致。

简单来说,生活世界就是通过语言的交流而形成的文化世界①。在一定的文化背景下生活的人们,会就自己所涉及的内在世界、客观世界和主观世界进行话语交流,从而达成一致的理解。生活世界是人们进行话语交流的背景,在这个背景中,文化中的某些东西会成为讨论的主题,但是人们不可能把生活世界本身作为对象来考察,人只能在生活世界中理解生活世界(体现了黑格尔的重构主义的思路)。但是,哈贝马斯认识到,当代资本主义社会中所出现的问题是,系统入侵了生活世界。从哈贝马斯对于系统和生活世界的关系的分析②中我们可以看到,哈贝马斯把生活世界的制度化秩序区分为两个方面:一个方面是私人领域,另一个方面是公共领域。这两个领域实际上与我们在讨论合法化危机的时候所讨论的家庭职业的私人性与公民的私人性相对应。家庭职业的私人性属于私人领域,它与经济系统相互作用;而公民的私人性与国家权力机构相互关联。而在公民的私人性与国家权力机构的关系方面,哈贝马斯又区分了两个方面:一个是就国家的管理角度来说的,比如纳税和国家提供的服务之间的关系。另一个是个人以公民的身份参与国家事务。它们分别涉及合理性危机和合法化危机。在哈贝马斯看来,由于金钱和权力这两个媒介干预了生活世界,对生活世界的再生产产生了一定

---

① Jürgen Habeimas, *Theorie des kommunikativen Handelns* Band 2, Fankfurt am Main: Suhrkamp Verag, 1999, S. 193.
② Jürgen Habeimas, *Theorie des kommunikativen Handelns* Band 2, Fankfurt am Main: Suhrkamp Verag, 1999, S. 473.

的扭曲作用,于是资本主义社会就出现了生活世界的再生产的危机。而生活世界再生产的危机实际上就是文化危机。

如果我们把哈贝马斯在《交往行动理论》中所说的生活世界殖民化与他的《公共领域的结构转型》联系起来,那么我们就可以更深刻地理解他的基本思路。在《公共领域的结构转型》中哈贝马斯指出,现代资本主义社会的公共领域被"再封建化"①了。所谓再封建化,就是国家权力以及经济系统对于公共领域的干预影响了公共领域的再生产。而《交往行动理论》中的生活世界的殖民化包含了两个方面:一是国家权力对于私人领域的干预,一是国家权力对于公共领域的干预。从《合法化危机》所进行的分析中我们知道,国家权力对于公共领域的干预是它不断提升的合法化需求所引起的。而国家权力对于私人领域的干预才导致这种需求的增加。在这里,哈贝马斯所说的公共领域的"再封建化"与文化危机的性质是一样的,都是国家权力领域干预公共领域②的结果。

四、合法性与合理性、合法律性的关系

在《合法化危机》一书中,哈贝马斯已经指出了解决合法化危机的基本方向,这就是把合法性的信念与真理联系起来,并且用专门一章讨论了"实践问题与真理的关系"。在哈贝马斯看来,只有从类似于真理的角度来解决实践问题,合法性问题才能得到解决。关于这一点,我们后面论述。在这里,我们要进一步讨论哈贝马斯对其他解决路径的批评。这是因为这个分析和批判具有十分重要的现实意义。

第一,在关于合法性的讨论中,人们最经常出现的错误是把合法性等同于合法程序。这实际上就是用合法律性取代合法性。在汉语中合法性(legitimacy)与合法律性(legality)常常无法被区分开来。合法性是

---

① [德]哈贝马斯:《公共领域的结构转型》,曹卫东等译,学林出版社1999年版(以下引用该版本不再一一注明出处),第263页。
② 当然,私人领域也会干预公共领域。但是在国家的合法化危机中,我们主要讨论国家权力领域对于公共领域的干预。

正当性,是与真理性有关的政治伦理问题,而合法律性则不同了。哈贝马斯在有关讨论中曾经提到**"按程序办事的合法性类型"**①,这种合法性类型是由卢梭提出的。卢梭在提出这种合法性思想时强调,国家权力如果代表了集体利益或者普遍利益,那么国家权力就是合法的。哈贝马斯并不否认这个思路,但他认为问题在于,"卢梭把他提出的社会契约思想,不仅是理解成辩护水平的界说;他把新的合法性原则的实施,同合理统治的制度化的建议相混淆。"②这就是说,在哈贝马斯看来,虽然卢梭也从辩护的角度来理解合法性(这是哈贝马斯所赞同的思路),但是他还是有缺陷,因为他把合法性原则与合理统治的制度化混淆起来了。在哈贝马斯看来,制度化只是表明,一种规则、一种制度是合乎程序地制定出来的,但是这并不意味着,它是合法的。对于哈贝马斯来说,只有在以理性的辩护为原则的商谈中,社会规范才能得到理性的赞同,并由此而具有合法性(正当的,而这种正当性具有类似于真理的性质)。比如,在西方的形式民主的制度中,某个规则可能是通过全民公决而被确立起来的,但这也未必是正当的。这里所存在的问题是,它没有得到所有相关人的理性的赞同。

第二,在合法性的问题上,人们出现的第二个错误是用合理性取代合法性。我们在前面的分析中已经指出,国家介入经济系统,会出现两个方面的问题:一个是合理性的问题,一个是合法性的问题。当然当我们把这两者区分开来的时候,我们也不能忽视这两者之间的内在联系。哈贝马斯认为,国家在管理活动中有三大任务:确保经济增长的繁荣政策,根据集体的需要对生产结构施加影响,修改社会不平等的模式。③ 当然国家在对生产结构施加影响,在修改不平等模式的时候,都涉及利益的调整,都会使某些人获益,而某些人可能因此受到损失。这里,国家经济政策上的有效性必然涉及正当性(合法性)。只有当国家经济政策受

---

① [德]哈贝马斯:《重建历史唯物主义》,第271页。
② [德]哈贝马斯:《重建历史唯物主义》,第271页。
③ 参见[德]哈贝马斯《重建历史唯物主义》,第282页。

到人们的普遍赞同,这种政策才能被有效地实施。从这个角度来说,正当性会在很大程度上推进国家治理的有效性。从中国社会发展的现实来看,由于国家的许多经济政策受到人民的普遍赞同,因此,它取得了非常显著的效果。反过来,如果国家采取有效措施来实施经济政策,使经济得到发展,大多数人因此而受益,那么大多数人也会因此赞同国家的政策。这样合理性也可以用来支持合法性。比如,在中国,某些经济政策一开始并没有得到人们的普遍赞同,人们甚至怀疑它的积极意义,但是通过长期的努力,经济政策极大地促进了国家的经济发展。经济政策的这种有效性最终也会使人们承认它的正当性。关于这一点,哈贝马斯曾经指出:"当国家通过自己的纲领和规划成功地去完成自己所肩负的任务时,她才能证明自己是合法性的帮助者。"①国家必须借助于有效性来**帮助**它达到合法性。但是尽管如此,我们还是应该把这两者区分开来,绝不能简单地认为,经济发展了,人民的物质利益得到满足了,人民就会承认国家权力的行使的合法性。实际上,中国民间有一句话在一定程度上表现了合法性与合理性之间的这种差别,"端起碗来吃肉,放下筷子骂娘"。这表明,一些人虽然得到了物质利益,但是他们并不满意。这究竟是为什么呢?

第三,在这里,哈贝马斯进一步揭示了合法性与普遍利益的关系。我们前面说过,国家的经济政策必定要涉及利益的调整。在哈贝马斯看来,"国家的合法性问题在于把资本主义的经济成就,表现为普遍利益的最大可能的实现,或者至少假设为普遍利益的最大可能的实现。"②国家的经济成就只有在有助于实现最大普遍利益的时候才被认为是正当的。我们究竟如何定义最大普遍利益呢?哈贝马斯在这里并没有给出一个明确的答案。他后来在关于商议民主制度的讨论中强调,在理性商谈基础上得到一致赞同的利益就是普遍利益。在这里,他更重视社会政策在

---

① [德]哈贝马斯:《重建历史唯物主义》,第283页。
② [德]哈贝马斯:《重建历史唯物主义》,第283页。

合法化中的作用。他指出:"只有当国家确实表现出自己是社会国家,能够控制住经济过程中的破坏性的副作用,并对各个人的利益不造成损害时,而且只有在这种情况下,合法性面临的威胁才得以避免。"[1] 这就是前面我们所说的,虽然国家经济政策取得了成就,但是人们并不满意;或者说,经济过程产生了破坏性副作用。那么在这个时候国家应该采取一些社会公平政策。他说,"合法性面临的威胁,可以通过社会保障系统得到补救";"合法性面临的威胁,可以通过生活条件保障系统加以预防"。[2] 从哈贝马斯的分析中我们可以看到,合法化危机是与社会公平政策联系在一起的。而这种社会公平政策往往要通过大众民主制度来实现。为此,哈贝马斯特别强调大众民主制度对于解决合法化危机所具有的重要作用。在哈贝马斯看来,正常的政党竞争也可以缓和合法性所面临的困难。当然,在这里我们必须注意,我们不能认为民主的程序就能够自动达到合法化。好像西方国家的政府是通过民主的程序选举出来的,所以它的权力就不存在合法性的问题。这只能表明这些国家的政府具有合法律性,而不是合法性。哈贝马斯期待着一种实质性的民主制度(即商议民主制度)来解决合法化危机。尽管如此,我们也必须注意,虽然选举程序等民主制度并不能保证政治权力或者政策的合法性,但是,这种程序民主制度是合法性的必要条件之一;或者说,合法律性是合法性的必要条件之一。而合法性的另一个必要条件是合理性。哈贝马斯指出,在西方大众民主国家,完成国家应该完成的三大任务,完成国家的社会纲领,"至少也是合法性的一个必要条件"。[3] 由此,我们实际上就可以总结出合法性与合理性、合法律性的关系了:合理性与合法律性,是合法性的两个必要条件。

---

[1] [德]哈贝马斯:《重建历史唯物主义》,第281页。
[2] 参见[德]哈贝马斯《重建历史唯物主义》,第281页。
[3] 参见[德]哈贝马斯《重建历史唯物主义》,第281页。

五、解决合法化危机的现代性事业

在前面讨论动机危机的时候,我们曾经指出,现代机械复制艺术以及道德普遍主义对于解决动机危机具有极其重要的意义。而对于哈贝马斯来说,道德普遍主义是通过人们之间在公共领域中的相互商谈而确立起来的。这是哈贝马斯所提出的解决合法化危机的最核心的理论。对于哈贝马斯来说,现代性问题中最重要的问题是合法化危机的问题,而合法化危机背后的深层问题是动机危机。解决这个动机危机当然要靠普遍主义道德,因为这种道德要让所有的人参与到有关自己利益的商谈之中。那么现代机械复制艺术在这里究竟发挥怎样的作用呢?这与哈贝马斯所说的"现代性是一项未完成的事业"之间有什么关系呢?

哈贝马斯在《现代性——一项未完成的事业》一文中对这个问题做出了说明。在这里,哈贝马斯首先回顾了现代艺术的发展,说明了审美现代派(波德莱尔和艾伦·坡所开辟的现代主义艺术道路)的基本特点。所谓现代主义就是打破现代艺术与传统的联系,它表达了对于社会生活加速发展的一种体验。哈贝马斯说,现代主义表现"在对转瞬即逝、昙花一现、过眼烟云之物的抬升,对动态主义的欢庆中,同时也表现出一种对纯洁而驻留的现在的渴望"[①]。这里所说的现代主义的特征实际上就是我们所说的现代性的特点。这种现代主义是反历史主义的,它要不断更新、不断颠覆旧的东西。它体现了"美学意识的颠覆力量"[②]。正是由于现代主义艺术所具有的这种颠覆力量,贝尔提出了一种保守主义的观点。按照贝尔的观点,现代资本主义社会的传统价值观念,比如新教伦理中的职业观念等,是资本主义经济和政治系统发展的重要文化动力。

---

① [德]哈贝马斯:《现代性——一项未完成的事业》,载汪民安、陈永国、张云鹏主编《现代性基本读本》上册,河南大学出版社 2005 年版(以下引用该版本不再一一注明出处),第 109 页。这篇文章在该书中的标题为"现代性——未完成的工程"。
② [德]哈贝马斯:《现代性——一项未完成的事业》,载汪民安、陈永国、张云鹏主编《现代性基本读本》上册,第 109 页。

在当代社会,现代主义文化的出现颠覆了以新教伦理为核心的资本主义文化精神。这就导致了资本主义的文化矛盾。现代主义文化是与资本主义政治、经济系统为敌的文化。如果用哈贝马斯的术语来说就是,这种文化矛盾导致了"动机危机"。可是,哈贝马斯对于贝尔的这种文化保守主义持批判态度。贝尔把动机危机(资本主义文化危机)的根源归结于"放荡不羁的文化人的精英式的反文化的生活方式"①。对于贝尔来说,挽救资本主义的方法是重建新宗教,以对抗这种现代主义的文化。在哈贝马斯看来,保守主义对于当代资本主义社会中的问题的诊断出现了错误。在它们看来,好像现代主义文化要对当代资本主义发展中出现的问题负责。而在哈贝马斯看来,现代主义文化在资本主义发展中是有贡献的。这种贡献就表现在它们是对于经济系统和行政系统的规则侵入生活领域的一种抗议。经济系统和行政系统的规则就是贯彻了新教伦理的原则的。现代主义文化对于系统入侵生活世界的抗议,在一定的程度上也表现为对于资本主义的精神(新教伦理精神)的冲击。由于哈贝马斯和贝尔对于资本主义文化危机的认识不同,他们所提出的思路也不同。贝尔认为,资本主义的文化危机的根源是现代主义文化的发展。而哈贝马斯认为,资本主义的文化危机的根源是系统入侵生活世界。按照贝尔的思路,解决这种文化危机的方法当然是要否定现代主义文化,重建新宗教。而按照哈贝马斯的思路,既然资本主义文化危机的根源是系统入侵了生活世界,那么解决问题的方法当然就是要避免系统对生活世界的入侵。而现代主义文化就是可以用来抵抗资本主义经济系统和行政系统的入侵的。这是我们应该加以保护的。

可是现代主义文化的冲击导致了动机危机,这个动机危机如何才能解决呢?哈贝马斯认为,这里不是要否定现代主义文化,而是要进一步追问,为什么现代主义文化会导致动机危机?在这里,哈贝马斯回顾了

---

① [德]哈贝马斯:《现代性——一项未完成的事业》,载汪民安、陈永国、张云鹏主编《现代性基本读本》上册,第111页。

启蒙运动以来现代文化发展的历史过程。哈贝马斯指出,按照韦伯的分析,自从启蒙运动以来,西方文化中的三种要素从宗教和传统形而上学中分化出来。这三个因素是科学知识、道德和法律规范以及文学艺术。它们分别解决认识问题、公正问题和趣味问题。这三个问题实际上就是我们哲学研究中的真善美的问题。在哈贝马斯看来,启蒙不仅导致了文化中的这三个领域之间的分离,而且还使"专家文化与大众之间的距离继续拉大"①。而这种分离的趋势在艺术中表现得最突出。我们知道,在艺术领域中不仅存在着艺术创作,而且还出现了一种与艺术创作结伴而生的艺术批评。艺术创作离不开艺术批评,而艺术批评也离不开艺术创作。本来艺术批评的工作就是要让艺术接近大众,解决专家文化与大众之间的距离问题的。精英主义的艺术却越来越脱离大众,而且艺术家和艺术批评家都走向了一种唯美主义的道路。艺术批评家不能很好地履行自己的职责。哈贝马斯说:"批评家并不把自己看成民众的代言人,而是隶属于艺术生产过程的阐释者。"②

那么如何才能解决这个问题呢?哈贝马斯指出,现代主义艺术也进行了某些努力。比如,从波德莱尔开始,现代主义艺术就试图打破艺术与大众之间的距离。他们对于艺术与生活的距离进行了反思,而这种批评性的自我反思给他们带来了巨大的痛苦。哈贝马斯说:"艺术越是远离生活,越是撤回到一种完全独立的不可触及之中时,就愈加痛苦意识到两者之间和解的缺乏。一个被驱逐者、一个与巴黎的捡垃圾者打成一片人(波德莱尔——引者注)的无穷厌倦,就是这种痛苦的反映。"③当然

---

① [德]哈贝马斯:《现代性——一项未完成的事业》,载汪民安、陈永国、张云鹏主编《现代性基本读本》上册,第112页。
② [德]哈贝马斯:《现代性——一项未完成的事业》,载汪民安、陈永国、张云鹏主编《现代性基本读本》上册,第114页。
③ [德]哈贝马斯:《现代性——一项未完成的事业》,载汪民安、陈永国、张云鹏主编《现代性基本读本》上册,第115页。译文略改,参见 Habermas and the Unfinished Project of Modernity, edt. by Maurizio Passerin D'Entreves and Seyla Benhabib, Polity Press, 1996, p.49。

也有一些人把这种反思的精神付诸实践,比如沃霍尔的波普艺术。但是,哈贝马斯指出,这些尝试并不成功。他们虽然试图打破艺术与生活之间的距离,但是却把艺术的特点更加显著地凸显出来。在哈贝马斯看来,他们的这种做法充其量不过是"让**一种单向性和一种抽象性由另一种取代**"①。哈贝马斯认为,这是对于艺术和生活之间的距离进行了一种错误的扬弃。

而与这种错误扬弃不同的,是哈贝马斯本人所提出的交往行动理论。按照这种交往行动理论的模式,艺术家与大众之间的距离还是应该由艺术批评家来完成。艺术批评家在大众和艺术之间发挥了一种沟通的作用。这样做一方面能够让一般大众了解艺术,甚至让大众成为内行、成为专家,另一方面,艺术批评还可以弥补艺术本身中所存在的不足。而艺术批评家的这些工作都是在生活世界中完成的。这就是说,大众在日常生活中,就自己所关心的审美问题进行讨论,而专家由于他们的专业知识而对大众产生影响。按照哈贝马斯的思路,他自己所提出的解决现代性问题的构想,不是要否定专家文化,不是要否定启蒙运动以来文化的分化过程,而是要进一步推进这个过程。启蒙的过程实际上就是文化大众化的过程。在推进这个过程的时候,专家文化与大众生活联系起来了。这不仅对于艺术领域是适用的,而且对于道德、法律和科学技术领域也同样适用。在道德领域中,人们通过相互讨论而得到一致赞同的规范;在科学领域中,人们通过讨论而得到科学的真理。因此,合法化危机的问题要靠公共商谈来加以解决。

由此,交往行动理论的提出,为解决合法化危机开辟了道路,而商谈道德和商议民主制度就是要直接解决这个危机。

---

① [德]哈贝马斯:《现代性——一项未完成的事业》,载汪民安、陈永国、张云鹏主编《现代性基本读本》上册,第115页。

第二节　实践问题的认知主义解决方案

在《合法化危机》中,哈贝马斯指出了解决合法化危机的路径,这就是把实践问题和真理联系起来。我们知道,在康德哲学中,认识问题是纯粹理性批判中解决的问题,而实践问题是实践理性要解决的问题。哈贝马斯的一个重要的理论创造在于,他要从认知主义的角度来解决实践问题。合法化危机实际上就是实践问题,哈贝马斯试图为实践问题提供一个新的解决方案。在这里,我们仍然从现代性的视角来说明哈贝马斯的贡献。

一、解决现代性问题的两个方案

哈贝马斯认为,在面对合法化危机的时候,人们实际上提出了三种不同的解决方案:一个是左派黑格尔的,这是马克思、卢卡奇、韦伯和早期法兰克福学派的路径;一个是黑格尔右派的,这个黑格尔右派最终走向了文化保守主义;另外一个就是后现代主义的。按照哈贝马斯的分析,在这三者之间的斗争中,后现代主义取得了胜利。[①] 因此在《合法化危机》中他集中讨论了后现代主义,并针对后现代主义提出了他自己的方案。而他自己的解决方案**实际上**是沿着黑格尔左派的路径来探讨现代性问题的。我们在本书的序言中已经说明了这一点,在这里不再重复。

按照哈贝马斯在《现代性的哲学话语》中所做的分析,现代性表示一种决裂,与传统社会的决裂。传统社会是依靠传统的文化,比如宗教等而把社会整合在一起的。既然现代社会已经与传统社会决裂,那么现代社会靠什么东西来把社会整合在一起呢?虽然现代社会中很多人对于传统的东西情有独钟,但是他们也意识到现代社会已经不能靠传统的东

---

① [德]哈贝马斯:《现代性的哲学话语》,第 67 页。

西来维系了。即使他们想模仿传统社会，他们也要对这种传统的东西进行重构。在哈贝马斯看来，既然现代社会已经与传统社会决裂了，那么现代社会只能选择自己的规范来整合社会。哈贝马斯把这种情况称为现代性的自我确证。在哈贝马斯看来，这种自我确证只能靠理性。哈贝马斯说："现代性必须根据自己所剩下的唯一权威，即理性，来巩固自己的地位。"①而这种理性原则从一开始就是跟主体性结合在一起的。在笛卡尔哲学中这种理性表现在自我反思之中。黑格尔哲学就是沿着笛卡尔开启的理性原则来思考现代性，思考理性是如何在现代社会中得到实现的。哈贝马斯指出："根据黑格尔的理解，现代性的这种规范扎根在理性自身的结构当中，并且可以在'主体性原则'当中找到解释。"②现代社会对传统的宗教等形成了冲击，需要借助于理性来确证自身。

然而，在理性确证自身的时候，理性自身却受到了批判；或者说，理性对于自身进行自我反思和自我批评。在对现代性的理解中，理性批判的模式是现代性的重要的分析视角。这是因为，现代社会是一个不断更新的社会，它总是不断面临新的问题，并且需要解决这些新的问题。哈贝马斯指出："'批判与危机'成为了分析的模式，因为现代意识发现自己面对着挑战，而且必须处理许多问题。"③我们在分析现代性概念的时候指出，现代性就表现在它的求新和求变上。而不断的变革实际上对于社会也具有一种解体的作用，它会让社会不断地处于危机之中。于是，当现代社会试图通过理性来巩固自身的时候，它又需要不断地反思自身、批判自身。在理性的自我反思中，理性原则自身发生了分化。认知理性、实践理性与判断力在康德哲学中发生了分化。与理性原则自身的分化过程相一致的，是社会生活领域自身的分化。随着传统文化的不断解

---

① [德]哈贝马斯：《现代性——一项未完成的事业》，载汪民安、陈永国、张云鹏主编《现代性基本读本》上册，第122页。
② [德]哈贝马斯：《现代性——一项未完成的事业》，载汪民安、陈永国、张云鹏主编《现代性基本读本》上册，第122页。
③ [德]哈贝马斯：《现代性——一项未完成的事业》，载汪民安、陈永国、张云鹏主编《现代性基本读本》上册，第123页。

体,社会系统的复杂性不断提高。最初理性原则是一种主体性原则,是主体自我反思的原则。然而在理性原则的自我分化中,人们发现,"最初最受欢迎的主体性原则以及主体性原则所确立的自我意识的结构,只是理性的一个侧面,而不能被认为是整个理性自身。"①比如以主体性原则为核心的认知原则在否定了神的权威之后,究竟用什么东西来保障社会的整合呢?

实际上,用来对抗神的权威的是认知主体,而启蒙反抗神学的时候,它所采用的就是这种认知意义上的理性。按照黑格尔在《精神现象学》中的分析,启蒙文化和实证宗教(直接确证社会秩序正当性的宗教)是相对应的。按照黑格尔的分析,启蒙所崇拜的理性实际上就是知性,就是工具理性。这种工具理性实际上就是把一切作为对象来加以改造,从而使这种理性具有暴力压制的特征。哈贝马斯是这样来说明理性所具有的压制特征的:"理性的压制特征建立在自我反思的结构当中,也就是说,建立在认知主体的自我关涉当中,从而使得认知主体自身成为客体。同一个主体性,最初表现为自由和解放的源泉——同时表现为宣告和欺骗——后来又暴露出是一种野蛮的客体化的源头。"②按照这种主体原则,主体不仅把外部世界作为征服的对象,而且还把它自身变成被征服的对象(这就是法兰克福学派第一代代表人物所说的,工具理性在控制外部自然的同时也开始控制内在自然)。黑格尔看到了主体原则所存在的这种缺陷,他要克服这种缺陷,他要在更高的层次上进行反思,以克服主体性(知性)原则所产生的不良后果。

那么我们究竟如何理解理性在自身发展中所产生的不良后果呢?哈贝马斯是在利用韦伯思想的基础上,吸收卢卡奇等人的思路来进一步深化对黑格尔哲学的理解的。我们知道,按照韦伯的思想,现代社会的

---

① [德]哈贝马斯:《现代性——一项未完成的事业》,载汪民安、陈永国、张云鹏主编《现代性基本读本》上册,第123页。
② [德]哈贝马斯:《现代性——一项未完成的事业》,载汪民安、陈永国、张云鹏主编《现代性基本读本》上册,第124页。

发展过程是一种合理化(知性思维的方式)的进程,是一种祛魅的过程。这实际上说的就是启蒙的过程。在这一发展过程中,社会生活领域按照合理化原则逐步分化。比如,经济领域和行政领域都按照合理化的原则组织起来,于是人就成为经济系统和行政系统中的内在要素,人失去了自由。同时,由于合理化所导致的祛魅过程,新教伦理的信仰被否定了,人的经济和政治活动的意义也丧失了。这就意味着,合理化过程导致了两个不良后果:自由的丧失和意义的丧失。哈贝马斯对于韦伯的这个分析的结果并不满意。他认为,如果行政系统和经济系统按照合理化原则行事,那么这并不是什么自由的丧失。这是社会经济发展的必然要求。如果要讨论自由的丧失,那么自由的丧失不是发生在经济系统和行政系统中,而是发生在生活世界之中。他按照卢卡奇物化分析的模式来讨论自由的丧失。在行政系统和经济系统中所出现的物化现象,进一步扩展到社会生活的其他一切领域。这就是资本主义社会中自由丧失的原因。如果用哈贝马斯的术语来概括,那么就是系统入侵了生活世界。当生活世界中的人们通过自己的讨论,自己给自己制定规范(自由就是自我立法。如果他们的自我立法确认了行政系统和经济系统中的合理化原则),那么人就是自由的。对于意义问题的解答,也同样必须通过生活世界中的人们的自由讨论来进行。哈贝马斯感到,他对于现代文明中的这些问题的分析是沿着黑格尔的思路进行的,是黑格尔理性批判理论的继续。如果说与黑格尔有所不同,那么这主要表现在他吸收了韦伯等人的思想。正因为如此,他把自己的现代性理论称为"新古典主义的现代性概念"①。

哈贝马斯还根据自己所提出的这个基本想法批评后现代主义的思路。在《现代性的哲学话语》中哈贝马斯讨论了包括尼采等人在内的许多学者。而他在韩国首尔所进行的关于现代性的演讲中,则主要提到了

---

① [德]哈贝马斯:《现代性——一项未完成的事业》,载汪民安、陈永国、张云鹏主编《现代性基本读本》上册,第137页。

海德格尔和后期维特根斯坦。① 那么,他们的后现代主义思路究竟有什么根本特点呢?实际上,后现代主义也是对于理性进行反思,不过他们的反思与黑格尔完全相反。黑格尔强调理性要通过自我发展而成为一种总体性的理性。而后现代主义则认为,这种理性原则仍然是一种暴力原则,这就是把适合于某个条件下的规则无条件地用于一切社会。对于后现代主义来说,这是"理性的错误自负"。在哈贝马斯看来,对于海德格尔和维特根斯坦来说,如果理性是绝对的,是超越一切语境的,并且具有普遍的意义,那么这实际上是因为人们没有能够彻底揭示它们的先验表象。从海德格尔的哲学中我们知道,他是吸收了狄尔泰的解释学思想来理解人类社会现象的。他们把先验的研究转变成为解释学研究。对于他们来说,先验的东西实际上不过是人们在理解一切现象时所预设的前提,而对这种预设的前提人们应该进一步加以理解。对于海德格尔来说,先验的东西就是"存在",我们都是在理解了"存在"的基础上才规定"存在者"的;或者说,存在是存在者得以存在的先验条件。而人们之所以这样规定存在者、理解存在者,是因为所有的人(此在)都是对存在有所理解的存在者。每个人都根据自己对于存在的理解来规定存在者。这样,"存在"这个先验条件就在解释学意义上被接受了。而维特根斯坦更加明确地强调,意义即用法,字词没有普遍适用的含义,而只有在具体使用中才有确定的意义。按照这两种后现代主义的思路,传统形而上学中的那种先验的、普遍的、绝对的东西是不存在的。如此一来,后现代主义否定了理性的普遍力量。由此可见,虽然后现代主义与黑格尔一样,也是理性批判的理论,不过这种理性批判的理论"不仅要揭示理性的错误自负,而且要剥夺理性自身的权力"②。于是,哈贝马斯在这里面临着一个新的问题,即如何来维护理性的权力?哈贝马斯是通过对于道德普

---

① 参见[德]哈贝马斯《现代性——一项未完成的事业》,载汪民安、陈永国、张云鹏主编《现代性基本读本》上册,第125页。
② [德]哈贝马斯:《现代性——一项未完成的事业》,载汪民安、陈永国、张云鹏主编《现代性基本读本》上册,第130—131页。

遍主义的辩护来维护理性的权威的。

二、道德普遍主义是否可能

按照后现代主义的观念,理性如果试图探讨一种普遍的规范,那么这就是理性的自负。按照这样的观念,任何一种实践的原则和规范都必须在某些条件下才是适用的,不存在普遍性的规律和规则。如果在社会实践领域中要建立普遍性的规则,那么这必定是一种文化霸权主义。在当代社会,这就是把西方所确立的规范推广到整个人类社会。

针对这样的观念,哈贝马斯吸收了阿佩尔的先验语用学的观念来说明建立普遍规范的可能性。在阿佩尔看来,普遍性的命题是可以得到理性上的证明的。但是这种证明是一种语用学的证明,或者说,是一种先验语用学上的证明。他说:"我们必须认为一种'先验的语言语用学'是可能的,在这种'先验的语言语用学'中,论辩主体能够对总是已经被先行假定为言语情景之前提的论辩的可能性和有效性条件做出反思。"①这就是说,任何参与论辩的人都承认论辩的前提。如果否认了任何论辩的前提,那么这种论辩也就不可能了。论辩的前提对于论辩的参与者来说,是作为辩论的背景而发挥作用的,因此对于参与论辩的个人来说,它是先验的。比如,笛卡尔在反驳他的对手对于"我存在"的怀疑的时候,他提出了"我思,故我在"。而在阿佩尔看来,对笛卡尔的这个命题实际上就可以采取一种"先验语用学"的方式来加以反驳。这就是,当一个人说"我不存在"的时候,他实际上陷入一种阿佩尔所说的"施为性矛盾"(performativen Widerspruch)之中了。② 这是因为当他说"我不存在"的时候,他就已经在逻辑上预设了"我存在"。如果没有"我"存在,那么"我不存在"这句话就无法被表达出来。当然,阿佩尔从语用学角度来说明

---

① [德]阿佩尔:《哲学的改造》,孙周兴、陆兴华译,上海译文出版社1997年版(以下引用该版本不再一一注明出处),第312页。
② Jürgen Habermas, *Moralbewusstsein and kommunikativese Handeln*, pp. 90 - 91.

的普遍性命题被证明的可能性,是直接针对波普尔的。在波普尔看来,普遍性的命题只能被证伪,而不能被证明。

哈贝马斯给予高度的评价。他认为,阿佩尔的工作使人们关注自己的认识行动背后的东西:那些作为认识行动而先验地预设的东西。在我们的话语行动中,我们也进行了先验的预设。这种先验预设是在我们的论证过程的背后发挥作用,但是怀疑论对于这种先验预设没有自觉的意识。因此,当怀疑主义否认道德上的普遍命题的时候,他们所提出的证据恰恰和这个论据的先验前提存在着矛盾和冲突。为此,阿佩尔强调:"对于某种东西,如果没有碰到事实上的自我矛盾,那么我就不能否定它,并且如果没有在形式逻辑上盗取理由就不能给它提供演绎上的论证,那么这种东西就属于那种论证上的超验语用前提,如果争论的语言游戏应该保持它们的**意义**的话,那么人们必须始终承认这些前提。"①因此,怀疑主义在否认道德命题的普遍性的时候,他实际上已经预设了先验的前提,而这个先验的前提只能在盗取前提的情况下才能被在逻辑上演绎地证明,它是任何一种讨论都必须承认的。阿佩尔所说的这种先验前提是人们的话语交流赖以发生的"先验的交往共同体"②。这就是说,在话语交流过程中所有的人都必须遵循话语交流的先验的条件。这是人们在论辩过程中必须接受的基本的规范。阿佩尔把这种规范说成是"交往共同体的基本道德规范"③。

哈贝马斯对于商谈伦理学的普遍性的论证,恰恰就是建立在阿佩尔的先验语用学的论证的基础之上的。对于哈贝马斯来说,即使人们可以否认任何一个具体的道德规范的普遍性,但是他们却必须承认这种交往的先验语用学的前提。只要他们参与讨论,他们就必须承认交往的语用学前提,就必须接受这种语用学前提。这种前提就是人们话语交流所必须遵循的"道德规范"。商谈伦理学所确立的普遍的道德规范是商谈中

---

① Jürgen Habermas, *Moralbewusstsein and kommunikativese Handeln*, p. 92.
② [德]阿佩尔:《哲学的改造》,第 318 页。
③ [德]阿佩尔:《哲学的改造》,第 319 页。

所必须遵循的语用学规范。对于哈贝马斯来说，无论一个人属于哪一种传统，具有什么样的不同的文化背景，只要他参与道德的商谈，他都必须承认话语交流的规范，必须遵循这些规范。这些规范是不需要论证，也不能论证的事实。那么这些规范究竟有哪些呢？

哈贝马斯的论证策略是，只要在商谈中承认商谈的语用学前提，那么人们就必然会承认普遍原则。我们看到哈贝马斯的这个论证思路是从阿勒克西（Robert Alexy）那里吸收过来的。哈贝马斯说："阿勒克西引入康德的普遍原则的一个版本作为道德实践商谈的论证规则。从这条普遍原则可以看出，它的基础是整个论辩过程的理想化预设。"①对于阿勒克西来说，道德的商谈需要普遍原则，而普遍原则是从论辩过程的理想化预设中得出的。或者说，在商谈的语用学前提中已经在某种程度上蕴含了普遍原则，人们可以从商谈的语用学前提中先验地推导出普遍原则。哈贝马斯指出："任何一个人，只要他赞同论证中的那些普遍的必然的交往条件，只要他知道，所谓的为行为规范辩护是什么意思，那么他就必然含蓄地设定了普遍原则（无论是以上述提法，还是以其他的相当的提法）的有效性。"②既然普遍原则是从商谈的语用学前提中推导出来的，既然商谈的语用学前提与任何形式的特殊文化氛围无关，那么普遍原则也与任何文化氛围、文化前提无关。从后现代主义批判的角度来说，既然后现代主义者也参与了各种形式的讨论，那么他们也在讨论中承认了这些普遍的语用学前提。既然普遍的规则可以从普遍的语用学前提中推论出来，那么普遍性就是可能的。从这个角度来说，理性的权威可以得到辩护。

在这里，哈贝马斯吸收了阿勒克西的思想，提出了三个层次的语用学前提③。在哈贝马斯看来，这些语用学前提是人们在商谈过程中可以直觉地意识到的前提，而不是严格规定了话语行为的规则。这些语用学

---

① ［德］哈贝马斯：《在事实与规范之间》，第282页。译文略改。
② Jürgen Habermas, *Moralbewusstsein and kommunikativese Handeln*, S. 97.
③ 参见 Jürgen Habermas, *Moralbewusstsein and kommunikativese Handeln*, S. 99。

前提表明,人们在进行话语活动的时候,都应该这样或者那样地遵循这些前提和规则。于是,人们自然会认为这种规则与人们在实际社会活动中的许多规则有原则的差别,比如象棋规则。在象棋游戏中游戏者必须遵循规则,而我们在话语行动中没有这样的严格的规则。实际上,在实际生活中,我们可能会根据不同的情况而把语用学前提制度化。比如,我们规定所有的公民都可以平等地参与关于自己利益问题的商谈过程。同样,在科学的讨论中,我们也确立了科学的商谈过程的规则。但是哈贝马斯特别强调,把商谈的语用学前提制度化,不能与人们为了解决特定的问题而制定的规则混淆起来。人们为了解决特定的问题而协商制定的协议,与商谈的语用学规则是有原则差别的。商谈的语用学前提或者商谈的规则是商谈过程所必须遵循的规则,而商谈的结果或者商谈的协议虽然也可能是一系列行为规则,但是这是在商谈的前提下所制定的行为规则。比如象棋的规则是行动的规则,而制订象棋规则的条件,比如说人们平等协商的规则,则是属于商谈的语用学前提。按照这样的观点,我们就很容易理解民主和法制的关系。民主制度实际上是商谈原则的制度化,而在民主的商谈中所制定的法律则是具体的行动规则。**可以说,对于商谈的语用学前提的思考,实际上是哈贝马斯的商谈伦理学和商议民主的共同的理论基础。**

三、普遍道德何以可能

哈贝马斯根据阿勒克西提出的商谈语用学前提,说明普遍原则的必然性。按照哈贝马斯的分析,如果任何一个参与商谈的人都知道这些语用学前提,知道假设性地讨论是否应该接受行为规范的问题究竟意味着什么,并且要认真地兑现规范的有效性要求,那么他就必然会接受普遍原则。[①] 哈贝马斯从这些语用学前提中推导出普遍原则。按照这些前提,如果任何人都能够平等地参与讨论,如果任何人都可以平等地说出

---

① 参见 Jürgen Habermas, *Moralbewusstsein and kommunikativese Handeln*, S. 103。

自己的主张和需求,如果任何人都不能因为外在和内在的强制而使自己平等参与的权利受到限制,如果参与讨论的人都知道按照可靠理由而不是根据个人的需求来接受规则,如果他在商谈中兑现规范的有效性要求,那么他必然会承认,必须遵循普遍地被接受的规则,即使这个规则会使自己的利益受到损失。哈贝马斯说:"如果规范得到了普遍的遵循,从而满足了每一个个人的利益,那么这常常会产生一定的影响和后果,这种影响和后果可以被所有的相关的人员所接受(与已知的其他的可能的调节方法所产生的影响相比,更倾向于接受这种影响和后果)。"[1]这个原则是过渡原则,它是用来帮助人们确认一个道德命题是不是具有普遍性。按照这个过渡原则,一个道德命题如果被普遍遵循就必定会产生一定的后果,即使这个后果对于其中的某些人产生了消极影响,但是他仍然愿意接受它,那么这个道德原则就是一个普遍性的道德原则。这就是说,即使在普遍遵循一个道德原则的时候会对某些人或者某个人产生消极影响,但是他们仍然愿意接受这个原则。如果是这样的话,那么这个道德原则一定是可以普遍化的。显然,对于哈贝马斯来说,普遍原则是从人们商谈过程的直觉前提中推导出来的,而与特殊的文化形式无关,因此,在他看来,普遍原则(U)是从语用学前提中先验地推导出来的。因此,这种普遍原则与文化霸权无关,与伦理上的相对主义无关。当然,借助于语用学前提得出的普遍原则还不是道德原则,但它是得到具有普遍意义的道德原则的中介。因此,普遍原则又被哈贝马斯看作过渡原则,也就是说,从普遍原则可以过渡到具有普遍意义的道德原则。在这里,哈贝马斯实际上也是对康德关于普遍道德可能性的问题所进行的回答。我们知道,康德也强调,道德规范要具有普遍性。但是在康德那里道德规范是如何获得普遍性的呢?

我们知道,在形式逻辑中,逻辑规则的普遍必然性是由它的规则的纯形式性来保证的。那么,道德论证的逻辑应该是怎样的,或者说,道德

---

[1] Jürgen Habermas, *Moralbewusstsein and kommunikativese Handeln*, S. 75-76.

论证中的普遍原则应该是怎样的呢？在哲学史上康德进行了有益的尝试。在康德看来，道德命题是绝对命令。这个绝对命令只有一条，这就是"要只按照你同时能愿意它成为普遍法则的那个准则去行动"①。那么怎样的规则才能成为普遍法则呢？康德提出的方案包括两个基本点：第一，一条道德原则在使用过程中不能自相矛盾。比如，如果通过虚假的承诺借钱成为普遍的原则，那么它就会陷入自相矛盾。在这里，人们进行了自我反思。但是人们反思的结果是不是切实具有普遍性呢？这还需要第二条来补充。这就是，道德原则必须被所有的相关人员所接受。这两条都受到了哈贝马斯的质疑。

对于康德来说，如果道德原则必须被所有的相关人员所接受，那么这种道德原则要成为绝对命令，就不能是假言命令。假言命令是建立在自然现象的因果关系的基础之上的，是有条件的。这就是，如果现象A出现，那么道德的行动B就会出现。在这里道德的行动是建立在经验的动机的基础之上的。无论这种经验的动机是什么，这种行动都不是按照绝对命令来行动的。比如，"你不应该说谎"应该成为一种绝对的道德命令。但是，如果"不应该说谎"这条绝对命令是因为说谎会导致人失去信用而被遵循的话，那么在这里发挥作用的是假言命令，而不是绝对命令。或者说，人们没有把说谎行为本身看作是恶的。②哈贝马斯在某种程度上接受了康德的观点，而又显示了某种差别。在这里，我们从如下三个方面加以说明：

第一，关于道德原则必须得到所有的相关人员的认同。康德撇开了人们之间的利益关系来讨论人们对于道德原则的认同。而在哈贝马斯看来，人们对于道德原则的认同不能与利益问题完全脱钩。或者说，在这里必须存在着某种利益关系。如果脱离了利益关系，道德原则的落实就会发生困难。哈贝马斯指出："在道德原则可以普遍化的思想中，人们

---

① [德]康德：《道德形而上学奠基》，载《康德著作全集》第4卷，中国人民大学出版社2013年版，第428页。
② 参见[德]康德《道德形而上学奠基》，载《康德著作全集》第4卷，第422页。

更多的是表达了这样一种直观的印象,有效的规范必须得到所有相关的人的认同。然而,这仍然不足以说明,每个人都能证明:即使所有的人都遵循规范,在考虑到其副作用和后果的时候,他是否还愿意使这种严格的规范发挥作用?或者是否每一个人在他们各自的情况下都愿意这种规范发挥作用?"[1]这就是说,如果遵循道德原则对于自己的利益产生了伤害,人们还愿意遵循道德原则吗?对于康德来说,这种对于道德原则的遵循是由善良意志来保证的。但是对于哈贝马斯来说,这种保证不可靠。因此,康德的看法应该被修正。

第二,对于哈贝马斯来说道德判断的普遍性不能由善良意志来保证。从日常意识来说,人同此心,心同此理。按照康德的说法,具有善良意志(心)的人会在内心恒量自己所遵循的道德原则,考察它们是不是同时也是普遍的道德原则,考察自己是不是按照普遍的道德原则来行动的。这就是从善良意志中可以得到道德原则。在这里,如果所有的人都有了善良意志,那么道德的普遍性就可以得到保证。在这里,所有的人都有同样的善良意志的假设不可靠。当遵循道德原则伤害自己的利益的时候,遵循道德原则的动力就会受到破坏。

第三,由利益均衡产生的可接受性并不意味着规范的正当性。对于哈贝马斯来说,道德规范的正当性在于,它能够满足**所有的人**的利益。在论证中,只有当人们通过共同讨论证明某种利益是他们的共同利益,由此而得到的规范才具有正当性。这个时候,共同接受的规范才是道德规范。对于哈贝马斯来说,如果一个道德规范是可以普遍化的,那么这个道德规范就具有了知识的特点。

从哈贝马斯对于康德的普遍道德原则的分析中我们可以看到,哈贝马斯认为,康德的道德普遍化原则主要有两个问题。第一个问题是,他从语义学的维度来讨论道德原则的普遍性。从这个角度来看,如果一个道德命令在执行过程中导致自相矛盾,那么这个道德命题就没有普遍

---

[1] Jürgen Habermas, *Moralbewusstsein and kommunikativese Handeln*, S.75.

性。比如,用虚假的承诺借钱。从哈贝马斯的角度来看,如果用虚假的承诺借钱在使用中会自相矛盾,那并不是语义上的自相矛盾,而是话语的使用中产生的矛盾。因此对于哈贝马斯来说,这不是一个语义上的逻辑问题,而是一个语用学上的问题。第二问题是,一个人如何知道自己所提出的道德命令具有普遍性意义呢?在康德那里,这只能靠一个人的自我反思。如果一个人在自我反思中发现,他所提出的普遍的道德规范在使用中会出现二律背反,那么他就应该放弃这样的道德规范。一个人只能在自我反思中加以检验。哈贝马斯所提出的方案恰恰是否定了康德的这个思路。

四、商谈原则与道德规范的普遍性

哈贝马斯认为,道德规范不是一个语义学命题,而是一个语用学命题。语义学命题的普遍性与语用学命题的普遍性是不同的。在哈贝马斯看来,道德命题和社会事实之间的关系是一种语用关系。这与描述命题与自然状态之间的语义关系有很大的不同。我们知道,按照哈贝马斯的分析,不同的命题应该具有不同的性质。比如,描述性命题必须具有真理的性质。规范性命题必须是有效的,必须能够被人们看作是正当的。人们判断一个规范命题,不是看这个命题是不是描述了社会事实,而是看这个命题是不是具有协调社会行为的功能。因此,对于描述性的命题来说,命题的语义上的内容必须得到经验事实的证实,而对于规范性命题来说,它们的有效性与人们对它们的用法有关,或者说,与人们对它们的效用所做出的保证有关。比如说,"你应该去看医生"这个命令表明,说话人保证医生能够帮助你,保证在我们生活的范围中可以找到医生,保证他所给出的命令是有理由的。具体地说,它们与说话人对于话语有效性的担保,以及听者对于话语的理解和认同有关。这就涉及命题和人们对于命题的使用的问题,而不涉及对于命题的含义的解释的问题。因此,对于哈贝马斯来说,规范命题的有效性问题是一个语用学问题,而不像描述命题那样,是一个语义学问题。而情感主义和道德实在论等都是在语义学的范围内来讨论规范的有效性。这实际上就是要用描述命题的真理性来衡量规范命题的有效性。这显然是走上了理论的歧途。应该说,哈贝马斯的商谈伦理学在道德理论上的最大贡献就在于,他把传统上对于道德命题的语义学理解转换到语用学理解上。他的这种理解在元伦理学层面上发生了一个重要的方法论上的转换。

对于哈贝马斯来说,规范命题的有效性是需要人们在相互交往的过程中加以兑现的。或者说,人们在交往过程中应该满足命题的有效性要求。比如,指挥员的命令"立正",下属用立正的行动来加以执行,从而表现出命令的有效性。但是,在人们的互动过程中,规范命题的有效性会受到人们的质疑和否定。于是,在互动过程中,人们就必须对规范命题提供理由,做出辩护。值得注意的是,人们在这里对于规范命题所进行的辩护是语用学意义上的辩护,是对于规范命题有效性的辩护。这就是说,在交往中,人们要提出理由,并要说明,这个规范为什么是正当的,为什么应该得到执行。在其中,人们所提出的理由可以有许多,比如有实用的理由,有伦理政治上的理由,也可能是道德上的理由。①哈贝马斯的商谈伦理学强调依据商谈原则对于规范命题进行有效性的辩护。对于他来说,只有所有的相关人员作为理性的参与者所赞同的那些规范才是有效的。在《在事实与规范之间》一书中,哈贝马斯把它概括为商谈原则。在商讨各种社会规范的时候,人们应该遵循"**商谈原则**":"只有被所有的可能的相关者作为理性的商讨的参与者所赞同的那些行动规范才是有效的。"②这就是说,规范命题是在人们的商谈中来兑现和满足有效性要求的。

从前面的有关讨论中我们碰到了三个相互关联的原则:普遍原则、商谈原则和道德原则。普遍原则是为商谈而制定的规则,是任何一个人进行话语交流都必须遵循的语用学规则。一个人参与讨论,就表明他承

---

① [德]哈贝马斯:《在事实与规范之间》,第 195—199 页。
② [德]哈贝马斯:《在事实与规范之间》,第 132 页。Jürgen Habermas, *Moralbewusstsein and kommunikativese Handeln*, S. 76.

认这些话语交流的规则。而承认这些话语交流的规则就表明,他承认通过对话人们是可以找到普遍有效的规则的。如果一个人参与话语交流,而又不承认通过对话可以找到普遍有效的规则,那么这就产生了一种"施为性的矛盾"。这是语用学意义上的自相矛盾。这种语用学意义上的自相矛盾不同于语义学意义上的自相矛盾。商谈是在遵循普遍原则的基础上产生的,商谈原则是衡量商谈中所得到的结果是不是正确(正当)的标准。如果人们在商谈中遵循了商谈原则,即所有相关者都作为理性的商谈者参与有关商谈,只是通过理由来说服人,并由此而得到了普遍赞同的规范,那么这个规范就是正当的。普遍性原则解决的是普遍性问题,商谈原则解决的是有效性问题。而商谈的结果可能是道德和法律规范,可能是科学技术知识,也可能是审美判断,等等。如果商谈的过程遵循了商谈原则,那么我们可以说,由此而得到的结果是正当的或者正确的;如果商谈过程不仅遵循了商谈原则,而且是按照一般的语用学规则来进行的,那么这个商谈的结果不仅是正当的,而且是普遍的。如果商谈过程是就道德问题所进行的商谈,那么这种商谈所得到的道德规范就是普遍有效的。同样,如果商谈的内容所涉及的是法律规则,那么这种法律规则也是普遍有效的。

最后,我们要讨论一下"实践问题和真理的关系"。哈贝马斯在讨论《合法化危机》的时候就强调,解决合法化危机的方法就是表明国家干预的措施是正确的(正当的)。更进一步来说,一个社会的道德规范,国家所制定的法律规范,都应该是正当的。对于哈贝马斯来说,正当性类似于正确性(真理性)。正因为如此,哈贝马斯才强调实践问题(即道德实践和政治伦理实践)与真理问题的关系。当哈贝马斯把社会文化的三个领域区分开来的时候,他明确强调,真理性的问题是科学知识领域中的问题,而正当性的问题才是道德实践和政治伦理实践中的问题,真诚性问题是审美领域中的问题。哈贝马斯当然知道真理性、正当性和真诚性之间的区别,但是在强调这三者之间的区别的同时,他又强调它们之间的一致性。在这里,我们主要讨论真理性和正当性的关系。科学知识的命题是正确的命题,它们之所以是正确的,是因为它们正确地描述了客观对象。然而,我们如何判断科学命题与客观世界的关系呢?当然有实践标准、逻辑推理中的一贯性标准。而哈贝马斯更强调的是一致性标准,即科学共同体在讨论中达到一致赞同。按照这个思路,一个科学命题是不是真理,就要看科学家们是不是就有关问题达成一致意见。如果他们的意见是一致的,那么这个命题就是正确的。同样的道理,一种道德规范是不是正当的,就是要看,这个规范是不是相关人通过理性的讨论而一致赞同的规范。如果是他们一致赞同的规范,那么这个规范就是正当的规范。这种正当的规范,类似于科学中的正确的命题一样。正如科学的命题会随着人们认识能力的提高而不断改善一样,道德规范和法律规则也会随着人们的讨论而不断推进。从商谈的角度来看,正当性与真理性确实有类似之处。对于道德规范、法律规范乃至国家政策,我们都必须从真理性的角度来加以理解,只有当它们具有类似于真理的性质的时候,我们才能把它们看作是正当的。这个看法对于建立民主法治国家,对于批判道德相对主义和怀疑主义,无疑是有意义的。

但是,这里却出现了一个无法回避的问题:哈贝马斯强调,科学知识命题是描述性命题,应该从语义学意义上来理解,而道德和法律规范上的命题是语用学命题。语义学命题才涉及真实性,而语用学命题所涉及的是有效性。对于语用学命题来说,如果人们都接受它,都按照道德规范来做事情,那么道德规范就是有效的。但是,对于语义学命题来说,即使一定社会中的人们都赞同它,它也不一定是正确的。所有的人通过自己的直观都认为太阳是围绕地球旋转的,都根据自己的理性而赞同这个描述性的语义学命题,但是它却不是正确的。显然,语义学命题的正确性不能简单地用一致赞同来证明。当哈贝马斯强调商谈原则的有效性的时候,他就强调正确性和正当性之间的一致性;当他要论证道德规范命题的普遍性的时候,他又强调道德规范命题与科学知识命题之间的差别。当哈贝马斯强调从语义和语用两个不同的维度来证明规范命题的普遍性的时候,他实际上表明了这两种普遍性的差别:一个是普遍赞同意义上的普遍性,一个是先天必然意义上的普遍性。因此,虽然哈贝马斯强调正确性与正当性之间的一致性,但是他也没有把这两者简单地等同起来。因此,我们也必须注意这里的差别。

第三节　商议民主与合法化危机的解决

如果说合法化危机是政府干预经济过程的结果,那么国家就必须证明自己的这种干预是正当的。在哈贝马斯看来,只有通过商议民主制度,国家的政策的正当性才能得到有效的证明。

一、商谈原则、民主原则和法律原则

在哈贝马斯看来,现代社会中道德和法律已经分离开来了。法律的正当性不能像在传统社会那样从道德中获得。法律和道德的正当性有着共同的来源,这就是商谈原则。它们的正当性都可以由商谈原则来解释。在他看来,商谈原则满足了后俗成(post-conventional)社会中对于道德原则和法律规则的论证的要求。[①] 按照他所说的商谈原则,"只有所有可能的相关者作为合理的商讨的参与者可能同意的那些行为规范才是有效的"[②]。一切的正当的规范都应该得到相关人员的讨论和赞同。这些规范中有两个方面的规范:一是道德规范,一是法律规范。道德规范必须满足普遍性原则,而法律规范遵循的是民主原则。

法律规范是通过民主的商讨程序制订出来的,而民主的商讨程序却必须制度化、法律化。用哈贝马斯自己的话说,"民主原则应当确定,合法的立法过程的程序是什么。也就是说,这个原则规定,具有合法的有

---

① 参见[德]哈贝马斯《在事实与规范之间》,第131页。
② [德]哈贝马斯:《在事实与规范之间》,第132页。译文略改。

效性的只是这样一些法律规则,它们在各自的以法律形式构成的商谈性立法过程中是能够得到所有法律同伴的同意的。"①于是,一方面,只有在人们之间的民主商谈中建立起来的法律才是正当的法律;另一方面,民主的商谈过程也要得到法律保证。这就是说,"平等地参与一个以商谈形式形成意见和意志的过程,被有效地建制化,而这个过程本身,也是以得到法律担保的交往形式来实现的。"②民主原则的执行也需要法律的担保。这就出现了一个悖论:法律要按照民主程序来制订,而民主程序又要法律来担保。这个问题如何解决呢?

为了解决这个问题,哈贝马斯提出,民主原则是商谈原则的法制化。按照他的说法:"商谈原则首先应该借助于法律形式的建制化而获得民主原则的内容,而民主原则则进一步赋予立法过程以形成合法性的力量。"③我们知道,哈贝马斯所强调的民主原则,不仅仅是一个法制化的原则,而且是一个商谈原则法制化的原则。法制化的民主原则完全可能是一种有限民主的形式;或者说,法制化的民主程序完全可能剥夺某些人或者限制了某些人平等参与商谈的可能性。这就是我们常常批判的资产阶级的形式民主制度。个人参与政治商谈的可能性隐含地受到了经济和社会机会分配的不平等的影响。于是哈贝马斯强调商谈原则的法制化。这就是说,一种规范只有经过了所有的利益相关人员的合理的讨论,并得到他们的赞同,才是有效的。哈贝马斯强调,这里的合理的讨论是指就有关问题的平等自由的讨论,并达到共同的理解。④而要保证这种平等参与就必须是制度化的平等参与。商谈原则只有被制度化,才能保证商谈过程的平等。而这种平等的商谈过程会进一步赋予立法过程以合法性力量。

可是,人们仍然会说,哈贝马斯似乎要先把商谈原则制度化,然后才

---

① [德]哈贝马斯:《在事实与规范之间》,第135页。
② [德]哈贝马斯:《在事实与规范之间》,第135页。
③ [德]哈贝马斯:《在事实与规范之间》,第148页。
④ 参见[德]哈贝马斯《在事实与规范之间》,第132页。

通过商谈原则而赋予法律以合法性的形式。而商谈原则怎样才能制度化呢？在这里，哈贝马斯强调："法律规范和形成合法之法的机制也就是民主原则，是**同源地**建构起来的。"①简单地说，法律规范和民主原则是同时被建立起来的。在制订法律规范的时候，人们运用了民主原则；而在实施民主原则的时候，人们建立了法律规范。哈贝马斯强调民主制度建立所需要的文化条件。他说："一个自由的制度，若没有一个**习惯于**自由的民众的主动性的话，就会分崩离析。"②制订法律的过程是在自由民主的社会氛围中发生的，是一个循序渐进的过程。在具有自由传统的西方社会是如此，而在具有专制历史的许多东方国家也是如此。同时，主动地参与立法的公民不能被理解为"魔鬼种族"，不能被理解为一群饿狼（批判了契约论的自然状态的假说）。我们知道，哈贝马斯在强调民主制度建设的时候，虽然不要求公民的自我立法是道德上的自我立法③，而是要求按普遍的商谈原则来制订法律，但是，对于他来说，参与商谈的人必须要有交往理性。在民主商谈中，私人自主和公民自主结合在一起了。在这里，公民是一个法律的承受者，但同时他不是一个法律的创制者。他是作为公民而且还自我立法，因此他在自我立法的时候就应该考虑到其他人的态度和要求。正是由于公民既是立法者又是法律的承受者，民主原则才有可能和法律规范是同源的。换句话说，在公民的平等的自我立法过程中，民主原则和法律原则才是同源的。

在这里，特别值得我们重视的是哈贝马斯对于商谈原则和民主程序的理解。

哈贝马斯提出的程序主义的民主观念，强调的是把民主的商谈过程制度化。他说，程序主义民主的关键是："民主程序通过运用各种交往形式而在商谈和谈判过程中被建制化，而那些交往形式则许诺所有按照该

---

① ［德］哈贝马斯：《在事实与规范之间》，第 148 页。
② ［德］哈贝马斯：《在事实与规范之间》，第 159 页。
③ 参见［德］哈贝马斯《在事实与规范之间》，第 148 页。

程序而得到的结果是合理的。"①这就是说,在民主制度中,我们的商谈过程要制度化,并且承认制度化的商谈所得到的结果是合理的。人们或许会说,哈贝马斯的这种制度化的商谈理论没有什么新东西。在现代民主国家中,哪一个国家没有民主的程序?比如,制订法律的程序,选举的程序,制订政策的程序等。当然,在有些国家,民主的程序更加完善、更加严格,而有些国家的民主程序就不是很完善,需要改进。哈贝马斯当然也强调这样的完善的民主程序的重要性,也强调必须把这种民主程序制度化,不过他所强调的程序民主还不是这个意义上的程序,而主要是另一种程序——生活世界中的商谈程序。因此,哈贝马斯所提出的民主程序包含了两个方面:一个是组织化的民主商谈程序,一个是非组织化的民主商谈程序。哈贝马斯把他的这个程序主义的民主概念称为"双轨的商议性政治"②。

在哈贝马斯看来,传统民主政治概念只是关注组织化的民主商谈程序,而忽视了非组织化的民主商谈程序。在他看来,只有后一种民主商谈程序才是民主法治国家的核心,才是程序主义民主的核心。而他所说的这种非组织化的民主商谈,就是指非组织的政治公共领域的商谈。哈贝马斯认为,这种民主商谈是把政治和法律体系中的民主商谈的方式扩展到整个社会公共生活领域。他说:"商议性政治如果要放大成一个形成社会整体的结构,法律体系中所期待的那种商谈的社会化模式就必须扩展成对于社会的自我组织,并渗透到社会作为一个整体的复杂组织中去。"③这就是说,政治和法律中的商谈模式必须成为整个社会生活中的商谈模式。在哈贝马斯看来,无论是政治法律领域中的商谈还是整个社会生活领域中的商谈,人们都必须把商谈预设的语用学前提制度化。在这里,哈贝马斯引用了科恩的思想来说明商谈所必须遵循的规则:

1. 协商过程的形式是论辩,是理由的交换;

---

① [德]哈贝马斯:《在事实与规范之间》,第 377 页。
② [德]哈贝马斯:《在事实与规范之间》,第 378 页。
③ [德]哈贝马斯:《在事实与规范之间》,第 379 页。

2. 协商是包容的、公共的；

3. 协商是排除外在强制的；

4. 协商是排除任何可能有损于参与者之平等的内在强制的；

5. 协商的目的一般来说是要达到基于理由的一致意见；

6. 政治协商扩展到任何可以用对所有人同等有利的方式来调节的问题；

7. 政治协商还包含对需要的诠释和对前政治态度和偏好的改变。

这七条商谈公设是两个层次的商谈都应该遵循的商谈公设。其中5、6、7是涉及政治领域的商谈。

哈贝马斯强调，这两个领域中的商谈程序的目的是不同的。在政治法律领域中的民主商谈是辩护性的。这是因为，议会程序、决策程序都是要对具体的问题提出解决方案，都是要对各种利益进行妥协性的谈判。在这种谈判中，人们都要为各自提出的解决问题的方案辩护。为此，他说："议会团体的公共领域主要是作为辩护性情景而构成的。"①而公众集体所进行的商谈是发现性的，它通过商谈而发现问题，使议会团体关注这些问题，并制订法律来解决这些问题。哈贝马斯承认，虽然公众集体中所发生的商谈会受到不平等的社会权力分布的影响，但是，它却是一种无限制的自由交往，它的时间边界、社会边界和内容边界都是流动的。② 公众集体也会对于权力结构进行过滤。这是因为公众的意见既不能被收买，也不能被公开地勒索。哈贝马斯十分强调生活世界中公众的政治商谈的重要地位。对于他来说，在西方民主社会中更重要的是要保证这个领域中的自由商谈，这种自由商谈才是民主法治国家的基础。一旦这个领域被政治权力领域和经济领域扭曲了的话，那么民主法治国家就会破产。而西方社会的问题恰恰就在于，日常生活世界中的商谈被扭曲了。当然，哈贝马斯的这种分析主要是针对西方资本主义国家

---

① [德]哈贝马斯：《在事实与规范之间》，第381页。
② 参见[德]哈贝马斯《在事实与规范之间》，第381页。

来说的,而对于东方社会来说,无论是议会团体中的协商程序还是日常生活领域中的民主商谈都有待于进一步完善。

二、经验性民主模式批判

在商谈民主中,参与商谈的人至少应是一个开明的利己主义者。那么建立在开明的利己主义基础之上的民主制度是不是正当的呢?哈贝马斯所分析的那种以维尔纳·贝克尔(Werner Becker)为代表的经验性民主模式,实际上就是一种以开明的利己主义者为基础的民主模式。

贝克尔从一个开明的利己主义角度来解释民主制度,解释普遍的和平等的选举、党派竞争以及多数裁定的游戏规则。在这种民主制度中,那些在选举中获胜的政党不会限制公民和其他政党的活动,只要他们不试图通过暴力推翻政权,而那些在选举中失败的人也不会诉诸暴力或者其他不法手段来获得政权。这样就可以保持和平的权力转移。民主制度所保证的就是政治权力的和平转移,而与任何的道德理由和正当性无关。按照这样的民主理论,"规范的'有效性'仅仅意味着它们与有助于稳定的那些制裁的联系",而不是对于规范的有效性进行论证。[①] 政治权力的合法性就在于它事实上得到承认。那么人们为什么把这种事实上被选举出来的政府看作是合法的呢?哈贝马斯分析了其中的四个方面:

第一,现代人之所以认为自由、平等的选举制度是有效的,是因为他们有一种所谓的"伦理主观主义"[②]。按照这种伦理的主观主义,人们把宗教上的人人平等观念世俗化,承认所有人之间的平等,因此,所有人都有平等的抉择权。现代民主政治的选举制度就体现了人们的这种平等的抉择权。既然人们根据自己的内在意志行动选择了立法者,那么立法者所确立的规范就应该得到承认。在这里,人们不需要通过合理的辩护

---

① 参见[德]哈贝马斯《在事实与规范之间》,第362页。
② [德]哈贝马斯:《在事实与规范之间》,第363页。

来说明规范的正当性。① 哈贝马斯强调,如果从道德的眼光来看,这就存在着问题:只有被所有人共同接受的东西才是规范上有效的,而在选举中投反对票的那些人根据什么把这种规范或者权力看作是正当的呢?

第二,经验模式仍然用功利的原因来解释民主制度。在选举中占多数的一方所得到的权力之所以是正当的,是因为他们的力量占优势。因此他们在竞争中具有一种优势地位和威慑力量。他们是通过民主程序而获得权力或者支配地位的,他们期望共同地遵循非暴力地转移政权的民主秩序。如果少数人不同意的话,那么他们就要放弃这种非暴力的承诺。而那些少数人也很明智,如果他们试图通过暴力来获得政权的话,那么他们不仅会失败,而且也失去了未来和平地获得政权的机会。于是他们也接受了民主的程序。在这里,民主程序被解释为"一场经过驯服的权力斗争"②。可是这里的问题在于:多数人获得了政权之后,为什么还保护少数人?他们为什么不虐待少数人呢?

第三,因为这些多数人也是明智的利己主义者,他们知道他们不可能永远是多数派,他们害怕有一天自己成为少数派的时候,也要受到虐待。于是,害怕成为少数派的当权者和期望成为当权者的少数派决定共同遵循民主程序。无论是当权派还是反对派,他们都展开了一场意识形态上的斗争。他们把选民分成若干群体,通过各种意识形态的手段来赢得选举中的多数。在这里,他们所要提供的是"意识形态说服力"。哈贝马斯认为,这种意识形态上的宣传和维持政权,完全是精英们的事情。这些精英们不过把大众作为他们竞争的战利品来对待。③ 那么,在这里,不同的政治团体所提出的纲领是不是有好的理由呢?

第四,经验模式认为,这里没有什么好的理由。竞选中的宣传无非就是要有"公共影响的修辞功能"。这种政治宣传就像广告一样,无非是要对人产生感染力。然而问题在于,为什么在经过了一次又一次的广告

---

① 参见[德]哈贝马斯《在事实与规范之间》,第363页。
② [德]哈贝马斯:《在事实与规范之间》,第364页。
③ [德]哈贝马斯:《在事实与规范之间》,第365页。

宣传之后，人们还相信这些"正义""平等"的广告呢？经验模型认为，所谓"正义""平等"都是多余的。在民主制度中人们所达成的不过是各种不同利益的妥协。那么问题在于，人们为什么会达成妥协呢？哈贝马斯认为，虽然人们接受妥协的理由可能不同，但是人们在参加谈判的时候就已经预设了对于规范理由的共同承认。①

在哈贝马斯看来，从开明的利益的角度，仅仅从目的合理性的角度②，是无法解决经验模式所面临的困难的。如果人们之间相互妥协的时候，没有根据更好的理由来达成妥协，那么这可能就是一种随意的决定。如果人们在民主程序中没有更好的理由参与讨论，那么这无非是说，参与民主抉择的过程就是一种任意的抉择，没有合理的根据。于是哈贝马斯指出，经验模式陷入了一种施为性的自相矛盾中。③ 这就是，既然在民主程序中，人们不是依据合理的理由进行的，那么贝克尔为什么还要写书讲民主来说服别人呢？

显然，在哈贝马斯看来，经验模式在考察民主的过程中，只是从社会科学的观察者的角度，而没有从民主过程的参与者的角度来看待民主。他的商谈理论就是要从民主过程的参与者的角度来考察民主程序，考察人们采用民主程序进行政治决策时是不是有更好的理由在其中，民主程序是不是可以从商谈的角度来加以理解。如果人们从商谈的角度来理解民主制度，那么这个民主的模式就是"规范性民主模式"。哈贝马斯是从商谈的角度来解释这种规范性民主模式的。可以说，哈贝马斯的规范性民主模式实际上也解答了施米特当初在分析多数民主困境的时候所提出的问题。在施米特看来，在真正的民主制度中，正当性应该由人民的意志来说明，或者说，只有体现了全体人民意志的法律才是正当的。但是在多数人的民主中，51%的人不仅代表了全体人民的意愿，而且他们的权力还获得了正当性。在施米特看来，多数人的民主的核心问题

---

① ［德］哈贝马斯：《在事实与规范之间》，第367页。
② ［德］哈贝马斯：《在事实与规范之间》，第367页。
③ ［德］哈贝马斯：《在事实与规范之间》，第367页。

是：为什么多数人的决定能够代表全体人民的共同意志？哈贝马斯的商谈民主概念在某种程度上回答了这个问题。

哈贝马斯认为，经验性民主模式实际上把政治和法律看作一个独立于经济和文化系统的社会子系统。这个系统和其他社会系统一样，按照功能优化的方式来运行。因此，对于经验性民主模式来说，如果政治系统能够保持稳定，使权力的更迭和平地进行，那么民主制度的目标就达到了。在哈贝马斯看来，这是从观察者的角度，而不是从社会行动参与者的角度来看待民主的。哈贝马斯认为，如果从社会行动参与者的角度来看待民主的话，民主的功能就不是稳定政治秩序，而是要进行一种社会整合。这就是说，如果出现冲突和社会矛盾，民主制度要通过商谈程序来解决矛盾、达成共识，从而解决社会矛盾。哈贝马斯说："社会整合的其他机制不堪重负时出现的功能缺口，是由政治来填补的。在这样做的时候，它使用的是法律这种语言。"①当道德、伦理和法律在进行社会整合出现困难的时候，我们需要民主制度来调节社会关系，从而达到社会的整合。民主制度就是一种政治商谈的过程，是一种用理由来说服人的过程。哈贝马斯说："构成商议性政治核心部分是一个商谈和谈判的网络，它使得有可能对实用问题、道德问题和伦理问题——也就是功能的、道德的和伦理的社会整合在别处失败时积累起来的那些问题——作合理的解决。"②一个政治社会不仅通过民主制度和平地完成权力的转移，而且要通过民主的立法程序，把道德的、伦理的内容贯彻到法律秩序中，从而解决社会整合的问题。这种合作不是用力量来威胁人，不是用以强暴为后盾的妥协，而是用理由来说服人，使更好的理由在这里发挥作用。这就是达尔在刻画民主过程时提出的五个标准中的最后一个标准：所有参加者都能够根据充分信息和好的理由来对有必要调节的问题和有争议的利益形成明确的理解。③民主的过程中也有利益的妥协，但是这种

---

① ［德］哈贝马斯：《在事实与规范之间》，第394页。
② ［德］哈贝马斯：《在事实与规范之间》，第396页。
③ 参见［德］哈贝马斯《在事实与规范之间》，第391页。

妥协是建立在更好的理由基础之上的妥协。哈贝马斯承认,在现代民主制度中没有一个国家达到了这样的水平,但是这并不妨碍它们朝着这个目标而努力,或者近似地实施这种民主程序。既然民主制度也要对有争议的道德问题、伦理问题进行讨论,那么民主政治就绝不仅仅是一个利益之争的问题,而是人们在商谈中相互理解的问题。在进行民主选举中,我们也不要忘记好的道德理由。那么我们应该如何进行这种商谈呢?

哈贝马斯强调,在现代社会,道德和法律已经发生了分化。民主程序也要解决有争议的道德问题、伦理问题,但是这绝不是要把政治问题变成道德商谈的问题,用道德的原则来解决政治问题。商议民主无非是要把道德问题和伦理问题以及实用的问题纳入民主程序,而不是要把道德问题、伦理问题和实用问题排除在民主程序之外来解决。而这个民主程序是一个制度化的民主程序。我们前面已经说过,法律的正当性不在于它是建立在道德的基础上,而在于它是建立在民主程序的基础上。民主程序应该为法律的合法性提供依据,而民主程序又必须法律化、制度化。那么,在民主程序中道德规范有没有地位呢?如果有,那么道德规范在这里究竟发挥什么样的作用?

在哈贝马斯看来,民主的立法过程是政治意志形成过程和政治意见形成过程。而他之所以把民主的立法过程理解为政治意见形成过程和政治意志形成过程,就是要强调,在民主立法过程中,人们不仅要就他们之间的利益达成妥协,形成一种政治意志,而且也要通过商谈而就道德问题有一致的理解,形成共同意见。因此对于哈贝马斯来说,民主的立法过程涉及三个问题:道德问题、政治伦理问题和实用问题。在道德问题和实用问题上人们要形成政治意见,在政治伦理问题上人们要形成政治意志。他认为,在民主的立法程序中,人们要以不同的方式来考虑这些问题。

人们在一定的社会文化背景下确定自己的偏好和价值目标的问题,是"伦理—政治问题"。在这里,不同的目标和偏好之间可能是相互冲突的。关于政治伦理问题的商谈,就是要重新思考在这样的文化传统背景下,我们渴望什么样的生活,我们需要什么样的生活形式,我们用什么样的理想来勾画共同生活。用哈贝马斯的话来说,这里涉及"一个未经澄清的集体自我理解"①。在这里,我们要对于我们生活于其中的政治文化进行重新认识,并重新理解和确立我们的生活理想。在回答问题的过程中,我们提出的是一些临床劝告。这就如同某个人生了病之后,医生要告诉他如何医治。而在关于集体生活目标的思考中我们也要反思,我们的政治文化传统中哪些东西出了问题,应该如何来医治。② 在哈贝马斯看来,在政治伦理商谈中,我们根据自己的偏好等进行价值选择,确定价值组合,这是政治意志形成方面的思考。哈贝马斯认为,实用的问题是思考在一个既定目标的情况下,寻找一个最好的手段来实现目标的问题。在这里,人们要对实现目标的手段进行理性思考。人们在商谈中所提出的论据是经验知识方面的。商谈的结果取决于,经验知识、既定偏好和目标之间的联系。③ 通过关于实用问题的商谈我们找到了达到目标的最好手段。这是知识论意义上的思考。哈贝马斯强调,我们在这里还要进行第三种商谈:道德的商谈。他说:"对于政策和法律做充分辩护,还必须考虑另一方面,那就是正义的方面。"④正义的问题是道德商谈中的问题。从道德的角度来看,一个规范只有被所有的相关人员接受,这个规范才是正当的。在道德商谈中,人们所考察的是哪种利益是可以普遍化的。这里所涉及的不是一个民族或者政治共同体的价值和利益,而是一个虚拟的人类共同体的利益。根据我们前面的分析,这也是知识论意义上的思考。

值得我们重视的是,哈贝马斯不仅在三种不同的商谈逻辑中凸显了道德商谈所具有的知识论的特点,而且还强调了其他两种商谈即在程序

---

① [德]哈贝马斯:《在事实与规范之间》,第196页。
② 参见[德]哈贝马斯《在事实与规范之间》,第197页。
③ 参见[德]哈贝马斯《在事实与规范之间》,第195—196页。
④ [德]哈贝马斯:《在事实与规范之间》,第198页。

上受到调节的谈判和政治伦理的商谈,都要受到道德商谈的约束。就妥协的谈判来说,一种妥协要能够被人们认为是公平的,就必须在道德商谈中得到验证。①

虽然哈贝马斯没有就民主的选举程序进行详细的描绘,但是从他对民主立法过程的论述中,从他对于经验性民主模式的批评中,我们可以看到,政治决策中的妥协过程、政治选举中的妥协过程,都不能仅仅建立在功利的动机的基础上,而必须经过道德的论证。在这里,公民的投票抉择还应该加入道德的考量。只有这样才是健康的民主制度。哈贝马斯在程序主义民主制度的思考中,加入了道德商谈的环节,实际上也就是要从一个新的视角来思考法律和政治秩序的正当性。对于他来说,虽然法律和民主秩序的正当性不能由道德的理由来论证,虽然道德和法律、政治已经发生了分裂,但是法律的制订、民主的抉择不能不经过道德的检验。

三、交往权力制衡政治权力和社会权力

在哈贝马斯看来,商议民主制度就是要通过社会的交往而实现社会整合。而在建立民主制度的过程中我们所要面对的主要是两个问题:第一,狭义政治权力干预公民的政治意见和政治意志的形成过程。第二,某些人或组织用自己的社会权力来干扰政治意志和政治意见的形成过程。哈贝马斯的商议民主的核心就是要用交往权力来制衡政治权力和社会权力。

我们知道,民主制度是在一定的社会历史条件下产生的。社会生活中的各种复杂因素会影响民主制度。某些人有更加丰富的知识,某些人具有更大的经济力量,某些人组织成为社会团体,他们会运用自己的这些力量来影响他人的政治参与的过程,并获得自身的利益。哈贝马斯把

---

① 参见[德]哈贝马斯《在事实与规范之间》,第 204 页。

社会生活中的这些因素称为"社会权力"(social power)①。这种社会权力会使自由交往的公共领域发生扭曲。哈贝马斯所提出的商谈程序,特别是双轨的政治商谈概念,就是要防止公共领域中的交往所发生的扭曲。为此哈贝马斯提出了一个理想化的商谈模型。但是这种理想化的商谈模型在现实中很难实行。

既然这种理想化的民主程序在现实社会中无法实行,那么哈贝马斯为什么还要力图构建这样的理想化的模型呢?哈贝马斯强调,他所努力建构的这个理想化的模型不是社会应该努力追求的一种乌托邦,不是社会的理想状态的构想,而是一种思想实验,一种方法论上的理想模型。通过这种理想模型的设计,我们就可以知道,哪些因素妨碍了人们的自由交往,限制了人们之间相互理解的过程,哪些因素是人们的社会交往中的必要因素。比如说,人们在社会交往中,不能不使用语言,而语言本身就预设了对于世界的划分和某种程度的理解。我们不能因为这种预设而否定语言在社会交往中的作用。但是某些因素是社会偶然因素,它们会扭曲和影响无强制的社会交往。哈贝马斯强调:"理想的交往共同体提供了'纯粹'交往性社会联系的模型。"②有了这个纯粹社会模型,我们就可以将其作为标准,分析社会交往中所涉及的各种不同的社会因素。他说:"使交往性社会联系**成为可能**的那些条件,是不可以同偶然地施加的那些**限制**混为一谈的。"③从这个区分中我们可以看出,他所构想的交往模型不是要否认这些社会条件的存在,而是要适当地辨别这些社会条件,从而使我们有可能以不同的态度和方法来对待这些条件。他强调,他所构想的这种社会模型"不把交往性社会联系的'有限性'抽象掉"④。在哈贝马斯看来,对他人发生影响的社会条件并不都应该被排除,并不都应该被看作是对他人自由的限制。

---

① 参见[德]哈贝马斯《在事实与规范之间》,第 410—412 页。
② [德]哈贝马斯:《在事实与规范之间》,第 399 页。
③ [德]哈贝马斯:《在事实与规范之间》,第 400 页。
④ [德]哈贝马斯:《在事实与规范之间》,第 400 页。

哈贝马斯区分了两种社会条件。一种社会条件是一个既定的文化价值系统,"是交往性社会联系**成为可能的**那些条件"。这种文化价值系统是任何人参与社会交往过程的必然条件。没有语言,没有文化,不存在人们之间共享的文化价值系统,社会交往就不可能。从这个意义上来说,哈贝马斯的思想非常接近于维特根斯坦。这是因为,对于维特根斯坦来说,必须接受的是生活形式。对于这种文化形式,对于我们自己生活于其中的文化价值系统,我们是必须接受的。在哈贝马斯看来,这种文化价值系统具有特殊的作用:"生活世界情景当然是对行动者的行动空间和诠释空间有所限制的,但这种限制仅仅是以这样的方式做出的,即它们为**可能的**互动和诠释开启了一个视角。"①哈贝马斯并没有否认这种生活世界情景对于人们的商谈过程在时间和空间上所设定的限制,也不否认它对人们的诠释的角度所产生的限制,但是在哈贝马斯看来,这种限制是不可避免的。而这种不可避免的限制也是交往的条件,没有这种限制也就没有交往的可能性。我们的商谈程序是在这样的社会背景和社会条件下发生的。虽然交往赖以发生的文化情景是无法控制的,但是社会生活中的行动者不是完全无能为力的,而是可以加以反思地做出改变的。这就是说,人们在商谈过程中可以采取一种理性的态度来反思自己的文化传统和价值系统。当然人们对于自己的文化传统和价值系统,对于自己的"生活形式"采取一种反思的态度,也是在一定的社会背景中发生的。这种社会背景就是哈贝马斯所说的"后俗成"的社会背景。从思想上来说,在这个社会中,那种"后形而上学"的思维方式在这里占据了主导地位。这表现为,仅仅诉诸理由,根据理由来相互理解和协调行动,成为人们的共同的准则。反之,如果人们不能用这样一种"后形而上学"的思维方式来对待社会的规范,不从一种理性的态度来反思自己的世界观,那么"独断论的世界观和僵化的社会化模式是商谈的社会联

---

① [德]哈贝马斯:《在事实与规范之间》,第 400 页。

系模式的障碍"①。在他看来,当代西方社会已经进入了一个后俗成社会,这个社会进入了一个可以通过商谈来确立它们的社会规范的新时代。他承认,当代西方社会存在着各种不同的世界观,存在着各种不同的亚文化,存在着各种不同的利益。但是,所有人都应该对自己的世界观、亚文化以及各种不同的利益持一种反思的态度。只要人们有这种反思的态度,那么人们就可以就道德问题达成一致理解,对于伦理政治问题达成妥协。

哈贝马斯也敏锐地发现,在现代社会中还存在着另外一种社会条件,就是"偶然地施加的那些**限制**",它会扭曲人们之间的相互交往。比如,在商谈中,人们的知识不均衡,信息不对称,参与自由交往的资源有限等。这些东西"是商议性意见形成和意志形成尤其高度依赖的那些功能上必要的资源"。无论在哪一个社会,这些资源都是短缺的。哈贝马斯把这种资源上的短缺称为社会的"不可避免的惰性力"②。那么应该如何看待这种不可避免的惰性力呢?哈贝马斯承认,没有一个社会不偏离理想的交往模式。而他所提出的理想的交往模式是一种"方法论上的虚构",这种方法论上的虚构的作用是"揭示社会复杂性的那些不可避免的惰性力"。③ 哈贝马斯在方法论上虚构社会交往模式的时候抽象掉了这种惰性力,但是现实社会中都存在这些惰性力,民主法治国家的建立必须考虑这些因素。哈贝马斯强调,当他从方法论上虚构社会交往模式的时候,这个模式是"没有法律和政治的社会"④,是一个完全按照商谈程序建构社会秩序的自治社会。现在,他把法律和政治因素加进来。那么这个法律和政治要素在这里发挥什么作用呢?这就是用来控制方法论上的虚构模式所忽略掉的社会权力因素(社会惰性力)。对于这些因素,哈贝马斯认为,应该采取的方法不是反思的方法,而是法律和政治上的控

---

① [德]哈贝马斯:《在事实与规范之间》,第 401 页。
② [德]哈贝马斯:《在事实与规范之间》,第 402 页。
③ 参见[德]哈贝马斯《在事实与规范之间》,第 403 页。
④ [德]哈贝马斯:《在事实与规范之间》,第 403 页。

制。哈贝马斯认为,对于社会生活中那些偏离理想模式的惰性力量,我们要通过法律的手段来加以控制。有知识的人当然可以用他们的知识来影响社会,但是,这种影响应该是符合法律的,并且是建立在他人的自由接受的基础之上的。哈贝马斯说:"影响他人的可能性,如果加以合法的调节,并且以一种假定的同意作为基础,恰恰是对实施一种社会地构成的自由的**接受**。"①哈贝马斯强调,理想的民主商谈过程应该由法律和政治制度来保障。他强调,宪法的制度化,商谈性政治秩序的建制化等,都是用来控制社会的惰性力的。当然,对于哈贝马斯来说,仅仅用法律和政治的手段来控制这种社会权力是不够的。

按照哈贝马斯对于民主法治国家的构想,狭义的政治权力(行政权力、立法权力和司法权力)应该是交往权力(公共领域中的自由商谈对于立法、司法和行政权力产生的力量)②转化的结果。政府的行动应该是由交往权力所输入的信息来导控的。但是,个人和社会组织会通过自己的影响力来影响议会和公共领域,从而在输入方面影响立法过程。同样,在输出方面,个人和团体也会把自己的权力带到行政权力的执行过程中③。这样,由交往权力所导控的民主决策过程就受到了干扰。如何来理解这种干扰呢?在经济竞争和政治权力的竞争中,人们之间的经济力量和社会权力不可能是均衡分布的。在这里,我们姑且假定,建制化的民主和法律制度已经控制了经济力量的不平等和社会权力的不平等。那么不同的社会力量在利益上的均衡是不是能够达到社会正义呢?哈贝马斯认为,社会权力的均衡化并不能保证政治权力的正当性。在哈贝马斯看来,如果政治权力是社会权力转化的结果,那么政治权力就脱离了规范性基础。精英理论、经济民主理论和系统理论都使社会民主制度脱离了它的规范基础。如果我们套用国内学者对于民主理论的看法的话,那么我们可以说,把政治权力看作社会权力转化的结果,这实际上就

---

① [德]哈贝马斯:《在事实与规范之间》,第400页。
② 参见[德]哈贝马斯《在事实与规范之间》,第180页。
③ 参见[德]哈贝马斯《在事实与规范之间》,第410页。

是主张用权力来制衡权力,而把政治权力看作交往权力转化的结果的话,那么这实际上就是用社会来制约权力。[①] 比如精英理论实际上就是一种特殊的社会权力,它用从知识转化而来的社会权力来制约政治权力。可以说,系统理论和经济学的民主理论倡导一种用社会权力来制衡政治权力的民主制度。实际上,这两种理论都是从市场的角度来理解民主。

哈贝马斯并不否认社会权力在生活世界中的影响,并不否认它对于公共商谈的作用,只不过在他看来,社会权力对于商谈的作用应该受到公共领域中的商谈程序的制约。在对公共商谈的作用的理解上,埃尔斯特认为,应该把商谈过程理解为市场和论坛的结合物。实际上这就是要把哈贝马斯的商谈理论与经济学民主理论结合起来。哈贝马斯在这个问题上与埃尔斯特是一致的。在他看来,民主政治既是不同的社会力量的妥协过程,同时也是人们之间通过商谈达成一致理解的过程。哈贝马斯所强调的是,这两个过程不能对立起来,而必须协调起来。这种协调,对于哈贝马斯来说,表现为人们之间的一致性商谈高于利益上的妥协。个人或团体利益要服从于共同的利益,个人的要求要服从于道德和伦理上的要求。这是因为,在政治商谈中,并不是所有的利益都是可以公开表达的,那些不符合公共利益要求的东西是不能被公开表达的。这就是说:"政治交往的公共性……已经实施了一种有益的程序性强制力量。"[②]即使有人要在公共商谈中表达自己的私人利益,也必须用隐蔽的形式来表达。在这里,有社会权力的人也不能公然地勒索和收买公共意见。同时,在商谈过程中人们的偏好可能会发生改变。这就表明,在公共商谈中,即使人们在考虑自己的利益的时候也要考虑到其他人的利益,要努力协调自己和其他人的利益。这就是说,虽然个人利益、个人力量可能会在政治商谈中发生作用,但是这种力量必须是经过过滤的。按照哈贝

[①] 参见顾昕《以社会制约权力》,载《民主理论的前言》,后记,三联书店1999年版,第205页。
[②] [德]哈贝马斯:《在事实与规范之间》,第423页。

马斯的说法,在政治商谈中,从理想的状况来说,只有那些经过过滤的、在商谈中被看作"有效的"理由和社会因素,才能对政治意见和政治意志形成过程发挥作用。在现代社会,一个相对地独立于市民生活的公共领域出现了。这是非组织化的政治意见和意志形成的公共商谈领域。这个商谈领域在某种程度上发挥了一种过滤器的作用。在这个领域中,虽然人们提出的理由可能会受到自己的偏好和利益的影响,受到各种不同社会权力的影响,但是这种影响还必须受到公共视角的检验才能在商谈中真正发挥作用。哈贝马斯说:"商议性政治的结果可以被理解为交往地产生的权力,一方面同拥有可靠威胁的行动者的社会权力相竞争,另一方面同官员的行政权力相竞争。"①对于哈贝马斯来说,交往权力就是用来抗衡社会权力和政治权力的。正是由于这种自由的交往和商谈,人们才可能有效地制约社会权力,形成正当的社会制度;也正是由于这种商谈,人们才可能制衡社会权力,从而就他们之间的不同利益达成妥协。虽然哈贝马斯和埃尔斯特一样,都承认商谈过程中出现的妥协,但是对于哈贝马斯来说,这种妥协是通过公共商谈来制衡社会权力的结果,而不是社会权力结构的直接表现。

四、公共领域中立的可能性

对于哈贝马斯来说,民主法治国家的核心是组织化的商谈和非组织化的商谈的结合。而在非组织化的商谈中,自由商谈的领域容易受到各种因素的干扰。

我们知道,私人领域总是和公共领域密切联系在一起的。公共领域中所讨论的课题,都是人们在私人领域中发现和感受到的。他说:"人们在生活史中感受其共鸣的那些社会问题,经过私人方式的处理以后,成为公共领域的新鲜而有活力的成分。"②在哈贝马斯看来,公共领域所讨

---

① [德]哈贝马斯:《在事实与规范之间》,第424页。
② [德]哈贝马斯:《在事实与规范之间》,第453页。

论的课题必须来源于私人生活中的感受,并必须能够反映人们在生活中的痛苦和压力。如果公共领域不能反映人们生活中的痛苦和压力,那么公共权力机关就不可能认真地对待和处理这些问题,人民的疾苦就永远得不到缓解。文学和艺术作为文学的公共领域反映了人们生活中的欢乐和痛苦。因此,对于哈贝马斯来说,文学公共领域和政治公共领域是密切联系在一起的。①那么为什么私人领域的东西可以被转化为公共领域的东西呢?这是由人的存在特性所决定的。在社会生活中,人既是私人,同时又是国家的公民。哈贝马斯说:"**成熟的资产阶级公共领域永远都是建立在组成公众的私人所具有的双重角色**,即作为私人和作为普遍人的虚构的统一性基础之上。"②作为私人,人在生活中承担各种不同的角色,完成各种不同的任务。但是个人生活又总是同其他人密切相关的,他们之间会出现小范围的互动。公共领域就是这种小范围的互动的扩大和抽象化。这就是通过传媒,而使陌生人之间发生思想上、信息上的交流。

于是,这里就产生了这样的问题:第一,在存在各种偏见的公共领域,一种价值中立的商谈是可能的吗?第二,如果私人领域的问题进入了公共领域,那么私人生活的自主性如何得到保障?

就第一个问题来说,传统的自由主义认为,如果把个人生活中的偏好、利益问题纳入商谈的范围,那么这些有私人偏好的个人是无法进行公正的商谈的。一种商谈如果是价值中立的商谈,那么这种商谈就是正义的,而这种正义的商谈必须把个人的利益和偏好排除在商谈的范围之外。按照这样的商谈逻辑,正义的、价值中立的商谈应该是把私人生活领域的问题排除在商谈范围之外。哈贝马斯指出,中立性的原则如果"要求把伦理问题整个地从政治商谈中**加上括号排除出去**,政治商谈就会失去其对前政治态度、对有关需要的诠释、对价值取向作合理改变的

---

① [德]哈贝马斯:《在事实与规范之间》,第452页。
② [德]哈贝马斯:《公共领域的结构转型》,第59页。译文据德文本略改。

力量"①。在哈贝马斯看来,如果强调中立性就要把关于价值问题和善的问题排除在商谈的范围之外,那么这无异于坚持了一种自由主义的观点,把私人领域和公共领域割裂开来,并在这样的前提下讨论问题。而在哈贝马斯看来,正是这个前提是需要讨论的。他认为,所谓价值中立的含义只是表明,正义高于善,或者说,正义应该高于价值上的善,而并不意味着,价值中立的商谈必须把个人的偏好问题、价值问题排除在商谈领域的范围之外。在他看来,只要善的问题服从于正义的问题,那么商谈就是价值中立的,就是正义的。这就是说,只要人们之间关于利益的商谈(善的问题)服从于正义的原则,那么这种商谈就是价值中立的。因此,把私人领域的问题纳入公共商谈的领域并不会影响商谈的价值中立的特性。我们知道,在哈贝马斯看来,正义的问题是具有知识论意义的道德问题,而伦理问题是关于价值方面的善(好)的问题。在许多人看来,只有在客观知识问题上人们才可能有价值中立的商谈和讨论,而在关于价值和偏好的问题上,人们不可能存在价值中立的商谈,因为这涉及每个人自己的偏好。而哈贝马斯对于中立性原则的重新理解实际上修正了这种中立性原则,从而保证了私人领域中的问题进入公共商谈的正当性。那么,为什么关于价值、善的方面的问题的讨论也可以是价值中立的呢?哈贝马斯提出的理由是,如果两个人都站在自己的立场上为自己的利益辩护而无法协调的时候,他们每个人都应该超越自己的立场,而转移到一个中立的地带,并过渡到高层次的正义的商谈。他说:"一旦出现伦理分歧,'中立对话'要求过渡到较高抽象层次的正义商谈,在这种商谈中将考察:在承认这些分歧的同时,什么是平等地有利于所有参与者的。"②这时价值的商谈服从于正义的商谈。

我们知道,现代民主制度最大的障碍来自政治权力和私人领域。政治权力系统要通过影响公共领域来进行权力的再生产,从而使公民无法

---

① [德]哈贝马斯:《在事实与规范之间》,第383页。
② [德]哈贝马斯:《在事实与规范之间》,第385页。

有效地制约政治权力。而私人领域可以通过私人的社会权力来控制公共领域,并影响政治决策,从而得到自己的特殊利益。哈贝马斯所提出的政治公共领域恰恰就是要成为一个独立于政治权力领域和私人领域的中立的领域,它们可以过滤政治权力领域和私人领域对于民主制度的影响,使人民可以通过公共领域来影响和制约政治权力。只有那个时候,真正的民主法治国家才是可能的。

对于哈贝马斯来说,当代资本主义社会的问题表现为系统对于生活世界的控制。从政治方面来说,这就是政治权力系统对于政治公共领域的控制。权力系统在维持其社会控制功能的同时,保证政治权力的再生产。它成为一个自我维持、自我生产的独立系统,而脱离了生活世界,特别是政治公共领域对它的监督和控制。它可以运用自己手中的权力来赢得大众的忠诚,从而维持自己的权力。在哈贝马斯看来,只有通过扩大和维持政治公共领域的作用,才能化解现代资本主义国家的合法化危机。

早在 20 世纪 60 年代,哈贝马斯就对政治公共领域进行了研究。不过那个时候,他更多的是从历史的角度来研究政治公共领域的,并且敏锐地意识到政治公共领域与中世纪的市民社会的发展之间的密切联系。① 而在 30 年之后,在政治哲学和法哲学的研究中,哈贝马斯主要是从功能结构方面来研究公共领域的。在哈贝马斯看来,政治公共领域是一个交往结构,是人们之间就他们所共同关心的政治问题展开讨论的领域。公民们在市民社会领域中提出问题,其中的某些问题是可以用个人力量来解决的,而某些问题则必须通过政治权力才能加以解决。由于公共领域(通过公民社会)扎根于私人领域,它能够把私人领域中无法解决的那些公共问题带到公共领域中,并在公共领域中加以放大和处理。在正常情况下,政治权力领域会按照常规来处理这些问题,但是当公共领

---

① 参见[德]哈贝马斯《公共领域的结构转型》,曹卫东等译,初版序言,学林出版社 1999 年版,第 1 页。

域把这些问题放大并引起公众的关注的时候,政治权力领域就不能按照常规来处理,而要认真对待。这个时候,政治权力领域所进行的政治决策就受到了公共领域的影响。在这种情况下,政治决定是在公共舆论的影响下做出的,受到了公共领域的引导。在哈贝马斯看来,这种受到公共领域引导的政治决定才是正当的。哈贝马斯说:"从民主理论角度来看,公共领域还必须把问题压力放大,也就是说不仅仅察觉和辨认出问题,而且令人信服地、富有影响地使问题成为讨论议题,提供解决问题的建议,并且造成一定声势,使得议会组织接过这些问题并加以处理。"[1]在他看来,如果政府的决策、法律和制度是在公共领域的商谈的基础上产生的,那么这种法律、制度和政策才能得到人民的拥护和支持,才是真正为人民服务的,才是正当的。

那么应该如何来理解公共领域呢?哈贝马斯强调,公共领域既不是一种组织也不是一种制度,而是一种交往的网络。在其中既不存在职业的分工,也不存在社会地位的差别。所有的人都是作为平等的参与者,自由地就有关他们共同利益的和共同关心的问题进行讨论。

他认为:"公共领域最好被描述为一个关于内容、观点、也就是意见的交往网络,在那里,交往之流被以一种特定方式加以过滤和综合,从而成为根据特定议题集束而成的公共意见或舆论。"[2]在他看来,公共领域的主要功能是要给人们提供自由交流的社会空间。在这个空间里,人们就他们所关心的共同问题讨论、过滤、综合并形成公共舆论。在这里,哈贝马斯主要不是在生活世界再生产的意义上,也不是从文化的不同领域的内容以及它们的不同的有效性要求方面来考察公共领域,而是从不受制约的交往如何形成的角度来考察公共领域。公共领域是人们之间相互交流的社会空间,并且这个社会空间不应该受到控制,不应该成为一个独立的组织或者社会部门,不应该有角色的分化。虽然公共领域中可

---

[1] [德]哈贝马斯:《在事实与规范之间》,第445页。
[2] [德]哈贝马斯:《在事实与规范之间》,第446页。

以划出内部界限,但是对外它却是开放的、可以渗透的。①

在哈贝马斯看来,公共领域的存在形式是多样的,有些公共领域没有固定的范围、固定的参与者,而有些公共领域有固定的场所和固定的参与者。某些公共领域是因简单的、随机的相遇而形成的。在这种随机组成的公共领域中,所有的人都是平等的参与者,他们都为了相互理解的目的参与到公共领域的商谈过程中。人们在相遇过程中、在商谈过程中依赖的是,"各自对对方的交往自由的承认"。当然,这种因简单的、随机的相遇而构成的公共领域也可能固定在某个场所,变成某种讲坛、论坛等形式。某些公共领域与公开的展示场所联系在一起。② 这些场所成为人们自由表达自己的言论的场所。按照哈贝马斯对于公共领域的各种形式的分析,公共领域交往的场所越固定,参与者越固定,那么讨论的议题就越具体,专业化程度就越高。如果公共领域没有固定的场所,没有固定的参与者,特别是通过传播媒介而把不同的观众、听众、读者联系起来,那么交往的空间结构就越是不固定,就越来越抽象。他说:"公共领域与这种亲身到场的联系越松,公共领域越是扩展到散布各处的读者、听众或者观众的通过传媒中介的虚拟性在场,把简单互动和空间结构扩展为公共领域的过程所包含的抽象化,就越明显。"③显然,一本书的读者也可以构成一个虚拟的公共领域。这个时候真正的政治公共领域就形成了。

在哈贝马斯看来,政治公共领域是人们共同交往的领域,这种交往不是局限于少数人范围内的简单的互动,而是没有确定人群的自由商谈。这种政治公共领域的自由商谈是非专业性的。这是因为,专业性的问题是由政府部门按照技术的方法来处理的。这里没有专业性的讨论,因而也没有专业上的分化。人们在商谈中,就他们共同关心的社会生活的目标等重大问题进行讨论。这种讨论是用来改变人们的需求、观点和

---

① 参见[德]哈贝马斯《在事实与规范之间》,第 446 页。
② 参见[德]哈贝马斯《在事实与规范之间》,第 447 页。
③ [德]哈贝马斯:《在事实与规范之间》,第 447 页。

思想倾向的。① 这就如同我们通常所说的,这是在进行意识形态工作。在这里特别值得注意的是,哈贝马斯强调,这种公共领域的自由讨论摆脱了实践的负担。也就是说,这种公共讨论不进行决策,而是对于决策提供参考意见,提供信息和理由,从而影响政治决策。哈贝马斯强调,在政治公共领域中所形成的意见、理由和信息形成了"公共舆论"。这种公共舆论的领域实际上就是哈贝马斯所说的交往权力。政治决策、政治权力就是从这种交往领域中获得正当性。哈贝马斯特别强调,不能把公共领域中的商谈、"公共领域"和"民意调查"的统计方法等同起来。他说:"政治民意调查如果要提供'公共意见'的某种反应的话,在调查之前就必须先有一个在动员起来的公共领域中就特定议题进行的意见形成过程。"②这是因为政治公共领域是人们之间相互交流的领域,是提供意见、改变需求和态度的领域,而不是简单的统计数据所能够表现的。

在这里,哈贝马斯特别强调公共领域的意见和理由的"质量"。在他看来,政治公共领域形成意见的过程,就是人们自由商谈、对于特定议题充分发表意见的过程。这个商谈过程应该是充分包容的,是自由的、开放的。只有在意见得到了充分表达的情况下,才能形成高质量的公共意见。这就是说,公共舆论的质量不在于它的范围有多广,不在于它得到支持的人数有多少,不在于它有多少人欢呼,而在于它是否对于讨论中所提出的信息、意见和理由进行充分的处理。或者用哈贝马斯的话来说:"意见形成过程的商谈水平和结果的'质量'是依据对'穷尽的'建议、信息和理论所作的'合理'处理的这种'或多或少'而定的。"③

哈贝马斯强调,影响政治公共领域中的自由商谈的因素主要有个人因素和团体因素。就个人因素来说,某些人的社会影响比较大,而有些人的社会影响比较小。社会影响比较大的人可能对其他人的意见发生作用。哈贝马斯并不反对社会影响较大的人对其他人的意见发生作用。

---

① 参见[德]哈贝马斯《在事实与规范之间》,第448页。
② [德]哈贝马斯:《在事实与规范之间》,第448页。
③ [德]哈贝马斯:《在事实与规范之间》,第449页。

某些人也可以用这些社会影响力而获得政治权力。他所强调的是,人们应该在理性的基础上,而不是靠利益的诱惑或者强力的威胁获得影响力。他说:"活动者通过公共领域所获得的政治影响,归根结底必须建立在一个结构平等的非专业人员公众集体的共鸣、甚至同意之基础上。必须使公民公众信服才行,而使他们信服的,必须是那些有关他们觉得与己有关之议题的可理解的、具有普遍兴趣的提议。"①除了个人会在政治公共领域发生较大的影响之外,大型的、组织良好的、在社会功能系统中根基很深的利益团体也会通过公共领域对政治系统发生影响。哈贝马斯认为,这些利益团体也必须通过理由来说服人,使人们在理性的基础上接受其思想或者建议。任何潜在的压力或者制裁威胁都不能在公共领域中公开使用。任何用潜在的威胁或者制裁压力而获得的赞同,都是虚假的、没有可靠基础的。哈贝马斯说得好,"那种仅仅由于暗中注入金钱或组织权力才能造成的公共意见,一旦这种社会权力来源昭示于众,其可信性立刻就化为乌有。公共意见可以操纵,但不可以公开收买,也不可以公开勒索。"②在资本主义社会,某些人运用自己的影响力操纵民意,用虚假的论题、虚假的承诺来获得民众的支持。这是民主政治中最为可怕的一面。我们知道,希特勒就是通过操纵民意而登上了总理的宝座。那么,人们自然要问,为什么民意可能被操纵?个人或者政治组织用各种方式来操纵民意是许多政治人物和政治团体惯用的手法,在某些民主国家这种现象特别值得重视。我们认为,这里的问题不仅在于是否存在着公开的、透明的、自由辩论的公共领域,而且还在于参与的人们是不是具有交往理性。正是由于某些人缺乏自我判断,缺乏公开参与讨论的理性能力而随波逐流,才使得一些人可以利用民众、操纵民意。在这里,我们看到,民意和民粹有些时候几乎没有差别。因此,民主制度建设,不仅要有能自由交流的公共领域,而且要有能理性地自由抉择的公

---

① [德]哈贝马斯:《在事实与规范之间》,第450页。
② [德]哈贝马斯:《在事实与规范之间》,第451页。

民。在我国某些地方的民主选举中,我们看到某些候选人的贿选之所以能够获得成功,恰恰就在于公民没有进行理性的思考和抉择。

政治公共领域中的人们所讨论的问题是全社会共同关注的社会议题,而不是个人生活中的私人议题。如果把那些完全私人的东西拿到公共领域中来讨论,那么公共领域就失去了公共性,而只有商业的性质。比如,我们看到,如果明星的私生活被放在公众视野中讨论,那么这种讨论更多的是为了商业的目的。① 但是,这并不意味着私人生活与公共领域毫无联系。哈贝马斯强调,个人对于生活的切身体验会在公共领域中得到反映,比如在文学公共领域中得到反映,而文学公共领域是与政治公共领域密切联系在一起的。公共领域的讨论都是建立在市民的日常生活基础之上的。日常生活中的痛苦和经历,也会成为公共领域中引起共鸣的问题。个人生活和公共生活之间的密切联系,也会使公共领域的讨论与社会生活密切联系起来,而不至于成为脱离生活的空洞商谈。

五、政治权力、公民社会与公共领域之间的互动

在现代国家中,政府常常用专业的、技术的理由来使政府权力转变成为一个独立于公民社会的自主系统。这个自主系统所关心的是自身的权力再生产,而不是生活世界中的人们的利益和要求。那么,我们应该如何改变这种状况呢?哈贝马斯认为,这就要依赖于公民社会对于政治权力系统发挥作用。而公民社会对于政治权力系统发挥作用的途径是借助于公共领域。哈贝马斯说:"我想为这样的观点进行辩护:一定条件下公民社会可以在公共领域中赢得影响,可以通过它自己的公共意见而对议会组织(以及法院)造成一定效应,并且迫使政治系统转到正式的权力循环。"②这样就符合哈贝马斯所提出的激进民主概念了。按照他的激进民主概念,政治权力根源于交往权力,来源于交往权力的政治权力

---

① 参见拙作《文化:意识形态抑或商品》,载《哲学动态》2007年第11期。
② [德]哈贝马斯:《在事实与规范之间》,第461页。译文略改。

才是合法的、正当的权力。但是公民社会本身包含了各种不同的兴趣和利益。这种公民社会本身是不是也像福柯所说的那样,也有权力结构,其中也会发生权力斗争呢?如果是这样,那么影响公共领域并对政治权力发挥作用的就只能是那些在权力斗争中获得胜利的社会组织,而边缘团体的利益永远也不能得到保护。然而哈贝马斯却认为:"公共交往过程越是服从一个来自生活世界的公民社会的内在机制,它的进行就越是不受到扭曲。"①那么为什么当交往过程服从于公民社会的时候,这个过程就不会受到扭曲呢?

哈贝马斯首先反对公共交往过程受到政府的干预。在他看来,政府干预公共交往过程、干预公共领域,实际上就是为了其自身的权力再生产,而不是为了生活世界中的人们的利益。民主社会应该让公民社会来干预公共领域,并使政治权力受到公共领域的制约。于是,哈贝马斯强调,应该由公民社会中的社会组织来影响公共领域。但是在公民社会中存在着两种根本不同的组织:"一种是从公众中间涌现出来的组织松散的行动者,一种是站在公众面前的、从一开始就拥有组织权力、资源和威胁潜力的行动者。"②前者可以说是社会行动者,而后者可以说是政治行动者。前者扎根于市民社会,并依赖于市民社会中的各种资源——货币、组织、知识和社会资本,依赖于市民社会中的"资助者",但是这些"资助者"不一定会损害他们所支持的公共行动者的中立性。而那些具有"组织权力、资源和威胁潜力的行动者"则不同,它们是一些政党、大型的利益集团,它们不需要资助,而在社会中发挥社会系统所赋予它们的功能。③ 在哈贝马斯看来,这些大型组织必然会用它们的社会权力结构来影响公共领域。哈贝马斯认为,这两者的差别还在于,公民社会是一个首先需要自我认同的社会,或者说,它必须首先将"辨认特征产生出

---

① [德]哈贝马斯:《在事实与规范之间》,第463页。译文略改。
② [德]哈贝马斯:《在事实与规范之间》,第463页。
③ 参见[德]哈贝马斯《在事实与规范之间》,第463页。

来"①。这尤其表现在社会运动上。这就是说,公民社会要能够形成,就必须表明它要追求的目标、它的运动方式等社会特征,通过这种特征而受到人们的认同。如果它不能得到人们的认同,那么自发的政治组织或者社会运动也无法组织起来。当社会政治运动或者临时的社会组织形成的时候,它一方面要进行政治活动,另一方面还要继续进行"认同政治"。在哈贝马斯看来,社会运动的这种认同政治的过程同时也就是公共领域的生产过程。公民社会要通过自己的力量形成一种公共领域,并通过这种公共领域而对社会发生作用。而那些有组织的政党、大型的利益集团则不同,它们运用已经形成的公共领域,比如报纸等大众传媒来发挥影响力。哈贝马斯指出:"行动者是仅仅利用一个已经构成了的公共领域,还是参与对公共领域结构的再生产,这也表现在已经提到过的那种对于交往权力之危害的敏感性上,也表现在行动者是不是有这样的准备:超越一种自卫的利益而抵抗对少数群体或边缘群体的公开的或隐蔽的排斥或压制。"②这就是说,公民社会与党派、大型利益集团是有差别的。这种差别表现在两个方面:第一,是不是能够再生产公共领域;第二,是不是能够超越自卫的利益,是不是能够保护边缘群体或少数群体。显然,哈贝马斯对于政党、对于利益团体都失去了信心。在他看来,这些团体只是利用公共领域来为自己的利益服务,而公民社会则不同,它们不仅要利用公共领域,而且要把公共领域再生产出来,它们能够超越社会集团的利益。对于哈贝马斯来说,现代民主制度的发展不能依赖于那些政党或者利益集团的博弈,而是要靠公民运动和不固定的公民组织。只有通过它们的抗争,并形成社会影响力,社会的公共领域才能再生产出来,并且对于政治权力发生影响。但是,问题在于,即使在西方社会,各种公民运动、公民社会组织虽然也发挥一定的作用,但是对于西方社会的政治权力格局并没有太大的影响。比如,2007年法国社会因对于劳

---

① [德]哈贝马斯:《在事实与规范之间》,第464页。
② [德]哈贝马斯:《在事实与规范之间》,第464页。

工法的改革的抗议而产生的公民运动,并没有能够真正地影响议会决策和政府决策。我们认为,哈贝马斯对于公民社会在民主建设中的作用的观点过于乐观了。

当然,在这里哈贝马斯也看到政治行动者和社会行动者都有可能运用公共领域来影响政治权力系统。与政治行动者运用自己的势力来影响政府决策相比,社会行动者的力量似乎要小得多。因此,哈贝马斯承认,在评价公民社会的政治影响力的时候,需要谨慎一些。① 而在社会动员过程中,在社会运动发生的时候,政治权力和公民社会的力量对比会发生变化,社会运动的作用似乎更大一些。当然,哈贝马斯对于公民社会的作用的看法还是比较谨慎的。他反对马克思主义的社会革命观。这是因为,马克思主义的社会革命观期待通过社会革命来改变政权结构。而哈贝马斯则强调,公民社会的社会运动不是要改变政权结构,不是要通过公民运动而把社会转变为一种自我组织的社会。他说:"公民社会能够直接转变的只有它自己,对于政治系统的自我转变来说,它只能起一种间接作用。"② 在这里,我们可以看出,虽然哈贝马斯强调公民运动在民主法治国家的建设中的作用,但是他反对通过民主政治运动来直接改变社会权力系统,反对把公民运动发展为公民自治的社会政治变革。在他看来,这就走上了马克思主义的革命道路。这是他所坚决反对的。这再一次反映了他的政治立场,一种保守主义的、维护资本主义社会政治和社会权力结构的立场。

在这里,哈贝马斯还念念不忘的是公民社会和政党组织等对于公共领域的利用的问题。在他看来,无论是公民社会还是既定的政治组织都可以运用公共领域,而公共领域在这里要保持中立。哈贝马斯把公共领域理解为独立于政治领域和经济领域的社会领域,这个领域是在生活世界的基础上产生的。它通过市民社会而扎根于生活世界。在他看来,如

---

① [德]哈贝马斯:《在事实与规范之间》,第468页。
② [德]哈贝马斯:《在事实与规范之间》,第460页。译文略改。

果公共领域受到了经济领域、政治权力领域的干扰,就会发生系统入侵生活世界的状况,就会发生生活世界再生产的困难。他说,"大众传媒应该把自己理解为一个开明公众集体所委托的代理人;这个公众集体的学习愿望和批评能力,是大众传媒同时既当作预设、也提出要求、并予以强化的东西"①。这就是说,大众传媒不过是整个社会自我学习、自我批判和自我改进的领域。这个领域不是某种政党、某个团体谋求自己的利益的领域。如果某个政党或者某个团体把它当作谋求自身利益的领域,看作为自己的利益辩护的领域,那么整个社会自我学习和自我调整的功能就弱化了,或者用哈贝马斯的话来说,整个社会从文化上进行再生产的能力就弱化了。哈贝马斯强调传媒的中立化,反对社会权力、政治权力对于传媒的干预。即使政党要通过传媒表达它们的立场,也应该从整个社会的角度来提出意见。他说:"政治党派也必须从公众自己的视角出发参与公众意见形成和意志形成过程,而不是从维护其政治权力的视角出发,为了从公共领域中提取效忠而对公众施加影响。"②可是,问题恰恰就在于,如何保证传媒的中立性?所有的传媒人都是在社会中生活的,他们都会有自己的利益和兴趣,都会有意无意地选择那些与自己意见一致的思想,他们都不可能完全价值中立。当然,在西方社会,即使传媒有某种明确的价值取向,但是由于社会是多元的,各种传媒之间也会展开竞争。在这种竞争中传媒也会避免某种极端的思想倾向,而不断地趋向于价值中立。这种价值中立的趋势还是存在的。但是,我们也决不能忽视其中所潜在的价值倾向。

第四节　现代传媒的发展对于商议民主制度的挑战

现代大众传媒在民主制度中的作用已经被人们广泛地认同。哈贝马斯在他的《公共领域的结构转型》中凸显了大众传媒对于现代民主制

---

① [德]哈贝马斯:《在事实与规范之间》,第467页。
② [德]哈贝马斯:《在事实与规范之间》,第468页。

度的根本性作用。对他来说,公共领域包括大众传媒是商议民主制度的基石。他所重视的问题是经济系统和政治权力系统对公共领域的干预,而忽视了一个问题,即公共领域的自我发展所产生的"内爆"。这种内爆也会使公共领域中的自由交流发生困难。

一、现代哲学框架在认识上的不足

对于现代大众传媒所表现出来的某些反民主特性,人们也不是完全没有任何意识的。以哈贝马斯为代表的现代哲学家们在重构现代性的框架中来分析大众传媒的反民主特性,他们无法有效地透视大众传媒所表现出来的后现代特征,因而也无法有效地分析在信息爆炸时代大众传媒在现代民主制度中所产生的副作用。

根据现代政治哲学的传统,社会可以被区分为政治国家和市民社会,而由大众传媒等构成的政治公共领域则是介于政治国家和市民社会之间的。在哈贝马斯看来,政治公共领域"以公共舆论为媒介对国家和社会的需求加以调节"①。按照哈贝马斯的分析,公共领域是伴随着资本主义制度产生的。而资产阶级公共领域在刚刚诞生的时候是独立于市民社会和政治国家的,它具有独立于市民社会和国家而对它们进行批判的精神。他说:"批判精神的公众以及建立在此基础上的资产阶级公共领域矢志不渝地反对受上层控制的公共领域。"②当时,参与公共领域讨论的那些人不顾各个人在市民社会中的身份而进行自由的交往。哈贝马斯说:"这种社会交往的前提不是社会地位平等,或者说,它根本就不考虑社会地位问题。"③对于哈贝马斯来说,这个从市民社会和政治国家中独立出来的公共领域对现代民主制度来说具有根本性的作用。按照哈贝马斯的看法,现代民主法治国家的合法性基础是政治公共领域。而

---

① [德]哈贝马斯:《公共领域的结构转型》,曹卫东、王晓珏、刘北城、宋伟杰译,学林出版社1999年版(以下引用该版本不再一一注明出处),第35页。
② [德]哈贝马斯:《公共领域的结构转型》,第40页。
③ [德]哈贝马斯:《公共领域的结构转型》,第41页。

这个领域是一个意见交流的网络。① 显然,对于哈贝马斯来说,现代民主法治国家的正当性基础是政治公共领域,是公共领域中的商议,而不是大众的选举或者投票表决。从这个意义上来说,公共领域中的意见交流是现代民主制度的基石。朗兹胡特认为,公共舆论是一切权力的起源;如果没有公共舆论作为权力的起源,那么现代民主政体就缺乏其存在的根据。②

然而,哈贝马斯发现,现代民主制度的这块基石被动摇了。这是因为,政治权力和金钱不断地入侵公共领域,扭曲了公共领域中的商议过程。如果排除政治权力和金钱的力量,那么现代民主制度就会得到保障。当然,哈贝马斯也看到公共领域自身会存在一些问题,但是在他看来这些问题是可以通过公共领域的自我规范来加以解决的。他试图把公共意见(或舆论)和大众舆论区分开来。他说:"使这种'成束的'意见成为**公共意见**或舆论的,是它的形成方式,以及它所'携带'的广泛的赞同。公共意见并不是某种在统计学意义上具有代表性的东西。它不是单个地被问、单个地回答的个人意见的总和;就此而言,切不可把它与民意调查的结果混为一谈。"③这就是说,那种简单的意见的结合比如民意调查,并不是真正意义上的**公共舆论**,而只是大众舆论。在《公共领域的结构转型》中,哈贝马斯还提出了一个标准来衡量公共舆论。他说:"一种意见在何种程度上可以说是公共舆论,取决于如下标准:该意见是否从公众组织内部的公共领域中产生;以及组织内部的公共领域与组织外部的公共领域的交往程度,而组织外部的公共领域是在传播过程中,通过大众传媒在社会组织和国家机构之间形成。"④这就是说,真正意义上的公共舆论包含了两个方面:一个方面是各种组织内部的讨论;另一个

---

① 参见[德]哈贝马斯《在事实与规范之间》,第 446 页。
② 参见[德]哈贝马斯《公共领域的结构转型》,第 285 页。
③ [德]哈贝马斯:《在事实与规范之间》,第 448 页。
④ [德]哈贝马斯:《公共领域的结构转型》,第 295 页。原译文中的"公众舆论"被改为"公共舆论"。

方面是各种组织外部的讨论,比如大众传媒中的讨论。而这两种讨论是要相互作用的。当然,在这里,哈贝马斯本人还是非常谦虚。他说,"公共舆论本身其实并不存在",我们至多"只能辨别出一些趋势"。① 但是,对于他来说,只要我们小心地把公共舆论和大众舆论区分开来,只要我们借助于公共领域的自我矫正的力量,公共舆论战胜大众舆论还是有可能的,至少会出现这种"趋势"。

关于大众传媒对现代民主制度产生的副作用,其他学者大体来说也坚持了哈贝马斯的思路。这就是:大众传媒中所传播的不是真正的公共舆论;只要有效地防止舆论被操纵的现象,现代民主制度的基石就是稳固的。美国记者罗伯特·麦克切斯尼在他的《富媒体 穷民主》一书中,对大众传媒所出现的那种伤害民主的趋势进行了多维度的分析。他认为,"媒体已经成为一股明显的反民主的力量"②。那么,大众传媒本来应该是民主的基石,然而在今天却成为民主的绊脚石,这是为什么呢?他认为,其中包含了三方面的原因。第一,媒体被少数财团所控制。他在书中以详细的事实说明:"美国媒体和通讯世界的发展轨迹最终将导致更加的集中、更加的唯利是图。"③商业至上的原则甚至渗透到现代新闻事业当中来。④ 互联网虽然为人们参与民主讨论提供了新的机遇,但是它在未来也会受到大型经济组织的控制,也会受到利润动机的推动。⑤由此,多数人统治的原则变成了少数人统治的原则。"对民主而言,这是一剂毒药。"⑥第二,新自由主义强调,媒介应该按照市场的原则来发展。而美国宪法第一修正案为媒体的联合、兼并以及大规模的商业开发提供

---

① 参见[德]哈贝马斯《公共领域的结构转型》,第295页。原译文中的"公众舆论"被改为"公共舆论"。
② [美]麦克切斯尼:《富媒体 穷民主》,谢岳译,新华出版社2004年版(以下引用该版本不再一一注明出处),第8页。
③ [美]麦克切斯尼:《富媒体 穷民主》,第86页。
④ 参见[美]麦克切斯尼《富媒体 穷民主》,第61页。
⑤ 参见[美]麦克切斯尼《富媒体 穷民主》,第177页。
⑥ [美]麦克切斯尼:《富媒体 穷民主》,第8页。

了合法性基础。它限制了民主制度,限制了媒体对于有关问题的讨论。为此,麦克切斯尼认为,偏离民主方向是无可争议的市场时代的普遍现象。① 第三,大众传媒本身能够操纵公共舆论,却不受公共舆论的控制②。麦克切斯尼以美国媒介政策的制定过程为例,说明了大众传媒是如何有效地控制社会对于媒介政策的讨论的。③ 这些趋势表明,对于大众传媒来说,媒体本身是天然合理的,可以不受控制、不受监督。与哈贝马斯对于理想的公共领域的建构的主张类似,麦克切斯尼主张,社会应该重建具有公益性质的大众传媒,对传媒进行结构性改革。他认为,凡是涉及公共利益的问题,营利性传媒机构的有关讨论要受到政府的控制。

从这里我们可以看到,麦克切斯尼特别强调市场力量对大众传媒的影响。按照他的思路,如果没有货币力量的干扰,大众传媒还是有利于民主制度的发展的。虽然麦克切斯尼认识到媒体的爆炸式发展与民主的衰弱这一悖谬现象,但是他没有把这个现象放在现代大众传媒大规模发展这样一种后现代趋势中分析。因此,他对于这个悖谬现象的分析是不够的。

在这样的大背景下,在讨论传媒对于民主制度所产生的副作用的问题上,人们只是强调媒体的炒作对于政府决策的影响。比如,媒体把一些不太重要的事情炒得很热,从而逼迫政府予以重视;大众传媒中的民意测验常常会牵着政府的鼻子走,迫使政府不断调整自己的行为,这也造成政府行为关注其短期效益等,大众传媒还有哗众取宠、追求收视率等坏毛病。④

麦克切斯尼和丛日云的分析在理论框架上并没有超出哈贝马斯的基本框架:如果没有政治和经济权力的干预,那么公共领域就能够相对

---

① 参见[美]麦克切斯尼《富媒体　穷民主》,第 149 页。
② [德]哈贝马斯:《公共领域的结构转型》,第 234 页。
③ 参见[美]麦克切斯尼《富媒体　穷民主》,第 73 页。
④ 参见丛日云《当代世界的民主化浪潮》,天津人民出版社 1999 年版,第 372 页。

独立地发展。公共领域虽然会在一定程度上被操纵,具有"炒作"的风险,但是如果我们把公共舆论和大众舆论区分开来,那么民主制度就会得到保障。然而笔者认为,即使公共领域能够相对独立地发展,公共舆论战胜大众舆论的趋势也不会出现。

二、媒介即信息:意义传播的中断

哈贝马斯的批判模式仍然是在西方现代政治哲学框架中进行的。虽然他看到了公共领域从诞生的一开始就可能存在某些局限——真相和谣言总是混杂在一起,但是他坚信,还是可以找出真相的。实际上,黑格尔早就发现了这一点,他说:"由于在公共舆论中真理和无穷错误直接混杂在一起,所以决不能把它们任何一个看做的确认真的东西。"①当然,对于黑格尔来说,既然在公共舆论中真假无法区分,那么社会就要依靠"伟大人物""找出其中的真理"。② 这就是说,在公众舆论的领域中,真理和错误的区别仍然是存在的,真理还是能够被找出来的。当然哈贝马斯不同意黑格尔的说法,而是回到了康德的思路上。在涉及公共利益的时候人们是可以找到真理的。哈贝马斯把社会领域中的共识看作类似于真理的东西。不过这种理性共识不是像康德认为的那样,靠个人的自我反思,而是靠公共领域中的自由讨论。③

然而从大众传媒的现代发展来看,哈贝马斯的这个哲学框架已经不再适合了。按照鲍德里亚的看法,在发达资本主义社会,大众传媒的性质发生了一个根本性的变化。在早期资本主义社会,人们获取信息的渠道是有限的。从通信、酒吧到报纸、电视的发展过程,就是不断拓展信息传输的媒介从而满足人们对于信息需求的过程。然而由于机械复制技术的发展,信息的生产和传播能力得到了极大的发展,信息生产的短缺

---

① [德]黑格尔:《法哲学原理》,第333页。
② 参见[德]黑格尔《法哲学原理》,第334页。
③ 关于哈贝马斯的康德主义思路,参见拙作《商谈道德与商议民主》,社会科学文献出版社2009年版,第81页。

状况不再存在,而出现了信息需求不足的新问题。在这样的情况下,大众传媒就需要不断刺激人们对于信息的需求。比如,电视台要不断地为自己的节目做广告(其他商品要在电视上做广告,电视则为自己做广告。从这个意义上说,电视节目本身就是广告),从而提高自己的收视率。当电视台为提高收视率而努力的时候,电视台的信息生产的目的就发生了一个根本性的变化。这就是,电视台的信息生产不是为了满足人们对于信息的需求,而是**再生产**人们对于信息的需求,或者更准确地说,是为了维持自身的再生产。这种情况同物质生产领域中的生产过剩是一样的。为此,鲍德里亚说:"不论是对舆论而言,还是对物质财富而言,生产都已经死了,再生产万岁。"①

当传播的目的不是为了生产信息,而是为了传媒自身的再生产的时候,媒介和信息之间的传统关系就不再存在了。本来媒介是为了传播信息的,但是,现在对于媒介来说,是否传播信息并不重要,重要的是媒介自身的再生产是否能够得到维持。如果我们按照马克思关于资本主义商品再生产的公式来分析这里的信息生产,那么媒介和信息的新关系就一目了然了。对于简单的商品生产来说,商品和货币的关系是,商品—货币—商品,人们交换商品就是为了获得自己需要的商品。这种意义上的商品交换关系在前资本主义社会中就存在了。而在资本主义社会,货币和商品的关系发生了一个急剧的变化:货币—商品—货币。资本家进行商品生产的目的是为了获得剩余价值,而小商品的生产只是为了获得维持自己生存所需要的商品。② 这与大众传媒的发展过程类似。在大众传媒的早期发展过程中,传媒只是信息传播的媒介:信息—媒介—信息(公式1)。媒介的目的是为了传播信息。而到了发达资本主义社会阶段,信息本身变成了媒介(中介),而媒介自身的再生产才是目的:媒介—信息—媒介(公式2)。媒介根据自身再生产的需要而生产信息。如果我

---

① [法]鲍德里亚:《象征交换与死亡》,第85页。
② 参见《马克思恩格斯全集》第23卷,人民出版社1972年版,第122—134页。

们把公式2与公式1加以比较就会发现,公式2中的媒介,实际上就相当于公式1中的信息。从这个意义上来说,在发达资本主义社会,媒介相当于早期资本主义社会中的信息。这就是从再生产的角度来理解麦克卢汉的名言"媒介就是信息"①。

当媒介本身变成信息的时候,大众传媒对现代民主制度会产生怎样的影响呢?我们认为,这个影响表现在公共舆论和大众舆论之间的区分已经不再可能。按照哈贝马斯的设想,公共舆论就是要探索真实的知识、寻求正当的规范或者表达真实的情感(满足语用学功能)。然而,一切关于公共意见的讨论都必须在公共领域中进行。公共领域本身却不是把满足语言的功能性要求作为自己的目的,而是把自身的再生产作为目的。信息的目的不是要满足公众对于信息的要求,而是要"测试"公众,使公众对于信息产生需求。对于信息的传播者来说,重要的不是信息的真假,而是信息是否具有刺激作用,是否能够引起公众的兴趣。在这里真假已经结合在一起,变得无法区分了。这不是说信息之中不包含真假,而是说,真假无法区分。显然,如果其中没有任何真实的东西,那么媒介自身的再生产也就没有可能。正如在生产过剩的情况下,人们再生产的东西也不是完全没有用,而是说,有用和无用无法区分开来。

在公共领域中,人们当然也会讨论。但是,这种讨论与早期资本主义社会中的那种讨论在本质上是不同的。在早期资本主义社会,人们需要借助于公共场合提出问题,表达自己的意见,从而达成共识。这是民主制度的建构所必需的。然而,在现代社会,表达意见的场合太多了,大众传媒过剩了。这个时候,大众传媒需要刺激人们参与到大众传媒中来,这个时候虽然大众传媒也提出问题,但是这里所提出的问题与早期资本主义社会中人们在大众传媒中所提出问题的性质是不同的。在早期资本主义社会中,是人们自己有问题,而在大众传媒中提出问题;但在

---

① [法]鲍德里亚:《象征交换与死亡》,第84页。译文略改。

当代发达资本主义社会中,是媒介自身提出问题,从而吸引大众参与到传媒中来。当然,这不是说,这个问题是假问题,是没有意义的问题,而是说,这是为了吸引观众和读者而提出的问题。为此,鲍德里亚把这种问题称为"刺激的、仿真的、预测的问题"①。这就是说,现代社会中不是没有哈贝马斯所说的那种商议民主,不过这种商议民主是一种"仿真"意义上的商议民主。在这里,问题不是直接从人们的生活中产生的,而是由媒介自身所设定的。当然媒介自身设定这些问题也不是与人们的日常生活完全无关。与人们的日常生活相关的问题很多,媒介要根据是否能够产生轰动效应来设定议题。这里所提出的问题不是等待回答的问题,而是索取答案的问题。大众传媒提出这些问题,就是要刺激人们回答,激发人们回答。这不是因为它自身不知道答案,而是因为它需要人们的回应。比如,电视上经常有各种不同的辩论会。这种辩论会似乎就是一种民主讨论,实际情况却完全不是如此。电视台在设计问题的时候就知道答案了,不过它需要收视率,所以会提出问题来进行辩论。这就如同现在许多杂志都要设计各种栏目、设计议题一样。它们不是根据学者们从研究中发现的实际问题出发,而是从是否会产生轰动效应出发来设定议题。理论的探索、学术的研究、社会问题的思考都是由媒介自身来设定的。这些媒介需要相互竞争,真正的学术思考已经让位于对于受众的竞争。在这里,人们无法把大众舆论和公共舆论完全区分开来。

如果说大众传媒中的讨论是仿真的讨论,那么有组织的讨论是不是会像哈贝马斯所说的那样,是真正的民主讨论呢?组织内部的封闭讨论在一定程度上是不受舆论的干扰的,因此这种讨论具有真正的民主讨论的性质。比如,许多内部讨论不对舆论开放,于是讨论者不需要为争取观众或者读者而努力。然而,我们也必须看到,组织内部的讨论不可能完全不受大众舆论的干扰,大众传媒中所提出的各种东西有可能干扰有组织的讨论过程。比如,法院的审判是不是能够完全不受到大众舆论的

---

① [法]鲍德里亚:《象征交换与死亡》,第87页。

影响呢?

三、社会的大众化

当法院的审判受到大众舆论的影响的时候,这种审判还是正当的审判吗?当法院还没有审判的时候,大众已经开始在网络上进行审判了。网络审判有时候会形成一股强大的势力,并对法院中的审判形成巨大的压力。

在现代社会,人们把大众传媒所产生的势力理解为金钱和政治势力之外的第三种势力。哈贝马斯按照阿伦特的看法,把它称为"交往权力"①。或者我们也可以把大众传媒所产生的权力看作是立法、司法和行政这三种权力之外的第四种权力。现代网络在很大程度上极大地扩展了这第四种权力。② 但是,在如何看待这第四种权力的时候,袁刚却得出了这样的结论:"总体上看,网络民意代表的是多数民众的意愿,代表着一种正义力量。"③在这里,正是由于公共舆论和大众舆论完全混合在一起,以至于人们无法区分公共舆论和大众舆论,于是便简单地认为,网络上的舆论就是公共舆论,它们代表了正义的力量。特别是当网络受到一些人的操纵的时候,这种说法更应该受到质疑。在这里,我们必须把"大众"和"公众"区分开来。社会学家米尔斯(C. W. Mills)就"大众"和"公众"的区分提出了经验的标准。他说:"正如我们对公众一词所理解的那样,在**公众**(public)当中,(1)事实上有许多人既表达意见又接受意见。(2)公众交流是这样组织起来的,以至于公众所表达的任何一种意见都有机会立即得到有效的回应。(3)由这种讨论所形成的意见在有效的行动中,甚至在反对(如果必要的话)主导性权威系统时,随时可以找到一条发泄的途径。(4)权威机构并不对公众进行渗透,因此公众在其行动

---

① [德]哈贝马斯:《在事实与规范之间》,第180页。
② 参见袁刚《网络民意和"第四种权力"》,载《人民论坛》2010年第11期。
③ 袁刚:《网络民意和"第四种权力"》,载《人民论坛》2010年第11期。

中或多或少是自主的。"①这就是说,公众是有组织的,而又是相对自主的,即不受权威机构渗透的。在这个组织中,人们能够有序地就社会问题进行深入的讨论。而大众则不同:"**在大众**(Mass)中,(1)实际上,表达意见的人比接受意见的人少得多,因为公众群体变成了受大众传媒影响的个人的抽象结合。(2)占主导地位的交流过程是这样组织起来的,以至于个人很难或者根本不可能立即或有效地作出回应。(3)运转着的意见能否实现是掌握在那些组织并且控制这一运转渠道的权威人士手中的。(4)大众无法从机构中获得自主性,相反,权威机构的行动者渗透到大众中,从而削弱了大众通过讨论形成意见时的任何自主性。"②这就是说,大众是受到传媒操控的人,这些传媒机构作为主导机构主宰了意见的形成过程,而大众不能进行有效的反馈。那么在这里,我们必须思考,按照米尔斯提供的经验标准,网络中的人们究竟是大众还是公众呢?从表面上来看,他们属于公众。

然而,我们认为,米尔斯的这个描述对于早期资本主义来说是合适的。但是,在现代发达资本主义社会中,情况就完全不同了。在现代网络传媒中,许多人都能够像公众一样参与讨论,在网络上发表意见。在表面上看,他们完全是自主的,甚至没有受到任何人的干扰。他们对许多事情发表意见甚至完全是中立的,是出于一种正义感而发表自己的意见。但是,这背后可能隐藏着网络大"V"。网络大"V"为了获得人气,提供了一些无法区分其真假的信息。许多人看到这些信息就表达了自己的观点,当然大多数都会赞同大"V"的想法。在这里,他们就如同那些娱乐英雄的粉丝,只是在盲目接受别人信息的基础上提出自己的意见。在这里,我们无法区分,他们究竟是大众还是公众。从这个意义上来说,我们也无法区分网络媒介中的力量究竟是正义的力量还是非正义的力量。

我们还可以把这个分析进一步扩展到其他形式的大众传媒。从前

---

① 转引自[德]哈贝马斯《公共领域的结构转型》,第 295 页。译文略改。
② 转引自[德]哈贝马斯《公共领域的结构转型》,译文据原文略改。Jürgen Habermas, *Strukturwandel der Öffentlischkeit*, Herman Luchterhand Verlag, 1962, S. 293.

面的分析中我们知道,现代大众传媒的目的不再是传播信息,而只是关注自身的再生产。它需要产生魅力、凝聚人气。于是,在大众传媒中不存在真正的讨论问题、表达意见的过程。在这样的情况下,资本主义社会初期的那种公众就被不断地消解了。而在大众传媒的影响下,人们仿真地讨论问题,仿真地思考问题。人们只是在大众传媒的影响下成为人群的汇聚。鲍德里亚对这一群大众曾经这样描述:"根据他们的想象性的再现,大众在被动性和疯狂的自发性之间游荡,但是他们始终是一种潜在的势力,一种社会性和社会能量的蓄水池。今天他们是沉默的能指,当他们明天大声说话的时候,他们就不再是'沉默的大多数',而是历史的反抗者。"[1]在大众传媒的蛊惑下,他们是完全被动的接受者(大众),但是,他们又是自发参与的,没有人强制他们参与(有公众的特点)。而一旦他们参与其中的时候,他们就形成了巨大的社会力量。各种大众传媒与网络传媒结合在一起蛊惑大众,于是人们一会儿是被动的接受者,一会儿是主动的参与者。他们一会儿沉默,一会儿在网络大"V"的操纵下大声说话。他们形成一股巨大的社会力量,并开始对各种社会现象进行网络审判。在乌克兰、在叙利亚、在中国的香港,在各种颜色革命中,大众的势力充分显示了被动性、自发性、狂躁性和非理性。

在这里,人们必然会询问,这些"大众"(仿真的公众)为什么不会对大众传媒中的各种炒作和操纵提出质疑呢?我认为,这里有两个原因。从客观上来说,现代大众传媒把真假结合在一起了。这种真假结合的统一体容易迷惑人,人们一般不会对它提出质疑。从主观上来说,他们缺乏真正的理性精神。霍克海默和阿多诺在对德国法西斯主义产生根源的分析中,指出了工具理性所产生的巨大作用。这里所说的工具理性就是人们用来征服自然所具有的那种理性精神。在征服自然中,人如同奥德修斯的那些水手那样,塞住了自己的耳朵(限制了自己的理性精神)而

---

[1] Jean Baudrillard, *In the Shadow of the Silent Majority or, the End of the Social and other essays*, New York: Semiotext(e) and Paul Virilio, 1983. p. 2.

无法全面地理解世界,也无法享受美好的生活(听不到音乐)。只有运用这种工具理性精神,人才能在征服自然中取得胜利从而保存自己。人虽然把自己保存下来了,但是人却牺牲了自己,无法享受生活。由此,阿多诺和霍克海默说:"德国的新享乐主义者和战争贩子们就试图让人们失去欢乐。但他们在数百年的劳动压迫中学会了自我憎恨……自暴自弃深深扎根在自我持存之中,而后者正是在其培植理性,同时也是罢黜理性的过程中形成的。"①而在征服自然中,人们所遵循的都是同样的工具理性,人们都习惯了同样的思维方法。这样的思维方法能够使人们按照工具理性思维结合在一起。这就如同奥德修斯的水手一样,他们按照同样的工具理性原则结合在一起。但是他们却缺乏全面的理性精神(他们是失聪的人),他们也因此而自愿地接受社会强制和社会压迫。由此霍克海默和阿多诺说:"社会压迫总是表现出集体压迫的特征。这便是集体与统治的同一,而不是思想形式直接表现出来的社会普遍性和协同性。"②在大众传媒中,许多人也自愿地接受传媒的控制,而成为传媒所凝聚起来的集体,即"大众"。他们不可能有社会的普遍性和协同性。他们都如同奥德修斯的水手那样,是按照数目而被统计起来的。现代大众传媒中的力量就是这样一种具有统计学意义上的力量,而不是哈贝马斯所说的那种交往权力。

最后需要指出的是,笔者并不否认现代大众传媒在社会中所发挥的积极作用,比如,在今天的反腐败当中的作用。但是,这并不意味着,它直接就代表着一种正义的力量。网络上的各种信息只是向我们的政府机构提供了问题的线索,或者说,大众传媒只是提出问题的机制,而不是理性思考问题的机制。

四、恐怖主义的勒索

虽然大众传媒能够有效地提出人们所应该关注的社会问题,但是不

---

① [德]霍克海默、阿道尔诺:《启蒙辩证法》,第28页。
② [德]霍克海默、阿道尔诺:《启蒙辩证法》,第19页。

排除大众传媒为了自己的利益而提出议题,从而把社会大众吸引到其中来。网络民意代表了大众的力量。但是对于网络所产生的这种巨大力量,我们需要认真反思。

当公众和大众无法区分的时候,"大众"就成为"公众"。他们放弃了理性思考,而乐于赶时髦、随大流。仿真的"公众"(大众)获得了一种天然的正当性。在鲍德里亚看来,这些大众("仿真的公众")是沉默的大多数。它们"既不是实体,也不是社会学意义上的现实"①。在社会生活中,我们无法确切地指出哪些人构成了大众,但是大众却又无处不在。当现代大众传媒通过其魅力而把人群聚集起来的时候,当明星把自己的粉丝号召起来的时候,这些人越来越演化为大众,但是却以公众的形式出现。当我们批评这些人是被"忽悠"和操纵而凝聚起来的"乌合之众"的时候,这些人或许会反抗说,他们是"公众",他们是在网络上理性发言的。大众获得了巨大的社会力量。这是人们为获得社会权力而不得不加以操纵的"权力的阴影"②。

我们知道社会是通过一定的秩序组织起来的。社会中的人们就他们共同关心的问题而展开理性的讨论,他们构成了公众。而大众却要瓦解公众。大众总是以公众的形式来伪装自己,把自己变成仿真的公众。比如,在各种网络审判中,他们对腐败干部进行各种形式的人肉搜索。从表面上看,他们的行动是正义之举。他们可以不顾个人的权利和隐私,甚至可以蔑视一切秩序。正如鲍德里亚所说的那样,大众的真正敌人是社会性(the social),是秩序。正是在这个意义上鲍德里亚把大众与恐怖主义加以类比③。恐怖主义就是抗拒社会秩序的。它们就是要用恐怖行动来表现自己对于社会秩序的不满,从而引起社会的极大关注和

---

① Jean Baudrillard, *In the Shadow of the Silent Majority or, the End of the Social and other Essays*, p. 48.
② Jean Baudrillard, *In the Shadow of the Silent Majority or, the End of the Social and other Essays*, p. 48.
③ 参见 Jean Baudrillard, *In the Shadow of the Silent Majority or, the End of the Social and other Essays*, p. 50。

恐惧。

大众的"恐怖袭击"是没有确定的目标、具体的敌人的。如果有确定的政治目标,那么这就不是恐怖袭击,而是政治革命了;如果他们是为了获得经济利益,那么这就是暴力抢劫了。① 大众的"恐怖袭击"与此不同。大众是一群乌合之众,他们今天袭击这个,明天袭击那个,任何一个无辜的人都可能成为网络或者某些传媒的牺牲品。与恐怖主义行动一样,大众的行动也不是要产生某种历史意义,具有政治效果。正如鲍德里亚所指出的那样:"这恰恰不是历史之流中所产生的涟漪,而是关于历史之流的故事,是大众传媒中令人震惊的浪花。"②他们在大众传媒中讲述叙事故事,并追求一种轰动效应,从而引起全社会的围观。这与恐怖分子的自杀具有同样的效果。恐怖分子改变不了历史,改变不了社会政治结构,但是它却能在传媒中引起巨大的社会关注。现代大众传媒本身改变不了历史,也改变不了社会政治结构,但是它却能够操纵舆论、凝聚大众的力量以搅动社会秩序。它对社会秩序进行"恐怖袭击",从而引发巨大的社会关注。

虽然这种恐怖主义没有具体的政治目标或者经济目标,而就是要引起社会的关注,但是,我们必须在这里做一些区分。大众行动中的许多参与者并没有任何政治目标或者经济企图,但是操纵大众舆论、"忽悠"广大群众的人却是有自己的企图和目标的。恐怖组织的头目是有自己的政治企图和目标的,而那些自杀式的恐怖分子可能没有自己的政治和经济目标,但是他们却成为这些头目实现自己目标的人质。在现代大众传媒中,比如在网络中,一些人夸大其词、虚张声势、捏造事实,其目的就是要产生魅力,吸引广大读者,凝聚人气。而这些被凝聚起来的大众往往成为网络大"V"手下的"人质"。网络大"V"用这些"人质"来要挟社

---

① 参见 Jean Baudrillard, *In the Shadow of the Silent Majority or, the End of the Social and other Essays*, p. 55.

② Jean Baudrillard, *In the Shadow of the Silent Majority or, the End of the Social and other Essays*, p. 54.

会。在前面的分析中我们已经指出,现代大众传媒已经真假难于区分,因而很容易迷惑群众。被迷惑的大众就如同少数宗教狂热分子一样,心甘情愿地充当网络大"V"的"人质"。网络大"V"借助这些"人质"向社会提出在现实生活中无法得到满足的要求。在这里,"人质的死亡"(对网络大"V"来说就是失去大众的信任)就相当于恐怖分子的死亡。于是,恐怖分子必然要竭尽全力来维持人质的生命。对于网络大"V"来说,"人质"(他甚至要让任何一个无辜者成为他的"人质")对他的信任是他保证自己生命的最好途径。而这对于社会来说却构成了巨大的挑战。这是因为当社会要挽救"人质"的时候,这些"人质"却心甘情愿地成为"人质",他们不愿意被解救出来。而"人质"的死亡就意味着我们面临社会危机的风险(对于网络大"V"失去信任,就意味着对一切大众传媒失去信任,对话语劝说失去信任)。如果我们不顾人质而消灭恐怖分子,那么我们必然会受到善良人们的谴责。许多善良的人们认为,我们应该与恐怖分子妥协,以挽救人质。然而任何一种妥协都将助长进一步的恐怖行为。同样,如果我们与网络大"V"妥协,那么这就意味着,我们助长他们的行为。面对恐怖分子,我们面临着两难的抉择,同样,在面对网络大"V"时,我们也面临着两难的抉择:要么杀死"人质",要么妥协。

然而,从另一个角度来看,在网络大"V"所发起的"恐怖"行动中,大众是自愿成为"人质"的。我们可以期待大众放弃成为别人的"人质"。那么人们如何才有可能避免成为"人质"呢?在现代大众传媒过度发展的时代里,人们绝不要随意转发别人的信息,不要随意点赞,不要随意成为别人的粉丝。只有当人们拒绝成为大众中的一员,而回到理性的社会共同体中的时候,人们才能真正成为负责任的社会公众。

在由大众构成的集体中,我们会成为网络大"V"的盲从者;在理性公众构成的社会中,我们才有真正的民主。哈贝马斯把交往理性看作合格的交往者的条件。只有通过合格的交往者的理性商谈,商议民主制度才能真正建立起来。在大众构成的集体中,民主是不可能的,而只有对他人的盲从。现代西方社会中的人总是炫耀他们的选举民主。然而,如果这种选举是在现代大众传媒的操纵下进行的,如果参与选举的人是盲从的大众,那么他们怎么能够保证被选举者不是类似于网络大"V"的人呢?

五、"普选是第一大传媒"

如果选举是在商议民主的基础上发生的,那么这当然是一种民主选举。但是在现代西方社会,民主选举制度却发生了扭曲:在大众传媒的影响下,选举本身已经演化为传媒。参加选举的人就像网络大"V"一样,要不断地凝聚人气。人气最高的人才能成为"总统"或者议员。从这个意义上来说,普选成为第一大传媒。① 从表面上看,今天所进行的选举和早期资本主义社会中的选举是一样的,而实际上已经完全不同。自从现代大众传媒,特别是电视、网络等介入选举制度以来,选举的性质就发生了一个重要的变化。以前候选人竞选时要阐述政见,虽然现在也阐述政见,但是在当代西方发达工业社会,原来意义上的阶级对立消失了②。当阶级对立消失之后,选举所面对的对象不是社会组织、团体,而是大众。当总统选举面对不同的阶级和社会组织的时候,候选人要促使各个不同的团体接受自己的政治主张,要考虑不同阶级的政治利益。在这个时候,候选人要用道理来说服选民接受自己的主张。而在当今社会,候选人所面对的是大众,于是,对候选人来说,重要的不是说服大众接受自己的政治主张,而是要让大众为自己"点赞"。于是,虽然他也要演说,但是他的演说不是要让人接受正确的观点,而是要凝聚人气。用鲍德里亚的话来说,"宣传和广告融合在物品和观念的相同推销中"③。这就是说,在后现代社会,所生产出来的物品太多了,这就需要广告来推销,从而刺激人们消费;同样的道理,电视、广播、网络上的各种观念太多了,当候选人宣传自己的观念的时候,也必须像做广告那样推销自己的观念。广告中

---

① 参见[法]鲍德里亚《象征交换与死亡》,第84页。
② 参见拙作《政治的终结与后现代政治哲学的崛起》,载《学术月刊》2013年第9期。
③ [法]鲍德里亚:《象征交换与死亡》,第84页。

对于物品的描述究竟是真的还是假的呢？它超越了真假。同样的道理，那些候选人在宣传中所说的各种政见是真的还是假的呢？它超越了真假。正因为如此，在西方国家，候选人在当选之后，甚至会直言不讳地说，那是选举语言。对于选举语言，人们不必认真对待，正如对于广告一样。

鲍德里亚曾经引用过《世界报》中的一句话来说明现代民主制度中的问题："许多人对传媒**腐蚀**政治感到遗憾，对电视按钮和赛马预测（民意调查）轻松地替代一种舆论的形成感到惋惜，这仅仅表明，他们完全没有搞懂政治。"①这就是说，现代政治已经传媒化了，这是现代政治的特点。如果人们还指望现代政治建立在公共舆论的基础上，那么这就表明人们没有搞清现代政治的根本特点。电视按钮和民意调查在现代政治中发挥着越来越重要的作用。然而，电视按钮和民意调查不是真正意义上的公共舆论，不是在公共商谈基础上的理性思考，而是"统计学观赏"。② 现代选举政治就是在不断地制造这种"统计学观赏"来供人娱乐。然而许多人在看待现代政治的时候，把理性商谈基础上的公共舆论与"统计学观赏"等同起来（这两者已经无法区分了）。对于许多人来说，民主制度就是在玩弄"统计学观赏"，而"统计学观赏"就是公共舆论。对于候选人来说，只要能够凝聚人气，只要有统计学数据，他就是胜利者；至于自己的政见是否正确，是否得到了有效的辩护，这已经不重要了。

或许，人们会提出质疑，难道统计学数据不反映民意吗？我们的回答是，不确定。用鲍德里亚的话来说："民意调查操纵着**不可判定**"③。我们知道，在早期资本主义社会，群众是有阶级性的，这些经济利益对立的团体在政治立场上也是对立的。于是，我们通过统计能够知道不同的候选人受到哪个阶级的支持。然而，在发达资本主义社会，中间选民占绝大多数。这些人构成了没有明确政治立场的大众，他们是没有固定实体

---

① 转引自[法]鲍德里亚《象征交换与死亡》，第85页。
② 参见[法]鲍德里亚《象征交换与死亡》，第86页。
③ [法]鲍德里亚：《象征交换与死亡》，第85页。

的人群的聚集,他们的立场容易受到左右。而在现代大众传媒的操纵下,他们一会儿支持这样的观点,一会儿支持那样的观点。这个受操纵的群体本身就是不确定的,由此而得出的统计数据也是不确定的。从这个意义上来说,民意调查的统计数据既是真的又是假的,它超越了真假。由此,我们也可以说,(相对于早期资本主义社会来说)这是仿真意义上的民意调查。在现代大众传媒的操纵下,现代西方社会中的商议民主制度也可以说是仿真意义上的商议民主。它看上去也是在商议,而实际上是在操纵。这是在大众传媒操纵下的民主。

一个健全的民主制度需要有理性的公民,需要借助于理性公民的思考,而不是靠在大众传媒操纵下的自发大众的统计数据。

第五节 宗教多元主义条件下的社会团结如何可能

"9·11"之后,宗教极端势力抬头。在一个国家的内部,不同的宗教对于同一个社会问题,比如堕胎、同性恋等会提出完全不同的看法,这就导致了社会的分裂。按照传统理论,在民主国家中,宗教信仰是私人事务,一个人不能根据自己的宗教信仰来干预国家事务,而国家也不能干预私人的宗教事务。可是宗教作为一种传统,却必定会对国家的政策产生影响。在这样的情况下,民主国家中的社会整合如何可能呢?哈贝马斯晚年在这方面的思考值得我们重视。

一、世俗主义和宗教多元主义的对立

启蒙运动以来,宗教受到了批判。在这个过程中西方国家经过了一个世俗化的过程,这个世俗化的过程的一个根本特点是:政教分离。宗教信仰是私人事务,国家对于各种不同的宗教应采取一种中立的立场。随着科学的进步,宗教世界观不断受到挑战。而在社会现代化的过程中,社会的功能领域不断地分化,宗教在社会生活领域中的作用逐步变小,而成为文化领域中的一个要素。它仅仅成为个人修行的事情,而在

公共领域中失去了作用。最后,由于社会保障力量的增强,人们不再期待"彼岸"的力量来控制偶然事件。① 这都是西方社会世俗化过程中表现出来的特征。但是在世俗化过程结束之后,西方出现了一种哈贝马斯所说的"后俗成社会"。在后俗成社会中,宗教势力仍然非常强大。哈贝马斯从三个方面说明了宗教的活力:传教活动在全球各大地区的扩张,传教活动中的原教旨主义的极端化,传教活动的暴力潜能被政治化。② 在这样的新的社会背景下,世俗主义和宗教多元主义这两种思想趋势便日益凸显出来。

宗教多元主义或者文化多元主义者致力于"保护集体认同感"。这种意识形态强调不同宗教团体的集体认同。宗教团体是通过一种信仰的力量而整合起来的,是具有传统文化特征的共同体。它反对现代国家所实行的那种系统整合方式:每个人作为国家的公民而结合在一起,他们作为国家的**公民**不应该受到宗教观念的制约。宗教多元主义认为,现代国家所采用的那种系统整合方法是一种"强制的同化和去根化",是一种"启蒙原教旨主义"的行为。③ 它强制人们把自己从宗教共同体中、从人获得其身份认同的文化共同体中抽离出来,使人脱离了自己的文化根基。从政治上来说,现代国家强调人的私人身份和公民身份之间的分离;认为信仰是私人的事务,这种私人事务不能干预国家的政治事务。而文化多元主义要求不同的宗教团体在国家的政治生活中发挥作用,从而维持自己的利益。这就是说,宗教多元主义不满足于在私人领域中的扩张,而提出了政治要求。

世俗主义则强调宗教与国家分离。它主张把所有的教徒纳入公民结成的社会整体之中。世俗主义者认为,如果宗教团体为了保护少数文化的特殊性而要求政治权利,那么这就会使"法律体系过度开放"。这就

---

① 参见张庆熊、林子淳编《哈贝马斯的宗教观及其反思》,上海三联书店2011年版(以下引用该版本不再一一注明出处),第50页。
② 参见张庆熊、林子淳编《哈贝马斯的宗教观及其反思》,第51页。
③ 参见张庆熊、林子淳编《哈贝马斯的宗教观及其反思》,第58页。

是说,它会打破政教分离的基本法治体系。世俗主义还认为,宗教多元论是一种"反种族主义的种族主义",它会造成不同种族以及不同宗教之间的对抗和冲突。一些学者认识到,对于各种亚文化团体的保护,会削弱个体成员的选择权利①。保护亚文化团体或者信教团体,实际上就限制了个人脱离这个群体的权利。

哈贝马斯对世俗主义和多元宗教主义都提出了批评。激进的多元论者认为,不同文化有不同的世界观,它们各自所使用的基本概念是不可通约的,因而也是无法相互对话的。哈贝马斯认为,这些说法是错误的。按照这样的观点,不同的文化都是封闭的文化总体,都有各自独立的真理标准,它们相互之间是无法进行交流的,也无法通过商谈而达成某种共识。本来这种文化多元论和文化相对主义的观点是用来对付文化霸权的,然而,当文化多元论这样来理解不同文化的时候,却面临着这样的矛盾:它无法批判那种压制文化少数派的霸权文化。这是因为,如果不同文化之间无法进行对话,处于弱势地位的文化也就不能对文化霸权进行批判。它不能按照自己的标准来批判文化霸权。② 其实,阿多诺在《否定辩证法》中也对相对主义进行了批判。在阿多诺看来,相对主义是一种庸俗的唯物主义,它强调人的思想都是受到物质生活条件的制约的,而无法超越这种制约。然而,人的思想在本质上就能够进行一种自我反思和自我否定。③ 从这个角度来说,文化相对主义否定了人的思想的这种自我反思的能力,否定了人的思想的这种自我否定和自我突破的可能性。

本来这种文化多元论也是针对"启蒙原教旨主义"的。"启蒙原教旨主义"坚持一种普世主义的观念,即启蒙的理性是一种普遍的理性。它认为,在政治领域中,我们都应该坚持一种普遍主义的原则,而各种宗教文化属于私人事务,不能进入公共领域,也不能在人们之间形成共识。

---

① 参见张庆熊、林子淳编《哈贝马斯的宗教观及其反思》,第59页。
② 参见张庆熊、林子淳编《哈贝马斯的宗教观及其反思》,第59—60页。
③ 参见[德]阿多诺《否定的辩证法》,第34—35页。

不可知加以类比。我们的哲学也会对于艺术进行解释,但是这种解释却无法把握艺术的核心。哲学具有超越艺术的东西,而艺术也有超越哲学的东西。按照阿多诺对于艺术和哲学的关系的理解,哲学需要艺术而又超越艺术,艺术需要哲学但是又超越哲学。应该说,哈贝马斯在这里吸收了阿多诺的这种新的理性观念(客观理性的观念)。在哈贝马斯看来,现代人需要这样一种后形而上学的理性的立场。从这个角度来说,无论是宗教团体还是世俗的公民都需要在认知态度上改变自己。在这里不存在所谓不对称的问题。

六、哈贝马斯宗教观的启示

启蒙运动以来,系统整合取代了社会整合。在社会整合被取代的同时,也就意味着社会性的终结。人和人之间的相互冷漠成为一种不可忽视的现象,这种相互否定的现象在不同的层面上都发生着。从一定的意义上来说,宗教极端主义、恐怖主义就是对这种社会冷漠现象的一种报复。它们借助于宗教力量进行社会整合,而这种社会整合的结果却是以对其他人的暴力恐怖为特征的。当人们用理性来取代宗教进行社会整合的时候,显然这种理性也不能忽视传统的力量。在当代社会,传统文化在一定程度上受到了重视,但是在重视传统文化的时候,文化多元主义的现象也出现了。伴随着文化多元主义的是种族主义,它同样也引发了文化的冲突和种族的冲突。因此,如何吸收传统的文化资源特别是宗教的资源来进行社会整合,显然成为我们所面对的重要问题。哈贝马斯曾经以交往行动理论的框架,以商议民主理论为核心,提出了一种社会整合的模式。在这个理论框架中,他强调人们之间相互交流的重要性,强调人们通过交流而形成可接受的共同社会规范来进行社会整合。但是,他并没有讨论如何吸收传统文化的要素来解决现代社会的社会整合问题。"9·11"之后,他重新开始思考这个问题。他所提出的这个方案延续了商谈伦理学的基本思路,并按照这个思路,既吸收了世俗主义和宗教多元主义的观点,又反对世俗主义,也反对宗教多元主义。世俗主义实际上是启蒙精神的延续,坚持信仰和知识的对立,坚持政教分离。这是哈贝马斯所接受的。但是他不接受世俗主义的那种彻底否定宗教的态度,承认宗教之中或许存在有价值的东西,这些东西是可以在公共领域的讨论中被吸收的。他也承认宗教多元主义的合理性,这就是,在宗教世界观的核心上,不同的宗教之间是无法达成一致的,但是它们可以借助于宪法共识而相互承认其存在的合理性。他否定了多元主义,而认为,即使世界观的核心对于其他人来说是不可知的,但是人们仍然可以就社会生活中共同关心的问题进行讨论,并达成共识。

对于他来说,承认差异并不意味着不同文化之间就不能对话。而世俗主义和文化(宗教)多元主义实际上都否定了这种对话的可能性。哈贝马斯认为,信教人士和非信教人士,各种不同的信教团体,应该相互学习。按照哈贝马斯的思路,这种对话和相互学习并不是要从根本上改变人们的世界观。世界观中的对立仍然可以存在,各种多元文化的差异仍然可以保留,但是这种差异并不必然导致相互冲突。它们之间不需要为自己的存在而进行你死我活的斗争。不同文化之间的对话,只是为了寻找更有说服力的思想资源来探讨现代社会中的问题。应该说,这个思路总体上来说是可以被接受的,甚至也是可以被宗教共同体所接受的。

这里所存在的基本问题是,哈贝马斯认为,宗教思想要进入公共领域必须进行翻译,必须翻译为世俗的语言。只有用世俗的语言进行讨论,才能被社会所接受。然而,宗教思想进入公共领域所面临的问题主要不是翻译问题,而是思想本身的问题。当宗教进入公共领域的时候,它必须提出理由来说服人,它的理由是基于宗教世界观而提出的理由。如果人们不接受它的宗教世界观,那么人们也无法接受它所提出的理由。因此,对于信教人士来说,他所提出的理由在何种程度上可以不受宗教世界观的约束,这才是核心。然而,如果宗教所提出的理由脱离了宗教世界观,那么它所提出的就是世俗的理由,就是人们可以接受的世俗的理由。而这个要求实际上就是要让信教人士放弃自己的宗教信仰。这显然是不可能的。而哈贝马斯用翻译问题回避了这个核心问题。

当然,在宗教思想中,不是所有的内容都是与宗教世界观的核心联系在一起的,各种不同的信条与宗教世界观的核心的联系也有程度的不同。从这个角度来说,宗教思想中的某些东西可以转换(翻译)到公共领域中。在公共领域中,许多问题的讨论是不涉及宗教世界观的核心问题的,宗教世界观的外围的东西还是可以被吸收到现代文化系统中,让它们发挥社会整合的作用的。在世界观的核心上,信仰和知识是对立的,信仰的核心超出了我们的知识的范围。但是这种对立可以在"宪法共识"中加以调和。当世界观的核心问题上的冲突在"宪法共识"的强制下被调和之后,现实生活中的人们(无论是教徒还是俗人)所需要做的工作就是改变自己的认知态度,对各方持一种开放的态度,相互学习。通过这种相互学习,我们的社会就可以实现理性的整合。

那么在世界观的核心之中人们是不是也可以达成共识呢?哈贝马斯实际上坚持了康德主义的立场,认为知识和信仰之间是相互对立的,世界观的核心中所存在的对立是无法解决的。然而黑格尔提出了另一个不同的思路。黑格尔在反思启蒙的时候也指出了信仰和纯粹识见之间的对立所存在的问题。他认为,信仰和纯粹识见之间存在着共同的认知结构。[1] 无论是信仰还是纯粹识见都没有发现这一点。从这个角度来说,这两者都可以通过对于自己的认知结构的自我反思而达到绝对知识。而黑格尔的这个思路也是值得我们重视的。

哈贝马斯从系统整合和社会整合的关系来看待资本主义社会中的矛盾。在他看来,当代资本主义社会中所出现的问题是系统入侵生活世界。本来,社会一方面依赖功能系统来维持社会运行,这就是经济系统和行政系统,另一方面也依靠文化系统为经济系统和行政行动运行的正

---

[1] 参见拙作《黑格尔〈精神现象学〉中的启蒙辩证法》,载《求是学刊》2017年第6期。

当性提供规范基础。然而,由于行政系统和经济系统入侵文化系统,文化系统的独立性受到了破坏,它再也不能为经济系统和行政系统的正当性提供正当性基础。这就是哈贝马斯所说的公共领域的再封建化。因此,要解决社会整合的问题,就必须依靠文化系统的独立运作,排除行政系统和经济系统对文化领域的干预。而他的交往行动理论就是要从这个角度来解决资本主义社会中所面临的问题。他对于商议民主理论的讨论,就是要为行政系统的合法化提供基础。哈贝马斯所面临的问题是,现代社会大众传媒出现了内爆的情况。所谓内爆,就是指公共领域为了在过多的信息领域中获得关注而进行的自我炒作。这种自我炒作使公共领域不再是一个意见交流的领域,而是人们争取话语影响力的领域。哈贝马斯在理论上对于这个问题没有采取足够的重视。

第七章 霍耐特：解决现代性问题的承认模式

现代社会是一个不断翻新、不断变革的社会。按照黑格尔的现代性批判的观念，由于现代社会是与传统决裂的社会，因此，现代社会不能再依靠传统的观念来进行社会整合。哈贝马斯倡导人们借助于商谈来探索各种社会规范，以便有效地整合社会。然而，这种商谈理论过分强调人们之间的一致赞同，而忽视了人们之间的权力斗争。而这种权力斗争会给社会整合带来新的挑战。特别是在后现代的多元社会中，这种权力斗争使人们之间的达成共识越来越不可能。这就需要有新的社会规范来解决这个问题。霍耐特所提出的承认理论实际上就提出了一种新的社会整合模式。承认理论实际上就是要解决多元社会中的社会整合问题。

第一节 为承认而斗争：现代社会的规范基础的重建

马尔库塞在批判发达资本主义社会时，指出发达工业社会的意识形态就是把生存斗争永恒化。如果按照哈贝马斯对于系统整合和社会整合的区分来说明这种意识形态的话，那么这就意味着，发达工业社会试图仅仅依靠系统的合理化，依靠系统有效地解决人们的生存问题来整合社会。这就是用系统整合来取代社会整合。既然发达工业社会所面临的主要问题不是生存斗争的问题,那么发达工业社会所要解决的主要问题就是社会整合的问题。那么现代社会究竟应用什么方式来进行社会整合呢？霍耐特通过对于传统契约论的批评来说明这种新的社会整合模式。

一、从权力斗争到承认斗争

按照哈贝马斯的分析,社会理论中存在着两种完全不同的范式。一种范式是系统理论的范式,比如帕森斯、鲁曼等人就采纳了一种系统理论的范式。这就是把社会作为一个功能系统来理解,考察如何让这个功能系统更好地运行。一种范式是社会规范理论的范式,这就是把社会看作是一个通过一定的文化传统、宗教观念和社会伦理规范整合起来的相互联系的社会。例如,米德、涂尔干等人的理论就属于这种规范整合意义上的社会理论。从系统功能理论的角度来说,人们相互之间也会合作,但是这种合作是为了更好地获得物质利益,更好地提高征服自然的力量。工具理性就会在这种系统中占据主导地位。在系统理论中,人首先是被作为经济动物,而不是"政治动物"来理解的,它忽视了人的"社会性"(the social)。如果说在传统社会中生存斗争仍然是人们所面临的主要任务的话,那么在发达的现代社会中物质生活条件的基本问题已经解决的情况下,如何来进行社会整合就成为人类社会面临的首要问题。

霍耐特在他的社会理论研究的一开始就注意到这两者之间的区别。在他看来,早期批判理论比如阿多诺的批判理论,仍然是按照主宰自然的理论范式来批判资本主义,仍然没有摆脱系统理论的框架,因此,他的理论仍然缺乏一个社会性的维度。[①] 只有福柯和哈贝马斯**重新恢复**了这

[①] 参见 Axel Honneth, *The Critique of Power – Reflective Stages in a Critical Social Theory*, translated by Kenneth Baynes, The MIT Press, 1991, p. 99. 以下引用该版本简称《权力的批判》。

个社会性的维度。按照霍耐特的看法,福柯在从结构主义的角度批判主体性理论的时候注意到了社会性的维度。因为主体性理论所关注的不过是孤立的个人。福柯在他的早期理论中,比如在知识考古学中进行了一种大胆的尝试,他使人类学从古代人类文化的研究中摆脱出来,并设定了关于文化系统的一般科学。据此,霍耐特认为,福柯的知识考古学预先设定了任何一种文化都有一定的规范系统。① 而这个规范系统就是用来进行社会整合的。要探讨这个规范系统,就需要从一个外来的观察者的角度来观察和理解这个文化的那种本质。通过这样的研究,人类学知识才能成为科学。然而,在霍耐特看来,虽然福柯在早期思想中看到了文化因素在社会整合中的作用,但是福柯的社会理论并不能完全归结为社会整合的理论。在知识考古学中,福柯仍然没有能够决定性地"把征服主体的社会力量和征服客体的工具力量区分开来"②。这就是说,虽然福柯的社会理论已经关注到了社会性的要素,关注社会整合,但是他仍然没有自觉地把社会整合的力量和系统整合的力量区分开来。因此,他的社会整合理论还不是真正的社会整合理论。他的权力斗争理论实际上仍然是社会系统理论的一部分。霍耐特在对于福柯的有关思想进行评论的时候指出:"行动者之间的策略性行动被看作是社会权力在其中进行操作和形成的持续过程。在行动者之间直接冲突的情况下,策略行动的目标就是取得单方面的胜利。只要策略行动的目标是如此,那么权力就会处于'持续的战斗'中。"③如果按照这样一种模式来理解人和人之间的关系,那么,虽然人们也会由于策略性的原因而被组织起来,比如由一种强力组织结合起来,但这种结合仍然只能从一种功能系统的角度来理解。这就好比说,在一个单位中,单位领导强调同事之间的团结。实际上这里没有"团结",这是因为人们之间要进行职位的竞争,尽管这种竞争要按照一定的规则来进行。在这个组织机构中,人们只有相

---

① [德]霍耐特:《权力的批判》,第107页。
② [德]霍耐特:《权力的批判》,第151页。
③ [德]霍耐特:《权力的批判》,第155页。

互为了各自利益而进行的相互合作。而团结是一种相互尊重和相互理解。

在《为承认而斗争》一书中,霍耐特一开始就批判了霍布斯和马基雅维利的社会理论范式。他们的理论范式有一个共同点,就是把人理解成为孤立的个人,是为了个人利益而会相互冲突的人。而国家权力的诞生,就是为了防止这种冲突。霍耐特说:"他们都把主体为自我持存而斗争作为理论分析的关键,所以,他们必然同时要强调政治实践的终结目的就是要不断结束这种威胁性的冲突。"[1]对于如何终结这种冲突,马基雅维利和霍布斯的理论策略是不同的。对于马基雅维利来说,统治者要采用一切策略性的权谋来对付这种冲突。而且对于统治者来说,这种做法在实践中是无法节制的。对于他来说,政治就是一种权谋,通过这种权谋来控制人们之间为了利益而发生的冲突。霍布斯则不同,虽然他强调在自然状态下存在着一切人反对一切人的战争,但结束这种战争的方法不是权谋,而是通过契约使人们绝对服从最高权力。因此,在霍布斯的理论体系中,"国家契约的绝对正当性仅仅在于:只有契约才能结束一切人反对一切人的战争,而这场战争实际上就是主体为了捍卫自我而发动的。"[2]如果我们用霍耐特早期分析福柯的模式来说明这两个人的理论,那么我们也可以说,这两个人的理论实际上是一种为权力而斗争的理论。对于这种理论来说,一个社会系统就是要约束所有人按照生存竞争原则所发生的权力斗争。只要人们把这种冲突控制在一定的系统中,使他们按照规则来行动,从而保证系统的运行,那么这个社会系统就是正当的。如果我们用哈贝马斯关于合法性危机的分析方法,那么我们可以说,按照这种系统理论,社会活动的合理性取代了正当性。

在霍耐特看来,虽然福柯的理论还不是真正的社会整合的理论,但是他已经触及这个问题了。只有哈贝马斯的交往行动理论才是真正的

---

[1] [德]霍耐特:《为承认而斗争》,胡继华译,上海人民出版社2005年版(以下引用该版本不再一一注明出处),第14页。
[2] [德]霍耐特:《为承认而斗争》,第14页。

社会整合理论。这种社会整合理论就是通过人们之间的话语交流而探讨一定的社会规范,通过这种规范来把社会中的人们结合起来。而与哈贝马斯不同的是,霍耐特吸收了权力斗争的思想。他更多地强调参与社会交往的人是为了权力而进行斗争的人。但是,这些人并不是如霍布斯和马基雅维利所理解的那样是孤立的个人,而一开始就是具有社会性的个人。他们在生活的一开始就把自己作为社会生活中的成员;生存斗争只是他们生活中的一部分,而不是全部。对于霍耐特来说,在现代社会,生存斗争的模式已经过时,所以用生存斗争的模式来解释现代社会显然已经不适用了。实际上,在早期社会批判理论中,人们已经开始关注生存斗争模式所存在的问题。比如,阿多诺等人批判生存斗争模式导致了一种工具理性,这种工具理性在社会领域中的运用导致了人对人的控制。而马尔库塞更直截了当地指出,在发达工业社会,生存斗争永恒化已经变成一种意识形态。这就是说,在发达工业社会生存斗争已经不再是社会所面临的主要问题。既然生存斗争已经不是社会所面临的主要问题,那么以生存斗争模式为基础而建立起来的社会理论当然不能用来解决现代社会所面临的问题。而现代社会所面临的问题是分裂的社会世界如何整合起来的问题。因此,延续哈贝马斯的社会整合理论来解决现代性问题就成为理论上的必然要求。

二、黑格尔的思想资源

既然霍耐特的社会理论延续了哈贝马斯的现代性理论,而这个现代性理论如哈贝马斯本人所说的那样,是一种新古典主义现代性理论,那么我们同样也可以说,霍耐特的现代性理论是一种新古典主义现代性理论。他的现代性理论与哈贝马斯一样吸收了黑格尔哲学的理论传统。如果说哈贝马斯用交往理性概念来代替黑格尔的整体性的理性概念的话,那么霍耐特则更多地吸收了黑格尔早期思想中的承认理论,并把这种承认理论扩展成为一种社会政治哲学。

按照霍耐特的分析,黑格尔的哲学继承了亚里士多德的传统。在

《伦理体系》中,与霍布斯等人不同,他从一开始就把人理解为"政治的动物",理解为社会性的存在。因此,人从一开始就是一个具有社会性维度的存在物,而不是一个像狼一样展开竞争的存在物。对于权力斗争理论来说,人们首先所面临的问题是,如何从这些像狼一样展开竞争的动物中引申出社会性的联系。按照权力斗争模式,人和人之间的社会结合一定不是从人们之间的相互关系之中形成的,必定是外加的。按照霍耐特的分析,黑格尔早期就已经认识到这种社会理论模式的局限性。对于黑格尔来说,从这种权力斗争模式中产生的社会结合体只能是"一体化的多数"的"抽象模式",而不是伦理共同体的模式。① 而黑格尔的理论模式从一开始就与这种模式形成鲜明的对照。对于黑格尔来说,民族对于个体来说,在本质上是优先的。这就是说,人必须首先在民族共同体中才能生存,而一个孤立的个体是不能自足的。因此,与霍布斯等人所理解的像狼一样的动物不同,黑格尔认为人从一开始就是社会动物。霍耐特说,黑格尔认为:"人性中根深蒂固地具有一种与共同体相联系的根基。而这些联系只有在古希腊城邦才充分展现了出来。"② 既然人从一开始就根深蒂固地具有一种与共同体相联系的根基,那么人就不需要像霍布斯等人所说的那样克服自身的孤立性,克服自身的自然本性,而与其他人结成共同体。实际上,按照黑格尔的理论,人从一开始就处于共同体中,而不需要从外部把一个共同体强加于人。如果这种共同体是强加的,那么对于人来说,它就永远是外在的,是对于人的自由的限制。反之,如果它不是从外部强加于人的,那么它不仅不是限制人的自由的条件,反而是人获得自由的条件。在《自由的权利》中,霍耐特就是按照这个思路来论证"社会自由"的。既然人一开始就处于共同体当中,那么对于人来说,重要的不是要消除共同体,而是如何不断地优化这个共同体。对于人类来说,社会伦理需要经过一个不断的进化过程来克服其中一直存在

---

① 参见[德]霍耐特《为承认而斗争》,第17页。
② [德]霍耐特:《为承认而斗争》,第20页。

着的片面性和特殊性。按照黑格尔的理解,这是自然的伦理的潜能不断得到实现的过程,这个过程最终会达到普遍性与特殊性的统一。① 那么如何才能达到这种统一呢? 这里所面临的问题是,伴随着社会整合的过程,个人必然被整合到共同体中,而与此同时人的个性也会发展。这里必然会发生社会性与个体性之间的冲突。而对于霍耐特来说,这种社会性与个体性之间的冲突就是共同体中的人们所展开的"为承认而斗争"。

霍耐特从黑格尔早期著作《伦理体系》中发现了承认理论。在这种承认理论中,承认关系是这样的:"一个主体自我认识到主体的能力和品质方面必须为另一个主体所承认,从而与他人达成和解,同时也认识到了自身身份中的特殊性,从而再次与特殊的他者形成对立。"②对于承认关系的这种理解实际上表明,承认关系包含了一种内在动力。为承认而斗争的人都有自己的特殊性,他需要通过与其他人的斗争而使其他人承认他的特殊性。在这个过程中主体本身也对于自己的特殊性不断产生新的认识,因此在与他人相处的过程中会不断要求得到新的承认。从这个意义上来说,承认斗争是不会停止的,它处于"和解与冲突交替运行的过程"当中③。同时这也表明,在人和人之间的伦理关系中也会存在冲突。不过这种冲突不是霍布斯意义上的一切人对一切人的斗争,为生存而进行的斗争,而是作为一种伦理环节而进行的斗争。这就是说,在伦理领域中,人和人之间也会有斗争,人们通过这种斗争而相互结合在一起。当然,也是通过这种斗争,人和人之间的伦理关系会从最初的不成熟状态走向成熟状态。

既然社会中存在着承认,那么社会中一定也存在着不承认。黑格尔把这种不承认与犯罪联系起来。按照霍耐特的理解:"罪犯的内在动机

---

① 参见[德]霍耐特《为承认而斗争》,第20页。
② [德]霍耐特:《为承认而斗争》,第22页。译文略改。
③ 参见[德]霍耐特《为承认而斗争》,第22页。

就在于他发现在现有的相互承认的水平上,他没有得到让他满意的承认。"①这就是说,在一个既定的社会系统中,它虽然也确定了人和人之间的承认关系,但是,这种承认关系并不完善,或者对于某些人来说这种承认关系并不完善,这种不完善的承认关系让某些人不满意。那么,人们在这里必然会提出问题:为什么一个人会对于不完善的承认关系提出质疑,甚至为此而去犯罪呢?黑格尔通过盗窃和抢劫的犯罪行为来说明这种为承认而斗争背后所存在的深刻的社会意义。一个人抢别人的财物,侵害了别人的权利,这是一种犯罪。但是,霍耐特强调:"冲突的基础不是侵害个体的权利要求,而是侵害了个人人格的完整性。"②如果在生存竞争的层面上来理解抢夺或者盗窃别人的财富,那么这并没有涉及人的生存的社会性的维度,没有涉及社会整合。但是,如果从社会性的维度来说,人都是具有人格的存在,是社会的存在物。而人的这种社会存在物的特性是先天地被规定的。所有的人只要是人,他从一出生开始就具有人格性。即使对于一个幼儿我们也不能侮辱他,因为他是有人格的存在物。因此,当我们对抢劫或者盗窃等特殊的个人动机存(抛开生存竞争的维度)而不论,而只是从承认的角度来理解这里的关系,那么盗窃或者抢劫就可以被理解为一个人的活动要求自己人格的完整性。他由于缺乏这些财物(如果这些财物不是在生存斗争的意义上来理解的)而在这个社会上被蔑视了,他的人格完整性受到了伤害。霍耐特把黑格尔关于犯罪的思想放在为承认而斗争的框架中加以理解,并由此而得出结论:"罪犯的伤害行为背后的意图是想公开证明他的(人格的——引者注)完整性,并进而表达承认完整性的诉求,可是,罪犯的伤害行为本身植根在一种先天的经验之中,即他的个体人格并未得到充分承认。"③正因为一个人对于自己的抽象人格的重视,所以当一个人的人格受到伤害的时候,他甚至会不惜用生命来捍卫名誉,以保证自己的人格完整性。

---

① [德]霍耐特:《为承认而斗争》,第25页。
② [德]霍耐特:《为承认而斗争》,第27页。
③ [德]霍耐特:《为承认而斗争》,第27页。

所以，黑格尔在《法哲学原理》中讨论消极自由的时候，实际上就是在讨论人格的完整性。一个人可以自杀，这当然是一种消极的自由。这就是说，一个人不能通过自己的努力来贯彻自己的意志，而个人意志的实现就是自由的表现。如果一个人所期待的一切都不能在社会中实现，那么这就意味着他的一切行动都受到各种因素的阻挠，完全没有任何一点自由。尽管如此，人还是可以有自由的，这就是自杀。任何人不能阻止一个人自杀。而自杀表达了个人的自由。人与其他物质的东西的差别就在于，人是有意志的，是自由的。自杀表达了这种消极自由。而当一个人自杀的时候，实际上也表明，一个人的生命可以消失，但是这种消失的生命从否定意义上证明了人格性的存在（自由）。所以，在生命之外，人有一个抽象的人格性。一个人甚至会用生命来保证这种抽象的人格性。所以，霍耐特通过对黑格尔的关于"为名誉而斗争"的分析，实际上就表明："只有准备以死相拼，我才能公开证明，我的个体目标和个体特征对我而言比肉体的存亡更加重要。"①为个人的人格性而斗争，这不是法律上的问题，用霍耐特的话来说："这种斗争始终都发生在法律所支持的诉求领域之外。"②从霍耐特的分析中我们可以看到，对于犯罪，人们既可以从系统整合的模式来加以理解，也可以从社会整合的模式来加以理解。如果从系统整合的模式来理解，那么犯罪是对社会系统的一种破坏，这是法律上的犯罪。如果从社会整合的角度来思考，那么犯罪是对人格完整性的要求，是社会整合失败的一种表现。这就需要从伦理的角度来理解了。

按照霍耐特的分析，黑格尔在耶拿时期的精神哲学中对于承认关系有了新的认识。《实在哲学》就是从精神的自我发展过程中来理解承认关系。这种承认关系中的第一种形式就是爱的关系。霍耐特把这种承认关系与第一种意志活动即劳动区分开来。他强调，爱的关系也是一种

---

① ［德］霍耐特：《为承认而斗争》，第 27 页。
② ［德］霍耐特：《为承认而斗争》，第 27 页。

意志活动,并且是具有自然特点的性爱关系。爱的关系作为一种意志活动超出劳动的特点在于,把交往伙伴作为人来理解。① 从霍耐特对承认关系的分析中我们可以看到,承认关系中最原始、最核心的要素是人格性。爱作为一种最初的承认形式,其意义不仅仅在于把承认对象当作人——这是一切承认形式的基础——而且更重要的是,"对每一个主体而言,被爱的经验构成了参与共同体公共生活的必要前提"②。只有有了这种原初的被爱的经验,一个人才能自愿地与其他人结成社会共同体。霍耐特的这个分析,就是要强调第一种承认形式在社会整合中的地位。如果承认关系仅仅停留在把交往的伙伴作为人来理解,那么这只是承认交往伙伴的自由人格而已。只有爱的具体经验才成为人和人之间相互结合的基础。按照霍耐特的分析,只是由于这个原因,黑格尔把爱描述为"伦理的预感"③。被爱的情感是伦理共同体理念的内在心灵形式。只有有了这种原始的情感或者经验,人和人之间结合为共同体才是可能的。

第二种承认形式,即市场中对于法人的承认,这种承认是一种契约关系上的承认。于是问题在于,人们之间为什么会产生一种契约关系呢?按照霍布斯的模式,这完全依靠一种外在力量。而对于康德和费希特来说,这需要一种道德公设。而黑格尔与这两种模式都不同。这种不同就在于,黑格尔承认人与人之间之所以能够与其他人结成契约关系是因为,人自身是一种社会性的动物。黑格尔说:"人必然被承认,也必须给他人以承认。这种必然性是他本身所固有的,因而并不是对立于这种实在内容的我们的思想中的必然性。"黑格尔甚至直言不讳地说,"他就是承认"。④ 既然承认是人自身所固有的,那么人们就有可能在这种承认的基础上建立契约关系。对于黑格尔的这种说法,霍耐特是这样进一步

---

① [德]霍耐特:《为承认而斗争》,第 44 页。
② [德]霍耐特:《为承认而斗争》,第 45 页。
③ [德]霍耐特:《为承认而斗争》,第 45 页。
④ 转引自[德]霍耐特《为承认而斗争》,第 49 页。

解释的:"黑格尔这里的关键论证还仅仅是,全部人类的共存假设了主体间基本的相互肯定,因为舍此就没有任何别的共存形式能够存在。就这种相互肯定常常已经导致一定程度的个体自我束缚来说,还是存在着一种隐秘的原始法律意识形式。"①如果这个分析模式是成立的,那么人们无疑就可以进一步说明人作为法人以及人的权利产生的基础。这表明人只能是在交往性互动中通过学习而逐步认识到其法人地位以及与此相关的权利。权利既是一种外部契约的结果,也是一种内部自我束缚的结果。既然承认是人所必然固有的,那么一个人对于他人财产的侵犯就不仅仅是否定他人的财产,而且是在伦理上对他人的不承认。因此,犯法不仅仅是对于法律规则的破坏,而且是对人和人之间必然具有的承认关系的蔑视。如果从这种伦理关系来理解犯法,那么被排斥者的犯罪行为是为了赢得他人的注意。按照黑格尔的说法,这种破坏行为的目的"是要给他自己一种自我意识,不是那种空洞的自我意识,而是那种在他人和他人的认识中确立的自我"②。

如果黑格尔把这个承认关系的模式进一步推广,那么他可以就此进一步将有关理论推进到国家的层次上。但是霍耐特认为,由于黑格尔在《实在哲学》中坚持以一种意识哲学的模式来讨论承认关系,因此,人和人之间的承认关系只是人的意识中自我反思的一个环节,而国家的建立所依靠的不是人和人之间的关系,而是依靠领袖的绝对意志,依靠精神的绝对意志。③ 由此霍耐特认为,黑格尔的为承认而斗争的模式是不完善的,没有能够建立一种关于承认关系的体系。

当然,对于霍耐特来说,黑格尔为承认而斗争只是在主观精神层面上出现的,而在现实生活中,人们究竟如何把这种精神层面的东西付诸实践,这就需要对黑格尔早期的唯心主义哲学加以改造。为此,他吸收了米德的思想来改造黑格尔的承认理论。实际上,霍耐特后来又吸收了

---

① [德]霍耐特:《为承认而斗争》,第 49 页。
② 转引自[德]霍耐特《为承认而斗争》,第 51 页。
③ 参见[德]霍耐特《为承认而斗争》,第 65 页。

黑格尔《法哲学原理》中对三种伦理实体所进行的分析，并据此建构了三种承认关系。

三、承认模型与现代社会的整合

在吸收了黑格尔的思想并结合米德的有关分析的基础上，霍耐特提出了承认的三种模型。实际上，这三种承认模型就是社会生活中最典型的三种伦理关系，即父母子女以及亲朋好友之间的关系，陌生人之间的关系，以及任何一个人与整个国家之间的关系。在任何一个社会都会存在这三个方面的关系，不过这三个方面的关系在不同的历史时代有不同的特点。比如在传统社会，家庭成员之间的爱的关系更多强调的是一种相互依赖，而不主张个人的独立性；在陌生人之间，传统中国人强调"信"；而在个人对于国家的关系中，则强调个人对于国家的臣服。这其中当然也有承认关系，比如黑格尔对于主奴关系的分析中，主人对于奴隶的承认以及奴隶对于主人的承认。这两者虽然同样都是承认，但是承认之中所包含的意思却是不同的。主人对于奴隶的承认，是承认奴隶的劳动对于主人是有积极意义的；而奴隶对于主人的承认，是承认主人控制、奴役、剥削他的劳动的正当性。在那个时代个人对于国家的承认也就是对于自己的臣服状态的承认。显然这些承认形式都不是现代意义上的承认。古代社会是依靠古代社会的那种承认关系建立起来的。现代社会就需要依靠现代社会中的承认关系建立起来。如果我们把承认理解为正当性，那么承认实际上就是对于人和人之间关系的正当性的承认。如果人和人之间出现了不承认，那么他们之间关系的正当性就会受到质疑。比如，当社会发展了，奴隶就会与主人展开斗争，这就是对传统上的承认的一种扬弃，而要建立一种新的承认关系。霍耐特在《为承认而斗争》的第三部分论述了承认斗争的发展过程。按照他的分析，在社会生活中，人和人之间的承认关系也有一种进化过程，这个过程就是为承认而斗争的过程。在人类历史上，正是通过人们的各种不同形式的社会斗争，人和人之间的承认关系才得到不断进化。

霍耐特对于承认关系的分析,最重要的是对于现代社会中的承认关系的分析。他就是要拷问,在现代社会这种承认关系究竟应该如何?霍耐特按照黑格尔的分析模式区分了三种承认模型:爱、权利和团结。这三种承认形式分别对应的是:家人以及朋友之间的承认关系,一般大众生活(市民社会)中的承认关系以及在国家等政治共同体中的承认关系。与这三种承认关系相反的是三种蔑视的形式,它们分别是虐待(强奸)、剥夺权利(排斥)、诽谤和伤害。

对于这三种承认形式,霍耐特从不同的角度进行了分析。从总体上来看,在分析爱这种承认形式时,霍耐特更多是从人际互动的心理层面来进行分析的。对于权利这种承认形式,他更多是从现代法律体系的形成中来探讨这种承认关系的。而在讨论团结的时候,则更多从文化价值体系的角度来探讨个人的特殊性和共同价值的关系。在这里,我们重点关注他对爱和友谊这种"原始关系"所做的分析。他对于爱和友谊的分析更多的是一种微观的、实证的分析。从这种实证的分析中,我们可以对于人和人最初的承认关系有一个更深刻的理解,从而能更好地理解其他两种承认模式。

霍耐特所说的"爱"的承认模式不只是两性之间的情感依恋,而且还指家庭中父母和子女之间的关系。霍耐特指出:"由于在爱中主体彼此确认其需要的具体特征,并且作为有需要的存在而相互承认,所以,爱代表了相互承认的第一个阶段。"①在爱之中,爱的主体相互之间相互需要、相依为命。按照黑格尔的说法,这种爱可以被理解为"在他者中的自我存在"②。对于黑格尔的这个说法,霍耐特引用了文尼柯特和本雅明的精神分析理论来加以解释。按照文尼柯特的分析,儿童在最初的阶段对于母亲是绝对依赖的。按照这种分析,"母亲维持新生婴儿的生命而给予的关怀,不是像某个第二性的东西附加在孩子的行为之上,而是以某种

---

① [德]霍耐特:《为承认而斗争》,第103页。
② [德]霍耐特:《为承认而斗争》,第103页。

方式与孩子融为一体,以至于我们可以有效地推想,每个人的生命都开始于一个未分化的主体间阶段,即共生阶段。"①这个共生阶段也被称为"搂抱阶段"。② 这种原始的共生阶段实际上就解释了人作为社会动物的社会性的心理基础,乃至一切生物所具有的社会性的心理基础。当然这种意义上的社会性仍然是初步的,甚至是自然界的许多其他生物所共有的。但是当儿童从绝对依赖走向相对依赖阶段的时候,儿童和母亲之间的一种新的关系便形成了。这主要表现为儿童对母亲的攻击。按照精神分析的观念,在对母亲的进攻行为中,儿童认识到,即使他对母亲进行了伤害,母亲仍然不会放弃他。在这个过程中,儿童初步认识到,母亲的爱是值得信任的;即使在他独立于母亲的时候,母亲的爱仍然存在。而在儿童攻击母亲的过程中,母亲也接纳了孩子的独立性。这就显示了最初为承认而进行的"斗争"。正是通过这种斗争,承认的关系才会发生变化。比如在儿童与母亲的关系中,儿童的独立性得到一定程度的承认。如果能够成功地迈出相互区分的第一步,那么母子就可能相互认可对爱的依赖性,而不必融入共生的状态之中。③ 这里就显示出母亲的爱和儿子的爱之中的一种新的承认关系的形式,即母子之间既相互独立,而又相互依赖。这实际上是一切承认关系的最核心的心理结构。这种心理结构在儿童面对"过渡对象"的时候进一步强化。所谓过渡对象,就是指儿童在生活环境中所碰到的一些可以被自己占有的对象,比如玩具、枕头、自己的四肢等。对于这些东西,儿童有时会轻柔抚爱,有时又会强烈地虐待。实际上这些中间对象可以被理解为母亲的替代物。如果说孩子在对待母亲的时候有一种既独立又依赖的意识,那么在对待这些现实的对象的时候,儿童也同样显示出这样的特点。如此一来,"儿童不仅以共生的关爱,而且也以反复的粗暴打击和摧毁的努力,与他所选择的对象建立关系。"这种关系实际上就是一种既独立又依赖的关系。人们当

---

① [德]霍耐特:《为承认而斗争》,第106页。
② 参见[德]霍耐特《为承认而斗争》,第107页。
③ 参见[德]霍耐特《为承认而斗争》,第109页。

然就可以得出结论:"在过渡对象中,我们所处理的是从来就居于原始的融入经验与分裂意识之间的本体论关系。"①这就意味着,儿童从一开始步入社会的时候,就存在着这样一种心理结构,这种心理结构就是不断地在独立性和依赖性之间建立一种均衡关系的结构。那么究竟怎样的一种关系是均衡关系呢?实际上,在不同的年龄阶段,在不同的文化背景下,人们对于这种均衡关系的期待是不同的。根据我们在前面所分析的,在中国传统文化中,依赖性相对来说占据主导地位。在现代文明的发展中,为承认而斗争在一定意义上就是为独立性而斗争。但是这种为独立性而进行的斗争并不否定依赖性。这就是从一种均衡状态发展到新的均衡状态。霍耐特借此来说明人从一开始所具有的那种为承认而斗争的意识结构。

在这里,特别值得我们重视的是,霍耐特吸收了精神分析的思想,从精神疾病的角度来说明这种均衡关系失衡。如果儿童在成长过程中,在心理结构中出现了独立性和依赖性的均衡状态的扭曲,那么就会出现精神疾病,如施虐狂、受虐狂。施虐狂是因争取独立性心理而产生的扭曲,而受虐狂则是因争取依赖性而导致的心理疾病。这是独立存在和融入他者之间的一种平衡关系的极度扭曲。可是,在这里,精神疾病和文化上为承认关系而斗争有时无法区分开来。比如,儿童攻击母亲是一种心理现象,这是为承认而斗争;而成年人攻击母亲就是心理疾病。按照同样的模式,奴隶如果攻击奴隶主究竟是为承认而斗争还是心理疾病呢?如果成年人与母亲之间的关系也有这种主奴关系的特征呢?显然,这需要进一步研究。

霍耐特对于爱这种承认方式的分析还确认了这样一个重要观点:儿童时期的爱使儿童产生了一种独立性。当然这个分析仍然是建立在儿童对母亲的攻击上的,通过这种攻击,儿童确认了母亲的爱是可靠的,即使他从母亲那里独立出来,母亲的爱仍然还存在着。在这个过程中,一

---

① [德]霍耐特:《为承认而斗争》,第110页。

种安全感、一种自信从儿童那里产生出来。儿童在渐渐确信母亲之爱的过程中也产生了自我信赖(自信)。文学上有这样一种说法:家是漂泊的游子的心灵上的港湾。这种说法可以得到经验心理学上的确证。一个人之所以能够无忧无虑地"独立存在",是因为有爱的力量支持着他。而这种爱的动力来自"对原始融合经验的无意识记忆"①。换句话说,母亲的爱给孩子的心灵留下了一种团结一体的无意识记忆。霍耐特说:"仅仅是因为关怀的可靠保证给予被爱的人以力量,使得在一种轻松自由的自我关系中向他自己敞开,所以,被爱的人可能成为一个独立的主体,与他的存在合一,并经验到界限的相互消融。"②这里描述了人的原初的独立性与融入他者之间的关系。独立性恰恰首先依赖于融入他者。承认就是这里的融合性和独立性在心理上产生的一种平衡。一切承认关系中实际上都包含这样一种心理结构,即独立性和融合性的平衡。按照黑格尔的看法,"一切伦理结构的内核都存在于爱当中"③。人是通过爱而形成这样一种心理结构的。因此,霍耐特认为,不论在逻辑上还是在发生学上,爱都优先于相互承认的其他形式④。那么这里所说的逻辑上的优先,是不是就应该被理解为存在论上的承认关系?霍耐特并没有表达这样的思想,但是在后来关于物化的讨论中,霍耐特认为,物化是源始的承认的遗忘。那么这种源始的承认是不是指爱的关系呢?从霍耐特的有关分析中我们看到,他所说的源始承认并不是指这里的爱的关系。这仍然是需要进一步讨论的问题。

霍耐特所讨论的第二种承认关系是法律上的承认,这就是在法律上承认他人的权利。如果说爱的关系在一切社会中都普遍存在,那么对于他人平等权利的承认则是现代社会才有的。这是现代社会中人们为承认而斗争所产生的结果。在这种斗争中首要的问题是,把法律上的承认

---

① [德]霍耐特:《为承认而斗争》,第112页。
② [德]霍耐特:《为承认而斗争》,第112页。
③ [德]霍耐特:《为承认而斗争》,第114页。
④ 参见[德]霍耐特《为承认而斗争》,第114页。

即尊重与社会上的重视区分开来。法律上的承认,即尊重其他人的平等权利,与社会重视是不同的。在传统社会,社会上的重视常常会被用来否定人和人之间的平等权利。一个人在社会生活中取得了成就,当然应该得到社会上的特殊的重视。这些受到特殊重视的人比如贵族就享受了法律之外的权利。而现代社会的重要成就就是把对平等权利的尊重与社会重视区分开来。法律上的承认就是承认人的法律主体身份,其中包括对于个人自由权利、参与政治活动的政治权利和享受社会福利的社会权利的承认。前者是消极权利,而后两者是积极权利。在资本主义社会的发展过程中,这些权利也都是为承认而斗争的结果。这种承认是一种制度形式的承认,即在法律面前人人平等。在霍耐特看来,权利是社会尊重的符号。这种尊重是通过一定的法律形式确立起来的。如果我们把这种尊重与爱加以比较的话,那么我们就会发现,这是通过法律的形式确立了融合性和独立性。权利当然是强调人的独立性,但是这种独立性也是对人和人之间的相互依赖和相互依存关系的一种确认。权利不是与生俱来的,而是人们相互承认的结果。而这种相互承认就是一种融合性。当然对权利的承认与爱这种承认形式是不同的。爱作为一种情感经验是内在情感,而对于权利的承认是外在的契约。从心理上来说,承认他人的权利实际上就是承认他人是道德的主体,是有责任能力的主体。正因为如此,霍耐特强调,通过权利,人产生了一种自我尊重的意识。① 这种自我尊重的意识类似于人们通过爱而形成的自信意识。

第三种承认形式是社会重视。社会重视是以社会共同的价值观为必要条件的。只有有了共同的价值观,人们才能在这个体系中评价哪些人为实现这种价值观而做出了贡献。当然,在一个社会中也有不同的价值观,这些不同的价值观也会展开斗争。人们都希望他们自己所重视的价值在社会中得到承认,得到社会承认的人会产生一种自重的社会心理。而在共同的价值观下,社会团结就得到了实现;或者说,一个价值共

---

① 参见[德]霍耐特《为承认而斗争》,第 124—125 页。

同体就得以形成。

当然,与这三种承认形式相反的就是不承认。而不承认的形式主要有三种,它们分别是虐待、剥夺权利和诽谤等。霍耐特主要是从制度化的角度来讨论社会重视。诽谤等是一种不承认的行为。除了这种不承认的行为之外还有不承认的心理,比如嫉妒。而霍耐特对于制度化承认形式的分析中,缺乏对于这些不承认形式的心理分析。

另外,由于霍耐特受到了黑格尔《法哲学原理》中的三种伦理实体的束缚,他只是提出了承认的三个模型,而忽视了其他一些承认的形式。比如,在社会生活中,在陌生人之间除了承认个人的权利和责任主体之外,是不是还有其他形式的承认?如我们在火车上看到一个人主动帮助行动不便的人,这个时候这个人会得到别人赞许的目光,甚至直接的赞许。这也是一种承认。这些是社会生活中经常出现的,而这些承认形式在霍耐特的体系中却缺乏应有的地位。中国传统中的仁义礼智信也是处理人与人之间关系的原则,而这些规范原则的许多内容并没有被包含在霍耐特的伦理体系的范围中。实际上这些伦理关系也是承认关系,即对他人情感、特殊利益、特殊身份的承认等。

四、为承认而斗争还是为利益而斗争

从黑格尔《精神现象学》中所讨论的主奴关系中我们可以看出,承认关系也是有不同的层次的。如果主人和奴隶要改变他们之间的承认关系的结构,那么他们就需要进行斗争,这就是为承认而斗争。当然这种斗争在黑格尔那里主要还是一种自我意识层次上的斗争。如果我们不是从微观层次上来分析人和人之间的承认斗争,而是从更加宏观的层次上来分析承认斗争,那么主人和奴隶之间的承认斗争可以被理解为阶级斗争,即主人和奴隶作为两个不同的阶级而展开的承认斗争。

一提到阶级斗争,人们自然会想到马克思关于阶级斗争的理论。那么我们究竟应如何理解马克思的阶级斗争理论呢?我们可以从两个角度来理解:一个角度是两个不同的阶级为了利益而展开的斗争,另一个角度是两个阶级为了承认而展开的斗争。黑格尔的主奴关系展开了第二个视角的斗争。如果从承认斗争的角度来理解主奴关系,那么他们之间是为了平等权利而展开斗争;如果从利益斗争的角度来分析,那么奴隶是为了获得更多的利益而展开斗争。按照霍耐特的分析,马基雅维利和霍布斯是按照利益斗争的模式来理解人与人之间的关系的,而青年黑格尔则是从伦理斗争的视角来理解人和人之间的关系的。而马克思关于社会斗争的理论实际上是把这两者结合了起来。霍耐特说:"在他的阶级斗争学说中,引导青年黑格尔的道德理论观念便与功利主义思潮被综合到了一起,这是一种充满张力而又高度矛盾的综合。"[1]应该说,霍耐特的这个说法是有一定的道理的。马克思早年在《1844年经济学哲学手稿》中更多地具有伦理的特性。当然这不是说马克思没有考察经济利益。比如,在关于异化劳动的分析中,实际上就是经济利益和道德要求的统一。在后期著作甚至在《资本论》中,马克思对于资本主义剥削的批判当然是号召工人阶级进行经济斗争,但是这种经济斗争又是与人自身的解放联系在一起的。而马克思主义后来的发展却出现了两个趋势:一个趋势是,把马克思的思想还原为一种伦理的社会主义,用康德理论来丰富马克思主义;另一个趋势就是把马克思主义还原为经济决定论,对于这种经济决定论来说,一切社会斗争都是经济斗争。在这里特别值得重视的是,霍耐特分析了索雷尔的思想。他认为,索雷尔是从承认斗争的视角来理解社会转型过程的。按照索雷尔的理解,阶级斗争实际上是一种权利的冲突。对压迫阶级的斗争是一种持久的道德斗争,人们之所以进行这种斗争,是因为人们具有一种"受到不公正对待和屈辱的集体情感"[2]。而萨特则提出这样一种观念,即"不可能有人和人之间的成功交往"。他从这个视角出发批判了当代社会。按照萨特的理论,现代人出现了一种伦理上的冷漠状况,把他人看作地狱。对于萨特的他人就是

---

[1] [德]霍耐特:《为承认而斗争》,第151页。
[2] [德]霍耐特:《为承认而斗争》,第159页。

地狱的观念,传统上人们是从生存斗争的视角来理解的。而对于霍耐特来说,这种理解是完全错误的。他认为,在萨特那里,他人就是地狱是一种拒绝交往的态度。这种拒绝交往的态度,表现为人们之间的一种相互对象化。① 按照这样的思路来理解人,那么,在他人的眼光中,我就是一个麻木不仁的物一样的东西;而对于我来说,他人也是麻木不仁的物。霍耐特的评价是,萨特的理论"在本体论上把人与人之间的和解的希望排除掉了"②。

而在思想史上,为承认而斗争的社会斗争模式和为生存而斗争的社会斗争模式都存在。但是,在思想史上,生存斗争的模式占据了主导地位。霍耐特的为承认而斗争的模式包含了两个不同的维度。一个是微观的视角,这就是个人相互之间的关系的视角。爱和友谊是其中的主要模式。当然这个微观的模式中缺乏了其他许多方面;对中国人所说的那种"仁义礼智信"等方面,他重视不够。从微观的维度来说,人和人之间所发生的承认斗争是不会成为社会斗争的。一个人对于另一个人的不信任,不可能普遍化为一种社会冲突。霍耐特所讨论的另一个维度是为权利而斗争和为社会重视而斗争。这里就包含了社会冲突的可能性。如,由于法律制度中的不平等的权利分配而导致社会斗争,同样,反对种族歧视也是一种为获得同样的社会重视而展开的斗争。这都是一种可普遍化开展的社会斗争,是社会集团之间的斗争。这种斗争当然可以被纳入阶级斗争的框架中。

当然,在阶级斗争的框架中,我们仍然要追问,这种斗争主要是为承认而斗争还是为功利的目的而进行的生存斗争。霍耐特承认,这两种斗争形式都存在。有时候,这两种斗争是结合在一起的。人们需要根据自己的经验来判断,在社会斗争中,哪一种斗争占据主导地位。在这两种斗争的关系方面,霍耐特强调,承认斗争的模式不能被用来取代利益斗

---

① 参见[德]霍耐特《为承认而斗争》,第161页。
② [德]霍耐特:《为承认而斗争》,第162页。

争的模式,它只能是利益斗争的模式的补充。霍耐特指出:"在始于集体利益的冲突中,我们的分析是争夺稀有产品,而在始于受到不公正对待的集体情感的冲突中,我们分析的则是为了个人完整性的主体间条件而展开的斗争。但是,第二种承认理论的冲突模式不应该取代,而应当仅仅补充第一种功利主义的冲突模式。一种社会冲突在什么程度上服从利益追求的逻辑,又在什么程度上服从道德反应的逻辑,这永远是个经验问题。"①应该说,霍耐特的这个说法是中肯的,基本上符合历史唯物主义的基本原理。在他看来,把一切政治运动都纳入利益斗争的模式,会忽视承认斗争在其中发挥的作用。

从今天的社会状况来看,分配不平等问题仍然还很严重,利益斗争的模式很大程度上仍然在社会生活中发挥着很大的作用。而在西方发达国家特别是经济利益分配相对较为平等的国家,利益斗争的模式就不是社会斗争的主要模式,而承认斗争的模式就越来越占据主要地位。比如女权主义的斗争、少数人的权利的斗争。这些斗争都具有承认斗争的特点。从这个角度来说,道德问题已成为现代社会越来越突出的问题,为承认而斗争会成为现代社会最主要的斗争形式。

第二节　解决现代性问题,实现社会自由

在霍耐特看来,当代资本主义社会出现了许多问题,有些问题是从现代文明产生的一开始就出现的,有些问题是随着资本主义社会的发展而不断出现的。他在《自由的权利》一书中所提出的社会自由的观念,在很大程度上模仿了黑格尔法哲学的基本思路,并提出了解决资本主义社会发展中所出现的这些问题的重要方法。在这里我们要考察,霍耐特所考察的是哪些问题,这些问题究竟是如何被社会自由的观念所解决的。

---

① [德]霍耐特:《为承认而斗争》,第172页。

一、法定自由的局限性

霍耐特所说的法定自由是从自由传统中的消极自由概念引申出来的。所谓消极自由是免于强制的自由。这就是说，只要一个人不受到外界的强制，那么这个人就是自由的。这种自由的观点为自己保留了一个私人空间。个人生活的特殊性必然要求每个人保留自己生活中的私人空间，以及个人在这个私人空间中的自由。按照这样的自由观念，一个人可以采取一切策略上的手段来实现自己的目的，只要这样的目的不伤害其他人利益。一个社会只要保障个人的自由生活的空间，那么这就是正义的。这种传统的自由观念存在着问题，那就是，一个人的自由似乎只是与外界的限制有关，而与个人的内部限制无关。对于霍布斯来说，凡是能够免于外部抵抗而满足自我利益的行动都是自由的。对于萨特来说，凡是免于外部规则限制的选择的行动都是自由的。对于诺齐克来说，凡是满足自己的偏好的行动都是自由的。只要外部的限制，比如社会条件和自然条件的限制能够被避免，那么，人的选择、满足自己的偏好或者满足自己的利益的行动都是自由的。或者更积极地说，一个人在社会生活中总是会面对各种自然和社会条件的限制，一个人只要能够有效地利用这些外部因素，从而满足自己的需要，避免外在条件的制约，那么这个人就是自由的。恩格斯所说的人能够认识和利用自然规律来满足人的需要，也表现了人的自由。这也是一种消极自由。但是，人的内部限制是不是也会限制人的自由呢？假如一个人有杀人的偏好，而要满足这种偏好必然受到外在的抗拒，那么这种偏好选择本身是不是也限制了他的自由呢？假如一个人选择砍断自己的手臂，那么他满足自己的这种选择是不是也限制了自己的自由呢？显然，自由不能只考虑外部的条件，而且需要考虑内部的思想状况。这需要从内部来进行思考，于是反思的自由就成为必要。而这种反思的自由恰好与消极自由相对照。所以人们也把它称为积极自由。

消极自由只是从实现自己的目的的角度进行策略性思考。按照自然状态的思想实验,一个人在进行选择的时候,只有个人的利益算计,所有的其他考虑从一开始就被排除在外了。在这样的情况下,个人只能从自己的利益出发来认同国家的法律。如果个人只是从自己的利益出发来认同国家的法律,那么这些不同的个人如何才能达成一致意见以形成法律呢?这种可能性被排除了。因此,霍耐特说:"这种单纯的消极自由的出发点,不允许国家公民把自己看做是基本法的创作者和更新者;主体要想作为基本法的创作者和更新者,就需要每个人都以一种更广阔的更高层次的观察角度,来追求自由。"① 正是出于这个理由,国家的公民不仅仅是利益的主体,而且是立法的主体;他们既是法律的创制者,也是法律的接受者。他们自己制定了法律来保护自己的消极自由的权利。这个问题只有在民主法治国家体系中才能得到解决。

霍耐特所说的法定自由实际上是消极自由的另一种表达方法,这种法定自由实际上就是黑格尔《法哲学原理》中的抽象法所规定的自由。这里主要是指个人的财产自由和契约自由。一般来说,人们都是从维持个人生存的角度来看待私有财产的。而黑格尔从抽象人格的角度来理解个人的自由权利。这就是说,人的本质特征就是他的自由,或者说,自由表现了人的抽象的人格特性。只有动物才完全按照生物学上的自然规律来行动,而人之所以成为人就是因为他有人格,就是人是自由的,不受生物学上的自然规律的约束。这是人的抽象人格的表现。但是这种抽象的人格需要有具体的表现。那么究竟用什么方法来表现人的这种自由特性呢?这就是财产自由和契约自由。因此,黑格尔认为,法人借助于私有财产,"它的意志变成物"②。或者说,自由意志借助于私有财产而"成为客观的",所有权给予意志以"定在"。③ 当然,从功能的角度来说,一个人有了私有财产也就能够保证自己的意志得到实现。显然,一

---

① [德]霍耐特:《自由的权利》,王旭译,社会科学文献出版社 2013 年版(以下引用该版本不再一一注明出处),第 46 页。
② [德]黑格尔:《法哲学原理》,第 44 节,第 53 页。
③ 参见[德]黑格尔《法哲学原理》,第 46 节,第 54 页。

个人如果没有自己的财产,那么他就必须屈从于别人的意志来实现自己的意志。既然一个人认识到自己的财产是自己的自由权利的保障,那么一个人也必然要在承认其他人的财产权利的时候,他才是自由的。这就意味着,一个人只有能不做出伤害其他人的自由权利的决定,才能表明自己是自由的生物。① 对他人的财产的尊重,实际上是对他人的人格的尊重。这是因为,他是作为抽象的人格,所以他才放弃对他人财产的掠夺。他要保持自己的人格;或者说,这表明,他是一个不受到本能要求束缚的、具有人格的人。但是对于个人来说,如果每个人都局限于他自己,那么他就无法把自己的人格和财产区分开来。这就好比我们在社会中经常碰到的那样,一个人错误地认为,他越是有财产,他在人格上就越高大。实际上,抽象的人格是平等的。如果人把财产和人格混淆起来,那么人就不能认识到人在人格上是平等的。于是这就需要通过立法来保证,人在财产权利上是平等的。这种财产权利的平等,就是法律上对人格平等的保证。而这种平等权利需要用国家来保证。所以,这种消极自由也就是法定的自由。

从法律上保护个人的平等权利尔后得到了进一步扩展。既然对于私人财产,人们之间有相互承认的义务,那么对于一个人内部的财产(精神、思想、信仰),也应该有相应的相互承认的义务。其他人也可以像对于私人物质财产那样,有策略上的观望和权衡。这就是从法律上保护一定的私人空间。霍耐特是这样来描述这个私人空间的:"在外表上对别的法律主体来说,这肯定纯粹是一种策略上的权衡和观望(法律允许的)行为,从个人权利实体内部的角度出发,却是伦理自我质问的空间。"② 这就是信仰、言论和表达意见的自由。这是自由主义法律体系中的核心部分。国家要保护这样的权利,就是要让人民进行一种自主的选择,即每个人想过上怎样的生活,是他自己的自主权利。而保护信仰和言论自由

---

① 参见[德]霍耐特《自由的权利》,第 118—119 页。
② [德]霍耐特:《自由的权利》,第 121 页。

权利,就是要让每个人在各种不同的价值观的碰撞中,形成自己的价值观念、自己的人生目标。后来,个人的隐私权也得到保护。这些权利都是用来保护私人空间的。

当然,在现代社会,人们的权利已经不限于第一代私人权利(即财产权、信仰和言论自由权利、隐私权等),而且还包括个人的政治参与权和社会参与权。那么政治参与权和社会参与权与原始的私人权利究竟有什么关系呢?哈贝马斯是从私人自主和公民自主的关系的角度来论证后两种权利的正当性的。按照他的思路,既然一个人有私人自主,那么他作为公民也同样可以自主立法,这就是通过商谈而自主立法,而这种自主立法就保证了公民的参与权。如果在自主立法中,人们限制了自己的私人权利,那么这并不是对自由的限制。如果是限制,那么这是他们自己限制自己,这不伤害私人自由。哈贝马斯说,没有人会在运用自己的公民自主权利的时候限制自己的私人自主权利。① 霍耐特在这里引用了别的理由来证明社会权利的正当性。他说,社会权利中的财产参与权"不是为了去说明以往的人生目标,而是为了帮助人们从总是妨碍他对未来人生目标思索的物质强制中解放出来"②。私人的信仰和言论自由权利是为了让人更好地规划人生目标。但是,如果一个人连起码的物质生活条件都没有,那又如何来规划未来的人生目标呢?从这个角度来讲,财产参与权是正当的。

关于政治参与的自由,霍耐特认为,虽然这种权利在自由民主社会的宪法中都有明确的规定,但是,这种权利是要与其他人一起来行使的,而不是个人在被法律划定的范围内自己独立行使的权利。这种参与政治的自由"建构在它对别的主体的依存性上"。③ 这种权利不能被包含在法定自由的范围之中。

实际上,前面所进行的有关论述大多重复了自由主义关于人的权利

---

① 参见[德]哈贝马斯《在事实与规范之间》,第124页。
② [德]霍耐特:《自由的权利》,第126页。
③ [德]霍耐特:《自由的权利》,第128页。

的观念的基本思想,而霍耐特所改进的地方是他指出了其中所存在的承认关系。当然,这又是在吸收黑格尔哲学思想的基础上形成的。按照霍耐特的分析,在这种权利的体系中,承认关系包含了三个方面的内容:第一,从抽象的人格意义上承认他人。个人具有各种自由权利,有自己的利益、自己的想法。这些利益和想法都应该得到尊重。第二,在权利的体系中相互承认每个人在法律的框架中自己决定去追求什么目标,并且自己能够承担责任。第三,作为法律人,每个人都要学会两个方面的东西,一方面,不要影响别人在法律的基础上协调自己与别人的关系,而不是用道德和伦理的观点来协调这种行动(这表明,一个人在必要时要放弃自己的道德和伦理的信念。这就好比说,你看到别人离婚,你就不能从道德上评价别人。他作为一个法律主体来调节自己与他人的行动,任何人不能从道德和伦理的观念上对他加以干预),另一方面,尽管你不知道别人行动的动机和意图(这是个人的隐私权,是要得到保护的),但你仍然要相信对方会自动地遵循法律规则。

但是,这种法律上的私人自主是存在缺陷的。这种缺陷表现在:第一,每个人都是局限在私人生活的范围之中的,虽然人们进行信息交流,但是这都是策略性的行动。而要设想美好的生活目标,需要一种道德的立场,需要伦理上的反思。而在法律主体的交流中是不包含这样的意思的。在前面的论述中我们已经说明,从法律的私人自主的立场上来看,我们必须尊重别人的这种私人的动机和立场。如果个人只是停留在自己的私人空间中,那么个人就"无法进入主体互动的义务和责任的世界",就无法决定对于个人来说什么是美好的生活。于是,他就会"处在一种几乎完全不确定的状态中"①。

第二,法定自由没有在任何形式上说明个人自我实现的领域或地方。法定自由只是告诉人们,他们可以免于强制,但是这种自由权利却没有给人们提供实现财富或者目标的机会。比如,一个人说,他有言论

---

① [德]霍耐特:《自由的权利》,第135页。

自由,他怎么说都可以,只要他不妨碍别人就可以,但是坚持这种自由权利就能够影响公共决策了吗?一个人的言论自由并不必然会影响公共决策。只是在一个人的言论自由权利受到别人的限制的时候,一个人才会提出权利的要求。

第三,消极自由的实现依赖于主体之间的互动前提。比如,由于在社会生活中人们之间存在着广泛的信息交流,正是在这种交流的基础上,人们才要求法律保护隐私。再比如,正是由于少数民族在集体的实践中保持着自己的生活习惯或者语言习惯,少数民族才要求他们的少数人的权利得到法律保护。这就是说,在日常生活世界中人们之间存在着一些触犯人的基本权利的实践。只是由于这种实践的存在,人们才在法律上主张自己的权利。

按照霍耐特的分析,正是由于消极自由存在着这样一些局限性,因此如果人们局限于消极自由,那么就会出现一些病态现象。在《不确定性之痛》中霍耐特指出了这种病态现象。而在这里,他更具体地说明了这种病态现象,不过,与在《不确定性之痛》中有所不同,在这里霍耐特认为,这种病态现象与人们对法定自由的错误理解有关。这种错误理解表现在两个方面。第一个方面是,人们忽视了法定自由所依赖的主体间的互动前提。法定自由的特点就是把所有的人都当作策略性交流的伙伴,而不管人们内在的意图。但是,只有在人们的权利遭受到伤害的时候,人们才会诉诸法律。而在正常的生活中,人们都是以习惯的方式相互交流、相互交换。如果人们误解了这一点,好像人和人之间只是法律上的伙伴,那么所有的人都会只是策略行动者。这样,人和人之间就会缺乏起码的信任和沟通。在《自由的权利》中霍耐特用一对离婚的夫妻为了争夺子女抚养权而出现的一系列奇怪现象的例子说明了这一点。①在这样的情况下,只要有纠纷就诉诸法律。于是,人们对无法用法律解

---

① 参见[德]霍耐特《自由的权利》,第145页。

释的利益和意图就失去了敏感性。① 第二个方面是,一些人误解了意志的自由。前面我们说过,这种自由是为了让人们有机会自己选择美好的生活方式。当然这种选择是在人们之间的互动和交流中逐步形成的。但是人们却中断了这种交流,把自己限制在孤立的个人之中,以致无法形成确定的人生价值目标。这种病态现象表现为"没有意愿,任人摆布"②。既然法定自由是免于强制的自由,因此,按照法定自由的观念,人们可以终止决定,人们害怕由于决定而产生的义务。这种病态现象类似于哈贝马斯所说的那种动机危机。③ 我认为,霍耐特所说的这种病态现象可能是指西方社会中的不参与投票选举、自主失业等现象。而霍耐特在对这两种现象的分析中都强调了生活世界中的交流机制的重要性。他指出,法定自由的前提是生活世界中的交流。只有当这种交流失败的时候,对于法定自由权利的要求才会出现。如果人们忽视了这个前提,就会出现社会整合的问题。

二、道德自由的局限性

霍耐特这里所说的道德自由主要是指康德理论中的道德自律。按照康德的理论,如果一个人的行动是由自己的自然本性所支配,那么这个人就是不自由的。当一个人按照自己给自己订立的规则来行动的时候,这个人的行动就是自由的。而这里所说的规则是指普遍性的规则,是其他人也自愿接受的规则。按照这样的思路,人们可以得出这样的意见:作为平等的个人,可以享有这样的自由权利,即每个人都是独立于法律规则的,可以拒绝那些可能不被所有人赞同的规则。当然,这是从康德的理论引申出来的。按照这样的理解,康德的道德理论包含了这样一种否定的意义,即主体有权利拒绝那些不能被普遍赞同的法律或道德规

---

① 参见[德]霍耐特《自由的权利》,第143页。
② [德]霍耐特:《自由的权利》,第148页。
③ 参见[德]哈贝马斯《合法化危机》,第99—117页。

则。① 不仅如此,康德的道德理论还包含了人人平等的基本主张。按照康德的道德普遍性的原则,一种规则要能够成为普遍规则,必须得到所有人的赞同,而所有这些人都是平等的,其中没有一个人可以被忽视。②当然,康德的道德理论最突出的社会意义在于,正当的社会规则应该是人们自己为自己制定的,而且是得到所有人普遍赞同的。按照这样的基本思想,在行为发生冲突的情况下,人们就有权利对于既定的社会规范进行重新审视,超越既定的义务和责任,在权衡普遍性的情况下改变自己的行为,从而得到新的被所有相关者普遍赞同的规范。这样才能保障自由。

那么道德自由有多大的范围或者空间呢?霍耐特指出,道德自由的空间是一个被普遍接受的"非正式授予的空间",在这个空间中一个人只要遵循那些被所有相关人直接或者间接接受的并被他们理性地赞同的普遍规则。而这个非正式授予的空间,就是指法律约束范围之外的不确定的空间。③

这种道德自由有三个基本前提。第一,道德自由是在一定的社会交流的基础上发生的。人们之间的不同规范难免发生碰撞,道德自由允许人们保留自己的意见。但是,每个人都相信对方都是以被普遍接受的理由为基础来保留自己的意见的。他们对于自己认为"正确"的规范提出理由进行辩护。而在法定自由中,人们显然也要以社会交流为前提,但是人们却不需要为自己的理由进行辩护。第二,在进行辩护的时候,人们必须以普遍性为基础,他们所提出的理由应该是被普遍接受的理由。因此,在沟通过程中,人们不受自己的偏好和情感的支配。在这里,个人听从自己的"良心",这个良心就是指个人按照所有相关人都会接受的原则做出决定。第三,个人作为道德的主体必须具有反思的力量,这种反思性的力量表现在他对于他人利益的关注上。他愿意站在他人利益的

---

① 参见[德]霍耐特《自由的权利》,第159页。
② 参见[德]霍耐特《自由的权利》,第160页。
③ 参见[德]霍耐特《自由的权利》,第169页。

角度来思考自己的利益。①

这三个前提要求人们从一个中立者的立场来就道德规范的普遍性进行思考。然而,问题是人们在进行思考的时候是不是可以没有任何立场呢?任何一个主体都不可能完全摆脱各种社会机制、社会文化背景来进行思考。一个人究竟通过什么手段才能与自己既定的角色、业务等都保持距离来参与讨论呢?实际上这就意味着,人要从一个没有落脚点的地方开始思考。② 这显然是不可能的。在这里,霍耐特做出了富有建设性的区分。他认为,人要采取一种中立的立场。这可以分为两个步骤。第一个步骤是,放弃自己对于某个人的原初立场,从其他人的角度来思考问题。比如,当个人利益与其他人的利益发生冲突,或者个人认为正确的道德规范与其他人的规范发生冲突的时候,一个人不能把自己的利益放在首位。这就是采取中立立场的第一个步骤。而中立立场的第二个步骤是摆脱一切社会机制的束缚,排除一切视角和关系,从空白处出发来思考道德规范。这第二个立场就是康德所主张的道德立场。这种道德立场在现实生活中是不可能的。而康德的自我立法中的主体就是从这个立场出发的。黑格尔所主张的是第一种立场,就是人处于一定的社会关系中,但是人也可以和自己原初的某种立场疏远开来,从一个中立的立场出发来思考。但是这绝不意味着从一个去人格化、去情感化的立场来思考,因为如此一来道德的思考就没有任何落脚点了。而康德的道德自律就碰到了一个无法避免的界限,霍耐特是这样来表述的:"个人在实施他的每个人都应该拥有的自由时,如果运用自律把他的行动只是以主体自己认为是正确的原则为基础,就总是会碰撞上那些他不能从自律出发来理解的规范性原则;而且更糟糕的是,他还得被迫把这些规则最初作为机制性现实来接受,虽然面对这些机制性现实可能有多种解释,但不能有意地把它们封存起来或弃之一旁。"③实际上,霍耐特的这个

---

① 参见[德]霍耐特《自由的权利》,第 170—172 页。
② 参见[德]霍耐特《自由的权利》,第 174 页。
③ [德]霍耐特:《自由的权利》,第 180 页。

分析与哈贝马斯对于公共领域中的商谈的基本理解是一致的。这就是，人在公共领域中只是在面对某些问题的时候进行商谈，而对于公共领域中被共同接受的事实则不会加以质疑；或者说，公共领域中的某些问题会凸显出来，被作为问题而思考。这意味着，他们接受了黑格尔主义的思路。

在霍耐特看来，对于道德自由，人们也会产生集体性的误解。这种集体性的误解就是康德的道德自由概念所表现出来的。道德上的讨论都是在一定的生活世界中进行的。如果要脱离生活世界的背景来讨论道德问题，那么就会出现病态现象。霍耐特把这种病态现象归结为两类：一类是冷淡的道德主义者的人格类型，另一类是以道德为理由的恐怖主义者。①

如何理解冷淡的道德主义者的人格类型呢？按照霍耐特的分析，道德自由和法定自由所产生的病态现象在本质上都有类似的特征。这是因为道德自由和法定自由只是为人们的自由提供有限的可能性。这就是说，只有当私人权利受到侵犯的时候，个人才诉诸个人自由权利；只有当个人面临道德冲突的时候，个人才会从道德自由的角度来进行讨论。在这两种自由的限度内人们所进行的互动是一种修复性的。然而，在冷淡的道德主义者的人格类型那里，人们按照康德所提出普遍原则的要求，否定了既定的社会机制和社会交往的作用。他们试图担当为世界上所有的人立法的角色。② 这些人被视为不食人间烟火的道德圣人。而实际上，道德的讨论并不是要人们放弃一切社会关系，放弃社会情感，而是要人们寻找解决道德冲突的办法。这个办法就是人们与自己的某些角色拉开一定的距离，对自己的角色进行一定程度的限制，从而找到与其他人共同遵循的规则。在这里，我们既不是毫无限制，也不是完全限制。这里存在着一个边界。寻找的过程就是让限制边际化的过程。③ 道德自

---

① 参见［德］霍耐特《自由的权利》，第183页。
② 参见［德］霍耐特《自由的权利》，第184页。
③ 参见［德］霍耐特《自由的权利》，第185页。

由不是要放弃生活世界中的一切关系与义务。霍耐特指出:"道德自律排除所有在它之前的关系和义务,把道德价值作为唯一的取向,从而产生道德主义。"①这种冷酷无情的道德主义是一种社会病态。

霍耐特所分析的第二种病态现象是,一些人从道德自律出发,按照普遍性的原则对现存秩序提出挑战。这是与前一种病态现象密切联系在一起的。如果说前一种病态现象是建构性的,那么后一种现象则是破坏性的。因此,霍耐特把它称为"恐怖主义"。如果说最初他们是从道德自律和普遍主义的立场对现存秩序提出挑战的话,那么后来他们就转换为捍卫某种特殊的道德价值。比如,他们抽象地引用那些受压迫的人的利益而与现存秩序进行斗争。在这样的情况下,他们最初的善良意图"必然在伟大的狂想中转换为革命的暴力"②。

三、社会自由的构想

那么如何理解社会自由呢?从前面的分析中我们知道,法定自由和道德自由从根本上为个人提供了持久自由的可能性,而不是现实性。这是因为无论是法定自由还是道德自由都是在一定的社会实践条件下发生的。前面我们已经说过,法定自由保证了一个人的私人空间。这也就是说,法定自由可以使"人们退出生活世界中已经熟悉的活动实践"。而道德自由给予人们这样的权利:如果有什么样的规范被强加给我们,那么我们在道德上可以对此提出质疑。用霍耐特的话来说就是:"法定自由和道德自由的机制保障了西方发达社会的每一个成员,今天在原则上有着或是受国家保护,或是由主体相互授予的权利,来拒绝社会义务和现存的社会关系,只要能够证明这些义务和关系不符合他自己合法的利益或道德信念。"③这两种自由只是告诉人们,一个人可以退出社会关系

---

① [德]霍耐特:《自由的权利》,第189页。
② [德]霍耐特:《自由的权利》,第191页。
③ [德]霍耐特:《自由的权利》,第194页。

或者拒绝苛求的道德实践,但是它们都没有提出一种可以实现自由的条件。而在社会实践中所有的人都承担着一定的社会义务。如果自由只是让人摆脱义务,而不是去承担义务,那么这种自由还只是"可能性"意义上的自由,而不是"现实性"意义上的自由。那么如何才能让人实现一种有义务内容意义上的自由呢?

霍耐特提出的"社会自由"就是这样一种有义务内容意义上的自由。这种社会自由表现为:"主体各自在相互承认中相遇,并且都能够将他们对自己行动的实施看做是对方行动目标实现的条件;只有在这样的条件下,主体才能够实现他们的意图,体验完全不受强制因而是已经实现了的'自由',也就是说在社会真实性的内部,一个主体受到其他主体的欢迎和期望。"① 这就是说,人和人之间形成一种承认的关系,在这种承认关系中,一个人把自己的行动看作是其他人实现自己的目的的条件。这个时候,人们就体验到了一种自由。我们举个简单的例子来说明。如果两个人是朋友,那么他们之间的友谊使他们中的任何一个人都认识到,朋友对实现他的目标是有帮助的,是他实现自己目标的条件。当然,既然是朋友,这两个人之间也会有共同接受的规则,但是这个规则是他们自己给自己制定的(默认的规则),并且是非常乐意接受的。那么,这个规则就不是对于自由的限制,而是实现他们自由的条件。霍耐特用个人关系中的"我们"、市场经济中的我们以及民主决策中的我们,来说明这里的承认关系,以及由此而导致的现实自由。

在霍耐特看来,社会自由可以克服法定自由和道德自由的局限性。从霍耐特对于法定自由和道德自由的局限性的分析中,我们可以看出法定自由和道德自由实际上是自由观念中的两个极端。法定自由局限在个人的自我权利之中,而逃避了整个社会环境;道德自由追求普遍性和自律,它也使人脱离具体的社会环境而追求一种道德乌托邦。而霍耐特所主张的社会自由,就是要克服这两种自由所具有的局限性,

---

① [德]霍耐特:《自由的权利》,第195页。

同时也能够吸收这两种自由观的长处。让我们来看看霍耐特是如何吸收这两种自由观的长处,而又避免了这两者之间的局限性的。

法定自由是让一个人脱离社会而给自己划定一个不受他人侵犯的自由领域。对于法定自由来说,如果一个人加入社会环境,那么这个社会环境就会限制人的自由。于是,这里就提出一个问题:是不是社会环境对人的限制都是让人失去自由呢?按照道德自由的观念,社会关系或者社会规则不一定就是对人的自由的限制。因为按照道德自由的观念,自由就是自己对自己的限制(自律)。如果一个人与其他人共同制定了限制他们的一定的规则,而这些规则是他们自己愿意接受的,那么这就是一种道德自律。这种自律也是人的自由。这样道德自由就可以被用来克服法定自由的局限性。它让人们融入社会环境之中,而不是把自己限制在孤立的个人的范围之内。那么,融入一定的社会环境之中,法定自由所要求的东西是不是可以被保证呢?按照社会自由的观念,这当然可以得到保证。如果人们按照自己的意愿而与其他人一起制定社会规范,而这个规范就保证法定自由的范围,那么个人自由仍然能得到保证。

反过来,道德自由强调了自律,强调普遍性的道德规范,这容易侵犯个人的法定权利。因为,法定自由保证个人自由的范围,而在这个范围之内个人的特殊性、特殊利益是得到保证的。而道德自由在强调普遍规律的时候,在通过协商制定普遍规则的时候,甚至要人放弃一切既定的社会关系和社会规范。它要求人从所有其他人的普遍利益出发来商谈社会规范。按照霍耐特的分析,这是一种错误的道德自律观念。而他所主张的道德自律是人在一定的范围内放弃自己的利益,而从他人的角度来建立社会规范。因此,在建立这种社会规范的时候,人不是要放弃一切社会关系和社会规范,而是在接受一定的社会关系和社会规范的前提下探讨普遍的自律的规范。这样就避免了道德恐怖主义对于一切现存秩序都提出质疑的做法。在这样的情况下,社会就可以对人的财产权利、言论自由权利进行讨论和限制,但是这种限制不是要限制人的一切财产权利、一切言论自由的权利。对于普遍的社会规范的讨论，不是要推翻一切既定的权利和社会关系而完全重构社会秩序，而是在此基础上就人的权利和义务中所存在的问题制定规范。而这些规范是人自己制定的，是一种自律。这样就既保证了个人的权利也保证了社会规范的普遍性。

实际上，霍耐特提出的社会自由观念具有很强的社会针对性。他既批判了自由主义的观念，也批判了抽象的共产主义理论。自由主义强调个人自由，而抽象的共产主义理论要人放弃一切社会关系，比如个人的财产、家庭关系。而这种社会自由就是要在既定的社会制度和社会关系的基础上，就其中所出现的问题进行社会讨论，让人们自己在讨论中建立一套适合于自己的生活条件和社会秩序的制度。

当代中国所要实现的协商民主，实际上就是实现这种社会自由的方法之一。

四、现代市场经济体系如何实现社会自由

按照霍耐特的分析，个人关系中的"我们"和民主体系中的"我们"，都是在一定程度上相互承认的我们。比如，友谊可以被理解为实现社会自由的一种表现。同样，在国家中，国家通过民主商谈保证公民自我立法，从而保证自由。但是，在市场中怎么可能实现社会的自由，怎么可能把他人的活动看作实现自己目标的条件？按霍布斯的理论来看，这是一切人反对一切人的战争的领域。市场经济中所实现的都是法定自由，而没有实现社会自由的条件。

按照霍耐特对于社会自由的理解，社会自由就是在一定的共同体中相互交往的人们之间的相互承认。那么，市场体系中陌生人之间所进行的经济上的交换不能算作共同体中的相互承认。因为在市场体系中，每个人都是为了得到自己的最大利益。霍耐特并不否定这一点。但是，霍耐特还是找到了这种相互承认的基础。他吸收了黑格尔和涂尔干的理论。按照霍耐特的说法，黑格尔和涂尔干都强调，市场经济是在一定的社会团体中进行的。这是市场经济赖以发生的前提。而在这种社会团体中,团体的成员之间都有一种相互承认的关系。按照霍耐特的理解,"这两个思想家都把市场化进程与规范性条件连接起来"①。霍耐特在这里并没有明确解释这句话的含义。按照笔者的理解,这就是说,这两位思想家看到,资本主义市场体系是从传统社会中发展起来的,而传统社会中的某些规范还是对市场发生一定的约束作用的。霍耐特指出,"经济的活动者相互认可各自市场上的个人利益最大化的权利之前,首先必须把自己看成是一个合作团体的成员"②。如果从这个角度来看市场经济,那么,虽然每个人在市场中享有消极自由,但是团体之间的合作在一定程度上限制了这种消极自由。

当然,在这里,人们自然会提出如下问题:这里只是解释了市场交易的前提中存在规范性原则,而没有解释市场交易活动中人们之间为什么会相互合作。按照霍耐特的解释,黑格尔和涂尔干还是找到了一些内在机制来约束市场中的交易行为的。按照霍耐特的分析,虽然市场交易主体会为自身的最大利益而努力,但是由于教育的原因,人们对于自己的利益的理解也会发生变化。用霍耐特的话来说:"个人利益的确定是具有可塑性的。"③按照霍耐特的分析,现存的市场交易中还是存在着一些团体,这些团体会形成某种压力,在这些压力下,人们"愿意在确定他们的利益时,更多地顾及合作的基本原则"④。实际上,这种所谓的合作组织或者团体就是黑格尔和涂尔干所涉及的具有古代行会性质的合作团体。这些合作团体当然能够在一定程度上约束市场中的自利行为。当然,涂尔干还提出,要加强对于工人的职业培训。这种培训有利于工人提高自己的职业技能,从而在职业活动中获得谈判的能力,并得到企业雇主的承认。应该说,这种承认之中包含了一定的社会自由。但是,所

---

① [德]霍耐特:《自由的权利》,第307页。
② [德]霍耐特:《自由的权利》,第307页。
③ [德]霍耐特:《自由的权利》,第308页。
④ [德]霍耐特:《自由的权利》,第308页。

有这些都不能证明,市场体系之中有一种"道德"的力量,这种道德的力量使被雇佣的工人得到类似于朋友那样的友谊、家庭中的爱那样的东西。

而马克思对于资本主义市场经济的批判,实际上就指出了市场中所存在的两个基本问题。这两个基本问题就使人们难以把市场看作实现社会自由的一种机制。一个问题是市场中的剥削,一个问题是个人在劳动力市场的竞争中受到一种结构性的压力。关于这两个问题,霍耐特认为,第一个问题无法回答。他主要思考了第二个问题。按照马克思的分析,在资本主义社会,工人阶级除了出卖自己的劳动力之外,没有其他保障生存的手段。因此,工人没有获得契约的自由。霍耐特认为,要解决这个问题,必须对市场内部机制进行规范性重构,从而保障个人自由。按照霍耐特的设想,这种市场内部的规范性机制必须一方面是"话语型决定利益的过程",另一方面又包含了"机会均等的法则"。① 如果增加了话语型决定利益的机制,那么人们就可以就利益问题进行商谈,从而个人在制度的机制中能得到平等对待。

对于霍耐特来说,在资本主义市场体系中,消费领域也成为一个对人进行控制的领域,或者说,在消费领域中承认关系也出现了问题。在这里,霍耐特吸收了黑格尔的思想。霍耐特认为,在消费活动中人们之间存在着相互承认的情况。他说:"商品市场表现为一种相互承认的抽象媒介,只有有了这种媒介,个人的自由才能通过互补行动去实现:消费者承认从业者是能够满足他们需要的人,反过来,生产商也承认消费者保证了他们为之生活的经营活动。"② 虽然霍耐特也很清楚,这只是一种抽象的可能性,而在现实中情况可能并不如此。霍耐特认为,黑格尔在法哲学原理中预测了两种可能性:一种是生产者对于商品消费的操纵,一种是贵族式的炫耀性消费。而这两种情况在他死后都成为现实。我

---

① 参见[德]霍耐特《自由的权利》,第316页。
② [德]霍耐特:《自由的权利》,第320页。

们知道,鲍德里亚对于消费社会的分析实际上就是针对当代资本主义社会中所出现的这种情况的。按照鲍德里亚的分析,这两种可能性是结合在一起的。在当代资本主义社会,生产者通过广告等来吸引消费者购买,同时它还通过产品的不断更新、产品的形式上的变化、消费等级的设立等,来吸引消费者购买。这是生产过剩条件下资本主义社会必然出现的现象。对于消费者的这种控制当然不是一种承认关系。这种消费不仅不能使个人自由得到实现,而且导致对于个人的进一步控制。[1] 那么如何才能解决这个问题呢?霍耐特从法律和道德两个方面进行了说明。在他看来,国家通过的广告法和反垄断法等都会在一定程度上保护消费者的利益。[2] 另外,霍耐特发现,现代社会中,一些知识阶层在购物的时候,还会有一种"道德的"考虑。比如消费者在购物的时候会询问,生产者能否满足保护资源和社会和谐的道德标准。[3] 霍耐特承认,这些道德方面的因素在对付物质主义方面的作用是微乎其微的。他认为,现代社会中出现的炫耀性消费的一个重要的经济根源是收入的巨大差异。为此,他提出消费领域的规范性重构必须转换到劳动分工的规范性重构中。

而在劳动的规范性重构中,霍耐特认为,传统的资本主义劳资关系的问题在于工人处于一种物质上的贫困状态,他们始终要为生存而劳动。而在现代资本主义社会,由于劳动为机械所取代,生产过程所需要的劳动在减少,工人不得不面临专业劳动消失的问题。针对这些问题,20世纪以来许多发达资本主义国家都采取一些社会福利政策以及强化私人企业的社会责任等措施来改善工人的地位,通过工会组织提高工人在关系切身利益问题上的话语权。国家还通过各种法律措施来保障工人的权益等。实际上,霍耐特所分析的那些措施虽然在一定程度上提高

---

[1] 参见[法]鲍德里亚《象征交换与死亡》,第一章。它通过生产的终结来说明资本主义社会对人所进行的控制。
[2] 参见[德]霍耐特《自由的权利》,第350页。
[3] 参见[德]霍耐特《自由的权利》,第351页。

了工人的待遇,使工人在就业中具有平等的话语权,但是这些措施都不能从根本上解决问题。这是因为,第一,在工人同资本家的博弈中,如果工人的力量强大了,影响资本的获利能力了,那么资本必然要采取措施来减少劳动力的投入,而提高机械化和自动化的水平。资本的有机构成的提高,必然会极大地降低工人在劳资斗争中的话语权。第二,要解决消费中的异化现象就必须解决收入差距问题。但如果缩小了收入的差距,人们的劳动积极性就会降低。现代资本主义社会就是要靠这种差距才能不断激发人的新的需求,从而维持资本主义系统的运行。一旦消除这种差异,整个资本主义系统就会崩溃。从这个意义上来说,只有彻底改变资本主义制度才能从根本上在经济领域中实现社会自由。而这恰恰是霍耐特所不愿意触及的问题。从他对于资本主义社会中的"物化"现象的分析中,我们可以看到这一点。

第三节 物化与承认的遗忘

霍耐特在他的长篇论文《物化——一个旧观念的新考察》中,从他的承认理论的视角重新思考卢卡奇所提出的"物化"概念。他从人的生存状态上去理解"物化",把物化理解为"承认的遗忘",这无疑打开了承认理论的一个全新视野。这个视野与他在《为承认而斗争》《自由的权利》等著作中所考察的"承认"有很大的不同。本来,这个新的"承认"概念使他有可能脱离交往行动的理论框架,而从阿多诺和霍克海默的资本主义批判的视角来更好地分析当代资本主义社会中所存在的特殊的承认问题——"承认的遗忘"以及由物化所导致的错误承认(misrecognition),然而,霍耐特却深深地受制于交往行动理论框架,以至于他根本否定了从资本主义的社会根源去理解存在的遗忘的思路,也无法从阿多诺和霍克海默等人的思想中吸取有效的思想资源来丰富他的承认理论,以分析当代资本主义社会中所特有的错误承认的现象。

一、"承认的遗忘"的存在论基础

霍耐特在《物化——一个旧观念的新考察》中吸收了卢卡奇对于物化现象的分析。按照卢卡奇的分析,在当代资本主义社会,人们在看待其他人、看待周围世界、看待自己的时候采取了一种物化的态度。这种物化的态度表现为,人们把其他人、自己或者周围世界看作具有物质特性的东西,看作观察的对象。人们用量化的方式来计算对象,用工具化的方式来对待其他人,从获利的角度来看待自己的能力等。卢卡奇把所有这些现象都归纳在"物化"概念中。卢卡奇认为,在资本主义社会中,由于人们对于利益的追求,由于合理化方式在社会生活中的全面运用,这种物化的态度已经深刻地内化在人的意识中,成为人自身的一种"第二自然"。霍耐特从承认的角度来理解"物化"。按照他的理解,这种物化就是不把人当作人来看待,就是忽视了人作为人的特性。这在本质上就是不承认其他人是人。按照霍耐特的分析,卢卡奇有一个没有明确表述出来的想法,即人们本来应该采取一种"感同身受的、生存论上的参与方式"(empathetic and existential engagement)来进行人际活动[①],然而,人们却以一种完全理性化、客观化的态度来进行活动。以合理化、客观化的态度来处理自己与他人、自己以及社会环境的做法,就是一种物化的做法;而以感同身受、彼此共同参与的方式来活动,就是一种承认的做法。按照这个思路来理解物化,那么卢卡奇的物化批判的思想就是以一种不明确的方式表达了一种理想的人际交往方式,即承认的方式,并且以这种交往方式为参考批判了当代资本主义社会中所出现的物化现象。

霍耐特是在吸收海德格尔思想的基础上来理解卢卡奇的。海德格尔在《存在与时间》中认为,如果人用合理化的方式来看待实在的东西,那么人们所看到的只是存在者,而看不到存在。海德格尔把这种做法理

[①] 参见 Axel Honneth, *Reification: A New Look at an Old Idea*, Oxford: Oxford University Press, 2008, p. 29. 以下引用该版本简称《物化——一个旧观念的新考察》。

解为存在的遗忘①。同样,如果人们用一种完全中立化的态度来把握现实,那么这种做法就会使人们忽视人的生存方式。人的生存方式是以"上手状态"的形式表现出来的。这种上手方式在实践中表现为,人和自己所接触的对象之间形成一种一体化的融合状态。对象仿佛成为人自己的身体的一部分。人们在使用工具时也不觉得工具是操作的对象,甚至会忘记手中的工具。这个时候,对于人来说,这种工具就处于一种"上手状态"。而在现实生活中,人们使用工具就常常达不到这样的状况,而是把工具当作操作的对象。这就是海德格尔所说的"现成在手的状态"。在这种状态中,人是用一种主客体关系的态度来处理对象。② 在当代社会中,由于这种"现成在手的状态"遮蔽了"上手状态",人们只是用主客体关系处理对象,也以这样的方式来处理与其他人的关系。于是人们无法以理解存在的方式来生存。以理解存在的方式来生存,就是一种生存论上的参与方式。这种生存论上的参与方式就是人本来应该有的生存方式。因此,霍耐特认为,无论是卢卡奇的物化批判还是海德格尔的生存论理论都指出了一种实践的指向,这种实践指向具有"人类生存模式的结构"③。

霍耐特之所以强调卢卡奇和海德格尔都有一种"人类生存模式的结构",是因为他试图把这种"人类生存模式的结构"与哈贝马斯的交往行动结构区分开来。霍耐特强调,表面上看来卢卡奇和海德格尔的观念中都有一个"参与者视角"(也就是哈贝马斯的交往行动理论的视角),而实际上并非如此。这是因为,"卢卡奇和海德格尔实际上都倾向于使他们的实践观念包含一个人对待他人以及一个人对待他(她的)生存环境"④这两方面的内容。哈贝马斯的交往行动理论则仅仅包含了人们相互之间如何相互沟通、相互理解。而他的承认理论也只是考察人们之间的相

---

① 参见[德]海德格尔《存在与时间》,商务印书馆2016年版,第67页。
② 参见[德]海德格尔《存在与时间》,第110页。
③ [德]霍耐特:《物化——一个旧观念的新考察》,第32页。
④ [德]霍耐特:《物化——一个旧观念的新考察》,第34页。

互承认。这种承认的方式之中就包含了这样一种行为态度:采取一种他人的视角来与其他人相互交往、相互理解。按照霍耐特的看法,这种相互承认"扎根于一种先行的互动中,这种互动具有生存论上的关爱特点"①。而海德格尔在《存在与时间》中所讨论的就是这种关爱。② 哈贝马斯所理解的那种相互理解以及霍耐特在《为承认而斗争》中的那种承认,预设了这样一种先行的互动。这种先行的互动就是人和人之间以及人和自己的生存环境之间原初的互动关系,是人和他人、人和自己的生存环境融为一体的存在方式。这就是生存论上的承认。霍耐特认为,这种承认是优先于相互交往中的承认的。

显然,这种生存论上的承认优先于相互交往中的承认的观念,是吸收了海德格尔关于存在在存在论和存在者状态上的优先性的观念,并在此基础上而被提出来的。虽然霍耐特在论证这种优先性的时候并没有采取海德格尔的思路,但是从他对于"承认的遗忘"的分析中,我们还是可以看到海德格尔的思想踪迹。霍耐特认为,物化就是承认的遗忘,这似乎是海德格尔关于物化就是存在的遗忘的观念的翻版。于是,在这里,霍耐特把卢卡奇的物化概念海德格尔化。所谓物化即承认的遗忘就是指,人们忘记了,在人类生存的根基处人们处于一种感同身受、共同生存的承认状态。而在物化中,人们只是把其他人、他自己以及他周围的世界都当作物来对待,其中没有关爱和同情。那么为什么会出现这样的情况呢?

二、霍耐特对于遗忘承认的社会根源的理解

按照卢卡奇的看法,资本主义社会之所以会出现物化,是由于在市场经济主导的经济系统中,人们为了获得最大的经济利益而采用了一种

---

① [德]霍耐特:《物化——一个旧观念的新考察》,第41页。
② "Sorge"中文翻译为"烦",英文翻译为"care",主要参见[德]海德格尔《存在与时间》,第608—610页。

韦伯所说的合理化的方法。这种合理化的方法并不局限在经济领域,而扩展到整个社会领域。当整个社会领域都按照一种合理化系统被组织起来的时候,这个社会就完全物化了。这就是人们常常说的,在市场社会的管理系统中人们只是按照规则和程序来办事,而不能讲人情。在这种程序化的系统中,人们相互之间不能有情感,因为感情之类的东西会破坏效率。用卢卡奇的说法,"工人的人的性质和特点",比如人的情感等,"越来越表现为只是错误的源泉"。① 从霍耐特的视角来看,这种对人性的拒绝就是不承认他人。阿多诺和霍克海默说,"一切物化过程都是遗忘过程"。他们所说的遗忘,主要是对于人的自然性的遗忘。

对于卢卡奇的这个分析,霍耐特提出了质疑。他认为,卢卡奇在这里把物化和对象化等同起来了。霍耐特的质疑,与许多人批评卢卡奇以及卢卡奇的自我批评是一样的②。对象化是一种认识和实践的状况,即人把自己和自己所面对的对象区分开来。只有在儿童的最初生存状态上,人和对象才是没有区分的。同样,只有在人类文明的初期,主客体之间才没有被区分开来。在人类文明的发展中,这两者就被区分开来了。对象化是人类认识和实践中的普遍现象。资本主义社会中所出现的合理化现象,只是人类在认识和实践中把所要认识和改变的对象作为对象来对待。这种做法是对象化。霍耐特认为,卢卡奇的错误就在于,他把对象化与物化等同起来了。他说:"如果一个社会只是由于它敦促人们采取一种对象化的态度而使这个社会中的所有东西都被物化了,那么人类的社会性就必定早就完全消失了。"③这就是说,在任何一个社会中,人都会把他人当作对象,这是人类社会的必然现象。这种现象与物化是不同的。人们在把他人作为交易对象(对象化)的时候,人们也可以不把他人当作物,而当作人来看待。人们究竟把自己的交易对象当作物还是当作人,这就要看人们有没有忘记先在的生存结构。而这个生存结构中就

---

① 参见[匈]卢卡奇《历史与阶级意识》,第150页。
② 参见[匈]卢卡奇《历史与阶级意识》,第19页。
③ [德]霍耐特:《物化——一个旧观念的新考察》,第55页。

第七章 霍耐特:解决现代性问题的承认模式

包含了一种源始的承认。如果人们在进行相互交换的过程中不把其他人当作人来对待,这才是物化。

卢卡奇在讨论物化的时候是以这种原初的承认为参照模型的,这个参照模型是来自海德格尔的。而在海德格尔那里,如果人们脱离了原初的承认状况,那么他们就进入了一种主客体关系,从上手状态进入了一种现成在手的状态。卢卡奇受到了海德格尔的影响,把原初的承认状况与主客体关系对立起来。按照海德格尔的思路,如果人脱离原初承认状态,那么人和人之间就进入了一种主客体关系。而对于卢卡奇来说,主客体关系,或者说人和自己的交易对象之间的关系,就是一种物化关系。而霍耐特认为,卢卡奇的这种做法是错误的。

霍耐特认为,卢卡奇的这种处理方式受到了齐美尔的《货币哲学》的影响。齐美尔认为,在市场交易行为中总是伴随着对交易伙伴的冷漠态度,而且这种冷漠态度会不断增长。霍耐特认为,卢卡奇把齐美尔的这个对象化概念与物化等同起来了。[①] 在霍耐特看来,卢卡奇的这种做法之所以是错误的,是因为即使在对交易伙伴进行非人化(depersonalized)(对象化的方式)的处理中,人们还是把交易伙伴作为具有责任能力的人的,而物化则简单地否定了他们作为人的存在。霍耐特说:"社会关系的非人化做法必然预设了一个前提,即基本上把当前匿名的他者当做有人性的个人来承认,而物化在于一个人恰恰怀疑或者'忘记'这个先在的承认。"[②]霍耐特所说的这种非人化就包含了两种可能的情况:一种情况是完全不把自己交易的对象当作人;一种是把交易对象当作人,承认他有责任能力。对于霍耐特来说,由于卢卡奇把这两种情况等同了起来,于是,对于卢卡奇来说,只要人们之间相互交换,那么,这就是把人当作非人的东西,就是一种物化。其实相互交换过程只是一种对象化过程,而不一定是物化过程。

[①] 参见[德]霍耐特《物化——一个旧观念的新考察》,第76页。
[②] [德]霍耐特:《物化——一个旧观念的新考察》,第76页。

那么霍耐特对于卢卡奇的这种理解正确吗？按照霍耐特的分析，资本主义社会中所出现的这种"非人化"现象不一定是物化。霍耐特所理解的那种非人化，主要是对象化。于是，他努力把"非人化"与"物化"区分开来，从而否定了物化与资本主义社会体系的联系。因为，在他那里，物化就是在人们的认识和实践中忘记了先在的承认的问题，是一种普遍现象，与资本主义制度本身无关。那么为什么卢卡奇会出现这样的错误呢？霍耐特认为，卢卡奇受到了马克思的历史唯物主义的影响。按照马克思的观点，经济基础不仅制约着上层建筑，而且制约着人的社会生活的方方面面。因此按照卢卡奇的分析，物化现象只是出现在资本主义社会中。① 按照霍耐特的分析，正是由于卢卡奇拘泥于用社会经济原因来解释物化，以至于像法西斯主义大屠杀那样的物化现象被他完全忽视了。② 按照霍耐特的解释，这种大屠杀与经济原因无关，而只是与人们对于存在的遗忘有关。

霍耐特认为，所谓承认的遗忘，只是因为我们的注意力分散了，而忽视了作为认知的基础的承认。③ 当然，霍耐特也承认，在非常有限的范围内社会因素是有影响的。他举例说，一个人的行动受到一系列信念的引导，而这种信念使他"否定了原初的承认行动"④。这种信念是一种特殊的意识形态或者世界观所导致的结果。即使这种情况存在，霍耐特也认为："这种物化不过是一种习惯做法，这种习惯的做法来源于一套物化的信念。"⑤正是由于这种习惯，人们才遗忘了原初的承认行动。在现代社会中，存在由于某种信念或者意识形态的原因而对某个人群采取物化态度的现象，比如，法西斯主义者对犹太人的态度，男权主义者对妇女的态度（传统社会中，奴隶主对于奴隶的态度）。然而，为什么人们会产生这

---

① 参见[德]霍耐特《物化——一个旧观念的新考察》，第77页。
② 参见[德]霍耐特《物化——一个旧观念的新考察》，第78页。
③ 参见[德]霍耐特《物化——一个旧观念的新考察》，第59页。
④ [德]霍耐特：《物化——一个旧观念的新考察》，第79页。
⑤ [德]霍耐特：《物化——一个旧观念的新考察》，第80页。

样的世界观或者这样的信念呢？人们为什么会产生这样的习惯呢？霍耐特也曾经自问：为什么一些人仅仅由于某种信念或者意识形态的观念而竟然会忘记自己本来就具有的那种原初的承认呢？霍耐特强调这个问题很难回答，但是他承认这不是仅仅由于某种思想的引导而产生的作用。在他看来，一些人不可能仅仅由于别人思想上的引导就忘记自己原初的承认，而对他人采取一种物化的态度，这里有社会的原因和人们所形成的一种习惯性的行为方式的因素①。但是，究竟是怎样的社会原因呢？霍耐特却没有进行具体的分析。

在这里我们还特别注意到，霍耐特总是努力排除市场因素对于这种物化态度的形成所产生的影响。他认为，市场参与者都有一个法律身份，而这种法律身份保证了市场参与者不被物化。他说，无论人们在市场交易中怎样把他人看作物体，但是人们会在法律契约中受到"最小限度的法律保护"，而这种契约也保证了人们获得"最小限度的尊重"。② 在这里他所提供的例证是康德关于婚姻的契约说。按照康德的观念，即使婚姻双方都是从相互利用的角度来看待对方的，这种契约中人还是被当作人来对待的。这就是说，在市场上所进行的契约性的交易中，人还是在最低限度上被当作责任的主体的，而不仅仅是物。

三、重思"承认的遗忘"的社会根源

从上述分析中我们看到，霍耐特把"承认的遗忘"主要看作是一个认识问题，即人在看待其他人的时候，忘记了原初的承认。在这篇论文中，他从哲学人类学和心理学的角度论证了承认的优先性。尽管在论文的最后一部分，他承认人们的习惯性的行为方式以及意识形态的因素会导致物化，但是，人们为什么会形成这样的习惯？他承认，这里有社会因素的影响。但是究竟哪些社会因素产生了影响？它们究竟是如何影响的？

---

① 参见[德]霍耐特《物化——一个旧观念的新考察》，第81页。
② 参见[德]霍耐特《物化——一个旧观念的新考察》，第80页。

对这些问题他都没有回答。对于他来说,有一点是肯定的,即这种物化与市场交易无关。

笔者认为,他的这种论证存在着明显缺陷。他否定市场要素对于物化的作用,而把对象化和物化区分开来。但是,把这两者区分开来是非常困难的。在论证一种固定的行为模式会导致物化的时候,霍耐特说,"在对(妇女、犹太人等等)物化模式的影响下,各个人组成的群体相反被剥夺了人性的特征"①。如果笔者的理解是正确的,剥夺妇女和犹太人的人性的那种固定的行为方式是在一定的意识形态(法西斯主义和男权主义)的影响下形成的。这就是说,由于意识形态原因,男权主义者以物化的态度对待女性。同时,霍耐特又认为,契约中的男女双方把对方对象化,在最小的限度上承认对方是人,把对方作为性满足的对象。这不是物化,而只能算对象化。他说,婚姻中的契约关系能防止婚姻双方被物化的危险②。这是霍耐特本人使用的两个论据。那么霍耐特把这两者区分开来的标准是什么呢?显然,男女之间是不是被物化,主要不在于他们之间有没有契约关系。男权主义者与女性之间不存在契约关系。是不是两者之间如果有了一种契约关系,那么女性就能够不被物化呢?显然,不可能。如果婚姻关系中的男性是男权主义者,那么即使婚姻中的男女双方有契约,女性仍然被物化了。这就否定了霍耐特本人提出的一个基本观点,即交易双方的契约能够保证人得到最低限度的尊重。契约并不能让人排除意识形态或者信念上的错误,并不能保证人们排除物化。

在这里,承认一个人在契约中的责任能力不意味着这个人没有被物化。一个人是不是被物化要根据这个人的思想观念来判断。在社会生活中人有没有被物化取决于人们在相互交往中采取怎样的态度。从这个角度来说,对象化并不意味着物化。一个人在看待一个对象的时候,

---

① [德]霍耐特:《物化——一个旧观念的新考察》,第81页。
② 参见[德]霍耐特《物化——一个旧观念的新考察》,第93页。

如果忘记了原初的承认,那么这就是一种物化。在《为承认而斗争》中,承认包含了对于别人的爱,承认别人的权利,承认别人的成就。当然一个人即使不爱另外一个人,即使不承认他的某种权利,即使不承认他的成就,但是他还是可以把另外一个人当作人来对待的,即这个人还是可以在存在论的意义上承认另外一个人的。而物化则不同了,物化所表现的不承认是否定了他人的人的特性。这是一种最根本意义上的不承认。同样,把人当作人,这是最基本意义上的承认。这种承认,与母子之爱的关系中所说的承认是不同的。

显然,如果在互动中把人当作人,那么这就是对象化,否则就是物化。如果我们要在人际互动中区别物化与对象化,我们就必须深刻地说明,怎样的做法才叫作把人当作人。笔者认为,霍耐特的分析中恰恰回避了这样一个根本性的问题。既然霍耐特是在存在论意义上来理解"承认的遗忘"的,那么我们也要在存在论意义上去理解人。存在论意义上的人就是海德格尔在《存在与时间》中所说的"此在"。如果人们在互动中,把他人(包括他们自己,在这里,我们暂且撇开霍耐特所论证的关于自己的物化以及自己的周围环境的物化)作为此在去理解,那么这就是对他人的承认,就是从存在的角度去理解人。

按照海德格尔的思路,如果把人理解为存在者,那么这就是把人物化,就是不承认他人。海德格尔在分析此在时明确指出:"现成存在这种存在方式本质上和具有此在性质的存在者了不相干。"[1]那么此在是以怎样的方式存在的呢?海德格尔指出,此在这种存在者的本质在于它"去存在"(Zu-sein)。对于这种存在者,我们不能问它是什么;如果问它是什么,那么这就把它物化了。如果一定要问它是什么,那么我们只能说,它"生存"(existenz)。无论说它"去存在"还是"生存",它都不具有人们常常用来称呼事物的那种"属性"。因为这种属性是现成存在者的存在方式。人这种存在者只能以各种可能的方式去存在。这就是从无限的可

---

[1] [德]海德格尔:《存在与时间》,第64页。

能性上去理解人。物具有相对稳定的属性,我们可以借助于它的属性知道其功能、作用等。而人却不是这样,它不是现成的存在者。为此海德格尔强调:"此在总是从它所**是**的一种可能性、从它在其存在中这样那样领会到的一种可能性来规定自身为存在者。"①这就是说,如果人成为一种现成的存在者,那是因为人通过对于自身存在的领悟规定自身,从而把自身规定为存在者,否则,它只能是在此存在而已。我们无法把握它的任何规定性。如果人在日常生活中被规定下来,那么此在有可能会"处于逃避**它的存在**和**遗忘它的存在**这类方式中"②。当然,即使我们处于日常生活状态中,我们仍然可以领悟自身的存在,而不是遗忘自己的存在或者逃避自己的存在。如果一个人遗忘了自己的存在或者逃避自己的存在,那么这就是自我物化;如果一个人忽视其他人作为存在的存在,那么这也是把人物化。萨特关于他人的一瞥的分析,说明人在观察他人的时候,会把他人物化。当然,日常生活中人在观察他人的时候,也可以不把他人物化,比如,一个人在观察他人的时候充满了鼓励和支持。③ 这就是承认他人的多种可能性。

当然,海德格尔和萨特都是从现象学的视域看待人的,他们把人从社会历史条件中剥离出来去理解人。如果我们用社会历史条件来补充现象学的分析,那么可以从以下角度来思考:一个人为什么会把他人物化或者把自己物化。卢卡奇就是在接受了海德格尔思想的基础上,从资本主义社会现实的角度来分析物化的④。按照卢卡奇的分析,物化是资本主义社会所特有的一种现象,它表现为人无论把自己还是他人都当作商品。卢卡奇指出,由于商品交换这一事实,"人自己的活动、人自己的劳动,作为某种客观的东西,某种不依赖于人的东西,某种通过异于人的

---

① [德]海德格尔:《存在与时间》,第66页。
② [德]海德格尔:《存在与时间》,第67页。
③ 参见[德]霍耐特《分裂的社会世界》,王晓升译,社会科学文献出版社2011年版(以下引用该版本不再一一注明出处),第159页。
④ 参见 Lucien Goldman, *Lukacs and Heidegger: Towards a New Philosophy*, London: Routledge & Kegen Paul Ltd., 1977, pp. 27 - 39。

自律性来控制人的东西,同人相对立。"① 如果我们用海德格尔存在论的思想来解释这句话,那么它的意思就是:人的活动、人的劳动,不是人根据自己的存在可能性而自己决定的,而是由商品交换规律来决定的。人作为劳动力在市场上出售自己,成为市场上被交换的商品。这就是人的物化。与历史上所发生的物化不同,这种物化是人自己把自己物化,自己把自己作为商品来出售。这种物化就是否定了人的多种可能性,而把自己作为有某种"属性"和功能的商品来出售。显然,在这个意义上所说的物化与对象化完全不是一个意思。尽管卢卡奇进行了自我批评,违心地承认自己犯了把对象化和物化混淆起来的错误,而事实上他并没有混淆。深受黑格尔哲学影响的卢卡奇不会不知道对象化是人的意识活动的结果。这是人的任何一种意识活动所采取的形式,与商品交易系统中的物化是不同的。然而,我们发现,霍耐特在批评卢卡奇把物化看作资本主义社会中的现象,从商品交换的角度来理解物化的时候,恰恰有选择地忽视了卢卡奇的这个基本思想。

卢卡奇在这里还按照马克思关于经济基础决定上层建筑的基本思路来思考人的意识。按照他的看法,商品交换在资本主义社会成为一种普遍现象,它渗透到社会生活的一切领域。② 因此,商品交换中的物化现象,也对人和人之间的相互关系、人和社会之间的关系以及人自身的意识都产生了决定性的影响。卢卡奇说,"只有在这一联系(商品成为整个社会存在的普遍范畴——引者注)中,由于商品关系而产生的物化才对社会的客观发展和人对社会的态度有决定性的意义",人的意识在这里也"屈从于这种物化"。③ 在资本主义社会中,这种物化意识成为人的第二自然。任何人如果要违背这种物化原则,都会带来灾难性的后果。对人采取一种物化的态度是资本主义交换规律的强制。在这个社会中,人必须把自己当作商品,也必须把别人当作商品。正是人的意识中的这种

---

① [匈]卢卡奇:《历史与阶级意识》,第147页。
② 参见[匈]卢卡奇《历史与阶级意识》,第145页。
③ 参见[匈]卢卡奇《历史与阶级意识》,第146—147页。

物化态度,才导致人对于"承认的遗忘"。

然而,霍耐特在分析卢卡奇的有关思想时,只是强调在商品交换中人和人之间的冷漠态度。在他看来,只是由于这种冷漠态度才导致了物化。然而对于卢卡奇来说,物化与人们在交换中是否采取冷漠态度无关。一个人在商品交换中完全可以对另一个人充满微笑,尽力销售自己的商品。按照商品交换的规则,参与商品交换的另一个人只是被当作销售者的获利工具。这是交易的核心。这就是物化。这种物化态度是资本主义商品交换规律所强制的,只要参与这种交换就不能违背这个规律。显然,在这种交换中,人们之间是否签订契约,人们之间是否相互冷淡,都是与物化无关的。霍耐特否定资本主义交换关系在物化中的作用,是因为他过于拘泥于哈贝马斯的交往行动理论。他试图脱离商品交换的社会背景,而只是从人和人之间的相互交往中来分析物化。于是,对于他来说,物化只能根源于人对于他人的态度,商品交换中的物化也只能被理解为人和人之间的相互冷漠。甚至海德格尔的那个具有存在论意义的"关心"也被他作为人和人之间的承认态度来理解。然而,我们知道,海德格尔从存在论上思考人们之间的共同此在时所使用的"烦神"(Fürsorge),不仅仅指人们之间的原始的关爱,而且还包含了其他意思。海德格尔说:"互相怂恿、互相反对、互不需要、陌如路人、互不关己,都是操持的可能方式。"①只要一个人把另一个人作为人来看待,人对待其他人就有各种可能性,而不仅仅是关爱。海德格尔存在论意义上的共同此在,还是在一定程度上被霍耐特纳入他自己的"为承认而斗争"的框架中。这就是说,虽然霍耐特看到了物化的前提中包含一种源始的承认,而这种承认不同于交往行为理论框架中的承认,但是在具体分析的过程中,他还是拘泥于交往关系中的承认,注重人和人之间的关爱等。

而在分析人把自身物化的社会根源的时候,霍耐特实际上已经在一定程度上接触了资本主义社会交换关系对于人自身的物化所产生的影

---

① [德]海德格尔:《存在与时间》,第175页。

响,但是他却不愿意直面这一点。他认为,当人进行自我描画的时候,人就把自己物化了。他列举了职业面试和互联网相亲这两种情况来说明人是如何自我描画,并在这种自我描画中把自己物化的。① 然而,职业面试最典型地表现了资本主义社会中人要作为商品来出售自己的这个现实。霍耐特不愿意从出售商品这样的市场框架中来理解职业面试。对他来说,这只是一种自我描画而已。本来这完全应该用社会因素来解释这种自我物化的现象,而霍耐特却不愿意。这究竟是为什么?

这是因为霍耐特不愿意接受历史唯物主义。对于他来说,承认是一种政治伦理现象。如果用社会经济原因来解释这种政治伦理现象,那么这就陷入马克思的历史唯物主义的框架中了。当霍耐特承认物化态度的产生有一定的意识形态的根源的时候,他完全可以进一步探讨为什么人们会产生这样一种意识形态这个问题,但是他不愿意走出这一步。如果说哈贝马斯还曾经试图用交往行动理论来补充历史唯物主义,那么霍耐特比哈贝马斯走出了更远的一步,他彻底放弃了历史唯物主义。

四、霍克海默和阿多诺思想中的承认意识

如果霍耐特接受了马克思的历史唯物主义思想,他或许会从他的学术前辈特别是霍克海默和阿多诺那里吸收思想资源,从而更深入地分析当代资本主义社会中的不承认现象即物化现象产生的根源。然而,对于他来说,他的这两位学术前辈有一个致命的错误,就是过于受制于历史唯物主义思想,以至于没有提出太多值得被吸收的思想资源。对于他来说,由于霍克海默等人接受了马克思的历史唯物主义思想,因此其早期批判理论是失败的。② 我们来看看,霍克海默和阿多诺是如何看待资本主义社会中的物化现象的。

阿多诺也曾经在批判海德格尔的过程中论述物化。但是,阿多诺所

---

① 参见[德]霍耐特《物化——一个旧观念的新考察》,第82—84页。
② 参见[德]霍耐特《分裂的社会世界》,第19—28页,特别是第28页。

说的物化与海德格尔的有很大的区别,而与卢卡奇相似。在批判海德格尔的存在论的过程中,阿多诺首先批判了海德格尔的此在概念。对于海德格尔来说,人可以被理解为此在,而此在就是表示人的存在的各种可能性。对此,阿多诺认为,人虽然能够思考,具有各种可能性,但是人不会由于能够思考而"使他丧失他作为一个存在物的规定性"①。因此,人不能被理解为存在。为此阿多诺强调,有意识的个人是"一种存在物,他不是存在"②。根据他自己对于人的这种理解,他批判了海德格尔关于人是"开放的",具有许多可能性,因而不能被规定的思想。他指出,这种说法实际上是"故意把它自身的无规定性,它的易误性当做规定性和肯定性来迷惑人"③。对海德格尔用来规定人的"生存"概念,阿多诺也有自己的解释。按照阿多诺的理解,"生存"概念还是有意义的,它试图恢复那些被社会和科学思想排除了的经验,这种经验也是主体的要素。④ 这些被社会和科学思想排除了的经验,实际上就类似于马克思所说的,忧心忡忡的穷人是无法体验自然美的,而专注于矿物的商业价值的商人也是看不到矿物的美的⑤。这种差别与人的生存环境有关。这就是说,每个人的生存环境会使人产生不同的经验;在同样的生存环境中,人也会有自己的不同的经验。所以在阿多诺看来,海德格尔的生存概念实际上是要把两种完全对立的意义——人的对于自身的反思以及每个人的具体的经验——概括在一个概念中。人对于自身的反思,这是每个主体都具有的普遍特性;而每个人的具体经验又是完全不同的。海德格尔的生存概念就是要把这两个对立的东西结合起来。本来,人作为主体就应该具有自己特殊的经验的能力。这实际上就意味着人需要一种把握存在的能力。然而,按照阿多诺的想法,人作为主体是通过概念来思索存在的,

---

① [德]阿多尔诺:《否定的辩证法》,第 125 页。
② [德]阿多尔诺:《否定的辩证法》,第 125 页。
③ [德]阿多尔诺:《否定的辩证法》,第 124 页。
④ 参见[德]阿多尔诺《否定的辩证法》,第 122 页。
⑤ 参见[德]马克思《1844 年经济学哲学手稿》,人民出版社 1985 年版,第 83 页。

而人又受到现实的社会环境的制约。在现实环境中生存的人习惯于用概念来思索存在,而概念是无法把握存在的。在这种情况下,"主体的决定是无力的和纯粹内向的。这种软弱无力致使物化的危害战胜了主体"①。这种所谓的物化的危害战胜主体,实际上就是指主体习惯于用同一性的概念来把握非同一性,从而失去了把握非同一性的能力。如果用霍耐特的承认思想来思考的话,那么这种物化就是人失去了对于生活世界中各种现象的切身体验。

当然,这种物化是与生活世界相联系的。那么什么样的生活世界会让人习惯于用同一性的思维框架呢?这当然是资本主义社会中的交换现象。阿多诺强调,物化不能被看作是一种主观的意识现象,而要探索这种现象产生的根源。他说:"商品的拜物教特性并不归罪于主观上迷路的意识,而是客观地从社会的先验、即交换过程中演绎出来。"②在这里,阿多诺与卢卡奇在《物化与无产阶级意识》一文中所用的方法是一致的。卢卡奇通过对马克思的拜物教思想的分析来说明物化现象的普遍性。而对于阿多诺来说,拜物教实际上就是一种物化的意识形态,即一切社会现象被还原为物,其中当然也包含人。从这里可以看出,阿多诺虽然也从存在论上分析物化现象,但是他把这种存在论意义上的东西联系到资本主义的社会经济体系,从资本主义社会现实关系的角度来理解这种物化现象。

本来,文化的发展应该能够丰富人的情感,然而资本主义所发展起来的文化工业却让人更加麻木。比如,文化工业虽然也像古典艺术那样用悲剧来表达人在现实中的冲突和矛盾,但是文化工业的表达方式却要让人接受现实,而不是思考这些矛盾。在文化工业中,人们这样表达一个人受到的痛苦:这种痛苦是一种考验,是成功的组成部分。在这样的思想的熏陶下,人们便学会了逆来顺受。霍克海默和阿多诺说,"人类之

---

① [德]阿多尔诺:《否定的辩证法》,第 123 页。
② [德]阿多尔诺:《否定的辩证法》,第 188 页。

间最亲密的反应都已经被彻底物化了,甚至对他们自己也是如此,以至于他们关于那些对他们有特殊意义的东西的观念也只能以抽象的形式幸存下来:个性几乎就意味着迷人的皓齿、净味的身体和麻木的情感"①。在这里,人的个性也是以一种物的形式表现出来的。比如,有人认为自己装束特殊就是一种个性的表现。这实际上就包含了一种错误的承认斗争。

在这样的文化系统中被培养起来的人形成了一种物化意识,具有这种物化意识的人具有一种操控型人格。阿多诺说:"操控型性格……的突出特点是组织狂,是对于直接形成一般人性经验的无能为力,是某种方式的情感麻木,是过于高估的现实主义。"②这就是说,本来人是具有各种感知世界的能力的,而这种感知能力是人与其他人进行社会交往的基础。通过这种感知能力,人们之间可以产生一种原初的承认。然而,在同一性逻辑占据统治地位的社会中,人们失去了这种感知能力,他们把包括人在内的各种客体作为管理和控制的对象。这就是一种物化意识。这种物化意识也被阿多诺称为爱无能(Die nicht lieben koennen)。这类人对于机器系统的爱占据了他们自己的生活,"他的爱已经被各种物、机器本身占据了"。他说:"令人震惊的地方在于……这种趋势已经与整个文明融合在一起。"③而现代文明发展的标志之一,就是把合理化原则从经济、行政管理领域进一步扩展到社会生活领域。在社会生活领域中,人们相互之间出现了情感的冷淡。

应该说,霍耐特也曾经注意到这个问题。在《分裂的社会世界》中,霍耐特从现代性批判的角度把阿多诺与福柯加以对比。在这种比较中,他指出:"阿多诺和霍克海默从对人体的奴役和控制中看到'欧洲地狱般

---

① [德]霍克海默、阿道尔诺:《启蒙辩证法》,第186页。译文略改。
② [德]阿多诺:《奥斯维辛之后的教育》,孙文沛译,邓晓芒校,载《现代哲学》2015年第6期,第65页。
③ [德]阿多诺:《奥斯维辛之后的教育》,孙文沛译,邓晓芒校,载《现代哲学》2015年第6期,第67页。

的历史'。"①霍耐特认为,阿多诺、霍克海默从工具理性的角度来分析资本主义的物化现象,从表面上看,这与福柯对于西方文明中的规训历史的研究具有相似性。但是,他认为这两者之间还是有许多差别的,表现在:"当阿多诺以控制自然的模型来调整他的理性化概念的时候,福柯则把他的理性化概念建立在社会控制的模型上,前者完全是从韦伯的马克思主义式的解读的意义上理解理性化,即生产力的提高,而后者则相反,是从韦伯的尼采式的解释的意义上理解理性化,即社会控制媒介和权力媒介的提升。"②这就是说,虽然阿多诺和霍克海默与福柯一样看到了韦伯所说的理性化所导致的物化后果,但是阿多诺采取的是马克思主义立场,是用人控制自然的模式来解释人与人之间的关系,而福柯则不同,他吸收了尼采的思想,从权力控制的媒介入手来看待人所受到的控制。如果采用阿多诺的立场,那么物化就需要用资本主义社会经济过程来解释。而阿多诺的解释也确实如此,他从文化工业的角度来说明现代资本主义文化对人的规训。而文化工业是资本主义社会经济系统的必然的延伸。而福柯却不同,他认为这种物化过程来自对人的身体的规训,而人本身却是无格式、可规定的存在③。在这里,福柯和阿多诺对主体的理解是完全不同的。对于福柯来说,人是没有任何主体性的,是结构体系中的一个被规定了的分子。权力体系只要通过规训身体就可以任意改变一个人的个性,人只能顺从地接受权力体系对于身体的规训。而阿多诺却不同。在阿多诺那里,人虽然会受到规训和控制,但是这种规训和控制会带来许多痛苦。阿多诺非常重视人的感性上的体验,认为文化工业剥夺人的审美体验,这导致了人的一种精神上的痛苦。而在资本主义社会中,人始终要调和这种内心的冲突。正是由于对这种痛苦的压制,人才像福柯所说的那样,成为一个任意受人操控的对象。而福柯的理论

---

① [德]霍耐特:《分裂的社会世界》,第 61 页。
② [德]霍耐特:《分裂的社会世界》,第 71 页。
③ 参见[德]霍耐特《分裂的社会世界》,第 77 页。

却没有把人因受规训而产生的痛苦作为痛苦表达出来。① 当然,在结构主义传统中成长起来的福柯也不会注意到人的主体性。

从这里我们可以看到,霍耐特注意到了福柯和阿多诺的差别。在福柯所表达出来的物化之中,人是没有主体性的,是任人操控的,在这种操控中人没有表达出痛苦。而阿多诺却相反。显然,只有这样一种充满情感的主体才有可能产生一种承认意识,才不会对他人冷漠。因此,要消除物化就必须恢复人的主体性。令人遗憾的是,虽然霍耐特看到了这种差别,但是他却从福柯的思想,而不是阿多诺的思想中吸收承认理论。对于马克思的历史唯物主义的反感,使他与真理失之交臂。

当然,人们也会从利己主义的立场出发来说明人和人之间的相互冷漠。而这种利己主义自古就有。但这种利己主义对于他人利益的否定,并不意味着对他人的漠视。利己主义只是表明,人在碰到利益问题的时候把自己的利益放在首位,而法西斯主义的冷漠和无情却表现为,即使自己的利益没有受到损害,人们也会加害于人。这是对身体痛苦的漠视。本来霍耐特应该从霍克海默和阿多诺的思想中吸收物化批判的思想,从而有针对性地思考当代社会中所出现的承认问题,然而,霍耐特却致力于一种对具有一般意义的承认政治的思考,这就使他的承认理论失去了现实针对性。

五、同一性(物化意识)与错误承认

如果霍耐特吸收了阿多诺的思路来思考物化,并在此基础上思考承认问题,那么他无疑可以从阿多诺对于同一性的批判中看到资本主义社会所出现的错误的承认。

我们知道,在西文中"identity"这个词有许多不同意思,可以被理解为"同一性""身份""认同"等意思。比如,"national identity"这个词组可以被翻译为"民族身份",也可以被翻译为"民族认同"。就是指一个人把

---

① 参见[德]霍耐特《分裂的社会世界》,第78—79页。

自己看作是与其他人一样的,是该民族中的一个成员。这也是一种承认。我们把这种意义上的承认称为"认同"。把自己和别人同一起来的"认同",与霍耐特所说的这种"承认"(recognition)有什么关系呢?

追求同一性(比如,民族身份、身份认同)的人要把自己和其他人同一起来,他把与其他人的同一性作为追求目标。而追求承认的人是立足于人和人之间的差异而追求别人对于自己特殊性的承认,比如对自己的特殊的爱好、特殊的贡献的承认。当然,这不是说,追求认同的人不需要有自己的个性和差异性,他们是在同一性的基础上来追求差异性。而承认是在差异的基础上追求认同,即促使别人承认自己是他的伙伴。比如,黑格尔对于主奴关系的分析就是在主奴差别的基础上相互承认。正因为如此,阿多诺强调人对于其他人在**感性**上的体认,而不是用一个抽象的概念把不同的人纳入同一个概念的框架中。而认同却不同,它是把不同的人纳入同一个概念如"民族""性别"的框架中。比如,把一些人概括在"女性"概念之中,并把它和"男性"对立起来;把一些人概括在"犹太人"概念之中,而与其他人对立起来。正是这种同一性逻辑导致了社会上的歧视和不承认。从这个意义上来说,承认和认同是完全不同的。

这种同一性的概括方式是启蒙以来现代文明的基础,它与现代资本主义的商品交换原则是一致的。在商品交换中,人们不管不同商品在使用价值上的不同,而用货币这个抽象的符号把它们等同起来。阿多诺和卢卡奇所批判的物化意识就是从这种市场交易的基础上产生的。在市场体系中所有人都必须参与交换,因此所有人都产生了这样的物化意识。阿多诺使用具有莱布尼兹烙印的"单子"概念来概括现代人。在这个社会中,每个人都是相互分离的,而且没有相互之间的任何感知和相互承认。而他们之所以结合在一起是由于市场原则中的规则("上帝的手",相当于莱布尼兹的"前定和谐")。这些人如同现代监狱中一排排牢房中的孤立单子,他们都是孤立的、极端封闭的。这种孤独和封闭状况就是"人在现代世界中的生存状况",并且"监狱中的人,正是资产阶级类型的真实形象"。① 这些人都是同样的人,都是自私自利的孤独的单子。阿多诺和霍克海默说:"在他们越来越隔离起来的同时,他们之间也变得越来越相似了。"②

这些人获得了一种固化的同一性思维,他们习惯于把人概括在同一性的框架中。但是他们也不会满足于这个同一性的框架,他们也致力于把自己和其他人区分开来。这是一种虚假的个性。人们也希望通过这种虚假的个性而获得其他人的承认。这就是错误的承认。这种错误承认是在物化意识(同一性思维)基础上的承认。而资本主义社会机制却不断地促使人们为这种错误的承认而斗争。

在《启蒙辩证法》中,霍克海默和阿多诺从等同和差异的关系的角度分析了这种错误承认现象产生的社会根源。等同和差异的游戏,是现代资本主义社会所特有的游戏。我们知道,在传统的等级社会中,人们在这种等级中结成一定的社会联系。在资本主义社会中,平等是这个社会的基本原则。然而,政治权利和法律上的平等并不意味着这个社会不讲差别,而是把这种差别进一步扩大到社会生活的所有领域。资本主义社会正是通过这种平等和差异的游戏来实现对于社会的统治的。资本主义社会机制就像文化工业中的选秀机制。这个选秀机制预先就设计好,只有少数人才是幸运儿,会成为百万富翁,而大多数人一定会落选。然而,所有的人都相信自己还是有机会成为幸运儿,他们还是积极参与到这个选秀机制中。这就是资本主义社会中的游戏规则,所有人都是平等的,都有机会成为百万富翁,但对大多数人来说,这是不可能的。于是,这些选秀机制的参与者既把自己看作是与那些被选中的明星是一样的,另一方面又崇拜这些明星。用霍克海默和阿多诺的话来说:"银幕上的幸运儿与公众也没有什么差别,但是,这种平等意味着人们之间存在着不可克服的区别。"③正是在这种等级和平等的游戏中,一种错误承认的

---

① 参见[德]霍克海默、阿道尔诺《启蒙辩证法》,第256—257页。
② [德]霍克海默、阿道尔诺:《启蒙辩证法》,第252页。
③ [德]霍克海默、阿道尔诺:《启蒙辩证法》,第162页。

机制产生了。资本主义社会把各种生活用品区分为等级,而人们通过这种等级上的追求来获得别人的承认。购买某种名牌皮包的人不是为了皮包的使用价值,而是为了它的符号价值。因为这种符号价值代表了等级。人们购买它就是为了获得别人的承认。这就是一种错误的承认。这种承认就是建立在同一性逻辑基础上的承认。社会上的等级是以占有金钱的数量为标准的,而与人的品质无关。人们追求的承认是建立在经济实力基础上的承认。而这种错误承认才是资本主义社会中的基本现象,是值得我们更加深入研究的现象。本来霍耐特完全可以从阿多诺对于同一性逻辑的批判中引申出这种错误承认现象,但是霍耐特却完全忽视了这种现象。

赶时髦就是这样一种错误承认现象。霍克海默和阿多诺在《启蒙辩证法》中分析了这种情况。在发达资本主义社会中出现了一种虚假的个性。他们说:"虚假的个性就是流行:从即兴表演的标准爵士乐,到用卷发遮住眼睛,并以此来展现自己的原创力的特立独行的电影明星等,皆是如此。"①赶时髦实际上是生活中的一种表演,就是通过自己的特殊的装束或行为方式来获得他人的赞同。这种通过表演来获得他人承认的做法,当然是一种错误的承认。

这些赶时髦的人会由于对时髦东西的共同爱好而聚集在一起。我们可以说,以这种方式追求承认的人实际上就是期待和别人结合在一起。但是,这种结合不是传统社会中家庭成员或者密切的邻里关系之间的结合,不是工业社会中社会分工基础上的结合,而是孤独个人之间的结合。通过这种性质构成的群体就是大众。这种大众化社会只是在现代世界才出现。鲍德里亚把这种现象称为"社会性的终结"②。伴随着社会性的终结而出现的,就是孤独的陌生人的结合体。这些人并没有任何实质性的社会联系,但是他们会由于某种偶然现象结合在一起,比如电

---

① [德]霍克海默、阿道尔诺:《启蒙辩证法》,第172页。
② 具体解释参见拙作《社会的大众化与社会性的终结》,载《哲学研究》2013年第9期。

影明星的粉丝、足球的球迷等就是属于这样的大众。阿多诺和霍克海默认为,这种平等与差别的游戏在大众社会中表现了出来。他们指出,在大众社会"对明星的崇拜具有一种固有的社会机制,它可以把各行各业比较突出的人士夷平到同一水平"①。在《启蒙辩证法》中,霍克海默和阿多诺把这样的社会状况称为"大众社会"。② 对于明星的崇拜,对于流行生活方式的追求,都是大众社会的表现形式,也是错误承认的表现形式。

如果人们仅仅通过赶时髦来获得社会承认,那么这种承认不会直接产生社会危害。然而,人们却并不会局限于用这样的方式来为承认而斗争。现代社会中,人都是孤独的个人,人越是孤独就越是期待得到别人的承认。一些人或者会采取恶作剧来争取别人的承认,而有些人则更为极端,采取一种大屠杀的方式来争取社会的承认。为什么人会以这样一种极端的方式来为承认而斗争呢?这是因为,这些崇拜影视明星的人当然也可以崇拜政治明星。而法西斯主义就是在对政治明星的崇拜的基础上产生的。这些法西斯主义分子就是通过对他人甚至对自己施暴的方式来获得他人的承认的。(比如,在黑社会组织中,一个人要想得到这个组织的承认,就必须表明自己的对于他人或者对于自己的施暴能力。他们通过自残来表现自己的勇敢,从而表明自己有能力成为这个组织中的成员。)在孤独状况中,这些罪犯会产生一种暴力倾向。阿多诺和霍克海默说:"脆弱而又迟钝的个体,必须去忍受生活的秩序,期间,他发觉自己根本没有爱的情感,只有一种发泄在自己身上的内倾的暴力。"③这些罪犯不仅会自杀,而且会杀死他人。按照霍克海默和阿多诺的分析,这些人心胸狭窄、自私自利,"具有强大的破坏力"④。笔者认为,孤独的帕多克在拉斯维加斯的屠杀行为,在一定程度上可以用这种制度性的缺陷来解释。这些人生得平平庸庸,而死得"轰轰烈烈"。这是错误承认中最

---

① [德]霍克海默、阿道尔诺:《启蒙辩证法》,第268页。
② 参见[德]霍克海默、阿道尔诺《启蒙辩证法》,第268页。
③ [德]霍克海默、阿道尔诺:《启蒙辩证法》,第257页。
④ [德]霍克海默、阿道尔诺:《启蒙辩证法》,第257页。

恶劣的形式。这种错误的承认中所包含的,实质却是对于人的否定,并且是对于他人甚至自己的根本性否定。所谓根本性的否定,就是对人作为人的否定。这就是物化意识的极端形式。在这里,**错误的承认取代了被遗忘的承认**。

霍耐特在《分裂的社会世界》中实际上也触及了这个问题。在分析卡耐提的《大众与权力》一书的时候,他分析了大众形成的社会心理基础[①]。如果他把这些内容联系到阿多诺对同一性逻辑的批判,联系到他对大众社会的分析,那么他就非常容易发现其中所存在的错误承认,发现错误承认背后所存在的物化意识。但是,在他的关于承认理论的研究中,他却从来没有接触到由物化意识所导致的错误承认,更无法深入地批判当代资本主义社会中所普遍存在的错误承认现象。霍耐特为什么会忽视这些普遍存在的错误承认现象呢?这是因为他不愿意把物化和物化意识归结为资本主义社会中特有的现象,从而也无视由物化意识导致的特殊的错误承认现象。在这个问题上,他背离了卢卡奇和他的法兰克福前辈们的思想。

霍耐特的承认理论实际上就是一种社会整合理论,即在承认每个人的特殊地位和角色的基础上,把人纳入不同层次的社会结合体中。他从"承认的遗忘"的角度揭示了"物化"所存在的缺陷,尽管他不愿意把当代资本主义社会的商品交易看作物化产生的根源,而从消极自由和积极自由所存在的"不确定性"的角度来看待资本主义社会整合中出现的问题。他不再致力于分析系统整合所存在的问题。而他的承认理论对哈贝马斯的社会整合理论进行了一个重要的理论上的修正——从承认每个人的特殊性的角度来讨论社会整合的可能性,而不是像哈贝马斯那样从现代商议民主制度建构的角度来讨论社会整合的可能性。对于霍耐特来说,哈贝马斯的思路或许与黑格尔一样,具有制度主义的缺陷。我们认

[①] 参见[德]霍耐特《分裂的社会世界》,第189—211页。

为,霍耐特提出的方案之中缺少对于"仁义礼智信"等方面的探讨。他仍然局限在黑格尔的伦理实体的框架中讨论人和人之间的社会整合的可能性,而不是思考陌生人的聚集之中社会整合的可能性。这是我们在现代社会中可以进一步深入思考的课题。

结束语　法兰克福学派与解答现代性问题的三种思路

　　传统社会是依靠宗教等力量来维持社会秩序的,启蒙在否定了宗教之后,试图用理性力量来建构新的秩序。但是,在启蒙的发展过程中,理性变成了工具理性,理性所建构起来的秩序是一种功能性秩序。人们之间的社会性联系为一种功能秩序所取代。这种功能秩序所造成的后果,促使人们对理性以及人们根据理性而得到的真善美的基本价值标准提出质疑和批判。有些人甚至从根本上怀疑重建真善美的价值秩序的可能性。如果没有这些标准,人们该依靠什么样的价值尺度来把在市场经济中分裂开来的"单子"重新整合起来呢？面对这样的问题,人们提出了三种不同的思路:一种是文化保守主义的思路,一种是后现代主义的思路,一种是理性重构的思路。在这里,笔者简略地描述这三种思路及其所存在的问题,说明法兰克福学派的学说在解决现代性问题上的理论意义、现实意义和历史地位。

一、文化保守主义的思路及其问题

　　面对着社会的不断变革,面对着各种既定的价值观和价值尺度受到诋毁和冲击,保守主义试图在一定程度上恢复传统的秩序,或者用传统的价值观和价值尺度来建构现代价值秩序。保守主义有多种形式,其中包含政治上的保守主义、经济上的保守主义和文化上的保守主义。在这里,我们主要关注文化上的保守主义和政治上的保守主义。

按照哈贝马斯的分析,启蒙运动以来,由于科学技术对于宗教世界观的祛魅,由于生活世界的分化而造成的宗教功能上的弱化,由于社会风险的控制而导致的对彼岸世界的需要的弱化,西方社会出现了一种世俗化的趋势。而伴随着这种世俗化趋势,一种世俗主义的观念出现了。尽管如此,在后俗成社会(启蒙以来西方社会所进入的世俗化趋势弱化而宗教活力强劲的社会)中,宗教的活力却不断增强。伴随着宗教活动在后俗成社会的再度复兴,宗教多元主义和文化多元主义也兴盛起来。宗教多元主义或者文化多元主义从思想上来说,是直接对抗世俗主义的。世俗主义是启蒙的必然产物。按照这种世俗主义,宗教是理性的敌人,是迷信,是愚弄百姓的思想工具。当启蒙的社会负效应不断显示出来,系统整合的不良后果不断涌现的时候,这种世俗主义的观念被动摇了。宗教多元主义和文化多元主义就是针对这种世俗主义的。它表明,世俗主义不仅无法从根本上动摇宗教的力量,而且由于其自身的失误还使越来越多的人倾向于宗教多元主义和文化多元主义。而宗教多元主义和文化多元主义的思想核心是,我们的社会必须靠传统的力量来实现社会整合,我们必须借助于传统的文化要素重新确立为启蒙所破坏的价值标准。

文化保守主义强调,传统文化可以解决人们精神层面的问题,解决价值观念上的问题。它确信,为启蒙所摧毁的文化传统能够恢复信仰的价值标准,并依照这种价值标准重构社会秩序。比如,在西方社会,贝尔自称是一个文化保守主义者。他说:"我在文化领域里是保守主义者,因为我崇敬传统,相信对艺术作品的好坏应作出合理鉴定,还认为有必要在判断经验、艺术和教育价值时,坚持依赖权威的原则。"[①]对于贝尔来说,只有这种传统的信仰才能被用来确证资本主义社会的经济秩序和政

[①] [美]丹尼尔·贝尔:《资本主义文化矛盾》,第24页。

治秩序的正当性。而现代主义文化却不断地冲击这种秩序。正是在这个意义上,他期盼着宗教传统的回归。他说:"由于宗教接触到人的意识源泉的最深处,我相信,将有一种意识到人生局限的文化,在某个时刻,重新回到对神圣意义的发掘上来。"①

贝尔提出的文化保守主义是针对现代主义文化的。现代主义是从波德莱尔等人开始的。这种现代主义文化在艺术上强调个人的精神和感觉上的体验。哈贝马斯说,现代主义表现"在对转瞬即逝、昙花一现、过眼烟云之物的抬升,对动态主义的欢庆中,同时也表现出一种对纯洁而驻留的现在的渴望"②。现代主义从理论上来说就是对于现代社会的不断变革的确证。对于贝尔来说,只有保持神圣的东西才能维持一定的价值秩序,才能借助于这种价值秩序把社会整合起来。然而现代主义文化却戏弄这种所谓神圣的和绝对的东西。超现实主义者安德烈·布雷东曾经提出一种超现实主义的主张,将巴黎圣母院的塔尖换成巨大的玻璃祭瓶,一个瓶里装血,一个瓶里装精液,以便把圣母院变成处女的性教育学校。因为这是文学家的倡议,人们也没有去计较这个事情,只是把它当作是"傻子"开了一个过分的玩笑。③ 但是贝尔认为,兹事体大,它加强了"文化""对'社会结构'进攻的力量"④。

那么,我们究竟应如何对待文化保守主义呢?哈贝马斯通过对利特尔的分析来批判这种文化保守主义。利特尔认为,现代社会脱离历史传统而不断发展,这导致了一种趋于第二自然的社会秩序,而且这种秩序不断得到稳固。在这种稳固的秩序中,个人只能绝对服从经济和行政的命令。对于这种合理化的秩序,人缺乏任何抵抗力。为了避免"总体性的社会化和官僚化的危险"⑤,我们需要价值的传统力量来担任一种补充

---

① [美]丹尼尔·贝尔:《资本主义文化矛盾》,第40页。
② [德]哈贝马斯:《现代性——未完成的工程》,载汪民安、陈永国、张云鹏主编《现代性基本读本》上册,河南大学出版社2005年版,第31—32页。
③ 参见[美]丹尼尔·贝尔《资本主义文化矛盾》,第101页。
④ [美]丹尼尔·贝尔:《资本主义文化矛盾》,第101页。
⑤ [德]哈贝马斯:《现代性的哲学话语》,第83页。

的角色。可是价值的传统在启蒙运动以来的反宗教和反形而上学的过程中被否定了,这种价值如何才能得到维持呢?利特尔认为,精神科学可以担当中介,从而使传统重新赢得现实意义。继承了利特尔思想的那些人认为,精神科学是用来阐释传统的,它通过对传统的阐释来保留传统。① 哈贝马斯对这种文化保守主义提出了批评。他认为,首先,这种文化保守主义"遮蔽了以未来为取向的时间意识的光芒"②。这就是说,在现代社会中,人们着眼于未来,但这种文化保守主义不是着眼于未来,而是把自己的目光转向过去,把那些不适合于现代社会的东西收集起来,放在记忆的视角中保护起来。他们以为这些受保护的传统能够有力量抵抗现代性的发展。实际上这是不可能的。再者,文化保守主义会导致一种文化多元论的出现。由于社会传统非常复杂,在复杂的传统中人们究竟会接受什么?在这里,人们找不到一种准则来评价这些不同的传统。哈贝马斯在批判宗教多元主义时也指出,宗教多元主义本来是要否定文化上的霸权主义的。但是当多元主义强调文化上的多样性的时候,它否定了文化上相互对话的可能性。如果文化上没有对话的可能性,那么处于劣势地位的文化就失去了批判处于霸权地位的文化的资格。这就是说,文化多元主义最后走向了自己的反面。③ 最后,这种文化保守主义也否定了先锋艺术的颠覆性和创造性的能力。

面对着不断激荡的现代化大潮,人们不仅在文化上趋向于保守主义,而且在政治上也会趋向于保守主义。我们知道,在黑格尔逝世之后,出现了两种黑格尔主义:一种是左派黑格尔主义,马克思是其代表人物。马克思接受了黑格尔思想,试图在理性的自我变革中来解决现代性问题④。与左派黑格尔主义不同的是老年黑格尔派,它也被称为右派黑格

---

① 参见[德]哈贝马斯《现代性的哲学话语》,第82—85页。
② [德]哈贝马斯:《现代性的哲学话语》,第85页。
③ 参见张庆熊等编《哈贝马斯的宗教观及其反思》,第59—60页。
④ 参见拙作《马克思对现代性问题的解答及其启示》,载《武汉科技大学学报(社会科学版)》2018年第6期。

尔主义。这种右派黑格尔主义在德国也有一定的影响。政治保守主义在很大程度上是在它的影响下形成的。保守主义者罗森克朗茨主张建立君主制。他们认为，君主可以独立于党派之外保持中立，从而消除不同利益之间的对立。① 按照哈贝马斯的分析，这种主张通过施米特、通过主张极权的宪法学家，而在第二次世界大战之前一直在德国占据统治地位。德国法西斯主义就是在这种保守主义政治文化的背景中出现的，它试图用一种外在的强制手段来把分裂了的社会世界整合起来。

由此可见，保守主义包含了如下危险：导致原教旨主义、极端民族主义；导致文化多元主义和宗教多元主义，这种多元主义不仅无法把社会整合起来，而且还会制造新的社会对立。而那些温和的保守主义也无法适应不断发展的社会进程，无法满足社会对于创新的需要。当分裂的社会无法在文化和社会层面上解决社会整合问题的时候，法西斯主义就会蠢蠢欲动。一些西方人对民族主义的迎合、对于政治强人的期盼，在一定程度上表现了这种趋势。法兰克福学派的分析实际上已经指出，现代社会所造成的"单子"化的个人是法西斯主义得以产生的社会土壤。

二、后现代主义与现代性问题的审美解答

启蒙确立了主体性原则和理性的原则，而这两个原则本身却导致了理性被动摇、主体性被否定的后果。对启蒙的这两个核心原则的否定，恰恰是启蒙自身的结果。这一结果表明，以工具理性的原则所进行的社会整合必然会失败。实际上，启蒙走向自己的反面是有其现实的社会基础的。

我们知道，现代市场经济是建立在主体性原则和理性原则的基础之上的。在这个经济体系中所有人都要对自己的行为负责，所有人都需要按照合理性的原则来规划他的行动，从而获取更大的利益。建立在这两个原则基础之上的市场经济获得了极大的发展，并出现了生产过剩的情

---

① 参见［德］哈贝马斯《现代性的哲学话语》，第81页。

况。当资本主义社会出现生产过剩的情况时,资本主义社会进入了"后现代社会"。① 在后现代社会中,理性原则和主体性原则都受到了挑战。本来生产是为了满足人的消费需求的,然而当生产过剩的情况出现的时候,社会就要通过各种方式来刺激人们的需求。在这种被刺激起来的需求下,人们就会购买一些对于自己来说"没有"实际使用价值的东西,人们就会形式性地消费,即时尚化消费。比如,一个人有很多背包,但是他还是经不起诱惑而购买了一种新款式的时尚背包。他购买背包是因为这个背包的形式吸引了他。在这里,交换价值已经不是建立在使用价值的基础之上,而是建立在形式的基础之上。从资本主义最初的交换原则(理性的原则)的角度来看,一个人购买某种"形式"的东西是违背了理性原则的。人们是如此的不理性,甚至有人为了购买一部手机而出售自己的肾,一些在"老佛爷"购买时尚品的人甚至不舍得花 50 欧分上洗手间。这是极端的非理性。从表面上看,这些赶时髦的人都是自愿的,但是赶时髦是这个社会的不可避免的趋势。任何人都不可避免地卷入时尚的大潮中,甚至反时尚也是一种时尚,比如,牛仔裤是反时尚的,结果变成了时尚。时尚不仅仅局限于衣着等不太重要的生活领域,而且会渗透到社会生活的一切领域中。生产过剩不仅会出现在经济领域,而且会出现在社会生活的一切领域。比如,信息生产过剩、文化产品生产过剩都会导致时尚化的信息和时尚化的文化。由于大众传媒的作用,政治活动也通过传媒而被大规模地生产出来。于是政治也要时尚化。政治领袖必须在大众传媒中确立自己的形象,从而巩固自己的权力。在大众传媒中确立自己的形象,实际上就是在大众传媒之中"表演"。既然时尚化出现在社会生活的一切领域中,那么所有人都必然会赶时髦,所有人都必然会随大流。而随大流实际上就表现了人的主体性的丧失。

与主体性的丧失和理性的丧失联系在一起的,是一切价值的颠覆。

---

① 参见拙作《略论后现代社会的几个主要特征》,载《教学与研究》2014 年第 6 期。

结束语 法兰克福学派与解答现代性问题的三种思路

鲍德里亚说"时尚是不道德的"①,这是因为时尚颠覆了一切价值。本来政治的行动是要追求正义的,但是如果追求正义的行动变成表演的时候,这还是正义吗?本来慈善是为了帮助他人的,但是如果慈善是在大众传媒中进行的,是用表演的方式进行的,那么这种慈善还是慈善吗?当一切价值被颠覆的时候,我们还有什么可靠的标准来维系这个社会呢?托克维尔在《论美国的民主》一书的最后一章中说:"尽管社会情况、法制、思想和人的感情方面发生的革命还远远没有结束,但它所造成的后果已远非世界上迄今发生的任何事情可比。我一个时代一个时代地往上回顾,一直追溯到古代,也没有发现一个与我现在看到的变化相似的变化。过去已经不再能为未来提供借鉴,精神正在步入黑暗的深渊。"②这就是说,面对现代社会的不断发展,我们不能借助于传统的东西来解决这些问题。

后现代主义实际上就是在这样一种社会基础上出现的。后现代主义不断肯定和强化这种社会趋势,为这种社会趋势的出现提供合法性证明。从这个角度来说,后现代主义是当代资本主义文化的一个必然的组成部分。尼采说:"因为我们对现代性已经无可奈何。"③颠覆一切价值、否定一切既定秩序,是现代性的必然结果。尼采的哲学不过是接受这种必然性、顺从这种必然性而已。

当然,尼采也不是完全顺从现代社会的发展,他所提出的两个重要思想实际上也是要解决现代社会的发展所出现的问题的。一个是关于"权力意志"的思想,一个是关于艺术的思想。对于权力意志的思想,人们有不同的解释。哈贝马斯对于尼采的权力意志进行了这样的解释:"和各种不同的感性刺激一起,创造意义的潜能构成了'权力意志'的核心。"④在这里,哈贝马斯是从审美的角度,而不是从政治或者伦理的角度

---

① [法]鲍德里亚:《象征交换与死亡》,第133页。
② [法]托克维尔:《论美国的民主》(下),董果良译,商务印书馆1991年版,第882页。
③ 转引自[德]哈贝马斯《现代性的哲学话语》,第99页。
④ [德]哈贝马斯:《现代性的哲学话语》,第110页。

去理解权力意志。对于他来说,"权力意志"是一种超主体的力量,这种超主体的力量表现在尼采所崇尚的酒神精神之中。这种酒神精神具有审美的判断力,能够把握绝对。哈贝马斯也因此把尼采的这种学说理解为"艺术家的形而上学"①。哈贝马斯认为,年轻时代的尼采满脑子只有瓦格纳的纲领。瓦格纳的纲领是:"人们或许可以认为,宗教艺术化之际,艺术才能拯救宗教的内核。因为,艺术根据其象征价值来理解实际上被宗教当真的神话符号,以便通过其自身的理想表现,揭示隐藏其中的深刻真理。"②他要通过艺术拯救宗教中的深刻真理。

尼采哲学开辟了后现代主义的哲学道路,并且沿着这条后现代主义的道路前进。正如我们从现代社会发展中所看到的那样,当后现代社会出现的时候,一切都时尚化了,都具有了审美的特点。既然这种审美的特点是"无可奈何"的必然趋势,那么我们就应该沿着这条道路走下去。这就是说,我们不是要否定这种后现代的特点,而是要把这种审美趋势推向极端。这就是瓦格纳的纲领:通过艺术来拯救宗教的内核,通过艺术达到绝对。宗教要让人超越世俗的世界,而艺术也引导人们超越现实的世界。当我们从审美的角度来看待艺术作品的时候,我们不是要把它纳入私人占有的领域,我们超越了占有的欲望。而对于世俗世界的超越,就能够把人重新整合起来,而不是像在我们当前生活的世界中那样,人和人被纳入一种功能性的关系中。

尼采的思路受到了法兰克福学派的重视。按照哈贝马斯的说法,尼采开辟了两条思路:一条是海德格尔-德里达的形而上学批判之路,一条是巴塔耶-福柯的权力批判理论的视角(比如鲍德里亚)。阿多诺、本雅明在不同程度上采用了尼采的思路,他们更多地表现出尼采的形而上学的批判之路。而霍耐特则对福柯的权力批判理论进行了专门研究。在这里我们只是简略地讨论本雅明和阿多诺在什么意义上接受了后现代

---

① [德]哈贝马斯:《现代性的哲学话语》,第110页。
② 转引自[德]哈贝马斯《现代性的哲学话语》,第101页。

主义,又在什么意义上超出了后现代主义。

按照黑格尔对于艺术作品的理解,艺术是理念的表达,而在浪漫主义之后,艺术已经终结了。阿多诺接受了黑格尔关于艺术终结的理论,而反对康德关于艺术从感性的形式上满足人的解释,即无目的的目的性的解释。因为这种目的性的解释恰恰可以用来说明现代文化工业生产出来的东西具有审美的意义。如果从黑格尔的角度来理解现代艺术,那么现代艺术虽然也试图表达绝对理念,但是由于现代市场经济的要素被灌注到了艺术作品中,所以现代艺术作品不能完美地表达理念,其中包含了不可克服的矛盾。阿多诺从这个角度深入分析了现代艺术中的这种矛盾。

而对于艺术中的这种矛盾的揭示实际上也是尼采的做法,尼采从不同的角度说明了艺术中的矛盾。有学者指出,尼采的艺术理论具有如下特点,即以冲突论反对和谐论、以神话说反对启蒙理性、以身体性反对观念性、以艺术性反对真理性和道德性、以瞬间性反对永恒论等。① 就冲突论来说,尼采认为,人生本来就充满了痛苦、悲伤、冲突和分裂。艺术恰恰就是要把这种冲突表达出来。由此,他特别关注悲剧艺术。对尼采来说,只有冲突才是美的,而不是和谐才是美的。而尼采的这种艺术思想在阿多诺的艺术理论中表现了出来。在阿多诺看来,艺术中充满冲突,这是因为艺术要超越现实,超越资本主义社会中的商业原则,但是艺术又是在商业社会中出现的,必然要受到商业规则的束缚。审美艺术让人自觉意识到这种痛苦。从解答现代性问题的角度来看,艺术就是要让人超出市场的规则;只有超出市场规则,人才能发生一种情感上的结合。然而人又都需要在市场规则所规定的世界中生活,这是必然的。于是人就会面临既要超越市场又要遵循市场规则的痛苦。艺术把人的这种痛苦表达出来了。只有愿意面对这种痛苦的人,才有可能超越市场规则的束缚。阿多诺对文化工业的批判,实际上也是基于他对于艺术的这种理

---

① 参见孙周兴《尼采与现代性美学精神》,载《学术界》2018年第6期。

解。文化工业产品恰恰是按照市场规则来生产的。文化工业所生产的产品就如同日常生活中的用品一样,是满足人的需要的,是要受到人们的欢迎的。从这个角度来看,这种文化产品从根本上违背了现代艺术生产的规则。这种艺术作品不仅无助于解决现代性问题,而且会使这个问题更加恶化。本雅明对于艺术作品中的"灵韵"的追寻,实际上也是要发掘出艺术中的那种神圣的东西,那种背离市场原则的东西。而现代艺术所追求的是展览价值,它用展览价值取代神圣价值。这实际上就是要用市场规则来取代艺术的原则。

由此,我们可以说,从审美的角度来解答现代性问题,这是后现代主义的思路。从这个角度来说,阿多诺等人受到了后现代主义的影响,但是我们不能就因此说,阿多诺、本雅明等人的思想就是后现代主义的。从前面的论述中我们知道,阿多诺从总体上来说是吸收了黑格尔的辩证法思想来解决现代性问题的。他所提出的让概念超越概念、让艺术超越艺术的思想,是破除工具理性的有效途径,是反对实证主义的有力武器。他所反对的是工具理性在社会生活领域的广泛运用,以及由此而产生的社会问题。他是从修正工具理性的缺陷的角度来吸收审美理论的。在讨论概念与模仿之间的关系的时候,阿多诺认为:"这种模仿因素就是认识者和被认识者之间的亲和力。"[①]当人在认识中把这种具有艺术特征的模仿纳入概念之中的时候,概念就超出了工具理性的那种分类概念了。只有这样的概念才能超出概念自身。当阿多诺把艺术作为突破工具理性的思维方式的一种手段的时候,他的思想更类似于黑格尔,类似于黑格尔把审美作为达到绝对理念的一个环节的那种主张。从这个角度来看,阿多诺关于现代性的解决方案不是后现代主义的。

三、理性重构的方案

从前面的论述中我们也可以看到,当阿多诺继承黑格尔的辩证法来

---

① [德]阿多尔诺:《否定的辩证法》,第44页。

批判工具理性的时候,阿多诺在很大程度上是一个黑格尔主义者。正如黑格尔对启蒙的批判并不完全否定启蒙一样,阿多诺对启蒙辩证法的分析,从根本上来说是要让理性进一步完善自身。这就是按照启蒙自身所确立的理性原则来进一步解决启蒙的问题。正是从这个角度来说,哈贝马斯强调,现代性是一项未完成的事业。

从《启蒙辩证法》中我们看到,阿多诺和霍克海默侧重于对工具理性的批判。这种批判说明了工具理性对个人的心理、对社会关系所产生的副作用,比如"爱无能"①。那么,这些冷酷的人、这些"爱无能"的人如何才能相互结合起来呢?哈贝马斯说,启蒙辩证法没有告诉我们走出工具理性的神话暴力的途径。② 这两位作者在理论上主要是批判性的,当然这也不是说这两位作者没有暗示任何可能的途径。比如,《启蒙辩证法》中对于"模仿"的论述,对于艺术和哲学的最初联系的论述,都在一定程度上暗示,走出启蒙的困境是可能的。但是这两位作者主要是从人的思想和情感的角度提出解决问题的途径,而没有从道德和法律的途径来说明现代社会如何借助于理性的方法来解决现代性问题。从这个角度来说,他们实际上仍然是局限在卢卡奇的物化框架中来分析现代性问题。对于他们来说,由于工具理性的使用,整个资本主义社会变成了一个物化的体系,变成了具有第二自然性质的系统。在这个系统中,人都物化了,人的意识都物化了。要摆脱这种第二自然对人的束缚,只有意识领域的变革才有可能。卢卡奇从工人自己出售自己的角度,来说明工人产生一种自觉意识的可能性。而阿多诺和霍克海默则受到了海德格尔的影响。按照海德格尔"存在的遗忘"的思想,现代人沉沦于日常世界,而遗忘了存在。对于阿多诺和霍克海默来说,现代人由于沉沦于自我持存(马尔库塞称之为生存斗争永恒化的意识形态)的努力中,而压制自己的那些艺术能力、模仿能力等,甚至人自身自然的东西也被压制了。而现

---

① [德]阿多诺:《奥斯维辛之后的教育》,载《现代哲学》2015 年第 6 期,第 66 页。
② 参见[德]哈贝马斯《现代性的哲学话语》,第 131 页。

代社会要努力做到的是,把人从这种自我持存(工具理性)的压制中解放出来。对于接受了黑格尔思想影响的阿多诺来说,这些被压制的东西本来就是人的理性的一部分,是人达到绝对理念所必需的东西。只要把这些被压制的东西释放出来,工具理性就会得到修正,人的理性就会得到进一步完善。从这个角度来说,阿多诺仍然是用理性的原则来解决现代性问题。

当然,哈贝马斯对阿多诺和霍克海默的这个思路不满意。他认为,阿多诺和霍克海默没有从建立一种理性制度的角度来解决现代性的问题。哈贝马斯说,对于启蒙辩证法的两位作者来说,"理性已经被逐出了道德和法律领域"①。当然,我们也看到,在《启蒙辩证法》的"启蒙概念"的附论2《朱莉艾特或启蒙与道德》一文中,两位作者也讨论了道德问题,但是他们认为,在启蒙运动中所确立起来的道德是与形式理性联系在一起的道德,比如康德借助于形式理性所确立起来的道德。哈贝马斯说,形式主义理性更容易与道德发生联系。② 这种形式的道德甚至可以为完全对立的行为提供正当性的证明。对于这两位作者来说,形式理性所确立起来的道德无法发挥社会整合的作用。而哈贝马斯就是要弥补阿多诺等人的思想中所存在的缺陷。

哈贝马斯也批判工具理性,但是哈贝马斯对于工具理性的批判要比霍克海默和阿多诺审慎许多。按照哈贝马斯的看法,在经济领域和行政管理领域,工具理性是必要的。现代资本主义社会中的问题是,工具理性僭越了自己的界限,被用到了生活世界中,用到了文化领域中,文化领域中出现了文化领域的分化和功能化。哈贝马斯承认这种分化和功能化在一定程度上是必要的,但是这种分化了的知识领域越来越专业化、专门化。这些专业化、专门化的知识是专家学者所理解的东西,脱离了老百姓的生活领域。本来文化领域是社会整合的领域,但是专业化的知

---

① [德]哈贝马斯:《现代性的哲学话语》,第128页。
② 参见[德]哈贝马斯《现代性的哲学话语》,第129页。

识脱离了日常生活领域,变成社会管理服务的工具,从而失去了社会整合的功能。那么如何才能让这些专业化的文化知识重新回到日常生活中?这就需要有文化普及工作,需要让普通人懂得这些知识;在他们懂得这些知识之后,我们才能用这些知识来说服人。因此,哈贝马斯强调理性在公共领域的沟通中的重要作用。公共领域中的沟通能够让人们相互交流,能够进行理性知识的传播。人们在理性知识的传播和交流中,就社会所应该具有的道德和法律制度等形成共识。这种共识具有社会整合的作用。然而哈贝马斯发现,在现代资本主义社会,公共领域受到了经济和权力领域的干扰。因此,重构公共领域对于哈贝马斯来说具有特殊的重要作用。公共领域的重构,实际上就是要让人们进行理性的讨论,就是要传播理性的知识。这实际上就是要进一步推进启蒙。正是从这个角度,哈贝马斯强调,现代性仍然是一项没有完成的事业,我们需要进一步推进启蒙。我们可以说,哈贝马斯也是沿着黑格尔的思路的。他用交往理性来重构理性,并在此基础上重构人们的交往领域,重构规范秩序。在他看来,这些重构起来的规范秩序可以把现代社会中的那些分裂的人们重新结合起来。

霍耐特在吸收黑格尔早期的承认理论的基础上,重构了一种新的承认模式。他把这种承认模式与生存斗争模式区分开来。长期以来,西方的自由主义一直用霍布斯的斗争理论来解释现代社会中的人际关系,认为相互斗争中的人只有依靠外部的强制力量才能结合起来。这种外部的强制力量或者是法律或者是极权政府。无论是用哪一种强制力量,这种强制性的社会整合只是发挥了一种功能性组合的作用,而不是人和人之间的自愿结合。哈贝马斯试图通过交往行动理论来探讨人们之间自愿结合的可能性。而霍耐特认为,哈贝马斯过度强调人们之间的共识,而忽视了人们之间的斗争。他要探讨一种在相互斗争中自愿结合在一起的可能性。这就是他的承认理论所要完成的任务。霍耐特的理论模式的最大特点就在于,他把霍布斯模式纳入承认模式中。他承认,在现代社会中,人们之间一定会存在斗争,但是这种斗争是在承认的框架中、在社会整合的框架中发生的,而不是霍布斯模式下的那种斗争。按照他的分析,在友谊(爱)、契约和尊重中都包含了斗争。但是这种斗争不是完全相互敌视,不是人和人之间的狼一样的战争,而是为承认而斗争。比如说,朋友之间也会相互斗争,通过这种斗争,朋友之间承认各自的特殊性而成为朋友。儿童通过违抗父母的意志来测试父母对于自己的爱,因此在这种爱之中也包含了斗争。在霍耐特看来,现代社会就是通过这种斗争而把人结合在一起。这种承认斗争的模式,实际上是把黑格尔早期理论中的承认理论加以扩展的结果,它同样也是黑格尔理性重构思路的一部分。

由此可见,法兰克福学派从总体上是沿着理性的重构和社会规范的重构的思路来解决现代性问题的。

四、法兰克福学派的启示

从前面的论述中我们可以看到,法兰克福学派的现代性批判理论既受到了保守主义的影响,也受到了后现代主义的影响。哈贝马斯后期虽然也曾经批判过保守主义,但是他在"9·11"之后也开始关注宗教,呼吁人们在宗教领域中相互对话;阿多诺曾经受到尼采等人的影响;霍耐特受到了福柯的影响等。尽管如此,法兰克福学派对于现代性的批判的主流仍然是推进启蒙,而不是从根本上否定启蒙。这就是说,他们虽然都看到了启蒙所产生的问题,都看到了工具理性的束缚和社会整合的难题,但是他们都坚持启蒙的道路,进一步扩展被束缚的理性。霍克海默把这种理性称为"客观理性",以区别于具有知性特点的"主观理性"。从这个意义上来说,他们在思想方法上都继承了黑格尔。人类可以通过理性上的自我反思而不断克服自己思想的局限性。现代性必须在人类的自我反思中确认自身。它既不能像保守主义那样回到传统,借助于传统的理论来确证自身,也不能否定理性自身,而走向一种无标准、无秩序的状态。对于黑格尔来说,解决现代性的问题就是要进行理性的重构。

从理论上来说,黑格尔的重构主义思路在马克思那里得到了继续。

马克思的历史唯物主义思想从一定意义上来说,就是一种重构思路。随着生产力的发展和现代性的不断推进,原来适合于生产力的经济关系需要不断调整,同时,与这种经济关系相适应的其他政治制度、社会关系等都需要做出相应的调整。从现代性的角度来说,生产力的发展会不断地挑战既定的社会秩序,而社会就需要不断地调整秩序。这是社会发展的必然要求。现代性问题的解决,实际上就是要不断地重构人们之间的社会关系,不断地进行社会规范的重构。而这种重构必须在理性的原则下进行。哈贝马斯提出的商议民主理论,实际上是社会规范的理性重构的一个重要的理论模式。

当然,在传统的历史唯物主义框架中,生产关系适应生产力、上层建筑适应经济基础的理论所强调的"适应",主要是在功能性意义上说的。按照这种功能性的解释,它们之间相互适应了,生产力就会得到更大的发展。在这个解释中,马克思曾经重视的人和人之间的那种非功能性关系(社会性联系)被忽视了。法兰克福学派对于系统整合所出现的问题的分析,对于解决这种功能性联系所出现的问题的分析,对我们进一步深化马克思所强调的那种社会性联系具有特别重要的意义。那么究竟该如何理解这种社会性?传统上人们只是注意其中的外在关系,比如一些人与另一些人之间的社会联系,而忽视了其中的那种内在的精神上的联系。而阿多诺批判了由于人的自然性被否定而出现的人和人之间的相互冷漠的情况。他对于审美力量的呼求,对重构人和人之间的伦理关系的关注,实际上就是从内在的维度来重新理解人和人的社会性联系。哈贝马斯强调交往理性,交往理性的视角就是一种从他者的角度看问题的视角;霍耐特强调人们之间的相互承认,承认实际上是人和人之间的一种内在的心理上的联系。这些都包含了对内在社会性的关注。他们对内在社会性的分析,对于我们重新理解马克思所说的人的本质是社会的存在的思想具有重要的理论意义。

解决现代性问题不仅仅是一个理论问题,而且是一个重要的现实问题。从对现代性的分析中我们知道,由于生产力的发展,由于这种发展不断加速，改革成为现代社会中的常态。社会的改革实际上就是要不断地调整人们之间的社会关系。而这种社会关系的调整，不仅仅是要适应生产力的发展，不仅仅是一种功能上的需要，而且还有社会性的需要。人和人之间的关系的调整是不是正当的？它如何得到人们的理性上的承认？这些并不是非常容易解决的问题。伴随着现代性出现的是一种时尚化的现象。人们在生活中会赶时髦、跟风跑。如果社会改革为跟风跑的人所赞同，这看上去也是理性的赞同，实际上理性在这里并没有发挥作用。哈贝马斯提出的商谈道德和商议民主的理论虽然提供了有益的参考，但是其中也存在着许多值得进一步商榷的问题。因此，现代性如何确证自身仍然是一个需要更进一步思考的理论问题。

对于后现代主义来说，现代性的发展就是正当的，它不需要确证自身，它不需要自我反思。而当现代性不断推进的时候，一切传统的东西都被否定了，甚至形而上学的对最终根基的追求也宣告"终结"，我们被暴露在虚无主义的威胁之下。在前面的论证中我们已经说明，这种虚无主义是现代性发展的产物，是理性自身发展的产物。启蒙的理性一开始曾经试图找到最终的根基，以维系社会的基本标准和尺度，但理性最终自己掏空了自己的根基。海德格尔对于"畏"的分析，霍耐特对于"不确定"的说明，黑格尔对于法国大革命中无序状态的描述，都说明了这种虚无主义对我们的挑战。我们对于现代性问题的思考就需要从理论上正面这种挑战。实际上，多元论和虚无主义也没有从根本上离开理性的基础。这是因为，当多元论和虚无主义出现的时候，它们不仅仅是空洞地提出一个口号，而是要从理论上说服人。既然它要说服人，那么它就必然按照理性的原则来讲道理。只要是讲道理的，那么理性原则在这里就是适用的。

保守主义也是解答现代性问题的一个重要思路。现代性越是推进，保守主义的倾向就越是明显。实际上，在现代社会的发展过程中，我们始终要面对如何对待传统的问题。现代主义者激进地否定一切传统，最终让自己处于无根基的危险之中。在生活中，我们也常常说要弘扬优秀传统文化,可是,我们究竟根据什么来说一种文化是优秀传统文化,而另一种就不是优秀传统文化呢?从解答现代性问题的角度来看,只有那些经得起理性的审视和批判的文化才是优秀的文化。我们研究传统文化,就是要对传统文化进行理性审视,吸收那些可以被理性地加以接受的东西,并利用这些优秀的文化来解决我们所面临的问题。比如说,中国人的仁义礼智信,是传统社会中确立的建立人际关系的基本原则。对这些基本原则可以按照现代社会发展的需要进行理性的重构,从而为我们的现代性重构服务。而霍耐特对于承认理论的分析局限在黑格尔的框架之中,没有涉及这些东西。因此,吸收传统文化,不是简单地回到传统的信仰上去,而是要进行理性的重构,从而为我们重构现代性服务。

市场是优化资源配置、提升经济效率的最有效手段,发展市场经济是当前经济发展的必由之路。同样,合理化的管理方式是现代国家治理的必然要求。然而,从卢卡奇开始,人们就看到了其中的"物化"问题,人在这两个体系中变成了物。在这两个功能体系中,人们不能讲感情,而只能按照规矩办事。可是人和人之间的社会结合还是需要感情的。如果人们把市场体系中的无情无义的做法、把行政机构中的那种刻板的做法推广到社会生活中的一切领域,那么,在这个社会中我们还会有情感吗?在工具理性束缚中的人不仅对他人是冷漠的,而且对自己都很残酷,这样冷酷无情的人如何才能结合起来呢?法兰克福学派的思想家们对于审美的追求、对于爱欲的关注、对于商谈的讨论、对于承认的强调,都是要从这些不同的维度来解决我们今天所面临的问题。

当我们看到周围的少数人把他们的屠刀刺向无辜人群的时候,当我们看到他们血刃天真的孩子的时候,当我们看到一群人(不是一个人,如果是一个人,我们认为,他可能是精神病人)围观别人跳楼并鼓动别人跳楼的时候,我们不得不冷静地思考:在我们的社会,为什么这些人如此冷漠?这已经不是心理问题,不是用社会心理学能够回答的问题;这是社会哲学问题,是现代性的问题。这是我们今天必须严肃地思考和需要解答的问题。法兰克福学派对这个问题的研究虽然有这样和那样的不足,但是它仍然是我们进一步思考这些问题的必要的思想资源。

主要参考文献

[1] 马克思恩格斯选集. 第1—4卷. 人民出版社, 1995
[2] 马克思恩格斯全集. 第4卷. 人民出版社, 1958
[3] 马克思恩格斯全集. 第23卷. 人民出版社, 1972
[4] [德]马克思. 1844年经济学哲学手稿. 人民出版社, 1985
[5] [德]阿多尔诺. 否定的辩证法. 张峰译. 重庆出版社, 1993
[6] [德]阿多诺. 美学理论. 王柯平译. 上海人民出版社, 2020
[7] [德]阿多诺等. 权力主义人格. 下卷. 李维译. 浙江教育出版社, 2002
[8] [法]阿兰·罗伯-格里耶. 窥视者. 郑永慧译. 译林出版社, 2007
[9] [德]阿佩尔. 哲学的改造. 孙周兴, 陆兴华译. 上海译文出版社, 2005
[10] [以]爱森斯塔特. 反思现代性. 旷新年, 王爱松译. 三联书店, 2006
[11] [德]鲍德里亚. 象征交换与死亡. 车槿山译. 译林出版社, 2006
[12] [德]鲍德里亚. 消费社会. 刘成富, 全志钢译. 南京大学出版社, 2000
[13] [德]丹尼尔·贝尔. 资本主义文化矛盾. 赵一凡, 蒲隆, 任晓晋译. 三联书店, 1989
[14] [德]本雅明. 德意志人. 范丁梁译. 北京师范大学出版社, 2014
[15] [德]本雅明. 巴黎, 19世纪的首都. 刘北成译. 商务印书馆, 2013
[16] [德]本雅明. 德意志悲苦剧的起源. 李双志, 苏伟译. 北京师范大学出版社, 2012
[17] [德]本雅明. 发达资本主义时代的抒情诗人. 张旭东, 魏文生译. 三联书店, 2007
[18] [德]本雅明. 发达资本主义时代的抒情诗人. 王涌译. 华东师范大学出版社, 2017

[19] [德]本雅明. 机械复制时代的艺术作品. 王才勇译. 江苏人民出版社, 2006

[20] [德]本雅明. 作为生产者的作者. 王炳钧, 陈永国, 郭军等译. 河南大学出版社, 2013

[21] 本雅明文选. 陈永国, 马海良译. 中国社会科学出版社, 1999

[22] 波德莱尔美学论文选. 郭宏安译. 人民文学出版社, 1987

[23] 弗洛伊德文选. 第六卷. 车文博译. 长春出版社, 2004

[24] [英]戴维·弗里斯比. 现代性的碎片:齐美尔、克拉考尔和本雅明作品中的现代性理论. 卢晖临, 周怡, 李林艳译. 商务印书馆, 2003

[25] [意]但丁. 神曲·地狱. 田德望译. 上海译文出版社, 1984

[26] [德]狄尔泰. 历史中的意义. 艾彦译. 译林出版社, 2014

[27] [美]杜兰. 世界文明史. 第三卷. 东方出版社, 1998

[28] [德]哈贝马斯. 公共领域的结构转型. 曹卫东, 王晓珏, 刘北城, 宋伟杰译. 学林出版社, 1999

[29] [德]哈贝马斯. 合法化危机. 刘北成, 曹卫东译. 上海人民出版社, 2009

[30] [德]哈贝马斯. 现代性的哲学话语. 曹卫东译. 译林出版社, 2004

[31] [德]哈贝马斯. 在事实与规范之间. 童世骏译. 三联书店, 2003

[32] [德]哈贝马斯. 重建历史唯物主义. 郭官义译. 社会科学文献出版社, 2000

[33] [德]海德格尔. 存在与时间. 陈嘉映, 王庆节译. 三联书店, 1987

[34] [德]海德格尔. 现象学之基本问题. 丁耘译. 上海译文出版社, 2008

[35] [德]海德格尔. 形而上学导论. 王庆节译. 商务印书馆, 1996

[36] [德]黑格尔. 法哲学原理. 范扬, 张企泰译. 商务印书馆, 1961

[37] 黑格尔早期神学著作. 贺麟译. 世纪文景/上海人民出版社, 2012

[38] [德]黑格尔. 精神现象学. 上下卷. 贺麟, 王玖兴译. 商务印书馆, 1979

[39] [德]黑格尔. 精神哲学. 杨祖陶译. 人民出版社, 2006

[40] [德]黑格尔. 历史哲学. 王造时译. 上海书店出版社, 2006

[41] [德]黑格尔. 逻辑学. 上下卷. 杨一之译. 商务印书馆, 1981

[42] [德]黑格尔. 美学. 第1—3卷. 朱光潜译. 商务印书馆, 1997

[43] [德]黑格尔. 小逻辑. 贺麟译. 商务印书馆, 1980

[44] [德]黑格尔. 哲学史讲演录. 第四卷. 贺麟, 王太庆译. 商务印书馆, 1978

[45] [德]霍克海默, 阿道尔诺. 启蒙辩证法. 渠敬东, 曹卫东译. 上海人民出版社, 2003

[46] [德]霍耐特. 不确定性之痛. 王晓升译. 华东师范大学出版社, 2016

[47] [德]霍耐特. 分裂的社会世界. 王晓升译. 社会科学文献出版社, 2011

[48] [德]霍耐特. 为承认而斗争. 胡继华译. 上海人民出版社, 2005

[49] [德]霍耐特. 自由的权利. 王旭译. 社会科学文献出版社, 2013

[50] [德]康德. 纯粹理性批判. 邓晓芒译. 人民出版社, 2004

[51] [德]康德. 道德形而上学原理. 苗力田译. 上海人民出版社, 2005
[52] [德]康德. 判断力批判. 第二版. 邓晓芒译. 杨祖陶校. 人民出版社, 2002
[53] [美]沃林. 瓦尔特·本雅明:救赎美学. 吴勇立, 张亮译. 江苏人民出版社, 2008
[54] [匈]卢卡奇. 历史与阶级意识. 杜章智, 任立, 燕宏远译. 商务印书馆, 1992
[55] [美]罗尔斯. 正义论. 何怀宏, 何包钢, 廖申白译. 中国社会科学出版社, 2009
[56] [德]马尔库塞. 爱欲与文明:对弗洛伊德思想的哲学探讨. 黄勇, 薛明译. 上海译文出版社, 1987
[57] [德]马尔库塞. 单向度的人. 刘继译. 上海译文出版社, 2008
[58] [德]马尔库塞. 理性与革命:黑格尔和社会理论的兴起. 程志民等译. 重庆出版社, 1993
[59] [美]马泰·卡林内斯库. 现代性的五副面孔. 顾爱彬, 李瑞华译. 商务印书馆, 2002
[60] [美]麦克切斯尼. 富媒体 穷民主:不确定时代的传播政治. 谢岳译. 新华出版社, 2004
[61] [英]鲍曼. 现代性与矛盾性. 邵迎生译. 商务印书馆, 2003
[62] [德]西美尔. 时尚的哲学. 费勇等译. 文化艺术出版社, 2001
[63] [英]伊格尔顿. 本雅明:或走向革命批评. 郭国良, 陆汉臻译. 商务印书馆, 2015
[64] [美]詹姆逊. 后现代主义与文化理论. 唐小兵译. 北京大学出版社, 2005
[65] [德]阿多诺. 奥斯维辛之后的教育. 孙文沛译. 邓晓芒校. 《现代哲学》2015年第6期
[66] 丛日云. 当代世界的民主化浪潮. 天津人民出版社, 1999
[67] 邓晓芒. 黑格尔《精神现象学》句读. 第七卷. 人民出版社, 2016
[68] 范晓丽. 马尔库塞批判的理性与新感性思想研究. 人民出版社, 2007
[69] 汪民安, 陈永国, 张云鹏主编. 现代性基本读本. 河南大学出版社, 2005
[70] 张庆熊, 林子淳. 哈贝马斯的宗教观及其反思. 上海三联书店, 2011
[71] 孙周兴. 尼采与现代性美学精神. 《学术界》2018年第6期
[72] 袁刚. 网络民意和"第四种权力". 《人民论坛》2010年第11期
[73] 张汝伦. 现代性与哲学的任务. 《学术月刊》2016年第7期
[74] 赵敦华. 黑格尔"现实性"范畴的多种意义与中心意义. 《中国高校社会科学》2015年第5期
[75] Theodor W. Adorno. *Gesammelte Schriften*, Band 6. Frankfurt am Main: Suhrkamp Verlag, 1997
[76] Theodor W. Adorno. *Gesammelte Schriften*, Band 7. Frankfurt am Main:

Suhrkamp Verlag, 2003

[77] Malcolm Barnard. *Graphic Design as Communication*. New York: Routledge, 2005

[78] Jean Baudrillard. *In the Shadow of the Silent Majority or, the End of the Social and other Essays*. translated by Paul Foss. Semiotext(e), 1983

[79] Andrew Benjamin, Charles Rice. *Walter Benjamin and the Architecture of Modernity*. re. press, 2009

[80] Walter Benjamin. *Walter Benjamin : Selected Writings*, Volume 3. Volume 4. Belknap Press, 2006

[81] Andrew Benjamin. *Walter Benjamin and History*. Continuum, 2005

[82] Jean-Philippe Deranty. *The Loss of Nature in Axel Honneth's Social Philosophy : Rereading Mead with Merleau-Ponty*. Critical Horizons, 2015

[83] Maurizio Passerin D'Entreves, Seyla Benhabib. *Habermas and the Unfinished Project of Modernity*. The MIT Press, 1997

[84] Andrew Feenberg. *Heidegger and Marcuse : The Catastrophe and Redemption of History*. Routledge, 2005

[85] Lucien Goldman. *Lukacs and Heidegger : Towards a New Philosophy*. Routledge, 1992

[86] Luke Goode. *Jürgen Habermas - Democracy and the Public Sphere*. Pluto Press, 2005

[87] Jürgen Habermas. *Theorie des kommunikativen Handelns*. Band1. Band2. Fankfurt am Main: Suhrkamp Verag, 1999

[88] Jürgen Habermas, Eduardo Mendieta. Ein neues Interesse der Philosophie an der Religion? Zur philosophischen Bewandtnis von posts? kularem Bewusstsein und multikultureller Weltgesellschaft. *Deutsche Zeitschrift Für Philosophie*, 2010

[89] Jürgen Habermas. *Moralbewusstsein und kommunikativese Handeln*. Suhrkamp Verlag, 1983

[90] Jürgen Habermas. Some distinctions in universal pragmatics. *Theory and Society*, 1976, Vol. 3(2)

[91] Jürgen Habermas. *Strukturwandel der Öffentlischkeit - Untersuchungen zu einer Kategorie der bürgerlichen Gesellschaft*. Suhrkamp Verlag, 1990

[92] Jürgen Habermas. *Zur Rekonstruktion des Historischen Materialismus*. Surkamp Verlag, 1976

[93] *Georg Wilhelm Friedrich Hegel Werke* 2. Frankfurt am Main: Suhrkamp Verlag, 1970

［94］Alex Honneth. *Habermas：A Critical Reader*. Blackwell Publisher Ltd，1999

［95］Axel Honneth. *Reification：A New Look at an Old Idea*. Oxford University Press，2008

［96］Axel Honneth. *The Critique of Power－Reflective Stages in a Critical Social Thoery*. translated by Kenneth Baynes. The MIT Press，1991

［97］Max Horkheimer. *Gesamelte Schriften*. Band 6. Fisher Verlag，1991

［98］Matin Jay. *Marxism and Totality－The Adventures of a Concept from Lukacs to Habermas*. University of California Press，1986

［99］Michael W. Jennings. *Walter Benjamin：Selected Writings*. Harvard University Press，2006

［100］Barry Katz. *Herbert Marcuse and the Art of Liberation：An Intellectual Biography*. Verso，1982

［101］Douglas Kellner. *Herbert Marcuse and the Crisis of Marxism*. University of California Press，1984

［102］Dudley Knowles. *The Introduction to the Philosophy of Right*. London：Routledge，2002

［103］Esther Leslie. *Walter Benjamin：Overpowering Conformism*. Pluto Press，2000

［104］Peter Lind. *Marcuse and Freedom*. Palgrave Macmillan，1985

［105］Herbert Marcuse，Jurgen Habermas，Heinz Lubasz，Tilman Spengler. *Theory and Politics：A Discussion*. Telos，1978

［106］Herbert Marcuse. *Hegel's Ontology and the Theory of Historicity*. MIT Press，1987

［107］Herbert Marcuse. *Heideggerian Marxism*. The University of Nebraska Press，2005

［108］Herbert Marcuse. *Negations*. translated by Jeremy J. Shapiro. Penguin University Books，1972

［109］Herbert Marcuse. *Reason and Revolution－Hegel and the Rise of Social Theory*. Humanities Press，1999

［110］Herbert Marcuse. *Revolution or Reform?* New University Press，1976

［111］Herbert Marcuse. *Studies of Critical Philosophy*. Boston，1973

［112］Robert W. Marks. *The Meaning of Marcuse*. Ballantine Books，1970

［113］Herausgegeben von Ralf Tiedemann. *Walter Benjamin Gesammelte Schriften* Ⅳ. Frankfurt am Main：Suhrkamp Verlag，1972

［114］Herausgegeben von Ralf Tiedemann. *Walter Benjamin Gesammelte Schriften* Ⅴ. Frankfurt am Main：Suhrkamp Verlag，1982.

［115］Tom Rockmore. *An Introduction to Hegel's Phenomenology of Spirit*. The Regents of the University of California, 1997

［116］Lambert Zuidervaart. *Adorno's Aesthetic Theory: The Redemption of Illusion*. MIT Press, 1991

后　记

拙作是国家社会科学基金项目"黑格尔与法兰克福学派的现代性批判理论研究"的最终成果。对于现代性以及现代性所引发的问题的反思，无疑是法兰克福学派的主要思想家们所关注的一个重要方面。本课题的研究仅仅抓住其中的一个问题：现代社会的发展导致了人们之间的相互冷漠，导致了社会的分裂，这个分裂的社会究竟如何才能整合起来？尽管法兰克福学派经过了几代人的发展，尽管这几代人的思想倾向有很大的不同，但是他们对于这个核心问题的关注是始终一致的。尽管他们对于这些问题的产生根源的思考、他们解决问题的思路有很大的不同，但是这些思考对于我们今天来说仍然具有重要的现实意义。虽然这个项目已经完成，但是我对于这个问题的思考却远远没有结束。

这个课题从立项开始到最终完成，得到了许多朋友的关心和支持。他们从不同的角度给课题的研究提供了有价值的参考意见。这其中既包含了学术上的鼓励，也包含了诚恳的批评。在课题的结项过程中，匿名评审专家认为，"'黑格尔与法兰克福学派的现代性批判'……深入讨论了黑格尔和法兰克福学派的现代性批判理论，该成果具有极其重要的理论意义、现实意义和学术价值"。"作者……熟悉第一手的相关资料……了解该研究领域的学科前沿，了解国内外相关的研究成果"。该研究"体现了作者自觉的问题意识、开阔的理论视野,和驾驭宏大主题而又不失具体细致深入的学术研究能力,实属难能可贵"。也有专家认为该成果"对黑格尔、哈贝马斯等人的文献梳理和分析,准确、翔实且不乏洞见",全书"论述清晰,结构完整,文字流畅,是一部不错的学术专著"。另一位同行鉴定专家指出,"该成果学术视野十分开阔,思路清晰严谨,学术性、思想性、逻辑性突出"。在概括了该成果的五个方面的理论成果后,该专家总结说:"当然成果中的创新点还有很多,可以说,成果共七章的每一个部分都闪烁着智慧的亮点。"除了这些溢美之词之外,专家们也提出了非常好的批评意见。这些意见主要集中在两点:第一,该成果对马克思的有关思想的论述关注不够;第二,对于哈贝马斯后期关于宗教批判的思想没有提及。对于这些专家们的鼓励和批评,我在这里表示衷心的感谢。责任编辑戴亦梁女士在编辑过程中发现了不少问题,做了许多一般编辑所做不到的工作。对此我非常感谢。同时我也根据专家们提出的意见进行了修改和补充。尽管如此,其中的缺漏之处一定还有不少。我期待读者们的批评和指教。

王晓升
2020 年 9 月 23 日于武汉

马克思主义研究丛书

《走进马克思》 孙伯鍨 张一兵 主编
《回到马克思:经济学语境中的哲学话语》(第三版) 张一兵 著
《当代视野中的马克思》 任平 著
《回到列宁:关于"哲学笔记"的一种后文本学解读》 张一兵 著
《回到恩格斯:文本、理论和解读政治学》 胡大平 著
《国外毛泽东学研究》 尚庆飞 著
《重释历史唯物主义》 段忠桥 著
《资本主义理解史》(6卷) 张一兵 主编
《阶级、文化与民族传统:爱德华·P.汤普森的历史唯物主义思想研究》 张亮 著
《形而上学的批判与拯救》 谢永康 著
《21世纪的马克思主义哲学创新:马克思主义哲学中国化与中国化马克思主义哲学》 李景源 主编
《科学发展观与和谐社会建设》 李景源 吴元梁 主编
《科学发展观:现代性与哲学视域》 姜建成 著
《西方左翼论当代西方社会结构的演变》 周穗明 王玫 等著
《历史唯物主义的政治哲学向度》 张文喜 著
《信息时代的社会历史观》 孙伟平 著
《从斯密到马克思:经济哲学方法的历史性诠释》 唐正东 著
《构建和谐社会的政治哲学阐释》 欧阳英 著
《正义之后:马克思恩格斯正义观研究》 王广 著
《后马克思主义思想史》 [英]斯图亚特·西姆 著 吕增奎 陈红 译
《后马克思主义与文化研究:理论、政治与介入》 [英]保罗·鲍曼 著 黄晓武 译
《市民社会的乌托邦:马克思主义的社会历史哲学阐释》 王浩斌 著
《唯物史观与人的发展理论》 陈新夏 著
《西方马克思主义与苏联:1917年以来的批评理论和争论概览》 [荷]马歇尔·范·林登 著
　　周穗明 译　翁寒松 校
《物与无:物化逻辑与虚无主义》 刘森林 著
《拜物教的幽灵:当代西方马克思主义社会批判的隐性逻辑》 夏莹 著
《新中国社会形态研究》 吴波 著
《"崩溃的逻辑"的历史建构:阿多诺早中期哲学思想的文本学解读》 张亮 著
《"超越政治"还是"回归政治":马克思与阿伦特政治哲学比较》 白刚 张荣艳 著
《无调式的辩证想象:阿多诺〈否定的辩证法〉的文本学解读》(第二版) 张一兵 著
《马克思再生产理论及其哲学效应研究》 孙乐强 著
《希望的源泉:文化、民主、社会主义》 [英]雷蒙·威廉斯 著 祁阿红 吴晓妹 译
《后工业乌托邦》 [澳]鲍里斯·弗兰克尔 著 李元来 译
《未来考古学:乌托邦欲望和其他科幻小说》 [美]弗里德里克·詹姆逊 著 吴静 译
《重审马克思的"阶级"概念:基于政治哲学解读的尝试》 孙亮 著
《为马克思辩护:对马克思哲学的一种新解读》(第四版) 杨耕 著
《全球化的理论与实践:一种马克思主义的视角》 丰子义 杨学功 仰海峰 著
《马克思哲学要义》 赵敦华 著
《马克思与斯宾诺莎:宗教批判与现代伦理的建构》 冯波 著

《所有权与正义:走向马克思政治哲学》 张文喜 著
《马克思的生产方式概念》 周嘉昕 著
《走出现代性的困境:法兰克福学派现代性批判理论研究》 王晓升 著